Internationale Standardlehrbücher der Wirtschafts- und Sozialwissenschaften

Herausgegeben von Universitätsprofessor Dr. Lutz Kruschwitz

Bisher erschienene Werke:

Bagozzi u. a., Marketing Management
Bergstrom · Varian, Trainingsbuch zu Varian, Grundzüge der Mikroökonomik, 3. A.
Büning · Naeve · Trenkler · Waldmann, Mathematik für Ökonomen im Hauptstudium
Dixit · Norman, Außenhandelstheorie, 4. A.
Dornbusch · Fischer, Makroökonomik, 6. A.
Ethier, Moderne Außenwirtschaftstheorie, 4. A.
Gordon, Makroökonomik, 4. A.
Granvogl · Perridon, Sozioökonomie
Heike · Târcolea, Grundlagen der Statistik und Wahrscheinlichkeitsrechnung
Hillier · Lieberman, Einführung in Operations Research, 5. A.
Kneis, Mathematik für Wirtschaftswissenschaftler
Kruschwitz, Finanzierung und Investition, 2. A.
Kruschwitz, Investitionsrechnung, 8. A.
Mehler-Bicher, Mathematik für Wirtschaftswissenschaftler
Meissner, Strategisches Internationales Marketing, 2. A.
Pindyck · Rubinfeld, Mikroökonomie, 4. A.
Sargent, Mikroökonomik
Schäfer · Kruschwitz · Schwake, Studienbuch Finanzierung und Investition, 2. A.
Sloman, Mikroökonomie, 3. A.
Smith, Einführung in die Volkswirtschaftslehre, 2. A.
Stiglitz, Volkswirtschaftslehre, 2. A.
Stiglitz · Schönfelder, Finanzwissenschaft, 2. A.
Varian, Grundzüge der Mikroökonomik, 4. A.
Zäpfel, Strategisches Produktions-Management, 2. A.
Zäpfel, Taktisches Produktions-Management, 2. A.
Zwer, Internationale Wirtschafts- und Sozialstatistik, 2. A.

Mathematik für Ökonomen im Hauptstudium

Von

Universitätsprofessor Dr. Herbert Büning

Universitätsprofessor Dr. Peter Naeve

Universitätsprofessor Dr. Götz Trenkler

Universitätsprofessor Dr. Karl-Heinz Waldmann

R. Oldenbourg Verlag München Wien

Die Deutsche Bibliothek - CIP-Einheitsaufnahme

Mathematik für Ökonomen im Hauptstudium / von Herbert Büning .... -
München ; Wien : Oldenbourg, 2000
(Internationale Standardlehrbücher der Wirtschafts- und
Sozialwissenschaften)
ISBN 3-486-20986-8

Rosenheimer Straße 145, D-81671 München
Telefon: (089) 45051-0
www.oldenbourg-verlag.de

Gedruckt auf säure- und chlorfreiem Papier
Gesamtherstellung: Druckhaus „Thomas Müntzer" GmbH, Bad Langensalza

ISBN 3-486-20986-8

Vorwort

Mathematik löst bei Studienanfängern der Wirtschaftswissenschaft erfahrungsgemäß keine Begeisterungsstürme aus. Das mag zwei Gründe haben. Zum einen, weil diejenigen, die sich für das Studienfach Wirtschaftswissenschaft entschieden haben, in der Tendenz große Lücken schon in der Elementarmathematik aufweisen (was Eingangstests immer wieder belegen) und zum anderen, weil für viele der Studienanfänger nicht einsichtig wird, warum sie sich durch die Mathematik „quälen" sollen, wird doch — was sich schnell herumspricht — im Verlauf des Studiums bei nicht wenigen Dozenten die Mathematik mehr oder weniger ausgeklammert. So dient die Auseinandersetzung mit der „Linearen Algebra" und der „Analysis" als mittlerweile obligatorische Lehrveranstaltungen einer jeden wirtschaftswissenschaftlichen Grundausbildung oft nur zum notwendigen Scheinerwerb.

Das mathematische Pflichtprogramm im wirtschaftswissenschaftlichen Grundstudium hat zu einer kaum noch überschaubaren Menge von Lehrbüchern geführt, die an den verschiedenen wirtschaftswissenschaftlichen Fakultäten eingesetzt werden. Dabei ist der Spielraum der zu behandelnden mathematischen Themen im Grundstudium nicht so groß, um die Fülle solcher Lehrbücher zu rechtfertigen. Der zuständige Dozent für die Mathematik im Grundstudium bedient sich aus nachvollziehbaren Gründen meist seines eigenen Buches oder Skriptes.

Die im Grundstudium erworbenen mathematischen Kenntnisse reichen im wirtschaftswissenschaftlichen Hauptstudium der Betriebs- und Volkswirtschaftslehre mit einer stärkeren quantitativen Ausrichtung bei weitem nicht aus, so z.B. nicht in der Statistik und Wahrscheinlichkeitsrechnung, in der Ökonometrie, im Operations Research und insbesondere bei der Optimierung oder bei der Analyse dynamischer Systeme in der Mikro- und Makroökonomie. Hier ist ein nennenswertes „Mehr" an Mathematik gefordert. Von Studierenden der Wirtschaftswissenschaft wird in steigendem Maße eine bessere mathematische Ausbildung verlangt, um die komplexen Strukturen ökonomischer Prozesse adäquat beschreiben und analysieren zu können. Doch für ein Hauptstudium mit den oben beispielhaft genannten Schwerpunkten ist im deutschsprachigen Raum das Angebot entsprechender mathematisch-ökonomischer Literatur sehr gering, um nicht zu sagen eine „Fehlanzeige".

Dieses „Vakuum“ soll das vorliegende Buch helfen zu beseitigen. Gewisse Grundkenntnisse auf dem Gebiet der Differential- und Integralrechnung sowie der linearen Algebra werden vorausgesetzt, eine Reihe diesbezüglicher Begriffe und ihrer Eigenschaften sind zur Erinnerung im 1. Kapitel zusammengestellt. Wir sind uns wohl bewußt, daß wir mit diesem Buch nicht alle Studierenden der Wirtschaftwissenschaft ansprechen werden (und auch nicht wollen), sondern nur diejenigen, die bereit sind, sich die zum Verständnis ökonomischer Theorien notwendigen mathematischen Methoden in einem quantitativ orientierten Hauptstudium der Betriebs- und Volkswirtschaftslehre anzueignen. Dazu zählen insbesondere Studierende mit den Vertiefungsfächern Statistik, Ökonometrie, Operations Research oder mathematische Wirtschaftstheorie im Bereich der Wirtschaftswissenschaft oder Studierende im Hauptfach Statistik. Darüberhinaus sei das Buch auch denjenigen empfohlen, die sich in ihrem ökonomischen Arbeitsfeld außerhalb der Universität mit mathematischen Methoden auseinanderzusetzen haben.

Natürlich kann ein solches Lehrbuch nicht alle Gebiete einer mathematisch orientierten Ökonomie gleichermaßen abdecken. Und das nicht nur wegen des limitierten Umfangs, sondern auch, weil die Wirtschaftswissenschaft wie jede andere Wissenschaft „ständig im Fluß“ ist. So werden immer wieder neue wichtige Gebiete hinzukommen, ohne daß dabei klassische Gebiete an Bedeutung verlieren. Als ein solches neues Gebiet sei hier nur die Chaostheorie genannt, die in den letzten Jahren auch in die Ökonomie verstärkt Einzug gehalten hat und zu der mittlerweile eine umfangreiche eigenständige Literatur vorliegt. Auf die Chaostheorie werden wir deshalb hier nicht näher eingehen, sondern verweisen bei der Behandlung nichtlinearer dynamischer Systeme nur auf entsprechende Literaturstellen. Einzelne Kapitel dieses Buches basieren auf Manuskripten der Autoren zu Lehrveranstaltungen im wirtschaftswissenschaftlichen Hauptstudium an ihren Universitäten. Unser generelles Bemühen war es, die mathematischen Themenkreise problem- und anwendungsorientiert darzustellen, was in zahlreichen Beispielen aus den verschiedensten Anwendungsbereichen der Betriebs- und Volkswirtschaftslehre zum Ausdruck kommt. Auf Beweise von Sätzen kann ein Mathematiker nicht gänzlich verzichten, dafür beleuchtet ein Beweis auf zu eindrucksvolle Weise den Inhalt einer mathematischen Aussage mit allen ihren Prämissen. Aber es bestand für uns keine Verpflichtung, „alles“ zu beweisen, um somit mehr Raum für ökonomische Modelle, ihrer Beschreibung und Analyse, zu haben.

Ein gutes Lehrbuch sollte auch auf Aufgaben zu den behandelten Themen nicht verzichten, um dem Lernenden die Überprüfung seines Kenntnisstandes zu ermöglichen. So finden sich am Ende eines jeden Kapitels eine Reihe von Aufgaben, zu solchen mit ungerader Nummer sind Lösungen im Anhang des Buches zusammengestellt. Definitionen, Sätze, Beispiele, Abbildungen und Tabellen sind kapitelweise durchnumeriert, wobei die erste Ziffer die Kapitelnummer angibt. Das Ende eines Beweises ist mit □ gekennzeichnet, das Ende eines Beispiels mit ○.

Selbst bei einer Beteiligung von vier Autoren hängt das Gelingen eines Buches von der Hilfe weiterer Personen ab, sei es bei Fragen des auszuwählenden Stoffes und seiner Darstellung, sei es bei der Erstellung der druckfertigen Vorlage und beim Korrekturlesen. Hier sind wir allen voran Herrn Priv. Doz. Dr. Dietrich Trenkler zu ganz besonderem Dank verpflichtet. Herr Trenkler hat nicht nur die druckfertige Vorlage mit allen Grafiken und Tabellen erstellt, sondern weit darüberhinaus in Formulierung und Darstellung „eingegriffen", was der Lesbarkeit des Buches zweifelsohne zugute gekommen ist. Unser Dank gilt auch Frau Karin Wüstenbecker, einer unermüdlichen Korrekturleserin, sowie Herrn Martin Weigert vom Oldenbourg Verlag für die gute Zusammenarbeit.

Berlin, Bielefeld,
Dortmund und Karlsruhe

H. Büning, P. Naeve,
G. Trenkler und K.-H. Waldmann

Inhaltsverzeichnis

Einleitung

Der Einsatz der Mathematik in den Wirtschaftswissenschaften hat in den vergangenen Jahrzehnten in zunehmendem Maße an Bedeutung gewonnen. Wohl kaum ein Gebiet der Ökonomie ist im Laufe der Zeit von der Mathematik „verschont" geblieben. Es würde allerdings den Rahmen dieses Buches sprengen, wollten wir auch nur alle wesentlichen Gebiete ansprechen und das dafür notwendige mathematische Instrumentarium bereitstellen. So bleibt die Auswahl der zu behandelnden mathematischen Themen in einem solchen Lehrbuch notgedrungen stets mit einer gewissen Willkür verbunden bzw. von der Sichtweise der Autoren abhängig, welche mathematischen Methoden sie als wichtig erachten. Es gibt nicht wenige Ökonomen, die der fortschreitenden Mathematisierung der Ökonomie mit großer Skepsis begegnen. Ein Grund mag sein, daß vielen von ihnen, die nicht über das notwendige mathematische „Know-how" verfügen, die mathematisch-ökonomische Literatur unverständlich bleibt, wie beispielsweise die Monographie des Nobelpreisträgers für Ökonomie, G. Debreu, *Theory of Value — An Axiomatic Analysis of Economic Equilibrium* (1959), um nur eines der älteren, schon stärker mathematisch ausgerichteten ökonomischen Bücher zu nennen. Zum Verständnis dieser Monographie werden fundierte Kenntnisse geordneter topologischer Räume vorausgesetzt. Der im Vorwort geäußerten Einschätzung des Autors „ ... *small amount of mathematics necessary for a full understanding* ... " wird ein Mathematiker zustimmen, weniger jedoch ein anwendungsorientierter Ökonom. Unstrittig sollte jedoch sein, daß die Operationalisierung und Quantifizierung wirtschaftlicher Phänomene beim Ineinanderspiel ökonomischer Variablen zum besseren Verständnis der ökonomischen Theorie beiträgt, ermöglicht diese Operationalisierung mit Hilfe mathematischer Methoden doch eine präzisere Darstellung der wirtschaftlichen Realität. Sicher, über die Adäquatheit von Modellen zur Beschreibung empirischer Phänomene läßt sich wahrlich oft trefflich streiten; das gilt für die Wirtschaftswissenschaften wie für jede andere empirische Wissenschaft. Aber ohne den Versuch zu wagen, das zu beobachtende Phänomen durch ein Modell abzubilden, bleibt die Theorie meist vage und Mißinterpretationen werden Tür und Tor geöffnet. Dies möge der Leser als ein Plädoyer für den Erwerb eines gewissen mathematischen Rüstzeuges im Hinblick auf ein erfolgreiches Ökonomie-Studium, das internationalen Standards gerecht wird, auffassen.

Bei der Frage nach der Auswahl mathematischer Themen haben wir uns an Fächern und Inhalten eines quantitativ ausgerichteten Hauptstudiums der Betriebs- und Volkswirtschaftslehre orientiert, als da sind: Statistik, Operations Research, Ökonometrie, Mikro- und Makroökonomie u.a. Dementsprechend sind auch die Themen der einzelnen Kapitel gewählt. Dabei geht es um Operationen mit Vektoren, Vektorräumen, Matrizen, Determinanten, das Lösen von Gleichungs- und Ungleichungssystemen mit und ohne Nebenbedingungen, die Untersuchung von Funktionen und ihren Eigenschaften und vieles mehr. Das Buch umfaßt insgesamt 9 Kapitel und einen Anhang mit Lösungen von ausgewählten Aufgaben. Die einzelnen Kapitel bauen nicht generell aufeinander auf, sondern können teilweise auch unabhängig voneinander gelesen werden, so z.B. das 3. und 4. Kapitel zur Matrizenrechnung. Zum besseren Verständnis der Kapitel 7, 8 und 9 empfiehlt sich allerdings erst das Studium des 6. Kapitels.

Zu den Kapiteln im einzelnen:

Das 1. Kapitel dient der Wiederholung mathematischer Begriffe und einer Zusammenstellung der wichtigsten Sätze aus dem Grundstudium der Mathematik für Ökonomen, wie sie in dem Buch von Wetzel u.a. (1981) zu finden sind; dazu einige Ergänzungen zu quadratischen Formen, Eigenwerten, metrischen Räumen, geordneten Mengen und Ungleichungen.

Im 2. Kapitel werden im ersten Teil Fragen der Differenzierbarkeit reell- und vektorwertiger Funktionen sowie von impliziten und inversen Funktionen mit Anwendungen bei der Untersuchung relativer Extrema behandelt. Im zweiten Teil geht es um das Riemannsche Integral von Funktionen einer und mehrerer Variablen, um uneigentliche Integrale, um das Riemann-Stieltjes-Integral, um Variablentransformation in n-dimensionalen Integralen mit Anwendungen in der Statistik (Satz von Jacobi) und im letzten Teil um die Differentiation in Matrixsymbolik.

Das 3. Kapitel beschäftigt sich mit verallgemeinerten Inversen einer beliebigen Matrix. Das Konzept der verallgemeinerten Inversen (auch g-Inverse genannt, „g" steht für generalized) ist ein mächtiges Werkzeug zur Lösung linearer Gleichungssysteme und findet insbesondere in der Inferenzstatistik Anwendung beim Schätzen der Parameter des linearen Regressionsmodells. Ein Spezialfall einer g-Inversen ist die Moore-Penrose-Inverse, die für jede Matrix existiert und eindeutig ist. Numerische Methoden zur Bestimmung der verallgemeinerten Inversen werden in einem gesonderten Abschnitt zur Verfügung gestellt. Das Kapitel schließt mit der Darstellung von Projektionen und Projektoren und stellt dabei ihren Zusammenhang mit den vorab betrachteten verallgemeinerten Inversen her. Schätzer und ihre Eigenschaften im linearen Regressionsmodell lassen sich mathematisch elegant mit Hilfe solcher Projektoren beschreiben.

Das 4. Kapitel ist nichtnegativen Matrizen gewidmet, die bei der Untersuchung linearer ökonomischer Modelle eine wichtige Rolle spielen. Dazu werden zu Beginn einige motivierende Beispiele sogenannter Leontief-Modelle vorgestellt. Bei der Suche nach Lösungen der entsprechenden linearen Gleichungs- und Ungleichungssysteme müssen die Komponenten des Lösungsvektors nichtnegativ sein, damit die Lösung ökonomisch sinnvoll ist. Es folgt die Untersuchung von Eigenschaften solcher nichtnegativer Matrizen in Verbindung mit Begriffen wie Matrixnorm, Diagonaldominanz und Zerlegbarkeit von Matrizen. Nichtnegative Matrizen haben stets einen reellen, nichtnegativen Eigenwert, die sogenannte Frobenius-Wurzel, der betragsmäßig mindestens so groß wie alle anderen Eigenwerte der Matrix. Das wird im vorletzten Abschnitt gezeigt. Der letzte Abschnitt handelt von speziellen nichtnegativen Matrizen, sogenannten stochastischen Matrizen, wie sie bei Einkommensverteilungsmodellen oder in der stochastischen Optimierung (siehe 9. Kapitel) Anwendung finden.

Im 5. Kapitel werden Differenzen- und Differentialgleichungen, ihre Lösungen und das Verhalten der Lösungen unter Zugrundelegung gewisser Stabilitätskriterien behandelt. Motiviert wird die Untersuchung solcher Differenzengleichungen (bei diskreter Zeit) und Differentialgleichungen (bei stetiger Zeit) mit Anwendungen in der dynamischen ökonomischen Analyse, so z.B. für Angebots- und Nachfrage-Modelle sowie für Volkseinkommen- und Konsum-Modelle. Dabei beschränken wir uns vorrangig auf lineare Differenzen- und Differentialgleichungen und speziell auf solche mit konstanten Koeffizienten, wie sie in den Anwendungen oft zu finden sind. Für lineare homogene und inhomogene Differenzen- und Differentialgleichungen ist die Struktur der Lösung recht einfach. Nach einführenden Beispielen werden grundlegende Sätze über die Existenz und Eindeutigkeit der Lösungen und ihrer Struktur hergeleitet sowie die Begriffe Stabilität und Gleichgewicht eingeführt. Die folgenden Abschnitte sind der Untersuchung linearer Differenzengleichungen bzw. linearer Differentialgleichungen mit konstanten Koeffizienten gewidmet sowie Systemen solcher Gleichungen. Der nächste Abschnitt dient einer einheitlichen Darstellung linearer Differenzen- und Differentialgleichungen mit Hilfe linearer Operatoren. Am Ende des Kapitels wird noch ein Ausblick auf nichtlineare Differenzen- und Differentialgleichungen gegeben.

Das 6. Kapitel beschäftigt sich mit der linearen Optimierung. Ziel ist es, eine lineare Funktion unter Nebenbedingungen, die in Form von linearen Ungleichungen vorliegen, zu maximieren oder minimieren. Ausgangspunkt der Untersuchungen bildet eine Reihe von Beispielen, die das breite Spektrum potentieller Anwendungen aufzeigen. Diese führen auf eine Standardform, die die Grundlage der algorithmischen (Simplex-Algorithmus) und theoretischen Behandlung (Dualitätssatz, Satz vom komplementären Schlupf) bildet. Neben allgemeinen linearen Optimierungsproblemen werden strukturierte lineare Optimierungsprobleme wie Zweipersonen-Nullsummenspiele oder Transportprobleme ausführlich behandelt. Eine ökonomische Interpretation der Ergebnisse sowie eine Sensitivitätsanalyse (Parametrische Optimierung) schließt das Kapitel ab.

Das 7. Kapitel hat die ganzzahlige Optimierung zum Gegenstand, bei der die Entscheidungsvariablen der linearen Optimierung auf ganzzahlige Werte oder sogar nur auf die Werte 1 oder 0 (im Falle von ja-nein Entscheidungen) eingeschränkt werden. Verbunden mit der Einschränkung ist ein erheblicher zusätzlicher Rechenaufwand, dem durch moderne Heuristiken (Simulated Annealing, Tabu Search, Genetische Algorithmen), die die klassischen exakten Verfahren (Branch and Bound Verfahren, Schnittebenenverfahren) vervollständigen, Rechnung getragen wird.

Im 8. Kapitel wird die nichtlineare Optimierung behandelt. Hierzu wird die Annahme einer linearen Zielfunktion und/oder linearer Nebenbedingungen fallengelassen. Dadurch wird eine größere Realitätsnähe erreicht, die jedoch durch mathematisch anspruchsvollere und numerisch aufwendigere Lösungsverfahren erkauft wird. Einen wichtigen Spezialfall bilden konvexe Optimierungsprobleme, bei denen eine konvexe Funktion über einer konvexen Menge minimiert wird. Die theoretische (Karush-Kuhn-Tucker Theorem) und praktische Lösung konvexer Optimierungsprobleme bildet einen Schwerpunkt des Kapitels. Darüber hinaus werden quadratische Optimierungsprobleme behandelt (Komplementaritätsmethode) und ausgewählte Lösungsverfahren (Gradientenverfahren, Verfahren zulässiger Richtungen, Methoden der äußeren Approximation, Strafmethoden) vorgestellt.

Das 9. und letzte Kapitel beschäftigt sich mit der dynamischen Optimierung, einer rekursiven Lösungstechnik, die hauptsächlich bei mehrstufigen Entscheidungsproblemen Anwendung findet. Einführende Beispiele veranschaulichen den Lösungsansatz und zeigen das breite Spektrum der möglichen Anwendungen auf. Sie führen auf das Basismodell der deterministischen und stochastischen dynamischen Optimierung und deren Analyse mittels Optimalitätsgleichung (Bellman'sche Funktionalgleichung). Die Optimalität einfach strukturierter Entscheidungsregeln ist ein weiterer Schwerpunkt des Kapitels. Diesbezügliche Strukturaussagen werden unter geeigneten Monotonieannahmen für Stopp-, Ersetzungs-, Lagerhaltungs- und Kassenhaltungsprobleme hergeleitet.

Der Anhang bringt Lösungen zu denen am Ende eines jeden Kapitels gestellten Aufgaben, und zwar jeweils für alle Aufgaben mit ungerader Nummer.

Kapitel 1

Mathematische Grundlagen

1.1 Vorbemerkung

In diesem einführenden Kapitel wollen wir eine Reihe von Begriffen aus der „Linearen Algebra“ und „Analysis“ zusammenstellen, deren Kenntnis wichtig für das Verständnis der folgenden Kapitel ist. Einige dieser Begriffe sind bereits aus dem mathematischen Grundstudium für Wirtschaftswissenschaftler bekannt, siehe z.B. Wetzel u.a. (1981); der Geschlossenheit der Darstellung wegen werden sie hier noch einmal aufgegriffen. Die Begriffe der linearen Unabhängigkeit von Vektoren und der Basis von Unterräumen des $\mathbb{R}^n$ werden hier als bekannt vorausgesetzt; sie sind ein Spezialfall der im Zusammenhang mit der Theorie allgemeiner Vektorräume diskutierten Begriffe in Abschnitt 1.9.

Um dieses Kapitel nicht zu stark auszudehnen, ist die Behandlung der einzelnen Themen bewußt kurz gehalten; auf die Beweise der Sätze bzw. Regeln wird nahezu gänzlich verzichtet. Die meisten, z.T. schon aus dem Grundstudium bekannten Beweise sind recht einfach und mögen dem Leser als Übung dienen. Ansonsten wird auf das Literaturverzeichnis im Anhang verwiesen.

1.2 Komplexe Zahlen

Eine komplexe Zahl z hat die Form $z = a+bi$, wobei $i := \sqrt{-1}$ die **imaginäre Einheit** ist; die Zahl $a \in \mathbb{R}$ heißt **Realteil** und $b \in \mathbb{R}$ ist der **Imaginärteil** von z. Die Menge aller komplexen Zahlen bezeichnen wir mit $\mathbb{C}$. Offensichtlich gilt $\mathbb{R} \subset \mathbb{C}$.

Zwei komplexe Zahlen $z_1 = a_1 + b_1 i$ und $z_2 = a_2 + b_2 i$ sind genau dann gleich, wenn $a_1 = a_2$ und $b_1 = b_2$ gilt. Einige grundlegende Rechenoperationen zwischen komplexen Zahlen werden eingeführt in der

Definition 1.1
Gegeben seien die Zahlen $a_1, b_1, a_2, b_2 \in \mathbb{R}$.

(i) **Addition/Subtraktion:**

$$(a_1 + b_1 i) \pm (a_2 + b_2 i) := (a_1 + a_2) \pm (b_1 + b_2)i \tag{1.1}$$

(ii) **Multiplikation:**

$$(a_1 + b_1 i) \cdot (a_2 + b_2 i) := (a_1 a_2 - b_1 b_2) + (a_1 b_2 + a_2 b_1)i \tag{1.2}$$

(iii) **Division:** Für $a_2 \neq 0$ oder $b_2 \neq 0$ ist

$$\frac{a_1 + b_1 i}{a_2 + b_2 i} := \frac{a_1 a_2 + b_1 b_2}{a_2^2 + b_2^2} + \frac{a_2 b_1 - a_1 b_2}{a_2^2 + b_2^2} i. \tag{1.3}$$

Komplexe Zahlen lassen sich als Zahlenpaare in der sogenannten **Gaußschen Zahlenebene** darstellen:

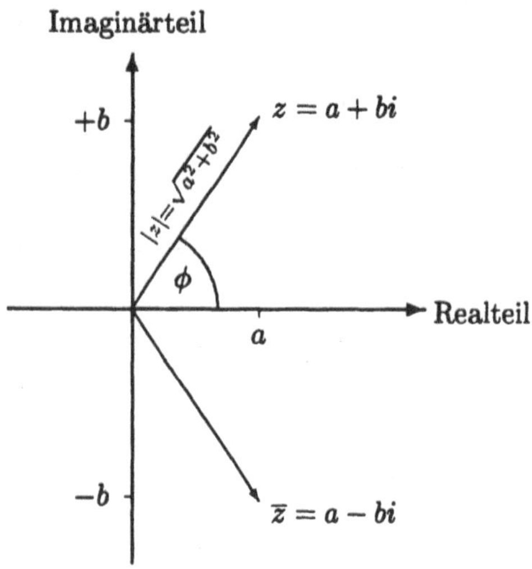

Abbildung 1.1: Darstellung von z, $\overline{z}$ und $|z|$ in der Gaußschen Zahlenebene

Die durch Spiegelung an der Realteil-Achse erhaltene komplexe Zahl $\overline{z} := a - bi$ heißt die zu $z = a + bi$ **konjugiert komplexe Zahl**.

Hier einige Rechenregeln für konjugiert komplexe Zahlen:

Satz 1.1 *Gegeben seien die Zahlen $z, z_1, z_2 \in \mathbb{C}$. Dann gilt*

$$\overline{\overline{z}} = z \tag{1.4}$$

$$\overline{z_1 \pm z_2} = \overline{z_1} \pm \overline{z_2} \tag{1.5}$$

$$\overline{z_1 \cdot z_2} = \overline{z_1} \cdot \overline{z_2} \tag{1.6}$$

$$\overline{\left(\frac{z_1}{z_2}\right)} = \frac{\overline{z_1}}{\overline{z_2}}. \tag{1.7}$$

Der **Absolutbetrag** oder **Norm** $|z|$ der komplexen Zahl $z = a + bi$ ist definiert durch $|z| := \sqrt{a^2 + b^2}$; er gibt den Abstand von z zum Nullpunkt an (siehe Abbildung 1.1).

Rechenregeln für Absolutbeträge komplexer Zahlen sind formuliert im

Satz 1.2
Gegeben seien die Zahlen $z, z_1, z_2 \in \mathbb{C}$. Dann gilt

$$|z| \geq 0 \tag{1.8}$$

$$|z|^2 = z \cdot \overline{z} \tag{1.9}$$

$$|z_1 \cdot z_2| = |z_1| \cdot |z_2| \tag{1.10}$$

$$|z_1 + z_2| \leq |z_1| + |z_2| \quad \textbf{(Dreiecksungleichung)}. \tag{1.11}$$

Jede komplexe Zahl $z = a + bi$ weist eine zusätzliche Darstellung auf. Danach gilt $a = |z| \cos\phi$ und $b = |z| \sin\phi$ (siehe Abbildung 1.1). Mithin gilt für z die Darstellung

$$z = |z|(\cos\phi + i \sin\phi). \tag{1.12}$$

Die Zahlen $r := |z|$ und ϕ heißen **Polarkoordinaten** von z. Das Produkt zweier komplexer Zahlen $z_1 = a_1 + b_1 i = r_1(\cos\phi_1 + i\sin\phi_1)$ und $z_2 = a_2 + b_2 i = r_2(\cos\phi_2 + i\sin\phi_2)$ ist dann in Polarkoordinaten wie folgt gegeben:

$$z_1 \cdot z_2 = r_1 r_2(\cos(\phi_1 + \phi_2) + i\sin(\phi_1 + \phi_2)), \tag{1.13}$$

d.h., die Absolutbeträge werden multipliziert und die Winkel werden addiert.

Aus der Formel für das Produkt ergibt sich die sogenannte **Moivresche Formel** für die n-te Potenz einer komplexen Zahl:

$$z^n = r^n(\cos n\phi + i \sin n\phi). \tag{1.14}$$

Speziell für $r = 1$ ergibt sich:

$$(\cos\phi + i\sin\phi)^n = \cos n\phi + i\sin n\phi. \tag{1.15}$$

Weiterhin gilt:

$$\sqrt[n]{z} = \sqrt[n]{r}\left(\cos\frac{\phi + 2k\pi}{n} + i\sin\frac{\phi + 2k\pi}{n}\right) \tag{1.16}$$

mit $k = 0, 1, \ldots, n-1$. Der Winkel ϕ (siehe Abbildung 1.1) ist dabei im Bogenmaß ausgedrückt.

Aus den Reihendarstellungen der Funktionen e^x, $\sin x$ und $\cos x$ erhält man die sogenannte **Eulersche Formel**:

$$e^{ix} = \cos x + i\sin x. \tag{1.17}$$

Damit läßt sich jede komplexe Zahl $z = r(\cos\phi + i\sin\phi)$ in der Form $z = re^{i\phi}$ schreiben, und es ergibt sich für das Produkt zweier komplexer Zahlen $z_1 = r_1e^{i\phi_1}$ und $z_2 = r_2e^{i\phi_2}$ die Darstellung:

$$z_1 \cdot z_2 = r_1r_2e^{i(\phi_1+\phi_2)}. \tag{1.18}$$

Ersetzen wir in $e^{ix} = \cos x + i\sin x$ das Argument x durch $-x$, so erhalten wir durch Addition bzw. Subtraktion der beiden Formeln die Beziehungen

$$\cos x = \frac{e^{ix} + e^{-ix}}{2} \quad \text{und} \quad \sin x = \frac{e^{ix} - e^{-ix}}{2i}, \tag{1.19}$$

d.h., die trigonometrischen Funktionen $\sin x$ und $\cos x$ mit reellem Argument x werden durch die Exponentialfunktion mit „rein imaginärem" Argument ausgedrückt.

1.3 Matrizen

1.3.1 Definitionen und Rechenregeln

Definition 1.2
Ein geordnetes rechteckiges Schema von Zahlen der Form

$$\mathbf{A} = \begin{pmatrix} a_{11} & a_{12} & \cdots & a_{1n} \\ a_{21} & a_{22} & \cdots & a_{2n} \\ \vdots & \vdots & \ddots & \vdots \\ a_{m1} & a_{m2} & \cdots & a_{mn} \end{pmatrix} =: (a_{ij})$$

heißt eine **Matrix der Ordnung** (m,n), kurz (m,n)**-Matrix**. Für die Gesamtheit aller (m,n)-Matrizen $\mathbf{A} = (a_{ij})$ mit reellen oder komplexen Zahlen a_{ij} findet man gelegentlich die Schreibweise $\mathbb{R}^{m\times n}$ bzw. $\mathbb{C}^{m\times n}$.

Ist $m = n$, so heißt **A quadratisch**. Zwei Matrizen $\mathbf{A} = (a_{ij})$ und $\mathbf{B} = (b_{ij})$ der Ordung (m,n) heißen **gleich**, in Zeichen $\mathbf{A} = \mathbf{B}$, wenn $a_{ij} = b_{ij}$ für alle $i = 1,\ldots,m$ und $j = 1,\ldots,n$ gilt.

Spezielle Matrizen sind die **Nullmatrix 0**, deren Elemente alle gleich 0 sind, sowie die (n,n)**-Einheitsmatrix** $\mathbf{I} = (\delta_{ij})$, wobei δ_{ij} das sogenannte **Kronecker-Symbol** ist, welches durch

$$\delta_{ij} := \begin{cases} 1, & i = j, \\ 0, & i \neq j, \end{cases} \tag{1.20}$$

definiert ist.

Jedes Element $\mathbf{x} = (x_i)$ des $\mathbb{R}^n$ kann als eine $(n,1)$-Matrix der Form

$$\mathbf{x} = \begin{pmatrix} x_1 \\ x_2 \\ \vdots \\ x_n \end{pmatrix}$$

aufgefaßt werden. Wir sprechen dann von einem **Spaltenvektor**. In analoger Weise beschreibt die $(1,n)$-Matrix $\mathbf{x}^\mathsf{T} := (x_1, x_2, \ldots, x_n)$ einen **Zeilenvektor**.

Im folgenden werden wir des öfteren den j**-ten Einheitsvektor** $\mathbf{e}_j \in \mathbb{R}^n$ für $j = 1, 2, \ldots, n$ betrachten, der durch

$$\mathbf{e}_j := \begin{pmatrix} \delta_{1j} \\ \delta_{2j} \\ \vdots \\ \delta_{nj} \end{pmatrix}, \text{ d.h. } \mathbf{e}_1 = \begin{pmatrix} 1 \\ 0 \\ \vdots \\ 0 \end{pmatrix}, \mathbf{e}_2 = \begin{pmatrix} 0 \\ 1 \\ \vdots \\ 0 \end{pmatrix}, \mathbf{e}_n = \begin{pmatrix} 0 \\ 0 \\ \vdots \\ 1 \end{pmatrix}$$

definiert ist. Es handelt sich also um einen Spaltenvektor, der aus $n-1$ Nullen besteht, und nur an der j-ten Stelle befindet sich eine Eins.

Jede (m, n)-Matrix $\mathbf{A} = (a_{ij})$ ist so aufgebaut, daß n Spaltenvektoren $\mathbf{a}_1, \mathbf{a}_2, \ldots, \mathbf{a}_n$ nebeneinander geschrieben werden, wobei die j-te Spalte gegeben ist durch

$$\mathbf{a}_j = \begin{pmatrix} a_{1j} \\ a_{2j} \\ \vdots \\ a_{mj} \end{pmatrix}.$$

Analog entsteht $\mathbf{A}$, indem m Zeilenvektoren $\mathbf{a}_{(1)}^{\mathsf{T}}, \mathbf{a}_{(2)}^{\mathsf{T}}, \ldots, \mathbf{a}_{(m)}^{\mathsf{T}}$ untereinander geschrieben werden, wobei für die i-te Zeile gilt

$$\mathbf{a}_{(i)}^{\mathsf{T}} = (a_{i1}, a_{i2}, \ldots, a_{in}).$$

Fassen wir diese Ergebnisse zusammen, so erhalten wir die Spalten- bzw. Zeilenschreibweise einer (m, n)-Matrix

$$\mathbf{A} = (\mathbf{a}_1, \mathbf{a}_2, \ldots, \mathbf{a}_n) = \begin{pmatrix} \mathbf{a}_{(1)}^{\mathsf{T}} \\ \mathbf{a}_{(2)}^{\mathsf{T}} \\ \vdots \\ \mathbf{a}_{(m)}^{\mathsf{T}} \end{pmatrix}. \tag{1.21}$$

Ein Spezialfall ist die (n, n)-Einheitsmatrix $\mathbf{I}$, die in der Spaltenschreibweise die Darstellung $\mathbf{I} = (\mathbf{e}_1, \mathbf{e}_2, \ldots, \mathbf{e}_n)$ besitzt, wobei $\mathbf{e}_j$ der j-te Einheitsvektor des $\mathbb{R}^n$ ist.

Zwischen Matrizen $\mathbf{A}$ und $\mathbf{B}$ können nun wie folgt Rechenoperationen definiert werden:

Definition 1.3
Es seien $\mathbf{A} = (a_{ij})$ und $\mathbf{B} = (b_{ij})$ zwei (m,n)-Matrizen. Dann ist $\mathbf{A} + \mathbf{B} := (a_{ij} + b_{ij})$.

Für die Matrizenaddition gelten folgende Regeln:

Satz 1.3

(i) $\mathbf{A} + \mathbf{B} = \mathbf{B} + \mathbf{A}$ *(Kommutatives Gesetz)*

(ii) $\mathbf{A} + (\mathbf{B} + \mathbf{C}) = (\mathbf{A} + \mathbf{B}) + \mathbf{C}$ *(Assoziatives Gesetz)*

(iii) $\mathbf{A} + \mathbf{0} = \mathbf{0} + \mathbf{A} = \mathbf{A}$

(iv) Für $\mathbf{A} = (a_{ij})$ *sei* $-\mathbf{A} := (-a_{ij})$, $i = 1, \dots, m$, $j = 1, \dots, n$. *Dann ist*

$$\mathbf{A} - \mathbf{A} = \mathbf{A} + (-\mathbf{A}) = \mathbf{0}.$$

Definition 1.4
Für eine reelle Zahl $k \in \mathbb{R}$ und eine Matrix $\mathbf{A} = (a_{ij})$ ist $k \cdot \mathbf{A} := (ka_{ij})$.

Mit Skalaren $k, k_1, k_2 \in \mathbb{R}$ und geeigneten Matrizen $\mathbf{A}$ und $\mathbf{B}$ gelten die folgenden Regeln für die Skalarmultiplikation:

Satz 1.4

(i) $(k_1 + k_2) \cdot \mathbf{A} = k_1 \cdot \mathbf{A} + k_2 \cdot \mathbf{A}$

(ii) $k \cdot (\mathbf{A} + \mathbf{B}) = k \cdot \mathbf{A} + k \cdot \mathbf{B}$

(iii) $k_1 \cdot (k_2 \cdot \mathbf{A}) = (k_1 k_2) \cdot \mathbf{A}$.

Definition 1.5
Für eine (m,n)-Matrix $\mathbf{A}$ und eine (n,p)-Matrix $\mathbf{B}$ heißt die (m,p)-Matrix $\mathbf{A} \cdot \mathbf{B} := (c_{ij})$ mit

$$c_{ij} = \sum_{h=1}^{n} a_{ih} b_{hj}$$

für alle $i = 1, \dots, m$ und alle $j = 1, \dots, p$, das **Produkt** von $\mathbf{A}$ und $\mathbf{B}$.

Falls Addition und Multiplikation definiert sind, gelten die folgenden Rechenregeln für die Matrizenmultiplikation:

Satz 1.5

(i) $\mathbf{A} \cdot \mathbf{0} = \mathbf{0} \cdot \mathbf{A} = \mathbf{0}$

(ii) $\mathbf{A} \cdot \mathbf{I} = \mathbf{I} \cdot \mathbf{A} = \mathbf{A}$

(iii) $\mathbf{A} \cdot (\mathbf{B} \cdot \mathbf{C}) = (\mathbf{A} \cdot \mathbf{B}) \cdot \mathbf{C}$ *(Assoziatives Gesetz)*

(iv) $\mathbf{A} \cdot (\mathbf{B} + \mathbf{C}) = \mathbf{A} \cdot \mathbf{B} + \mathbf{A} \cdot \mathbf{C}$ *(Distributives Gesetz).*

Hinweise:

(a) Es gilt *nicht* generell $\mathbf{A} \cdot \mathbf{B} = \mathbf{B} \cdot \mathbf{A}$.

(b) Aus $\mathbf{A} \cdot \mathbf{B} = \mathbf{0}$ folgt nicht $\mathbf{A} = \mathbf{0}$ oder $\mathbf{B} = \mathbf{0}$.

(c) Statt $\underbrace{\mathbf{A} \cdot \mathbf{A} \cdot \ldots \cdot \mathbf{A}}_{n \text{ Faktoren}}$ schreiben wir $\mathbf{A}^n$.

Wenn keine Verwechslung zu befürchten ist, werden wir im folgenden das Zeichen $\cdot$ im Matrizenprodukt $\mathbf{A} \cdot \mathbf{B}$ fortlassen.

1.3.2 Rang einer Matrix

Definition 1.6

Die Maximalzahl linear unabhängiger Zeilenvektoren (= Maximalzahl linear unabhängiger Spaltenvektoren) einer (m, n)-Matrix $\mathbf{A}$ heißt **Rang** von $\mathbf{A}$, in Zeichen $\text{rang}(\mathbf{A})$ oder kurz $\text{rg}(\mathbf{A})$.

Offensichtlich gilt: $\text{rg}(\mathbf{A}) \leq \min\{m, n\}$. Ist $\text{rg}(\mathbf{A}) = m$ bzw. $\text{rg}(\mathbf{A}) = n$, so heißt $\mathbf{A}$ **zeilen-** bzw. **spaltenregulär**. Ist $\text{rg}(\mathbf{A}) = n$ für eine quadratische (n, n)-Matrix $\mathbf{A}$, so heißt $\mathbf{A}$ **regulär**, anderenfalls **singulär**.

Es gelten folgende Rangaussagen:

Satz 1.6

(i) $\text{rg}(\mathbf{A} + \mathbf{B}) \leq \text{rg}(\mathbf{A}) + \text{rg}(\mathbf{B})$

(ii) $\text{rg}(\mathbf{AB}) \leq \min\{\text{rg}(\mathbf{A}), \text{rg}(\mathbf{B})\}$

(iii) *Für reguläre Matrizen* $\mathbf{B}$ *und* $\mathbf{C}$ *ist* $\text{rg}(\mathbf{A}) = \text{rg}(\mathbf{AB}) = \text{rg}(\mathbf{CA})$.

1.3.3 Transponierte und Inverse einer Matrix

Definition 1.7

Es sei $\mathbf{A} = (a_{ij})$ eine (m,n)-Matrix. Dann heißt die (n,m)-Matrix $\mathbf{A}^\top := (a_{ji})$ die zu $\mathbf{A}$ **transponierte Matrix.**

Für die transponierte Matrix gelten die folgenden Regeln:

Satz 1.7

Gegeben seien die (m,n)-Matrizen $\mathbf{A}$ und $\mathbf{B}$ sowie die (n,p)-Matrix $\mathbf{C}$. Dann ist

(i) $(\mathbf{A}^\top)^\top = \mathbf{A}$

(ii) $(\mathbf{A}+\mathbf{B})^\top = \mathbf{A}^\top + \mathbf{B}^\top$

(iii) $(\mathbf{AC})^\top = \mathbf{C}^\top\mathbf{A}^\top$

(iv) $\mathrm{rg}(\mathbf{A}^\top) = \mathrm{rg}(\mathbf{A})$

(v) $\mathrm{rg}(\mathbf{A}^\top\mathbf{A}) = \mathrm{rg}(\mathbf{A}\mathbf{A}^\top) = \mathrm{rg}(\mathbf{A})$.

Sind $\mathbf{a} = (a_1,\dots,a_m)^\top$ und $\mathbf{b} = (b_1,\dots,b_n)^\top$ Vektoren, so heißt die (m,n)-Matrix $\mathbf{ab}^\top$ **dyadisches Produkt** von $\mathbf{a}$ und $\mathbf{b}$. Ist speziell $m = n$, so heißt die reelle Zahl $\mathbf{a}^\top\mathbf{b} = \sum_{i=1}^n a_i b_i$ **inneres Produkt** von $\mathbf{a}$ und $\mathbf{b}$. Insbesondere heißen zwei Vektoren $\mathbf{a},\mathbf{b} \in \mathbb{R}^n$ **orthogonal**, in Zeichen $\mathbf{a} \perp \mathbf{b}$, wenn für ihr inneres Produkt gilt $\mathbf{a}^\top\mathbf{b} = 0$. Jedem Vektor $\mathbf{a} \in \mathbb{R}^n$ ist seine **euklidische Norm**

$$\|\mathbf{a}\| := \sqrt{\mathbf{a}^\top\mathbf{a}} = \sqrt{\sum_{i=1}^n a_i^2} \tag{1.22}$$

zugeordnet. Er heißt **normiert**, wenn $\|\mathbf{a}\| = 1$ gilt. Schließlich heißt eine Menge $\{\mathbf{a}_1,\dots,\mathbf{a}_k\} \subset \mathbb{R}^n$ **orthonormiert**, wenn jedes $\mathbf{a}_i$ normiert ist und die Vektoren $\mathbf{a}_i$ und $\mathbf{a}_j$ orthogonal sind für jedes Paar i,j mit $i \neq j$. Orthonormiertheit läßt sich kompakter in der Form $\mathbf{a}_i^\top\mathbf{b}_j = \delta_{ij}$ beschreiben, wobei δ_{ij} das Kronecker-Symbol aus (1.20) ist. Offenbar sind die Einheitsvektoren $\mathbf{e}_1,\dots,\mathbf{e}_n \in \mathbb{R}^n$ orthonormiert.

Ist $\mathbf{A}$ eine (m,n)- und $\mathbf{B}$ eine (n,p)-Matrix, so sind diese in der Spalten- oder Zeilenschreibweise gegeben durch (1.21) bzw.

$$\mathbf{B} = (\mathbf{b}_1, \mathbf{b}_2, \ldots, \mathbf{b}_p) = \begin{pmatrix} \mathbf{b}_{(1)}^{\mathsf{T}} \\ \mathbf{b}_{(2)}^{\mathsf{T}} \\ \vdots \\ \mathbf{b}_{(n)}^{\mathsf{T}} \end{pmatrix}.$$

Das Matrizenprodukt kann dann mit Hilfe dyadischer bzw. innerer Produkte wie folgt geschrieben werden:

$$\mathbf{AB} = \sum_{i=1}^{n} \mathbf{a}_i \mathbf{b}_{(i)}^{\mathsf{T}} = \begin{pmatrix} \mathbf{a}_{(1)}^{\mathsf{T}} \mathbf{b}_1 & \ldots & \mathbf{a}_{(1)}^{\mathsf{T}} \mathbf{b}_p \\ \vdots & \ddots & \vdots \\ \mathbf{a}_{(m)}^{\mathsf{T}} \mathbf{b}_1 & \ldots & \mathbf{a}_{(m)}^{\mathsf{T}} \mathbf{b}_p \end{pmatrix} \tag{1.23}$$

Definition 1.8
Eine Matrix $\mathbf{X}$ mit der Eigenschaft $\mathbf{XA} = \mathbf{AX} = \mathbf{I}$ heißt die zu $\mathbf{A}$ **inverse Matrix**, in Zeichen $\mathbf{X} =: \mathbf{A}^{-1}$.

Eine Matrix $\mathbf{A}$ hat genau dann eine inverse Matrix $\mathbf{A}^{-1}$, wenn $\mathbf{A}$ regulär ist. Man sagt dann auch, daß $\mathbf{A}$ **invertierbar** ist.

Unter geeigneten Bedingungen gelten für die inverse Matrix die folgenden Regeln:

Satz 1.8

(i) $(\mathbf{A}^{-1})^{-1} = \mathbf{A}$

(ii) $(\mathbf{AB})^{-1} = \mathbf{B}^{-1}\mathbf{A}^{-1}$

(iii) $(\mathbf{A}_1\mathbf{A}_2 \cdots \mathbf{A}_{n-1}\mathbf{A}_n)^{-1} = \mathbf{A}_n^{-1}\mathbf{A}_{n-1}^{-1} \cdots \mathbf{A}_2^{-1}\mathbf{A}_1^{-1}$

(iv) $(\mathbf{A}^{-1})^{\mathsf{T}} = (\mathbf{A}^{\mathsf{T}})^{-1}$.

1.3.4 Spur einer Matrix

Definition 1.9
Für eine (n, n)-Matrix $\mathbf{A} = (a_{ij})$ heißt $\operatorname{tr}(\mathbf{A}) := \sum_{i=1}^{n} a_{ii}$ **Spur** (englisch: *trace*) von $\mathbf{A}$.

Sind $\mathbf{A}$, $\mathbf{B}$ und $\mathbf{C}$ geeignet gewählte Matrizen, so gelten für die Spur der Matrizen die folgenden Regeln:

Satz 1.9

(i) $\operatorname{tr}(\mathbf{A}^\top) = \operatorname{tr}(\mathbf{A})$

(ii) $\operatorname{tr}(\mathbf{A} + \mathbf{B}) = \operatorname{tr}(\mathbf{A}) + \operatorname{tr}(\mathbf{B})$

(iii) $\operatorname{tr}(k\mathbf{A}) = k \operatorname{tr}(\mathbf{A}), \quad k \in \mathbb{R}$

(iv) $\operatorname{tr}(\mathbf{AB}) = \operatorname{tr}(\mathbf{BA})$

(v) $\operatorname{tr}(\mathbf{B}^{-1}\mathbf{AB}) = \operatorname{tr}(\mathbf{A})$

(vi) $\operatorname{tr}(\mathbf{ABC}) = \operatorname{tr}(\mathbf{BCA}) = \operatorname{tr}(\mathbf{CAB})$

Die Regel (vi) gilt nur für zyklische *Vertauschungen von* **A**, **B** *und* **C***; im allgemeinen ist jedoch beispielsweise* $\operatorname{tr}(\mathbf{ABC}) \neq \operatorname{tr}(\mathbf{ACB})$.

1.3.5 Spezielle Matrizen

Definition 1.10
Eine quadratische Matrix **A** heißt

(i) **symmetrisch**, falls gilt $\mathbf{A}^\top = \mathbf{A}$.

(ii) **schiefsymmetrisch**, falls gilt $\mathbf{A}^\top = -\mathbf{A}$.

Ist **A** regulär und symmetrisch, so ist wegen $\left(\mathbf{A}^{-1}\right)^\top = \left(\mathbf{A}^\top\right)^{-1}$ auch $\mathbf{A}^{-1}$ symmetrisch.

Definition 1.11
Eine quadratische Matrix $\mathbf{A} = (a_{ij})$ heißt

(i) **diagonal**, falls $a_{ij} = 0$ für alle $i \neq j$ ist.

(ii) **dreieckig**, falls entweder

$a_{ij} = 0$ für $i > j$ (**obere Dreiecksmatrix**) oder

$a_{ij} = 0$ für $i < j$ (**untere Dreiecksmatrix**).

Für eine Diagonalmatrix mit den Elementen $d_1 := a_{11}, \ldots, d_n := a_{nn}$ schreiben wir

$$\operatorname{diag}(d_1,\dots,d_n) := \begin{pmatrix} d_1 & 0 & \cdots & 0 \\ 0 & d_2 & \cdots & 0 \\ \vdots & \vdots & \ddots & \vdots \\ 0 & 0 & \cdots & d_n \end{pmatrix}.$$

So gilt beispielsweise $\mathbf{I} = \operatorname{diag}(1,\dots,1)$.

Definition 1.12

Eine quadratische Matrix $\mathbf{A}$ heißt

(i) **orthogonal**, falls gilt $\mathbf{A}^\intercal\mathbf{A} = \mathbf{I} = \mathbf{A}\mathbf{A}^\intercal$ (d.h. $\mathbf{A}^{-1} = \mathbf{A}^\intercal$).

(ii) **idempotent**, falls gilt $\mathbf{A}^2 = \mathbf{A}$.

Offenbar ist eine Matrix $\mathbf{A} = (\mathbf{a}_1,\dots,\mathbf{a}_n)$ genau dann orthogonal, wenn alle Spaltenvektoren $\mathbf{a}_j$ orthonormiert sind.

Für orthogonale und idempotente Matrizen gelten folgende Regeln:

Satz 1.10

(i) Sind $\mathbf{A}$ *und* $\mathbf{B}$ *orthogonal, so auch* $\mathbf{AB}$ *und* $\mathbf{BA}$.

(ii) Ist $\mathbf{A}$ *orthogonal, so auch* $\mathbf{A}^{-1}$ *und* $\mathbf{A}^\intercal$.

(iii) Ist $\mathbf{A}$ *idempotent, so auch* $\mathbf{A}^\intercal$ *und* $\mathbf{I} - \mathbf{A}$ *(generell jedoch nicht* $\mathbf{A} - \mathbf{I}$*).*

(iv) Ist $\mathbf{AB} = \mathbf{A}$ *und* $\mathbf{BA} = \mathbf{B}$*, dann sind* $\mathbf{A}$ *und* $\mathbf{B}$ *idempotent.*

(v) Ist $\mathbf{A}$ *idempotent, so gilt* $\operatorname{rg}(\mathbf{A}) = \operatorname{tr}(\mathbf{A})$.

1.3.6 Partitionierte Matrizen

In vielen Anwendungen ist es zweckmäßig, eine Matrix $\mathbf{A}$ in Untermatrizen zu zerlegen (wir sagen auch: zu partitionieren), um z.B. eine bestimmte „Blockstruktur" von $\mathbf{A}$ deutlich zu machen.

Ist $\mathbf{A}$ eine (m,n)-Matrix, so ist folgende Zerlegung möglich:

$$\mathbf{A} = \left(\begin{array}{ccc|ccc} a_{11} & \cdots & a_{1s} & a_{1,s+1} & \cdots & a_{1n} \\ \vdots & \ddots & \vdots & \vdots & \ddots & \vdots \\ a_{r1} & \cdots & a_{rs} & a_{r,s+1} & \cdots & a_{rn} \\ \hline a_{r+1,1} & \cdots & a_{r+1,s} & a_{r+1,s+1} & \cdots & a_{r+1,n} \\ \vdots & \ddots & \vdots & \vdots & \ddots & \vdots \\ a_{m1} & \cdots & a_{ms} & a_{m,s+1} & \cdots & a_{mn} \end{array} \right) = \begin{pmatrix} \mathbf{A}_{11} & \mathbf{A}_{12} \\ \mathbf{A}_{21} & \mathbf{A}_{22} \end{pmatrix}, \tag{1.24}$$

worin $\mathbf{A}_{11}$ eine (r,s)-, $\mathbf{A}_{12}$ eine $(r,n-s)$-, $\mathbf{A}_{21}$ eine $(m-r,s)$- und $\mathbf{A}_{22}$ eine $(m-r,n-s)$-Matrix ist.

Natürlich können die Untermatrizen $\mathbf{A}_{11}$, $\mathbf{A}_{12}$, $\mathbf{A}_{21}$ und $\mathbf{A}_{22}$ weiter in Untermatrizen zerlegt werden. Allgemein ergibt sich die Darstellung:

$$\mathbf{A} = \begin{pmatrix} \mathbf{A}_{11} & \mathbf{A}_{12} & \cdots & \mathbf{A}_{1q} \\ \mathbf{A}_{21} & \mathbf{A}_{22} & \cdots & \mathbf{A}_{2q} \\ \vdots & \vdots & \ddots & \vdots \\ \mathbf{A}_{p1} & \mathbf{A}_{p2} & \cdots & \mathbf{A}_{pq} \end{pmatrix}.$$

Sind $\mathbf{A}$, $\mathbf{A}_{11}$, $\mathbf{A}_{22}$, ... ,$\mathbf{A}_{qq}$ quadratisch $(p = q)$, und gilt $\mathbf{A}_{ij} = \mathbf{0}$ für alle $i \neq j$, so erhalten wir eine sogenannte **Blockdiagonalmatrix**:

$$\mathbf{A} = \begin{pmatrix} \mathbf{A}_{11} & \mathbf{0} & \cdots & \mathbf{0} \\ \mathbf{0} & \mathbf{A}_{22} & \cdots & \mathbf{0} \\ \vdots & \vdots & \ddots & \vdots \\ \mathbf{0} & \mathbf{0} & \cdots & \mathbf{A}_{qq} \end{pmatrix}.$$

Für Matrizen der Form (1.24) gelten folgende Regeln, die sich unmittelbar auch auf Matrizen mit mehr als vier Untermatrizen erweitern lassen.

Satz 1.11
Gegeben seien zwei Matrizen

$$\mathbf{A} = \begin{pmatrix} \mathbf{A}_{11} & \mathbf{A}_{12} \\ \mathbf{A}_{21} & \mathbf{A}_{22} \end{pmatrix} \quad \textit{und} \quad \mathbf{B} = \begin{pmatrix} \mathbf{B}_{11} & \mathbf{B}_{12} \\ \mathbf{B}_{21} & \mathbf{B}_{22} \end{pmatrix}.$$

Dann gilt:

(i)

$$\mathbf{A}^\mathsf{T} = \begin{pmatrix} \mathbf{A}_{11}^\mathsf{T} & \mathbf{A}_{21}^\mathsf{T} \\ \mathbf{A}_{12}^\mathsf{T} & \mathbf{A}_{22}^\mathsf{T} \end{pmatrix}$$

(ii)

$$\mathbf{A}+\mathbf{B} = \begin{pmatrix} \mathbf{A}_{11}+\mathbf{B}_{11} & \mathbf{A}_{12}+\mathbf{B}_{12} \\ \mathbf{A}_{21}+\mathbf{B}_{21} & \mathbf{A}_{22}+\mathbf{B}_{22} \end{pmatrix},$$

falls die Ordnungen der entsprechenden Summanden gleich sind.

(iii)

$$\mathbf{AB} = \begin{pmatrix} \mathbf{A}_{11}\mathbf{B}_{11}+\mathbf{A}_{12}\mathbf{B}_{21} & \mathbf{A}_{11}\mathbf{B}_{12}+\mathbf{A}_{12}\mathbf{B}_{22} \\ \mathbf{A}_{21}\mathbf{B}_{11}+\mathbf{A}_{22}\mathbf{B}_{21} & \mathbf{A}_{21}\mathbf{B}_{12}+\mathbf{A}_{22}\mathbf{B}_{22} \end{pmatrix},$$

falls die einzelnen Produkte erklärt sind.

(iv) Falls alle auftretenden Inversen existieren, so ist

$$\mathbf{A}^{-1} = \begin{pmatrix} \mathbf{C}_{11} & \mathbf{C}_{12} \\ \mathbf{C}_{21} & \mathbf{C}_{22} \end{pmatrix}$$

mit

$$\begin{aligned} \mathbf{C}_{11} &:= \left(\mathbf{A}_{11} - \mathbf{A}_{12}\mathbf{A}_{22}^{-1}\mathbf{A}_{21}\right)^{-1} \\ \mathbf{C}_{12} &:= -\mathbf{C}_{11}\mathbf{A}_{12}\mathbf{A}_{22}^{-1} \\ \mathbf{C}_{21} &:= -\mathbf{A}_{22}^{-1}\mathbf{A}_{21}\mathbf{C}_{11} \\ \mathbf{C}_{22} &:= \mathbf{A}_{22}^{-1} + \mathbf{A}_{22}^{-1}\mathbf{A}_{21}\mathbf{C}_{11}\mathbf{A}_{12}\mathbf{A}_{22}^{-1} \end{aligned} \tag{1.25}$$

(v)

$$\begin{pmatrix} \mathbf{A}_{11} & 0 & \cdots & 0 \\ 0 & \mathbf{A}_{22} & \cdots & 0 \\ \vdots & \vdots & \ddots & \vdots \\ 0 & 0 & \cdots & \mathbf{A}_{qq} \end{pmatrix}^{-1} = \begin{pmatrix} \mathbf{A}_{11}^{-1} & 0 & \cdots & 0 \\ 0 & \mathbf{A}_{22}^{-1} & \cdots & 0 \\ \vdots & \vdots & \ddots & \vdots \\ 0 & 0 & \cdots & \mathbf{A}_{qq}^{-1} \end{pmatrix},$$

falls die jeweiligen Matrizen $\mathbf{A}_{ii}$ regulär sind.

1.3.7 Kroneckerprodukt

Das Matrizenprodukt **AB** setzt voraus, daß die Spaltenzahl von **A** mit der Zeilenzahl von **B** übereinstimmt. Das in der folgenden Definition angegebene Kroneckerprodukt kann für beliebige Matrizen **A** und **B** gebildet werden.

Definition 1.13

Gegeben sei die (m,n)-Matrix $\mathbf{A} = (a_{ij})$ und die (p,q)-Matrix $\mathbf{B} = (b_{kl})$. Dann bezeichnet die (mp,nq)-Blockmatrix

$$\mathbf{A} \otimes \mathbf{B} := \begin{pmatrix} a_{11}\mathbf{B} & a_{12}\mathbf{B} & \cdots & a_{1n}\mathbf{B} \\ a_{21}\mathbf{B} & a_{22}\mathbf{B} & \cdots & a_{2n}\mathbf{B} \\ \vdots & \vdots & \ddots & \vdots \\ a_{m1}\mathbf{B} & a_{m2}\mathbf{B} & \cdots & a_{mn}\mathbf{B} \end{pmatrix}$$

das **Kroneckerprodukt** oder **direktes Produkt** von **A** und **B**.

Für dieses Produkt gelten folgende Regeln, einige im Unterschied zum Matrizenprodukt **AB**.

Satz 1.12

(i) $k(\mathbf{A} \otimes \mathbf{B}) = (k\mathbf{A}) \otimes \mathbf{B} = \mathbf{A} \otimes (k\mathbf{B}), \quad k \in \mathbb{R}$

(ii) $(\mathbf{A} + \mathbf{B}) \otimes \mathbf{C} = (\mathbf{A} \otimes \mathbf{C}) + (\mathbf{B} \otimes \mathbf{C})$

(iii) $(\mathbf{A} \otimes \mathbf{B}) \otimes \mathbf{C} = \mathbf{A} \otimes (\mathbf{B} \otimes \mathbf{C})$

(iv) $(\mathbf{A} \otimes \mathbf{B}) \otimes (\mathbf{C} \otimes \mathbf{D}) = \mathbf{AC} \otimes \mathbf{BD}$

(v) $(\mathbf{A} \otimes \mathbf{B})^{\mathsf{T}} = \mathbf{A}^{\mathsf{T}} \otimes \mathbf{B}^{\mathsf{T}}$

(vi) *Sind* **A** *und* **B** *regulär, so ist auch* $\mathbf{A} \otimes \mathbf{B}$ *regulär. Die Inverse ist gegeben durch* $(\mathbf{A} \otimes \mathbf{B})^{-1} = \mathbf{A}^{-1} \otimes \mathbf{B}^{-1}$

(vii) $\mathrm{rg}(\mathbf{A} \otimes \mathbf{B}) = \mathrm{rg}(\mathbf{A})\,\mathrm{rg}(\mathbf{B})$

(viii) $\mathrm{tr}(\mathbf{A} \otimes \mathbf{B}) = \mathrm{tr}(\mathbf{A})\,\mathrm{tr}(\mathbf{B})$

(ix) $\mathbf{A} \otimes \mathbf{B}$ *ist orthogonal, falls* **A** *und* **B** *orthogonal sind.*

1.4 Lineare Transformationen

Die im folgenden zu diskutierenden linearen Transformationen und ihre Verknüpfungen stehen im engen Zusammenhang mit Matrizen und ihren Rechenoperationen.

Definition 1.14
Eine Abbildung $T : \mathbb{R}^n \to \mathbb{R}^m$ heißt **lineare Transformation**, wenn für alle $\mathbf{x}_1, \mathbf{x}_2 \in \mathbb{R}^n$ und $k_1, k_2 \in \mathbb{R}$ gilt

$$T(k_1\mathbf{x}_1 + k_2\mathbf{x}_2) = k_1T(\mathbf{x}_1) + k_2T(\mathbf{x}_2).$$

Offensichtlich ist die Abbildung $T : \mathbb{R}^n \to \mathbb{R}^m$, $\mathbf{x} \mapsto \mathbf{A}\mathbf{x}$, linear, wobei $\mathbf{A}$ eine (m,n)-Matrix ist. Es läßt sich zeigen, daß auch umgekehrt jede beliebige lineare Abbildung $T : \mathbb{R}^n \to \mathbb{R}^m$ durch eine (m,n)-Matrix $\mathbf{A}$ beschrieben werden kann, so daß für jedes $\mathbf{x} \in \mathbb{R}^n$ gilt: $T(\mathbf{x}) = \mathbf{A}\mathbf{x}$. Eine **affine Transformation**, also eine Abbildung $T : \mathbb{R}^n \to \mathbb{R}^m$, $\mathbf{x} \mapsto \mathbf{A}\mathbf{x} + \mathbf{b}$ mit $\mathbf{b} \neq \mathbf{0}$, hingegen ist *keine* lineare Abbildung im Sinne obiger Definition, was leicht nachzuprüfen ist.

Addition und Multiplikation linearer Transformationen T_1 und T_2 können durch die entsprechenden Matrizenoperationen beschrieben werden.

Addition: Gegeben seien zwei lineare Transformationen $T_1, T_2 : \mathbb{R}^n \to \mathbb{R}^m$ mit $T_1(\mathbf{x}) = \mathbf{A}\mathbf{x}$ und $T_2(\mathbf{x}) = \mathbf{B}\mathbf{x}$, worin $\mathbf{A}$ und $\mathbf{B}$ (m,n)-Matrizen sind. Dann ist

$$\begin{aligned} T_1 + T_2 : \mathbb{R}^n &\to \mathbb{R}^m \\ \mathbf{x} &\mapsto (\mathbf{A}+\mathbf{B})\mathbf{x} \end{aligned}$$

eine lineare Transformation.

Multiplikation: Gegeben seien lineare Transformationen $T_1 : \mathbb{R}^n \to \mathbb{R}^m$ und $T_2 : \mathbb{R}^m \to \mathbb{R}^k$ mit $T_1(\mathbf{x}) = \mathbf{A}\mathbf{x}$ und $T_2(\mathbf{y}) = \mathbf{B}\mathbf{y}$, worin $\mathbf{A}$ bzw. $\mathbf{B}$ eine (m,n)- bzw. eine (k,m)-Matrix ist. Dann ist

$$\begin{aligned} T_2 \circ T_1 : \mathbb{R}^n &\to \mathbb{R}^k \\ \mathbf{x} &\mapsto T_2(T_1(\mathbf{x})) = \mathbf{B}\mathbf{A}\mathbf{x} \end{aligned}$$

eine lineare Transformation. Dabei ist $\mathbf{B}\mathbf{A}$ eine (k,n)-Matrix.

Ist die lineare Transformation $T : \mathbb{R}^n \to \mathbb{R}^n$ bijektiv, so ist auch die Umkehrabbildung $T^{-1} : \mathbb{R}^n \to \mathbb{R}^n$ eine lineare Transformation, der die Matrix $\mathbf{A}^{-1}$ zugeordnet ist, so daß gilt $T^{-1}(\mathbf{y}) = \mathbf{A}^{-1}\mathbf{y}$. Dies setzt natürlich auch voraus, daß $\mathbf{A}$ regulär ist.

Jeder linearen Transformation $T : \mathbb{R}^n \to \mathbb{R}^m$, $\mathbf{x} \mapsto \mathbf{Ax}$, sind zwei wichtige Untermengen des $\mathbb{R}^n$ bzw. des $\mathbb{R}^m$ zugeordnet. Zum einen ist der **Kern** von T die Menge $\{\mathbf{x} \mid \mathbf{x} \in \mathbb{R}^n, T(\mathbf{x}) = \mathbf{0}\} \subset \mathbb{R}^n$. Weiter ist der **Bildraum** von T die Menge $T[\mathbb{R}^n] := \{\mathbf{y} \mid T(\mathbf{x}) = \mathbf{y},\ \mathbf{x} \in \mathbb{R}^n\} \subset \mathbb{R}^m$, siehe auch Definition 1.44. Wegen der engen Beziehung zwischen der linearen Transformation T und der (m, n)-Matrix $\mathbf{A}$ kann der Kern bzw. der Bildraum von T äquivalent in der Form

$$\mathcal{N}(\mathbf{A}) := \{\mathbf{x} \mid \mathbf{x} \in \mathbb{R}^n, \mathbf{Ax} = \mathbf{0}\} \quad \text{bzw.} \quad \mathcal{M}(\mathbf{A}) := \{\mathbf{Ax} \mid \mathbf{x} \in \mathbb{R}^n\} \tag{1.26}$$

geschrieben werden. $\mathcal{N}(\mathbf{A})$ beschreibt somit die Lösungsmenge des homogenen Gleichungssytems $\mathbf{Ax} = \mathbf{0}$. Die Menge $\mathcal{M}(\mathbf{A})$ wird auch der von $\mathbf{A}$ **erzeugte lineare Unterraum** oder kurz als **Spaltenraum** von $\mathbf{A}$ bezeichnet.

1.5 Determinanten

Jeder quadratischen Matrix ist in eindeutiger Weise eine reelle Zahl zugeordnet.

Definition 1.15

Die **Determinante** $|\mathbf{A}|$ einer quadratischen (n, n)-Matrix $\mathbf{A} = (a_{ij})$ ist wie folgt definiert: Für $n = 1$ ist $\mathbf{A} = (a_{11})$ und $|\mathbf{A}| := a_{11}$. Für $n \geq 2$ sei j mit $1 \leq j \leq n$ fest vorgegeben.

$$|\mathbf{A}| := \sum_{i=1}^{n} (-1)^{i+j} a_{ij} |\mathbf{A}_{ij}|,$$

worin $\mathbf{A}_{ij}$ diejenige $(n-1, n-1)$-Untermatrix von $\mathbf{A}$ ist, die man durch Streichen der i-ten Zeile und der j-ten Spalte von $\mathbf{A}$ erhält. Statt $|\mathbf{A}|$ findet man auch die Schreibweise $\det(\mathbf{A})$.

Man kann zeigen, daß diese Entwicklung von der Wahl der Spalte $\mathbf{a}_j$ unabhängig und somit eindeutig ist. Ferner können wir auch eine Darstellung von $|\mathbf{A}|$ als Entwicklung nach einer beliebigen Zeile $\mathbf{a}_{(i)}^T$ von $\mathbf{A}$ angeben, welche zum selben Wert führt.

Beispiel 1.1
Wir führen die Entwicklung nach der dritten Zeile $\mathbf{a}_{(3)}^{\mathsf{T}}$ für eine (4,4)-Matrix **A** vor.

$$|\mathbf{A}| = \begin{vmatrix} 1 & 4 & 2 & -1 \\ 3 & 0 & 5 & 2 \\ -2 & 1 & 3 & 6 \\ 5 & -4 & 3 & 0 \end{vmatrix}$$

$$= (-1)^{3+1}\cdot(-2)\cdot\begin{vmatrix} 4 & 2 & -1 \\ 0 & 5 & 2 \\ -4 & 3 & 0 \end{vmatrix} + (-1)^{3+2}\cdot 1\cdot\begin{vmatrix} 1 & 2 & -1 \\ 3 & 5 & 2 \\ 5 & 3 & 0 \end{vmatrix}$$

$$+(-1)^{3+3}\cdot 3\cdot\begin{vmatrix} 1 & 4 & -1 \\ 3 & 0 & 2 \\ 5 & -4 & 0 \end{vmatrix} + (-1)^{3+4}\cdot 6\cdot\begin{vmatrix} 1 & 4 & 2 \\ 3 & 0 & 5 \\ 5 & -4 & 3 \end{vmatrix}.$$

Jede der 4 dreireihigen Unterdeterminanten kann nun wieder über eine Entwicklung nach einer Zeile oder Spalte als Summe von 3 zweireihigen Unterdeterminanten dargestellt werden; letztlich sind hier $4 \cdot 3 = 12$ zweireihige Unterdeterminanten zu bestimmen.

Eine zweireihige Determinante ist aber nach Definition 1.15 einfach zu berechnen, denn es gilt

$$\begin{vmatrix} a_{11} & a_{12} \\ a_{21} & a_{22} \end{vmatrix} = a_{11}a_{22} - a_{21}a_{12}, \tag{1.27}$$

was leicht nachzuprüfen ist. ○

Eine solche wiederholte Entwicklung nach einer Zeile oder Spalte ist aber zumeist sehr aufwendig. Die Aussage (i) des folgenden Satzes beinhaltet ein Kriterium, wie $|\mathbf{A}|$ mit Hilfe einfacher Rechenoperationen leichter bestimmt werden kann.

Satz 1.13
Es sei **A** *eine* (n,n)*-Matrix.*

(i) Die Determinante von **A** *ändert ihren Wert nicht, wenn man das c-fache,* $c \in \mathbb{R}$, *einer Zeile bzw. Spalte zu einer anderen Zeile bzw. Spalte addiert.*

(ii) *Verwandelt man eine Matrix* $\mathbf{A}$ *durch Vertauschen zweier Zeilen bzw. Spalten in eine Matrix* $\mathbf{B}$*, so gilt* $|\mathbf{B}| = -|\mathbf{A}|$.

(iii) *Verwandelt man eine Matrix* $\mathbf{A}$ *durch Multiplikation einer Zeile oder Spalte mit einer reellen Zahl* $k \in \mathbb{R}$ *in eine Matrix* $\mathbf{B}$*, so gilt* $|\mathbf{B}| = k|\mathbf{A}|$.

(iv) *Für* $k \in \mathbb{R}$ *gilt* $|k\mathbf{A}| = k^n|\mathbf{A}|$ *wegen (iii).*

(v) $|\mathbf{A}^\mathsf{T}| = |\mathbf{A}|$.

(vi) *Für die Determinanten des Produkts zweier quadratischen Matrizen* $\mathbf{A}$ *und* $\mathbf{B}$ *gilt*

$$|\mathbf{AB}| = |\mathbf{A}||\mathbf{B}|.$$

Zur Bestimmung der Determinante einer beliebigen Matrix liegt es nahe, diese mit Hilfe der gemäß Satz 1.13(i) „zulässigen" Operationen in eine Dreiecksmatrix überzuführen, deren Determinante offensichtlich das Produkt der Diagonalelemente ist und mit der Determinante der Ausgangsmatrix übereinstimmt.

Für einige spezielle Matrizen können folgende Aussagen über ihre Determinanten gemacht werden:

Satz 1.14

(i) $\mathbf{A}$ *ist genau dann regulär, wenn* $|\mathbf{A}| \neq 0$ *gilt. Mithin ist* $\mathbf{A}$ *genau dann singulär, wenn* $|\mathbf{A}| = 0$ *ist.*

(ii) *Ist* $\mathbf{A}$ *regulär, so ist* $|\mathbf{A}^{-1}| = |\mathbf{A}|^{-1} = 1/|\mathbf{A}|$.

(iii) *Ist* $\mathbf{A}$ *orthogonal, so ist* $|\mathbf{A}| = \pm 1$.

(iv) *Ist* $\mathbf{A}$ *idempotent, so ist* $|\mathbf{A}| = 0$ *oder 1.*

(v) *Ist in der partitionierten Matrix*

$$\mathbf{A} = \begin{pmatrix} \mathbf{A}_{11} & \mathbf{A}_{12} \\ \mathbf{A}_{21} & \mathbf{A}_{22} \end{pmatrix}$$

die Matrix $\mathbf{A}_{11}$ *regulär und* $\mathbf{A}_{22}$ *quadratisch, so gilt*

$$|\mathbf{A}| = |\mathbf{A}_{11}||\mathbf{A}_{22} - \mathbf{A}_{21}\mathbf{A}_{11}^{-1}\mathbf{A}_{12}|.$$

Ist analog $\mathbf{A}_{11}$ *quadratisch und* $\mathbf{A}_{22}$ *regulär, so gilt*

$$|\mathbf{A}| = |\mathbf{A}_{22}||\mathbf{A}_{11} - \mathbf{A}_{12}\mathbf{A}_{22}^{-1}\mathbf{A}_{21}|.$$

(vi) Für eine Blockdiagonalmatrix

$$\mathbf{A} = \begin{pmatrix} \mathbf{A}_{11} & \mathbf{0} & \cdots & \mathbf{0} \\ \mathbf{0} & \mathbf{A}_{22} & \cdots & \mathbf{0} \\ \vdots & \vdots & \ddots & \vdots \\ \mathbf{0} & \mathbf{0} & \cdots & \mathbf{A}_{qq} \end{pmatrix}$$

gilt $|\mathbf{A}| = |\mathbf{A}_{11}| \cdot |\mathbf{A}_{22}| \cdot \ldots \cdot |\mathbf{A}_{qq}|$.

(vii) Für die Inverse einer regulären Matrix $\mathbf{A}$ *gilt:*

$$\mathbf{A}^{-1} = \frac{1}{|\mathbf{A}|} \begin{pmatrix} \Delta_{11} & \Delta_{21} & \cdots & \Delta_{n1} \\ \Delta_{12} & \Delta_{22} & \cdots & \Delta_{n2} \\ \vdots & \vdots & \ddots & \vdots \\ \Delta_{1n} & \Delta_{2n} & \cdots & \Delta_{nn} \end{pmatrix}.$$

Die aus den **algebraischen Komplementen** $\Delta_{ij} = (-1)^{i+j}|\mathbf{A}_{ij}|$ *gebildete Matrix* adj $\mathbf{A} := (\Delta_{ij})$ *heißt* **Adjungierte** *von* $\mathbf{A}$*, worin* $\mathbf{A}_{ij}$ *wie in Definition 1.15 festgelegt ist. Es ist also* $|\mathbf{A}|\mathbf{A}^{-1} = (\Delta_{ij})$.

(viii) Eine quadratische Matrix $\mathbf{A}$ *besitzt genau dann den Rang* r*, wenn die Determinanten aller* (k,k)*-Untermatrizen für* $k > r$ *gleich 0 sind und wenn die Determinante mindestens einer* (r,r)*-Untermatrix ungleich 0 ist.*

Im Zusammenhang mit der Einteilung quadratischer Formen in Abschnitt 1.8 und dem Nachweis relativer Extrema von Funktionen mehrerer Veränderlicher spielen die sogenannten Hauptabschnittsdeterminanten eine wichtige Rolle:

Definition 1.16
Sei $\mathbf{A} = (a_{ij})$ eine (n,n)-Matrix. Dann heißen die n Unterdeterminanten

$$D_i = \begin{vmatrix} a_{11} & \cdots & a_{1i} \\ \vdots & \ddots & \vdots \\ a_{i1} & \cdots & a_{ii} \end{vmatrix}, \quad 1 \le i \le n,$$

Hauptabschnittsdeterminanten von $\mathbf{A}$. Insbesondere gilt $D_1 = a_{11}$, $D_2 = a_{11}a_{22} - a_{21}a_{12}$ und $D_n = |\mathbf{A}|$.

1.6 Eigenwerte und Eigenvektoren

Definition 1.17
Gegeben sei eine (n,n)-Matrix $\mathbf{A}$. Erfüllen $\lambda \in \mathbb{C}$ und $\mathbf{x} \in \mathbb{R}^n$ mit $\mathbf{x} \neq \mathbf{0}$ das linear homogene Gleichungssystem $\mathbf{Ax} = \lambda\mathbf{x}$, so heißt λ **Eigenwert** von $\mathbf{A}$ und $\mathbf{x}$ heißt **zugehöriger Eigenvektor** von $\mathbf{A}$. Die Gesamtheit aller Eigenwerte von $\mathbf{A}$ ist das **Spektrum** von $\mathbf{A}$.

Die Gleichung $\mathbf{Ax} = \lambda\mathbf{x}$ ist äquivalent mit $(\mathbf{A} - \lambda\mathbf{I})\mathbf{x} = \mathbf{0}$. Dieses homogene Gleichungssystem hat genau dann eine nichttriviale Lösung $\mathbf{x} \neq \mathbf{0}$, wenn der Eigenwert λ Nullstelle des sogenannten **charakteristischen Polynoms** $p(\lambda) = |\mathbf{A} - \lambda\mathbf{I}|$ ist. Es ist leicht einzusehen, daß p ein Polynom in λ vom Grade n ist, das die Darstellung

$$p(\lambda) = (-\lambda)^n + c_{n-1}(-\lambda)^{n-1} + \cdots + c_1(-\lambda) + c_0$$

aufweist. Da ein Polynom n-ten Grades nach dem Hauptsatz der Algebra genau n Nullstellen hat, gibt es also zu $\mathbf{A}$ genau n, nicht notwendig verschiedene Eigenwerte $\lambda_1, \ldots, \lambda_n$, die auch komplex sein können. Die zu λ_i gehörenden Eigenvektoren $\mathbf{x}_i$ von $\mathbf{A}$ sind dann Lösungen von $(\mathbf{A} - \lambda_i\mathbf{I})\mathbf{x}_i = \mathbf{0}$.

Ist λ eine k-fache Nullstelle des charakteristischen Polynoms, so heißt λ **k-facher Eigenwert** von $\mathbf{A}$.

Beispiel 1.2
Das charakteristische Polynom der Matrix

$$\mathbf{A} = \begin{pmatrix} 1 & -2 & 2 \\ 0 & 2 & -1 \\ 1 & 0 & 3 \end{pmatrix}$$

ist gegeben durch

$$p(\lambda) = \begin{vmatrix} 1-\lambda & -2 & 2 \\ 0 & 2-\lambda & -1 \\ 1 & 0 & 3-\lambda \end{vmatrix} = -\lambda^3 + 6\lambda^2 - 9\lambda + 4 = (1-\lambda)^2(4-\lambda).$$

An dieser Darstellung erkennt man sofort, daß die Nullstellen des charakteristischen Polynoms gegeben sind durch $\lambda_1 = \lambda_2 = 1$ und $\lambda_3 = 4$, d.h., 1 ist zweifacher und 4 ist einfacher Eigenwert von $\mathbf{A}$.

Ein zu $\lambda_1 = \lambda_2 = 1$ gehörender Eigenvektor $\mathbf{x}_1$ von $\mathbf{A}$ ergibt sich als Lösung der Gleichung $(\mathbf{A} - 1\mathbf{I})\mathbf{x} = \mathbf{0}$. Sie wird vom Eigenvektor $\mathbf{x}_1 = (2, -1, -1)^\top$ erfüllt. Analog ist $\mathbf{x}_2 = (2, -1, 2)^\top$ ein zu $\lambda_3 = 4$ gehörender Eigenvektor, da für ihn gilt $(\mathbf{A} - 4\mathbf{I})\mathbf{x}_2 = \mathbf{0}$. ○

Im obigen Beispiel ist $\mathbf{x}_1 = (2, -1, -1)^\top$ ein Eigenvektor. Offenbar ist dann auch $-3\mathbf{x}_1 = -3(2, -1, -1)^\top = (-6, 3, 3)^\top$ ein Eigenvektor. Ferner ist $\lambda_1 = 1$ ein $k = 2$-facher Eigenwert. Dazu gibt es einen linear unabhängigen Eigenvektor $\mathbf{x}_2 = (2, -1, 2)^\top$. Diese Eigenschaften sind Spezialfälle von Aussagen, die im folgenden Satz formuliert sind:

Satz 1.15
Gegeben sei die (n, n)-Matrix $\mathbf{A}$ mit den Eigenwerten $\lambda_1, \ldots, \lambda_n$.

(i) *Ist $\mathbf{x}$ Eigenvektor von $\mathbf{A}$, so ist auch $c\mathbf{x}$ für jedes $c \in \mathbb{R}$ Eigenvektor von $\mathbf{A}$.*

(ii) *Zu einem einfachen Eigenwert von $\mathbf{A}$ gibt es genau einen linear unabhängigen Eigenvektor.*

(iii) *Zu einem k-fachen Eigenwert von $\mathbf{A}$ gibt es wenigstens einen linear unabhängigen, aber höchstens k linear unabhängige Eigenvektoren. Die zu einem Eigenwert λ von $\mathbf{A}$ gehörenden linear unabhängigen Eigenvektoren spannen einen Unterraum des $\mathbb{R}^n$ auf, den sogenannten* **Eigenraum** *von λ. (Zum Begriff des Unterraumes siehe Abschnitt 1.9.2.)*

(iv) *Zu einem k-fachen Eigenwert einer symmetrischen Matrix $\mathbf{A}$ gibt es genau k linear unabhängige Eigenvektoren.*

(v) *Sind $\mathbf{x}_1, \ldots, \mathbf{x}_k$ Eigenvektoren zum Eigenwert λ, so ist auch $\sum_{i=1}^{k} l_i \mathbf{x}_i$ mit $l_1, \ldots, l_k \in \mathbb{R}$ ein Eigenvektor von $\mathbf{A}$.*

(vi) *Eigenvektoren, die zu verschiedenen Eigenwerten von $\mathbf{A}$ gehören, sind linear unabhängig.*

(vii) *Eigenvektoren einer symmetrischen Matrix $\mathbf{A}$, die zu verschiedenen Eigenwerten von $\mathbf{A}$ gehören, sind orthogonal.*

(viii) $|\mathbf{A}| = \lambda_1 \lambda_2 \cdots \lambda_n$. *Da für eine reguläre Matrix $|\mathbf{A}| \neq 0$ ist, folgt insbesondere, daß alle Eigenwerte $\lambda_i \neq 0$ sind. Umgekehrt besitzt eine singuläre Matrix mindestens einen Eigenwert mit $\lambda_i = 0$.*

(ix) $\mathrm{tr}(\mathbf{A}) = \lambda_1 + \lambda_2 + \cdots + \lambda_n$.

(x) *Für die Anzahl k der von Null verschiedenen Eigenwerte einer Matrix $\mathbf{A}$ gilt: $k \leq \mathrm{rg}(\mathbf{A})$.*

Für einige spezielle Matrizen gelten folgende Aussagen über ihre Eigenwerte und Eigenvektoren.

Satz 1.16

(i) Die Eigenwerte einer symmetrischen Matrix sind reelle Zahlen.

(ii) Die Eigenwerte einer Diagonalmatrix $\operatorname{diag}(d_1, \ldots, d_n)$ *sind gerade die Diagonalelemente* $d_1, \ldots, d_n$*; speziell für die Einheitsmatrix* $\mathbf{I}$ *ist* $\lambda = \lambda_i = 1$ *für* $i = 1, \ldots, n$ *ein* n*-facher Eigenwert.*

(iii) Für jeden Eigenwert λ *einer orthogonalen Matrix gilt* $|\lambda| = 1$.

(iv) Eine idempotente Matrix besitzt nur die Eigenwerte 0 oder 1.

(v) Ist λ *Eigenwert der regulären Matrix* $\mathbf{A}$ *mit Eigenvektor* $\mathbf{x}$*, so ist* $1/\lambda$ *Eigenwert von* $\mathbf{A}^{-1}$ *mit Eigenvektor* $\mathbf{x}$.

(vi) Für jeden Eigenwert λ *einer Matrix* $\mathbf{A}$ *ist* $\alpha\lambda$ *Eigenwert von* $\alpha\mathbf{A}$.

(vii) Für jeden Eigenwert λ *einer Matrix* $\mathbf{A}$ *ist* λ^m *Eigenwert von* $\mathbf{A}^m$.

1.7 Diagonalisierung von Matrizen

Die Bestimmung der Eigenwerte einer Matrix $\mathbf{A}$ gelingt oft leichter über eine sogenannte „Diagonalisierung" von $\mathbf{A}$.

Definition 1.18
Zwei (n, n)-Matrizen $\mathbf{A}$ und $\mathbf{B}$ heißen **ähnlich**, wenn eine reguläre Matrix $\mathbf{S}$ existiert, so daß $\mathbf{B} = \mathbf{S}^{-1}\mathbf{A}\mathbf{S}$ ist.

Ähnliche Matrizen besitzen dasselbe charakteristische Polynom und damit gleiche Eigenwerte, denn gilt $\mathbf{B} = \mathbf{S}^{-1}\mathbf{A}\mathbf{S}$, so ist

$$\begin{aligned} |\mathbf{B} - \lambda\mathbf{I}| &= |\mathbf{S}^{-1}\mathbf{A}\mathbf{S} - \lambda\mathbf{I}| \\ &= |\mathbf{S}^{-1}\mathbf{A}\mathbf{S} - \lambda\mathbf{S}^{-1}\mathbf{S}| \\ &= |\mathbf{S}^{-1}(\mathbf{A} - \lambda\mathbf{I})\mathbf{S}| \\ &= |\mathbf{S}^{-1}||\mathbf{A} - \lambda\mathbf{I}||\mathbf{S}| \\ &= |\mathbf{A} - \lambda\mathbf{I}|. \end{aligned}$$

Definition 1.19
Eine (n, n)-Matrix $\mathbf{A}$ heißt **diagonalisierbar**, wenn $\mathbf{A}$ einer Diagonalmatrix $\mathbf{D} = \operatorname{diag}(d_1, \ldots, d_n)$ ähnlich ist, d.h., es existiert eine reguläre Matrix $\mathbf{S}$ mit $\mathbf{D} = \mathbf{S}^{-1}\mathbf{A}\mathbf{S}$.

Für diagonalisierbare Matrizen gelten folgende Regeln:

Satz 1.17

(i) *Eine diagonalisierbare Matrix hat die Eigenwerte* $d_1, \ldots, d_n$.

(ii) $\mathbf{A}$ *ist genau dann diagonalisierbar, wenn* $\mathbf{A}$ *insgesamt* n *linear unabhängige Eigenvektoren* $\mathbf{s}_1, \ldots, \mathbf{s}_n$ *besitzt. In diesem Fall erfüllt* $\mathbf{S} = (\mathbf{s}_1, \ldots, \mathbf{s}_n)$ *die Diagonalisierbarkeitsbedingung.*

(iii) *Hinreichend (aber nicht notwendig) für die Diagonalisierbarkeit von* $\mathbf{A}$ *ist, daß alle* n *Eigenwerte von* $\mathbf{A}$ *verschieden sind.*

(iv) *Ist* $\mathbf{A}$ *symmetrisch, so ist* $\mathbf{A}$ *diagonalisierbar über eine orthogonale Matrix, d.h., es gibt eine orthogonale Matrix* $\mathbf{P}$*, so daß gilt* $\mathbf{P}^{-1}\mathbf{A}\mathbf{P} = \mathbf{P}^\top\mathbf{A}\mathbf{P} = \mathbf{D} = \operatorname{diag}(d_1, \ldots, d_n)$. *Die Spalten von* $\mathbf{P}$ *bestehen aus paarweise orthogonalen Eigenvektoren von* $\mathbf{A}$. *Es folgt die* **Spektraldarstellung** *von* $\mathbf{A}$:

$$\mathbf{A} = \mathbf{P}\mathbf{D}\mathbf{P}^\top. \tag{1.28}$$

(v) *Sei* $\mathbf{A}$ *regulär und symmetrisch und* $m \in \mathbb{N}$. *Dann ist*

$$\mathbf{A}^m = \mathbf{P}\mathbf{D}^m\mathbf{P}^\top \quad \textit{mit} \quad \mathbf{D}^m = \operatorname{diag}(d_1^m, \ldots, d_n^m). \tag{1.29}$$

Sind alle Eigenwerte von $\mathbf{A}$ positiv, so kann Gleichung (1.29) für $r \in \mathbb{Z}$ und $s \in \mathbb{N}$ verallgemeinert werden zu

$$\mathbf{A}^{r/s} := \mathbf{P}\mathbf{D}^{r/s}\mathbf{P}^\top \quad \text{mit} \quad \mathbf{D}^{r/s} := \operatorname{diag}(d_1^{r/s}, \ldots, d_n^{r/s}). \tag{1.30}$$

Sind einige Eigenwerte von $\mathbf{A}$ gleich 0, so gelten die Darstellungen in (1.29) und (1.30) auch dann, wenn die Exponenten negativ sind. Ist beispielsweise $d_i \geq 0$ für alle $i = 1, \ldots, n$, so ist

$$\mathbf{A}^{1/2} = \mathbf{P}\mathbf{D}^{1/2}\mathbf{P}^\top \quad \text{mit} \quad \mathbf{D}^{1/2} = \operatorname{diag}(\sqrt{d_1}, \ldots, \sqrt{d_n}), \tag{1.31}$$

und ist $d_i > 0$ für alle $i = 1, \ldots, n$, so ist

$$\mathbf{A}^{-1/2} = \mathbf{P}\mathbf{D}^{-1/2}\mathbf{P}^\top \quad \text{mit} \quad \mathbf{D}^{-1/2} = \operatorname{diag}(1/\sqrt{d_1}, \ldots, 1/\sqrt{d_n}). \tag{1.32}$$

Besitzt die (n,n)-Matrix $\mathbf{A}$ mehrfache Eigenwerte, so ist es möglich, daß $\mathbf{A}$ nicht diagonalisierbar ist. Nach Satz 1.17(ii) muß $\mathbf{A}$ dann weniger als n linear unabhängige Eigenvektoren besitzen. Doch auch in diesem Fall existiert eine einfach aufgebaute Matrix, die zu $\mathbf{A}$ ähnlich ist, denn es gilt der

Satz 1.18

Sei $\mathbf{A}$ eine (n,n)-Matrix mit den t verschiedenen Eigenwerten $\lambda_1,\dots,\lambda_t$, wobei λ_i, $i=1,\dots,t$, in der Vielfachheit n_i auftritt, so daß $n_1+\dots+n_t=n$ ist. Dann existiert eine reguläre (n,n)-Matrix $\mathbf{T}$, so daß gilt $\mathbf{J}=\mathbf{T}^{-1}\mathbf{AT}$. Die Matrix $\mathbf{J}$ ist eine Blockdiagonalmatrix der Form:

$$\mathbf{J}=\begin{pmatrix} \mathbf{J}_{11} & \mathbf{0} & \cdots & \mathbf{0} \\ \mathbf{0} & \mathbf{J}_{22} & \cdots & \mathbf{0} \\ \vdots & \vdots & \ddots & \vdots \\ \mathbf{0} & \mathbf{0} & \cdots & \mathbf{J}_{tt} \end{pmatrix},$$

wobei die (n_i,n_i)-Matrix $\mathbf{J}_{ii}$ gegeben ist durch

$$\mathbf{J}_{ii}=\begin{pmatrix} \lambda_i & 1 & 0 & \cdots & 0 & 0 \\ 0 & \lambda_i & 1 & \cdots & 0 & 0 \\ \vdots & \vdots & \vdots & \ddots & \vdots & \vdots \\ 0 & 0 & 0 & \cdots & \lambda_i & 1 \\ 0 & 0 & 0 & \cdots & 0 & \lambda_i \end{pmatrix}.$$

$\mathbf{J}$ heißt **Jordan-Matrix** und $\mathbf{T}$ ist die **Jordan-Transformationsmatrix** von $\mathbf{A}$. Jede (n,n)-Matrix $\mathbf{A}$ ist also einer Jordan-Matrix ähnlich. Wir sagen auch: $\mathbf{A}$ kann auf **Jordan-Normalform** transformiert werden.

Die Bestimmung von $\mathbf{T}$ und $\mathbf{J}$ für vorgegebenes $\mathbf{A}$ erfordert meist einen erheblichen numerischen Aufwand, siehe z.B. Murata (1977). Für den Fall, daß alle n Eigenwerte verschieden sind, geht die Jordan-Matrix in eine „reine" Diagonalmatrix über.

In den folgenden Kapiteln wird mehrfach von der Singulärwertdarstellung einer Matrix Gebrauch gemacht, die im folgenden Satz formuliert wird.

Satz 1.19

Ist $\mathbf{A}$ eine beliebige (m,n)-Matrix mit $\mathrm{rg}(\mathbf{A})=r$, so gibt es in Analogie zur Spektraldarstellung einer symmetrischen Matrix $\mathbf{A}$ (siehe Satz 1.17(iv)) eine *verallgemeinerte Diagonalisierung, die durch zwei orthogonale Matrizen* **U** *und* **V** *ermöglicht wird. Danach gilt die* **Singulärwertdarstellung** *von* **A** *mit*

$$\mathbf{A} = \mathbf{U}\begin{pmatrix} \mathbf{\Delta} & \mathbf{0} \\ \mathbf{0} & \mathbf{0} \end{pmatrix}\mathbf{V}^{\mathsf{T}}. \tag{1.33}$$

Dabei ist $\mathbf{\Delta}^2$ *die* (r,r)*-Diagonalmatrix der positiven Eigenwerte von* $\mathbf{A}^{\mathsf{T}}\mathbf{A}$ *(und damit auch der von* $\mathbf{A}\mathbf{A}^{\mathsf{T}}$*).*

Insbesondere folgt so die „Diagonalisierung von $\mathbf{A}\mathbf{A}^{\mathsf{T}}$ *gemäß Satz 1.17(iv)“:*

$$\mathbf{U}^{\mathsf{T}}\mathbf{A}\mathbf{A}^{\mathsf{T}}\mathbf{U} = \begin{pmatrix} \mathbf{\Delta}^2 & \mathbf{0} \\ \mathbf{0} & \mathbf{0} \end{pmatrix}$$

sowie die „Diagonalisierung von $\mathbf{A}^{\mathsf{T}}\mathbf{A}$ *gemäß Satz 1.17(iv)“:*

$$\mathbf{V}^{\mathsf{T}}\mathbf{A}^{\mathsf{T}}\mathbf{A}\mathbf{V} = \begin{pmatrix} \mathbf{\Delta}^2 & \mathbf{0} \\ \mathbf{0} & \mathbf{0} \end{pmatrix}.$$

Die Diagonalelemente von $\mathbf{\Delta}$ heißen **Singulärwerte** von **A**. Sie sind die positiven Wurzeln der positiven Eigenwerte von $\mathbf{A}\mathbf{A}^{\mathsf{T}}$. Zur Konstruktion der orthogonalen Matrizen **U** und **V**, die im allgemeinen nicht eindeutig sind, siehe z.B. Bunse und Bunse-Gerstner (1985).

1.8 Quadratische Formen und Definitheit

Definition 1.20

Gegeben sei die symmetrische (n,n)-Matrix $\mathbf{A} = (a_{ij})$. Dann heißt $Q(\mathbf{x}) = \mathbf{x}^{\mathsf{T}}\mathbf{A}\mathbf{x}$, $\mathbf{x} \in \mathbb{R}^n$, die zu **A** gehörende **quadratische Form** in **x**.

Durch $Q(\mathbf{x})$ wird also eine Abbildung $Q : \mathbb{R}^n \to \mathbb{R}$ induziert, für die insbesondere gilt $Q(\mathbf{0}) = 0$. Weiter ist auf Grund der Symmetrie von **A** für $\mathbf{x} = (x_i)$:

$$
\begin{aligned}
Q(\mathbf{x}) &= \sum_{i=1}^{n}\sum_{j=1}^{n} x_i a_{ij} x_j \\
&= \sum_{i=1}^{n} a_{ii} x_i^2 + \sum_{\substack{i=1\\ i\neq j}}^{n}\sum_{j=1}^{n} x_i a_{ij} x_j \\
&= \sum_{i=1}^{n} a_{ii} x_i^2 + 2\sum_{i<j} a_{ij} x_i x_j .
\end{aligned}
$$

Die Symmetrie von $\mathbf{A}$ kann o.B.d.A. angenommen werden. Ist $\mathbf{A}$ nämlich nicht symmetrisch, so ersetze man $\mathbf{A}$ durch die symmetrische Matrix $(\mathbf{A} + \mathbf{A}^{\mathsf T})/2$. Dann ist wegen $\mathbf{x}^{\mathsf T}\mathbf{A}\mathbf{x} \in \mathbb{R}$:

$$
\begin{aligned}
\mathbf{x}^{\mathsf T}\mathbf{A}\mathbf{x} &= \mathbf{x}^{\mathsf T}\left(\frac{\mathbf{A}+\mathbf{A}}{2}\right)\mathbf{x} \\
&= \frac{\mathbf{x}^{\mathsf T}\mathbf{A}\mathbf{x}}{2} + \frac{\mathbf{x}^{\mathsf T}\mathbf{A}\mathbf{x}}{2} \\
&= \frac{\mathbf{x}^{\mathsf T}\mathbf{A}\mathbf{x}}{2} + \frac{(\mathbf{x}^{\mathsf T}\mathbf{A}^{\mathsf T}\mathbf{x})^{\mathsf T}}{2} \\
&= \mathbf{x}^{\mathsf T}\left(\frac{\mathbf{A}+\mathbf{A}^{\mathsf T}}{2}\right)\mathbf{x}.
\end{aligned}
$$

Definition 1.21

Eine quadratische Form $Q(\mathbf{x})$ heißt

(i) **positiv definit**, falls $Q(\mathbf{x}) > 0$ für alle $\mathbf{x} \neq \mathbf{0}$ gilt.

(ii) **positiv semidefinit**, falls $Q(\mathbf{x}) \geq 0$ für alle $\mathbf{x} \neq \mathbf{0}$ und $Q(\mathbf{x}_0) = 0$ für mindestens ein $\mathbf{x}_0 \neq \mathbf{0}$ gilt.

(iii) **negativ definit**, falls $Q(\mathbf{x}) < 0$ für alle $\mathbf{x} \neq \mathbf{0}$ gilt.

(iv) **negativ semidefinit**, falls $Q(\mathbf{x}) \leq 0$ für alle $\mathbf{x} \neq \mathbf{0}$ und $Q(\mathbf{x}_0) = 0$ für mindestens ein $\mathbf{x}_0 \neq \mathbf{0}$ gilt.

In allen anderen Fällen heißt $Q(\mathbf{x})$ **indefinit**. $Q(\mathbf{x})$ wird **nichtnegativ definit** genannt, falls $Q(\mathbf{x})$ entweder positiv definit oder positiv semidefinit ist, Kurzschreibweise: **n.n.d.** Entsprechend wird $Q(\mathbf{x})$ **nichtpositiv definit** genannt, falls $Q(\mathbf{x})$ entweder negativ definit oder negativ semidefinit ist, Kurzschreibweise: **n.p.d.**

Diese Definitheitsbegriffe von $Q(\mathbf{x})$ werden auch auf die zugehörige Matrix $\mathbf{A}$ angewandt. Die Matrix $\mathbf{A}$ heißt also positiv definit, wenn $Q(\mathbf{x}) = \mathbf{x}^\mathsf{T}\mathbf{A}\mathbf{x}$ positiv definit ist u.s.w.

Beispiel 1.3

Wir illustrieren die Definitheitsbegriffe für den Fall $n = 2$:

(i) Mit

$$\mathbf{A} = \begin{pmatrix} 1 & 0 \\ 0 & 1 \end{pmatrix}$$

ist $Q(\mathbf{x}) = x_1^2 + x_2^2 > 0$ für alle $\mathbf{x} \neq \mathbf{0}$. Damit ist $Q(\mathbf{x})$ positiv definit.

(ii) Mit

$$\mathbf{A} = \begin{pmatrix} 1 & 1 \\ 1 & 1 \end{pmatrix}$$

ist $Q(\mathbf{x}) = (x_1 + x_2)^2 \geq 0$ für alle $\mathbf{x} \neq \mathbf{0}$. Für $\mathbf{x}_0 = (1, -1)^\mathsf{T} \neq \mathbf{0}$ gilt $Q(\mathbf{x}_0) = 0$. Damit ist $Q(\mathbf{x})$ positiv semidefinit.

(iii) Mit

$$\mathbf{A} = \begin{pmatrix} -1 & 0 \\ 0 & -1 \end{pmatrix}$$

ist $Q(\mathbf{x}) = -(x_1^2 + x_2^2) < 0$ für alle $\mathbf{x} \neq \mathbf{0}$. Damit ist $Q(\mathbf{x})$ negativ definit.

(iv) Mit

$$\mathbf{A} = \begin{pmatrix} -1 & -1 \\ -1 & -1 \end{pmatrix}$$

ist $Q(\mathbf{x}) = -(x_1 + x_2)^2 \leq 0$ für alle $\mathbf{x} \neq \mathbf{0}$. Für $\mathbf{x}_0 = (1, -1)^\mathsf{T} \neq \mathbf{0}$ gilt $Q(\mathbf{x}_0) = 0$. Damit ist $Q(\mathbf{x})$ negativ semidefinit.

(v) Die Matrix

$$\mathbf{A} = \begin{pmatrix} 1 & 0 \\ 0 & -1 \end{pmatrix}$$

mit $Q(\mathbf{x}) = x_1^2 - x_2^2$ ist indefinit. ○

Für eine beliebige symmetrische (n,n)-Matrix $\mathbf{A}$ läßt sich meist nicht so leicht wie in den obigen Beispielen die Frage nach der Definitheit beantworten. Im folgenden wird ein einfaches Kriterium über die Hauptabschnittsdeterminanten D_i von $\mathbf{A}$ angegeben (siehe Definition 1.16):

Satz 1.20

Die quadratische Form $Q(\mathbf{x}) = \mathbf{x}^\mathsf{T}\mathbf{A}\mathbf{x}$ ist genau dann

(i) positiv definit, falls $D_i > 0$ für alle $i = 1, \ldots, n$ gilt.

(ii) negativ definit, falls gilt $D_1 < 0$, $D_2 > 0$, $D_3 < 0$, $D_4 > 0$, ...

Insbesondere ist jede positiv definite oder negativ definite Matrix regulär.

Eine Entscheidung über die Art der Definitheit von $\mathbf{A}$ gelingt auch über die Kenntnis der Eigenwerte $\lambda_1, \ldots, \lambda_n$ von $\mathbf{A}$.

Satz 1.21

Die quadratische Form $Q(\mathbf{x}) = \mathbf{x}^\mathsf{T}\mathbf{A}\mathbf{x}$ ist genau dann

(i) positiv definit, falls $\lambda_i > 0$ für alle $i = 1, \ldots, n$ ist.

(ii) positiv semidefinit, falls $\lambda_i \geq 0$ für alle $i = 1, \ldots, n$ gilt und es einen Eigenwert mit $\lambda_i = 0$ gibt.

(iii) negativ definit, falls $\lambda_i < 0$ für alle $i = 1, \ldots, n$ ist.

(iv) negativ semidefinit, falls $\lambda_i \leq 0$ für alle $i = 1, \ldots, n$ gilt und es einen Eigenwert mit $\lambda_i = 0$ gibt.

Besitzt $\mathbf{A}$ einen positiven und einen negativen Eigenwert, so ist $\mathbf{A}$ indefinit.

Satz 1.21 ist eine unmittelbare Folgerung von

Satz 1.22
Ist $\mathbf{A}$ *eine symmetrische* (n,n)*-Matrix mit den Eigenwerten* $\lambda_1, \ldots, \lambda_n$*, so existiert eine orthogonale Transformation* $\mathbf{y} = (y_i) = \mathbf{P}^\top \mathbf{x}$*, so daß gilt*

$$Q(\mathbf{x}) = \mathbf{x}^\top \mathbf{A} \mathbf{x} = \sum_{i=1}^{n} \lambda_i y_i^2.$$

Das ergibt sich aus der Spektraldarstellung $\mathbf{A} = \mathbf{P}\mathbf{D}\mathbf{P}^\top$ von $\mathbf{A}$, siehe Satz 1.17(iv).

Weitere Aussagen über quadratische Formen bzw. ihre zugehörigen Matrizen sind formuliert im

Satz 1.23

(i) Für jede (m,n)*-Matrix* $\mathbf{A}$ *sind* $\mathbf{A}^\top\mathbf{A}$ *und* $\mathbf{A}\mathbf{A}^\top$ *nichtnegativ definit.*

(ii) $\mathbf{A}$ *ist genau dann positiv definit, wenn* $\mathbf{A}^{-1}$ *positiv definit ist.*

(iii) Ist $\mathbf{A}$ *positiv definit und* $\mathbf{B}$ *regulär, so ist* $\mathbf{B}^\top\mathbf{A}\mathbf{B}$ *positiv definit.*

1.9 Vektorräume

Der in der Regel bereits im Grundstudium für Wirtschaftswissenschaftler eingeführte Begriff des Vektorraumes steht meist im engen Zusammenhang mit der Lösbarkeit linear homogener Gleichungssysteme, deren Lösungsraum einen Vektorraum bildet, siehe Wetzel u.a. (1981). Die Elemente dieses Vektorraumes sind also n-Tupel reeller Zahlen, d.h., die dort betrachteten Vektorräume sind ausgezeichnete Teilmengen des $\mathbb{R}^n$ oder der $\mathbb{R}^n$ selbst. Der Begriff des Vektorraumes kann aber viel allgemeiner gefaßt werden, was im folgenden geschehen soll.

1.9.1 Definition und Beispiele

Definition 1.22
Auf einer Menge $\mathcal{V}$ sei eine Addition der Elemente $x, y, z \in \mathcal{V}$ mit folgenden Eigenschaften definiert:

(i) $x + y \in \mathcal{V}$

(ii) $x + y = y + x$ (Kommutativität)

(iii) $(x + y) + z = x + (y + z)$ (Assoziativität)

(iv) Es gibt ein **Nullelement** $o \in \mathcal{V}$, so daß für jedes $x \in \mathcal{V}$ gilt $x + o = x$

(v) Für jedes $x \in \mathcal{V}$ gibt es ein **inverses Element** $a \in \mathcal{V}$ mit $x + a = o$.

Ferner sei eine sogenannte **Skalarmultiplikation** von Elementen c, c_1, c_2 aus $\mathbb{R}$ mit Elementen aus $\mathcal{V}$ erklärt, die folgende Eigenschaften hat:

(vi) $c \cdot x \in \mathcal{V}$

(vii) $c \cdot (x + y) = c \cdot x + c \cdot y$ (Distributivgesetz)

(viii) $(c_1 + c_2) \cdot x = c_1 \cdot x + c_2 \cdot x$ (Distributivgesetz)

(ix) $(c_1 c_2) \cdot x = c_1 \cdot (c_2 \cdot x)$

(x) $1 \cdot x = x$.

Dann heißt $\mathcal{V}$ **Vektorraum** oder **linearer Raum** über $\mathbb{R}$, und die Elemente von $\mathcal{V}$ werden ebenfalls als **Vektoren** bezeichnet.

Ein Vektorraum ist also wegen (i) abgeschlossen bezüglich seiner „inneren" Verknüpfung (Addition) und ebenso wegen (vi) abgeschlossen bezüglich seiner „äußeren" Verknüpfung (Skalarmultiplikation) mit $\mathbb{R}$. Statt der Menge $\mathbb{R}$ der reellen Zahlen kann auch die Menge $\mathbb{C}$ der komplexen Zahlen als Skalarmenge gewählt werden.

Für den Vektorraum $\mathcal{V}$ mit der zugehörigen Skalarmenge $\mathbb{R}$ bzw. $\mathbb{C}$ und den Verknüpfungen $+$ und $\cdot$ schreiben wir kurz $(\mathcal{V}, \mathbb{R}, +, \cdot)$ bzw. $(\mathcal{V}, \mathbb{C}, +, \cdot)$.

Beispiel 1.4

1. $(\mathbb{R}, \mathbb{R}, +, \cdot)$, $(\mathbb{R}^n, \mathbb{R}, +, \cdot)$ $(\mathbb{C}, \mathbb{R}, +, \cdot)$, $(\mathbb{C}, \mathbb{C}, +, \cdot)$; aber nicht $(\mathbb{R}, \mathbb{C}, +, \cdot)$.
2. $(\mathcal{Z}, \mathbb{R}, +, \cdot)$, wobei $\mathcal{Z}$ die Menge aller reellen Zahlenfolgen $[x_n]$ ist mit $[x_n] + [y_n] := [x_n + y_n]$ und $c \cdot [x_n] := [cx_n]$.
3. $(\mathbb{R}^{m \times n}, \mathbb{R}, +, \cdot)$, wobei $\mathbb{R}^{m \times n}$ die Menge aller (m, n)-Matrizen ist mit der in Abschnitt 1.3 erklärten Addition und Skalarmultiplikation, siehe Definition 1.2.
4. $(\mathcal{F}, \mathbb{R}, +, \cdot)$, wobei $\mathcal{F}$ die Menge aller Funktionen $f \colon [a, b] \to \mathbb{R}$ ist mit $(f + g)(x) := f(x) + g(x)$ und $(c \cdot f)(x) := cf(x)$ für alle $x \in [a, b]$ und alle $c \in \mathbb{R}$. $\mathcal{F}$ heißt auch **reeller Funktionenraum** über $[a, b]$.
5. $(\mathcal{P}, \mathbb{R}, +, \cdot)$, wobei $\mathcal{P}$ die Menge aller Polynome $p \colon \mathbb{R} \to \mathbb{R}$ ist mit $p(x) = a_0 + a_1 x + a_2 x^2 + \cdots + a_n x^n$ für ein festes $n \in \mathbb{N}$. Addition und Skalarmultiplikation sind wie in 4. definiert.

○

1.9.2 Unterräume

Aus den Eigenschaften (i) bis (x) eines Vektorraumes $\mathcal{V}$ lassen sich nun folgende Regeln ableiten:

Satz 1.24

(i) *Es existiert ein* $z \in \mathcal{V}$ *mit* $x + z = y$ *für alle* $x, y \in \mathcal{V}$

(ii) $0 \cdot x = o$ *mit* $0 \in \mathbb{R}$ *und* $o \in \mathcal{V}$

(iii) $c \cdot o = o$ *für alle* $c \in \mathbb{R}$

(iv) $(-c) \cdot x = -(c \cdot x)$ *für alle* $c \in \mathbb{R}$ *und alle* $x \in \mathcal{V}$.

Definition 1.23
Eine Teilmenge $\mathcal{U}$ eines Vektorraumes $\mathcal{V}$, die selbst wieder einen Vektorraum bildet, heißt **Unterraum** von $\mathcal{V}$.

Um zu zeigen, daß die Teilmenge $\mathcal{U}$ Unterraum des Vektorraumes $\mathcal{V}$ ist, sind nur die Bedingungen $x + y \in \mathcal{U}$ und $cx \in \mathcal{U}$ für alle $x, y \in \mathcal{U}$ und alle $c \in \mathbb{R}$ zu prüfen, weil alle anderen Bedingungen für $\mathcal{U}$ als Teilmenge von $\mathcal{V}$ „automatisch" erfüllt sind.

Beispiel 1.5
Gegeben sei eine (endliche oder unendliche) Teilmenge $\mathcal{M}$ des $\mathbb{R}^n$. Wir zeigen, daß das sogenannte **orthogonale Komplement**

$$\mathcal{M}^{\perp} := \{\mathbf{x} \mid \mathbf{x} \in \mathbb{R}^n,\ \mathbf{x}^{\mathsf{T}}\mathbf{m} = 0 \text{ für alle } \mathbf{m} \in \mathcal{M}\}$$

ein linearer Unterraum des $\mathbb{R}^n$ ist. Seien $\mathbf{x}, \mathbf{y} \in \mathcal{M}^{\perp}$. Dann gilt $\mathbf{x}^{\mathsf{T}}\mathbf{m} = 0$ und $\mathbf{y}^{\mathsf{T}}\mathbf{m} = 0$ für alle $\mathbf{m} \in \mathcal{M}$. Mithin gilt auch $(\mathbf{x} + \mathbf{y})^{\mathsf{T}}\mathbf{m} = 0$ für alle $\mathbf{m} \in \mathcal{M}$, woraus $(\mathbf{x} + \mathbf{y}) \in \mathcal{M}^{\perp}$ folgt. Weiterhin ist offensichtlich $k\mathbf{x} \in \mathcal{M}^{\perp}$ für alle Skalare $k \in \mathbb{R}$. Damit ist $\mathcal{M}^{\perp}$ ein Unterraum des $\mathbb{R}^n$.

Der Leser beachte, daß $\mathcal{M}^{\perp}$ auch dann ein Unterraum ist, wenn $\mathcal{M}$ *kein* Unterraum des $\mathbb{R}^n$ ist. ○

Über die folgenden beiden Definitionen lassen sich nun leicht Unterräume eines Vektorraumes $\mathcal{V}$ konstruieren.

Definition 1.24
Für die Elemente $x_1, \ldots, x_n \in \mathcal{V}$ heißt $\sum_{i=1}^{n} c_i x_i \in \mathcal{V}$ mit $c_i \in \mathbb{R}$ oder $c_i \in \mathbb{C}$ eine **Linearkombination** von $x_1, \ldots, x_n$.

Definition 1.25

Es sei $\mathcal{T}$ eine beliebige Teilmenge eines Vektorraumes $\mathcal{V}$. Dann heißt die Menge aller Linearkombinationen von Elementen aus $\mathcal{T}$ die **lineare Hülle** von $\mathcal{T}$, in Zeichen $\mathcal{L}(\mathcal{T})$.

Man kann leicht zeigen, daß die lineare Hülle einer Teilmenge $\mathcal{T}$ eines Vektorraumes $\mathcal{V}$ ein Unterraum von $\mathcal{V}$ ist.

Der Begriff der Linearkombination von Elementen aus $\mathcal{V}$ spielt eine wichtige Rolle in dem nun folgenden Abschnitt über lineare Unabhängigkeit bzw. Abhängigkeit von Elementen eines Vektorraumes.

1.9.3 Lineare Unabhängigkeit und Basis

Definition 1.26

Die Elemente $x_1, \ldots, x_n$ des Vektorraumes $\mathcal{V}$ heißen **linear unabhängig**, falls die Gleichung $\sum_{i=1}^{n} c_i x_i = o$ nur für $c_1 = \cdots = c_n = 0$ erfüllt ist; anderenfalls heißen sie **linear abhängig**.

Sind also die Elemente $x_1, \ldots, x_n \in \mathcal{V}$ linear abhängig, so läßt sich mindestens eines der x_i als Linearkombination der anderen Elemente darstellen.

Beispiel 1.6

1. Die Einheitsvektoren $\mathbf{e}_i = (\delta_{ij}) \in \mathbb{R}^n$, $i = 1, \ldots, n$ sind linear unabhängig. Dabei ist δ_{ij} das Kronecker-Symbol (1.20).
2. Die Vektoren $(a, a)^\top, (b, b)^\top \in \mathbb{R}^2$ mit $a \neq b$ sind linear abhängig.
3. Gegeben seien n Funktionen $f_i \colon [a, b] \to \mathbb{R}$. Diese sind linear unabhängig, wenn aus $\sum_{i=1}^{n} c_i f_i = \mathbf{0}$ (Nullfunktion) folgt $c_1 = \cdots = c_n = 0$. Die Gleichung $\sum_{i=1}^{n} c_i f_i = \mathbf{0}$ ist äquivalent damit, daß $\sum_{i=1}^{n} c_i f_i(x) = 0$ für alle $x \in [a, b]$ gilt. Wesentlich ist dabei die Vorgabe des Intervalls $[a, b]$. So sind die Funktionen $f_1(x) = x$ und $f_2(x) = |x|$ auf $[-1, +1]$ linear unabhängig, auf $[-1, 0]$ oder auf $[0, 1]$ aber linear abhängig.

   Weitere Beispiele für linear unabhängige Funktionen sind:

   (a) $f_1(x) = e^x$ und $f_2(x) = e^{-x}$ für alle $x \in \mathbb{R}$.

   (b) $f_0(x) = 1$, $f_1(x) = x$, $f_2(x) = x^2$, ..., $f_n(x) = x^n$ für alle $x \in \mathbb{R}$.

   (c) $f_1(x) = x$ und $f_2(x) = x - 1$ für alle $x \in \mathbb{R}$.

   (d) $f_1(x) = \sin x$, $f_2(x) = \sin 2x$, ..., $f_n(x) = \sin nx$ für alle $x \in \mathbb{R}$.

$\circ$

Definition 1.27
Eine Teilmenge $\mathcal{B}$ des Vektorraumes $\mathcal{V}$ heißt **Basis** von $\mathcal{V}$, wenn

(i) alle Elemente von $\mathcal{B}$ linear unabhängig sind,

(ii) jedes Element von $\mathcal{V}$ als Linearkombination von Elementen aus $\mathcal{B}$ dargestellt werden kann.

Es gilt der

Satz 1.25

(i) Jeder Vektorraum $\mathcal{V}$ besitzt eine Basis $\mathcal{B}$.

(ii) Die Darstellung eines jeden Elementes $x \in \mathcal{V}$ als Linearkombination von Elementen einer Basis $\mathcal{B}$ ist eindeutig.

(iii) Verschiedene Basen $\mathcal{B}_1$ und $\mathcal{B}_2$ eines Vektorraumes $\mathcal{V}$ haben stets dieselbe Mächtigkeit. Dabei heißen zwei Mengen **gleichmächtig,** *wenn zwischen ihnen eine bijektive Abbildung existiert.*

Definition 1.28
Die Mächtigkeit einer Basis des Vektorraumes $\mathcal{V}$ heißt **Dimension** von $\mathcal{V}$, in Zeichen $\dim(\mathcal{V})$.

Ist die Basis $\mathcal{B}$ endlich — nur solche Basen werden in den folgenden Kapiteln betrachtet — so ist $\dim(\mathcal{V})$ gerade gleich der Maximalzahl linear unabhängiger Elemente von $\mathcal{V}$. Ist etwa $\dim(\mathcal{V}) = r$, so bestehen alle Basen von $\mathcal{V}$ wegen Satz 1.7(iii) aus genau r linear unabhängigen Elementen $b_1, \ldots, b_r$. Alle anderen Elemente von $\mathcal{V}$ lassen sich dann als Linearkombinationen von $b_1, \ldots, b_r$ darstellen.

Beispiel 1.7

1. Die n Einheitsvektoren $\mathbf{e}_i \in \mathbb{R}^n$ bilden eine Basis des $\mathbb{R}^n$, woraus $\dim(\mathbb{R}^n) = n$ folgt.

2. Die Vektoren $\mathbf{e}_1 = (1,0,0)^\top$ und $\mathbf{e}_2 = (0,1,0)^\top$ sind zwar unabhängig, bilden jedoch keine Basis des $\mathbb{R}^3$.

3. Die Funktionen $f_i : \mathbb{R} \to \mathbb{R}$ mit $f_i(x) = x^i$, $i = 0,1,2,\ldots,n$ bilden eine Basis des Vektorraumes $\mathcal{P}$ aller reellen Polynome vom Grade n. Mithin ist $\dim(\mathcal{P}) = n + 1$, siehe 5. in Beispiel 1.4 und (3b) in Beispiel 1.6.

○

1.9.4 Konvexe Teilmengen eines Vektorraumes

Der im folgenden erklärte Begriff einer konvexen Menge spielt in der linearen und nichtlinearen Optimierung, die in den Kapiteln 6 und 8 behandelt werden, eine wichtige Rolle.

Definition 1.29
Eine Teilmenge $\mathcal{K}$ eines Vektorraumes $\mathcal{V}$ über $\mathbb{R}$ heißt **konvex**, wenn gilt $cx + (1-c)y \in \mathcal{K}$ für alle $x, y \in \mathcal{K}$ und alle c mit $0 \le c \le 1$. Dabei heißt $cx + (1-c)y$ als spezielle Linearkombination auch **konvexe Linearkombination** von x und y.

Für $\mathcal{V} = \mathbb{R}^n$ stellt $\{c\mathbf{x} + (1-c)\mathbf{y} \mid 0 \le c \le 1\}$ für gegebene Punkte $\mathbf{x}, \mathbf{y} \in \mathbb{R}^n$ die Menge aller Punkte im $\mathbb{R}^n$ dar, die auf der Verbindungsstrecke zwischen $\mathbf{x}$ und $\mathbf{y}$ liegen. Konvexität einer Menge $\mathcal{K} \subset \mathbb{R}^n$ bedeutet also, daß mit je zwei Punkten aus $\mathcal{K}$ auch die Verbindungsstrecke der beiden Punkte in $\mathcal{K}$ enthalten ist.

Beispiel 1.8
Rechtecke, Kreise, Dreiecke und Polyeder sind konvexe Teilmengen des $\mathbb{R}^2$. Intervalle sind die einzigen konvexen Teilmengen des $\mathbb{R}^1$. Die in der Abbildung 1.2 gezeichnete Teilmenge des $\mathbb{R}^2$ ist nicht konvex.

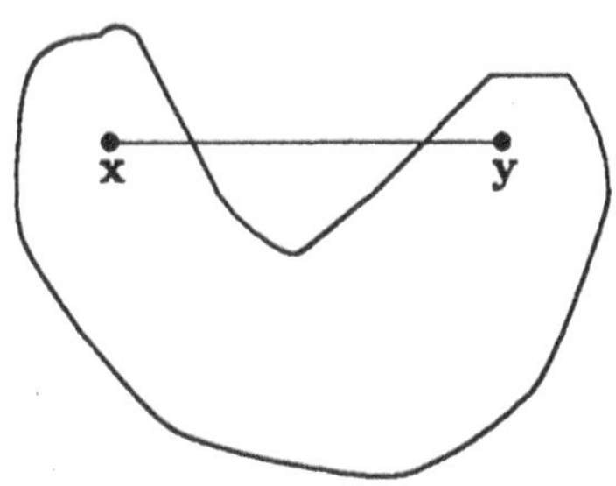

Abbildung 1.2: Nichtkonvexe Menge

○

Man kann leicht zeigen:

Satz 1.26
Der Durchschnitt beliebig vieler konvexer Teilmengen von $\mathcal{V}$ ist konvex.

Ist $\mathcal{M}$ eine beliebige Teilmenge eines Vektorraumes $\mathcal{V}$, so können wir die kleinste konvexe Teilmenge von $\mathcal{V}$ auszeichnen, die $\mathcal{M}$ umfaßt:

Definition 1.30
Gegeben sei eine Teilmenge $\mathcal{M}$ des Vektorraumes $\mathcal{V}$. Der Durchschnitt aller konvexen Teilmengen $\mathcal{N}$ von $\mathcal{V}$ mit $\mathcal{M} \subset \mathcal{N}$ heißt **konvexe Hülle** $\mathcal{K}(\mathcal{M})$ von $\mathcal{M}$.

Explizit ist $\mathcal{K}(\mathcal{M})$ gegeben durch

$$\mathcal{K}(\mathcal{M}) = \left\{ \sum_{i=1}^{n} c_i x_i \mid x_i \in \mathcal{M},\, c_i \in \mathbb{R},\, c_i \geq 0,\, n \in \mathbb{N},\, i = 1, \ldots, n,\, \sum_{i=1}^{n} c_i = 1 \right\}.$$

1.10 Metrische Räume

In diesem Abschnitt werden wir uns mit Mengen beschäftigen, für die eine Distanzfunktion (Metrik) definiert ist. Diese sogenannten metrischen Räume sind spezielle topologische Räume, zu denen ein System von Umgebungen (Topologien) mit gewissen Eigenschaften gehört. Wir wollen hier nicht das allgemeine Konzept topologischer Räume verfolgen, sondern uns auf metrische Räume beschränken. Durch den Begriff der Metrik wird dann ein spezieller Umgebungsbegriff (offene Kugel) induziert.

Definition 1.31
Es sei $\mathcal{M}$ eine nichtleere Menge. Eine Abbildung $d\colon \mathcal{M} \times \mathcal{M} \to \mathbb{R}$ mit den Eigenschaften

(i) $d(x,y) \geq 0$ für alle $x, y \in \mathcal{M}$

(ii) $d(x,y) = 0$ gilt genau dann, wenn $x = y$ ist

(iii) $d(x,y) = d(y,x)$ (Symmetrie)

(iv) $d(x,z) \leq d(x,y) + d(y,z)$ für alle $x, y, z \in \mathcal{M}$ (**Dreiecksungleichung**)

heißt **Metrik** auf $\mathcal{M}$. Die Menge $\mathcal{M}$ ist dann ein **metrischer Raum**, und $d(x,y)$ bezeichnet den **Abstand** zwischen x und y.

Beispiel 1.9

1. Betrachte $\mathcal{M} = \mathbb{R}^n$. Für $\mathbf{x} = (x_i), \mathbf{y} = (y_i) \in \mathbb{R}^n$ und $r \geq 1$ ist die **Minkowski-Metrik** festgelegt durch

$$d(\mathbf{x}, \mathbf{y}) = \|\mathbf{x} - \mathbf{y}\|_r := \left(\sum_{i=1}^n |x_i - y_i|^r\right)^{1/r}.$$

   Speziell ist für

   (a) $r = 1$: $d(\mathbf{x}, \mathbf{y}) = \sum_{i=1}^n |x_i - y_i|$,

   (b) $r = 2$: $d(\mathbf{x}, \mathbf{y}) = \sqrt{\sum_{i=1}^n |x_i - y_i|^2} = \sqrt{(\mathbf{x} - \mathbf{y})^\mathsf{T}(\mathbf{x} - \mathbf{y})}$ (**euklidischer Abstand**). Mit dieser Metrik wird $\mathbb{R}^n$ als **euklidischer Raum** bezeichnet.

2. Für $\mathcal{M} = \mathbb{R}^n$ ist $d(\mathbf{x}, \mathbf{y}) = \max\limits_{1 \leq i \leq n} |x_i - y_i|$ eine Metrik.

3. Es bezeichne $\mathcal{H}$ den sogenannten **Hilbertraum** aller reellen Zahlenfolgen $[x_n]$ mit konvergenter Quadratsumme $\sum_{i=1}^\infty x_i^2$. Dann ist durch $d([x_n], [y_n]) := \sum_{i=1}^\infty (x_i - y_i)^2$ eine Metrik auf $\mathcal{H}$ festgelegt. Mit dieser Metrik kann $\mathcal{H}$ als eine Verallgemeinerung des euklidischen Raumes $\mathbb{R}^n$ angesehen werden.

4. Für Zahlen $a, b \in \mathbb{R}$ mit $a < b$ sei $\mathcal{C}[a, b]$ die Menge aller stetigen Funktionen $f\colon [a, b] \to \mathbb{R}$ auf dem Intervall $[a, b]$. Für $f, g \in \mathcal{C}[a, b]$ wird durch $d(f, g) := \max\{|f(x) - g(x)| \mid a \leq x \leq b\}$ eine Metrik auf $\mathcal{C}[a, b]$ erklärt.

○

Definition 1.32

Gegeben sei der metrische Raum $\mathcal{M}$ mit Metrik d. Für $x_0 \in \mathcal{M}$ und $\varepsilon > 0$ heißt die Menge $\mathcal{U}_\varepsilon(x_0) := \{x \mid x \in \mathcal{M},\ d(x, x_0) < \varepsilon\}$ eine **Kugelumgebung** von x_0 mit Radius ε oder kürzer: **ε-Umgebung** von x_0.

Beispiel 1.10

1. Wir betrachten den euklidischen Raum $\mathbb{R}^2$ mit der Metrik $d(\mathbf{x}, \mathbf{x}_0) = \|\mathbf{x} - \mathbf{x}_0\|_2$. Die ε-Umgebung des Punktes $\mathbf{x}_0 \in \mathbb{R}^2$ ist das Innere der Kreisfläche mit $\mathbf{x}_0$ als Mittelpunkt und ε als Radius.

2. Wir betrachten den metrischen Raum $\mathbb{R}^2$ mit der Metrik $d(\mathbf{x}, \mathbf{x}_0) = \max_{i=1,2} |x_i - x_{i0}|$. Die ε-Umgebung des Punktes $\mathbf{x}_0$ ist ein Quadrat mit der Kantenlänge 2ε um $\mathbf{x}_0$ als Mittelpunkt.

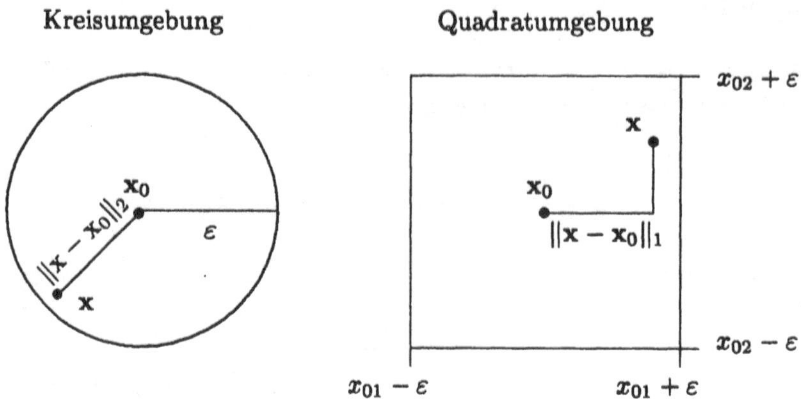

Abbildung 1.3: Kreis- und Quadratumgebung

○

Wir führen nun eine Reihe wichtiger topologischer Begriffe für einen metrischen Raum $\mathcal{M}$ mit Metrik d ein.

Definition 1.33
Sei $\mathcal{N}$ Teilmenge von $\mathcal{M}$. Ein Element $\mathbf{x}_0 \in \mathcal{M}$ heißt

(i) **innerer Punkt** von $\mathcal{N}$, wenn ein $\varepsilon > 0$ existiert mit $\mathcal{U}_\varepsilon(x_0) \subset \mathcal{N}$.

(ii) **äußerer Punkt** von $\mathcal{N}$, wenn ein $\varepsilon > 0$ existiert mit $\mathcal{U}_\varepsilon(x_0) \cap \mathcal{N} = \emptyset$.

(iii) **Randpunkt** von $\mathcal{N}$, wenn er weder innerer noch äußerer Punkt von $\mathcal{N}$ ist.

Die Menge aller Randpunkte von $\mathcal{N}$ heißt **Rand** $\mathcal{R}(\mathcal{N})$ von $\mathcal{N}$.

Beispiel 1.11
Für $a, b \in \mathbb{R}$ mit $a < b$ sei $(a, b) = \{x \mid x \in \mathbb{R}, a < x < b\}$ ein „offenes" Intervall. Dann sind alle $x_0 \in (a, b)$ innere Punkte und a und b sind Randpunkte. Jede reelle Zahl x_0 mit $x_0 < a$ oder $b < x_0$ ist äußerer Punkt. ○

Definition 1.34
Eine Teilmenge $\mathcal{N}$ von $\mathcal{M}$ heißt

(i) **offen**, wenn $\mathcal{N}$ nur innere Punkte enthält.

(ii) **abgeschlossen**, wenn $\mathcal{M} \setminus \mathcal{N}$ offen ist. Dabei bezeichnet $\mathcal{M} \setminus \mathcal{N}$ das **Komplement** von $\mathcal{N}$ in $\mathcal{M}$, d.h. die Menge aller Elemente von $\mathcal{M}$, die nicht zu $\mathcal{N}$ gehören.

Der $\mathbb{R}^n$ und die leere Menge $\emptyset$ sind sowohl offen als auch abgeschlossen. Weiterhin gilt:

Satz 1.27

(i) Die Vereinigung von beliebig vielen offenen Mengen ist offen.

(ii) Der Durchschnitt von endlich vielen offenen Mengen ist offen.

(iii) Die Vereinigung von endlich vielen abgeschlossenen Mengen ist abgeschlossen.

(iv) Der Durchschnitt von beliebig vielen abgeschlossenen Mengen ist abgeschlossen.

(v) Ist die Menge $\mathcal{N}$ abgeschlossen, so ist $\mathcal{R}(\mathcal{N}) \subset \mathcal{N}$. Ist die Menge $\mathcal{N}$ offen, so ist $\mathcal{N} \cap \mathcal{R}(\mathcal{N}) = \emptyset$.

Definition 1.35
Für eine Menge $\mathcal{N} \subset \mathcal{M}$ heißt $x_0 \in \mathcal{M}$

(i) **Berührungspunkt** von $\mathcal{N}$, wenn jede ε-Umgebung von x_0 mindestens ein Element von $\mathcal{N}$ enthält.

(ii) **Häufungspunkt** von $\mathcal{N}$, wenn jede ε-Umgebung von x_0 mindestens ein von x_0 verschiedenes Element von $\mathcal{N}$ enthält, d.h. wenn x_0 Berührungspunkt von $\mathcal{N} \setminus \{x_0\}$ ist.

Ein Berührungspunkt von $\mathcal{N}$ ist also genau dann *kein* Häufungspunkt von $\mathcal{N}$, wenn er Element von $\mathcal{N}$ ist und es eine ε-Umgebung gibt, in der kein weiteres Element von $\mathcal{N}$ liegt. Ein solcher Punkt heißt **isolierter Punkt**.

Es gilt: Eine Menge $\mathcal{N} \subset \mathcal{M}$ ist genau dann abgeschlossen, wenn jeder Häufungspunkt von $\mathcal{N}$ auch Element von $\mathcal{N}$ ist.

Definition 1.36
Gegeben sei eine Menge $\mathcal{N} \subset \mathcal{M}$. Die Menge $\overline{\mathcal{N}}$ aller Berührungspunkte von $\mathcal{N}$ heißt **abgeschlossene Hülle** von $\mathcal{N}$.

Für eine Teilmenge $\mathcal{N}$ des metrischen Raumes $\mathcal{M}$ gilt:

Satz 1.28

(i) $\overline{\mathcal{N}} = \mathcal{N} \cup \mathcal{R}(\mathcal{N})$. *Insbesondere ist* $\mathcal{N} \subset \overline{\mathcal{N}}$.

(ii) $\overline{\mathcal{N}}$ *ist der Durchschnitt aller abgeschlossenen Mengen* $\mathcal{K} \subset \mathcal{M}$ *mit* $\mathcal{N} \subset \mathcal{K}$. *Mithin ist* $\overline{\mathcal{N}}$ *die kleinste* $\mathcal{N}$ *umfassende abgeschlossene Menge.*

(iii) $\mathcal{N}$ *ist genau dann abgeschlossen, wenn gilt* $\overline{\mathcal{N}} = \mathcal{N}$.

(iv) Ein Element $\mathbf{x}_0 \in \mathcal{M}$ *ist genau dann Randpunkt von* $\mathcal{N}$, *wenn* $\mathbf{x}_0$ *ein Berührungspunkt von* $\mathcal{N}$ *und von* $\mathcal{M} \setminus \mathcal{N}$ *ist.*

Definition 1.37
Eine Menge $\mathcal{N} \subset \mathcal{M}$ heißt

(i) **dicht in** $\mathcal{M}$, wenn $\mathcal{M}$ die abgeschlossene Hülle von $\mathcal{N}$ ist, wenn also gilt $\overline{\mathcal{N}} = \mathcal{M}$.

(ii) **nirgends dicht in** $\mathcal{M}$, wenn $\mathcal{N}$ keine inneren Punkte enthält.

Ist $\mathcal{N}$ nirgends dicht in $\mathcal{M}$, so ist $\mathcal{M} \setminus \mathcal{N}$ dicht in $\mathcal{M}$. Die Umkehrung gilt jedoch nicht: So ist die Menge $\mathbb{Q}$ der rationalen Zahlen dicht in $\mathbb{R}$, doch auch die Menge $\mathbb{R} \setminus \mathbb{Q}$ der irrationalen Zahlen ist dicht in $\mathbb{R}$. Man kann jedoch zeigen, daß eine abgeschlossene Menge $\mathcal{N} \subset \mathcal{M}$ genau dann nirgends dicht in $\mathcal{M}$ ist, wenn $\mathcal{M} \setminus \mathcal{N}$ dicht in $\mathcal{M}$ ist.

Definition 1.38
Eine Teilmenge $\mathcal{N}$ des metrischen Raumes $\mathcal{M}$ heißt **zusammenhängend**, wenn es keine offenen, nichtleeren Teilmengen $\mathcal{N}_1$ und $\mathcal{N}_2$ von $\mathcal{M}$ gibt mit $\mathcal{N}_1 \cup \mathcal{N}_2 = \mathcal{N}$ und $\mathcal{N}_1 \cap \mathcal{N}_2 = \emptyset$

Der metrische Raum $\mathcal{M}$ ist genau dann zusammenhängend, wenn $\mathcal{M}$ und $\emptyset$ die beiden einzigen Teilmengen von $\mathcal{M}$ sind, die zugleich offen und abgeschlossen sind. So ist beispielsweise der euklidische Raum $\mathbb{R}^n$ zusammenhängend. Im Fall $n = 1$ kann gezeigt werden, daß eine Menge $\mathcal{N} \subset \mathbb{R}$ genau dann zusammenhängend ist, wenn $\mathcal{N}$ ein Intervall ist.

In der Abbildung 1.4 ist die Menge $\mathcal{A} \subset \mathbb{R}^2$ zusammenhängend, nicht jedoch $\mathcal{B} \subset \mathbb{R}^2$.

Für Teilmengen des euklidischen Raumes, also der Menge $\mathbb{R}^n$ mit der euklidischen Metrik, führen wir noch die folgenden Begriffe ein, die bei der Diskussion reeller Funktionen eine wichtige Rolle spielen werden.

Definition 1.39
Eine Menge $\mathcal{B} \subset \mathbb{R}^n$ heißt **beschränkt**, wenn es ein $\mathbf{x}_0 \in \mathcal{B}$ und ein $\varepsilon > 0$ gibt, so daß gilt $\mathcal{B} \subset \mathcal{U}_\varepsilon(\mathbf{x}_0)$.

Abbildung 1.4: Zusammenhängende Menge $\mathcal{A}$ und nichtzusammenhängende Menge $\mathcal{B}$

Im $\mathbb{R}^1 = \mathbb{R}$ „schrumpft" die Kugelumgebung $\mathcal{U}_\varepsilon(x_0)$ zu einem offenen Intervall. Mithin ist die Menge $\mathcal{B} \subset \mathbb{R}$ genau dann beschränkt, wenn es Zahlen $a, b \in \mathbb{R}$ mit $a < b$ gibt, so daß $a \leq x$ und $x \leq b$ für alle $x \in \mathcal{B}$ gilt.

Definition 1.40

Eine abgeschlossene und beschränkte Teilmenge des $\mathbb{R}^n$ heißt **kompakt**.

So ist beispielsweise für $a, b \in \mathbb{R}$ mit $a < b$ das Intervall $(a, b] := \{x \mid x \in \mathbb{R},\ a < x \leq b\} \subset \mathbb{R}$ zwar beschränkt, aber nicht abgeschlossen und folglich nicht kompakt. Hingegen ist das Intervall $[a, b] := \{x \mid x \in \mathbb{R},\ a \leq x \leq b\}$ kompakt.

1.11 Geordnete Mengen und Ungleichungen

Neben der Untersuchung der topologischen Strukturen in metrischen Räumen und der algebraischen Struktur in Vektorräumen kann auch die Frage nach der Ordnungsstruktur von Mengen aufgeworfen werden. Auf der Menge $\mathbb{R}$ der reellen Zahlen ist eine (eindeutige) „natürliche" Ordnung über die Relationen „$<$" oder „$=$", kurz $\leq$, zwischen zwei Zahlen gegeben. Für $a, b \in \mathbb{R}$ gilt genau eine der Relationen: $a = b$, $a < b$ oder $b < a$. Für $n > 1$ hingegen gibt es im $\mathbb{R}^n$ eine Reihe „plausibler" Definitionen von Ordnungsrelationen zwischen Vektoren.

Beispiel 1.12

Gegeben seien die Vektoren $\mathbf{x} = (x_i)$ und $\mathbf{y} = (y_i)$ des $\mathbb{R}^n$. Denkbare Ordnungsrelationen $\mathbf{x} \leq \mathbf{y}$ sind dann:

$$x_i \leq y_i \text{ für alle } i = 1, \ldots, n, \tag{1.34}$$

$$\sqrt{\sum_{i=1}^{n} x_i^2} \leq \sqrt{\sum_{i=1}^{n} y_i^2}, \tag{1.35}$$

$$\sum_{i=1}^{n} |x_i| \leq \sum_{i=1}^{n} |y_i|, \tag{1.36}$$

$$\max\{x_1, \ldots, x_n\} \leq \max\{y_1, \ldots, y_n\}. \tag{1.37}$$

○

Auch für eine beliebige Menge, z.B. eine Menge von Funktionen, Matrizen oder Zahlenfolgen, stellt sich die Frage nach einer Ordnungsrelation zwischen den Elementen dieser Menge: Es ist zu fordern, daß eine solche Relation gewisse „vernünftige" Eigenschaften haben sollte. Das wird an den folgenden Definitionen halbgeordneter bzw. geordneter Mengen deutlich.

Definition 1.41

Eine Menge $\mathcal{H}$ heißt **halbgeordnet**, wenn zwischen Elementen von $\mathcal{H}$ eine Relation $\leq$ gegeben ist, die für alle $x, y, z \in \mathcal{H}$ die folgenden Eigenschaften hat:

(i) $x \leq x$ (Reflexivität),

(ii) Aus $x \leq y$ und $y \leq z$ folgt $x \leq z$ (Transitivität),

(iii) Aus $x \leq y$ und $y \leq x$ folgt $x = y$ (Antisymmetrie).

Die Relation $\leq$ heißt **Halbordnung** auf $\mathcal{H}$.

Die Menge $\mathbb{R}$ der reellen Zahlen ist offensichtlich halbgeordnet mit der natürlichen Relation $\leq$. Der Leser prüfe, ob der $\mathbb{R}^n$ für $n > 1$ bezüglich aller in Beispiel 1.12 angegebenen Relationen halbgeordnet ist.

Definition 1.42

Eine halbgeordnete Menge $\mathcal{H}$ heißt **(total) geordnet**, wenn für je zwei Elemente $x, y \in \mathcal{H}$ entweder $x \leq y$ oder $y \leq x$ gilt.

Offensichtlich ist $\mathbb{R}$ geordnet. Es gibt aber auch Mengen, für die man zwar eine Halbordnung definieren kann, die jedoch keine Totalordnung auf diesen Mengen induziert.

Beispiel 1.13

1. Sei $\mathcal{M}$ die Menge aller (m,n)-Matrizen. Dann ist für $\mathbf{A} = (a_{ij}), \mathbf{B} = (b_{ij}) \in \mathcal{M}$ die Relation $\leq$ mit

$$\mathbf{A} \leq \mathbf{B} \quad \Leftrightarrow \quad a_{ij} \leq b_{ij} \text{ für alle } i = 1, \ldots, m,\ j = 1, \ldots, n,$$

   eine Halbordnung auf $\mathcal{M}$. Es gilt aber nicht generell für zwei beliebige (m,n)-Matrizen $\mathbf{A}$ und $\mathbf{B}$ entweder $\mathbf{A} \leq \mathbf{B}$ oder $\mathbf{B} \leq \mathbf{A}$.

2. Sei $\mathcal{S}$ die Menge aller symmetrischen (n,n)-Matrizen. Dann ist die sogenannte **Loewner-Ordnung** für $\mathbf{A}, \mathbf{B} \in \mathcal{S}$ definiert durch

$$\mathbf{A} \leq_L \mathbf{B} \quad \Leftrightarrow \quad \mathbf{B} - \mathbf{A} \text{ ist nichtnegativ definit.}$$

   Eine solche Halbordnung spielt beim Vergleich von Schätzern über die Matrix der mittleren quadratischen Fehler (speziell über die Kovarianzmatrix) eine wichtige Rolle, siehe 3.2.2.

3. Sei $a, b \in \mathbb{R}$ mit $a < b$ und $\mathcal{F}$ sei die Menge aller Funktionen $f\colon [a,b] \to \mathbb{R}$. Dann ist für $f, g \in \mathcal{F}$ die Relation

$$f \leq g \quad \Leftrightarrow \quad f(x) \leq g(x) \text{ für alle } x \in [a,b]$$

   eine Halbordnung auf $\mathcal{F}$. Es gilt aber nicht generell für zwei beliebige Funktionen $f, g \in \mathcal{F}$ entweder $f(x) \leq g(x)$ oder $g(x) \leq f(x)$ für alle $x \in [a,b]$.

○

Der Leser prüfe, welche der im Beispiel 1.12 angegebenen Ordnungsrelationen für den $\mathbb{R}^n$ nicht nur eine Halbordnung, sondern auch eine Totalordnung erzeugen.

Zum Abschluß dieses Abschnitts wollen wir noch einige wichtige Ungleichungen mit der natürlichen Ordnungsrelation $\leq$ zwischen reellen Zahlen zusammenstellen, die häufige Anwendung finden.

Definition 1.43
Es sei

(i) für $x_1, \ldots, x_n \in \mathbb{R}$ mit $x_i \neq 0$, $i = 1, \ldots, n$:

$$\overline{x}_{\mathrm{h}} := \frac{n}{\sum_{i=1}^{n} \frac{1}{x_i}} \quad \textbf{(harmonisches Mittel)},$$

(ii) für $x_1, \ldots, x_n \in \mathbb{R}$ mit $x_i > 0$, $i = 1, \ldots, n$:

$$\overline{x}_{\mathrm{g}} := \sqrt[n]{\prod_{i=1}^{n} x_i} \quad \textbf{(geometrisches Mittel)},$$

(iii) für $x_1, \ldots, x_n \in \mathbb{R}$:

$$\overline{x} := \frac{1}{n} \sum_{i=1}^{n} x_i \quad \textbf{(arithmetisches Mittel)}.$$

Es gilt der

Satz 1.29
Für $x_1, \ldots, x_n \in \mathbb{R}$ mit $x_i > 0$, $i = 1, \ldots, n$, ist

$$\overline{x}_h \leq \overline{x}_g \leq \overline{x}.$$

Für $x_1 = \cdots = x_n =: x$ gilt $\overline{x}_h = \overline{x}_g = \overline{x} = x$.

Satz 1.30 (Bernoullische Ungleichung)
Für alle $x \in \mathbb{R}$ mit $-1 < x$ und alle $n \in \mathbb{N}$ gilt

$$1 + nx \leq (1 + x)^n.$$

Satz 1.31 (Besselsche Ungleichung)
Sind die Vektoren $\mathbf{x}_1, \ldots, \mathbf{x}_m \in \mathbb{R}^n$ *orthonormiert, so gilt für einen beliebigen Vektor* $\mathbf{y} \in \mathbb{R}^n$

$$\sum_{i=1}^{m} |\mathbf{y}^\mathsf{T}\mathbf{x}_i|^2 \leq ||\mathbf{y}||^2.$$

Dabei ist $||\cdot||$ *die euklidische Norm.*

Aus der Besselschen Ungleichung folgt:

Satz 1.32 (Cauchy-Schwarzsche Ungleichung)
Für alle $\mathbf{x} = (x_i), \mathbf{y} = (y_i) \in \mathbb{R}^n$ *gilt*

$$|\mathbf{x}^\mathsf{T}\mathbf{y}| = \left|\sum_{i=1}^{n} x_i y_i\right| \leq \sqrt{\sum_{i=1}^{n} x_i^2} \cdot \sqrt{\sum_{i=1}^{n} y_i^2} = ||\mathbf{x}|| \cdot ||\mathbf{y}||. \tag{1.38}$$

Satz 1.33 (Höldersche Ungleichung)
Es sei $p > 1$ *und* $q := p/(p-1)$. *Für reelle Zahlen* $x_1, \ldots, x_n$ *und* $y_1, \ldots, y_n$ *gilt*

$$\left|\sum_{i=1}^{n} x_i y_i\right| \leq \sqrt[p]{\sum_{i=1}^{n} |x_i|^p} \cdot \sqrt[q]{\sum_{i=1}^{n} |y_i|^q}.$$

Wird speziell $p = q = 2$ *gesetzt, so erweist sich die Cauchy-Schwarzsche Ungleichung als Spezialfall der Hölderschen Ungleichung.*

Satz 1.34 (Minkowskische Ungleichung)
Sei $p \geq 1$. *Für reelle Zahlen* $x_1, \ldots, x_n$ *und* $y_1, \ldots, y_n$ *gilt*

$$\sqrt[p]{\sum_{i=1}^{n} |x_i + y_i|^p} \leq \sqrt[p]{\sum_{i=1}^{n} |x_i|^p} + \sqrt[p]{\sum_{i=1}^{n} |y_i|^p}.$$

Speziell für $p = 2$ *erhalten wir*

$$\sqrt{\sum_{i=1}^{n} (x_i + y_i)^2} \leq \sqrt{\sum_{i=1}^{n} x_i^2} + \sqrt{\sum_{i=1}^{n} y_i^2}.$$

Die Ungleichungen in den Sätzen 1.32, 1.33 und 1.34 lassen sich analog für Integrale formulieren.

Satz 1.35
Sei $[a,b]$ ein Intervall und $f,g\colon [a,b] \to \mathbb{R}$ seien positive Funktionen. Dann gilt

(i)

$$\int_a^b f(x)g(x)\,dx \leq \sqrt{\int_a^b f^2(x)\,dx} \cdot \sqrt{\int_a^b g^2(x)\,dx}.$$

(ii) Für $p > 1$ und $q := p/(p-1)$ gilt

$$\int_a^b f(x)g(x)\,dx \leq \sqrt[p]{\int_a^b f^p(x)\,dx} \cdot \sqrt[q]{\int_a^b g^q(x)\,dx}.$$

(iii) Für $p \geq 1$ ist

$$\sqrt[p]{\int_a^b (f(x)+g(x))^p\,dx} \leq \sqrt[p]{\int_a^b f^p(x)\,dx} + \sqrt[p]{\int_a^b g^p(x)\,dx}.$$

Zum Schluß noch zwei wichtige Ungleichungen aus dem Bereich der Wahrscheinlichkeitsrechnung. Hierin bezeichnet $\mathrm{E}[X]$ den Erwartungswert einer Zufallsvariablen X. Weiterhin wird unterstellt, daß die auftretenden Erwartungswerte definiert sind.

Satz 1.36
Gegeben seien zwei Zufallsvariablen X und Y.

(i) Es gilt die **Cauchy-Schwarzsche Ungleichung**

$$(\mathrm{E}[XY])^2 \leq \mathrm{E}[X^2]\,\mathrm{E}[Y^2]$$

(ii) Es sei $g : \mathbb{R} \to \mathbb{R}$ eine konvexe bzw. eine konkave Funktion, siehe Definition 1.47. Dann gilt die **Jensensche Ungleichung**

$$\mathrm{E}[g(X)] \geq g(\mathrm{E}[X]) \quad \textit{bzw.} \quad \mathrm{E}[g(X)] \leq g(\mathrm{E}[X]).$$

1.12 Funktionen und ihre Eigenschaften

In diesem Abschnitt wollen wir noch kurz Funktionen und einige ihrer Eigenschaften darstellen, wie sie teilweise schon im Grundstudium für Wirtschaftswissenschaftler behandelt wurden, siehe z.B. Wetzel u.a. (1981).

Der Vollständigkeit halber geben wir zunächst noch die Definition einer Abbildung an, obwohl sie in diesem Kapitel als bekannt vorausgesetzt und mehrfach benutzt wurde.

Definition 1.44

Es seien $\mathcal{X}$ und $\mathcal{Y}$ nichtleere Mengen, und f sei eine Vorschrift, die jedem Element $x \in \mathcal{X}$ genau ein $y = f(x) \in \mathcal{Y}$ zuordnet. Dann heißt f **Abbildung** von $\mathcal{X}$ nach $\mathcal{Y}$. Häufig trifft man für diesen Sachverhalt die Schreibweise

$$\begin{aligned} f : \mathcal{X} &\to \mathcal{Y} \\ x &\mapsto f(x) \end{aligned}$$

an. $\mathcal{X}$ bzw. $\mathcal{Y}$ heißt **Definitionsbereich** bzw. **Wertebereich** von f.

Für $\mathcal{A} \subset \mathcal{X}$ und $\mathcal{B} \subset \mathcal{Y}$ bezeichnet $f(\mathcal{A}) := \{f(x) \mid x \in \mathcal{A}\} \subset \mathcal{Y}$ die **Bildmenge** von $\mathcal{A}$ unter f. Weiterhin ist $f^{-1}(\mathcal{B}) := \{x \mid x \in \mathcal{X} \text{ und } f(x) \in \mathcal{B}\} \subset \mathcal{X}$ die **Urbildmenge** von $\mathcal{B}$ unter f.

Ist speziell $\mathcal{X} \subset \mathbb{R}^n$ und $\mathcal{Y} \subset \mathbb{R}$, so sprechen wir von einer **reellwertigen Funktion**, kurz: Funktion f von $\mathbf{x} = (x_1, \ldots, x_n)^\mathsf{T}$ mit $x_i \in \mathbb{R}$ für $i = 1, \ldots, n$, und schreiben $y = f(\mathbf{x})$. Auf vektorwertige Funktionen $f\colon \mathbb{R}^n \to \mathbb{R}^m$ werden wir im Kapitel 2 näher eingehen.

Wir wollen nun einige Eigenschaften reellwertiger Funktionen zusammenstellen unter Einschluß des Spezialfalls $n = 1$, d.h. $y = f(x)$ mit $x \in \mathbb{R}$. Dabei beschränken wir uns auf Eigenschaften, die nicht auf einer Limes-Betrachtung basieren. Stetigkeit und insbesondere Differenzierbarkeit als Limes-Eigenschaften reellwertiger und vektorwertiger Funktionen werden ihrer Bedeutung wegen gesondert in Kapitel 2 behandelt.

Definition 1.45

Eine Funktion $f\colon \mathbb{R}^n \to \mathbb{R}$ heißt **beschränkt** auf $\mathcal{A} \subset \mathbb{R}^n$, falls es eine Zahl $k \in \mathbb{R}$ gibt, so daß $|f(\mathbf{x})| \leq k$ für alle $\mathbf{x} \in \mathcal{A}$ gilt. Gilt $f(\mathbf{x}) \leq k$ bzw. $k \leq f(\mathbf{x})$ für alle $\mathbf{x} \in \mathcal{A}$, so heißt f auf $\mathcal{A}$ nach **oben beschränkt** bzw. **unten beschränkt**.

Beispiel 1.14

1. Die Funktion $f\colon \mathbb{R} \setminus \{0\} \to \mathbb{R}$, $x \mapsto 2/x$, ist auf dem Intervall $\mathcal{A} = [1, +\infty)$ beschränkt wegen $|f(x)| \leq 2$ für alle $x \in \mathcal{A}$, nicht jedoch auf $\mathcal{B} = (0, 1]$.

2. Die Funktion $f\colon \mathbb{R} \to \mathbb{R}$, $x \mapsto \sin x$, ist auf $\mathbb{R}$ beschränkt, wegen $|f(x)| \leq 1$ für alle $x \in \mathbb{R}$.

○

Definition 1.46
Eine Funktion $f\colon \mathbb{R} \to \mathbb{R}$ heißt **monoton wachsend** bzw. **streng monoton wachsend** auf $\mathcal{A} \subset \mathbb{R}$, falls für alle $x, y \in \mathcal{A}$ mit $x < y$ gilt $f(x) \leq f(y)$ bzw. $f(x) < f(y)$. Entsprechend werden **(streng) monoton fallende** Funktionen definiert.

Warum ist diese Definition der Monotonie nicht auf $f\colon \mathbb{R}^n \to \mathbb{R}$ übertragbar?

Beispiel 1.15

1. Die Funktion $f\colon \mathbb{R} \to \mathbb{R}$, $x \mapsto 2x$, ist auf $\mathbb{R}$ streng monoton wachsend, denn für $x, y \in \mathbb{R}$ mit $x < y$ gilt $f(x) = 2x < 2y = f(y)$.

2. Die Funktion $f\colon \mathbb{R} \to \mathbb{R}$, $x \mapsto x^2$ ist auf $\mathbb{R}$ weder monoton wachsend noch monoton fallend. Hingegen ist sie auf $\mathbb{R}^-$ bzw. auf $\mathbb{R}^+$ streng monoton fallend bzw. steigend. Ist etwa $x, y \in \mathbb{R}^-$ mit $x < y$, so folgt $f(x) = x^2 > y^2 = f(y)$.

○

Definition 1.47
Gegeben sei eine konvexe Menge $\mathcal{A} \subset \mathbb{R}^n$. Eine Funktion $f\colon \mathbb{R}^n \to \mathbb{R}$ heißt

(i) **konvex** auf $\mathcal{A}$, falls gilt $f(k\mathbf{x} + (1-k)\mathbf{y}) \leq kf(\mathbf{x}) + (1-k)f(\mathbf{y})$

(ii) **konkav** auf $\mathcal{A}$, falls gilt $f(k\mathbf{x} + (1-k)\mathbf{y}) \geq kf(\mathbf{x}) + (1-k)f(\mathbf{y})$

für alle $\mathbf{x}, \mathbf{y} \subset \mathcal{A}$ und alle $k \in (0, 1)$. Kann in den Ungleichungen das Ungleichheitszeichen verschärft werden zu „$<$" bzw. „$>$", so heißt f **streng konvex** bzw. **streng konkav**.

Ist f konvex auf $\mathcal{A}$, so ist offensichtlich $-f$ konkav auf $\mathcal{A}$.

Konvexe und konkave Funktionen spielen eine wichtige Rolle bei der Bestimmung von Extremwerten (siehe Kapitel 8).

Beispiel 1.16

1. Die Funktion $f\colon \mathbb{R} \to \mathbb{R}$, $x \mapsto x^2$, ist streng konvex auf $\mathbb{R}$. Die Ungleichung $f(kx + (1-k)y) < kf(x) + (1-k)f(y)$ für alle reellen x, y mit $x < y$ bedeutet ja, daß alle Sekanten zwischen $f(x) = x^2$ und $f(y) = y^2$ „oberhalb" des Graphen $(x, f(x))$ im Intervall (x, y) verlaufen.

   Formal kann man das wie folgt einsehen:

$$\begin{aligned} f(kx + (1-k)y) &= (kx + (1-k)y)^2 \\ &= kx^2 + (1-k)y^2 - k(1-k)(x-y)^2 \\ &< kf(x) + (1-k)f(y). \end{aligned}$$

2. Die Funktion $f\colon \mathbb{R} \to \mathbb{R}$, $x \mapsto x^3$, ist streng konkav auf $\mathbb{R}^-$, so daß alle Sekanten dort unterhalb des Graphen verlaufen. Sie ist hingegen streng konvex auf $\mathbb{R}^+$.

3. Die Funktion $f\colon \mathbb{R} \to \mathbb{R}$, $x \mapsto x$, ist konvex *und* konkav auf $\mathbb{R}$ wegen

$$f(kx + (1-k)y) = kx + (1-k)y = kf(x) + (1-k)f(y).$$

○

Die direkte Überprüfung der Konvexität einer Funktion f mit Hilfe der Definition erweist sich oft als schwierig. Unter zusätzlichen Differenzierbarkeitsannahmen kann auf die Hesse-Matrix zurückgegriffen werden, vergleiche Kapitel 2, Definition 2.6, Seite 77.

Eine weitere interessante Alternative ergibt sich aus der Darstellung von f durch *elementare* konvexe Funktionen, vergleiche Beispiel 8.6, Seite 440. Hierzu erweist sich der folgende Satz als hilfreich:

Satz 1.37

Gegeben seien eine konvexe Menge $\mathcal{A} \subset \mathbb{R}$ und eine konvexe Funktion $f : \mathcal{A} \to \mathbb{R}$. Dann gilt

(i) Ist $c \geq 0$, so ist cf konvex.

(ii) Ist $g : \mathcal{A} \to \mathbb{R}$ eine konvexe Funktion, so ist $f + g$ konvex.

(iii) Ist $g : \mathcal{A} \to \mathbb{R}$ eine konkave Funktion und gilt $g(x) > 0$ für alle $x \in \mathcal{A}$, so ist $1/g$ konvex.

(iv) *Ist $g : f(\mathcal{A}) \to \mathbb{R}$ monoton wachsend und konvex, so ist die verkettete Funktion $g \circ f$ konvex*

(v) *Für $a \in \mathbb{R}$ ist die Menge $\mathcal{A}_a := \{x \mid x \in \mathcal{A},\ f(x) \leq a\}$ konvex.*

Beweis: Wir wollen hier (v) zeigen. Seien $x, y \in \mathcal{A}_a$ und $0 < k < 1$. Für $z = kx + (1-k)y$ gilt wegen der Konvexität von f:

$$f(z) = f(kx + (1-k)y) \leq kf(x) + (1-k)f(y) \leq ka + (1-k)a = a.$$

Mithin ist $z \in \mathcal{A}_a$. ❑

Weitere nützliche Eigenschaften und Charakterisierungen konvexer Funktionen findet man bei Roberts und Varberg (1973).

Wir wollen noch konvexe Funktionen auf $\mathbb{Z}$ (statt auf $\mathbb{R}$) definieren.

Definition 1.48

Eine Funktion $f : \mathbb{Z} \to \mathbb{R}$ heißt **konvex** bzw. **konkav**, falls $\Delta f(x) := f(x+1) - f(x)$, $x \in \mathbb{Z}$, monoton wachsend bzw. fallend ist.

Die Eigenschaften des Satzes 1.37 übertragen sich sinngemäß, siehe auch Satz 9.7, Seite 501.

Definition 1.49

Eine Funktion $f : \mathbb{R}^n \to \mathbb{R}$ heißt **homogen** vom Grad k, $k \in \mathbb{N}$, falls für beliebiges $\lambda \in \mathbb{R}$ gilt: $f(\lambda x_1, \ldots, \lambda x_n) = \lambda^k f(x_1, \ldots, x_n)$.

Beispiel 1.17

Die Funktion $f : \mathbb{R}^2 \to \mathbb{R}$ mit $f(x_1, x_2) = x_1^2 x_2^3$ ist homogen vom Grad 5, denn es gilt

$$f(\lambda x_1, \lambda x_2) = (\lambda x_1)^2 (\lambda x_2)^3 = \lambda^5 x_1^2 x_2^3 = \lambda^5 f(x_1, x_2)$$

für alle $\lambda \in \mathbb{R}$. ○

Wir wollen hier noch das globale (absolute) Maximum und Minimum einer Funktion auf einer Menge $\mathcal{A} \subset \mathbb{R}^n$ einführen. Lokale Maxima und Minima werden in den Kapiteln 2 und 8 behandelt.

Definition 1.50

Die Funktion $f\colon \mathcal{A} \to \mathbb{R}$ mit $\mathcal{A} \subset \mathbb{R}^n$ nimmt in $\widetilde{\mathbf{x}} \in \mathcal{A}$ ihr **globales Maximum** bzw. **globales Minimum** an, falls $f(\widetilde{\mathbf{x}}) \geq f(\mathbf{x})$ bzw. $f(\widetilde{\mathbf{x}}) \leq f(\mathbf{x})$ für alle $\mathbf{x} \in \mathcal{A}$ gilt. Ein globales Maximum oder Minimum heißt auch **globales Extremum.**

Beispiel 1.18

1. Betrachte die Funktion $f\colon \mathbb{R} \to \mathbb{R}$, $x \mapsto x^2$. Dann hat f bzw. $-f$ in $\widetilde{x} = 0$ ein globales Minimum bzw. Maximum.

2. Die Funktion $f\colon \mathbb{R} \to \mathbb{R}$, $x \mapsto x$, hat weder ein globales Maximum noch ein globales Minimum. Betrachtet man hingegen für $a < b$ die Funktion $g\colon [a, b] \to \mathbb{R}$, $x \mapsto x$, so hat g in a ein globales Minimum und in b globales Maximum. Es handelt sich um **Randextrema.** Diese werden in der linearen Optimierung (Kapitel 6) eine zentrale Rolle spielen.

○

1.13 Aufgaben

Aufgabe 1.1

Es sei i die imaginäre Einheit mit $i = \sqrt{-1}$. Berechnen Sie:

(a) i^{4n}, i^{4n+1}, i^{4n+2} und i^{4n+3} für $n \in \mathbb{N}$,

(b) $(3 - 2i)(-2 + 3i)$, $\dfrac{4 - 2i}{3 + 4i}$ und $\dfrac{4 + \sqrt{-6}}{5 - \sqrt{-7}}$,

(c) $\sqrt{i}$,

(d) die Beträge der komplexen Zahlen in (b).

Aufgabe 1.2

Zeigen Sie für beliebige komplexe Zahlen $z_1, z_2 \in \mathbb{C}$:

(a) $\overline{z_1 + z_2} = \overline{z_1} + \overline{z_2}$,

(b) $\overline{z_1 \cdot z_2} = \overline{z_1} \cdot \overline{z_2}$,

(c) $|z_1 \cdot z_2| = |z_1| \cdot |z_2|$,

(d) $|z_1 + z_2| \leq |z_1| + |z_2|$.

Aufgabe 1.3
Prüfen Sie die folgenden Aussagen für Matrizen $\mathbf{A}$ und $\mathbf{B}$:

(a) Sind $\mathbf{A}$, $\mathbf{B}$ und $\mathbf{AB}$ symmetrisch, so gilt $\mathbf{AB} = \mathbf{BA}$.

(b) Ist $\mathbf{A}$ idempotent, so auch $\mathbf{A} - \mathbf{I}$.

(c) Ist $\mathbf{AB} = \mathbf{A}$ und $\mathbf{BA} = \mathbf{B}$, so sind $\mathbf{A}$ und $\mathbf{B}$ idempotent.

(d) Ist $\mathbf{A}$ orthogonal, so auch $\mathbf{A}^{-1}$ und $\mathbf{A}^{\top}$.

Aufgabe 1.4
Zeigen Sie für Matrizen $\mathbf{A}$ und $\mathbf{B}$:

(a) Ist $\mathbf{B}$ regulär, so gilt $\operatorname{tr}(\mathbf{A}) = \operatorname{tr}(\mathbf{B}^{-1}\mathbf{AB})$.

(b) $\operatorname{tr}(\mathbf{A} \otimes \mathbf{B}) = \operatorname{tr}(\mathbf{A}) \operatorname{tr}(\mathbf{B})$.

(c) Sind $\mathbf{A}$ und $\mathbf{B}$ regulär, so gilt $(\mathbf{AB})^{-1} = \mathbf{B}^{-1}\mathbf{A}^{-1}$.

(d) $(\mathbf{A} \otimes \mathbf{B})^{-1} = \mathbf{A}^{-1} \otimes \mathbf{B}^{-1}$.

Aufgabe 1.5
Zeigen Sie für die Matrix $\mathbf{A}$:

(a) Ist $\mathbf{A}$ orthogonal, so gilt $|\mathbf{A}| = \pm 1$.

(b) Ist $\mathbf{A}$ idempotent, so gilt $|\mathbf{A}| = 1$ oder 0.

(c) Ist $\mathbf{A}$ regulär, so gilt $|\mathbf{A}^{-1}| = 1/|\mathbf{A}|$.

Aufgabe 1.6
Berechnen Sie die Eigenwerte und zugehörigen Eigenvektoren folgender Matrizen:

(a)

$$\mathbf{A} = \begin{pmatrix} 1 & 4 \\ 9 & 1 \end{pmatrix} \quad \text{und} \quad \mathbf{B} = \begin{pmatrix} 1 & 2 & -1 \\ -2 & 3 & 1 \\ -3 & 8 & 1 \end{pmatrix}.$$

(b) einer orthogonalen Matrix.

(c) einer idempotenten Matrix.

Aufgabe 1.7
Zeigen Sie für eine symmetrische Matrix $\mathbf{A}$:

(a) Die Eigenwerte von $\mathbf{A}$ sind reell.

(b) Eigenvektoren von $\mathbf{A}$, die zu verschiedenen Eigenwerten von $\mathbf{A}$ gehören, sind orthogonal.

Aufgabe 1.8
Sind die Matrizen

$$\mathbf{A} = \begin{pmatrix} -2 & 3 & 0 \\ 3 & -5 & 1 \\ 0 & 1 & -4 \end{pmatrix} \quad \text{und} \quad \mathbf{B} = \begin{pmatrix} 1 & 2 & 3 & 4 \\ 2 & 4 & 1 & 3 \\ 3 & 1 & 4 & 2 \\ 4 & 3 & 2 & 1 \end{pmatrix}$$

positiv bzw. negativ definit?

Aufgabe 1.9
Zeigen Sie: Ist $\mathbf{A}$ symmetrisch und idempotent, so ist $\mathbf{A}$ nichtnegativ definit.

Aufgabe 1.10
Zeigen Sie:

(a) Die Abbildung d: $\mathbb{R}^n \times \mathbb{R}^n \to \mathbb{R}$ mit $d(\mathbf{x}, \mathbf{y}) := \sum_{i=1}^n |x_i - y_i|$ ist eine Metrik.

(b) Der Durchschnitt endlich vieler offener Mengen ist offen.

Aufgabe 1.11
Zeigen Sie für die Funktionen f_i: $\mathbb{R} \to \mathbb{R}$, $i = 1, \ldots, 7$:

(a) $f_1(x) = x$ und $f_2(x) = x + 1$ sind linear unabhängig.

(b) $f_3(x) = 1$, $f_4(x) = \sin^2 x$ und $f_5(x) = \cos^2 x$ sind linear abhängig.

(c) $f_6(x) = \sin x$ und $f_7(x) = \cos x$ sind linear unabhängig.

Aufgabe 1.12
Welche der folgenden Mengen bilden einen Unterraum des $\mathbb{R}^n$?

$$\begin{aligned} \mathbf{A}_1 &= \{(x, x, x)^\mathsf{T} \mid x \in \mathbb{R}\} \\ \mathbf{A}_2 &= \{(x_1, x_2, x_3)^\mathsf{T} \mid x_1 + x_2 + x_3 = 0\} \\ \mathbf{A}_3 &= \{(x_1, x_2, x_3)^\mathsf{T} \mid x_i \neq x_j,\ i \neq j,\ i, j = 1, 2, 3\} \end{aligned}$$

Aufgabe 1.13

Es sei $\mathcal{M} := \{(x_1, x_2)^\mathsf{T} \mid x_1^2 + x_2^2 \leq 25\}$ und $\mathcal{T} := \{(x_1, x_2)^\mathsf{T} \mid x_1, x_2 \in (0,1)\}$.

(a) Geben Sie einen inneren, einen äußeren und einen Randpunkt von $\mathcal{M}$ an.

(b) Sind $\mathcal{M}$ bzw. $\mathcal{T}$ abgeschlossene oder offene Mengen?

(c) Ist der Punkt $(3,4)^\mathsf{T}$ Häufungspunkt der Menge $\mathcal{M}$ bzw. $\mathcal{T}$?

(d) Bestimmen Sie die abgeschlossene Hülle von $\mathcal{T}$.

Aufgabe 1.14

Zeigen Sie

(a) $\overline{x}_g = \sqrt{x_1 x_2} \leq (x_1 + x_2)/2 = \overline{x}$ für reelle Zahlen x_1, x_2 mit $x_i > 0$.

b) $(1+x)^n \geq 1 + nx$ für alle reellen $x > -1$ und $n \in \mathbb{N}$ (Bernoullische Ungleichung, siehe Satz 1.30).

Aufgabe 1.15

Sei $\mathcal{A} \subset \mathbb{R}^n$ eine konvexe Menge. Sind die Funktionen $f, g\colon \mathbb{R}^n \to \mathbb{R}$ auf $\mathcal{A}$ konvex, so auch $f + g$ (vgl. Abschnitt 1.12).

Kapitel 2

Differential- und Integralrechnung

2.1 Vorbemerkungen zur Gliederung

Dieses Kapitel eröffnet einen kurzen Einblick in das Gebiet der Analysis im $\mathbb{R}^n$. Genauer gesagt sind es drei verschiedene Spalten, durch die wir schauen. Zum einen untersuchen wir, wie es mit der Differentialrechnung weitergeht, wenn wir mit Funktionen im $\mathbb{R}^n$ hantieren. Was wird dann aus den uns vertrauten Konzepten wie Stetigkeit, Differenzierbarkeit und Invertierbarkeit? Extremalaufgaben kommen in neuer Form auf uns zu. Mit der Möglichkeit implizierter Funktionen eröffnen sich neue Wege operationabler Modellierung. Was der Differentialrechnung recht ist, kann der Integralrechnung nur billig sein. Wir übertragen nicht nur das vertraute Riemann Integral in den $\mathbb{R}^n$, sondern führen zur Freude der Statistiker auch das Riemann-Stieltjes Integral ein. Damit wird für diese Gruppe von Lesern die Notation ihrer theoretischen Überlegungen entscheidend erleichtert. Der dritte Blick in den $\mathbb{R}^n$ zeigt uns für die Verbindung von Matrizen, Vektoren und Differentiation eine interessante Notation, fast schon einen kleinen Kalkül. Die Ökonometriker werden es uns hoffentlich danken.

Vergleicht man den Inhalt dieses Kapitels mit einem beliebigen Buch der Bibliothek in der Sektion „Advanced Calculus“ oder „Höhere Analysis“, dann wird sofort deutlich, daß vom Inhalt her wir hier nur einen winzigen Teil abdecken. Wir hoffen aber, daß nach der Lektüre dieses Kapitels der Leser keine allzu großen Schwierigkeiten hat, in einem dieser Bücher weiter zu lesen.

2.2 Differentialrechnung

2.2.1 Die Grenzen des Grundstudiums

Stellen wir uns einen Studenten der Wirtschaftswissenschaften vor, der soeben erfolgreich sein Grundstudium abgeschlossen hat. In diesem Grundstudium wurde ihm auch eine Einführung in die Mathematik (oft mit dem Zusatz „für Ökonomen") zuteil, deren Niveau mit dem Buch von Wetzel u.a. (1981) zutreffend beschrieben sein mag.

So — vermeintlich gut gerüstet — beginnt er sein Hauptstudium und findet sich plötzlich mit Texten wie dem folgenden Auszug aus Uebe (1976), Seite 16–17, konfrontiert:

> *Im folgenden soll für das jeweilig vorliegende Produktionsproblem jeweils von vornherein feststehen, welches Gut Input und welches Output ist. Damit wird der Güterraum in zwei disjunkte Räume zerlegt, den Inputraum V sowie den Outputraum X.*
>
> *6.2 Die Produktionsfunktion*
> *Die Technologie wird durch eine Produktionsfunktion dargestellt. Damit wird die Abbildung $T : V \to X$ entweder in einer Funktion*
>
> *(i)* $F(x, v) = 0 \qquad x \in X \quad , \quad v \in V$
>
> *beschrieben oder durch den separablen Unterfall eines Funktionspaares*
>
> *(ii)* $g(x) - f(v) = 0 \qquad x \in X \quad , \quad v \in V.$
>
> *Beide Fälle sind spezielle Technologien, in denen zusätzlich mathematische Voraussetzungen wie Stetigkeit, Differenzierbarkeit etc. verlangt werden.*
>
> *Der Unterfall (ii) ist außerdem nicht mehr eine Abbildung*
>
> $$\mathbb{R}^n \to \mathbb{R}^m \quad ,$$
>
> *sondern*
>
> $$\mathbb{R}^n \to \mathbb{R} \to \mathbb{R}^m$$
>
> *Erst werden die Inputs zu einem Index zusammengefaßt und dann erneut aufgefächert.*

In diesem Text finden sich so vertraute Begriffe wie Stetigkeit und Differenzierbarkeit, welche im Grundstudium allerdings nur für Abbildungen von $\mathbb{R}^n$ nach $\mathbb{R}$ behandelt wurden.

Was an mathematischem Rüstzeug noch fehlt, soll in diesem Kapitel bereitgestellt werden. Wir werden vektorwertige Funktionen (Abbildungen von $\mathbb{R}^n$

nach $\mathbb{R}^m$) einführen und die Konzepte Stetigkeit und Differenzierbarkeit auf derartige Funktionen erweitern.

Als wichtige Anwendung dieser Konzepte werden wir dann inverse Funktionen und implizite Funktionen untersuchen; außerdem wird noch einmal das Problem von Extrema reellwertiger Funktionen aufgegriffen.

2.2.2 Vektorwertige Funktionen

Erinnern wir uns an die Definition einer Abbildung. In dem schon erwähnten Buch von Wetzel u.a. (1981), Seite 120, finden wir (Symbolik angepaßt):

> *Die folgende Abbildung 1 soll den Funktionsbegriff veranschaulichen. Sie verdeutlicht, falls X und Y nicht Teilmengen in $\mathbb{R}$ sind, auch den allgemeinen Abbildungsbegriff, der mit Definition 2 eingeführt wird.*
>
> ...

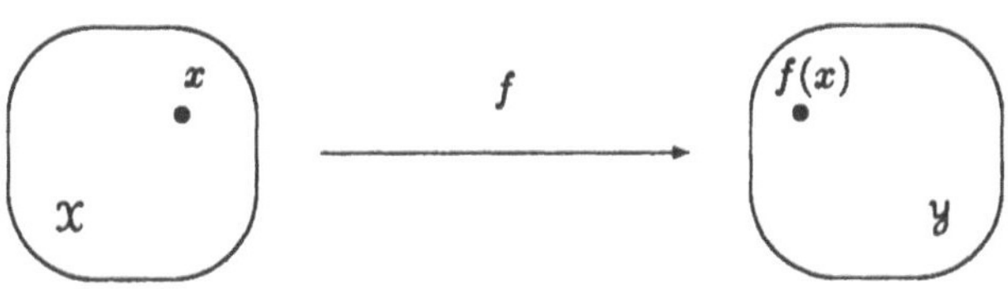

> ***Abbildung 2.1:***
>
> ...
>
> *Definition 2: Es seien X und Y nicht-leere Mengen und f eine Vorschrift, die jedem $x \in X$ genau ein $y \in Y$ zugeordnet. Dann heißt $f : X \to Y$ Abbildung von X nach Y. X und Y heißen wieder Definitions- und Wertebereich der Abbildung.*

Von dieser Definition ist es nur ein kleiner Schritt zum Begriff der vektorwertigen Funktion. Damit gewinnen wir aus der durch das obige Zitat noch einmal in Erinnerung gerufenen Definition der Abbildung die Definition einer vektorwertigen Funktion.

Definition 2.1
Es seien $\mathcal{X} \subset \mathbb{R}^n$ und $\mathcal{Y} \subset \mathbb{R}^m$ nichtleere Mengen. Eine Abbildung $\mathbf{f} : \mathcal{X} \to \mathcal{Y}$ heißt **vektorwertige Funktion**.

Für $m = 1$ erhalten wir den bekannten Fall einer reellwertigen Funktion f von n reellen Variablen. Ist zusätzlich $n = 1$, so erhalten wir den bekannten Fall einer reellwertigen Funktion einer reellen Variablen.

Beispiel 2.1
Bei der in den Vorbemerkungen erwähnten Produktionsfunktion

$$T : \mathcal{V} \to \mathcal{X}$$

handelt es sich um eine vektorwertige Funktion. Liegen n Input-Güter vor, so ist $\mathcal{V} \subset (\mathbb{R}^+)^n$, da jedes Gut nur als nichtnegative Größe auftritt. Entsprechend gilt bei m Output-Gütern $\mathcal{X} \subset (\mathbb{R}^+)^m$. ○

Beispiel 2.2
Dieses Beispiel soll zeigen, daß die vektorwertige Funktion auf den ersten Blick oft gar nicht in Erscheinung tritt. In Chiang (1984), Seite 52, findet sich die folgende Stelle:

> *As a simple example, we may cite the familiar Keynesian national-income model*
>
> $$\begin{aligned} &(3.23) \qquad & Y &= C + I_0 + G_0 \\ && C &= a + bY \qquad (a > 0, 0 < b < 1) \end{aligned}$$
>
> *where Y and C stand for the endogenous variables national income and consumption expenditure, respectively, and I_0 and G_0 represent the exogenously determined investment and government expenditures. The first equation is an equilibrium condition (national income = total expenditure). The second, the consumption function, is behavioral. The two parameters in the consumption function, a and b, stand for the autonomous consumption expenditure and the marginal propensity to consume, respectively.*
>
> *It is quite clear that these two equations in two endogenous variables are neither functionally dependent upon, nor inconsistent with, each other. Thus we would be able to find the equilibrium values of income and consumption expenditure, $\bar{Y}$ and $\bar{C}$, in terms of the given data: the parameters a and b and the exogeneous variables I_0 and G_0.*

Die vektorwertige Funktion kommt klar zum Vorschein, wenn wir die folgende „Übersetzung" vornehmen. Wählen wir für die endogenen Variablen Y und C die Bezeichnung y_1 und y_2 und für die exogenen Variablen I_0 und G_0 sowie die Parameter a und b die Bezeichnung x_1, x_2, x_3 und x_4, so wird deutlich, daß hier eine Abbildung $\mathbf{f} : \mathcal{X} \to \mathcal{Y}$ mit $\mathcal{X} \subset \mathbb{R}^4$ und $\mathcal{Y} \subset \mathbb{R}^2$ vorliegt, wobei $\mathcal{X}$ die Menge aller 4er-Tupel (x_1, x_2, x_3, x_4) und $\mathcal{Y}$ die Menge aller 2er-Tupel (y_1, y_2) bezeichnet, die für das vorliegende Problem zulässig sind.

In die neue Symbolik übertragen lauten die beiden Modellgleichungen nun

$$y_1 = y_2 + x_1 + x_2 \quad \text{und} \quad y_2 = x_3 + x_4 y_1. \tag{2.1}$$

Durch wechselseitige Einsetzung von y_2 bzw. y_1 folgt daraus

$$y_1 = x_3 + x_4 y_1 + x_1 + x_2 \quad \text{und} \quad y_2 = x_3 + x_4(y_2 + x_1 + x_2),$$

woraus sich für $x_4 \neq 1$ ergibt:

$$y_1 = \frac{x_1 + x_2 + x_3}{1 - x_4} \quad \text{und} \quad y_2 = \frac{x_3 + x_4(x_1 + x_2)}{1 - x_4}.$$

Um das Beispiel so einfach wie möglich zu halten, wollen wir uns auf die Gleichungen in (2.1) beschränken. Im Abschnitt 2.2.6 werden wir uns weiter damit beschäftigen. ○

Auch das nächste Beispiel soll zeigen, daß uns die vektorwertige Funktion oft „eingekleidet" begegnet. Es entstammt dem Gebiet der Simulation.

Beispiel 2.3

Eine Methode zur Erzeugung normalverteilter Zufallszahlen wurde von Box und Muller entwickelt. Dieses Verfahren wird in Schmitz und Lehmann (1976), Seite 73, wie folgt dargestellt:

> *Eine direkte Methode zur Transformation von Standardzufallszahlen in $\mathcal{N}(0;1)$-verteilte Zufallszahlen stammt von Box und Muller, sie beruht auf dem*
>
> *(5.1) Lemma*
>
> *Sind Z_1 und Z_2 Standardzufallszahlen, so sind*
>
> $$\begin{aligned} X_1 &= \sqrt{-2\ln Z_1}\,\sin(2\pi Z_2) \\ X_2 &= \sqrt{-2\ln Z_1}\,\cos(2\pi Z_2) \end{aligned}$$
>
> *stochastisch unabhängige, $\mathcal{N}(0;1)$-verteilte Zufallszahlen.*

Abstrahieren wir im obigen Zitat von allem statistischen Beiwerk, dann bleibt in vertrauterer Notation

$$\begin{aligned} x_1 &= \sqrt{-2\ln z_1}\sin(2\pi z_2) \\ x_2 &= \sqrt{-2\ln z_1}\cos(2\pi z_2), \end{aligned}$$

d.h., die explizite Angabe der Zuordnungsvorschrift, die dem Tupel (z_1, z_2) ein Tupel (x_1, x_2) zuordnet.

Box und Muller haben also eine spezielle vektorwertige Funktion $\mathbf{f} : (0,1) \times (0,1) \to \mathbb{R}^2$ für die Lösung ihres Problems herangezogen. ○

Betrachten wir noch einmal die Beispiele, dann fällt auf, daß die jeweilige Abbildung (vektorwertige Funktion) in höchst unterschiedlicher Weise angegeben wurde.

Im Beispiel 2.2 und im ersten Teil des Beispiels in Abschnitt 2.2.1 wird die Abbildung $\mathbf{f}$ nur implizit durch die Angabe einer funktionalen Beziehung zwischen den n-Tupeln des Definitionsbereiches und den m-Tupeln des Wertebereichs festgelegt. Erinnern wir uns an die entsprechende Passage aus dem Beispiel in Abschnitt 2.2.1:

$$F(x, v) = 0, \qquad x \in \mathcal{X},\ v \in \mathcal{V}$$

oder aber an die Beziehung (3.23) im Beispiel 2.2, die in unserer Übersetzung lautete:

$$y_1 = y_2 + x_1 + x_2 \quad \text{und} \quad y_2 = x_3 + x_4 y_1.$$

Im Abschnitt 2.2.6 werden wir der Frage nachgehen, inwieweit wir die implizit gegebene vektorwertige Funktion $\mathbf{f}$ explizit aus dieser Darstellung erhalten können.

Im Beispiel 2.3 begegnet uns eine explizite Darstellung der Abbildung $\mathbf{f}$. Hier haben wir einen Fall der Komponentendarstellung einer vektorwertigen Funktion.

Definition 2.2

Mit $\mathcal{X} \subset \mathbb{R}^n$ sei $\mathbf{f} : \mathcal{X} \to \mathbb{R}^m$ eine Funktion. Dann läßt sich der Bildpunkt $\mathbf{f}(\mathbf{x}) \in \mathbb{R}^m$ von $\mathbf{x} \in \mathcal{X}$ als m-Tupel

$$\mathbf{f}(\mathbf{x}) = \begin{pmatrix} f_1(\mathbf{x}) \\ \vdots \\ f_i(\mathbf{x}) \\ \vdots \\ f_m(\mathbf{x}) \end{pmatrix} \tag{2.2}$$

schreiben, wobei die Komponenten $f_1(\mathbf{x}), \dots, f_m(\mathbf{x})$ Bildpunkte reellwertiger Funktionen $f_i : \mathcal{X} \to \mathbb{R}$, $i = 1, \dots, m$, sind. Die Funktionen $f_1, \dots, f_m$ heißen **Komponentenfunktionen** der Funktion $\mathbf{f} = (f_i)$.

Anmerkung:
In diesem Kapitel unterscheiden wir gelegentlich nicht streng zwischen der Zeilen- und Spaltenschreibweise von Vektoren. Obgleich die Darstellung von $\mathbf{f}(\mathbf{x})$ in (2.2) als Spaltenvektor formal gesehen korrekt ist, werden wir in diesem oder in vergleichbaren Fällen auch $\mathbf{f}(\mathbf{x}) = (f_1(\mathbf{x}), \dots, f_m(\mathbf{x}))$ schreiben. Der Leser sollte keine Schwierigkeiten haben aus dem Zusammenhang zu ersehen, welches die angemessene Notation ist.

Beispiel 2.4 (Fortsetzung von Beispiel 2.3)
Im Beispiel 2.3 ist $\mathbf{f} : \mathcal{X} \to \mathbb{R}^2$ mit $\mathcal{X} = (0,1) \times (0,1) \subset \mathbb{R}^2$ durch die Komponentenfunktionen

$$f_1(\mathbf{z}) = \sqrt{-2\ln z_1}\,\sin(2\pi z_2) \quad \text{und} \quad f_2(\mathbf{z}) = \sqrt{-2\ln z_1}\,\cos(2\pi z_2), \quad \mathbf{z} \in \mathcal{X},$$

festgelegt. ○

2.2.3 Stetigkeit vektorwertiger Funktionen

Das Zitat aus Uebe (1976) in den Vorbemerkungen stellte die Stetigkeit als eine notwendige Eigenschaft der dort behandelten vektorwertigen Funktionen heraus. Wir wollen in diesem Abschnitt den Begriff „Stetigkeit" für vektorwertige Funktionen herausarbeiten.

Auch hier kann eine Rückbesinnung auf die mathematische Grundausbildung hilfreich sein. In dem schon erwähnten Buch von Wetzel u.a. (1981) lesen wir auf Seite 178 (Symbolik wieder angepaßt):

> *Definition 5:* $f : \mathcal{X} \to \mathcal{Y}, \mathcal{X} \subset \mathbb{R}^n, \mathcal{Y} \subset \mathbb{R}$ *heißt stetig im Punkt* $\mathbf{x}_0 \in \mathcal{X}$, *wenn für jedes* $\varepsilon > 0$ *ein* $\delta > 0$ *existiert, so daß für alle* $\mathbf{x} \in \mathcal{X}$ *mit* $\|\mathbf{x} - \mathbf{x}_0\| < \delta$ *folgt* $|f(\mathbf{x}) - f(\mathbf{x}_0)| < \varepsilon$.

Mit anderen Worten:
Die absolute Differenz der Funktionswerte $|f(\mathbf{x}) - f(\mathbf{x}_0)|$ kann „beliebig klein gemacht werden" (kleiner als jede noch so kleine Zahl $\varepsilon > 0$), wenn nur $\mathbf{x}$ hinreichend nahe bei $\mathbf{x}_0$ liegt, d.h., $\|\mathbf{x} - \mathbf{x}_0\| < \delta$ ist, wobei δ von ε abhängt."

Vor dem Hintergrund unserer in Abschnitt 1.10 vertieften topologischen Kenntnisse stellt sich der eben geschilderte Sachverhalt so dar:

f heißt stetig in $\mathbf{x}_0 \in \mathcal{X}$, wenn es zu jeder ε-Umgebung $\mathcal{U}_\varepsilon(f(\mathbf{x}_0))$ von $f(\mathbf{x}_0)$ eine δ-Umgebung $\mathcal{U}_\delta(\mathbf{x}_0)$ von $\mathbf{x}_0$ gibt, so daß für alle $\mathbf{x} \in \mathcal{U}_\delta(\mathbf{x}_0)$ gilt $f(\mathbf{x}) \in \mathcal{U}_\varepsilon(f(\mathbf{x}_0))$.

Eine genaue Betrachtung der Formulierung der Stetigkeit von f zeigt, daß die Struktur von Definitions- und Wertebereich nicht explizit eingeht. Es gilt zwar $\mathcal{U}_\delta(\mathbf{x}_0) \subset \mathcal{X}$ und $\mathcal{U}_\varepsilon(f(\mathbf{x}_0)) \subset \mathbb{R}$, aber wir argumentieren nur über „Abstände" von $\mathbf{x}_0$ bzw. von $f(\mathbf{x}_0)$, denn die erwähnten Umgebungen sind

$$\begin{aligned}
\mathcal{U}_\delta(\mathbf{x}_0) &= \{\mathbf{x} \in \mathcal{X} \mid \|\mathbf{x} - \mathbf{x}_0\| = [\sum_{j=1}^{n}(x_j - x_{0j})^2]^{1/2} < \delta\} \\
\mathcal{U}_\varepsilon(f(\mathbf{x}_0)) &= \{z \in \mathbb{R} \mid |z - f(\mathbf{x}_0)| = [(z - f(\mathbf{x}_0))^2]^{1/2} < \varepsilon\}.
\end{aligned}$$

Das legt nun nahe, die Definition der Stetigkeit vektorwertiger Funktionen durch die Betrachtung von $\mathcal{U}_\delta(\mathbf{x}_0) \subset \mathbb{R}^n$ und $\mathcal{U}_\varepsilon(\mathbf{f}(\mathbf{x}_0)) \subset \mathbb{R}^m$ anzugehen, wobei Abstände mit Hilfe der euklidischen Norm $\|\cdot\|$ gemessen werden, siehe (1.22), Seite 8.

Definition 2.3

Die vektorwertige Funktion $\mathbf{f} : \mathbb{R}^n \to \mathbb{R}^m$ heißt in $\mathbf{x}_0 \in \mathbb{R}^n$ **stetig**, wenn für jedes $\varepsilon > 0$ ein $\delta > 0$ existiert, so daß für alle $\mathbf{x} \in \mathbb{R}^n$ mit $\|\mathbf{x} - \mathbf{x}_0\| < \delta$ folgt $\|\mathbf{f}(\mathbf{x}) - \mathbf{f}(\mathbf{x}_0)\| < \varepsilon$.

Im vorigen Abschnitt hatten wir die Komponentenfunktionen f_i einer vektorwertigen Funktion $\mathbf{f}$ eingeführt. Es stellt sich die Frage, inwieweit aus der Stetigkeit von $\mathbf{f}$ auf die Stetigkeit der Komponentenfunktionen geschlossen werden kann oder umgekehrt.

Der folgende Satz gibt eine Antwort.

Satz 2.1

Die vektorwertige Funktion $\mathbf{f} : \mathbb{R}^n \to \mathbb{R}^m$ ist genau dann stetig in $\mathbf{x}_0 \in \mathbb{R}^n$, wenn alle Komponentenfunktionen $f_i : \mathbb{R}^n \to \mathbb{R}$ stetig in $\mathbf{x}_0$ sind.

Beweis:

Im Laufe des Beweises benötigen wir die explizite Darstellung

$$\|\mathbf{f}(\mathbf{x}) - \mathbf{f}(\mathbf{x}_0)\| = \{\sum_{k=1}^{m} [f_k(\mathbf{x}) - f_k(\mathbf{x}_0)]^2\}^{1/2}.$$

Sei zunächst $\mathbf{f}$ stetig in $\mathbf{x}_0$. Wir zeigen, daß dann auch f_i stetig in $\mathbf{x}_0$ ist für jedes $i = 1, \ldots, m$. Sei $\varepsilon > 0$. Wegen der Stetigkeit von $\mathbf{f}$ in $\mathbf{x}_0$ gibt es ein $\delta > 0$, so daß $\|\mathbf{f}(\mathbf{x}) - \mathbf{f}(\mathbf{x}_0)\| < \varepsilon$ gilt für alle $\mathbf{x} \in \mathbb{R}^n$ mit $\|\mathbf{x} - \mathbf{x}_0\| < \delta$. Für jedes $\mathbf{x}$ mit $\|\mathbf{x} - \mathbf{x}_0\| < \delta$ folgt dann aber

$$\begin{aligned} |f_i(\mathbf{x}) - f_i(\mathbf{x}_0)| &= \{[f_i(\mathbf{x}) - f_i(\mathbf{x}_0)]^2\}^{1/2} \\ &\leq \{\sum_{k=1}^{m} [f_k(\mathbf{x}) - f_k(\mathbf{x}_0)]^2\}^{1/2} \\ &= \|f(\mathbf{x}) - f(\mathbf{x}_0)\| \\ &< \varepsilon. \end{aligned}$$

Sei nun umgekehrt jede Komponentenfunktion f_i stetig in $\mathbf{x}_0$. Es ist die Stetigkeit von $\mathbf{f}$ in $\mathbf{x}_0$ zu zeigen. Sei $\varepsilon > 0$. Da f_i stetig in $\mathbf{x}_0$ ist, gibt es auch für $\varepsilon/\sqrt{m} > 0$ ein $\delta_i > 0$, so daß gilt $|f_i(\mathbf{x}) - f_i(\mathbf{x}_0)| < \varepsilon/\sqrt{m}$ für alle $\mathbf{x} \in \mathbb{R}^n$ mit $\|\mathbf{x} - \mathbf{x}_0\| < \delta_i$ und alle $k = 1, \ldots, m$. Diese auf den ersten Blick überraschende Wahl von $\varepsilon/\sqrt{m} > 0$ dient nur dazu, ein elegantes Ergebnis zu erzielen. Ferner ist zu beachten, daß man eventuell m unterschiedliche Werte δ_i erhält, die von den jeweiligen Komponentenfunktionen f_i abhängen.

Sei $\delta := \min_i \delta_i > 0$. Für $\mathbf{x} \in \mathbb{R}^n$ mit $\|\mathbf{x} - \mathbf{x}_0\| < \delta \leq \delta_i$ ist dann $|f_i(\mathbf{x}) - f_i(\mathbf{x}_0)| < \varepsilon/\sqrt{m}$ für alle $k = 1, \ldots, m$. Damit ist

$$\|\mathbf{f}(\mathbf{x}) - \mathbf{f}(\mathbf{x}_0)\| = \left\{\sum_{k=1}^{m} [f_i(\mathbf{x}) - f_i(\mathbf{x}_0)]^2\right\}^{1/2} < \left\{\sum_{k=1}^{m} \varepsilon^2/m\right\}^{1/2} = \varepsilon.$$

❑

Die Bedeutung des Satzes 2.1 für unsere weitere Arbeit liegt in folgender Beobachtung: In vielen Fällen werden wir uns die vektorwertige Funktion aus Komponentenfunktionen aufbauen können. Der Satz versichert uns, daß wir dann aus der gegebenen Stetigkeit der „Teile“ auf die Stetigkeit des „Ganzen“ — der vektorwertigen Funktion — schließen dürfen.

Beispiel 2.5
Sei $\mathbf{f} : \mathbb{R}^2 \to \mathbb{R}^2$ gegeben durch

$$\mathbf{f}(\mathbf{x}) = (f_1(\mathbf{x}), f_2(\mathbf{x})) = (x_1^2 + 2x_1x_2, 2x_1^2x_2 - x_1).$$

Aus der Grundausbildung wissen wir — siehe z.B. Wetzel u.a. (1981), Kapitel 9 — daß die beiden Komponentenfunktionen $f_i : \mathbb{R}^2 \to \mathbb{R}$ stetig sind. Nach Satz 2.1 ist damit auch die eingeführte vektorwertige Funktion $\mathbf{f}$ stetig. ○

In der Grundausbildung hatten wir vor oder im Zusammenhang mit der Stetigkeit auch den Begriff des Grenzwertes einer reellwertigen Funktion eingeführt. Es dürfte dem Leser nach den bisherigen Ausführungen keine Schwierigkeiten bereiten, die folgende Definition als natürliche Verallgemeinerung des Konzeptes auf vektorwertige Funktionen zu verstehen.

Definition 2.4
Der Punkt $\mathbf{a} \in \mathbb{R}^m$ heißt **Grenzwert** von $\mathbf{f} : \mathbb{R}^n \to \mathbb{R}^m$ in $\mathbf{x}_0 \in \mathbb{R}^n$, wenn es zu jedem $\varepsilon > 0$ ein $\delta > 0$ gibt, so daß $||\mathbf{f}(\mathbf{x}) - \mathbf{a}|| < \varepsilon$ gilt für alle $\mathbf{x} \in \mathbb{R}^n$ mit $||\mathbf{x} - \mathbf{x}_0|| < \delta$.

Für den Grenzwert wollen wir die schon aus der Grundausbildung bekannte Limes-Schreibweise verwenden:

$$\lim_{\mathbf{x} \to \mathbf{x}_0} \mathbf{f}(\mathbf{x}) = \mathbf{a}.$$

Ein Blick auf die Definition der Stetigkeit von vektorwertigen Funktionen zeigt: Ist $\mathbf{f}$ stetig in $\mathbf{x}_0$, dann gilt $\lim_{\mathbf{x} \to \mathbf{x}_0} \mathbf{f}(\mathbf{x}) = \mathbf{f}(\mathbf{x}_0)$. Oder anders formuliert: Ist $\mathbf{f}(\mathbf{x}_0)$ der Grenzwert von $\mathbf{f}$ in $\mathbf{x}_0$, so ist $\mathbf{f}$ stetig in $\mathbf{x}_0$.

Gehen wir zur Betrachtung der Komponentenfunktionen über, so können wir unter Wiederholung der Argumentation von Satz 2.1 sagen: Es gilt $\lim_{\mathbf{x} \to \mathbf{x}_0} \mathbf{f}(\mathbf{x}) = \mathbf{a} = (a_i) \in \mathbb{R}^m$ genau dann, wenn $\lim_{\mathbf{x} \to \mathbf{x}_0} f_i(\mathbf{x}) = a_i$ für alle $i = 1, \ldots, m$ gilt.

2.2.4 Differenzierbarkeit vektorwertiger Funktionen

In den Vorbemerkungen wurde auch von der Differenzierbarkeit als einer wünschenswerten Eigenschaft vektorwertiger Funktionen gesprochen.

Im vorigen Abschnitt konnten wir relativ einfach das Konzept der Stetigkeit auf vektorwertige Funktionen erweitern. Die Erinnerung an unsere Bemühungen, die Differenzierbarkeit von reellwertigen Funktionen des $\mathbb{R}$ auf Funktionen des $\mathbb{R}^n$ zu übertragen, lassen vermuten, daß die Aufgabe nicht so einfach zu lösen sein wird.

Ein Ergebnis der Grundausbildung (Wetzel u.a. (1981), S. 204f) war die folgende Aussage, die hier in leicht veränderter Notation wiedergegeben wird:

> $\mathbf{f}:\mathbb{R}^n \to \mathbb{R}$ *ist differenzierbar in* $\mathbf{x}_0 \in \mathbb{R}^n$, *wenn* $\mathbf{f}$ *in einer Umgebung von* $\mathbf{x}_0$ *darstellbar ist als* $\mathbf{f}(\mathbf{x}_0+\mathbf{h}) = \mathbf{f}(\mathbf{x}_0) + \mathbf{c}^\mathsf{T}\mathbf{h} + \mathbf{o}(\mathbf{h}), \mathbf{c}, \mathbf{h} \in \mathbb{R}^n$. *Der Vektor* $\mathbf{c}$ *ist im allgemeinen von* $\mathbf{x}_0$ *abhängig.*

Die Differenzierbarkeit der reellwertigen Funktion $\mathbf{f}$ im Punkt $\mathbf{x}_0$ läßt also eine Approximation von $\mathbf{f}$ durch eine affine Funktion $\mathbf{f}(\mathbf{x}_0) + \mathbf{c}^\mathsf{T}\mathbf{h}$ zu. Dabei kann man das innere Produkt $\mathbf{c}^\mathsf{T}\mathbf{h}$ als eine lineare Transformation $\mathbf{c}:\mathbb{R}^n \to \mathbb{R}$ auffassen, siehe Definition 1.14. Dies soll der Ansatzpunkt für unseren Versuch sein, Differenzierbarkeit für vektorwertige Funktionen einzuführen.

Definition 2.5

Eine vektorwertige Funktion $\mathbf{f}:\mathbb{R}^n \to \mathbb{R}^m$ heißt **(total) differenzierbar** in $\mathbf{x}_0 \in \mathbb{R}^n$, wenn es eine lineare Transformation $T_\mathbf{f}(\mathbf{x}_0):\mathbb{R}^n \to \mathbb{R}^m$ gibt, so daß in einer Umgebung von $\mathbf{x}_0$ gilt:

$$\mathbf{f}(\mathbf{x}_0+\mathbf{h}) = f(\mathbf{x}_0) + T_\mathbf{f}(\mathbf{x}_0)\mathbf{h} + \mathbf{o}(\mathbf{h}), \qquad \mathbf{h} \in \mathbb{R}^n. \tag{2.3}$$

Dabei ist $\mathbf{o}:\mathbb{R}^n \to \mathbb{R}^m$ **(Landausches Symbol)** eine Funktion mit der Eigenschaft $\|\mathbf{o}(\mathbf{h})\|/\|\mathbf{h}\| \to 0$ für $\mathbf{h} \to \mathbf{0}$.

Die Funktion $\mathbf{f}$ heißt **differenzierbar auf der Menge** $\mathcal{X} \subset \mathbb{R}^n$, wenn $\mathbf{f}$ in jedem Punkt $\mathbf{x} \in \mathcal{X}$ differenzierbar ist.

Anmerkungen:

(i) Der linearen Transformation $T_\mathbf{f}(\mathbf{x}_0)$ ist eine (m,n)-Matrix $\mathbf{T}_\mathbf{f}(\mathbf{x}_0)$ zugeordnet, siehe Definition 1.14. Sie wird im folgenden auch mit $\mathbf{f}'(\mathbf{x}_0)$ symbolisiert und als **totales Differential** bezeichnet.

(ii) Man kann zeigen, daß die Transformationsmatrix eindeutig bestimmt ist.

(iii) Ist $\mathbf{f}$ in $\mathbf{x}_0$ differenzierbar, so gilt in der neuen Schreibweise $\mathbf{f}(\mathbf{x}_0+\mathbf{h}) - \mathbf{f}(\mathbf{x}_0) - \mathbf{f}'(\mathbf{x}_0)\mathbf{h} = \mathbf{o}(\mathbf{h})$. Mithin ist eine äquivalente Formulierung der Differenzierbarkeit von $\mathbf{f}$ in $\mathbf{x}_0$ gegeben durch

$$\frac{\|\mathbf{f}(\mathbf{x}_0+\mathbf{h}) - \mathbf{f}(\mathbf{x}_0) - \mathbf{f}'(\mathbf{x}_0)\mathbf{h}\|}{\|\mathbf{h}\|} \to 0 \tag{2.4}$$

für $\mathbf{h} \to \mathbf{0}$.

Die Definition der Differenzierbarkeit einer Funktion $\mathbf{f} : \mathbb{R}^n \to \mathbb{R}^m$ erfordert somit die Existenz der Transformationsmatrix $\mathbf{f}'(\mathbf{x}_0)$. Kann man Näheres über diese Matrix sagen?

Dazu erinnern wir uns an den Begriff der partiellen Ableitung. Bekanntlich heißt eine Funktion $f : \mathbb{R}^n \to \mathbb{R}$ **partiell differenzierbar** in $\mathbf{x}_0$ nach der j-ten Komponente, wenn es eine Zahl $a \in \mathbb{R}$ gibt, so daß gilt

$$\lim_{k \to 0} \frac{f(\mathbf{x}_0 + k\mathbf{e}_j) - f(\mathbf{x}_0)}{k} = a,$$

wobei $\mathbf{e}_j$ der j-te Einheitsvektor ist. Wir schreiben dann $a =: \partial f(\mathbf{x}_0)/\partial x_j$.

Satz 2.2

(i) Es sei $\mathbf{f} = (f_i) : \mathbb{R}^n \to \mathbb{R}^m$ total differenzierbar in $\mathbf{x}_0 \in \mathbb{R}^n$. Dann sind alle Komponentenfunktionen f_i partiell differenzierbar in $\mathbf{x}_0$, und die zugehörige (m,n)-Transformationsmatrix $\mathbf{T_f}(\mathbf{x}_0)$ ist gegeben durch

$$\mathbf{T_f}(\mathbf{x}_0) = \mathbf{f}'(\mathbf{x}_0) = \begin{pmatrix} \dfrac{\partial f_1(\mathbf{x}_0)}{\partial x_1} & \cdots & \dfrac{\partial f_1(\mathbf{x}_0)}{\partial x_n} \\ \vdots & \ddots & \vdots \\ \dfrac{\partial f_m(\mathbf{x}_0)}{\partial x_1} & \cdots & \dfrac{\partial f_m(\mathbf{x}_0)}{\partial x_n} \end{pmatrix}.$$

(ii) Sind alle Komponentenfunktionen f_i total differenzierbar in $\mathbf{x}_0$, so ist $\mathbf{f}$ total differenzierbar in $\mathbf{x}_0$.

Beweis:

(i) Aus (2.4) folgt für die i-te Komponentenfunktion f_i von $\mathbf{f}$

$$\frac{|f_i(\mathbf{x}_0 + \mathbf{h}) - f_i(\mathbf{x}_0) - \mathbf{t}_{(i),\mathbf{f}}(\mathbf{x}_0)^\mathsf{T}\mathbf{h}|}{||\mathbf{h}||} \to 0$$

für $\mathbf{h} \to \mathbf{0}$. Darin bezeichnet $\mathbf{t}_{(i),\mathbf{f}}(\mathbf{x}_0)^\mathsf{T}$ die i-te Zeile von $\mathbf{T_f}(\mathbf{x}_0)$. Betrachten wir für $k \in \mathbb{R}$, $k \neq 0$, den Vektor $\mathbf{h} = k\mathbf{e}_j$, so konvergiert insbesondere

$$\frac{|f_i(\mathbf{x}_0 + k\mathbf{e}_j) - f_i(\mathbf{x}_0) - k\mathbf{t}_{(i),\mathbf{f}}(\mathbf{x}_0)^\mathsf{T}\mathbf{e}_j|}{|k|}$$

$$= \left| \frac{f_i(\mathbf{x}_0 + k\mathbf{e}_j) - f_i(\mathbf{x}_0)}{k} - \mathbf{t}_{(i),\mathbf{f}}(\mathbf{x}_0)^\mathsf{T}\mathbf{e}_j \right|$$

gegen Null für $k \to 0$. Das ist aber gerade die Bedingung dafür, daß die partiellen Ableitungen $\partial f_i(\mathbf{x}_0)/\partial x_j$ existieren. Mithin gilt $\mathbf{t}_{(i),\mathbf{f}}(\mathbf{x}_0)^\mathsf{T} = (\partial f_i(\mathbf{x}_0)/\partial x_1 \ldots, \partial f_i(\mathbf{x}_0)/\partial x_n)$.

(ii) Sei $\varepsilon > 0$. Nach Voraussetzung gibt es Vektoren $\mathbf{t}_{(1)}, \ldots, \mathbf{t}_{(m)} \in \mathbb{R}^n$ und Zahlen $\delta_1, \ldots, \delta_m > 0$, so daß gilt $|f_i(\mathbf{x}_0 + \mathbf{h}_i) - f_i(\mathbf{x}_0) - \mathbf{t}_{(i)}^\mathsf{T}\mathbf{h}_i|/||\mathbf{h}_i||^2 < \varepsilon^2/m$ für alle Vektoren $\mathbf{h}_i \in \mathbb{R}^n$ mit $||\mathbf{h}_i|| < \delta_i$. Mit der Zeilenschreibweise aus Abschnitt 1.3.3 erfüllt die Matrix $\mathbf{T} := (\mathbf{t}_{(1)}, \ldots, \mathbf{t}_{(m)})^\mathsf{T}$ dann die Eigenschaft (2.4), denn für einen Vektor $\mathbf{h} \in \mathbb{R}^n$ mit $||\mathbf{h}|| < \min\{\delta_1, \ldots, \delta_n\}$ erhalten wir

$$\begin{aligned}\frac{||\mathbf{f}(\mathbf{x}_0 + \mathbf{h}) - \mathbf{f}(\mathbf{x}_0) - \mathbf{T}\mathbf{h}||^2}{||\mathbf{h}||^2} &= \frac{1}{||\mathbf{h}||^2} \sum_{i=1}^{m} \left(f_i(\mathbf{x}_0 + \mathbf{h}) - f_i(\mathbf{x}_0) - \mathbf{t}_{(i)}^\mathsf{T}\mathbf{h}\right)^2 \\ &< \frac{\varepsilon^2}{m} m \\ &= \varepsilon^2.\end{aligned}$$

□

Anmerkungen:

(i) Die symbolische Matrix

$$\mathbf{f}' := \begin{pmatrix} \dfrac{\partial f_1}{\partial x_1} & \cdots & \dfrac{\partial f_1}{\partial x_n} \\ \vdots & \ddots & \vdots \\ \dfrac{\partial f_m}{\partial x_1} & \cdots & \dfrac{\partial f_m}{\partial x_n} \end{pmatrix}$$

heißt **Funktionalmatrix**, **Jacobi-Matrix** oder **Differentialmatrix**. Es hat sich auch die Schreibweise

$$\mathbf{f}' =: \frac{\partial(f_1, \ldots, f_m)}{\partial(x_1, \ldots, x_n)}$$

eingebürgert.

(ii) Für eine Funktion $\mathbf{f} : \mathbb{R} \to \mathbb{R}^m$ ist $\mathbf{f}'(x_0)$ ein m-elementiger Spaltenvektor der Form

$$\mathbf{f}'(x_0) = \begin{pmatrix} \frac{\mathrm{d}f_1(x_0)}{\mathrm{d}x} \\ \frac{\mathrm{d}f_2(x_0)}{\mathrm{d}x} \\ \vdots \\ \frac{\mathrm{d}f_m(x_0)}{\mathrm{d}x} \end{pmatrix} = \begin{pmatrix} f_1'(x_0) \\ f_2'(x_0) \\ \vdots \\ f_m'(x_0) \end{pmatrix}. \tag{2.5}$$

(iii) Für eine Funktion $f : \mathbb{R}^n \to \mathbb{R}$ ist $f'(\mathbf{x}_0)$ ein n-elementiger Zeilenvektor der Form $f'(\mathbf{x}_0) = (\partial f(\mathbf{x}_0)/\partial x_1 \ldots, \partial f(\mathbf{x}_0)/\partial x_n)$. Der zugehörige Spaltenvektor $\operatorname{grad} f(\mathbf{x}_0) := f'(\mathbf{x}_0)^\mathsf{T}$ heißt **Gradient** von f in $\mathbf{x}_0$. Mit Hilfe des **Nabla-Operators** $\nabla := (\partial f/\partial x_1 \ldots, \partial f/\partial x_n)^\mathsf{T}$ kann der Gradient in der Form

$$\nabla f(\mathbf{x}_0) = \operatorname{grad} f(\mathbf{x}_0) = \begin{pmatrix} \frac{\partial f(\mathbf{x}_0)}{\partial x_1} \\ \vdots \\ \frac{\partial f(\mathbf{x}_0)}{\partial x_n} \end{pmatrix} \tag{2.6}$$

geschrieben werden.

(iv) Ist $f : \mathcal{X} \to \mathbb{R}$ auf einer offenen Teilmenge $\mathcal{X} \subset \mathbb{R}^n$ differenzierbar, so stellt der Gradient eine Abbildung $\nabla f : \mathcal{X} \to \mathbb{R}^n$ dar mit $\mathbf{x} \mapsto \nabla f(\mathbf{x})$.

(v) Für den Gradienten von f in $\mathbf{x}_0$ gilt die Darstellung

$$\nabla f(\mathbf{x}_0) = \operatorname{grad} f(\mathbf{x}_0) = \sum_{j=1}^{n} \frac{\partial f(\mathbf{x}_0)}{\partial x_j} \mathbf{e}_j.$$

(vi) Ist $\mathbf{f} = (f_i) : \mathbb{R}^n \to \mathbb{R}^m$ in $\mathbf{x}_0$ differenzierbar, so gilt

$$\mathbf{f}'(\mathbf{x}_0) = (\nabla f_1(\mathbf{x}_0)^\mathsf{T}, \ldots, \nabla f_m(\mathbf{x}_0)^\mathsf{T})^\mathsf{T}.$$

(vii) Ist $\mathbf{f} = (f_i) : \mathbb{R}^n \to \mathbb{R}^m$ in $\mathbf{x}_0$ differenzierbar, so ist sie dort auch stetig. Dies folgt unmittelbar aus der Darstellung $\mathbf{f}(\mathbf{x}_0 + \mathbf{h}) - \mathbf{f}(\mathbf{x}_0) = \mathbf{f}'(\mathbf{x}_0)\mathbf{h} + \mathbf{o}(\mathbf{h})$, siehe (2.3).

Beispiel 2.6

Für die Funktion $f : \mathbb{R}^2 \to \mathbb{R}$ mit $f(x_1, x_2) = x_1^2 + x_2^2$ ist der Gradient gegeben durch:

$$\nabla f(\mathbf{x}) = \begin{pmatrix} \dfrac{\partial f(\mathbf{x})}{\partial x_1} \\ \dfrac{\partial f(\mathbf{x})}{\partial x_2} \end{pmatrix} = \begin{pmatrix} 2x_1 \\ 2x_2 \end{pmatrix}.$$

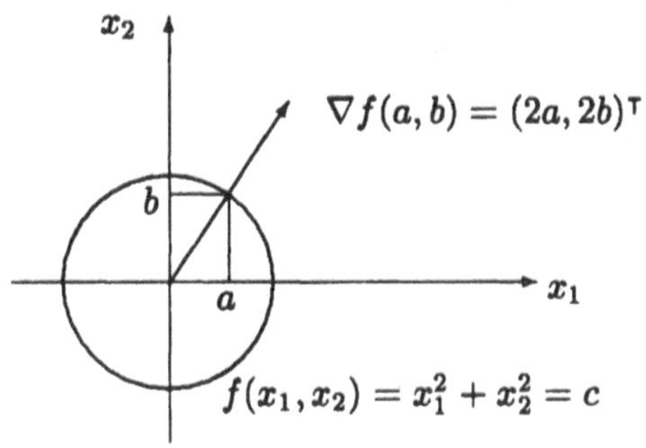

Abbildung 2.1: Höhenlinie mit $f(x_1, x_2) = x_1^2 + x_2^2 = c$ und $\nabla f(a, b)$

Der Gradient gibt die Richtung des steilsten Anstiegs von f im Punkt $\mathbf{x}$ an. Dies können wir uns im Fall einer Funktion von zwei Variablen grafisch verdeutlichen, indem wir die Funktion in Höhenliniendarstellung wie in Abbildung 2.1 zeichnen. Siehe auch Kapitel 8.2 und 8.5. ○

Beispiel 2.7 (Fortsetzung von Beispiel 2.4)

Betrachten wir die vektorwertige Funktion aus Beispiel 2.4. Der Definitionsbereich $\mathcal{X} = (0, 1) \times (0, 1)$ ist eine offene Teilmenge des $\mathbb{R}^2$ und die Komponentenfunktionen f_i sind total differenzierbar auf $\mathcal{X}$. Nach Satz 2.2 ist $\mathbf{f}$ folglich differenzierbar auf $\mathcal{X}$, und wir erhalten mit $x_1 = f_1(z_1, z_2)$ und $x_2 = f_2(z_1, z_2)$

$$\mathbf{f}'(\mathbf{z}) = \frac{\partial(x_1, x_2)}{\partial(z_1, z_2)}$$
$$= \begin{pmatrix} \frac{\partial x_1}{\partial z_1} & \frac{\partial x_1}{\partial z_2} \\ \frac{\partial x_2}{\partial z_1} & \frac{\partial x_2}{\partial z_2} \end{pmatrix}$$
$$= \begin{pmatrix} -\frac{\sin(2\pi z_2)}{z_1\sqrt{-2\ln z_1}} & \sqrt{-2\ln z_1}\cos(2\pi z_2) \\ -\frac{\cos(2\pi z_2)}{z_1\sqrt{-2\ln z_1}} & \sqrt{-2\ln z_1}\sin(2\pi z_2) \end{pmatrix}. \tag{2.7}$$

○

Wir haben gesehen, daß die Differenzierbarkeit einer Funktion $\mathbf{f} : \mathbb{R}^n \to \mathbb{R}^m$ im Sinne der Definition 2.5 die Existenz der partiellen Ableitungen induziert. Totale und partielle Differenzierbarkeit sind nur in Ausnahmefällen äquivalente Begriffe, denn aus der Existenz aller partiellen Ableitungen folgt im allgemeinen nicht die totale Differenzierbarkeit, wie die Funktion

$$\begin{aligned} f: \mathbb{R}^2 &\to \mathbb{R} \\ (x_1, x_2) &\mapsto \begin{cases} \frac{x_1 x_2}{x_1^2 + x_2^2}, & (x_1, x_2) \neq \mathbf{0} \\ 0, & (x_1, x_2) = \mathbf{0} \end{cases} \end{aligned}$$

belegt. Für sie existieren alle partiellen Ableitungen in $\mathbf{0}$, jedoch ist sie dort nicht einmal stetig, was der Leser nachweisen möge.

Werden die Annahmen verschärft, so gilt auch die Umkehrung für eine Funktion $\mathbf{f} : \mathcal{X} \to \mathbb{R}^m$ mit $\mathcal{X} \subset \mathbb{R}^n$.

Satz 2.3

Es sei $\mathcal{X}$ eine offene Teilmenge des $\mathbb{R}^n$ und $\mathbf{f} : \mathcal{X} \to \mathbb{R}^m$ sei eine Funktion. Existieren alle partiellen Ableitungen $\partial f_i/\partial x_j$ auf $\mathcal{X}$ und sind diese stetig, so ist $\mathbf{f}$ differenzierbar auf $\mathcal{X}$.

Beweis: Siehe Rudin (1976), S. 219–220. ❑

Unter den Voraussetzungen des Satzes 2.3 heißt die Funktion **f stetig differenzierbar** auf $\mathcal{X}$.

Wir wollen im weiteren Verlauf dieses und in den nächsten Abschnitten der Frage nachgehen, inwieweit Regeln der Differentialrechnung für Funktionen $f : \mathbb{R} \to \mathbb{R}$ in analoger Weise auch für vektorwertige Funktionen $\mathbf{f} : \mathbb{R}^n \to \mathbb{R}^m$ gelten. Manche dieser Regeln sind relativ einfach zu verallgemeinern. So lautet die Übertragung der Regel $(ax)' = a$ für eine lineare Transformation $\mathbf{Ax}$: $(\mathbf{Ax})' = \mathbf{A}$, wobei $\mathbf{A}$ eine (m, n)-Matrix ist. Auch die Summenregel gilt in entsprechender Form: $(\mathbf{f}_1 + \mathbf{f}_2)'(\mathbf{x}_0) = \mathbf{f}_1'(\mathbf{x}_0) + \mathbf{f}_2'\mathbf{x}_0)$. Dabei bleibt es dem Leser überlassen, die Annahmen „sauber" zu formulieren, auf denen diese Aussagen beruhen.

Auf der anderen Seite besitzen die Produktregel oder die Quotientenregel keine mehrdimensionalen Gegenstücke.

Ein Sachverhalt, der sich übertragen läßt, ist die Kettenregel, denn schon wie im Fall reellwertiger Funktionen können wir auch durch das Nacheinanderschalten von Abbildungen zusammengesetzte vektorwertige Funktionen erhalten. Wir betrachten also beispielsweise $\mathbf{f} : \mathbb{R}^n \to \mathbb{R}^m$ und $\mathbf{g} : \mathbb{R}^m \to \mathbb{R}^k$ und definieren $\mathbf{h} = \mathbf{g} \circ \mathbf{f} : \mathbb{R}^n \to \mathbb{R}^k$ durch $\mathbf{x} \mapsto \mathbf{h}(\mathbf{x}) = \mathbf{g}(\mathbf{f}(\mathbf{x}))$.

Satz 2.4 (Kettenregel)
Es seien $\mathcal{X} \subset \mathbb{R}^n$ und $\mathcal{Y} \subset \mathbb{R}^m$ offene Mengen. Ferner seien die Funktionen $\mathbf{f} : \mathcal{X} \to \mathbb{R}^m$ bzw. $\mathbf{g} : \mathcal{Y} \to \mathbb{R}^k$ differenzierbar in $\mathbf{x}_0 \in \mathcal{X}$ bzw. in $\mathbf{f}(\mathbf{x}_0) \in \mathcal{Y}$. Dann ist auch $\mathbf{h} = \mathbf{g} \circ \mathbf{f}$ in differenzierbar $\mathbf{x}_0$, und es gilt

$$\mathbf{h}'(\mathbf{x}_0) = \mathbf{g}'(\mathbf{f}(\mathbf{x}_0))\mathbf{f}'(\mathbf{x}_0).$$

Beweis: Rudin (1976), S. 214-215. ❑

Das folgende Beispiel verdeutlicht die notwendigen Schritte bei der Anwendung der Kettenregel.

Beispiel 2.8
Gegeben seien die Funktionen

$$\begin{aligned} \mathbf{f} : \mathcal{X} &\to \mathbb{R}^3 \\ (x_1, x_2) &\mapsto \left(\sqrt{x_1}, \sqrt{x_1^2 + 3x_2^2}, \sqrt{x_2 + 2}\right) \end{aligned}$$

und

$$\begin{aligned} \mathbf{g} : \mathbb{R}^3 &\to \mathbb{R}^2 \\ (y_1, y_2, y_3) &\mapsto (y_1^2 + y_2^2 + 2y_3^2, y_1^2 - y_2^2) \end{aligned}$$

mit $\mathcal{X} = \{(x_1, x_2) \mid x_1, x_2 \in \mathbb{R}, x_1 > 0, x_2 > -2\}$, was eine offene Teilmenge des $\mathbb{R}^2$ ist. Alle partiellen Ableitungen von $\mathbf{f}$ und $\mathbf{g}$ existieren und sind stetig. Damit sind $\mathbf{f}$ und $\mathbf{g}$ nach Satz 2.3 auf $\mathcal{X}$ bzw. $\mathbb{R}^3$ differenzierbar. Wir erhalten

$$\mathbf{f}'(\mathbf{x}) = \begin{pmatrix} \frac{1}{2\sqrt{x_1}} & 0 \\ \frac{x_1}{\sqrt{x_1^2 + 3x_2^2}} & \frac{3x_2}{\sqrt{x_1^2 + 3x_2^2}} \\ 0 & \frac{1}{2\sqrt{x_2 + 2}} \end{pmatrix}$$

und

$$\mathbf{g}'(\mathbf{y}) = \begin{pmatrix} 2y_1 & 2y_2 & 4y_3 \\ 2y_1 & -2y_2 & 0 \end{pmatrix}.$$

Folglich ist

$$\mathbf{g}'(\mathbf{f}(\mathbf{x})) = \begin{pmatrix} 2\sqrt{x_1} & 2\sqrt{x_1^2 + 3x_2^2} & 4\sqrt{x_2 + 2} \\ 2\sqrt{x_1} & -2\sqrt{x_1^2 + 3x_2^2} & 0 \end{pmatrix}.$$

Nach Satz 2.4 erhalten wir für alle $\mathbf{x} = (x_1, x_2) \in \mathcal{X}$:

$$\mathbf{h}'(\mathbf{x}) = \mathbf{g}'(\mathbf{f}(\mathbf{x}))\mathbf{f}'(\mathbf{x}) = \begin{pmatrix} 1 + 2x_1 & 6x_2 + 2 \\ 1 - 2x_1 & -6x_2 \end{pmatrix}.$$

Für dieses Beispiel läßt sich $\mathbf{h} : \mathcal{X} \to \mathbb{R}^2$ unmittelbar bestimmen. Es gilt

$$\mathbf{h}(\mathbf{x}) = (x_1 + x_1^2 + 3x_2^2 + 2(x_2 + 2), x_1 - x_1^2 - 3x_2^2).$$

Durch direktes Ausrechnen der partiellen Ableitungen ergibt sich wieder $\mathbf{h}'(\mathbf{x})$. ○

Für reelle Funktionen f wurden in der Grundausbildung auch höhere Ableitungen der Form $f'', f''', \ldots, f^{(k)}$ betrachtet. Diese lassen sich nicht ohne weiteres auf vektorwertige Funktionen $\mathbf{f} : \mathbb{R}^n \to \mathbb{R}^m$ übertragen, denn $\mathbf{f}'$ ist eine (symbolische) (m, n)-Matrix. In dem Ausnahmefall $m = 1$ jedoch definiert f' eine vektorwertige Funktion, nämlich ∇f, und wir können nach deren Differenzierbarkeit fragen.

Definition 2.6
$\mathcal{X} \subset \mathbb{R}^n$ sei eine offene Menge und $f : \mathcal{X} \to \mathbb{R}$ sei differenzierbar auf $\mathcal{X}$. Ist auch

$$\begin{aligned} \nabla f \colon \mathcal{X} &\to \mathbb{R}^n \\ \mathbf{x} &\mapsto \nabla f(\mathbf{x}) = \begin{pmatrix} \dfrac{\partial f(\mathbf{x})}{\partial x_1} \\ \vdots \\ \dfrac{\partial f(\mathbf{x})}{\partial x_n} \end{pmatrix} \end{aligned}$$

auf $\mathcal{X}$ differenzierbar, so heißt die Transformationsmatrix $\mathbf{T}_{f'}(\mathbf{x})$ von $\nabla f(\mathbf{x})$ **Hesse-Matrix** von f in $\mathbf{x} \in \mathcal{X}$. Ausführlich ausgeschrieben ist sie gegeben durch

$$\mathbf{T}_{f'}(\mathbf{x}) = \begin{pmatrix} \dfrac{\partial^2 f(\mathbf{x})}{\partial x_1^2} & \dfrac{\partial^2 f(\mathbf{x})}{\partial x_1 \partial x_2} & \cdots & \dfrac{\partial^2 f(\mathbf{x})}{\partial x_1 \partial x_n} \\ \dfrac{\partial^2 f(\mathbf{x})}{\partial x_2 \partial x_1} & \dfrac{\partial^2 f(\mathbf{x})}{\partial x_2^2} & \cdots & \dfrac{\partial^2 f(\mathbf{x})}{\partial x_2 \partial x_n} \\ \vdots & \vdots & \ddots & \vdots \\ \dfrac{\partial^2 f(\mathbf{x})}{\partial x_n \partial x_1} & \dfrac{\partial^2 f(\mathbf{x})}{\partial x_n \partial x_2} & \cdots & \dfrac{\partial^2 f(\mathbf{x})}{\partial x_n^2} \end{pmatrix},$$

worin $\partial^2 f(\mathbf{x})/\partial x_i^2$ bzw. $\partial^2 f(\mathbf{x})/\partial x_i \partial x_j$ die partielle Ableitung von $\partial f/\partial x_i$ nach x_i bzw. x_j in $\mathbf{x}$ bedeutet. Statt $\mathbf{T}_{f'}(\mathbf{x})$ schreiben wir im folgenden $\mathbf{H}_f(\mathbf{x})$ oder $\nabla^2 f(\mathbf{x})$. Unter den gegebenen Voraussetzungen nennen wir f **zweimal differenzierbar** auf $\mathcal{X}$. Sind die dabei auftretenden partiellen Ableitungen stetig, so heißt f **zweimal stetig differenzierbar**.

Die Hesse-Matrix ist ein wichtiges Hilfsmittel zur Überprüfung einer Funktion auf Konvexität, siehe Definition 1.47, Seite 52. In diesem Zusammenhang gilt der

Satz 2.5
Sei $\mathcal{X}$ eine nichtleere, offene und konvexe Teilmenge des $\mathbb{R}^n$ und $f : \mathcal{X} \to \mathbb{R}$ zweimal stetig differenzierbar auf $\mathcal{X}$. Dann gilt

(i) f ist genau dann konvex, wenn die Hesse-Matrix $\nabla^2 f(\mathbf{x})$ in jedem Punkt $\mathbf{x} \in \mathcal{X}$ nichtnegativ definit ist.

(ii) *Ist $\nabla^2 f(\mathbf{x})$ in jedem Punkt $\mathbf{x} \in \mathcal{X}$ positiv definit, so ist f streng konvex (Die Umkehrung ist im allgemeinen falsch).*

In Anwendungen stellt sich vielfach die Frage, ob es möglich ist, die Reihenfolge bei der Bildung der partiellen Ableitungen $\partial^2 \mathbf{f}/\partial x_i \partial x_j$ zu vertauschen. Ein Kriterium ist formuliert im folgenden

Satz 2.6

Es sei $\mathcal{X}$ eine offene Teilmenge des $\mathbb{R}^n$, $\mathbf{f} : \mathcal{X} \to \mathbb{R}^m$ und $\mathbf{x}_0 \in \mathcal{X}$. Existieren die partiellen Ableitungen $\partial \mathbf{f}/\partial x_i$ und $\partial \mathbf{f}/\partial x_j$ in $\mathbf{x}_0$ sowie $\partial^2 \mathbf{f}/\partial x_i \partial x_j$ in $\mathbf{x}_0$ und ist letztere dort stetig, so existiert auch $\partial^2 \mathbf{f}/\partial x_j \partial x_i$ in $\mathbf{x}_0$, und es gilt

$$\frac{\partial^2 \mathbf{f}}{\partial x_i \partial x_j} = \frac{\partial^2 \mathbf{f}}{\partial x_j \partial x_i}.$$

Beweis: Khuri (1993), Seite 268-269. □

Beispiel 2.9

Die Funktion $f : \mathbb{R}^2 \to \mathbb{R}$, $\mathbf{x} \mapsto \sqrt{x_1^2 + 3x_2^2}$ erfüllt offensichtlich die Voraussetzungen des Satzes 2.6. Es gilt

$$\frac{\partial f(x_1, x_2)}{\partial x_1} = \frac{x_1}{\sqrt{x_1^2 + 3x_2^2}} \qquad \frac{\partial f(x_1, x_2)}{\partial x_2} = \frac{3x_2}{\sqrt{x_1^2 + 3x_2^2}}$$

$$\frac{\partial^2 f(x_1, x_2)}{\partial x_1 \partial x_2} = x_1(x_1^2 + 3x_2^2)^{-3/2} 6x_2 \qquad \frac{\partial^2 f(x_1, x_2)}{\partial x_2 \partial x_1} = 3x_2(x_1^2 + 3x_2^2)^{-3/2} 2x_1 .$$

○

Zum Abschluß dieses Abschnittes wollen wir mit dem Mittelwertsatz der Differentialrechnung und dem Satz von Taylor zwei wichtige Sätze formulieren. Dem Leser wird dabei auffallen, wie unsere neue Notation $\nabla f(\mathbf{x})$ und $\mathbf{H}_f(\mathbf{x})$ zu einer eleganten kompakten Schreibweise führen.

Beginnen wir mit dem Mittelwertsatz der Differentialrechnung für eine Funktion $f : \mathbb{R}^n \to \mathbb{R}$. Aus der mathematischen Grundausbildung — siehe z.B. Wetzel u.a. (1981), Seite 199 — ist uns der Mittelwertsatz für Funktionen einer reellen Variablen vertraut. Dort wurde er wie folgt formuliert:

Sei $f(x)$ in $[a, b]$ differenzierbar, dann gibt es mindestens ein c mit $a < c < b$, so daß

$$\frac{f(b) - f(a)}{b - a} = f'(c)$$

ist.

Die Aussage können wir auch Umformen zu

$$f(b) \;=\; f(a) + (b-a)f'(c).$$

Geometrisch bedeutet dies, daß es einen Punkt $(c, f(c))$ gibt, in dem die Tangente parallel zur Geraden durch $(a, f(a))$ und $(b, f(b))$ verläuft. Für differenzierbare Funktionen von n Variablen läßt sich diese Ausage wie folgt verallgemeinern:

Satz 2.7 (Mittelwertsatz)
Es sei $\mathcal{X} \subset \mathbb{R}^n$ eine nichtleere, offene Menge und $f : \mathcal{X} \to \mathbb{R}$ differenzierbar. Ferner seien $\mathbf{x}_0$ und $\mathbf{x}_0 + \mathbf{s}$ mitsamt den Punkten $\mathbf{x}_0 + \lambda\mathbf{s}$, $\lambda \in [0,1]$, ihrer Verbindungstrecke in $\mathcal{X}$. Dann existiert ein $\tilde{\lambda} \in [0,1]$ mit

$$f(\mathbf{x}_0 + \mathbf{s}) = f(\mathbf{x}_0) + \mathbf{s}^\mathsf{T}\nabla f(\mathbf{x}_0 + \tilde{\lambda}\mathbf{s}).$$

Wenden wir uns jetzt einer Version des Satzes von Taylor für Funktionen $f : \mathbb{R}^n \to \mathbb{R}$ zu. Er gestattet es, unter bestimmten Umständen die Güte der linearen Approximation einer Funktion abzuschätzen. Darüber hinaus liefert er auch die lineare Approximation selbst.

Satz 2.8 (Taylor)
Sei $\mathcal{X} \subset \mathbb{R}^n$ eine offene Teilmenge des $\mathbb{R}^n$, und $f : \mathcal{X} \to \mathbb{R}$ sei zweimal stetig differenzierbar. Ferner seien $\mathbf{x}_0$ und $\mathbf{x}_0 + \mathbf{s}$ mitsamt den Punkten $\mathbf{x}_0 + \lambda\mathbf{s}$, $\lambda \in [0,1]$, ihrer Verbindungstrecke in $\mathcal{X}$. Dann existiert ein $\tilde{\lambda} \in [0,1]$ mit

$$f(\mathbf{x}_0 + \mathbf{s}) = f(\mathbf{x}_0) + \mathbf{s}^\mathsf{T}\nabla f(\mathbf{x}_0) + \frac{1}{2}\mathbf{s}^\mathsf{T}\nabla^2 f(\mathbf{x}_0 + \tilde{\lambda}\mathbf{s})\mathbf{s}. \qquad (2.8)$$

Beispiel 2.10
Für die Funktion

$$\begin{aligned} f : \mathbb{R}^2 &\to \mathbb{R} \\ (x_1, x_2) &\mapsto x_1 x_2 + \sin x_1 + e^{x_2} \end{aligned}$$

existieren alle partiellen Ableitungen, und sie sind stetig. Mithin ist der Satz von Taylor an der Stelle $\mathbf{x}_0 = \mathbf{0}$ anwendbar. Es gilt

$$\nabla f(\mathbf{x}) = \begin{pmatrix} \dfrac{\partial f(x_1,x_2)}{\partial x_1} \\ \dfrac{\partial f(x_1,x_2)}{\partial x_2} \end{pmatrix} = \begin{pmatrix} x_2 + \cos x_1 \\ x_1 + e^{x_2} \end{pmatrix} \quad \text{und} \quad \nabla f(\mathbf{0}) = \begin{pmatrix} 1 \\ 1 \end{pmatrix}.$$

Weiterhin ist die zugehörige Hesse-Matrix gegeben durch

$$\mathbf{H}_f(\mathbf{x}) = \begin{pmatrix} \dfrac{\partial^2 f(x_1,x_2)}{\partial x_1^2} & \dfrac{\partial^2 f(x_1,x_2)}{\partial x_1 \partial x_2} \\ \dfrac{\partial^2 f(x_1,x_2)}{\partial x_2 \partial x_1} & \dfrac{\partial^2 f(x_1,x_2)}{\partial x_2^2} \end{pmatrix} = \begin{pmatrix} -\sin x_1 & 1 \\ 1 & e^{x_2} \end{pmatrix}.$$

Mit $\mathbf{x} = \mathbf{x}_0 + \mathbf{s}$, $\mathbf{z} = \mathbf{x}_0 + \lambda\mathbf{s} = \lambda\mathbf{x}$ geht dann (2.8) über in

$$\begin{aligned} f(\mathbf{x}) &= f(\mathbf{0}) + \nabla f(\mathbf{0})^\top \mathbf{x} + \frac{1}{2}\mathbf{x}^\top \mathbf{H}_f(\mathbf{z})\mathbf{x} \\ &= 1 + x_1 + x_2 + \frac{1}{2}(x_1, x_2) \begin{pmatrix} -\sin(\lambda x_1) & 1 \\ 1 & e^{\lambda x_2} \end{pmatrix} \begin{pmatrix} x_1 \\ x_2 \end{pmatrix} \\ &= 1 + x_1 + x_2 + x_1 x_2 + \frac{1}{2}\left\{x_2^2 e^{\lambda x_2} - x_1^2 \sin(\lambda x_1)\right\} \\ &=: 1 + x_1 + x_2 + x_1 x_2 + R_\lambda(\mathbf{x}). \end{aligned}$$

Der Restterm $R_\lambda(\mathbf{x})$ beschreibt die Approximationsgüte der Funktion $f(\mathbf{x})$ durch $g(\mathbf{x}) := 1+x_1+x_2+x_1x_2$ in einer Umbegung von $\mathbf{x}_0 = \mathbf{0}$. Abbildung 2.2 illustriert diese Approximation. Je weiter man sich vom Ursprung entfernt, desto größer werden die Unterschiede zwischen $f(\mathbf{x})$ und $g(\mathbf{x})$.

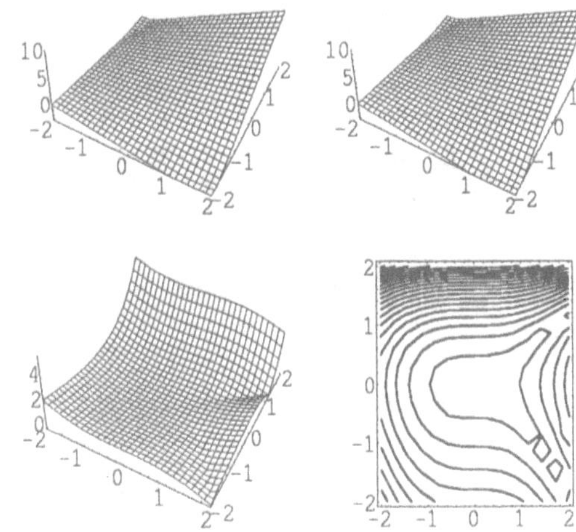

Abbildung 2.2: $f(\mathbf{x}) = x_1x_2 + \sin x_1 + e^{x_2}$ (links oben), $g(\mathbf{x}) := 1 + x_1 + x_2 + x_1x_2$ (rechts oben) sowie $|R_\lambda(\mathbf{x})| = |f(\mathbf{x}) - g(\mathbf{x})|$ (als 3D-Plot links unten bzw. als Konturplot rechts unten) im Quadrat $\mathbf{x} \in [-2,2] \times [-2,2]$.

○

Für eine Verallgemeinerung (hinsichtlich der Einbeziehung der gemischten k-ten partiellen Ableitung, $k > 2$) des Satzes von Taylor siehe Khuri (1993), Seite 276–279.

2.2.5 Invertierbare Funktionen

In diesem Abschnitt wollen wir eine Frage wieder aufnehmen, die uns schon bei der Differentialrechnung reellwertiger Funktionen einer reellen Variablen beschäftigt hat: Wann gibt es zu einer Funktion f eine inverse Funktion f^{-1}, und unter welchen Umständen ist diese differenzierbar? Diese Frage wollen wir nun für vektorwertige Funktionen $\mathbf{f} : \mathcal{X} \to \mathbb{R}^n$ mit $\mathcal{X} \subset \mathbb{R}^n$ behandeln.

Der Begriff der Invertierbarkeit von $\mathbf{f}$ ist eng mit dem der Injektivität verknüpft. Dabei heißt $\mathbf{f}$ bekanntlich **injektiv**, wenn aus $\mathbf{f}(\mathbf{x}_1) = \mathbf{f}(\mathbf{x}_2)$ folgt $\mathbf{x}_1 = \mathbf{x}_2$ für alle $\mathbf{x}_1, \mathbf{x}_2 \in \mathcal{X}$. Mit $\mathcal{Y} := \mathbf{f}[\mathcal{X}]$, dem Bild von $\mathcal{X}$ unter f, ist es in diesem Fall möglich, die Funktion

$$\begin{aligned} \mathbf{g} : \mathcal{Y} &\to \mathbb{R}^n \\ \mathbf{y} &\mapsto \mathbf{x} \end{aligned}$$

zu betrachten, wobei $\mathbf{x}$ dasjenige Element aus $\mathcal{X}$ ist, für welches gilt $\mathbf{f}(\mathbf{x}) = \mathbf{y}$. Dies ist gerade die **Inverse** oder **Umkehrfunktion** von $\mathbf{f}$, die wir mit $\mathbf{f}^{-1} := \mathbf{g}$ bezeichnen, und wir nennen $\mathbf{f}$ dann **invertierbar**. Ist $\mathbf{f}$ invertierbar, so gilt offenbar $\mathbf{f}(\mathbf{f}^{-1}(\mathbf{y})) = \mathbf{y}$ für alle $\mathbf{y} \in \mathcal{Y}$ und $\mathbf{f}^{-1}(\mathbf{f}(\mathbf{x})) = \mathbf{x}$ für alle $\mathbf{x} \in \mathcal{X}$.

Eine besonders einfache invertierbare Funktion $\mathbf{f} : \mathbb{R}^n \to \mathbb{R}^n$ ist die lineare Transformation $\mathbf{x} \mapsto \mathbf{A}\mathbf{x}$, wobei $\mathbf{A}$ eine reguläre (n, n)-Matrix ist, siehe Abschnitt 1.4. Ihre Umkehrfunktion ist gegeben durch $\mathbf{f}^{-1}(\mathbf{y}) = \mathbf{A}^{-1}\mathbf{y}$.

Auf der anderen Seite folgt aus der Invertierbarkeit einer linearen Transformation $\mathbf{x} \mapsto \mathbf{A}\mathbf{x}$, daß die (n, n)-Matrix $\mathbf{A}$ regulär ist.

Beispiel 2.11

Betrachten wir den Übergang von einem Koordinatensystem zu einem um den Winkel α in mathematisch positiver Richtung gedrehten Koordinatensystem.

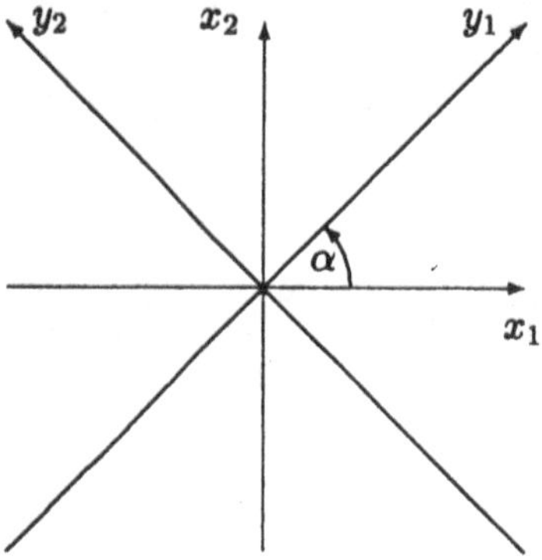

Abbildung 2.3: Gegeneinander gedrehte Achsenkreuze

Dann gilt bekanntlich

$$\begin{pmatrix} y_1 \\ y_2 \end{pmatrix} = \begin{pmatrix} \cos\alpha & -\sin\alpha \\ \sin\alpha & \cos\alpha \end{pmatrix} \begin{pmatrix} x_1 \\ x_2 \end{pmatrix}$$

für den Übergang vom Koordinatensystem (x_1, x_2) zum Koordinatensystem (y_1, y_2), siehe Abbildung 2.3. Es liegt also eine lineare Transformation $\mathbf{f} : \mathbb{R}^2 \to \mathbb{R}^2$, $\mathbf{x} \mapsto \mathbf{A}\mathbf{x}$ vor mit

$$\mathbf{A} = \begin{pmatrix} \cos\alpha & -\sin\alpha \\ \sin\alpha & \cos\alpha \end{pmatrix}.$$

Wegen $|\mathbf{A}| = \sin^2\alpha + \cos^2\alpha = 1 \neq 0$ ist $\mathbf{A}$ regulär. Mithin ist $\mathbf{f}$ invertierbar, und es gilt $\mathbf{f}^{-1}(\mathbf{y}) = \mathbf{A}^{-1}\mathbf{y}$ mit

$$\mathbf{A}^{-1} = \begin{pmatrix} \cos\alpha & \sin\alpha \\ -\sin\alpha & \cos\alpha \end{pmatrix}.$$

Inhaltlich bedeutet dies gerade die Drehung des Achsenkreuzes um den Winkel α im Gegenuhrzeigersinn, d.h. in mathematisch positiver Richtung. ○

Trotz aller Bedeutung linearer Funktionen ist das bisher erreichte Ergebnis unbefriedigend, weil wie in Beispiel 2.3 häufig auch nichtlineare Funktionen auftreten. Was läßt sich über deren Inverse sagen?

Der Frage nach der Umkehrfunktion $\mathbf{f}^{-1}$ einer beliebigen Abbildung $\mathbf{f} : \mathbb{R}^n \to \mathbb{R}^n$ können wir hier nicht in aller Breite nachgehen. Wir werden uns daher auf einem (nicht notwendigerweise für die Praxis) eingeschränkten Pfad bewegen.

Vorüberlegungen:

(i) Die Funktionalmatrix von $\mathbf{f}(\mathbf{x}) = \mathbf{A}\mathbf{x}$ ist $\mathbf{A}$. Damit $\mathbf{f}$ invertierbar ist, ist es also erforderlich, daß die zugehörige Funktionalmatrix regulär ist.

(ii) Differenzierbare Funktionen können in einer Umgebung von $\mathbf{x}_0$ durch eine affine Funktion approximiert werden, denn auf Grund von (2.3) ist $\mathbf{f}(\mathbf{x}_0 + \mathbf{h}) \approx \mathbf{f}(\mathbf{x}_0) + \mathbf{f}'(\mathbf{x}_0)\mathbf{h}$ für hinreichend kleine $||\mathbf{h}||$. Gibt es eine Umgebung von $\mathbf{x}_0$, in der die Funktionalmatrix $\mathbf{f}'(\mathbf{x}_0)$ regulär ist?

Für die weiteren Überlegungen ist die folgende Definition wichtig:

Definition 2.7

Eine Funktion $\mathbf{f} : \mathcal{X} \to \mathbb{R}^n$ heißt **regulär** auf der offenen Menge $\mathcal{X} \subset \mathbb{R}^n$, wenn gilt:

(i) $\mathbf{f}$ ist stetig differenzierbar auf $\mathcal{X}$.

(ii) $\mathbf{f}$ ist invertierbar auf $\mathcal{X}$.

(iii) Für die Determinante $J_\mathbf{f}(\mathbf{x}) := |\mathbf{f}'(\mathbf{x})|$ der Funktionalmatrix $\mathbf{f}'(\mathbf{x})$, die **Jacobi-Determinante** oder auch kurz die **Jacobi(sche)**, gilt $J_\mathbf{f}(\mathbf{x}) \neq 0$ für alle $\mathbf{x} \in \mathcal{X}$.

Beispiel 2.12 (Fortsetzung von Beispiel 2.11)

Die Funktion $\mathbf{f} : \mathbb{R}^2 \to \mathbb{R}^2$ aus Beispiel 2.11 ist regulär, denn

(i) sie ist offenbar stetig differenzierbar,

(ii) sie ist invertierbar, da $\mathbf{A}$ wegen $|\mathbf{A}| = 1$ regulär ist und

(iii) aus (ii) folgt $J_{\mathbf{f}}(\mathbf{x}) = |\mathbf{A}| \neq 0$ für alle $\mathbf{x} \in \mathbb{R}^2$.

○

Beispiel 2.13
Betrachten wir zunächst die Funktion

$$\begin{aligned} \mathbf{f} : \mathbb{R}^2 &\to \mathbb{R}^2 \\ (x_1, x_2) &\mapsto (x_1^2 - x_2^2, 2x_1x_2). \end{aligned}$$

$\mathbf{f}$ ist nicht regulär auf $\mathbb{R}^2$, denn sie ist dort nicht invertierbar wegen $\mathbf{f}(x_1, x_2) = \mathbf{f}(-x_1, -x_2)$. Wir werden aber sehen, daß wir durch sukzessives Einschränken des Definitionsbereichs von $\mathbf{f}$ zu einer regulären Funktion gelangen können.

Betrachten wir zunächst die Menge $\mathcal{X} = \{(x_1, x_2) \mid x_1, x_2 \in \mathbb{R},\ x_1 \geq 0\}$. Dann hätten wir zwar die oben beschriebenen Schwierigkeiten nicht, jedoch handelt es sich nicht um eine offene Teilmenge des $\mathbb{R}^2$.

Stattdessen wird die offene Menge $\mathcal{X} = \{(x_1, x_2) \mid x_1, x_2 \in \mathbb{R},\ x_1 > 0\}$ betrachtet und gezeigt, daß die Funktion $\mathbf{f}_{\mathcal{X}} : \mathcal{X} \to \mathbb{R}^2$, $\mathbf{x} \mapsto \mathbf{f}(\mathbf{x})$ regulär ist.

(i) Die Funktion $\mathbf{f}_{\mathcal{X}}$ ist offensichtlich stetig differenzierbar auf $\mathcal{X}$.

(ii) Für die Jacobi-Determinante gilt

$$J_{\mathbf{f}_{\mathcal{X}}}(\mathbf{x}) = |\mathbf{f}'_{\mathcal{X}}(\mathbf{x})| = \begin{vmatrix} 2x_1 & -2x_2 \\ 2x_2 & 2x_1 \end{vmatrix} = 4(x_1^2 + x_2^2) > 0$$

für alle $\mathbf{x} \in \mathcal{X}$.

(iii) Die Funktion $\mathbf{f}_{\mathcal{X}}$ ist in einer Umgebung eines jeden Punktes $\mathbf{x} \in \mathcal{X}$ invertierbar. Das gewährleistet der folgende Satz 2.9. Man spricht in diesem Zusammenhang auch von einer lokalen Inversen $\mathbf{f}_{\mathcal{X}}^{-1}$ von $\mathbf{f}_{\mathcal{X}}$ in einer Umgebung von $\mathbf{x}$.

○

Die in dem Beispiel eingeführte Funktion $\mathbf{f}_{\mathcal{X}}$ heißt **Einschränkung** von $\mathbf{f}$ auf $\mathcal{X} \subset \mathbb{R}^n$.

Satz 2.9
Es sei $\mathcal{X}$ eine offene Teilmenge des $\mathbb{R}^n$, $\mathbf{f} : \mathcal{X} \to \mathbb{R}^n$ sei stetig differenzierbar, und es gelte $J_{\mathbf{f}}(\mathbf{x}_0) \neq 0$ für ein $\mathbf{x}_0 \in \mathcal{X}$. Dann folgt:

(i) Es gibt eine offene Umbegung $\mathcal{U} := \mathcal{U}_\delta(\mathbf{x}_0) \subset \mathcal{X}$ von $\mathbf{x}_0$, auf der f regulär ist.

(ii) Die Bildmenge $\mathcal{V} := \mathbf{f}[\mathcal{U}] \subset \mathbb{R}^n$ ist eine offenene Umgebung von $f(\mathbf{x}_0)$.

(iii) Die Umkehrabbildung $\mathbf{g} := \mathbf{f}_{\mathcal{V}}^{-1} : \mathcal{V} \to \mathbb{R}^n$ ist regulär auf $\mathcal{V}$.

(iv) Es gilt $\mathbf{g}'(\mathbf{y}) = (\mathbf{f}'(\mathbf{g}(\mathbf{y})))^{-1}$ für alle $\mathbf{y} \in \mathcal{V}$.

(v) Es gilt

$$J_{\mathbf{g}}(\mathbf{y}) = J_{\mathbf{f}_{\mathcal{V}}^{-1}}(\mathbf{y}) = \frac{1}{J_{\mathbf{f}}(\mathbf{x})}$$

für alle $\mathbf{y} = \mathbf{f}(\mathbf{x}) \in \mathcal{V}$ mit $\mathbf{x} \in \mathcal{U}$.

Beweis: Rudin (1976), S. 221-223. ❑

Beispiel 2.14
Betrachten wir die Funktion $\mathbf{f} : \mathbb{R}^+ \times \mathbb{R} \to \mathbb{R}^2$, die durch

$$f(z_1, z_2) = (\sqrt{-2\ln z_1}\sin(2\pi z_2), \sqrt{-2\ln z_1}\cos(2\pi z_2))$$

gegeben ist. Wie man nun leicht sieht, ist $\mathbf{f}$ nicht invertierbar, denn mit $(z_1, z_2) \in \mathbb{R}^+ \times \mathbb{R}$ gilt $\mathbf{f}(z_1, z_2) = \mathbf{f}(z_1, z_2 + k)$ für alle $k \in \mathbb{N}$.

In der Statistik, aus der dieses Beispiel stammt, benötigt man nun aber gerade „so etwas wie die zu $\mathbf{f}$ inverse Abbildung". Glücklicherweise interessiert man sich nur für solche Punkte (z_1, z_2), für die gilt $0 < z_1 < 1$ und $0 < z_2 < 1$, was implizit eine Einschränkung von $\mathbf{f}$ auf $\mathcal{X} = (0,1) \times (0,1)$ induziert, siehe Beispiele 2.4 und 2.7. Weiter gilt nach (2.7) für die Jacobi-Determinante:

$$J_{\mathbf{f}}(\mathbf{z}) = \frac{\sin^2(2\pi z_2)}{z_1} + \frac{\cos^2(2\pi z_2)}{z_1} = \frac{1}{z_1} > 0 \tag{2.9}$$

für alle $(z_1, z_2) \in \mathcal{X}$. Mithin erfüllt $\mathbf{f}$ für jeden Punkt aus $\mathcal{X}$ die Voraussetzungen von Satz 2.9.

Um die einen Statistiker so interessierende Jacobi-Determinante $J_{\mathbf{f}^{-1}}(\mathbf{x})$ zu bestimmen, ermitteln wir zunächst die Komponentenfunktion $g_1(x_1, x_2)$ der Umkehrabbildung $\mathbf{f}^{-1} =: \mathbf{g} = (g_1, g_2)$ von $\mathbf{f}$. (Die Komponente g_2 benötigen wir nicht.)

Aus

$$x_1 = \sqrt{-2\ln z_1}\sin(2\pi z_2) \quad \text{und} \quad x_2 = \sqrt{-2\ln z_1}\cos(2\pi z_2)$$

folgt $x_1^2 = -2\ln z_1 \sin^2(2\pi z_2)$ und $x_2^2 = -2\ln z_1 \cos^2(2\pi z_2)$. Addiert man diese beiden Gleichungen, so erhält man $x_1^2 + x_2^2 = -2\ln z_1$ und folglich

$$z_1 = g_1(x_1, x_2) = \exp\left(-\frac{x_1^2 + x_2^2}{2}\right).$$

Aus Satz 2.9(v) und (2.9) ergibt sich schließlich

$$J_{\mathbf{g}}(\mathbf{x}) = \frac{1}{J_{\mathbf{f}}(g_1(\mathbf{x}), g_2(\mathbf{x}))} = g_1(\mathbf{x}) = \exp\left(-\frac{x_1^2 + x_2^2}{2}\right).$$

○

2.2.6 Implizite Funktionen

Im Abschnitt 2.2.2 hatten wir festgestellt, daß vektorwertige Funktionen $\mathbf{f}$ häufig nur implizit definiert werden. In diesem Abschnitt wollen wir einige Differentiationsregeln zusammenstellen, die es gestatten, $\partial f_i/\partial x_j$ selbst dann zu berechnen, wenn $\mathbf{f}$ und f_i nur in impliziter Form gegeben sind und es auch unmöglich ist, f_i explizit zu ermitteln.

Beispiel 2.15
Wir betrachten die Funktionen $f_1, f_2 : \mathfrak{X} \to \mathbb{R}$, $\mathfrak{X} \subset \mathbb{R}^2$, die durch

$$F_1(x_1, x_2, y) = e^y - x_2 - \sin x_1 + \ln x_2 = 0$$

bzw.

$$F_2(x_1, x_2, y) = e^y + y + 2\sin x_1 + \ln x_2 - 1 = 0$$

implizit gegeben sind. Während F_1 unmittelbar in eine explizite Form, nämlich $y = f_1(x_1, x_2) = \ln(\sin x_1 + x_2 - \ln x_2)$ gebracht werden kann (ohne zunächst auf deren Definitionsbereich zu achten), ist dies für F_2 unmöglich. Es bereitet folglich auch keine Mühe, $\partial f_1/\partial x_j$ zu bestimmen, jedoch sind wir noch nicht in der Lage, $\partial f_2/\partial x_j$ für $j = 1, 2$ anzugeben. ○

Beispiel 2.16
Durch das Gleichungssystem

$$\begin{aligned} F_1(x_1, x_2, x_3, y_1, y_2) &= e^{y_1} + x_1 - \cos x_2 + \sin y_2 = 0 \\ F_2(x_1, x_2, x_3, y_1, y_2) &= \cos x_1 + y_1^2 x_2 - e^{y_2} + x_3 = 0 \end{aligned}$$

wird implizit eine Funktion $\mathbf{f} : \mathbb{R}^3 \to \mathbb{R}^2$, $(x_1, x_2, x_3) \mapsto (y_1, y_2)$ festgelegt. Es kann die Frage interessieren, ob $\mathbf{f}'(\mathbf{0})$ existiert, und wenn ja, wie diese Matrix aussieht. ○

Beispiel 2.17
Sei $\mathbf{f} : \mathbb{R}^n \to \mathbb{R}^m$. Wir setzen wieder $y_i = f_i(x_i, \ldots, x_n)$. Gesucht ist zu $\mathbf{y} = \mathbf{f}(\mathbf{x})$ die Inverse $\mathbf{x} = \mathbf{g}(\mathbf{y})$. Die Komponentenfunktionen $x_i = g_i(y_i, \ldots, y_m)$ sind aber gerade implizit gegeben durch

$$\begin{aligned} y_1 - f_1(x_1, \ldots, x_n) &= 0 \\ &\vdots \\ y_m - f_m(x_1, \ldots, x_n) &= 0. \end{aligned}$$

Das Problem der Bestimmung der Inversen erweist sich somit als ein Spezialfall einer implizit gegebenen Funktion. ○

Wir nehmen also an, daß die Funktion $\mathbf{f} = (f_i) : \mathbb{R}^n \to \mathbb{R}^m$ durch m Gleichungen der Form

$$\begin{aligned} F_1(x_1, \ldots, x_n, y_1, \ldots, y_m) &= 0 \\ &\vdots \\ F_m(x_1, \ldots, x_n, y_1, \ldots, y_m) &= 0 \end{aligned} \tag{2.10}$$

gegeben ist mit $y_i = f_i(x_1, \ldots, x_n)$.

Wie schon so oft, wollen wir durch Analyse eines einfachen Falles versuchen, Einsichten und Hinweise für das allgemeine Vorgehen zu finden. Dabei treffen wir für die folgenden Ausführungen die Vereinbarung, daß Vektoren $\mathbf{z}$ der Menge $\mathbb{R}^{m+n}$ in der Form $\mathbf{z} = (\mathbf{a}, \mathbf{b})$ geschrieben werden mit $\mathbf{a} = (a_1, \ldots, a_m) \in \mathbb{R}^m$ und $\mathbf{b} = (b_1, \ldots, b_n) \in \mathbb{R}^n$.

Satz 2.10

Gegeben sei die (m,n)-Matrix $\mathbf{A}$ und die reguläre (m,m)-Matrix $\mathbf{B}$. Ferner sei $\mathbf{F} : \mathbb{R}^{n+m} \to \mathbb{R}^m$ definiert durch $\mathbf{F}(\mathbf{x}, \mathbf{y}) = \mathbf{A}\mathbf{x} + \mathbf{B}\mathbf{y}$. Die durch $\mathbf{F}(\mathbf{x}, \mathbf{y}) = \mathbf{0}$ implizit festgelegte Funktion $\mathbf{f} : \mathbb{R}^n \to \mathbb{R}^m$ ist dann explizit gegeben durch $\mathbf{f}(\mathbf{x}) = -\mathbf{B}^{-1}\mathbf{A}\mathbf{x}$.

Beweis: Aus $\mathbf{F}(\mathbf{x}, \mathbf{y}) = \mathbf{0}$ folgt $\mathbf{B}\mathbf{f}(\mathbf{x}) = -\mathbf{A}\mathbf{x}$. Da $\mathbf{B}$ invertierbar ist, folgt die Behauptung. ❑

Wir wollen nun eine weitere nützliche Notation einführen. Ist $\mathbf{F} : \mathcal{X} \to \mathbb{R}^m$ differenzierbar auf einer offenen Teilmenge $\mathcal{X} \subset \mathbb{R}^{n+m}$, so ist $\mathbf{F}'(\mathbf{z})$ für jedes $\mathbf{z} \in \mathcal{X}$ eine $(m, n+m)$-Matrix. Für $\mathbf{z} = (\mathbf{x}, \mathbf{y})$ mit $\mathbf{x} \in \mathbb{R}^n$ und $\mathbf{y} \in \mathbb{R}^m$ kann $\mathbf{F}'(\mathbf{z})$ demnach wie folgt partitioniert werden, siehe Abschnitt 1.3.6:

$$\mathbf{F}'(\mathbf{z}) = \left(\begin{array}{ccc|ccc} \dfrac{\partial F_1(\mathbf{z})}{\partial x_1} & \cdots & \dfrac{\partial F_1(\mathbf{z})}{\partial x_n} & \dfrac{\partial F_1(\mathbf{z})}{\partial y_1} & \cdots & \dfrac{\partial F_1(\mathbf{z})}{\partial y_m} \\ \vdots & \ddots & \vdots & \vdots & \ddots & \vdots \\ \dfrac{\partial F_m(\mathbf{z})}{\partial x_1} & \cdots & \dfrac{\partial F_m(\mathbf{z})}{\partial x_n} & \dfrac{\partial F_m(\mathbf{z})}{\partial y_1} & \cdots & \dfrac{\partial F_m(\mathbf{z})}{\partial y_m} \end{array} \right)$$

$$=: (\mathbf{F}'_{\mathbf{x}}(\mathbf{z}), \mathbf{F}'_{\mathbf{y}}(\mathbf{z})). \tag{2.11}$$

Für die in Satz 2.10 betrachtete Funktion $\mathbf{F}(\mathbf{x}, \mathbf{y}) = \mathbf{A}\mathbf{x} + \mathbf{B}\mathbf{y}$ gilt also $\mathbf{F}'_{\mathbf{x}}(\mathbf{z}) = \mathbf{A}$ und $\mathbf{F}'_{\mathbf{y}}(\mathbf{z}) = \mathbf{B}$.

Satz 2.11 (Satz über implizite Funktionen)

Es sei $\mathcal{X} \subset \mathbb{R}^{n+m}$ eine offene Menge, und $\mathbf{F} : \mathcal{X} \to \mathbb{R}^m$ sei stetig differenzierbar auf $\mathcal{X}$. Für $\mathbf{z}_0 = (\mathbf{x}_0, \mathbf{y}_0) \in \mathcal{X}$ gelte $\mathbf{F}(\mathbf{z}_0) = \mathbf{0}$ und $\mathbf{F}'_{\mathbf{y}}(\mathbf{z}_0)$ sei invertierbar.

Dann gibt es eine offene Menge $\mathcal{U} \subset \mathcal{X}$ und eine offene Menge $\mathcal{V} \subset \mathbb{R}^n$ mit $\mathbf{z}_0 \in \mathcal{U}$ und $\mathbf{y}_0 \in \mathcal{V}$ sowie eine Funktion $\mathbf{f} : \mathcal{V} \to \mathbb{R}^m$ mit den folgenden Eigenschaften:

(i) $\mathbf{y}_0 = \mathbf{f}(\mathbf{x}_0)$.

(ii) $(\mathbf{x}, \mathbf{f}(\mathbf{x})) \in \mathcal{U}$ *für alle* $\mathbf{x} \in \mathcal{V}$.

(iii) $\mathbf{F}(\mathbf{x}, \mathbf{f}(\mathbf{x})) = \mathbf{0}$ *für alle* $\mathbf{x} \in \mathcal{V}$.

(iv) $\mathbf{f}$ *ist stetig differenzierbar auf* $\mathcal{V}$.

(v) Es gilt

$$\mathbf{f}'(\mathbf{x}_0) = -\mathbf{F}'_{\mathbf{y}}(\mathbf{z}_0)^{-1}\mathbf{F}'_{\mathbf{x}}(\mathbf{z}_0). \tag{2.12}$$

Beweis: Rudin (1976), S. 224–227. ❑

Bevor wir diesen Satz anhand einiger Beispiele näher erläutern, wollen wir noch einige wichtige Spezialfälle behandeln.

Sei zunächst $\mathbf{F} : \mathcal{X} \to \mathbb{R}$, $(\mathbf{x}, y) \mapsto \mathbf{F}(\mathbf{x}, y)$ stetig differenzierbar, wobei $\mathcal{X}$ eine offene Teilmenge des $\mathbb{R}^{n+1}$ sei. Es gelte $\mathbf{F}(\mathbf{z}_0) = \mathbf{F}(\mathbf{x}_0, y_0) = 0$. Dann ist

$$\mathbf{F}'(\mathbf{z}_0) = \left(\frac{\partial \mathbf{F}(\mathbf{z}_0)}{\partial x_1}, \ldots, \frac{\partial \mathbf{F}(\mathbf{z}_0)}{\partial x_n}, \frac{\partial \mathbf{F}(\mathbf{z}_0)}{\partial y}\right).$$

Die Voraussetzung des Satzes 2.11, wonach $\mathbf{F}'_{\mathbf{y}}(\mathbf{z}_0)$ invertierbar sei, bedeutet hier, daß gilt $\partial \mathbf{F}(\mathbf{z}_0)/\partial y \neq 0$. Nach Satz 2.11 folgt damit die Existenz einer offenen Teilmenge $\mathcal{V} \subset \mathbb{R}^n$ mit $\mathbf{x}_0 \in \mathcal{V}$ und einer stetig differenzierbaren Funktion $f : \mathcal{V} \to \mathbb{R}$, für die gilt

$$f'(\mathbf{x}_0) = -\frac{1}{\partial \mathbf{F}(\mathbf{z}_0)/\partial y}\left(\frac{\partial \mathbf{F}(\mathbf{z}_0)}{\partial x_1}, \ldots, \frac{\partial \mathbf{F}(\mathbf{z}_0)}{\partial x_n}\right). \tag{2.13}$$

Insbesondere ergibt sich für die j-te partielle Ableitung

$$\frac{\partial f(\mathbf{x}_0)}{\partial x_j} = -\frac{\partial \mathbf{F}(\mathbf{z}_0)/\partial x_j}{\partial \mathbf{F}(\mathbf{z}_0)/\partial y} = -\frac{\partial \mathbf{F}(\mathbf{x}_0, y_0)/\partial x_j}{\partial \mathbf{F}(\mathbf{x}_0, y_0)/\partial y} \tag{2.14}$$

für alle $1 \leq j \leq n$.

Sei $\mathbf{z}_0 = (\mathbf{x}_0, \mathbf{f}(\mathbf{x}_0))$. Für jede stetig differenzierbare Funktion $\mathbf{F} : \mathcal{X} \to \mathbb{R}^m$ mit $\mathcal{X} \subset \mathbb{R}^{n+m}$ ist (2.12) dann äquivalent zu

$$\mathbf{F}'_{\mathbf{y}}(\mathbf{x}_0, \mathbf{f}(\mathbf{x}_0))\mathbf{f}'(\mathbf{x}_0) = -\mathbf{F}'_{\mathbf{x}}(\mathbf{x}_0, \mathbf{f}(\mathbf{x}_0)), \tag{2.15}$$

wobei $\mathbf{F}'_{\mathbf{y}}(\mathbf{x}_0, \mathbf{f}(\mathbf{x}_0))$ eine (m, m)-Matrix ist und $\mathbf{f}'(\mathbf{x}_0)$ sowie $\mathbf{F}'_{\mathbf{x}}(\mathbf{x}_0, \mathbf{f}(\mathbf{x}_0))$ (m, n)-Matrizen sind. Will man also die j-te Spalte von $\mathbf{f}'(\mathbf{x}_0)$ bestimmen, d.h. den Vektor $\mathbf{v}_j = (\partial f_1(\mathbf{x}_0)/\partial x_j, \ldots, \partial f_m(\mathbf{x}_0)/\partial x_j)^\top$, so ergibt sich dieser als eindeutige Lösung des Gleichungssystems $\mathbf{F}'_\mathbf{y}(\mathbf{x}_0, \mathbf{y}_0)\mathbf{v}_j = -\mathbf{w}_j$, worin $\mathbf{w}_j$ die j-te Spalte von $\mathbf{F}'_\mathbf{x}(\mathbf{x}_0, \mathbf{y}_0)$ ist, $\mathbf{y}_0 = \mathbf{f}(\mathbf{x}_0)$. Ausführlicher geschrieben lautet dieses Gleichungssystem:

$$\mathbf{F}'_\mathbf{y}(\mathbf{x}_0, \mathbf{y}_0) \begin{pmatrix} \dfrac{\partial f_1(\mathbf{x}_0)}{\partial x_j} \\ \vdots \\ \dfrac{\partial f_m(\mathbf{x}_0)}{\partial x_j} \end{pmatrix} = - \begin{pmatrix} \dfrac{\partial F_1(\mathbf{x}_0, \mathbf{y}_0)}{\partial x_j} \\ \vdots \\ \dfrac{\partial F_m(\mathbf{x}_0, \mathbf{y}_0)}{\partial x_j} \end{pmatrix}. \tag{2.16}$$

Nach (2.11) ist die i-te Gleichung des Systems gegeben durch

$$\sum_{k=1}^{m} \frac{\partial F_i(\mathbf{x}_0, \mathbf{y}_0)}{\partial y_k} \cdot \frac{\partial f_k(\mathbf{x}_0)}{\partial x_j} = -\frac{\partial F_i(\mathbf{x}_0, \mathbf{y}_0)}{\partial x_j}. \tag{2.17}$$

Beispiel 2.18 (Fortsetzung von Beispiel 2.15)

Wir hatten gesehen, daß wir die durch F_1 gegebene implizite Funktion in expliziter Form als $f_1 : \mathbb{R}^2 \to \mathbb{R}$, $(x_1, x_2) \mapsto \ln(\sin x_1 + x_2 - \ln x_2)$ schreiben können. Der Punkt $\mathbf{z}_0 = (\mathbf{x}_0, y_0) = (0, 1, 0)$ ist ein innerer Punkt des Definitionsbereichs $\mathfrak{X}$ von F_1, von dem wir annehmen können, daß es sich um eine offene Teilmenge des $\mathbb{R}^{2+1}$ handelt. Es gilt $\mathbf{F}_1(0, 1, 0) = 0$, so daß für $\mathbf{z}_0$ die Voraussetzungen von Satz 2.11 erfüllt sind.

Da f_1 in expliziter Form vorliegt, verfügen wir über zwei Möglichkeiten, $f_1'(\mathbf{x}_0) = f_1'(0, 1) = (\partial f_1(\mathbf{x}_0)/\partial x_1, \partial f_1(\mathbf{x}_0)/\partial x_2)$ zu bestimmen. Zum einen gilt nach direktem Differenzieren in einer Umgebung von $\mathbf{x}_0$:

$$\frac{\partial f_1(\mathbf{x})}{\partial x_1} = \frac{\cos x_1}{\sin x_1 + x_2 - \ln x_2} \quad \text{und} \quad \frac{\partial f_1(\mathbf{x})}{\partial x_2} = \frac{1 - 1/x_2}{\sin x_1 + x_2 - \ln x_2},$$

woraus $f_1'(\mathbf{x}_0) = (1, 0)$ folgt. Andererseits ist $\partial \mathbf{F}_1(\mathbf{z})/\partial x_1 = -\cos x_1$, $\partial \mathbf{F}_1(\mathbf{z})/\partial x_2 = 1 - 1/x_2$ und $\partial \mathbf{F}_1(\mathbf{z})/\partial y = e^y$. Nach (2.12) bzw. (2.13) erhalten wir mit $y_0 = f_1(\mathbf{x}_0)$

$$\begin{aligned}
\mathbf{f}_1'(\mathbf{x}_0) &= -\mathbf{F}_{1,y}'(\mathbf{z}_0)^{-1}\mathbf{F}_{1,\mathbf{x}}'(\mathbf{z}_0) \\
&= -\frac{1}{\partial \mathbf{F}_1(\mathbf{z}_0)/\partial y}\left(\frac{\partial \mathbf{F}_1(\mathbf{z}_0)}{\partial x_1}, \frac{\partial \mathbf{F}_1(\mathbf{z}_0)}{\partial x_2}\right) \\
&= -\frac{1}{e^{y_0}}\left(-\cos x_{1,0}, 1-\frac{1}{x_{2,0}}\right) \\
&= (1,0),
\end{aligned}$$

was die erste Rechnung bestätigt.

Die Funktion f_2 hingegen kann nicht explizit angegeben werden. Gleichwohl können wir $f_2'(0,1)$ berechnen, denn $\mathbf{z}_0 = (\mathbf{x}_0, y_0) = (0,1,0)$ ist ein innerer Punkt des Definitionsbereichs $\mathcal{X} \subset \mathbb{R}^{2+1}$ von $\mathbf{F}_2 : \mathcal{X} \to \mathbb{R}$, für welchen $\mathbf{F}_2(\mathbf{z}_0) = 0$ ist.

Es gilt $\partial\mathbf{F}_2(\mathbf{z})/\partial x_1 = 2\cos x_1$, $\partial\mathbf{F}_2(\mathbf{z})/\partial x_2 = 1/x_2$ und $\partial\mathbf{F}_2(\mathbf{z})/\partial y = e^y + 1$, und wir erhalten nach Regel (2.14)

$$\frac{\partial f_2(\mathbf{x}_0)}{\partial x_j} = -\frac{\partial F_2(\mathbf{x}_0, y_0)/\partial x_j}{\partial F_2(\mathbf{x}_0, y_0)/\partial y} = -\frac{\partial F_2(\mathbf{x}_0, y_0)/\partial x_j}{e^{y_0}+1} = \begin{cases} -1, & j=1 \\ -\frac{1}{2}, & j=2. \end{cases}$$

○

Beispiel 2.19 (Fortsetzung von Beispiel 2.16)

Für $\mathbf{z} = (\mathbf{x}_0, \mathbf{y}_0) = (0,0,0,0,0)$ gilt $\mathbf{F}(\mathbf{z}_0)$ mit $\mathbf{F} = (F_1, F_2) : \mathbb{R}^{3+2} \to \mathbb{R}^2$. Gesucht ist $\mathbf{f}'(\mathbf{x}_0)$ für die implizit definierte Funktion $\mathbf{f} : \mathbb{R}^3 \to \mathbb{R}^2$. Es ist

$$\begin{aligned}
\mathbf{F}'(\mathbf{z}) &= (\mathbf{F}_\mathbf{x}'(\mathbf{z}), \mathbf{F}_\mathbf{y}'(\mathbf{z})) \\
&= \left(\begin{array}{ccc|cc}
\frac{\partial F_1(\mathbf{z})}{\partial x_1} & \frac{\partial F_1(\mathbf{z})}{\partial x_2} & \frac{\partial F_1(\mathbf{z})}{\partial x_3} & \frac{\partial F_1(\mathbf{z})}{\partial y_1} & \frac{\partial F_1(\mathbf{z})}{\partial y_2} \\
\frac{\partial F_2(\mathbf{z})}{\partial x_1} & \frac{\partial F_2(\mathbf{z})}{\partial x_2} & \frac{\partial F_2(\mathbf{z})}{\partial x_3} & \frac{\partial F_2(\mathbf{z})}{\partial y_1} & \frac{\partial F_2(\mathbf{z})}{\partial y_2}
\end{array}\right) \\
&= \left(\begin{array}{ccc|cc}
1 & \sin x_2 & 0 & e^{y_1} & \cos y_2 \\
-\sin x_1 & y_1^2 & 1 & 2y_1x_2 & -e^{y_2}
\end{array}\right),
\end{aligned}$$

woraus sich

$$\mathbf{F}'(0,0,0,0,0) = \left(\begin{array}{ccc|cc} 1 & 0 & 0 & 1 & 1 \\ 0 & 0 & 1 & 0 & -1 \end{array}\right)$$
$$\mathbf{F}'_{\mathbf{x}}(0,0,0,0,0) = \begin{pmatrix} 1 & 0 & 0 \\ 0 & 0 & 1 \end{pmatrix}$$
$$\mathbf{F}'_{\mathbf{y}}(0,0,0,0,0) = \begin{pmatrix} 1 & 1 \\ 0 & -1 \end{pmatrix}$$

ergibt. Gleichung (2.15) liefert $\mathbf{F}'_{\mathbf{y}}(0,0,0,0,0)\mathbf{f}'(0,0,0) = -\mathbf{F}'_{\mathbf{x}}(0,0,0,0,0)$, woraus wir

$$\begin{aligned} \mathbf{f}'(0,0,0) &= -\begin{pmatrix} 1 & 1 \\ 0 & -1 \end{pmatrix}^{-1} \begin{pmatrix} 1 & 0 & 0 \\ 0 & 0 & 1 \end{pmatrix} \\ &= -\begin{pmatrix} 1 & 1 \\ 0 & -1 \end{pmatrix} \begin{pmatrix} 1 & 0 & 0 \\ 0 & 0 & 1 \end{pmatrix} \\ &= \begin{pmatrix} -1 & 0 & -1 \\ 0 & 0 & 1 \end{pmatrix} \end{aligned}$$

erhalten. Beispielsweise gilt also $\partial f_2(0,0,0)/\partial x_3 = 1$. ○

Beispiel 2.20 (Fortsetzung von Beispiel 2.2)
Wir hatten die Struktur des betrachteten Keynes-Modells als eine Abbildung $\mathbf{f} : \mathcal{X} \to \mathbb{R}^2$ identifiziert. Diese Abbildung war uns implizit gegeben als

$$\begin{aligned} y_1 - y_2 - x_1 - x_2 &= 0 \\ y_2 - x_3 - x_4 y_1 &= 0. \end{aligned}$$

Wir wollen für dieses Beispiel davon absehen, daß es uns bereits gelungen ist, $\mathbf{f}$ explizit anzugeben. Die Komponentenfunktionen f_1, f_2 sind dabei mit y_1, y_2 bezeichnet. Wir setzen

$$F_1(x_1, x_2, x_3, x_4, y_1, y_2) = y_1 - y_2 - x_1 - x_2$$
$$F_2(x_1, x_2, x_3, x_4, y_1, y_2) = y_2 - x_3 - x_4 y_1 .$$

Dann ergibt sich

$$\mathbf{F}'(\mathbf{z}) = \left(\begin{array}{cccc|cc} -1 & -1 & 0 & 0 & 1 & -1 \\ 0 & 0 & -1 & -y_1 & -x_4 & 1 \end{array} \right) = (\mathbf{F}'_{\mathbf{x}}(\mathbf{z}), \mathbf{F}'_{\mathbf{y}}(\mathbf{z})).$$

Die Matrix $\mathbf{F}'_{\mathbf{y}}(\mathbf{z})$ ist für $x_4 \neq 1$ invertierbar, was durch die Wahl des Definitionsbereichs $\mathfrak{X}$ von $\mathbf{f}$ gewährleistet ist. Die Inverse ist gegeben durch

$$\mathbf{F}'_{\mathbf{y}}(\mathbf{z})^{-1} = \frac{1}{1-x_4} \begin{pmatrix} 1 & 1 \\ x_4 & 1 \end{pmatrix}.$$

Aus (2.12) folgt damit

$$\begin{aligned} \mathbf{f}'(\mathbf{x}_0) &= -\frac{1}{1-x_4} \begin{pmatrix} 1 & 1 \\ x_4 & 1 \end{pmatrix} \begin{pmatrix} -1 & -1 & 0 & 0 \\ 0 & 0 & -1 & -y_1 \end{pmatrix} \\ &= \frac{1}{1-x_4} \begin{pmatrix} 1 & 1 & 1 & y_1 \\ x_4 & x_4 & 1 & y_1 \end{pmatrix}. \end{aligned}$$

Hieraus ergibt sich beispielweise

$$\frac{\partial y_1}{\partial x_2} = \frac{1}{1-x_4} \quad \text{und} \quad \frac{\partial y_2}{\partial x_2} = \frac{x_4}{1-x_4}.$$

○

2.2.7 Extrema von Funktionen ohne Nebenbedingungen

In diesem Abschnitt betrachten wir Funktionen $f : \mathbb{R}^n \to \mathbb{R}$. Obwohl die Frage nach (relativen) Maxima und Minima solcher Funktionen bereits in der Grundausbildung angesprochen wird, tut man sich bei ihrer Beantwortung wegen des noch nicht ausreichend eingeführten Instrumentariums im allgemeinen schwer. Da wir inzwischen besser ausgerüstet sind, sollte uns die Behandlung der aufgeworfenen Frage nun leichter fallen. Die nachstehenden Ausführungen sind also mehr als nur eine knappe Wiederholung, sondern bringen hoffentlich neue Erkenntnisse.

Wir wenden uns zunächst der Bestimmung von Extrema einer Funktion zu, wenn keine Nebenbedingungen zu berücksichtigen sind. Das wird sicher für die meisten Leser nichts grundsätzlich Neues sein und dient in erster Linie der Wiederholung. Beginnen wir mit einer Definition.

Definition 2.8

Gegeben sei die Funktion $f : \mathcal{X} \to \mathbb{R}$ mit $\mathcal{X} \subset \mathbb{R}^n$ und $\mathbf{x}_0 \in \mathcal{X}$. Gibt es eine Umgebung $\mathcal{U}(\mathbf{x}_0) \subset \mathcal{X}$, so daß $f(\mathbf{x}) \leq f(\mathbf{x}_0)$ bzw. $f(\mathbf{x}) \geq f(\mathbf{x}_0)$ für alle $\mathbf{x} \in \mathcal{U}(\mathbf{x}_0)$ gilt, so besitzt f in $\mathbf{x}_0$ ein **lokales Maximum** bzw. ein **lokales Minimum**. Ist eine der beiden Bedingungen erfüllt, so besitzt f in $\mathbf{x}_0$ ein **lokales Extremum**.

Bekanntlich besitzt f in $\mathbf{x}_0$ ein **globales Maximum** bzw. **globales Minimum**, wenn die Ungleichung $f(\mathbf{x}) \leq f(\mathbf{x}_0)$ bzw. $f(\mathbf{x}) \geq f(\mathbf{x}_0)$ für alle $\mathbf{x} \in \mathcal{X}$ gilt. Entsprechend definiert man auch ein **globales Extremum** in $\mathbf{x}_0$. Anstelle von lokalen bzw. globalen Extrema spricht man auch von **relativen** bzw. **absoluten Extrema**.

Es ist unmittelbar klar, daß ein globales Extremum einer Funktion nur unter den lokalen Extrema gefunden werden kann. Man ist deswegen an Verfahren zur Ermittlung der lokalen Extrema interessiert. Der nachstehende Satz formuliert eine notwendige Bedingung für ein lokales Extremum.

Satz 2.12

Hat die differenzierbare Funktion $f : \mathcal{X} \to \mathbb{R}$ in einem inneren Punkt $\mathbf{x}_0$ ein lokales Extremum, so gilt $\nabla f(\mathbf{x}_0) = \mathbf{0}$.

Der Satz besagt, daß eine Lösung $\mathbf{x}_0$ des Gleichungssystems $\nabla f(\mathbf{x}) = \mathbf{0}$ ein „Kandidat" für einen Punkt ist, wo f möglicherweise ein lokales Extremum besitzt. Ein derartiger Punkt $\mathbf{x}_0$ wird als **kritischer Punkt** oder auch **stationärer Punkt** bezeichnet. Machen wir uns dies an einem einfachen Beispiel deutlich.

Beispiel 2.21 (Fortsetzung von Beispiel 2.6)

Betrachten wir nochmals die in Beispiel 2.6 behandelte Funktion $f : \mathbb{R}^2 \to \mathbb{R}$ mit $f(x_1, x_2) = x_1^2 + x_2^2$. Die Gleichung $\nabla f(\mathbf{x}) = \mathbf{0}$ liefert das Gleichungssystem

$$\frac{\partial f(\mathbf{x})}{\partial x_1} = 2x_1 = 0 \quad \text{und} \quad \frac{\partial f(\mathbf{x})}{\partial x_2} = 2x_2 = 0,$$

dessen Lösung sofort den kritischen Punkt $\mathbf{x}_0 = (0,0)$ ergibt. ❍

Das in Satz 2.12 formulierte Kriterium ist nur notwendig für das Vorliegen eines Extremums. Es besagt noch nichts darüber, ob ein Minimum oder ein Maximum vorliegt. Tatsächlich kann es sogar passieren, daß *kein* lokales Extremum in einem Punkt $\mathbf{x}_0$ vorliegt, obgleich gilt $\nabla f(\mathbf{x}_0) = 0$.

Beispiel 2.22
Betrachten wir die Funktion $f : \mathbb{R}^2 \to \mathbb{R}$ mit $f(\mathbf{x}) = x_1^2 - x_2^2$. Sie besitzt in $\mathbf{x}_0 = \mathbf{0}$ einen kritischen Punkt. Trotzdem nimmt f dort weder ein lokales Minimum noch ein lokales Maximum an, wie Abbildung 2.4 belegt.

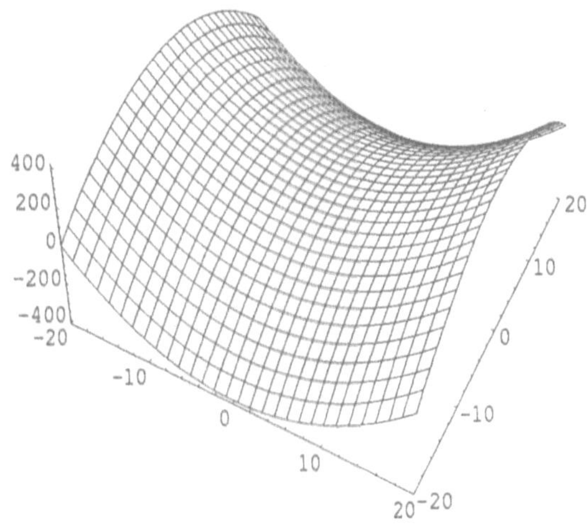

Abbildung 2.4: $f(\mathbf{x}) = x_1^2 - x_2^2$ in $[-20, 20] \times [-20, 20]$.

○

Die Funktion $f(\mathbf{x}) = x_1^2 + x_2^2$ aus Beispiel 2.21 ist jedoch so einfach, daß der Leser sicher sofort erkennt, daß f in $\mathbf{x}_0$ ein lokales Minimum besitzt. Für nicht so triviale Fälle ist aber ein verläßlicheres Instrument als die Methode des scharfen Hinsehens wünschenswert. Der nachstehende Satz liefert eine hinreichende Bedingung für das Vorliegen eines Extremalpunktes, das in ähnlicher Form bereits in der Grundausbildung behandelt wurde.

Satz 2.13
Gegeben sei die Funktion $f : \mathcal{X} \to \mathbb{R}$ mit $\mathcal{X} \subset \mathbb{R}^n$, und $\mathbf{x}_0$ sei ein innerer Punkt von $\mathcal{X}$ mit $\nabla f(\mathbf{x}_0) = \mathbf{0}$. Ferner mögen alle partiellen Ableitungen $\partial^2 f(\mathbf{x})/\partial x_i \partial x_j$ in einer Umgebung von $\mathbf{x}_0$ existieren und stetig sein.

Ist die Hesse-Matrix $\mathbf{H}_f(\mathbf{x}_0)$ negativ definit bzw. positiv definit, so besitzt f in $\mathbf{x}_0$ ein lokales Maximum bzw. ein lokales Minimum.

Anmerkungen:

(i) Nach Satz 1.20 kann der Definitheitsnachweis von $\mathbf{H}_f(\mathbf{x}_0)$ über deren Hauptabschnittsdeterminanten D_i erfolgen. Danach besitzt f in dem kritischen Punkt $\mathbf{x}_0$ ein lokales Maximum, wenn $(-1)^i D_i > 0$ für alle $i = 1, \ldots, n$ gilt. Hingegen besitzt f in dem kritischen Punkt $\mathbf{x}_0$ ein lokales Minimum, wenn $D_i > 0$ für alle $i = 1, \ldots, n$ gilt.

(ii) Für den Spezialfall $n = 2$ kann man das Kriterium wie folgt fassen: Es sei $\mathbf{x}_0$ ein kritischer Punkt mit

$$\frac{\partial^2 f(\mathbf{x}_0)}{\partial x_1^2} \frac{\partial^2 f(\mathbf{x}_0)}{\partial x_2^2} - \left(\frac{\partial^2 f(\mathbf{x}_0)}{\partial x_1 \partial x_2} \right)^2 > 0. \tag{2.18}$$

Gilt

$$\frac{\partial^2 f(\mathbf{x}_0)}{\partial x_1^2} < 0 \quad \text{bzw.} \quad \frac{\partial^2 f(\mathbf{x}_0)}{\partial x_1^2} > 0, \tag{2.19}$$

so besitzt f in $\mathbf{x}_0$ ein lokales Maximum bzw. ein lokales Minimum.

Beispiel 2.23 (Fortsetzung von Beispiel 2.21)
Es gilt

$$\frac{\partial^2 f(\mathbf{x})}{\partial x_i \partial x_j} = \begin{cases} 2, & i = j, \\ 0, & i \neq j, \end{cases}$$

für alle $\mathbf{x} \in \mathbb{R}^2$. Mithin erfüllt f die Bedingung (2.18) in $\mathbf{x}_0 = \mathbf{0}$. Wegen $\partial^2 f(\mathbf{0})/\partial x_1^2 = 2 > 0$ liegt wegen (2.19) also ein lokales Minimum vor. ○

Im Beispiel 2.6, Seite 73, wurde gesagt, daß der Gradient von f in Richtung des steilsten Anstieges zeigt. Diese Aussage ist jetzt wohl völlig verständlich. Die Funktion f besitzt in $\mathbf{x}_0$ ein lokales Minimum, aus dem heraus man sich nur nach oben bewegen kann. Der Gradient gibt dann die Richtung an, in der der Anstieg am steilsten ist.

2.2.8 Extrema von Funktionen mit Nebenbedingungen

Wir gehen nun auf das Problem der Bestimmung von Extrema einer reellwertigen Funktion $f : \mathbb{R}^n \to \mathbb{R}$ unter Nebenbedingungen ein, welches im allgemeinen in der mathematischen Grundausbildung nur für $n = 2$ behandelt wird. Dabei soll zum einen ein Zusammenhang mit dem Problem impliziter Funktionen aufgezeigt werden und zum anderen eine „rechenbare" Formulierung eines hinreichenden Kriteriums für die Existenz von Extrema angegeben werden.

Die Nebenbedingungen treten dabei stets in Form von Gleichungen auf; Nebenbedingungen in Form von Ungleichungen werden in Kapitel 8 betrachtet.

Beispiel 2.24

In dem bereits mehrfach erwähnten Buch von Wetzel u.a. (1981), Seite 234f, wird die **Methode der direkten Elimination** vorgestellt, mit deren Hilfe ein Problem mit Nebenbedingungen in ein Problem ohne Nebenbedingungen überführt wird.

> *„Welches Rechteck hat bei gegebenem Umfang U (Nebenbedingung) den größten Flächeninhalt?*
>
> *(1) Es ist also für* $f(x) = f(x_1, x_2) = x_1 \cdot x_2$ *das Maximum unter der Nebenbedingung*
>
> *(2)* $\varphi(x) = \varphi(x_1 + x_2) = 2\,(x_1 + x_2) - U = 0$ *zu bestimmen.*
>
> *Setzen wir den Wert* $x_2 = \frac{U-2x_1}{2}$ *aus (2) in (1) ein, so erhalten wir:*
>
> *(3)* $f\left(x_1, \frac{U-2x_1}{2}\right) = x_1 \frac{U-2x_1}{2} = g(x_1)$.
>
> *Damit reduziert sich das Problem auf ein solches ohne Nebenbedingungen, denn für (3) gelten keine Einschränkungen mehr (abgesehen von* $x_1, x_2 \geq 0$*). Wir erhalten aus* $g'(x_1) = 0$ *sofort* $x_1^0 = x_2^0 = \frac{1}{4}U$*."*

Wir können aber das Problem auch im Kontext der impliziten Funktionen lösen: Die Nebenbedingung $\varphi(x_1, x_2) = 2(x_1 + x_2) - U = 0$ können wir als implizite Festlegung einer Funktion $x_2 = g_1(x_1)$ deuten. Rekapitulieren wir unsere Überlegungen im Anschluß an den Satz über implizite Funktionen, so erkennen wir aus $\varphi(x_1, x_2) = 0$, daß wir — in der Notation des Satzes 2.11 — den Fall $\mathbf{F}(\mathbf{z}_0) = \mathbf{0}$, vorliegen haben, wobei $\mathbf{F}'_y(\mathbf{z}_0)$ invertierbar ist. Also können wir Regel (2.14) für die Bestimmung von $\mathrm{d}x_2/\mathrm{d}x_1$ anwenden, und erhalten

$$\frac{\mathrm{d}x_2}{\mathrm{d}x_1} = \frac{\partial g_1(x_1)}{\partial x_2} = -\frac{\partial\varphi(x_1, x_2)/\partial x_1}{\partial\varphi(x_1, x_2)/\partial x_2}.$$

Andererseits erhalten wir mit $y = f(x_1, x_2) = f(x_1, g_1(x_1))$ durch Ableiten nach x_1:

$$\frac{\mathrm{d}y}{\mathrm{d}x_1} = \frac{\partial f}{\partial x_1} + \frac{\partial f}{\partial x_2}\frac{\mathrm{d}x_2}{\mathrm{d}x_1}.$$

Notwendig für ein Extremum ist $\mathrm{d}y/\mathrm{d}x_1 = 0$. Damit ergibt sich

$$\frac{\partial f}{\partial x_1} + \frac{\partial f}{\partial x_2}\frac{\mathrm{d}x_2}{\mathrm{d}x_1} = 0,$$

und nach Ersetzung von $\mathrm{d}x_2/\mathrm{d}x_1$

$$\frac{\partial f}{\partial x_1}\frac{\partial \varphi}{\partial x_2} - \frac{\partial f}{\partial x_2}\frac{\partial \varphi}{\partial x_1} = 0. \tag{2.20}$$

Wie man leicht nachrechnet, gilt:

$$\begin{aligned} \frac{\partial f}{\partial x_1} &= x_2 & \qquad \frac{\partial \varphi}{\partial x_1} &= 2 \\ \frac{\partial f}{\partial x_2} &= x_1 & \qquad \frac{\partial \varphi}{\partial x_2} &= 2. \end{aligned}$$

Setzt man dies in (2.20) ein, so erhält man

$$2x_2 - 2x_1 = 0.$$

Eine weitere Gleichung für x_1 und x_2 ist durch die Nebenbedingung $2(x_1 + x_2) - U = 0$ gegeben. Existiert der Extremalpunkt, so befindet er sich unter den Lösungen des Gleichungssystems

$$\begin{aligned} 2x_1 - 2x_2 &= 0 \\ 2(x_1 + x_2) - U &= 0. \end{aligned}$$

Aus der ersten Gleichung folgt die Bedingung $x_1 = x_2$ und aus der zweiten Gleichung damit $x_1 = x_2 = U/4$.

In dem vorstehenden Problem hätten wir auch die Rollen von x_1 und x_2 vertauschen können, d.h., wir hätten annehmen können, daß uns durch die Nebenbedingung implizit die Funktion $x_1 = g_2(x_2)$ festgelegt ist. Wie man leicht nachrechnet, ergibt sich wieder dieselbe Lösung. ❍

Das im Beispiel 2.24 angewandte Verfahren wollen wir für den allgemeinen Fall formulieren. Der folgende Satz beschreibt notwendige Bedingungen für das Vorliegen von Extremalpunkten.

Satz 2.14

Gegeben seien die stetig differenzierbaren Funktionen $f : \mathbb{R}^{n+m} \to \mathbb{R}$ *und* $\mathbf{g} = (g_1, \ldots, g_m) : \mathbb{R}^{n+m} \to \mathbb{R}^m$. *Nimmt* f *in* $(\mathbf{x}_0, \mathbf{y}_0)$ *ein lokales Extremum an, das der Nebenbedingung* $\mathbf{g}(\mathbf{x}, \mathbf{y}) = \mathbf{0}$ *genügt, und ist* $\mathbf{g}'_y(\mathbf{x}_0, \mathbf{y}_0)$ *invertierbar, so läßt sich die Gleichung* $\mathbf{g}(\mathbf{x}, \mathbf{y}) = \mathbf{0}$ *in einer Umgebung von* $(\mathbf{x}_0, \mathbf{y}_0)$ *nach* $\mathbf{y} = \mathbf{y}(\mathbf{x})$ *auflösen. Dabei löst* $(\mathbf{x}_0, \mathbf{y}_0)$ *das Gleichungssystem*

$$\frac{\partial f(\mathbf{x}, \mathbf{y})}{\partial x_i} + \sum_{j=1}^{m} \frac{\partial f(\mathbf{x}, \mathbf{y})}{\partial y_j} \frac{\partial y_j(\mathbf{x})}{\partial x_i} = 0, \qquad i = 1, \ldots n,$$

$$\mathbf{g}(\mathbf{x}, \mathbf{y}) = \mathbf{0}, \tag{2.21}$$

wobei sich die partiellen Ableitungen $\partial y_j / \partial x_i$ *(der abhängigen Variablen) als Lösung des Gleichungssystems*

$$\frac{\partial g_j(\mathbf{x}, \mathbf{y})}{\partial x_i} + \sum_{\nu=1}^{m} \frac{\partial g_j(\mathbf{x}, \mathbf{y})}{\partial y_\nu} \frac{\partial y_\nu(\mathbf{x})}{\partial x_i} = 0 \tag{2.22}$$

für $i = 1, \ldots, n$ *und* $j = 1, \ldots, m$ *ergeben.*

Anmerkungen:

1. Durch Umordnen, d.h. durch Umnumerieren der Variablen, kann man es immer erreichen, daß nach den m letzten Variablen, also den $y_1, \ldots, y_m$ aufgelöst wird.
2. Wie Beispiel 2.24 zeigt, kann es mehr als eine Umordnung geben.

Der Beweis des Satzes wird mit Hilfe des Satzes über implizite Funktionen geführt, siehe Satz 2.9. Er soll hier nicht gebracht werden.

Ein weiteres Beispiel illustriert den allgemeinen Fall.

Beispiel 2.25

Gesucht wird ein Punkt $\mathbf{p} = (x_1, x_3) \neq (0, 0)$ auf dem Kreis $x^2 + y^2 = 2$ und ein Punkt $\mathbf{q} = (x_2, x_4)$ auf der Geraden $x + y - 4 = 0$, so daß $\mathbf{p}$ und $\mathbf{q}$ minimalen (euklidischen) Abstand haben. Dann lautet das Problem:

Minimiere $f : \mathbb{R}^4 \to \mathbb{R}$, $\mathbf{x} \mapsto f(\mathbf{x}) = (x_1 - x_2)^2 + (x_3 - x_4)^2$ unter den Nebenbedingungen

$$g_1(\mathbf{x}) = x_1^2 + x_3^2 - 2 = 0 \quad \text{und} \quad g_2(\mathbf{x}) = x_2 + x_4 - 4 = 0.$$

Die Überprüfung der Voraussetzungen des Satzes 2.14 sei dem Leser überlassen.

Durch die Nebenbedingungen sind implizit die Funktionen $x_3 = g_3(x_1)$ und $x_4 = g_4(x_2)$ festgelegt. Ihre partiellen Ableitungen ergeben sich nach Satz 2.14 als Lösung des Gleichungssystems (2.22), das äquivalent ist mit

$$2x_1 + 2x_3 \cdot \frac{\partial x_3}{\partial x_1} + 0 \cdot \frac{\partial x_4}{\partial x_1} = 2x_1 + 2x_3 \cdot \frac{\partial x_3}{\partial x_1} = 0, \tag{2.23}$$

$$0 + 2x_3 \cdot \frac{\partial x_3}{\partial x_2} + 0 \cdot \frac{\partial x_4}{\partial x_2} = 2x_3 \cdot \frac{\partial x_3}{\partial x_2} = 0, \tag{2.24}$$

$$0 + 0 \cdot \frac{\partial x_3}{\partial x_1} + 1 \cdot \frac{\partial x_4}{\partial x_1} = \frac{\partial x_4}{\partial x_1} = 0, \tag{2.25}$$

$$1 + 0 \cdot \frac{\partial x_3}{\partial x_2} + 1 \cdot \frac{\partial x_4}{\partial x_2} = 1 + \frac{\partial x_4}{\partial x_2} = 0. \tag{2.26}$$

Da nach Voraussetzung $x_3 \neq 0$ ist, ergibt sich

$$\frac{\partial x_3}{\partial x_1} = -\frac{x_1}{x_3}, \quad \frac{\partial x_3}{\partial x_2} = 0, \quad \frac{\partial x_4}{\partial x_1} = 0 \quad \text{und} \quad \frac{\partial x_2}{\partial x_4} = -1.$$

Setzt man diese partiellen Ableitungen in (2.21) ein und führt die übrigen Differentiationen durch, so erhält man das folgende Gleichungssystem:

$$2(x_1 - x_2) + 2(x_3 - x_4) \cdot (-x_1/x_3) = 0 \tag{2.27}$$

$$-2(x_1 - x_2) - 2(x_3 - x_4) \cdot (-1) = 0 \tag{2.28}$$

$$x_1^2 + x_3^2 - 2 = 0 \tag{2.29}$$

$$x_2 + x_4 - 4 = 0. \tag{2.30}$$

Gleichung (2.28) liefert $x_1 - x_2 = x_3 - x_4$. Dann folgt aus (2.27) nach Umformung $x_3(x_1 - x_2) = x_1(x_3 - x_4)$ und somit $x_1 = x_2$ oder im Fall

$x_1 \neq x_2$: $x_1 = x_3$ und $x_2 = x_4$. $x_1 = x_2$ und damit auch $x_3 = x_4$ führt nach Gleichsetzen von (2.29) und (2.30) auf den Widerspruch $(x_1 - 1/2)^2 + (x_3 - 1/2)^2 = -3/2$. Folglich ist $x_1 \neq x_2$ und $x_1 = x_3$, $x_2 = x_4$.

Gleichung (2.29) kann man umformen zu $2x_1^2 = 2$, woraus folgt $x_1 = x_3 = 1$ oder $x_1 = x_3 = -1$.

Gleichung (2.30) schließlich formt man um zu $2x_2 = 4$. Daraus folgt, daß $x_2 = x_4 = 2$ ist. Insgesamt haben wir damit die kritischen Punkte

$$(x_1, x_2, x_3, x_4) = (1, 2, 1, 2) \quad \text{bzw.} \quad (x_1, x_2, x_3, x_4) = (-1, 2, -1, 2).$$

Für die Punktpaare $\mathbf{p}$ und $\mathbf{q}$ bedeutet dies

$$\mathbf{p} = (1, 1),\ \mathbf{q} = (2, 2) \quad \text{bzw.} \quad \mathbf{p} = (-1, -1),\ \mathbf{q} = (2, 2).$$

Mit geometrischen Überlegungen macht man sich leicht klar, daß nur für $\mathbf{p} = (1, 1)$ und $\mathbf{q} = (2, 2)$ ein minimaler Abstand vorliegt.

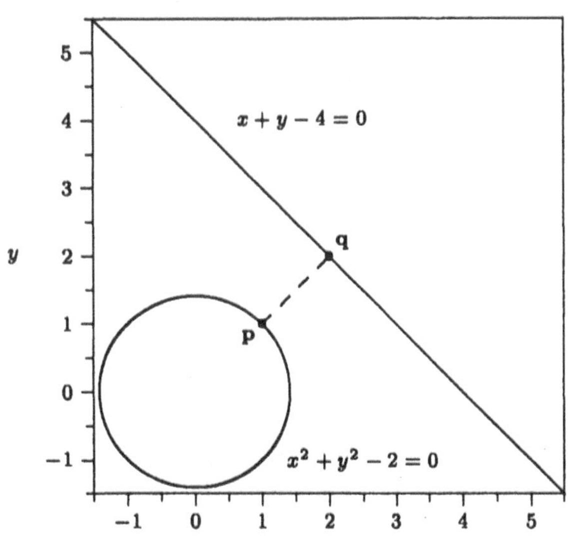

Abbildung 2.5: Kreis $x^2 + y^2 = 2$ und Gerade $x + y - 4 = 0$.

Ein formaler Nachweis wird mit Aufgabe 2.3 erbracht. ❍

Wir kommen nun zu dem klassischen, auf der Lagrange-Funktion basierenden Lösungsansatz, der das gegebene Optimierungsproblem mit Nebenbedingungen in ein höher-dimensionales Optimierungsproblem ohne Nebenbedingungen überführt.

Dazu rekapitulieren wir das „übliche" Vorgehen beim Lösen von Extremwertaufgaben unter Nebenbedingungen: Es seien die Funktionen $f : \mathbb{R}^n \to \mathbb{R}$ und $g_\nu : \mathbb{R}^n \to \mathbb{R}$, $\nu = 1, \ldots, m$ gegeben. Für f sollen kritische Punkte $\mathbf{x}_0$ so gefunden werden, daß außerdem gilt $g_1(\mathbf{x}_0) = 0, \ldots, g_m(\mathbf{x}_0) = 0$. Bildet man für $\boldsymbol{\lambda} = (\lambda_1, \ldots, \lambda_m) \in \mathbb{R}^m$ und $\mathbf{x} = (x_1, \ldots, x_n) \in \mathbb{R}^n$ die sogenannte **Lagrange-Funktion**

$$L(\boldsymbol{\lambda}, \mathbf{x}) = f(\mathbf{x}) + \sum_{\nu=1}^{m} \lambda_\nu g_\nu(\mathbf{x}), \tag{2.31}$$

dann findet man die lokalen Extremalpunkte unter den Lösungen des Gleichungssystems

$$\frac{\partial L}{\partial x_i} = 0,\ i = 1, \ldots, n, \qquad \frac{\partial L}{\partial \lambda_j} = 0,\ j = 1, \ldots, m. \tag{2.32}$$

Beispiel 2.26 (Fortsetzung von Beispiel 2.24)
Die Lagrange-Funktion für das Problem aus Beispiel 2.24 lautet: $L(\lambda, x_1, x_2) = x_1 x_2 + \lambda(2(x_1 + x_2) - U)$. Partielle Differentiation nach x_1, x_2 und λ liefert

$$\begin{aligned} x_2 + 2\lambda &= 0 \\ x_1 + 2\lambda &= 0 \\ 2(x_1 + x_2) - U &= 0. \end{aligned}$$

Die beiden ersten Gleichungen zeigen, daß $x_1 = x_2$ ist. Dann folgt aus der dritten Gleichung, daß $x_1 = x_2 = U/4$ ist. Für λ findet sich dann $\lambda = -U/8$. ○

Fassen wir noch einmal zusammen: Besitzt $L(\boldsymbol{\lambda}, \mathbf{x})$ an der Stelle $(\boldsymbol{\lambda}_0, \mathbf{x}_0)$ ein lokales Extremum, so besitzt auch $f(\mathbf{x})$ an der Stelle $\mathbf{x}_0$ ein lokales Extremum, wie man sich anhand der Definition von L in (2.31) überlegt. Dieses lokale Extremum genügt der Nebenbedingung $\mathbf{g}(\mathbf{x}) = \mathbf{0}$.

Interessanter ist nun die Umkehrung. Existiert zu einer lokalen Extremalstelle $\mathbf{x}_0$ von $f(\mathbf{x})$ unter der Nebenbedingung $\mathbf{g}(\mathbf{x}) = \mathbf{0}$ stets ein $\boldsymbol{\lambda}_0 \in \mathbb{R}^m$

derart, daß $(\boldsymbol{\lambda}_0, \mathbf{x}_0)$ eine lokale Extremalstelle von $L(\boldsymbol{\lambda}, \mathbf{x})$ ist? Der folgende Satz gibt dahingehend eine Antwort, daß alle lokalen Extremalstellen $\mathbf{x}_0$ von f unter $\mathbf{g}(\mathbf{x}) = \mathbf{0}$ in der Menge der kritischen Punkte $(\boldsymbol{\lambda}, \mathbf{x})$ von L liegen und somit Lösungen von (2.32) sind.

Satz 2.15

Die Funktionen $f : \mathbb{R}^n \to \mathbb{R}$ und $\mathbf{g} = (g_1, \ldots, g_m) : \mathbb{R}^n \to \mathbb{R}^m$ seien stetig differenzierbar mit $m < n$. Hat f an der Stelle $\mathbf{x}_0$ ein lokales Extremum und besitzt die Funktionalmatrix $\mathbf{g}'(\mathbf{x}_0)$ den Rang m, so existiert ein $\boldsymbol{\lambda}_0 \in \mathbb{R}^m$, für welches (2.32) erfüllt ist.

Da das Lösen von (2.32) lediglich auf eine notwendige Bedingung für eine lokale Extremalstelle führt, stellt sich, wie schon bei den lokalen Extrema ohne Nebenbedingungen, die Frage nach hinreichenden Bedingungen. Der nächste Satz eröffnet eine analoge „Rechenbarkeit" für das hinreichende Kriterium im Fall von Extremwerten mit Nebenbedingungen.

Aus der Lagrange-Funktion ergibt sich

$$\begin{aligned}
\frac{\partial L}{\partial \lambda_\nu} &= g_\nu(x_1, \ldots, x_n), \qquad \nu = 1, \ldots, m, \\
\frac{\partial L}{\partial x_i} &= \frac{\partial f}{\partial x_i} + \sum_{\nu=1}^{m} \lambda_\nu \frac{\partial g_\nu}{\partial x_i}, \qquad i = 1, \ldots, n,
\end{aligned}$$

und weiterhin

$$\begin{aligned}
\frac{\partial^2 L}{\partial \lambda_\nu \partial \lambda_\mu} &= 0, \qquad \nu, \mu = 1, \ldots, m, \\
\frac{\partial^2 L}{\partial \lambda_\nu \partial x_i} &= \frac{\partial g_\nu}{\partial x_i}, \qquad i = 1, \ldots, n, \quad \nu = 1, \ldots, n, \\
\frac{\partial^2 L}{\partial x_i \partial \lambda_\nu} &= \frac{\partial g_\nu}{\partial x_i}, \qquad i = 1, \ldots, n \quad \nu = 1, \ldots, n, \\
\frac{\partial^2 L}{\partial x_i \partial x_j} &= \frac{\partial^2 f}{\partial x_i \partial x_j} + \sum_{\nu=1}^{m} \lambda_\nu \frac{\partial^2 g_\nu}{\partial x_i \partial x_j}, \qquad i, j = 1, \ldots, n.
\end{aligned}$$

Damit erhalten wir die sogenannte **geänderte Hesse-Matrix** der Lagrange-Funktion:

$$\mathbf{K}(\boldsymbol{\lambda}_0,\mathbf{x}_0) := \begin{pmatrix} 0 & \cdots & 0 & \frac{\partial g_1(\mathbf{x}_0)}{\partial x_1} & \cdots & \frac{\partial g_1(\mathbf{x}_0)}{\partial x_n} \\ \vdots & \ddots & \vdots & \vdots & \ddots & \vdots \\ 0 & \cdots & 0 & \frac{\partial g_m(\mathbf{x}_0)}{\partial x_1} & \cdots & \frac{\partial g_m(\mathbf{x}_0)}{\partial x_n} \\ \frac{\partial g_1(\mathbf{x}_0)}{\partial x_1} & \cdots & \frac{\partial g_m(\mathbf{x}_0)}{\partial x_1} & \frac{\partial^2 L(\boldsymbol{\lambda}_0,\mathbf{x}_0)}{\partial x_1^2} & \cdots & \frac{\partial^2 L(\boldsymbol{\lambda}_0,\mathbf{x}_0)}{\partial x_1 \partial x_n} \\ \vdots & \ddots & \vdots & \vdots & \ddots & \vdots \\ \frac{\partial g_1(\mathbf{x}_0)}{\partial x_n} & \cdots & \frac{\partial g_m(\mathbf{x}_0)}{\partial x_n} & \frac{\partial^2 L(\boldsymbol{\lambda}_0,\mathbf{x}_0)}{\partial x_n \partial x_1} & \cdots & \frac{\partial^2 L(\boldsymbol{\lambda}_0,\mathbf{x}_0)}{\partial x_n^2} \end{pmatrix}.$$

In der rechten unteren Ecke der Matrix findet sich als Untermatrix die eigentliche — es werden nur Ableitungen nach x_i betrachtet — Hesse-Matrix der Lagrange-Funktion. Sie sei noch einmal explizit angegeben:

$$\mathbf{K}(\mathbf{x}_0) = \begin{pmatrix} \frac{\partial^2 L(\boldsymbol{\lambda}_0,\mathbf{x}_0)}{\partial x_1^2} & \cdots & \frac{\partial^2 L(\boldsymbol{\lambda}_0,\mathbf{x}_0)}{\partial x_1 \partial x_n} \\ \vdots & \ddots & \vdots \\ \frac{\partial^2 L(\boldsymbol{\lambda}_0,\mathbf{x}_0)}{\partial x_n \partial x_1} & \cdots & \frac{\partial^2 L(\boldsymbol{\lambda}_0,\mathbf{x}_0)}{\partial x_n^2} \end{pmatrix}.$$

Der nachstehende Satz geht von der geränderten Hesse-Matrix $\mathbf{K}(\boldsymbol{\lambda}_0,\mathbf{x}_0)$ aus. Er liefert eine hinreichende Bedingung für das Vorliegen eines lokalen Extremums unter Nebenbedingungen.

Satz 2.16

Die Funktionen $f : \mathbb{R}^n \to \mathbb{R}$ und $\mathbf{g} = (g_1, \ldots, g_m) : \mathbb{R}^n \to \mathbb{R}^m$ seien zweimal stetig differenzierbar mit $m < n$. Ist $(\boldsymbol{\lambda}_0, \mathbf{x}_0)$ eine Lösung von (2.32) und hat die Funktionalmatrix $\mathbf{g}'(\mathbf{x}_0)$ den Rang m, so hat f unter der Nebenbedingung $\mathbf{g}(\mathbf{x}) = \mathbf{0}$ im Punkt $\mathbf{x}_0$ ein

(i) lokales Maximum, wenn gilt $(-1)^i D_i > 0$ für $i = 2m+1, \ldots, n+m$,

(ii) lokales Minimum, wenn gilt $D_i > 0$ für $i = 2m+1, \ldots n+m$.

Dabei sind die D_i die Hauptabschnittsdeterminanten von $\mathbf{K}(\boldsymbol{\lambda}_0, \mathbf{x}_0)$.

Den Beweis des Satzes wollen wir hier nicht geben. Wenden wir ihn aber auf die in diesem Abschnitt behandelten Probleme an.

Beispiel 2.27
Für das in Beispiel 2.23 behandelte Problem hatte sich als Lösung des Gleichungssystems $(\lambda, x_1, x_2) = (-U/8, U/4, U/4)$ ergeben. Um Satz 2.16 anwenden zu können, benötigen wir die Matrix $\mathbf{K}(-U/8, U/4, U/4)$. Sie berechnet sich zu

$$\mathbf{K}(-U/8, U/4, U/4) = \begin{pmatrix} 0 & 2 & 2 \\ 2 & 1 & 0 \\ 2 & 0 & 1 \end{pmatrix},$$

denn es ist

$$\frac{\partial L}{\partial x_1} = x_1 - 2\lambda U, \qquad \frac{\partial^2 L}{\partial x_1 \partial x_1} = 1, \qquad \frac{\partial^2 L}{\partial x_1 \partial x_2} = 0,$$

$$\frac{\partial L}{\partial x_2} = x_2 - 2\lambda U, \qquad \frac{\partial^2 L}{\partial x_2 \partial x_1} = 0, \qquad \frac{\partial^2 L}{\partial x_2 \partial x_2} = 1.$$

Nun ist $m = 1, n = 2$ und also $n + m = 3$. Gemäß Satz 2.16 sind die D_i für $i = 2m + 1, \ldots, n + m$ zu untersuchen. In unserem Fall ist es nur D_3. Man berechnet $D_3 = -8$. Da $(-1)^3 D_3 = 8 > 0$ ist, liegt also in $\mathbf{x}_0 = (U/4, U/4)$ ein lokales Maximum vor. ○

2.3 Riemann-Integral

2.3.1 Einleitung

Wie bereits einmal ausgeführt, gehen die Autoren davon aus, daß der Leser mit dem Stoff der Mathematik, der im Grundstudium einer wirtschaftswissenschaftlichen Fakultät vermittelt wird, vertraut ist. Dies soll hier so interpretiert werden, daß der Leser das Riemann-Integral einer Funktion $f : \mathbb{R} \to \mathbb{R}$ bereits kennengelernt hat. In diesem Abschnitt sollen diese Kenntnisse in verschiedenen Richtungen erweitert werden.

Sofort in den Sinn kommt die Frage: Läßt sich das Riemann-Integral auf Funktionen $f : \mathbb{R}^n \to \mathbb{R}$ übertragen? Nicht aufdrängen dürften sich den meisten Lesern die Überlegungen, die zu dem — insbesondere für die Statistik interessanten — sogenannten Riemann-Stieltjes-Integral führen. Wir werden es für Funktionen $f : \mathbb{R} \to \mathbb{R}$ sowie $f : \mathbb{R}^n \to \mathbb{R}$ betrachten.

Da Funktionen $\mathbf{f} : \mathbb{R}^n \to \mathbb{R}^m$ im Mittelpunkt unserer bisherigen Bemühungen standen, erwartet der Leser sicher auch eine Untersuchung über die Möglichkeit, das „Integralkonzept“ auf solche Funktionen auszudehnen.

2.3.2 Das Riemann-Integral im $\mathbb{R}$

Es gibt viele Wege, zum Riemann-Integral zu gelangen. Man kann es mittels Treppenfunktionen oder Unter- und Obersummen oder über Riemannsche Summen einführen. Wir wollen hier den Weg über Riemannsche Summen noch einmal skizzieren. Dieser Zugang zum Riemann-Integral läßt sich für unsere Zwecke gut verallgemeinern. Dadurch eröffnet sich uns ein hoffentlich „bequemer" Zugang zu den in der Einleitung angekündigten Integraltypen.

Betrachten wir eine Funktion $f : \mathbb{R} \to \mathbb{R}$ und ein Intervall $[a, b]$.

Definition 2.9
Eine Menge $\mathfrak{Z}_n = \{x_0, x_1, \ldots, x_n\}$ von Zahlen mit $a = x_0 < x_1 < \ldots < x_{n-1} < x_n = b$ heißt eine **Zerlegung** des Intervalls $[a, b]$. Die **Feinheit** der Zerlegung ist festgelegt durch $\Delta(\mathfrak{Z}_n) := \max_i |x_i - x_{i-1}|$.

Durch die Zahlen $x_0, x_1, \ldots, x_{n-1}, x_n$ wird das Intervall $[a, b]$ in Teilintervalle $\mathfrak{I}_i = [x_{i-1}, x_i]$, $i = 1, \ldots, n$, zerlegt. Für die Erweiterung des Integralbegriffs auf den $\mathbb{R}^n$ ist es hilfreich, die Zerlegung $\mathfrak{Z}_n$ alternativ als die Menge $\{\mathfrak{I}_1, \ldots, \mathfrak{I}_n\}$ dieser Intervalle zu verstehen.

Definition 2.10
Gegeben sei die Zerlegung $\mathfrak{Z}_n = \{x_0, x_1, \ldots, x_n\}$ des Intervalls $[a, b]$ und $\xi_i \in [x_{i-1}, x_i]$ für $i = 1, \ldots, n$. Dann ist durch

$$\mathrm{R}(\mathfrak{Z}_n) := \sum_{i=1}^{n} f(\xi_i)(x_i - x_{i-1})$$

eine **Riemann-Summe** von f gegeben.

Zum Riemann-Integral gelangt man nun durch einen Grenzprozeß. Dazu führen wir zuerst das Konzept der ausgezeichneten Zerlegungsfolge ein.

Definition 2.11
Eine Folge $[\mathfrak{Z}_n]$ von Zerlegungen heißt **ausgezeichnete Zerlegungsfolge**, wenn $\lim_{n\to+\infty} \Delta(\mathfrak{Z}_n) = 0$ gilt.

Als Riemann-Integral bezeichnet man nun den Grenzwert aller Riemann-Summen für alle ausgezeichneten Zerlegungsfolgen und alle beliebigen ξ_i mit $x_{i-1} \leq \xi_i \leq x_i$, sofern dieser existiert. Die Notation für diesen Grenzwert ist

$$\int_a^b f(x)dx.$$

So weit, so gut, aber nicht so einfach. Wenn vielleicht in der Erinnerung etwas verblaßt, es war schon erheblicher Aufwand erforderlich, um zu untersuchen, für welche Funktionen das Riemann-Integral existiert und welche Regeln des Umgangs mit diesem gelten. Ganz zu schweigen von der nicht unwichtigen Frage, wie man man denn Integrale errechnet.

Wir wollen die Antworten auf diese Fragen hier nicht geben. Dies soll im Vergleich bei den Integralkonzepten, deren Entwicklung unser Ziel ist, geschehen. Vielleicht aber pausiert der Leser kurz und rekapituliert den Stoff in einem Lehrbuch zum Grundstudium in Analysis, so z.B. in Wetzel u.a. (1981).

2.3.3 Ein Blick voraus

Hier wollen wir das eben Ausgeführte in eine Form bringen, die es uns ermöglicht, den Integralbegriff so in unterschiedlicher Weise weiterzuentwickeln, daß der Leser den Ausgangspunkt dabei nicht aus dem Blick verliert.

Das Riemann-Integral beruht auf drei Komponenten:

(i) Einer Funktion $f : \mathbb{R} \to \mathbb{R}$,

(ii) Zerlegungen $\mathfrak{Z}_n = \{\mathfrak{J}_1, \dots, \mathfrak{J}_n\}$ des endlichen Intervalls $\mathfrak{J}$ in Teilintervalle $\mathfrak{J}_i$. Das Teilintervall $\mathfrak{J}_i$ hat die Länge $\Delta\mathfrak{J}_i = |x_i - x_{i-1}|$. Der Zerlegung $\mathfrak{Z}_n$ ist die **Feinheit** $\Delta(\mathfrak{Z}_n) = \max_i \Delta\mathfrak{J}_i$ zugeordnet,

(iii) Belegungen $\mathfrak{X}_n = \{\xi_1, \dots, \xi_n\}$ mit beliebigen $\xi_i \in \mathfrak{J}_i$.

Die Riemannsche Summe stellt sich dann dar als

$$\mathrm{R}(f, \mathfrak{Z}_n, \mathfrak{X}_n) = \sum_{i=1}^{n} f(\xi_i)\Delta\mathfrak{J}_i.$$

Das Riemann-Integral ist dann

$$\lim_{\Delta(\mathfrak{Z}_n)\to 0} \mathrm{R}(f, \mathfrak{Z}_n, \mathfrak{X}_n) = \int_{\mathfrak{J}} f(x)\, dx.$$

Dabei muß der Grenzwert für alle ausgezeichneten Zerlegungsfolgen und alle Belegungen existieren und derselbe sein.

2.3.4 Das Riemann-Integral im $\mathbb{R}^2$

Das Konzept des Riemann-Integrals wollen wir auf Funktionen zweier Variablen übertragen, indem wir die Komponenten, die zum Riemann-Integral in $\mathbb{R}$ führten, entsprechend interpretieren.

(i) Das im Definitionsbereich der Funktion enthaltene Intervall $\mathcal{J}$ im Falle einer Variablen wird zu einem beschränkten Bereich $\mathcal{B}$. Ferner wird vorausgesetzt, daß f auf diesem Bereich beschränkt ist.

Diesen Bereich denken wir uns durch ein System von Kurven in Teilbereiche $\mathcal{B}_i$ zerlegt, wie in der Abbildung 2.6 illustriert. Auf diese Weise gelangen wir zu Zerlegungen $\mathcal{Z}_n = \{\mathcal{B}_1, \ldots, B_n\}$ des Bereiches $\mathcal{B}$.

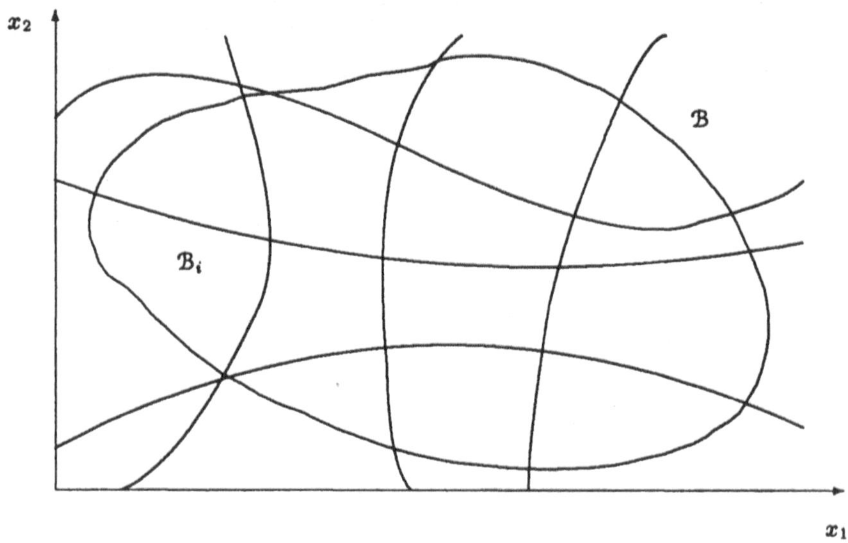

Abbildung 2.6: Bereich $\mathcal{B} \subset \mathbb{R}^2$ und Teilbereiche $\mathcal{B}_i$.

Was noch fehlt, ist eine Feinheit für diese Zerlegung. Man kann an verschiedene Vorschläge denken. So könnte man jedem $\mathcal{B}_i$ seinen maximalen Durchmesser zuordnen, oder aber jedem $\mathcal{B}_i$ seine Fläche $\Delta\mathcal{B}_i$. Wir wollen dies hier offen lassen. Das Ergebnis unserer nicht explizit gemachten Wahl wollen wir $||\mathcal{B}_i||$ nennen.

Als **Feinheit** der Zerlegung $\mathcal{Z}_n$ setzen wir $\Delta(\mathcal{Z}_n) := \max_i ||\mathcal{B}_i||$ fest.

(ii) Belegungen $\mathcal{X}_n$ sind jetzt Systeme von Punkten $(\xi_{i1}, \xi_{i2}) \in \mathbb{R}^2$, die beliebige Elemente von $\mathcal{B}_i$ sind.

Mit dieser Interpretation können wir direkt die Riemann-Summen hinschreiben

$$\mathrm{R}(f, \mathcal{Z}_n, \mathcal{X}_n) = \sum_{i=1}^{n} f(\xi_{i1}, \xi_{i2}) \Delta \mathcal{B}_i,$$

wobei $\Delta \mathcal{B}_i$ die Fläche von $\mathcal{B}_i$ ist, $i = 1, \ldots, n$. Man kann diesen Summen auch eine anschauliche Deutung geben, wie die Abbildung 2.7 zeigt.

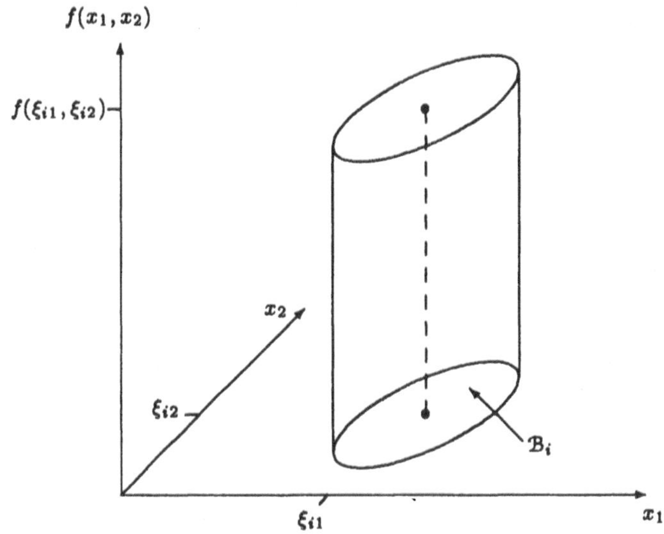

Abbildung 2.7: Geometrische Interpretation der Riemann-Summe

Die Riemann-Summe ist also bei einer Funktion $f(\xi_{i1}, \xi_{i2}) > 0$ nichts anderes als die Summe über das „Volumen" der über $\mathcal{B}_i$ errichteten „Säulen".

(iii) Der Schritt zum Riemann-Integral ist nun rasch getan. Wir betrachten wieder ausgezeichnete Zerlegungsfolgen. Dann können wir den Text vom Riemann-Integral im $\mathbb{R}$ fast wörtlich wiederholen.

Als **Riemann-Integral auf $\mathcal{B}$** bezeichnet man nun den Grenzwert aller Riemann-Summen für alle ausgezeichneten Zerlegungsfolgen und alle beliebigen $(\xi_{i1}, \xi_{i2}) \in \mathcal{B}_i$.

$$\lim_{\Delta(\mathcal{Z}_n) \to 0} \mathrm{R}(f, \mathcal{Z}_n, \mathcal{X}_n) =: \int_{\mathcal{B}} f(x_1, x_2)\, \mathbf{db}.$$

bzw. in der gebräuchlicheren Schreibeweise

$$\iint\limits_{\mathcal{B}} f(x_1, x_2)\, dx_1 dx_2.$$

Das Integral werden wir im folgenden auch als **Doppelintegral** bezeichnen. Eine Funktion, für die obiger Limes existiert, heißt **Riemann-integrierbar** auf $\mathcal{B}$.

(iv) Diese Schreibweise rührt von dem wichtigen Spezialfall her, daß der Bereich $\mathcal{B}$ ein Rechteck ist und die Zerlegungen auch aus kleinen Rechtecken $\mathcal{B}_{ij}$ gebildet sind, die dann gemäß einer „Matrixstruktur" numeriert werden. $\mathcal{B}_{ij}$ hat dann die Fläche $\Delta\mathcal{B}_{ij} = \Delta x_{1i}\Delta x_{2j}$, wobei $\Delta x_{1i} = |x_{1i} - x_{1i-1}|$ und $\Delta x_{2j} = |x_{2j} - x_{2j-1}|$ ist. Die Riemann-Summe läßt sich dann aufschreiben als

$$\mathrm{R}(f, \mathcal{Z}_n, \mathcal{X}_n) = \sum_{i=1}^{n}\sum_{j=1}^{m} f(\xi_{1i}, \xi_{2j})\Delta x_{1j}\Delta x_{2i}$$

mit $(\xi_{1i}, \xi_{2j}) \in \mathcal{B}_{ij}$, siehe Satz 2.19(i).

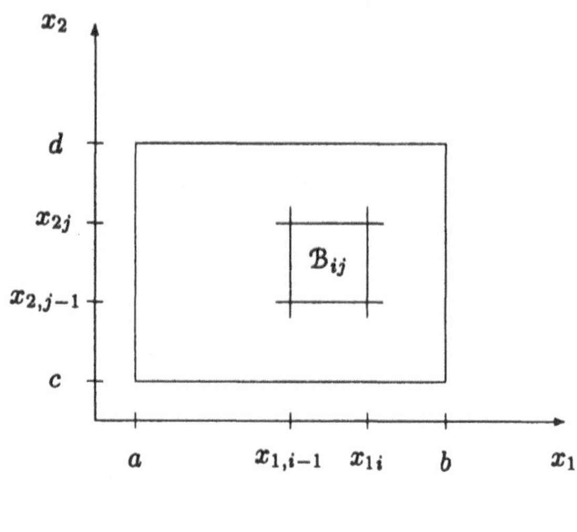

Abbildung 2.8: Zerlegung eines Rechtecks in „Matrixstruktur"

Die Definition des Riemann-Integrals als Grenzwert von Riemannschen Summen wie in (iii) ist zumeist nur von theoretischer Bedeutung, jedoch für praktische Zwecke kaum brauchbar. Wenden wir uns deshalb den Fragen zu, inwieweit gewisse Eigenschaften von Funktionen die Existenz des Integrals sichern und ob es allgemeine Regeln gibt, durch welche die Berechnung von Doppelintegralen erleichtert wird.

2.3.5 Sätze und Regeln zum Doppelintegral

Zuerst formulieren wir eine Reihe von Sätzen, die uns die Existenz von Doppelintegralen sichern.

Satz 2.17
Ist $f : \mathbb{R}^2 \to \mathbb{R}$ stetig und beschränkt auf dem Bereich $\mathcal{B} \subset \mathbb{R}^2$, dann existiert das Doppelintegral über $\mathcal{B}$.

Satz 2.18
Ist $f : \mathbb{R}^2 \to \mathbb{R}$ stetig und beschränkt auf dem Bereich $\mathcal{B} \subset \mathbb{R}^2$ bis auf eine Menge von Punkten, die eine zu vernachlässigende Menge — man spricht auch von einer **Menge vom Maß 0** *— bilden, dann existiert das Doppelintegral über $\mathcal{B}$.*

Was bedeutet eine zu vernachlässigende Menge? Denken wir an den entsprechenden Satz über Integrale in $\mathbb{R}$. Dort durfte die Funktion $f : \mathbb{R} \to \mathbb{R}$ nur abzählbar viele Unstetigkeitsstellen haben. Gemessen an der Länge der betrachteten Teilintervalle hatten alle diese Unstetigkeitsstellen hintereinander gepackt die Länge 0. Im $\mathbb{R}^2$ wollen wir eine Punktmenge zu vernachlässigen nennen, wenn sie die Fläche 0 hat. Statt „Riemann-integrierbar" sagen wir im folgenden kürzer „integrierbar".

Der nächste Satz ist unter anderem wichtig um einzusehen, daß die über $\mathcal{B}$ integrierbaren Funktionen bezüglich der Addition einen Vektorraum bilden. Wir wollen ihn hier aber unter dem Gesichtspunkt der Verknüpfung von integrierbaren Funktionen präsentieren.

Satz 2.19
Die Funktionen f und g seien integrierbar auf $\mathcal{B}$. Dann gelten die folgenden Aussagen.

(i) Die Funktion $f + g$ ist integrierbar auf $\mathcal{B}$, und es gilt

$$\iint_{\mathcal{B}} (f+g)(x_1,x_2)\,dx_1dx_2 = \iint_{\mathcal{B}} f(x_1,x_2)\,dx_1dx_2 + \iint_{\mathcal{B}} g(x_1,x_2)\,dx_1dx_2.$$

(ii) Die Funktion kf ist für jedes $k \in \mathbb{R}$ integrierbar auf $\mathcal{B}$, und es gilt

$$\iint_{\mathcal{B}} (kf)(x_1,x_2)\,dx_1dx_2 = k \iint_{\mathcal{B}} f(x_1,x_2)\,dx_1dx_2.$$

(iii) Die Funktion fg ist integrierbar auf $\mathcal{B}$.

Beim Lesen bis hierher ist sicher wieder das eindimensionale Integral stärker ins Gedächtnis gerückt. Daher dürfte sich vielen Lesern die Bemerkung „ganz wie beim Riemann-Integral für Funktionen $f : \mathbb{R} \to \mathbb{R}$“ aufgedrängt haben. In diesem Sinne gilt auch:

Satz 2.20
Sind f und g integrierbar über $\mathcal{B}$ und gilt für alle $(x_1, x_2) \in \mathcal{B}$, daß $f(x_1, x_2) \leq g(x_1, x_2)$ ist, dann ist

$$\iint\limits_{\mathcal{B}} f(x_1, x_2)\, dx_1 dx_2 \leq \iint\limits_{\mathcal{B}} g(x_1, x_2)\, dx_1 dx_2.$$

Satz 2.21
Ist f integrierbar über $\mathcal{B}$, so auch $|f|$.

Satz 2.22
Ist $\mathcal{B}_1 \cap \mathcal{B}_2$ leer oder eine vernachlässigbare Menge, so gilt für $\mathcal{B} = \mathcal{B}_1 \cup \mathcal{B}_2$:

$$\iint\limits_{\mathcal{B}} f(x_1, x_2)\, dx_1 dx_2 = \iint\limits_{\mathcal{B}_1} f(x_1, x_2)\, dx_1 dx_2 + \iint\limits_{\mathcal{B}_2} f(x_1, x_2) dx_1 dx_2.$$

Zum Abschluß dieses Abschnittes wollen wir nach so vielen ohne Beweis gegebenen Sätzen wenigstens einen Beweis liefern. Der Beweis von Satz 2.19 soll den Abschnitt abschließen.

Beweis: Betrachten wir eine Riemann-Summe von $f + g$ über $\mathcal{B}$

$$\sum_{i=1}^{n} (f+g)(\xi_{1i}, \xi_{2i}) \Delta \mathcal{B}_i.$$

Dies können wir umschreiben als

$$\sum_{i=1}^{n} [f(\xi_{1i}, \xi_{2i}) + g(\xi_{1i}, \xi_{2i})] \Delta \mathcal{B}_i.$$

Nach den bekannten Regeln für das Rechnen mit dem Summenzeichen läßt sich dies umformen zu

$$\sum_{i=1}^{n} f(\xi_{1i}, \xi_{2i}) \Delta \mathcal{B}_i + \sum_{i=1}^{n} g(\xi_{1i}, \xi_{2i}) \Delta \mathcal{B}_i.$$

Den Rest erledigen die Regeln für den Umgang mit Grenzwerten, wenn $\Delta\mathcal{Z}_n \to 0$ geht.

Der Beweis für kf ist nun rasch erbracht:

$$\begin{aligned}\sum_{i=1}^{n}(kf)(\xi_{1i},\xi_{2i})\Delta\mathcal{B}_i &= \sum_{i=1}^{n} kf(\xi_{1i},\xi_{2i})\Delta\mathcal{B}_i \\ &= k\sum_{i=1}^{n} f(\xi_{1i},\xi_{2i})\Delta\mathcal{B}_i.\end{aligned}$$

Nun kann die Grenzwertbildung $\Delta\mathcal{Z}_n \to 0$ gemäß den bekannten Regeln angewandt werden. ❑

2.3.6 Vom Doppelintegral zum zweifach iterierten Integral

In diesem Abschnitt wollen wir unterstellen, daß der betrachtete Bereich $\mathcal{B}$ der Ebene ein Rechteck ist.

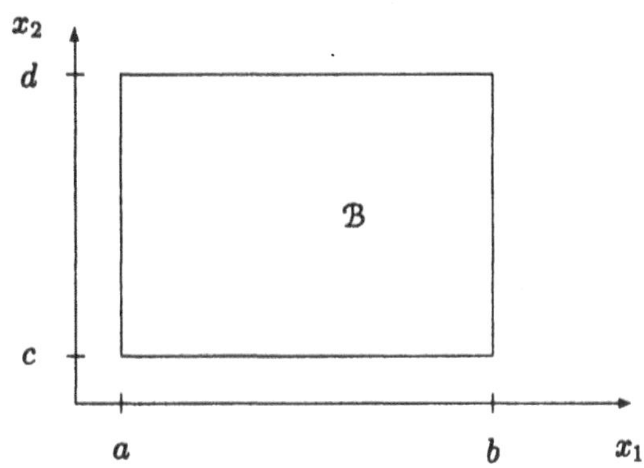

Abbildung 2.9: Der Fall $\mathcal{B}$ = Rechteck

Wir hatten für diesen Fall bereits einmal die Riemannschen Summen aufgeschrieben

$$\mathrm{R}(f,\mathcal{Z}_n,\mathcal{X}_n) = \sum_{i=1}^{n}\sum_{j=1}^{m} f(\xi_{1i},\xi_{2j})\Delta x_{1i}\Delta x_{2j},$$

wobei $a = x_{10} < \cdots < x_{1n} = b$, $c = x_{20} < \cdots < x_{2m} = d$ und $(\xi_{1i},\xi_{2j}) \in [x_{1i-1},x_{1i}] \times [x_{2j-1},x_{2j}]$ ist.

Führen wir einmal einige formale Umformungen durch:

$$\sum_{i=1}^{n}\sum_{j=1}^{m} f(\xi_{1i},\xi_{2j})\Delta x_{1i}\Delta x_{2j} = \sum_{i=1}^{n}\Delta x_{1i}\sum_{j=1}^{m} f(\xi_{1i},\xi_{2j})\Delta x_{2j}$$

bzw.

$$\sum_{i=1}^{n}\sum_{j=1}^{m} f(\xi_{1i},\xi_{2j})\Delta x_{1i}\Delta x_{2j} = \sum_{j=1}^{m}\Delta x_{2j}\sum_{i=1}^{n} f(\xi_{1i},\xi_{2j})\Delta x_{1i}.$$

Betrachten wir in beiden Fällen die innere Summe, d.h.

$$\sum_{j=1}^{m} f(\xi_{1i},\xi_{2j})\Delta x_{2j} \quad \text{bzw.} \quad \sum_{i=1}^{n} f(\xi_{1i},\xi_{2j})\Delta x_{1i}.$$

Durch die Setzung $x_1 := \xi_{1i}$ bzw. $x_2 := \xi_{2j}$ stellt diese Summe jeweils die Riemann-Summe einer Funktion $f : \mathbb{R} \to \mathbb{R}$ dar. Nehmen wir an, die Funktionen $f(x_1 = \text{const}, x_2)$ und $f(x_1, x_2 = \text{const})$ seien als Funktion über $[a, b]$ bzw. $[c, d]$ integrierbar. Für das jeweilige Integral wollen wir schreiben

$$I(x_1) := \int_c^d f(x_1, x_2)\, dx_2 \quad \text{bzw.} \quad J(x_2) := \int_a^b f(x_1, x_2)\, dx_1.$$

Setzen wir dies in die zweidimensionale Riemann-Summe ein, so erhalten wir

$$\sum_{i=1}^{n} I(\xi_{1i})\Delta x_{1i} \quad \text{bzw.} \quad \sum_{j=1}^{m} J(\xi_{2j})\Delta x_{2j}.$$

Dieses Ergebnis läßt sich wieder interpretieren als Riemann-Summen von Funktionen $f : \mathbb{R} \to \mathbb{R}$. Existieren für diese Funktionen die Integrale über $[a, b]$ bzw. $[c, d]$, dann wollen wir dafür schreiben:

$$\int_a^b I(x_1)\, dx_1 \quad \text{bzw.} \quad \int_c^d J(x_2)\, dx_2,$$

und wenn wir die Funktionen I und J explizit einsetzen:

$$\int_a^b dx_1 \int_c^d f(x_1, x_2)\, dx_2 \quad \text{bzw.} \quad \int_c^d dx_2 \int_a^b f(x_1, x_2)\, dx_1 .$$

Die Schreibweise

$$\int_a^b \left(\int_c^d f(x_1, x_2)\, dx_2 \right) dx_1 \quad \text{bzw.} \quad \int_c^d \left(\int_a^b f(x_1, x_2)\, dx_1 \right) dx_2$$

ist auch üblich.

Unsere formalen Umformungen zusammen mit einer präziseren Ausführung der eingestreuten Bemerkungen wie „existiert das Integral" begründen das nachstehende Ergebnis:

Satz 2.23

Existiert über einem Rechteck $[a, b] \times [c, d]$ das Doppelintegral und für jedes $x_1 \in [a, b]$ und jedes $x_2 \in [c, d]$ das einfache Integral von f über $[c, d]$ bzw. über $[a, b]$, so existiert auch $\int_a^b dx_1 \int_c^d f(x_1, x_2)\, dx_2$ bzw. $\int_c^d dx_2 \int_a^b f(x_1, x_2)\, dx_1$, und es gilt:

$$\begin{aligned} \iint\limits_{\mathfrak{B}} f(x_1, x_2)\, dx_1 dx_2 &= \int_a^b dx_1 \int_c^d f(x_1, x_2)\, dx_2 \\ &= \int_c^d dx_2 \int_a^b f(x_1, x_2)\, dx_1 . \end{aligned}$$

Aus diesem Satz läßt sich eine oft nützliche Folgerung ableiten.

Satz 2.24

Ist $f(x_1, x_2)$ als Produkt zweier integrierbarer Funktionen $g(x_1)$ und $h(x_2)$ darstellbar, dann gilt

$$\begin{aligned} \iint\limits_{\mathfrak{B}} f(x_1, x_2)\, dx_1 dx_2 &= \iint\limits_{\mathfrak{B}} g(x_1) h(x_2)\, dx_1 dx_2 \\ &= \int_a^b g(x_1)\, dx_1 \int_c^d h(x_2)\, dx_2 . \end{aligned}$$

Es ergibt sich also das gesuchte Integral als Produkt zweier einfacher (nicht iterierter) Integrale.

Beispiel 2.28

Dieses Beispiel aus der Statistik zeigt, daß intuitiv Einleuchtendes sich jetzt auch formal korrekt herleiten läßt.

Die Komponenten X_1 und X_2 des zweidimensionalen Zufallsvektors (X_1, X_2) seien unabhängig. Bezeichnet h_i die Dichte von X_i, dann ist die gemeinsame Dichte h_{12} von (X_1, X_2) gegeben durch $h_{12} = h_1 h_2$.

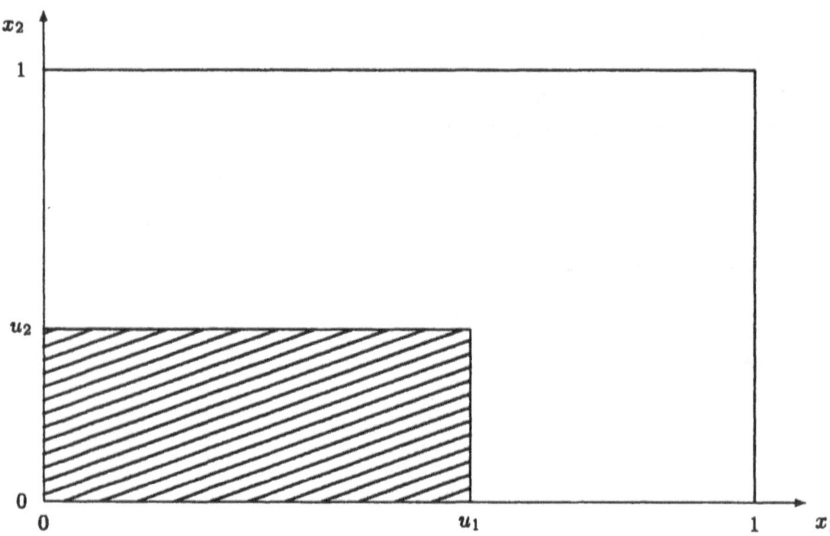

Abbildung 2.10: Integrationsbereich für $P(0 \leq X_1 \leq u_1, 0 \leq X_2 \leq u_2)$

Nehmen wir nun an, daß X_1 und X_2 über $[0, 1]$ gleichverteilt sind. Dann haben wir

$$h_{12}(x_1, x_2) = 1 = 1 \cdot 1 = h_1(x_1)h_2(x_2).$$

Die Wahrscheinlichkeit $P(X_1 \leq u_1, X_2 \leq u_2)$ ergibt sich dann zu

$$\iint\limits_{\mathfrak{R}} 1 \, dx_1 x_2 = \int_0^{u_1} 1 \, dx_1 \int_0^{u_2} 1 \, dx_2 = u_1 u_2,$$

wobei $\mathcal{R} = [0, u_1] \times [0, u_2]$ ist, also das Ergebnis, das wir uns schon immer geometrisch verdeutlicht haben, siehe Abbildung 2.10.

Der Leser prüfe, ob h_{12} tatsächlich eine Dichte ist. ○

2.3.7 Iteriertes Integral über allgemeinen Bereichen

Für viele Anwendungen kommt man mit der im vorigen Abschnitt eingeführten Beschränkung auf rechteckige Integrationsbereiche recht gut aus. Und auch für das Verständnis des Schrittes vom Doppelintegral zum zweifach iterierten Integral war diese Beschränkung sicher eine Hilfe. Aber loswerden würden wir die Beschränkung doch schon gerne. Betrachten wir also wie in Abbildung 2.11 einen Bereich $\mathcal{B} \subset \mathbb{R}^2$. $\mathcal{B}$ ist im Rechteck $\mathcal{R} = [a, b] \times [c, d] =$ vollständig enthalten.

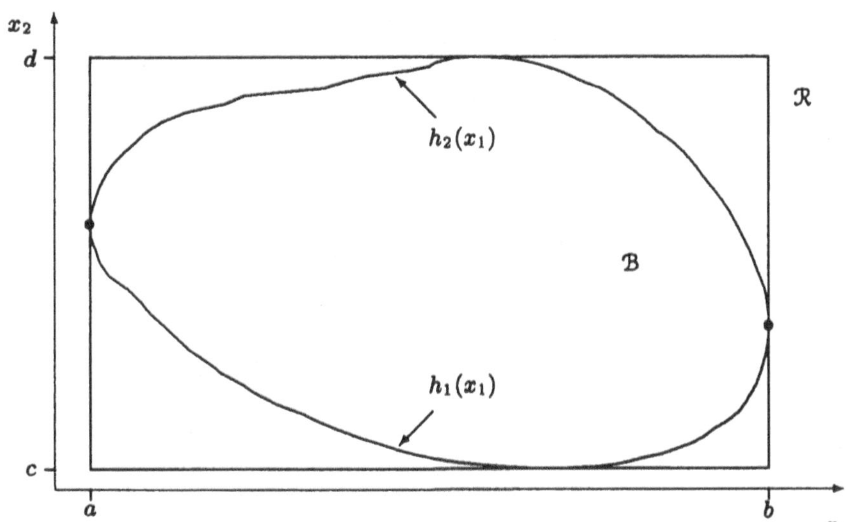

Abbildung 2.11: In Rechteck $\mathcal{R} = [a, b] \times [c, d]$ eingebettetes $\mathcal{B}$

Die Funktion $f : \mathbb{R}^2 \to \mathbb{R}$ sei über $\mathcal{B}$ integrierbar, d.h.

$$\iint_{\mathcal{B}} f(x_1, x_2)\, dx_1 dx_2$$

existiert. Die Funktion

$$\tilde{f}(x_1, x_2) = \begin{cases} f(x_1, x_2), & (x_1, x_2) \in \mathfrak{B}, \\ 0, & \text{sonst}, \end{cases}$$

ist dann auch integrierbar über $\mathfrak{R}$, und es läßt sich das Integral

$$\iint_{\mathfrak{R}} \tilde{f}(x_1, x_2)\, dx_1 dx_2$$

in ein zweifach iteriertes auflösen

$$\int_{\mathfrak{R}} \tilde{f}(x_1, x_2)\, dx_1 dx_2 = \int_a^b \Big(\int_c^d \tilde{f}(x_1, x_2)\, dx_2 \Big)\, dx_1$$

bzw.

$$\int_{\mathfrak{R}} \tilde{f}(x_1, x_2)\, dx_1 dx_2 = \int_c^d \Big(\int_a^b \tilde{f}(x_1, x_2)\, dx_1 \Big)\, dx_2.$$

Betrachten wir nun die Integrale $\int_c^d \tilde{f}(x_1, x_2)\, dx_2$ bzw. $\int_a^b \tilde{f}(x_1, x_2)\, dx_1$. Aus Sicht der x_1-Achse ist der Bereich $\mathfrak{B}$ beschreibbar durch die Linien $x_1 = a$ und $x_1 = b$ sowie die beiden begrenzenden Funktionen $h_1(x_1)$ und $h_2(x_1)$. Für jedes x_1 ist $\tilde{f}$ nur für die x_2 mit $h_1(x_1) \leq x_2 \leq h_2(x_1)$ von Null verschieden. Für diese Punkte stimmt aber $\tilde{f}$ mit f überein. Penibel die Riemann-Summen hingeschrieben — was wir hier nicht machen wollen —, führt dies zu

$$\int_c^d \tilde{f}(x_1, x_2)\, dx_2 = \int_{h_1(x_1)}^{h_2(x_1)} f(x_1, x_2)\, dx_2.$$

Eine analoge Argumentation führt zu

$$\int_a^b \tilde{f}(x_1, x_2)\, dx_1 = \int_{g_1(x_2)}^{g_2(x_2)} f(x_1, x_2)\, dx_1.$$

mit $g_1(x_2) \leq x_1 \leq g_2(x_2)$. Damit ergibt sich das folgende Resultat.

Satz 2.25

Der Bereich $\mathcal{B}$ sei beschrieben durch $x_1 = a, x_1 = b, h_1(x_1)$ und $h_2(x_1)$ bzw. durch $x_2 = c, x_2 = d, g_1(x_2)$ und $g_2(x_2)$. Dann gilt für über $\mathcal{B}$ integrierbare Funktionen $f : \mathbb{R}^2 \to \mathbb{R}$

$$\begin{aligned}\int_{\mathcal{B}} f(x_1, x_2)dx_1 dx_2 &= \int_a^b \left(\int_{h_1(x_1)}^{h_2(x_1)} f(x_1, x_2)\, dx_2 \right) dx_1 \\ &= \int_c^d \left(\int_{g_1(x_2)}^{g_2(x_2)} f(x_1, x_2)\, dx_1 \right) dx_2 .\end{aligned}$$

Kommen wir nun zu einem Beispiel.

Beispiel 2.29

Die unabhängigen Zufallsvariablen X_1 und X_2 seien über [0,1] gleichverteilt. Es ist die Wahrscheinlichkeit $P(X_2 \leq X_1)$ zu bestimmen.

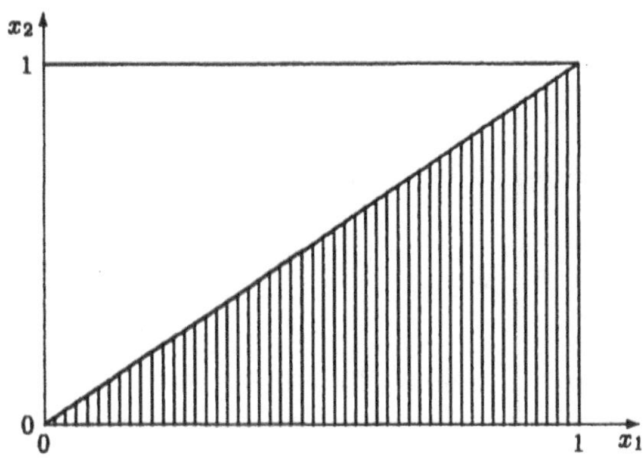

Abbildung 2.12: Integrationsbereich zu $P(X_2 \leq X_1)$

Zeichnen wir zunächst eine Skizze wie Abbildung 2.12. Im schraffierten Bereich liegen die Realisationen $(X_1 = x_1, X_2 = x_2)$, für die das Ereignis $X_2 \leq X_1$ eingetreten ist. Geometrische Argumentationen lassen das Ergebnis $P(X_2 \leq X_1) = 1/2$ ins Auge springen. Hier wollen wir es anders ermitteln.

Die gemeinsame Dichte von X_1 und X_2 ist $f(x_1, x_2) = 1$. Der Bereich $\mathcal{B}$ ist beschreibbar durch

$$\mathcal{B} = \{(x_1, x_2) \mid x_1 = 0,\ x_1 = 1,\ h_1(x_1) = 0,\ h_2(x_1) = x_1\}.$$

Damit ergibt sich

$$\begin{aligned}
\iint\limits_{\mathcal{B}} 1\, dx_1 x_2 &= \int_0^1 dx_1 \int_0^{x_1} 1\, dx_2 \\
&= \int_0^1 dx_1 [x_2]_0^{x_1} \\
&= \int_0^1 x_1 dx_1 \\
&= \left[\frac{x_1^2}{2}\right]_0^1 \\
&= \frac{1}{2}.
\end{aligned}$$

Dieses Resultat hatten wir bereits erzielt, aber nicht jeder mag geometrische Argumentationen. Diese Herleitung des Ergebnisses ist sicher mehr im Kontext der üblichen Argumentationen in der Statistik zu sehen. ○

2.3.8 Das Riemann-Integral im $\mathbb{R}^n$

Wir wollen hier nicht dem Vorgehen einiger Lehrbücher folgen und nach den Funktionen $f : \mathbb{R}^2 \to \mathbb{R}$ den Fall der Funktionen $f : \mathbb{R}^3 \to \mathbb{R}$ behandeln, und wenden uns vielmehr gleich Funktionen $f : \mathbb{R}^n \to \mathbb{R}$ zu.

Wir betrachten einen beschränkten Bereich $\mathcal{B} \subset \mathbb{R}^n$ und wollen voraussetzen, daß f dort beschränkt ist. Die Zerlegung $\mathcal{Z}_n$ besteht jetzt aus Teilmengen $\mathcal{B}_i \subset \mathbb{R}^n$ mit $\mathcal{B} = \mathcal{B}_1 \cup \cdots \cup \mathcal{B}_n$ und einer beliebigen Belegung $\mathcal{X}_n$ aus Punkten $(\xi_{1i}, \ldots, \xi_{ni}) \in \mathcal{B}_i$. Jedes $\mathcal{B}_i$ hat ein „Volumen" $\Delta\mathcal{B}_i$, und wir folgen dem allgemeinen Gebrauch, für $n \geq 3$ allgemein vom Volumen bzw. n-dimensionalen Volumen zu reden. Eine Riemann-Summe ist nun rasch hingeschrieben:

$$\mathrm{R}(f, \mathcal{Z}_n, \mathcal{X}_n) = \sum_{i=1}^{n} f(\xi_{1i}, \ldots, \xi_{ni})\Delta\mathcal{B}_i.$$

Wie schon im Falle $n = 2$ gehen wir von einer beliebigen Festlegung von $||\mathcal{B}_i||$ aus und setzen für die Feinheit der Zerlegung

$$\Delta(\mathcal{Z}_n) = \max_i ||\mathcal{B}_i||$$

an. Damit können wir den schon wiederholt betrachteten Grenzprozeß auch auf den vorliegenden Fall anwenden

$$\lim_{\Delta(\mathfrak{Z}_n)\to 0} \mathrm{R}(f, \mathfrak{Z}_n, \mathfrak{X}_n) = \int_{\mathfrak{B}} f(x_1, \ldots, x_n)\, \mathrm{d}\mathbf{b}$$

bzw. in der auch gebräuchlichen Notation

$$\lim_{\Delta(\mathfrak{Z}_n)\to 0} \mathrm{R}(f, \mathfrak{Z}_n, \mathfrak{X}_n) = \int_{\mathfrak{B}} f(x_1, x_2, \ldots, x_n)\, dx_1 \cdots dx_n.$$

Wann existiert denn nun ein n-dimensionales Integral? Ohne uns in beweistechnischen Details zu verlieren, wollen wir nur einige Ergebnisse notieren:

Satz 2.26

Es seien $f, g : \mathbb{R}^n \to \mathbb{R}$ Funktionen, die auf dem beschränkten Bereich $\mathfrak{B} \subset \mathbb{R}^n$ beschränkt sind.

(i) Sind f und g integrierbar auf $\mathfrak{B}$, so sind auch $f \pm g$, fg sowie kf für $k \in \mathbb{R}$ integrierbar auf $\mathfrak{B}$. Dies ist die Verallgemeinerung von Satz 2.19, Seite 111, für $n > 2$.

(ii) Sind f und g integrierbar auf $\mathfrak{B}$, und gilt

$$f(x_1, \ldots, x_n) \leq g(x_1, \ldots, x_n)$$

für alle $(x_1, \ldots, x_n) \in \mathfrak{B}$, dann ist

$$\int_{\mathfrak{B}} f(x_1, \ldots, x_n)\, dx_1 \cdots dx_n \leq \int_{\mathfrak{B}} g(x_1, \ldots, x_n)\, dx_1 \cdots dx_n.$$

(iii) Es sei (f_k) eine Folge von Funktionen $f_k : \mathbb{R}^n \to \mathbb{R}$, die auf $\mathfrak{B}$ integrierbar seien und punktweise gegen eine auf $\mathfrak{B}$ integrierbare Funktion f konvergieren, d.h., es gilt $\lim_{k\to\infty} f_k(\mathbf{x}) = f(\mathbf{x})$ für alle $\mathbf{x} \in \mathfrak{B}$. Gibt es eine reelle Zahl $M > 0$, so daß gilt $|f_k(\mathbf{x})| < M$ für alle $k \in \mathbb{N}$ und alle $\mathbf{x} \in \mathfrak{B}$, so ist

$$\begin{aligned}\lim_{k\to\infty} \int_{\mathfrak{B}} f_k(x_1, \ldots, x_n) dx_1 \cdots dx_n &= \int_{\mathfrak{B}} \lim_{k\to\infty} f_k(x_1, \ldots, x_n) dx_1 \cdots dx_n \\ &= \int_{\mathfrak{B}} f(x_1, \ldots, x_n) dx_1 \cdots dx_n.\end{aligned}$$

2.3.9 Der Satz von Fubini

Im Falle von Funktionen $f : \mathbb{R}^2 \to \mathbb{R}$ war es uns gelungen, das zweidimensionale Integral in ein zweifach iteriertes umzuformen. Dieses erwies sich für konkrete Berechnungen als geeigneter. Gibt es für den n-dimensionalen Fall einen analogen Zugang für die Berechnung von Integralen?

Die Antwort ist „ja". Zu einem ersten wichtigen Schritt auf die Lösung zu werden wir geführt, wenn wir uns die Argumentation, die zur Aussage von Satz 2.23 führte, noch einmal verallgemeinert ansehen.

Dort betrachteten wir Bereiche $\mathcal{B}$, die das kartesische Produkt $[a,b]\times[c,d]$ von Intervallen $[a,b]$ und $[c,d]$ waren. Damit ergab sich die Fläche der Teilbereiche von $\mathcal{B}$ als Produkte von Teilintervallen. Dies wollen wir verallgemeinern zur Annahme, daß der Bereich $\mathcal{B} \subset \mathbb{R}^n$ sich darstellt als kartesisches Produkt $\mathcal{C} \times \mathcal{D}$ mit $\mathcal{C} \subset \mathbb{R}^{n_1}$, $\mathcal{D} \subset \mathbb{R}^{n_2}$ und $n_1 + n_2 = n$. Sind $\boldsymbol{\xi} = (\xi_k)$ und $\boldsymbol{\eta} = (\eta_l)$ beliebige Punkte aus $\mathcal{C}$ bzw. $\mathcal{D}$, so können wir die Riemann-Summe

$$\sum_{i=1}^{n} f(\xi_{i1}, \dots, \xi_{in}) \Delta \mathcal{B}_i$$

mit $\mathcal{B}_i = \mathcal{C}_i \times \mathcal{D}_i$ und $\Delta\mathcal{B}_i = \Delta\mathcal{C}_i \Delta\mathcal{D}_i$ schreiben als

$$\sum_i \sum_j f(\xi_i, \eta_j) \Delta\mathcal{C}_i \Delta\mathcal{D}_j .$$

Dies läßt sich in bekannter Weise umformen zu

$$\sum_i \left(\sum_j f(\xi_i, \eta_j) \Delta\mathcal{D}_j \right) \Delta\mathcal{C}_i .$$

Ist mit der Funktion f auch die auf $\mathbb{R}^{n_1}$ bzw. $\mathbb{R}^{n_2}$ eingeschränkte Funktion integrierbar, so ergibt sich:

$$\iint_{\mathcal{C}\times\mathcal{D}} f(x_1, \dots, x_n)\, dx_1 \cdots dx_n = \int_{\mathcal{C}} dx_1 \dots dx_{n_1} \int_{\mathcal{D}} f(\mathbf{x}, \mathbf{y})\, dy_1 \cdots dy_{n_2}$$

bzw.

$$\int_{\mathcal{C}\times\mathcal{D}} f(x_1,\ldots,x_n)\,dx_1\cdots dx_n = \int_{\mathcal{D}} dy_1\ldots dy_{n_2}\int_{\mathcal{C}} f(\mathbf{x},\mathbf{y})\,dx_1\cdots dx_{n_1},$$

dabei ist $\mathbf{x} = (x_1,\ldots,x_{n_1}) \in \mathcal{C}$ und $\mathbf{y} = (y_1,\ldots,y_{n_2}) \in \mathcal{D}$.

Zum nun folgenden Satz ist es dann nur ein kleiner Schritt.

Satz 2.27 (Satz von Fubini)

Sei f über $\mathcal{B} = [a_1,b_1]\times\cdots\times[a_n,b_n]$ integrierbar. Dann ist

$$\int_{\mathcal{B}} f(\mathbf{x})\,dx_1\cdots dx_n = \int_{a_1}^{b_1} dx_1\left(\int_{a_2}^{b_2} dx_2\left(\ldots\left(\int_{a_n}^{b_n} f(x_1,\ldots,x_n)\,dx_n\right)\right)\right).$$

Beweis: Wir wollen uns auf die Skizzierung der Idee beschränken. Es ist naheliegend, einen Induktionsbeweis nach der Dimension des Raumes zu führen. Satz 2.25 liefert uns den Induktionsanfang. Der Induktionsschritt von n auf $n+1$ erfordert die Formulierung einer Aussage, die analog ist zu der in Satz 2.25. Sie erlaubt es, für $\mathcal{B} = [a_1,b_1]\times\mathcal{B}_1$ zu schreiben

$$\int_{\mathcal{B}} f(\mathbf{x})\,dx_1\cdots dx_n dx_{n+1} = \int_{a_1}^{b_1} dx_1\int_{\mathcal{B}_1} f(\mathbf{x})\,dx_2\cdots dx_n dx_{n+1}.$$

□

2.3.10 Variablentransformation in n-dimensionalen Integralen

Bekanntlich ist das Volumen V eines Zylinders gegeben durch $V = \pi R^2 h$, wobei R der Radius seiner Bodenfläche (Kreisfläche) und h seine Höhe ist.

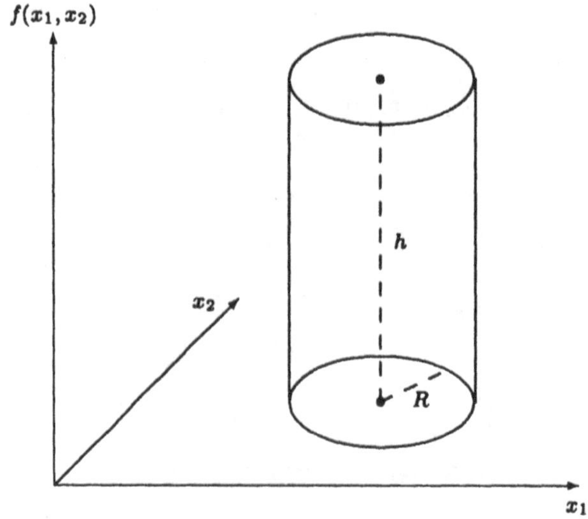

Abbildung 2.13: Zylindervolumen

Wie die Skizze in Abbildung 2.13 zeigt, können wir das Volumen eines Zylinders auch als Ergebnis einer Integrationsaufgabe einer Funktion $f : \mathbb{R}^2 \to \mathbb{R}$ auffassen. Die Funktion f ist gegeben durch $f(x_1, x_2) = h$ für alle (x_1, x_2). Der Bereich $\mathcal{B}$, über den integriert wird, ist o.B.d.A. eine Kreisfläche um den Ursprung mit dem Radius R, siehe Abbildung 2.14.

Es gilt also zu lösen

$$\iint_{\mathcal{B}} h \, dx_1 dx_2.$$

Leider drängt sich die konkrete Überführung in eine zweifach iterierte Integration nicht gerade auf. Aber vielleicht geht etwas anderes. Kann man nicht durch „Verformung" von $\mathcal{B}$ die Lösung der Aufgabe vereinfachen?

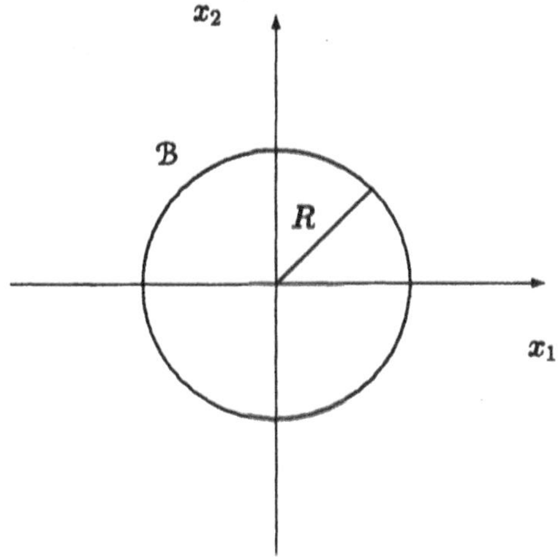

Abbildung 2.14: Integrationsbereich $\mathcal{B}$ für Zylindervolumen

Betrachten wir in $\mathbb{R}^2$ mit dem Koordinatensystem x_1, x_2 einen beliebigen Punkt (a, b), siehe Abbildung 2.15.

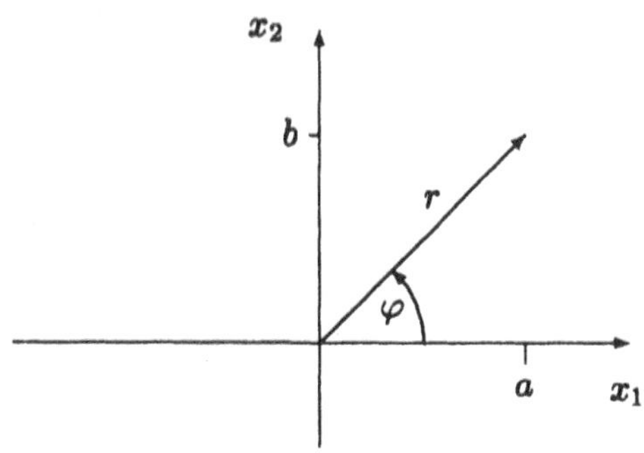

Abbildung 2.15: Übergang zu Polarkoordinaten (r, φ)

Dieser Punkt läßt sich auch durch die Angabe von r (Entfernung vom Ursprung) und φ (Winkel gegen die x_1-Achse) beschreiben. Stellen wir uns vor, dies sei für jeden Punkt von $\mathcal{B}$ geleistet. Dann können wir dies deuten als den Übergang vom Koordinatensystem x_1, x_2 zum Koordinatensystem r, φ. Bei diesem Übergang wird $\mathcal{B}$ auf den Bereich $\mathcal{B}'$ abgebildet, siehe Abbildung 2.16.

Was passiert nun mit unserem Integralproblem bei diesem Übergang zu ei-

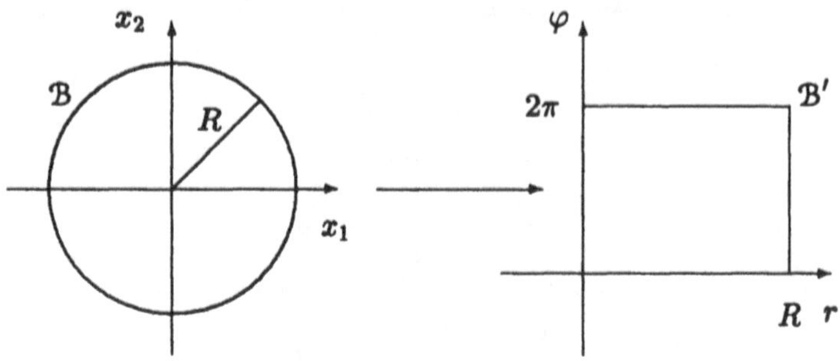

Abbildung 2.16: Transformation des Integrationsbereiches.

nem anderen Koordinatensystem? Schreiben wir noch einmal die Riemann-Summe für das Ausgangsproblem hin:

$$\sum_i f(\xi_{1i}, \xi_{2i}) \Delta\mathcal{B}_i.$$

Es liegt nahe, sich die $\Delta\mathcal{B}_i$ wie folgt vorzustellen: Man zerlegt $\mathcal{B}$ durch konzentrische Kreise mit einem Abstand Δr_i und einem Bündel vom Ursprung ausgehender Geraden mit einem Winkelabstand $\Delta\varphi_j$ im Bereich $\Delta\mathcal{B}_{ij}$, siehe Abbildung 2.17.

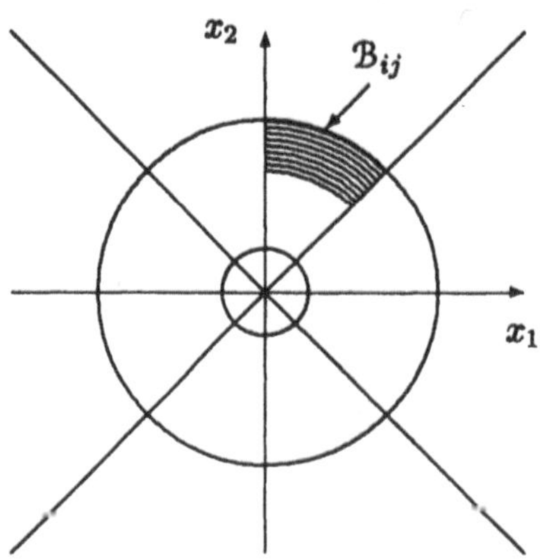

Abbildung 2.17: Zerlegung vor Transformation des Integrationsbereiches

Damit formt sich die Riemann-Summe um zu

$$\sum_i \sum_j f(\xi_{1i}, \xi_{2j}) \Delta \mathcal{B}_{ij}$$

mit $(\xi_{1i}, \xi_{2j}) \in \mathcal{B}_{ij}$. Im $\mathbb{R}^2$ mit dem r, φ-Koordinatensystem entspricht dem die Zerlegung von $\mathcal{B}'$ wie in Abbildung 2.18.

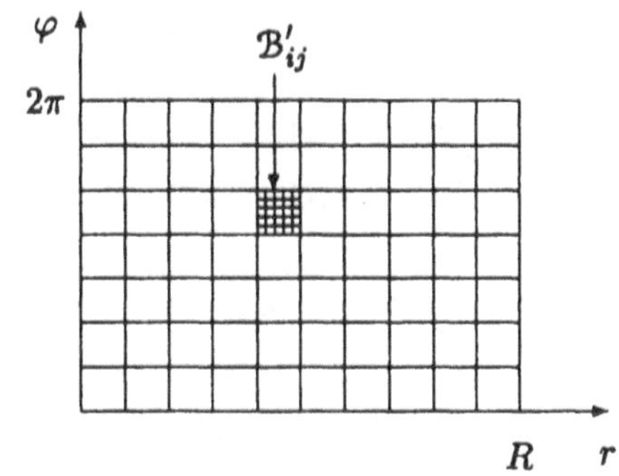

Abbildung 2.18: Zerlegung nach Transformation des Integrationsbereiches

In den Abbildungen 2.17 und 2.18 ist jeweils $\mathcal{B}_{ij}$ bzw. sein Bild $\mathcal{B}'_{ij}$ schraffiert dargestellt. Offensichtlich sind $\mathcal{B}_{ij}$ und $\mathcal{B}'_{ij}$ nicht flächengleich. Aber es muß doch einen Zusammenhang zwischen den Flächen von $\mathcal{B}_{ij}$ und $\mathcal{B}'_{ij}$ geben. Die Fläche von $\mathcal{B}'_{ij}$ ist $\Delta r_i \Delta \varphi_j$, aber man erkennt sofort, daß dieses nicht die Fläche von $\mathcal{B}_{ij}$ ist.

Die Antwort unserer Frage ergibt sich aus der Betrachtung folgender Situation: Sei $\mathbf{g} : \mathbb{R}^n \to \mathbb{R}^n$ mit $\mathbf{g}(\mathbf{x}) = \mathbf{A}\mathbf{x}$ eine lineare reguläre Funktion. Wie verändert sich bei einer solchen Transformation das Volumen eines Bereiches $\mathcal{B}$?

Da $\mathbf{g}$ regulär ist, folgt, daß $\mathbf{A}$ regulär ist. Dann läßt sich die Matrix $\mathbf{A}$ darstellen als Produkt von Matrizen $\mathbf{A}_i$, wobei die $\mathbf{A}_i$ eine der folgenden beiden Darstellungen besitzt:

$$\mathbf{A}_i = \begin{pmatrix} 1 & \cdots & 0 & \cdots & 0 \\ \vdots & \ddots & \vdots & \ddots & \vdots \\ 0 & \cdots & a & \cdots & 0 \\ \vdots & \ddots & \vdots & \ddots & \vdots \\ 0 & \cdots & 0 & \cdots & 1 \end{pmatrix} \tag{2.33}$$

mit einem $a \in \mathbb{R}$, oder es gilt

$$\mathbf{A}_i = \mathbf{I}_n + \mathbf{B}_{ij}, \tag{2.34}$$

wobei für die Matrix $\mathbf{B}_{ij} := (b_{kl})$ mit $1 \leq j \leq n$, $j \neq i$, gilt:

$$b_{kl} = \begin{cases} 0, & (k,l) \neq (i,j), \\ 1, & (k,l) = (i,j). \end{cases} \tag{2.35}$$

Betrachtet man ein $\mathbf{A}_i$ in der Form (2.33), dann sieht man aus

$$\mathbf{A}_i(x_1, \ldots, x_{i-1}, x_i, x_{i+1}, \ldots, x_n)^\mathsf{T} = (x_1, \ldots, x_{i-1}, ax_i, x_{i+1}, \ldots, x_n)^\mathsf{T},$$

daß ein Intervall $\mathcal{J}$ in $\mathbb{R}^n$ durch diese Transformation wieder in ein Intervall $\mathcal{J}'$ überführt wird, wobei für das Volumen gilt

$$V(\mathcal{J}') = |\mathbf{A}_i| V(\mathcal{J}).$$

Matrizen der zweiten Form (2.34) wirken wie es in Abbildung 2.19 für den zweidimensionalen Raum veranschaulicht wird.

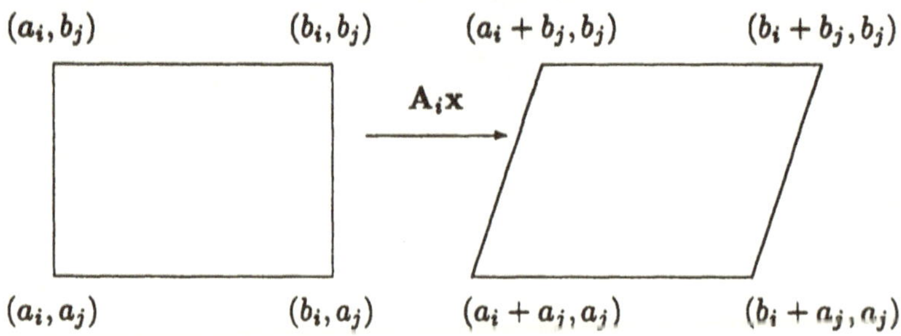

Abbildung 2.19: Transformation eines Rechtecks mit einer Matrix $\mathbf{A}_i$ der Form (2.34)

Bei dieser Transformation ändert sich die Form, aber nicht die Fläche des Bereiches. Es gilt also auch hier allgemein:

$$V(\mathcal{J}') = |\mathbf{A}_i| V(\mathcal{J}).$$

Damit können wir feststellen, daß bei der Transformation eines Bereiches $\mathcal{B}$ in einen Bereich $\mathcal{B}'$ mittels einer linearen regulären Transformation (siehe Abschnitt 1.4) $\varphi = \mathbf{A}\mathbf{x}$ für den Zusammenhang der „Volumen" gilt

$$V(\mathcal{B}') = |\mathbf{A}| V(\mathcal{B}).$$

Und natürlich gilt

$$V(\mathcal{B}) = |\mathbf{A}|^{-1} V(\mathcal{B}').$$

Nun zurück zu unserem Problem. Da ist uns leider keine lineare reguläre Funktion $\mathbf{g} : \mathbb{R}^2 \to \mathbb{R}^2$ gegeben. Unser Übergang vom (x_1, x_2)-Koordinatensystem zum (r, φ)-Koordinatensystem erfolgt gemäß der Skizze in Abbildung 2.20. Dabei gilt

$$x_1 = r\cos\varphi, \quad x_2 = r\sin\varphi$$

und

$$r = \sqrt{x_1^2 + x_2^2}, \quad \varphi = \arctan\frac{x_2}{x_1}.$$

Unsere Überlegungen im Abschnitt über Differenzierbarkeit vektorwertiger Funktionen stellen sicher, daß beide Transformationen regulär sind, d.h., wir haben die beiden Jacobi-Matrizen $\partial(r,\varphi)/\partial(x_1,x_2)$ und $\partial(x_1,x_2)/\partial(r,\varphi)$ zur Hand. Außerdem gilt, daß die zugehörigen Jacobi-Determinanten

$$\left|\frac{\partial(r,\varphi)}{\partial(x_1,x_2)}\right| = \frac{1}{|\partial(x_1,x_2)/\partial(r,\varphi)|}$$

erfüllen, siehe Definition 2.7, Seite 83.

Nun können wir wie folgt argumentieren. Im Bereich $\mathcal{B}_{ij}$ denken wir uns einen Punkt $\mathbf{b}_{ij}$ fest vorgegeben. Dieser wird in einen Punkt $\mathbf{b}'_{ij}$ des Bereiches

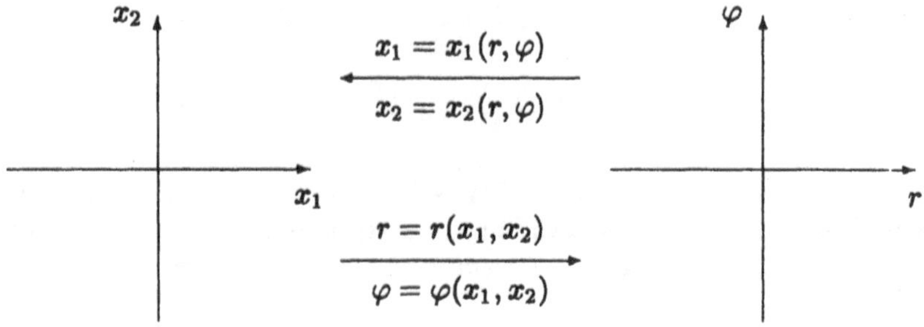

Abbildung 2.20: Übergänge zwischen (x_1, x_2)-Koordinatensystem und (r,φ)-Koordinatensystem

$\mathfrak{B}'_{ij}$ abgebildet. Betrachten wir die Funktionalmatrizen für die Punkte $\mathbf{b}_{ij}$ und $\mathbf{b}'_{ij}$. Sind die Bereiche $\mathfrak{B}_{ij}$ und $\mathfrak{B}'_{ij}$ klein — man denke daran, daß wir immer die Fälle $\Delta\mathfrak{B}_{ij} \to 0$ etc. im Auge haben—, dann können wir für jedes $\mathfrak{B}_{ij}$ bzw. $\mathfrak{B}'_{ij}$ im ganzen Bereich die Jacobische im Punkt $\mathbf{b}_{ij}$ bzw. $\mathbf{b}'_{ij}$ anwenden, siehe Definition 2.7. Damit ergibt sich

$$\begin{aligned} \Delta\mathfrak{B}_{ij} &= |J(x_1,x_2)|\Delta\mathfrak{B}'_{ij} \\ \Delta\mathfrak{B}'_{ij} &= |J(r,\varphi)|\Delta\mathfrak{B}_{ij}. \end{aligned}$$

In unserem Fall ergibt sich für die Determinanten

$$\begin{aligned} |J(x_1,x_2)| &= \begin{vmatrix} \cos\varphi & -r\sin\varphi \\ \sin\varphi & r\cos\varphi \end{vmatrix} = r, \\ |J(r,\varphi)| &= \frac{1}{r}. \end{aligned}$$

Dann können wir die Riemann-Summe

$$\sum_i \sum_j f(\xi_{1i},\xi_{2j})\Delta\mathfrak{B}_{ij}$$

umformen zu

$$\sum_i \sum_j f(\xi_{1i},\xi_{2j}) r \Delta\mathfrak{B}'_{ij},$$

und unter Berücksichtigung von $\Delta\mathcal{B}'_{ij} = \Delta r_i \Delta\varphi_j$ ergibt sich

$$\sum_i \sum_j f(\xi_{1i}, \xi_{2j}) r \Delta r_i \Delta\varphi_j.$$

Dabei sind $\xi_{1i} = \xi_{1i}(r_i, \varphi_j)$ und $\xi_{2j} = \xi_{2j}(r_i, \varphi_j)$, und wir können wegen der Beliebigkeit der (ξ_{1i}, ξ_{2i}) durchaus diejenigen wählen, die wir durch Einsetzen der Koordinaten von $\mathbf{b}'_{ij}$ erhalten. Machen wir jetzt den Grenzübergang, so ergibt sich, da in unserem Fall $f(x_1, x_2) = h$ ist, siehe Abbildung 2.13:

$$\iint\limits_{\mathcal{B}} h\, dx_1 dx_2 = \iint\limits_{\mathcal{B}'} hr\, dr d\varphi.$$

Das rechts stehende Integral läßt sich nun leicht in ein zweifach iteriertes Integral überführen. Unter Berücksichtigung der Gestalt von $\mathcal{B}'$ ergibt sich

$$\begin{aligned}\iint\limits_{\mathcal{B}'} hr\, dr d\varphi &= \int_0^{2\pi} h \left(\int_0^R r\, dr \right) d\varphi \\ &= \int_0^{2\pi} h \left[\frac{r^2}{2} \right]_0^R d\varphi = \int_0^{2\pi} \frac{hR^2}{2} d\varphi \\ &= \left[\varphi h \frac{R^2}{2} \right]_0^{2\pi} = \pi R^2 h.\end{aligned}$$

Wie schön, daß wir das Ergebnis aus Schulzeiten — dort ohne das Instrumentarium n-facher Integrale gefunden — bestätigen konnten.

Fassen wir unsere Erfahrungen an den Beispielen zusammen und formulieren unser Ergebnis gleich für den allgemeinen Fall. Der Einfachheit halber bezeichne jedoch $\mathbf{g}$ die Umkehrabbildung, die $\mathcal{B}'$ in $\mathcal{B}$ transformiert und so die ursprünglichen Variablen durch die transformierten Variablen ausdrückt.

Satz 2.28 (Satz von Jacobi)

Sei $\mathbf{g} : \mathbb{R}^n \to \mathbb{R}^n$ eine reguläre Abbildung, weiter sei $\mathbf{f} : \mathbb{R}^n \to \mathbb{R}^n$ eine über $\mathcal{B} \subset \mathbb{R}^n$ integrierbare Funktion, und es gelte für ein $\mathcal{B}' \subset \mathbb{R}^n$, daß $\mathcal{B} = \mathbf{g}(\mathcal{B}')$ ist, dann besteht die Beziehung

$$\int \cdots \int\limits_{\mathcal{B}} \mathbf{f}(\mathbf{x})\, dx_1 \ldots dx_n = \int \cdots \int\limits_{\mathcal{B}'} \mathbf{f}(\mathbf{g}(\mathbf{x}')) |J_{\mathbf{g}}(\mathbf{x}')|\, dx'_1 \ldots dx'_n,$$

wobei $J_{\mathbf{g}}(\mathbf{x}')$ die Jacobi-Determinante von $\mathbf{g}$ ist.

Anmerkung:
Unser Beispiel hat uns nicht darauf vorbereitet, daß wir im Satz plötzlich den absoluten Betrag der Jacobischen von g finden. So richtig der absolute Betrag ist, so schwierig ist eine kurze einsichtige Begründung für den Leser.

2.3.11 Uneigentliche Integrale

Bislang haben wir immer unterstellt, daß die Bereiche $\mathcal{B}$ beschränkte Mengen und daß die Funktionen f auf diesen Bereichen beschränkt waren. Aber schon bei den eindimensionalen Integralen $\int_a^b f(x)\,dx$ haben wir in der Grundausbildung studiert, ob wir das Integralkonzept auch auf die Situation ausdehnen können, in dem ein oder beide Eckpunkte im „Unendlichen" liegen. Ferner konnte auch das Integral $\int_0^1 1/\sqrt{x}\,dx$ durchaus sinnvoll definiert werden, obwohl die Funktion $1/\sqrt{x}$ im Intervall $(0,1)$ unbeschränkt ist.

Die Beantwortung der ersteren Frage erhielten wir aus dem Studium der Grenzprozesse $a \to -\infty$ oder $b \to +\infty$. Ließ sich ein Grenzwert für das Integral finden, so schrieben wir

$$\lim_{b\to+\infty} \int_a^b f(x)\,dx = \int_a^{+\infty} f(x)\,dx$$

$$\lim_{a\to-\infty} \int_a^b f(x)\,dx = \int_{-\infty}^{b} f(x)dx$$

bzw.

$$\lim_{\substack{a\to-\infty\\ b\to+\infty}} \int_a^b f(x)dx = \int_{-\infty}^{+\infty} f(x)\,dx.$$

Es sei noch einmal ausdrücklich darauf verwiesen, daß im letzten Fall a und b unabhängig voneinander gegen $+\infty$ bzw. $-\infty$ streben.

Wie läßt sich diese Problematik auf das n-dimensionale Integral übertragen? Betrachten wir — o.B.d.A., da wir jedes andere $\mathcal{B}$ durch solche Bereiche beliebig genau approximieren können — Bereiche der Form $[a_1, b_1] \times [a_2, b_2] \times \cdots \times [a_n, b_n]$.

Man sieht sofort, daß es viele Kandidaten gibt, die gegen $+\infty$ oder $-\infty$ streben können. Entsprechend unübersichtlich ist dann auch die Zahl der Kombinationen, z.B. $a_1 \to +\infty, b_2 \to +\infty, a_{n-1} \to -\infty, a_n \to -\infty$ oder $b_n \to +\infty$. Wie auch immer, man muß nur die entsprechenden Grenzprozesse unabhängig voneinander gestalten.

Damit können wir Integralen wie

$$\int_{-\infty}^{+\infty} \cdots \int_{-\infty}^{+\infty} f(x_1, \ldots, x_n)\, dx_1 \cdots dx_n$$

oder

$$\int_0^{+\infty} dx_1 \int_0^{+\infty} dx_2 \ldots \int_0^{+\infty} f(x_1, \ldots, x_n)\, dx_n$$

einen Sinn beimessen, und in analoger Weise werden Integrale wie

$$\int_0^1 \int_0^1 \frac{1}{\sqrt{xy}}\, dxdy = 4$$

berechnet.

2.4 Riemann-Stieltjes-Integral

2.4.1 Der Fall $\mathbb{R} \to \mathbb{R}$

Wir haben unsere Ausführungen zum n-dimensionalen Integral mit einem Rückblick auf das eindimensionale Riemann-Integral begonnen. Als Ausgangspunkt für unsere weiteren Überlegungen haben wir dabei die nachstehende Riemann-Summe identifiziert

$$\mathrm{R}(f, \mathcal{Z}_n, \mathcal{X}_n) = \sum_{i=1}^{n} f(\xi_i)(x_i - x_{i-1}).$$

Von dort wollen wir nun in eine etwas andere Richtung gehen. Dazu betrachten wir die Funktion $g : \mathbb{R} \to \mathbb{R}$, die durch $g(x) = x$ festgelegt ist. Mit ihrer Hilfe schreiben wir die Riemann-Summe um zu

$$\mathrm{R}(f, \mathcal{Z}_n, \mathcal{X}_n) = \sum_{i=1}^{n} f(\xi_i)(g(x_i) - g(x_{i-1})).$$

Hat sich etwas geändert? Natürlich nichts, es erscheint nur alles etwas „aufgeblasener“. Führen wir den im Rückblick beschriebenen Grenzübergang durch, dann erhalten wir natürlich als Grenzwert den schon bekannten Wert. Der identischen Abbildung g kann auch ihr Platz eingeräumt werden, indem wir schreiben

$$\int_a^b f(x)\,dx =: \int_a^b f(x)d\,g(x).$$

Nachstehend wollen wir davon absehen, daß die Funktion g die identische Abbildung war, sondern an eine ganz beliebige Funktion g denken. Die Riemann-Summe $\mathrm{R}(f, \mathfrak{Z}_n, \mathfrak{X}_n) = \sum_{i=1}^{n} f(\xi_i)\Delta\mathfrak{I}_i$ schreiben wir dann zweckmäßig als

$$\mathrm{RS}(f, g, \mathfrak{Z}_n, \mathfrak{X}_n) = \sum_{i=1}^{n} f(\xi_i)\Delta g(\mathfrak{I}_i),$$

wobei $\Delta g(\mathfrak{I}_i) := g(x_i) - g(x_{i-1})$ ist.

Die zu beantwortende Frage ist jetzt, wann existiert der Grenzwert, wenn man den oben erwähnten Grenzprozeß durchführt. Das Problem ist nun etwas komplexer, denn neben die Funktion f tritt nun die Funktion g, d.h., beide beeinflussen sie den Grenzprozeß.

Wenn nun ein Grenzwert existiert, dann nennt man ihn das Riemann-Stieltjes-Integral von f bezüglich der **integrierenden Funktion** g und schreibt

$$\int_a^b f(x)\,dg(x).$$

Der Leser hat sicherlich bemerkt, daß wir die „Riemann-Summe" auch anders bezeichnet haben, nämlich $\mathrm{RS}(\cdot)$ statt $\mathrm{R}(\cdot)$, was eine Abkürzung für **Riemann-Stieltjes-Summe** ist.

Eingehandelt haben wir uns nun aber die Frage, wann existiert denn das Riemann-Stieltjes-Integral von f bezüglich g?

Von den vielen Sätzen, die sich als Antwort auf diese Frage in den diversen Lehrbüchern finden, sei hier nur ein, aber für die Anwendung, die wir im nächsten Abschnitt diskutieren wollen, wichtiger Satz aufgeführt.

Satz 2.29

Ist $f : [a,b] \to \mathbb{R}$ stetig und $g : [a,b] \to \mathbb{R}$ von beschränkter Variation, so existiert das Riemann-Stieltjes-Integral

$$\int_a^b f(x)\, dg(x).$$

Wir verzichten auf den Beweis des Satzes, müssen aber noch den Begriff der „beschränkten Variation" einführen.

Definition 2.12

Sei $f : \mathbb{R} \to \mathbb{R}$ und $\mathcal{Z}_n$ eine Zerlegung des Intervalls $[a,b]$ der Form $a = x_0 < x_1 < \cdots < x_n = b$, der die Summe

$$v := \sum_{i=1}^{n} |f(x_i) - f(x_{i-1})|$$

zugeordnet wird. Sei $\mathcal{M}$ die Menge aller v, die sich bei allen möglichen Zerlegungen $\mathcal{Z}_n$, $n \in \mathbb{N}$, ergeben. f heißt von **beschränkter Variation**, wenn die Menge $\mathcal{M}$ nach oben beschränkt ist.

Wichtige Beispiele von Funktionen beschränkter Variation sind monotone und beschränkte Funktionen.

Nachdem wir nun einen Problembereich kennen, in dem das Riemann-Stieltjes-Integral existiert, wollen wir abschließend zur Kenntnis nehmen, daß unter den Bedingungen des vorigen Abschnittes auch uneigentliche Riemann-Stieltjes-Integrale wie

$$\lim_{b \to +\infty} \int_a^b f(x)\, dg(x) = \int_a^{+\infty} f(x)\, dg(x)$$

$$\lim_{a \to -\infty} \int_a^b f(x)\, dg(x) = \int_{-\infty}^b f(x) dg(x)$$

bzw.

$$\lim_{\substack{a \to -\infty \\ b \to +\infty}} \int_a^b f(x) dg(x) = \int_{-\infty}^{+\infty} f(x)\, dg(x)$$

einen Sinn haben.

2.4.2 Anwendungen in der Statistik

In der Statistik spielt die Verteilungsfunktion F eine herausragende Rolle. Von ihr wissen wir, daß sie monoton wachsend und beschränkt ist. In unserer neuen Terminologie bedeutet dies, die Verteilungsfunktion ist von beschränkter Variation. Damit wissen wir dann auch, daß für eine stetige Funktion $h : \mathbb{R} \to \mathbb{R}$ das Riemann-Stieltjes-Integral

$$\int_a^b h(x)\,dF(x)$$

existiert. Können wir den Grenzprozeß erfolgreich abschließen, macht auch das Integral

$$\int_{-\infty}^{+\infty} h(x)\,dF(x)$$

Sinn. Nehmen wir an, wir seien in der glücklichen Situation. Wie können wir das letzte Integral interpretieren? Die integrierende Funktion F wird über ihren ganzen Definitionsbereich betrachtet. Nun unterscheidet man in der Statistik bezüglich der Verteilungsfunktion F verschiedene Fälle, von denen die beiden wichtigsten sind:

- F ist stetig (und hat eine Dichte f) oder
- F ist eine Treppenfunktion.

Im ersten Fall wird die zugehörige Zufallsvariable gerne (aber unscharf) kontinuierlich genannt, im zweiten Fall heißt sie diskret.

Wenden wir uns zuerst dem Fall zu, daß F stetig ist. Schreiben wir die Riemann-Stieltjes-Summe hin

$$\begin{aligned} \mathrm{RS}(h, F, \mathcal{Z}_n, \mathcal{X}_n) &= \sum_i h(\xi_i)\Delta F(\mathcal{I}_i) \\ &= \sum_i h(\xi_i)(F(x_i) - F(x_{i-1})) \\ &= \sum_i h(\xi_i)\frac{F(x_i) - F(x_{i-1})}{x_i - x_{i-1}}(x_i - x_{i-1}). \end{aligned}$$

Steigen wir jetzt in den Grenzprozeß ein, so geht der Differenzenquotient $(F(x_i) - F(x_{i-1}))/(x_i - x_{i-1})$ gegen die Ableitung, und wir erkennen, daß

$$\int_{-\infty}^{+\infty} h(x)\, dF(x) = \int_{-\infty}^{+\infty} h(x) f(x)\, dx$$

und damit als Riemann-Integral von $h \cdot f$ darstellbar ist.

Sei nun F eine Treppenfunktion mit Sprungstellen der Höhe p_j in den Punkten x_j^*. Schauen wir auf die Riemann-Stieltjes-Summe

$$\mathrm{RS}(h, F, \mathfrak{Z}_n, \mathfrak{X}_n) = \sum_i h(\xi_i)(F(x_i) - F(x_{i-1})).$$

Betrachten wir $F(x_i) - F(x_{i-1})$. Liegt keiner der Sprungpunkte x_j^* im Intervall $(x_{i-1}, x_i]$, dann ist dieser Term 0, liegt ein x_j^* in dem Intervall, dann trägt es zu diesem Term den Wert p_j bei. Im Grenzprozeß bleiben von 0 verschiedene Werte von $F(x_i) - F(x_{i-1})$ nur in den sich auf ein x_j^* zusammenziehenden Intervallen übrig. Damit ergibt sich

$$\int_{-\infty}^{+\infty} h(x) dF(x) = \sum_j h(x_j^*) p_j.$$

Wir erinnern uns noch an den Begriff des Erwartungswertes einer Zufallsvariablen X: Für eine Funktion $h(X)$ einer Zufallsvariablen X ist der Erwartungswert von $h(X)$ definiert als

$$\mathrm{E}[h(X)] = \begin{cases} \sum\limits_j h(x_j^*) P(X = x_j^*), & X \text{ ist diskret,} \\ \int_{-\infty}^{+\infty} h(x) f(x)\, dx, & X \text{ ist stetig.} \end{cases}$$

sofern die Grenzwerte existieren. Fassen wir unser Ergebnis zusammen:

$$\mathrm{E}[h(X)] = \int_{-\infty}^{+\infty} h(x)\, dF(x).$$

Speziell für die identische Funktion $h(x) = x$ ergibt sich

$$\mathrm{E}[X] = \int_{-\infty}^{+\infty} x\, dF(x).$$

Das bedeutet, daß wir den Erwartungswert für eine diskrete oder stetige Zufallsvariable in einer einheitlichen Form als Riemann-Stieltjes-Integral schreiben können.

2.4.3 Eigenschaften des Riemann-Stieltjes-Integrals

Beginnen wir mit einem weiteren Satz, der uns etwas über die Existenz des Riemann-Stieltjes-Integrals mitteilt.

Satz 2.30
Ist f stückweise stetig und fallen die Unstetigkeitspunkte von f und g nicht zusammen, so existiert das Riemann-Stieltjes-Integral von f in bezug auf g.

Beim Riemann-Stieltjes-Integral ist es — anders als beim Riemann-Integral — wichtig anzugeben, ob die Intervallgrenzen mit zum Integrationsbereich gehören oder nicht. Das Integral von f bezüglich g über $[a, b]$ kann sich nämlich vom Integral von f bezüglich g über $(a, b]$ unterscheiden. Wir treffen daher die folgende Vereinbarung

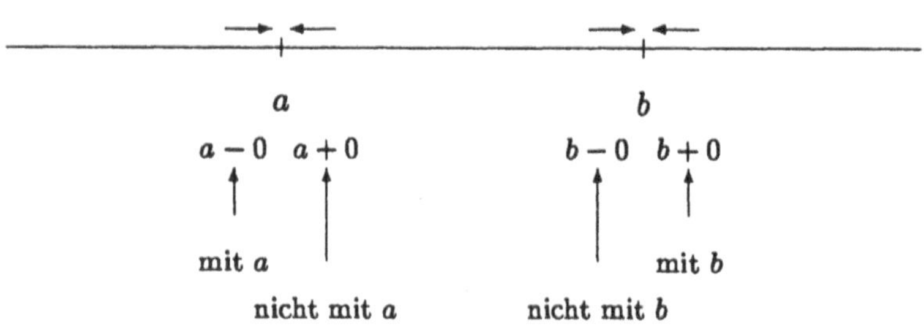

Abbildung 2.21: Integrationsgrenzen bei Riemann-Stieltjes-Integralen

$\int_{a-0}$: untere Intervallgrenze a gehört zum Integrationsbereich

$\int_{a+0}$: untere Intervallgrenze a gehört nicht zum Integrationsbereich.

Es gilt

$$\int_{a-0}^{b} f(x)\, dg(x) - \int_{a+0}^{b} f(x)\, dg(x) \quad = \quad f(a)(g(a+0) - g(a-0)).$$

Man beachte, daß $g(a+0) - g(a-0)$ gerade der Sprung der Funktion g im Punkte a ist. Allgemein sind die Situationen möglich, die in der Abbildung 2.21 skizziert sind.

Wenn nichts anderes vereinbart, ist der rechte Eckpunkt der Intervalle zum Integrationsbereich gehörig, der linke nicht.

2.4.4 Rechenregeln für Riemann-Stieltjes-Integrale

Es gilt der

Satz 2.31

(i) Sind f_1 und f_2 bezüglich g Riemann-Stieltjes-integrierbar, so auch $c_1 f_1 + c_2 f_2$, und es gilt:

$$\int_a^b (c_1 f_1(x) + c_2 f_2(x))\, dg(x) = c_1 \int_a^b f_1(x)\, dg(x) + c_2 \int_a^b f_2(x)\, dg(x).$$

(ii) Ist f bezüglich g_1 und g_2 Riemann-Stieltjes-integrierbar, so auch bezüglich $g_1 + g_2$, und es gilt:

$$\int_a^b f(x)\, d(g_1(x) + g_2(x)) = \int_a^b f(x)\, dg_1(x) + \int_a^b f(x)\, dg_2(x).$$

(iii) Sind f_1 und f_2 bezüglich g Riemann-Stieltjes-integrierbar, und gilt $f_1(x) \leq f_2(x)$ für alle $x \in [a,b]$, so ist

$$\int_a^b f_1(x)\, dg(x) \leq \int_a^b f_2(x)\, dg(x).$$

(iv) Ist f bezüglich g Riemann-Stieltjes-integrierbar, so existieren für jedes c mit $a < c < b$ die zugehörigen Teilintegrale, und es gilt:

$$\int_a^b f(x)\, dg(x) = \int_a^c f(x)\, dg(x) + \int_c^b f(x)\, dg(x).$$

(v) Existiert $\int_a^b f(x)\, dg(x)$, so existiert auch $\int_a^b g(x) df(x)$, und es gilt:

$$\int_a^b f(x)\, dg(x) + \int_a^b g(x)\, df(x) = [f(x)\, g(x)]_a^b \,.$$

(vi) Ist f bezüglich g Riemann-Stieltjes-integrierbar, so auch $|f|$, und es gilt:

$$\left|\int_a^b f(x)\,dg(x)\right| \leq \int_a^b |f(x)|\,dg(x).$$

Zum Beweis dieses Satzes sowie weiterer Eigenschaften des Riemann-Stieltjes-Integrals verweisen wir auf Rudin (1976).

2.4.5 Das n-dimensionale Riemann-Stieltjes-Integral

Die Mitteilung, daß man das Konzept des Riemann-Stieltjes-Integrals auf Funktionen $f : \mathbb{R}^n \to \mathbb{R}$ übertragen kann, wird nach den bisherigen Ausführungen wohl keinen Leser verwundern. Die Funktion bezüglich der integriert werden soll, ist jetzt eine monoton wachsende Funktion $\mathbf{g} : \mathbb{R}^n \to \mathbb{R}$.

Der Begriff des n-dimensionalen Riemann-Stieltjes-Integrals erleichtert das formale Leben in der Statistik erheblich. Der Leser sollte keine Schwierigkeiten haben, Integrale wie z.B.

$$\int_{-\infty}^{+\infty} \cdots \int_{-\infty}^{+\infty} dF(x_1, \ldots, x_n) = 1$$

für eine Verteilungsfunktion F oder

$$\int_0^a \int_0^b \lambda_1 \lambda_2 e^{-\lambda_1 x_1 - \lambda_2 x_2} dx_1 x_2 = P(X_1 \leq a, X_2 \leq b)$$

zu interpretieren.

2.5 Matrizen, Vektoren und Differentiation

In diesem Abschnitt wollen wir darstellen, wie man Konzepte aus der Differentialrechnung mit Konzepten aus der Matrixtheorie verbinden kann. Unser Vorhaben können wir unter die Überschrift stellen: Differentiation in Matrixsymbolik.

2.5.1 Differentiation nach einem Skalar

Für die folgenden Ausführungen betrachten wir die Komponenten eines Vektors bzw. die Elemente einer Matrix als Funktionen einer skalaren Variablen. Sie sei mit t bezeichnet, dies kommt der häufigen Interpretation als Zeit (*time*) entgegen.

Definition 2.13

Sei $\mathbf{b}$ ein Vektor mit den Komponenten b_i, $i = 1, \ldots, n$, und $\mathbf{A}$ eine Matrix mit den Elementen a_{ij}, $i = 1, \ldots, m$, $j = 1, \ldots, n$. Ferner sei eine skalare Variable t gegeben, so daß $b_i = b_i(t)$, $i = 1, \ldots, n$ und $a_{ij} = a_{ij}(t)$, $i = 1, \ldots, m, j = 1, \ldots, n$. Dann ist die Ableitung von $\mathbf{b}$ bzw. $\mathbf{A}$ nach t definiert als

$$\frac{\mathrm{d}\mathbf{b}}{\mathrm{d}t} := \begin{pmatrix} \frac{\mathrm{d}b_1}{\mathrm{d}t} \\ \vdots \\ \frac{\mathrm{d}b_n}{\mathrm{d}t} \end{pmatrix} = \begin{pmatrix} b_1' \\ \vdots \\ b_n' \end{pmatrix} =: \mathbf{b}'$$

bzw.

$$\frac{\mathrm{d}\mathbf{A}}{\mathrm{d}t} := \begin{pmatrix} \frac{\mathrm{d}a_{11}}{\mathrm{d}t} & \cdots & \frac{\mathrm{d}a_{1n}}{\mathrm{d}t} \\ \vdots & \ddots & \vdots \\ \frac{\mathrm{d}a_{m1}}{\mathrm{d}t} & \cdots & \frac{\mathrm{d}a_{mn}}{\mathrm{d}t} \end{pmatrix} = \begin{pmatrix} a_{11}' & \cdots & a_{1n}' \\ \vdots & \ddots & \vdots \\ a_{m1}' & \cdots & a_{mn}' \end{pmatrix} =: \mathbf{A}'.$$

Da wir die Ableitung eines Vektors bzw. einer Matrix über die Ableitung der Komponenten bzw. Elemente eingeführt haben, können wir die Frage der Differentiation von „komplizierten" Ausdrücken mit Vektoren und Matrizen durch Rückgriff auf die Regeln der Differentialrechnung wie Summen- oder Produktregel klären. Der folgende Satz faßt die Differentiation einiger häufig auftretender Ausdrücke zusammen.

Satz 2.32

Die Komponenten der Vektoren $\mathbf{x}$, $\mathbf{y}$ *und die Elemente der Matrizen* $\mathbf{A}$, $\mathbf{B}$ *seien Funktionen einer skalaren Variablen* t. *Die Dimensionen der betrachteten Vektoren und Matrizen seien so, daß die jeweils betrachtete Verknüpfung sinnvoll ist. Dann gelten die folgenden Regeln für die Differentiation von Vektoren und Matrizen nach der skalaren Variablen* t:

(i) $\frac{\mathrm{d}}{\mathrm{d}t}(\mathbf{x}+\mathbf{y}) = (\mathbf{x}+\mathbf{y})' = \mathbf{x}' + \mathbf{y}' = \frac{\mathrm{d}\mathbf{x}}{\mathrm{d}t} + \frac{\mathrm{d}\mathbf{y}}{\mathrm{d}t}$

(ii) $\frac{\mathrm{d}}{\mathrm{d}t}\mathbf{x}^{\mathsf{T}}\mathbf{y} = (\mathbf{x}^{\mathsf{T}}\mathbf{y})' = \mathbf{x}'^{\mathsf{T}}\mathbf{y} + \mathbf{x}^{\mathsf{T}}\mathbf{y}' = \left(\frac{\mathrm{d}\mathbf{x}}{\mathrm{d}t}\right)^{\mathsf{T}}\mathbf{y} + \mathbf{x}^{\mathsf{T}}\frac{\mathrm{d}\mathbf{y}}{\mathrm{d}t}$

(iii) $\frac{\mathrm{d}}{\mathrm{d}t}\mathbf{x}\mathbf{y}^{\mathsf{T}} = (\mathbf{x}\mathbf{y}^{\mathsf{T}})' = \mathbf{x}'\mathbf{y}^{\mathsf{T}} + \mathbf{x}\mathbf{y}'^{\mathsf{T}} = \frac{\mathrm{d}\mathbf{x}}{\mathrm{d}t}\mathbf{y}^{\mathsf{T}} + \mathbf{x}\left(\frac{\mathrm{d}\mathbf{y}}{\mathrm{d}t}\right)^{\mathsf{T}}$

(iv) $\frac{\mathrm{d}\mathbf{x}^\top}{\mathrm{d}t} = (\mathbf{x}^\top)' = (\mathbf{x}')^\top = \left(\frac{\mathrm{d}\mathbf{x}}{\mathrm{d}t}\right)^\top$

(v) $\frac{\mathrm{d}}{\mathrm{d}t}(\mathbf{A}+\mathbf{B}) = (\mathbf{A}+\mathbf{B})' = \mathbf{A}'+\mathbf{B}' = \frac{\mathrm{d}\mathbf{A}}{\mathrm{d}t} + \frac{\mathrm{d}\mathbf{B}}{\mathrm{d}t}$

(vi) $\frac{\mathrm{d}}{\mathrm{d}t}(\mathbf{AB}) = (\mathbf{AB})' = \mathbf{A}'\mathbf{B}+\mathbf{AB}' = \frac{\mathrm{d}\mathbf{A}}{\mathrm{d}t}\mathbf{B} + \mathbf{A}\frac{\mathrm{d}\mathbf{B}}{\mathrm{d}t}$

(vii) $\frac{\mathrm{d}}{\mathrm{d}t}\mathbf{A}\mathbf{x} = (\mathbf{A}\mathbf{x})' = \mathbf{A}'\mathbf{x}+\mathbf{A}\mathbf{x}' = \frac{\mathrm{d}\mathbf{A}}{\mathrm{d}t}\mathbf{x} + \mathbf{A}\frac{\mathrm{d}\mathbf{x}}{\mathrm{d}t}$

(viii) $\frac{\mathrm{d}}{\mathrm{d}t}\mathbf{A}^\top = (\mathbf{A}^\top)' = (\mathbf{A}')^\top = \left(\frac{\mathrm{d}\mathbf{A}}{\mathrm{d}t}\right)^\top.$

Beweis: Wir wollen den Beweis nur für einige der aufgestellten Regeln führen. Wie schon erwähnt, greifen wir dabei auf die Differentiationsregeln für Funktionen einer Variablen zurück.

(i) $\mathbf{x}+\mathbf{y}$ ist nach Definition der Vektor mit den Komponenten $x_i + y_i$, $i = 1, \ldots, n$. Weiterhin ist die i-te Komponente von $(\mathbf{x}+\mathbf{y})'$ gegeben durch $(x_i + y_i)'$. Nach den Differentiationsregeln ist dies aber gerade $x_i' + y_i'$. Da die Vektoren $\mathbf{x}'$ bzw. $\mathbf{y}'$ gerade die Komponenten x_i' bzw. y_i' haben, folgt aus der Definition der Vektoraddition $(\mathbf{x}+\mathbf{y})' = \mathbf{x}'+\mathbf{y}'$.

(vii) $\mathbf{Ax}$ ist nach Definition derjenige Vektor, dessen i-te Komponente $\sum_{j=1}^n a_{ij}x_j$ ist. Damit ist die i-te Komponente von $(\mathbf{Ax})'$ festgelegt als $\left(\sum_{j=1}^n a_{ij}x_j\right)'$. Da die Ableitung einer Summe gleich der Summe der Ableitungen ist, folgt

$$\left(\sum_{j=1}^n a_{ij}x_j\right)' = \sum_{j=1}^n (a_{ij}x_j)'.$$

Die Produktregel der Differentiation liefert

$$\sum_{j=1}^n (a_{ij}x_j)' = \sum_{j=1}^n (a_{ij}'x_j + a_{ij}x_j').$$

Daraus folgt:

$$\left(\sum_{j=1}^n a_{ij}x_j\right)' = \sum_{j=1}^n a_{ij}'x_j + \sum_{j=1}^n a_{ij}x_j'.$$

Dies ist aber gerade die Summe der i-ten Komponente von $\mathbf{A}'\mathbf{x}$ und $\mathbf{A}\mathbf{x}'$, d.h., wie behauptet $(\mathbf{A}\mathbf{x})' = \mathbf{A}'\mathbf{x} + \mathbf{A}\mathbf{x}'$. ❑

Die übrigen Regeln seien dem Leser zu analoger Herleitung überlassen.

2.5.2 Differentiation nach einem Vektor

Wir betrachten folgende Situation. Durch $y = f(x_1, \ldots, x_n)$ sei eine reellwertige Funktion der n Variablen $x_1, \ldots, x_n$ festgelegt. Wir fassen diese n Variablen zu einem Vektor

$$\mathbf{x} = \begin{pmatrix} x_1 \\ \vdots \\ x_n \end{pmatrix}$$

zusammen. Wir wollen dann $y = y(\mathbf{x})$ als reelle Funktion des Vektors $\mathbf{x}$ bezeichnen. Die folgende Definition greift auf den bereits in (2.6) eingeführten Gradientenvektor zurück.

Definition 2.14

Ist $y = y(\mathbf{x})$ eine reelle Funktion des n-dimensionalen Vektors $\mathbf{x}$, dann heißt

$$\frac{\partial y}{\partial \mathbf{x}} = \begin{pmatrix} \frac{\partial y}{\partial x_1} \\ \vdots \\ \frac{\partial y}{\partial x_n} \end{pmatrix}$$

Gradientenvektor von y.

Anmerkungen:

(i) Für den Zeilenvektor $(\partial y/\partial x)^{\mathsf{T}} = (\partial y/\partial x_1, \ldots, \partial y/\partial x_n)$ wollen wir auch $\partial y/\partial x^{\mathsf{T}}$ schreiben.

(ii) Im Zusammenhang mit Definition 2.14 sprechen wir auch von der Differentiation nach einem Vektor.

Der folgende Satz faßt einige Regeln zusammen.

Satz 2.33

Im folgenden ist **a** *bzw.* **A** *ein Vektor bzw. eine Matrix, deren Komponenten bzw. Elemente keine Funktionen der Komponenten von* **x** *sind. Dann gelten die folgenden Regeln, die erforderliche Konformität der Dimensionen vorausgesetzt:*

(i) $\frac{\partial}{\partial \mathbf{x}} \mathbf{a}^\mathsf{T}\mathbf{x} = \mathbf{a}.$

(ii) $\frac{\partial}{\partial \mathbf{x}} \mathbf{x}^\mathsf{T}\mathbf{a} = \mathbf{a}.$

(iii) $\frac{\partial}{\partial \mathbf{x}} \mathbf{x}^\mathsf{T}\mathbf{A}\mathbf{x} = \mathbf{A}\mathbf{x} + \mathbf{A}^\mathsf{T}\mathbf{x}.$

Beweis: Die Beweise von (i) und (ii) ergeben sich durch unmittelbare Anwendung der Definition. Das explizite Aufschreiben sei dem Leser überlassen. Wir beweisen lediglich (iii).

Wenn wir zuerst den Vektor $\mathbf{Ax}$ berechnen und dann das skalare Produkt von $\mathbf{x}$ und $\mathbf{Ax}$ bestimmen, so ergibt sich $\mathbf{x}^\mathsf{T}\mathbf{A}\mathbf{x} = \sum_{i=1}^n \left(x_i \sum_{j=1}^n a_{ij}x_j\right)$.

Betrachten wir die partielle Ableitung $(\partial/\partial x_k)\mathbf{x}^\mathsf{T}\mathbf{A}\mathbf{x}$. Die Summanden $x_i \sum_{j=1}^n a_{ij}x_j$ der quadratischen Form $\mathbf{x}^\mathsf{T}\mathbf{A}\mathbf{x}$ fassen wir jeweils als Produkt der Terme x_i und $\sum_{j=1}^n a_{ij}x_j$ auf. Die Summenregel der Differentiation erlaubt uns, die partielle Ableitung der Summe als Summe der partiellen Ableitungen der Summanden aufzufassen. Auf die Summanden wenden wir dann die Produktregel an. Dann erhalten wir

$$\begin{aligned}\frac{\partial}{\partial x_k} \sum_{i=1}^n \left(x_i \sum_{j=1}^n a_{ij}x_j\right) &= \sum_{i=1}^n \frac{\partial}{\partial x_k} \left(x_i \sum_{j=1}^n a_{ij}x_j\right) \\ &= \sum_{i=1}^n \left(\delta_{ik} \sum_{j=1}^n a_{ij}x_j + x_i a_{ik}\right),\end{aligned}$$

wobei δ_{ik} das Kroneckersche Delta ist, siehe (1.20). Ordnen wir die Summanden, so ergibt sich:

$$\frac{\partial}{\partial x_k} \mathbf{x}^\mathsf{T}\mathbf{A}\mathbf{x} = \sum_{j=1}^n a_{kj}x_j + \sum_{i=1}^n a_{ik}x_i.$$

Die k-te Komponente ist also gerade die Summe der k-ten Komponenten von $\mathbf{Ax}$ und $\mathbf{A}^\mathsf{T}\mathbf{x}$. ❑

Anmerkungen:

(i) Für eine symmetrische Matrix $\mathbf{A}$ mit $\mathbf{A}^\mathsf{T} = \mathbf{A}$ ist

$$\frac{\partial}{\partial \mathbf{x}} \mathbf{x}^\mathsf{T}\mathbf{A}\mathbf{x} = 2\mathbf{A}\mathbf{x} \quad \text{und} \quad \frac{\partial}{\partial \mathbf{x}^\mathsf{T}} \mathbf{x}^\mathsf{T}\mathbf{A}\mathbf{x} = 2\mathbf{x}^\mathsf{T}\mathbf{A}.$$

(ii) Der aufmerksame Leser wird bemerkt haben, daß wir dazu ausgenutzt haben, daß gilt $\partial x_i/\partial x_j = \delta_{ij}$.

Es bereitet keine Schwierigkeit, unsere Ergebnisse auf den Fall zu übertragen, daß $\mathbf{y}$ eine vektorwertige Funktion von $\mathbf{x}$ ist. Wir unterstellen, daß die Komponentenfunktionen $y_1, \ldots, y_m$ von $\mathbf{y}$ alles reelle Funktionen von $\mathbf{x}$ sind. Dann liegt die folgende Definition nahe:

Definition 2.15

Sei $\mathbf{y} = \mathbf{y}(\mathbf{x})$ eine vektorwertige Funktion von $\mathbf{x}$ mit den Komponentenfunktionen $y_i = y_i(\mathbf{x})$, $i = 1, \ldots, m$. Dann ist durch

$$\frac{\partial \mathbf{y}}{\partial \mathbf{x}} := \left(\frac{\partial y_1}{\partial \mathbf{x}}, \ldots, \frac{\partial y_m}{\partial \mathbf{x}}\right) = \begin{pmatrix} \frac{\partial y_1}{\partial x_1} & \cdots & \frac{\partial y_m}{\partial x_1} \\ \vdots & \ddots & \vdots \\ \frac{\partial y_1}{\partial x_n} & \cdots & \frac{\partial y_m}{\partial x_n} \end{pmatrix}$$

die **Gradientenmatrix** von $\mathbf{y}$ gegeben.

Anmerkung:

Für $(\partial \mathbf{y}/\partial \mathbf{x})^\mathsf{T}$ schreibt man auch $\partial y/\partial x^\mathsf{T}$. Außerdem ist auch die Schreibweise $\partial \mathbf{y}^\mathsf{T}/\partial \mathbf{x}$ an Stelle von $\partial \mathbf{y}/\partial \mathbf{x}$ üblich.

Ein wichtiges Ergebnis für die Anwendung liefert der nachstehende Satz.

Satz 2.34

Für die lineare Transformation $\mathbf{y} = \mathbf{A}\mathbf{x}$ *gilt*

$$\frac{\partial \mathbf{y}}{\partial \mathbf{x}} = \mathbf{A}^\mathsf{T}.$$

Beweis:

Der Beweis soll nicht ausformuliert werden. Er ergibt sich mit Satz 2.33(i) sofort, wenn man das Produkt $\mathbf{Ax}$ auflöst in die m Produkte Zeile von $\mathbf{A}$ mal $\mathbf{x}$. Die Zeilen von $\mathbf{A}$ sind aber gerade die Spalten von $\mathbf{A}^\top$. Auf die einzelnen Produkte wendet man nun (i) aus Satz 2.33 an. Die Zusammenfassung liefert dann das behauptete Ergebnis. ❑

Die Ergebnisse dieses Kapitels wollen wir für die Lösung der Methode der Kleinsten Quadrate in matrizieller Schreibweise anwenden.

Beispiel 2.30
Wir gehen aus vom linearen Modell

$$\mathbf{y} = \mathbf{X}\boldsymbol{\beta} + \mathbf{u}$$

mit dem Beobachtungsvektor $\mathbf{y} = (y_1, \dots, y_n)^\top$, der Designmatrix $\mathbf{X}$ mit der Ordnung (m, n), dem Störvektor $\mathbf{u} = (u_1, \dots, u_n)^\top$ und dem (unbekannten) Parametervektor $\boldsymbol{\beta}$, siehe Kapitel 3. Minimiert werden soll der Ausdruck $\mathbf{u}^\top\mathbf{u}$ durch Wahl eines geeigneten $\boldsymbol{\beta}$. Es ist

$$\mathbf{u}^\top\mathbf{u} = (\mathbf{y} - \mathbf{X}\boldsymbol{\beta})^\top(\mathbf{y} - \mathbf{X}\boldsymbol{\beta}) = \mathbf{y}^\top\mathbf{y} - \mathbf{y}^\top\mathbf{X}\boldsymbol{\beta} - \boldsymbol{\beta}^\top\mathbf{X}^\top\mathbf{y} + \boldsymbol{\beta}^\top\mathbf{X}^\top\mathbf{X}\boldsymbol{\beta},$$

woraus sich

$$\frac{\partial\mathbf{u}^\top\mathbf{u}}{\partial\boldsymbol{\beta}} = \frac{\partial\mathbf{y}^\top\mathbf{y}}{\partial\boldsymbol{\beta}} - \frac{\partial\mathbf{y}^\top\mathbf{X}\boldsymbol{\beta}}{\partial\boldsymbol{\beta}} - \frac{\partial\boldsymbol{\beta}^\top\mathbf{X}^\top\mathbf{y}}{\partial\boldsymbol{\beta}} + \frac{\partial\boldsymbol{\beta}^\top\mathbf{X}^\top\mathbf{X}\boldsymbol{\beta}}{\partial\boldsymbol{\beta}}.$$

ergibt. Nun ist $\mathbf{y}^\top\mathbf{y}$ nicht von den Komponenten von $\boldsymbol{\beta}$ abhängig und damit die Ableitung Null. Auf die weiteren Terme wendet man (i)–(iii) von Satz 2.33 an und erhält

$$\frac{\partial\mathbf{u}^\top\mathbf{u}}{\partial\boldsymbol{\beta}} = \mathbf{0} - \mathbf{X}^\top\mathbf{y} - \mathbf{X}^\top\mathbf{y} + \mathbf{X}^\top\mathbf{X}\boldsymbol{\beta} + (\mathbf{X}^\top\mathbf{X})^\top\boldsymbol{\beta}.$$

Da $\mathbf{X}^\top\mathbf{X}$ außerdem symmetrisch ist, ergibt sich $\partial\mathbf{u}^\top\mathbf{u}/\partial\boldsymbol{\beta} = -2\mathbf{X}^\top\mathbf{y} + 2\mathbf{X}^\top\mathbf{X}\boldsymbol{\beta}$. Setzt man nun $\partial\mathbf{u}^\top\mathbf{u}/\partial\boldsymbol{\beta} = \mathbf{0}$, so ergibt sich die **Normalgleichung**

$$-2\mathbf{X}^\top\mathbf{y} + 2\mathbf{X}^\top\mathbf{X}\boldsymbol{\beta} = \mathbf{0},$$

welche eine notwendige Bedingung für einen minimierenden Vektor $\boldsymbol{\beta}$ darstellt.

Die Matrix $\mathbf{X}^\top\mathbf{X}$ ist nichtnegativ definit. Ist sie sogar positiv definit und damit invertierbar, so ist die Normalgleichung auch hinreichend für die Existenz einer eindeutigen Lösung, vgl. Kapitel 8. Diese Lösung ist dann gegeben durch

$$\hat{\boldsymbol{\beta}} = (\mathbf{X}^\top\mathbf{X})^{-1}\mathbf{X}^\top\mathbf{y}.$$

○

2.5.3 Differentiation nach einer Matrix

Sei $\mathbf{X}$ eine Matrix der Ordnung (m,n) und $\mathbf{y} = \mathbf{y}(\mathbf{X})$ eine Funktion der mn Elemente x_{ij}, $i = 1,\ldots,m$, $j = 1,\ldots,n$.

Definition 2.16
Die **Gradientenmatrix** der reellen Funktion $\mathbf{y} = \mathbf{y}(\mathbf{X})$ ist definiert als

$$\frac{\partial \mathbf{y}}{\partial \mathbf{X}} := \begin{pmatrix} \frac{\partial \mathbf{y}}{\partial x_{11}} & \cdots & \frac{\partial \mathbf{y}}{\partial x_{1n}} \\ \vdots & \ddots & \vdots \\ \frac{\partial \mathbf{y}}{\partial x_{m1}} & \cdots & \frac{\partial \mathbf{y}}{\partial x_{mn}} \end{pmatrix}.$$

Für die folgenden Ausführungen sei unterstellt $\partial x_{ij}/\partial x_{kl} = 0$ für $(i,j) \neq (k,l)$. Dann können wir für die Ableitungen nach einer Matrix die folgenden Regeln zeigen.

Satz 2.35
Kann die die Konformität der Dimensionen vorausgesetzt werden, so gelten die folgenden Aussagen:

(i) $\frac{\partial}{\partial \mathbf{X}} \mathbf{a}^\top\mathbf{X}\mathbf{b} = \mathbf{a}\mathbf{b}^\top.$

(ii) $\frac{\partial}{\partial \mathbf{X}} |\mathbf{X}| = \operatorname{adj} \mathbf{X}^\top$, *siehe Satz 1.14(vii), Seite 23.*

(iii) $\frac{\partial}{\partial \mathbf{X}} \ln |\mathbf{X}| = (\mathbf{X}^\top)^{-1}$ *für* $|\mathbf{X}| > 0.$

(iv) $\frac{\partial}{\partial \mathbf{X}} \operatorname{tr}(\mathbf{A}^\top\mathbf{X}) = \mathbf{A}.$

Beweis: Die Beweise ergeben sich durch die komponentenweise Anwendung der Differentiationsregeln für Funktionen einer reellen Variablen. Wir wollen exemplarisch für zwei Regeln den Beweis andeuten:

(iii) Betrachten wir $(\partial/\partial x_{ij})\ln|\mathbf{X}|$. Anwendung der Kettenregel liefert $(\partial/\partial x_{ij})\ln|\mathbf{X}| = (1/|\mathbf{X}|)\partial|\mathbf{X}|/\partial x_{ij}$. Damit finden wir durch Zusammenfassung aller Elemente

$$\frac{\partial}{\partial \mathbf{X}}\ln|\mathbf{X}| = \frac{1}{|\mathbf{X}|}\frac{\partial|\mathbf{X}|}{\partial \mathbf{X}}.$$

Für den zweiten Faktor ist die Lösung der Differentiationsaufgabe in (ii) angegeben. Außerdem gilt $|\mathbf{X}| = |\mathbf{X}^\intercal|$. Da nach Satz 1.14(vii), Seite 23, weiterhin gilt $\mathbf{A}^{-1} = \frac{1}{|\mathbf{A}|}\operatorname{adj}\mathbf{A}$, ist die Behauptung gezeigt.

(iv) Seien $\mathbf{A}$ und $\mathbf{X}$ Matrizen der Ordnung (m, n). Nun ist $\operatorname{tr}(\mathbf{A}^\intercal\mathbf{X}) = \sum_{j=1}^{n}\sum_{i=1}^{m} a_{ij}\,x_{ij}$. Man sieht sofort, daß $(\partial/\partial x_{kl})\operatorname{tr}(A^\intercal\mathbf{X}) = a_{kl}$ ist. Zusammenfassung der Elemente liefert das behauptete Resultat.

❑

2.6 Aufgaben

Aufgabe 2.1
Zeigen Sie, daß eine Funktion $\mathbf{f} : \mathbb{R}^n \to \mathbb{R}^m$ genau dann eine lineare Transformation ist, wenn jede Komponentenfunktion eine lineare Transformation ist.

Aufgabe 2.2
Seien $X_1, \ldots, X_n$ unabhängige, identisch verteilte Zufallsvariablen mit $\mathrm{E}(X_i) = \mu$ und $\mathrm{Var}(X_i) = \sigma^2$. Bestimmen Sie den besten linearen unverzerrten Schätzer für μ. Hinweis: Bester linearer unverzerrter Schätzer bedeutet, es ist der lineare unverzerrte Schätzer mit kleinster Varianz.

Aufgabe 2.3
Lösen Sie das Problem von Beispiel 2.25 noch einmal mit Hilfe des Lagrange-Ansatzes.

Aufgabe 2.4
Eine Funktion $f : \mathbb{R}^n \to \mathbb{R}$ heißt **homogen** vom Grade k, wenn $f(\lambda\mathbf{x}) = \lambda^k f(\mathbf{x})$ ist, siehe Definition 1.49, Seite 54. Zeigen Sie, daß für eine solche Funktion gilt

$$\nabla f(\mathbf{x})^\intercal\mathbf{x} = k f(\mathbf{x}).$$

Aufgabe 2.5

An einer Service-Station treffen zwei Arten von Anfragen unabhängig voneinander ein. Für beide Anfragen ist die Zwischenankunftszeit X_1 bzw. X_2 exponentialverteilt mit dem Parameter λ_1 bzw. λ_2. Bestimmen Sie $P(X_2 \leq X_1)$.

Aufgabe 2.6

In der statistischen Grundausbildung erfährt man, daß für unabhängige Zufallsvariablen gilt: Die Varianz der Summe der Zufallsvariablen ist gleich der Summe der Varianzen der Zufallsvariablen. Läßt man die Forderung der Unabhängigkeit weg, so gilt — vorausgesetzt, die „beteiligten“ Erwartungswerte existieren — eine Situation wie hier für den Fall $n = 2$ notiert

$$\mathrm{Var}(X + Y) = \mathrm{Var}(X) + \mathrm{Var}(Y) + 2\,\mathrm{Cov}(X, Y).$$

Formulieren und entwickeln Sie diese „alten“ Erkenntnisse mittels der Notation n-dimensionaler Riemann-Stieltjes-Integrale.

Aufgabe 2.7

Die Dichte der standardisierten Normalverteilung ist bekanntlich

$$\varphi(x) = \frac{1}{\sqrt{2\pi}} e^{-x^2/2},$$

wie jeder Student des Grundstudiums weiß. Daß die Fläche unter dieser Dichte 1 ist, folgt dann notwendig. So sagte man es den Studierenden in der Grundausbildung. Vielleicht sollte man das aber nun doch einmal explizit beweisen, d.h., es ist durch direktes Ausrechnen zu zeigen, daß gilt

$$\int_{-\infty}^{+\infty} \varphi(x)\, dx = 1.$$

Aufgabe 2.8

Die Funktionen f und g seien integrierbar über $\mathcal{B}$. Man kann zeigen, daß dann auch f^2 und g^2 über $\mathcal{B}$ integrierbar sind. Nutzen Sie diese Tatsache sowie die Identität $4fg = (f + g)^2 - (f - g)^2$ aus um zu zeigen, daß fg integrierbar über $\mathcal{B}$ ist.

Aufgabe 2.9

Sei X eine Zufallsvariable mit Verteilungsfunktion F; weiter existiere für jedes $k = 1, \ldots, n$ das **k-te absolute Moment**:

$$\nu_k := \int_{-\infty}^{+\infty} |x|^k dF(x) = \mathrm{E}(|X|^k).$$

Zeigen Sie, daß dann gilt

(a) $\nu_k^2 \leq \nu_{k-1}\nu_{k+1}$.

(b) $\nu_1 \leq \nu_2^{1/2} \leq \nu_3^{1/3} \leq \cdots \leq \nu_n^{1/n}$.

Aufgabe 2.10

Es sei $\mathcal{B} := \{(x_1, \ldots, x_n) \mid x_i \in \mathbb{R}^+,\ \sum x_i = 1\} \subset \mathbb{R}^n$. Berechnen Sie für fest vorgegebene reelle Zahlen $\alpha_i > 0$:

$$\int_{\mathcal{B}} \cdots \int \left(\prod_{i=1}^{n} x_i^{\alpha_i - 1} \right) dx_1 \cdots dx_n.$$

Kapitel 3

Verallgemeinerte inverse Matrizen

3.1 Vorbemerkungen

Nachdem im ersten Kapitel die grundlegenden Eigenschaften von Vektoren und Matrizen behandelt worden sind, wollen wir uns nun Problemstellungen in Ökonometrie und Statistik zuwenden, die modernere Methoden der linearen Algebra erfordern. Von großer Bedeutung wird hierbei der Begriff der verallgemeinerten Inversen einer Matrix sein.

Die zentrale Fragestellung, die zur Entwicklung dieser i.a. nicht eindeutig existierenden Inversen geführt hat, ist das Problem des Auffindens sämtlicher Lösungen $\mathbf{x}$ des linearen Gleichungssystems $\mathbf{Ax} = \mathbf{b}$, wobei $\mathbf{A}$ eine vorgegebene (m, n)-Matrix, $\mathbf{b}$ ein vorgegebener $(m, 1)$-Vektor und $\mathbf{x}$ ein zu bestimmender $(n, 1)$-Vektor ist.

Bezeichnet r den Rang der Matrix $\mathbf{A}$, so gibt es im Spezialfall $r = m = n$ die eindeutig bestimmte Lösung $\mathbf{x} = \mathbf{A}^{-1}\mathbf{b}$. Obwohl dieser Fall relativ häufig in den Anwendungen auftritt, kann in manchen Problemstellungen auch $m \neq n$ oder $r < m$ bzw. $r < n$ sein. Beispielsweise ist für das Gleichungssystem $x_1 + x_2 + x_3 = 1$ die Matrix $\mathbf{A}$ gegeben durch $\mathbf{A} = (1, 1, 1)$ mit Zeilenzahl $m = 1$ und Spaltenzahl $n = 3$.

Wie aus der elementaren linearen Algebra bekannt ist, kann man hier mit drei sich ausschließenden Fällen rechnen:

1. Fall:	$\mathbf{Ax} = \mathbf{b}$	hat keine Lösung.
2. Fall:	$\mathbf{Ax} = \mathbf{b}$	hat genau eine Lösung.
3. Fall:	$\mathbf{Ax} = \mathbf{b}$	hat unendlich viele Lösungen.

Meist bedient man sich des bekannten **Gaußschen Algorithmus** (vgl. Wetzel u.a. (1981)), um die Lösbarkeit von $\mathbf{Ax} = \mathbf{b}$ zu entscheiden und gegebenenfalls alle Lösungen zu finden.

Direkter und flexibler ist hingegen folgende Vorgehensweise: Angenommen, wir finden eine (n, m)-Matrix $\mathbf{A}^-$, so daß

$$\mathbf{AA}^-\mathbf{A} = \mathbf{A} \tag{3.1}$$

gilt. Dann, so wird in Abschnitt 3.3 gezeigt, ist $\mathbf{Ax} = \mathbf{b}$ genau dann lösbar, wenn $\mathbf{AA}^-\mathbf{b} = \mathbf{b}$ zutrifft. In diesem Fall ist die Gesamtheit der Lösungen gegeben durch

$$\mathbf{A}^-\mathbf{b} + \mathcal{N}(\mathbf{A}) := \{\mathbf{x} \mid \mathbf{x} = \mathbf{A}^-\mathbf{b} + (\mathbf{I} - \mathbf{A}^-\mathbf{A})\mathbf{z},\ \mathbf{z} \in \mathbb{R}^n\}.$$

Die Struktur der Lösungsmenge kommt in dieser Darstellung deutlich zum Ausdruck:

- $\mathcal{N}(\mathbf{A})$ ist der Unterraum der Lösungen des zugehörigen homogenen Gleichungssystems $\mathbf{Ax} = \mathbf{0}$.
- $\mathbf{A}^-\mathbf{b}$ ist eine partikuläre Lösung von $\mathbf{Ax} = \mathbf{b}$.

Die Frage der Lösbarkeit und das Aufsuchen der Lösungen reduziert sich folglich auf das Problem der *Existenz* einer Matrix $\mathbf{A}^-$ mit $\mathbf{AA}^-\mathbf{A} = \mathbf{A}$. In der Tat existiert zu jeder Matrix $\mathbf{A}$ eine derartige verallgemeinerte Inverse. Ist $\mathbf{A}$ etwa regulär, so erfüllt $\mathbf{A}^{-1}$ die Bedingung (3.1), denn es gilt $\mathbf{AA}^{-1}\mathbf{A} = \mathbf{A}$. Falls $\mathbf{A}$ nicht regulär ist, existieren in der Regel sogar unendlich viele verallgemeinerte Inversen.

Der Begriff der verallgemeinerten Inversen einer Matrix ist von Rao (1962) populär gemacht worden, als er deren universelle Anwendbarkeit bei linearen Gleichungssystemen und Problemen des linearen Regressionsmodells nachwies. Historisch gesehen ist der folgende Ansatz aber älter: Fügt man zu (3.1) noch drei weitere Forderungen, nämlich

$$\mathbf{A}^-\mathbf{AA}^- = \mathbf{A}^-,\ (\mathbf{AA}^-)^\top = \mathbf{AA}^- \text{ und } (\mathbf{A}^-\mathbf{A})^\top = \mathbf{A}^-\mathbf{A}$$

hinzu, so ist $\mathbf{A}^-$ sogar eindeutig festgelegt. Man spricht dann von der **Moore-Penrose-Inversen** von $\mathbf{A}$, welche mit $\mathbf{A}^\dagger$ bezeichnet wird.

Ihre Wurzeln hat die Moore-Penrose-Inverse in den Arbeiten von Moore (1920) und Penrose (1955). Wegen der Vielfachheit ihrer Anwendungen ist die Anzahl der Untersuchungen über die verallgemeinerte Inverse bzw. Moore-Penrose-Inverse seit den sechziger Jahren sprunghaft angestiegen. Die Bibliografie in Nashed (1976) umfasst ca. 1.800 Arbeiten, mittlerweile jedoch hat sich ihre Anzahl deutlich erhöht.

3.2 Motivierende Beispiele

Zunächst wollen wir uns mit dem linearen Regressionsmodell beschäftigen, welches das bevorzugte Analyseinstrument des Zusammenhangs von Variablen in Ökonometrie und Statistik darstellt. Anschließend stellen wir Gütevergleiche vektorwertiger Schätzstatistiken hinsichtlich ihres sogenannten Matrixrisikos an.

3.2.1 Lineares Regressionsmodell

Wir unterstellen eine gewisse Vertrautheit mit diesem Modell und schreiben es matriziell in der Form

$$\mathbf{y} = \mathbf{X}\boldsymbol{\beta} + \mathbf{u}, \tag{3.2}$$

wobei

- $\mathbf{X}$ die (n, p)-Matrix der Beobachtungen der p Regressoren,
- $\mathbf{y}$ der $(n, 1)$-Vektor der Beobachtungen des Regressanden,
- $\mathbf{u}$ der $(n, 1)$-Vektor der latenten Störvariablen,
- $\boldsymbol{\beta}$ der feste, aber unbekannte $(p, 1)$-Parametervektor

sind. Ferner gehen wir von folgenden Annahmen aus:

Annahme 1: $\mathbf{E}[\mathbf{u}] = \mathbf{0}$

Annahme 2: $\mathbf{Cov}[\mathbf{u}] = \sigma^2\mathbf{I}$.

Dabei ist $\sigma^2 > 0$ ein unbekannter, aber fester Parameter.

Beispiel 3.1

Als allgemeine Methode zur Schätzung des Parametervektors $\boldsymbol{\beta}$ des linearen Regressionsmodells verwendet man das Kleinst-Quadrate-Prinzip: Suche einen Vektor $\widehat{\boldsymbol{\beta}}$, der bestmögliche Anpassung von $\mathbf{X}\boldsymbol{\beta}$ an den Beobachtungsvektor $\mathbf{y}$ ermöglicht, d.h. löse das Minimierungsproblem

$$(\mathbf{y} - \mathbf{X}\widehat{\boldsymbol{\beta}})^{\mathsf{T}}(\mathbf{y} - \mathbf{X}\widehat{\boldsymbol{\beta}}) = \min_{\widetilde{\boldsymbol{\beta}}}(\mathbf{y} - \mathbf{X}\widetilde{\boldsymbol{\beta}})^{\mathsf{T}}(\mathbf{y} - \mathbf{X}\widetilde{\boldsymbol{\beta}}),$$

das äquivalent ist zu dem quadratischen Optimierungsproblem

$$\min_{\widetilde{\boldsymbol{\beta}}}\left[(\mathbf{X}\mathbf{y})^{\mathsf{T}}\widetilde{\boldsymbol{\beta}} + \frac{1}{2}\widetilde{\boldsymbol{\beta}}^{\mathsf{T}}\mathbf{X}^{\mathsf{T}}\mathbf{X}\widetilde{\boldsymbol{\beta}}\right]$$

(mit der symmetrischen und nichtnegativ definiten Matrix $\mathbf{X}^{\mathsf{T}}\mathbf{X}$).

Durch Nullsetzen der partiellen Ableitungen nach $\widetilde{\boldsymbol{\beta}}$ erhalten wir die sogenannte **Normalgleichung**:

$$\mathbf{X}^{\mathsf{T}}\mathbf{X}\widehat{\boldsymbol{\beta}} = \mathbf{X}^{\mathsf{T}}\mathbf{y}, \tag{3.3}$$

deren Lösungen $\widehat{\boldsymbol{\beta}}$ (im Fall der Existenz) nach Satz 8.8, Seite 437, globale Minimumstellen des Optimierungsproblems sind.

Ist der Rang von $\mathbf{X}$ gleich p, d.h. sämtliche Spaltenvektoren von $\mathbf{X}$ sind linear unabhängig, so ist die (p,p)-Matrix $\mathbf{X}^{\mathsf{T}}\mathbf{X}$ ebenfalls vom Rang p und folglich regulär. Dann hat die Normalgleichung genau eine Lösung:

$$\widehat{\boldsymbol{\beta}} = (\mathbf{X}^{\mathsf{T}}\mathbf{X})^{-1}\,\mathbf{X}^{\mathsf{T}}\mathbf{y}. \tag{3.4}$$

Dies ist der sogenannte **Kleinstquadrateschätzer (KQS)**, der auf Gauß, Laplace bzw. Legendre zurückgeht und hervorragende statistische Eigenschaften besitzt (Erwartungstreue, Varianzminimalität). ○

Problem: Ist die Normalgleichung auch lösbar, wenn $\mathrm{rg}(\mathbf{X}) = \mathrm{rg}(\mathbf{X}^{\mathsf{T}}\mathbf{X}) = r < p$ ist? Im Falle der Lösbarkeit: Wie lauten dann sämtliche Lösungen der Normalgleichung?

Die Kleinstquadrateschätzung gehört zur großen Klasse $\mathcal{K}$ der **linearen Schätzer** der Form

$$\widetilde{\boldsymbol{\beta}} = \mathbf{C}\mathbf{y} + \mathbf{c},$$

wobei $\mathbf{C}$ eine (p,n)-Matrix und $\mathbf{c}$ ein $(p,1)$-Vektor, die geeignet festzulegen sind. Für den KQS ist $\mathbf{C} = (\mathbf{X}^{\mathsf{T}}\mathbf{X})^{-1}\mathbf{X}^{\mathsf{T}}$ und $\mathbf{c} = \mathbf{0}$.

Beispiel 3.2

Ist die Regressormatrix $\mathbf{X}$ von vollem Spaltenrang, d.h. $\text{rg}(\mathbf{X}) = p$, so stellt sich die Frage, wie die unverzerrten Schätzer innerhalb der Klasse $\mathcal{K}$ aussehen. Ist die Schätzfunktion $\widetilde{\boldsymbol{\beta}} = \mathbf{C}\mathbf{y} + \mathbf{c}$ unverzerrt, so gilt für alle $\boldsymbol{\beta} \in \mathbb{R}^p$:

$$\mathbf{E}[\mathbf{C}\mathbf{y} + \mathbf{c}] = \boldsymbol{\beta}.$$

Dann folgt aus $\mathbf{E}[\mathbf{C}\mathbf{y} + \mathbf{c}] = \mathbf{E}[\mathbf{C}\mathbf{X}\boldsymbol{\beta}] + \mathbf{c} = \boldsymbol{\beta}$:

$$\mathbf{c} = \mathbf{0} \tag{3.5}$$

$$\mathbf{C}\mathbf{X} = \mathbf{I}. \tag{3.6}$$

Die Identitäten (3.5) und (3.6) heißen auch **Unverzerrtheitsbedingung**. Aus der Gültigkeit von (3.5) und (3.6) resultiert umgekehrt die Unverzerrtheit von $\widetilde{\boldsymbol{\beta}}$. ○

Problem: Wie lautet die Gesamtheit aller (p, n)-Matrizen $\mathbf{C}$, die die Bedingung (3.6) erfüllen?

Eine spezielle Matrix, nämlich die zum KQS gehörende Matrix $\mathbf{C} = (\mathbf{X}^\mathsf{T}\mathbf{X})^{-1}\mathbf{X}^\mathsf{T}$, genügt der Forderung (3.6), d.h. das matrizielle Gleichungssystem $\mathbf{C}\mathbf{X} = \mathbf{I}$ ist lösbar bzgl. der unbekannten Matrix $\mathbf{C}$. Es geht aber hier um die weitergehende Fragestellung, *alle* derartigen Matrizen $\mathbf{C}$ zu bestimmen.

Beispiel 3.3

Sei im vorigen Beispiel nun $\text{rg}(\mathbf{X}) = r < p$. Stellen wir uns erneut die Aufgabe, den Parametervektor $\boldsymbol{\beta}$ durch Schätzer der Klasse $\mathcal{K}$ zu schätzen. Wiederum erhalten wir die Bedingungen (3.5) und (3.6). ○

Problem: Gibt es überhaupt Matrizen $\mathbf{C}$, die $\mathbf{C}\mathbf{X} = \mathbf{I}$ erfüllen? Wenn nein, gibt es wenigstens Linearkombinationen $\mathbf{a}^\mathsf{T}\boldsymbol{\beta}$ des Parametervektors $\boldsymbol{\beta}$, die sich durch lineare Funktionen der Form $(1, \ldots, 1)^\mathsf{T}\mathbf{y} =: \mathbf{l}^\mathsf{T}\mathbf{y}$ unverzerrt schätzen lassen?

Es sei darauf hingewiesen, daß im betrachteten Fall der KQS in der Form (3.4) nicht existieren kann, weil $\mathbf{X}^\mathsf{T}\mathbf{X}$ singulär ist.

3.2.2 Verzerrte Schätzung multivariater Parameter

Nicht nur im linearen Regressionsmodell, sondern auch in anderen Bereichen der Statistik löst man sich in jüngster Zeit vom allzu starren Postulat der Unverzerrtheit von Schätzfunktionen.

Beispiel 3.4
Ist $\boldsymbol{\theta} = (\theta_1, \ldots, \theta_p)^\top$ ein unbekannter Parametervektor, so ist eine Schätzfunktion $\mathbf{T} = (T_1, \ldots, T_p)^\top$ **unverzerrt** für $\boldsymbol{\theta}$, falls

$$\mathrm{E}[\mathbf{T}] = (\mathrm{E}(T_1), \ldots, \mathrm{E}(T_p))^\top = \boldsymbol{\theta}$$

gilt für alle möglichen Werte von $\boldsymbol{\theta}$ (vgl. Beispiel 3.2). Allerdings ist dieses Gütekriterium allein noch nicht befriedigend. Gleichzeitig sollten auch die Varianzen

$$\mathrm{Var}[T_i] = \mathrm{E}[(T_i - \mathrm{E}[T_i])^2]$$

für alle $i = 1, \ldots, p$ „klein“ sein. Ist letzteres nicht zu erreichen, so kann man die Forderung der Unverzerrtheit aufgeben, eine kleine Verzerrung in Kauf nehmen und möglicherweise eine deutliche Reduzierung der Varianzen erzielen. Auf dieser Idee beruht die sogenannte **Ridge-Regression**, Hoerl und Kennard (1970). ○

Als simultanes Maß für Varianzen und Kovarianzen dient die **Kovarianzmatrix**

$$\begin{aligned}
\mathbf{Cov}[\mathbf{T}] &:= (\mathrm{Cov}[T_i, T_j]) \\
&= (\mathrm{E}[(T_i - \mathrm{E}[T_i])(T_j - \mathrm{E}[T_j])]) \\
&= \mathbf{E}[(\mathbf{T} - \mathrm{E}[\mathbf{T}])(\mathbf{T} - \mathrm{E}[\mathbf{T}])^\top],
\end{aligned}$$

wobei in vorstehendem Ausdruck die Erwartungswertbildung elementweise zu verstehen ist. Unter dem **Biasvektor** („Verzerrung“) von $\mathbf{T}$ bzgl. $\boldsymbol{\theta}$ verstehen wir

$$\mathbf{b}[\mathbf{T}, \boldsymbol{\theta}] := \mathrm{E}[\mathbf{T}] - \boldsymbol{\theta}.$$

Lassen wir nun verzerrte Schätzfunktionen $\mathbf{T}$ für $\boldsymbol{\theta}$ zu, ist als Gütemaß für $\mathbf{T}$ die **Matrix der mittleren quadratischen Fehler** geeignet. Sie ist gegeben durch

$$\mathbf{M}[\mathbf{T},\boldsymbol{\theta}] := \mathbf{E}[(\mathbf{T}-\boldsymbol{\theta})(\mathbf{T}-\boldsymbol{\theta})^{\mathsf{T}}].$$

Wie wir sofort zeigen können, ist

$$\mathbf{M}[\mathbf{T},\boldsymbol{\theta}] = \mathbf{Cov}[\mathbf{T}] + \mathbf{b}[\mathbf{T},\boldsymbol{\theta}]\,\mathbf{b}[\mathbf{T},\boldsymbol{\theta}]^{\mathsf{T}}.$$

Definition 3.1

Sind zwei Schätzfunktionen $\mathbf{S}$ und $\mathbf{T}$ für $\boldsymbol{\theta}$ gegeben, so nennen wir $\mathbf{T}$ **nicht schlechter** als $\mathbf{S}$, wenn für die Matrixdifferenz $\mathbf{D} = \mathbf{M}[\mathbf{S},\boldsymbol{\theta})] - \mathbf{M}[\mathbf{T},\boldsymbol{\theta})]$ nichtnegativ definit ist, siehe Definition 1.21.

Problem: Gibt es einfache notwendige und hinreichende Bedingungen dafür, daß $\mathbf{D}$ nichtnegativ definit ist? Wie lauten solche Bedingungen, wenn man weiß, daß

$$\mathbf{C} = \mathbf{Cov}[\mathbf{S}] - \mathbf{Cov}[\mathbf{T}]$$

nichtnegativ definit ist, d.h., wenn man annehmen kann, daß $\mathbf{T}$ kein schlechteres Streuungsverhalten als $\mathbf{S}$ aufweist?

Bei dem vorstehenden Problem ist zu beachten, daß Kovarianzmatrizen und ebenso die Matrixdifferenz $\mathbf{C}$ singulär sein können und hierbei der nachstehend behandelte Kalkül der verallgemeinerten Inversen besonders hilfreich sein wird.

3.3 Verallgemeinerte Inverse

In Abschnitt 3.1 ist der Begriff der verallgemeinerten Inversen einer Matrix bereits angesprochen worden. Wir wollen diese Inverse nun eingehender untersuchen und benötigen zunächst ihre Definition.

Definition 3.2

Gegeben sei die (m,n)-Matrix $\mathbf{A}$. Eine (n,m)-Matrix $\mathbf{A}^-$ heißt **verallgemeinerte Inverse** von $\mathbf{A}$ (kurz: **g-Inverse** von $\mathbf{A}$; „g“ steht für *generalized*), falls

$$\mathbf{A}\mathbf{A}^-\mathbf{A} = \mathbf{A}$$

gilt.

Anmerkung:
Im folgenden werden wir des öfteren Gleichungen der Form $\mathbf{A}^- = \mathbf{B}$ begegnen. Der Leser beachte, daß dies eine verkürzende Schreibweise für den Sachverhalt ist, daß die Matrix $\mathbf{B}$ Element der (vielleicht unendlichen) Menge aller g-Inversen von $\mathbf{A}$ ist.

Beispiel 3.5
Für

$$\mathbf{A} = \begin{pmatrix} 1 & -1 \\ 2 & -1 \\ 0 & 1 \end{pmatrix}.$$

ist

$$\mathbf{A}^- = \begin{pmatrix} -1 & 1 & 0 \\ -2 & 1 & 0 \end{pmatrix}$$

eine g-Inverse von $\mathbf{A}$, was der Leser nachprüfen möge. Zur numerischen Bestimmung von $\mathbf{A}^-$ siehe Abschnitt 3.10.1. ○

Eine g-Inverse ist i.a. nicht eindeutig bestimmt; es gibt in der Regel unendlich viele g-Inverse zu einer gegebenen Matrix.

Beispiel 3.6
Sei

$$\mathbf{B} = \begin{pmatrix} 1 & 2 & 1 \\ 2 & 3 & 1 \\ 1 & 1 & 0 \end{pmatrix}.$$

Dann sind

$$\mathbf{B}_1^- = \begin{pmatrix} -3 & 2 & 0 \\ 2 & -1 & 1 \\ 1 & -1 & 1 \end{pmatrix} \quad \text{bzw.} \quad \mathbf{B}_2^- = \begin{pmatrix} 0 & -1 & 3 \\ 0 & 1 & -2 \\ 1 & -1 & 1 \end{pmatrix}$$

zwei g-Inversen von $\mathbf{B}$. Ferner ist $\mathbf{C} = \alpha\mathbf{B}_1 + (1-\alpha)\mathbf{B}_2$ für jedes $\alpha \in \mathbb{R}$ eine g-Inverse von $\mathbf{B}$. ○

Existiert nun zu einer gegebenen Matrix stets eine g-Inverse? Die Frage nach Existenz und Eindeutigkeit beantwortet der folgende Satz. Dabei erinnern wir an die Singulärwertdarstellung einer (m,n)-Matrix $\mathbf{A}$ mit $\text{rg}(\mathbf{A}) = r \leq \min(m,n)$:

$$\mathbf{A} = \mathbf{U}\begin{pmatrix} \mathbf{\Delta} & \mathbf{0} \\ \mathbf{0} & \mathbf{0} \end{pmatrix}\mathbf{V}^\top, \tag{3.7}$$

wobei $\mathbf{U}$ eine orthogonale (m,m)-Matrix und $\mathbf{V}$ eine orthogonale (n,n)-Matrix sind. Ferner ist $\mathbf{\Delta}$ eine (r,r)-Diagonalmatrix mit positiven Diagonalelementen, vgl. Satz 1.19, Seite 29.

Satz 3.1

Sämtliche g-Inversen $\mathbf{A}^-$ einer (m,n)-Matrix $\mathbf{A}$ in der Darstellung (3.7) *sind gegeben durch*

$$\mathbf{A}^- = \mathbf{V}\begin{pmatrix} \mathbf{\Delta}^{-1} & \mathbf{X} \\ \mathbf{Y} & \mathbf{Z} \end{pmatrix}\mathbf{U}^\top, \tag{3.8}$$

wobei $\mathbf{X}, \mathbf{Y}$ und $\mathbf{Z}$ beliebige Matrizen entsprechender Ordnung sind.

Beweis: Anhand der in Abschnitt 1.3.6 behandelten Regeln für die Multiplikation partitionierter Matrizen zeigt sich unter Beachtung der Orthogonalität von $\mathbf{U}$ und $\mathbf{V}$ sofort, daß die angegebene Matrix $\mathbf{A}^-$ tatsächlich eine g-Inverse von $\mathbf{A}$ ist, d.h. daß $\mathbf{A}\mathbf{A}^-\mathbf{A} = \mathbf{A}$ erfüllt wird.

Umgekehrt hat jede Matrix $\mathbf{G}$ mit der Eigenschaft $\mathbf{AGA} = \mathbf{A}$ diese Darstellung. Dies sei eine dem Leser empfohlene Übung (vgl. Aufgabe 3.1). □

Eine besonders einfache g-Inverse von $\mathbf{A}$ in der Darstellung (3.8) ist durch

$$\mathbf{V}\begin{pmatrix} \mathbf{\Delta}^{-1} & \mathbf{0} \\ \mathbf{0} & \mathbf{0} \end{pmatrix}\mathbf{U}^\top$$

gegeben, wobei also $\mathbf{X} = \mathbf{0}$, $\mathbf{Y} = \mathbf{0}$ und $\mathbf{Z} = \mathbf{0}$ gesetzt wird.

Die Bestimmung einer Singulärwertdarstellung von $\mathbf{A}$ und damit einer solchen von $\mathbf{A}^-$ ist im Zeitalter der Computer und der Verfügbarkeit komfortabler Softwarepakete kein großes Problem.

Beispiel 3.7
Sei

$$\mathbf{A} = \begin{pmatrix} 0 & 4 & 0 \\ 0 & 0 & 1 \end{pmatrix}.$$

Dann ist

$$\mathbf{A} = \begin{pmatrix} 0 & 1 \\ 1 & 0 \end{pmatrix} \begin{pmatrix} 1 & 0 & 0 \\ 0 & 4 & 0 \end{pmatrix} \begin{pmatrix} 0 & 0 & 1 \\ 0 & 1 & 0 \\ 1 & 0 & 0 \end{pmatrix} = \mathbf{U}(\mathbf{\Delta}, \mathbf{0})\mathbf{V}^{\mathsf{T}}$$

mit

$$\mathbf{\Delta} = \begin{pmatrix} 1 & 0 \\ 0 & 4 \end{pmatrix}$$

eine Singulärwertdarstellung von **A**. Gemäß Satz 3.1 sind alle g-Inversen von **A** gegeben durch

$$\mathbf{A}^- = \begin{pmatrix} 0 & 0 & 1 \\ 0 & 1 & 0 \\ 1 & 0 & 0 \end{pmatrix} \begin{pmatrix} 1 & 0 \\ 0 & 1/4 \\ y_1 & y_2 \end{pmatrix} \begin{pmatrix} 0 & 1 \\ 1 & 0 \end{pmatrix} = \begin{pmatrix} y_2 & y_1 \\ 1/4 & 0 \\ 0 & 1 \end{pmatrix}$$

mit beliebigen $y_1, y_2 \in \mathbb{R}$.

Da die mittlere Matrix $(\mathbf{\Delta}, \mathbf{0})$ in der Faktorisierung von **A** keine „südlichen" Nullmatrizen enthält, treten auch in der Darstellung von $\mathbf{A}^-$ gemäß Satz 3.1 keine Matrizen **X** und **Z** auf.

○

Im allgemeinen Fall bestimmt das Vorkommen „östlicher" und „südlicher" Nullmatrizen in der Faktorisierung von **A** das Auftreten der Matrizen **X**, **Y** und **Z** bzw. deren Fehlen. Entscheidend ist, daß für eine (m, n)-Matrix **A** eine g-Inverse $\mathbf{A}^-$ vom Typ (n, m) ist. Wie wir mit Hilfe des Gaußschen Algorithmus sehr schnell „mit Papier und Bleistift" eine g-Inverse einer kleindimensionierten Matrix bestimmen können, wird in Abschnitt 3.10.1 behandelt.

3.4 Lösung von linearen Gleichungssystemen

Wenden wir uns dem in Abschnitt 3.1 bereits angeschnittenen Problem der Lösung eines linearen Gleichungssystems $\mathbf{Ax} = \mathbf{b}$ zu. Unterstellen wir, wir hätten eine g-Inverse von $\mathbf{A}$ schon bestimmt. Dann ist das nachstehende Ergebnis sehr nützlich.

Satz 3.2
Das Gleichungssystem $\mathbf{Ax} = \mathbf{b}$ *ist genau dann lösbar, wenn* $\mathbf{AA^-b} = \mathbf{b}$ *gilt. Falls* $\mathbf{Ax} = \mathbf{b}$ *lösbar ist, lauten sämtliche Lösungen*

$$\mathbf{x} = \mathbf{A^-b} + (\mathbf{I} - \mathbf{A^-A})\mathbf{z}, \tag{3.9}$$

wobei $\mathbf{z}$ *ein* beliebiger *passender Vektor ist.*

Beweis: Sei $\mathbf{Ax} = \mathbf{b}$ lösbar. Dann gibt es (mindestens) einen Vektor $\mathbf{x}_0$ mit $\mathbf{Ax}_0 = \mathbf{b}$. Da $\mathbf{A} = \mathbf{AA^-A}$, resultiert $\mathbf{AA^-Ax}_0 = \mathbf{Ax}_0 = \mathbf{b}$ und folglich $\mathbf{AA^-b} = \mathbf{b}$.

Gilt umgekehrt $\mathbf{AA^-b} = \mathbf{b}$. Dann ist aber mit $\mathbf{x}_0 = \mathbf{A^-b}$ schon eine Lösung von $\mathbf{Ax} = \mathbf{b}$ gefunden. Damit haben wir den ersten Teil von Satz 3.2 bewiesen. Für den zweiten Teil zeigen wir:

(i) $\mathbf{A^-b} + (\mathbf{I} - \mathbf{A^-A})\mathbf{z}$ ist stets eine Lösung mit beliebigem Vektor $\mathbf{z}$.

(ii) Jede Lösung $\mathbf{x}_0$ von $\mathbf{Ax} = \mathbf{b}$ hat die Darstellung

$$\mathbf{x}_0 = \mathbf{A^-b} + (\mathbf{I} - \mathbf{A^-A})\mathbf{z}_0$$

mit geeignetem Vektor $\mathbf{z}_0$.

Zu (i) Wegen $\mathbf{AA^-A} = \mathbf{A}$ ist

$$\begin{aligned} \mathbf{A}(\mathbf{A^-b} + (\mathbf{I} - \mathbf{A^-A})\mathbf{z}) &= \mathbf{AA^-b} + \mathbf{A}(\mathbf{I} - \mathbf{A^-A})\mathbf{z} \\ &= \mathbf{b} + \mathbf{A}(\mathbf{I} - \mathbf{A^-A})\mathbf{z} \\ &= \mathbf{b}. \end{aligned}$$

Zu (ii) Sei $\mathbf{Ax}_0 = \mathbf{b}$. Setze $\mathbf{z}_0 = \mathbf{x}_0$. Dann haben wir

$$\begin{aligned}\mathbf{A}^-\mathbf{b} + (\mathbf{I} - \mathbf{A}^-\mathbf{A})\mathbf{z}_0 &= \mathbf{A}^-\mathbf{b} + \mathbf{x}_0 - \mathbf{A}^-\mathbf{A}\mathbf{x}_0 \\ &= \mathbf{A}^-\mathbf{b} + \mathbf{x}_0 - \mathbf{A}^-\mathbf{b} \\ &= \mathbf{x}_0.\end{aligned}$$

(i) und (ii) zusammen ergeben aber die Behauptung des zweiten Teils. ❑

Beispiel 3.8
Betrachten wir das Gleichungssystem

$$\begin{aligned} x_1 + 2x_2 + x_3 \qquad\qquad &= 4 \\ x_3 + 2x_4 &= 3 \\ -2x_1 - 4x_2 - x_3 + 2x_4 &= -5 \end{aligned}$$

mit

$$\mathbf{A} = \begin{pmatrix} 1 & 2 & 1 & 0 \\ 0 & 0 & 1 & 2 \\ -2 & -4 & -1 & 2 \end{pmatrix}.$$

Eine g-Inverse der Koeffizientenmatrix **A** ist gegeben durch

$$\mathbf{A}^- = \begin{pmatrix} 1 & -1 & 0 \\ 0 & 0 & 0 \\ 0 & 1 & 0 \\ 0 & 0 & 0 \end{pmatrix}.$$

Nun ist $\mathbf{A}^-\mathbf{b} = (1, 0, 3, 0)^\top$ und weiterhin $\mathbf{A}\mathbf{A}^-\mathbf{b} = \mathbf{b} = (4, 3, -5)^\top$, d.h. das Gleichungssystem ist lösbar. Wie wir schnell nachrechnen, ist

$$\mathbf{I} - \mathbf{A}^-\mathbf{A} = \begin{pmatrix} 0 & -2 & 0 & 2 \\ 0 & 1 & 0 & 0 \\ 0 & 0 & 0 & -2 \\ 0 & 0 & 0 & 1 \end{pmatrix},$$

und die allgemeine Lösung lautet gemäß (3.9)

$$\begin{aligned}
\mathbf{x} &= \mathbf{A}^{-}\mathbf{b} + (\mathbf{I} - \mathbf{A}^{-}\mathbf{A})\mathbf{z} \\
&= \begin{pmatrix} 1 \\ 0 \\ 3 \\ 0 \end{pmatrix} + \begin{pmatrix} 0 & -2 & 0 & 2 \\ 0 & 1 & 0 & 0 \\ 0 & 0 & 0 & -2 \\ 0 & 0 & 0 & 1 \end{pmatrix} \begin{pmatrix} z_1 \\ z_2 \\ z_3 \\ z_4 \end{pmatrix} \\
&= \begin{pmatrix} 1 \\ 0 \\ 3 \\ 0 \end{pmatrix} + z_2 \begin{pmatrix} -2 \\ 1 \\ 0 \\ 0 \end{pmatrix} + z_4 \begin{pmatrix} 2 \\ 0 \\ -2 \\ 1 \end{pmatrix} \\
&= \begin{pmatrix} 1 - 2z_2 + 2z_4 \\ z_2 \\ 3 - 2z_4 \\ z_4 \end{pmatrix}.
\end{aligned}$$

Dabei sind $z_2, z_4 \in \mathbb{R}$ beliebig gewählt. ○

Wer mit dem Lösungsalgorithmus nach Gauss vertraut ist, erkennt hier die Analogie: $(1,0,3,0)^\top$ ist eine partikulare Lösung von $\mathbf{Ax} = \mathbf{b}$, $(-2,1,0,0)^\top$ und $(2,0,-2,1)^\top$ sind Basisvektoren des Lösungsraumes des zugehörigen homogenen Gleichungssystems $\mathbf{Ax} = \mathbf{0}$.

Beispiel 3.9

Greifen wir das Problem der Bestimmung sämtlicher Lösungen der Normalgleichungen (3.3) auf. Dazu stellen wir zunächst die Frage, ob diese auch im Fall $\text{rg}(\mathbf{X}) = \text{rg}(\mathbf{X}^\top\mathbf{X}) = r < p$ überhaupt eine Lösung besitzen. Dazu ist gemäß Satz 3.2 zu prüfen, ob

$$\mathbf{X}^\top\mathbf{X}(\mathbf{X}^\top\mathbf{X})^{-}\mathbf{X}^\top\mathbf{y} = \mathbf{X}^\top\mathbf{y}$$

zutrifft. Da nun für beliebige Matrizen $\mathbf{R}$ und $\mathbf{S}$ mit $\mathbf{RA}^\top\mathbf{A} = \mathbf{SA}^\top\mathbf{A}$ stets folgt $\mathbf{RA}^\top = \mathbf{SA}^\top$ (Kürzungsregel: vgl. Aufgabe 3.3), schließen wir aus der Gültigkeit von

$$\mathbf{X}^\top\mathbf{X}(\mathbf{X}^\top\mathbf{X})^{-}\mathbf{X}^\top\mathbf{X} = \mathbf{X}^\top\mathbf{X}$$

sofort auch auf die Identität $\mathbf{X}^\top\mathbf{X}(\mathbf{X}^\top\mathbf{X})^{-}\mathbf{X}^\top = \mathbf{X}^\top$. Mithin folgt auch $\mathbf{X}^\top\mathbf{X}(\mathbf{X}^\top\mathbf{X})^{-}\mathbf{X}^\top\mathbf{y} = \mathbf{X}^\top\mathbf{y}$. Damit ist die Normalgleichung stets lösbar. Wie weiter aus Satz 3.2 resultiert, ist die Gesamtheit aller Lösungen dann gegeben durch

$$\widehat{\boldsymbol{\beta}} = (\mathbf{X}^\mathsf{T}\mathbf{X})^-\mathbf{X}^\mathsf{T}\mathbf{y} + [\mathbf{I} - (\mathbf{X}^\mathsf{T}\mathbf{X})^-\mathbf{X}^\mathsf{T}\mathbf{X}]\mathbf{z},$$

wobei $\mathbf{z} \in \mathbb{R}^p$ ein beliebiger Vektor ist. ○

Satz 3.2 können wir auch auf allgemeinere Matrizengleichungen übertragen. Eine derartige Verallgemeinerung ist formuliert im folgenden

Satz 3.3

Gegeben sei das Gleichungssystem

$$\mathbf{AZB} = \mathbf{D},$$

wobei $\mathbf{A}$ *eine* (m,n)-, $\mathbf{B}$ *eine* (p,q)- *und* $\mathbf{D}$ *eine* (m,q)-*Matrix sind. Das System ist genau dann bzgl. der* (n,p)-*Matrix* $\mathbf{Z}$ *lösbar, wenn*

$$\mathbf{AA^-DB^-B} = \mathbf{D}$$

zutrifft, wobei $\mathbf{A}^-$ *und* $\mathbf{B}^-$ *beliebige g-Inversen von* $\mathbf{A}$ *bzw.* $\mathbf{B}$ *sind. Im Falle der Lösbarkeit sind sämtliche Lösungen gegeben durch*

$$\mathbf{Z} = \mathbf{A^-DB^-} + \mathbf{Y} - \mathbf{A^-AYBB^-},$$

wobei $\mathbf{Y}$ *eine beliebige* (n,p)-*Matrix ist.*

Beweis: Er folgt der gleichen Struktur wie der Beweis von Satz 3.2 und wird deshalb den Aufgaben überlassen (vgl. Aufgabe 3.4). ❑

Beispiel 3.10

Wenden wir uns dem Problem zu, im Falle der Spaltenregularität der Regressormatrix $\mathbf{X}$ alle linearen unverzerrten Schätzer für $\boldsymbol{\beta}$ zu finden. Wie wir schon gesehen haben, sind diese Schätzer von der Form

$$\widetilde{\boldsymbol{\beta}} = \mathbf{Cy} \quad \text{mit} \quad \mathbf{CX} = \mathbf{I},$$

vgl. Beispiel 3.2. Um die Matrizen $\mathbf{C}$ mit der Eigenschaft $\mathbf{CX} = \mathbf{I}$ explizit zu bestimmen, ist zunächst wieder die Frage der Lösbarkeit zu beantworten. Wegen Satz 3.3 ist $\mathbf{CX} = \mathbf{I}$ lösbar bzgl. $\mathbf{C}$($\mathbf{X}$ und $\mathbf{I}$ sind gegeben!), wenn

$$\mathbf{IX}^-\mathbf{X} = \mathbf{I}$$

erfüllt ist. Offenbar ist eine g-Inverse von $\mathbf{X}$ gegeben durch

$$\mathbf{X}^- = (\mathbf{X}^\top\mathbf{X})^{-1}\mathbf{X}^\top$$

für die darüber hinaus $\mathbf{X}^-\mathbf{X} = \mathbf{I}$ gilt. Folglich liegt Lösbarkeit vor. Alle linearen unverzerrten Schätzer für $\boldsymbol{\beta}$ sind gegeben durch

$$\widetilde{\boldsymbol{\beta}} = (\mathbf{X}^- + \mathbf{Y} - \mathbf{YXX}^-)\mathbf{y},$$

wobei $\mathbf{Y}$ eine beliebige (p, n)-Matrix ist.

○

Beispiel 3.11

Sei nun die Regressormatrix spaltensingulär, d.h. $\text{rg}(\mathbf{X}) = r < p$. Damit $\boldsymbol{\beta}$ unverzerrt durch einen linearen Schätzer der Form $\widetilde{\boldsymbol{\beta}} = \mathbf{Cy} + \mathbf{c}$ geschätzt werden kann, muss gelten: $\mathbf{CX} = \mathbf{I}$ und $\mathbf{c} = \mathbf{0}$, siehe Beispiel 3.2. Wenn aber das System $\mathbf{CX} = \mathbf{I}$ bzgl. $\mathbf{C}$ lösbar sein soll, muss nach Satz 3.3: $\mathbf{IX}^-\mathbf{X} = \mathbf{I}$ für eine g-Inverse von $\mathbf{X}$ erfüllt sein, d.h. $\mathbf{X}^-\mathbf{X} = \mathbf{I}_p$. Das ist aber unmöglich, weil $p = \text{rg}(\mathbf{I}_p) = \text{rg}(\mathbf{X}^-\mathbf{X}) \leq \text{rg}(\mathbf{X}) = r$, andererseits $r < p$ ist. Mithin kann im Fall $\text{rg}(\mathbf{X}) = r < p$ der Parametervektor $\boldsymbol{\beta}$ nicht unverzerrt geschätzt werden. ○

Gehen wir jetzt der Frage nach, wann wenigstens Linearkombinationen $\mathbf{a}^\top\boldsymbol{\beta}$ durch lineare Funktionen $\mathbf{l}^\top\mathbf{y}$ unverzerrt schätzbar (kurz: **schätzbar**) sind, d.h. wann gilt $\text{E}(\mathbf{l}^\top\mathbf{y}) = \mathbf{a}^\top\boldsymbol{\beta}$ für alle $\boldsymbol{\beta} \in \mathbb{R}^p$, (vgl. das Problem im Anschluss an Beispiel 3.3).

Zunächst sind folgende Aussagen äquivalent (vgl. Aufgabe 3.6)

(i) $\mathbf{a}^\top\boldsymbol{\beta}$ ist schätzbar.

(ii) Es gibt einen Vektor $\mathbf{d}$, so daß $\mathbf{a} = \mathbf{X}^\top\mathbf{d}$.

Wegen Satz 3.2 ist folglich $\mathbf{a}^\top\boldsymbol{\beta}$ genau dann schätzbar, wenn $\mathbf{X}^\top(\mathbf{X}^\top)^-\mathbf{a} = \mathbf{a}$ erfüllt ist. Weitere, noch bequemere, notwendige und hinreichende Bedingungen für Schätzbarkeit sind Aufgabe 3.6 zu entnehmen.

3.5 Umgang mit g-Inversen

Um mit g-Inversen richtig umzugehen, sollten die nachstehenden Regeln beachtet werden.

Satz 3.4
Sei $\mathbf{A}$ *eine* (m,n)*-Matrix, und* $\mathbf{A}^-$ *sei eine g-Inverse von* $\mathbf{A}$. *Dann gilt*

(i) $\mathbf{A}^-\mathbf{A}$ *und* $\mathbf{A}\mathbf{A}^-$ *sind idempotente Matrizen*

(ii) $\text{rg}(\mathbf{A}) = \text{rg}(\mathbf{A}\mathbf{A}^-) = \text{rg}(\mathbf{A}^-\mathbf{A})$

(iii) $\text{rg}(\mathbf{A}) \leq \text{rg}(\mathbf{A}^-)$.

Beweis:

(i) $(\mathbf{A}^-\mathbf{A})(\mathbf{A}^-\mathbf{A}) = \mathbf{A}^-(\mathbf{A}\mathbf{A}^-\mathbf{A}) = \mathbf{A}^-\mathbf{A}$. Die Idempotenz von $\mathbf{A}\mathbf{A}^-$ zeigt sich analog.

(ii) Wegen Satz 1.6(iii) folgt

$$\text{rg}(\mathbf{A}) = \text{rg}(\mathbf{A}\mathbf{A}^-\mathbf{A}) \leq \text{rg}(\mathbf{A}^-\mathbf{A}) \leq \text{rg}(\mathbf{A})$$

bzw.

$$\text{rg}(\mathbf{A}) = \text{rg}(\mathbf{A}\mathbf{A}^-\mathbf{A}) \leq \text{rg}(\mathbf{A}\mathbf{A}^-) \leq \text{rg}(\mathbf{A}).$$

(iii) $\text{rg}(\mathbf{A}) = \text{rg}(\mathbf{A}\mathbf{A}^-\mathbf{A}) \leq \text{rg}(\mathbf{A}\mathbf{A}^-) \leq \text{rg}(\mathbf{A}^-)$.

❑

Beim Übergang von einer Matrix zu einer ihrer g-Inversen findet mithin nach Satz 3.4(iii) i.a. eine Rangvergrößerung statt. Es sollte ferner beachtet werden, daß anders als bei der gewöhnlichen Inversen i.a. $\mathbf{A}\mathbf{A}^- \neq \mathbf{A}^-\mathbf{A}$ gilt.

Satz 3.5
Sei eine $\mathbf{A}$ (m,n)*-Matrix und bezeichne* $r = \text{rg}(\mathbf{A})$. *Dann gilt*

(i) $\mathbf{A}^-\mathbf{A} = \mathbf{I}_n \quad \Leftrightarrow \quad r = n.$

(ii) $\mathbf{A}\mathbf{A}^- = \mathbf{I}_m \quad \Leftrightarrow \quad r = m.$

(iii) $\text{tr}(\mathbf{A}^-\mathbf{A}) = r = \text{tr}(\mathbf{A}\mathbf{A}^-)$.

(ii) Betrachte die Zeilendarstellung von $\mathbf{A}$ in der Form

$$\mathbf{A} = \begin{pmatrix} \mathbf{a}_{(1)}^\top \\ \vdots \\ \mathbf{a}_{(n)}^\top \end{pmatrix}.$$

Dann ist

$$\mathbf{A}(\mathbf{A}^\top\mathbf{A})^-\mathbf{A}^\top = (\mathbf{a}_{(i)}^\top(\mathbf{A}^\top\mathbf{A})^-\mathbf{a}_{(j)}).$$

Die Vektoren $\mathbf{a}_i$ gehören zu $\mathcal{M}(\mathbf{A}^\top) = \mathcal{M}(\mathbf{A}^\top\mathbf{A})$ (vgl. Aufgabe 3.8). Wegen Teil (i) folgt die Behauptung (Beachte: $\mathbf{A}^\top\mathbf{A}$ ist symmetrisch).

(iii) „a)⇒ b)“: Sei $\alpha\mathbf{A} - \mathbf{a}\mathbf{a}^\top$ n.n.d. Dann ist erst recht $\alpha\mathbf{A} = (\alpha\mathbf{A} - \mathbf{a}\mathbf{a}^\top) + \mathbf{a}\mathbf{a}^\top$ n.n.d. und damit $\mathbf{A}$. Ferner läßt sich $\alpha\mathbf{A} - \mathbf{a}\mathbf{a}^\top$ als n.n.d. Matrix darstellen in der Form $\alpha\mathbf{A} - \mathbf{a}\mathbf{a}^\top = \mathbf{B}\mathbf{B}^\top$, d.h. $\alpha\mathbf{A} = \mathbf{B}\mathbf{B}^\top + \mathbf{a}\mathbf{a}^\top = (\mathbf{B},\mathbf{a})(\mathbf{B},\mathbf{a})^\top$. Folglich ist $\mathcal{M}(\mathbf{A}) = \mathcal{M}(\alpha\mathbf{A}) = \mathcal{M}(\mathbf{B},\mathbf{a})$, und mithin liegt $\mathbf{a}$ im Spaltenraum $\mathcal{M}(\mathbf{A})$. Wir können deshalb schreiben $\mathbf{a} = \mathbf{A}\mathbf{c}$ mit $\mathbf{c} \in \mathbb{R}^n$. Zu zeigen ist noch $\mathbf{a}^\top\mathbf{A}^-\mathbf{a} \leq \alpha$. Dies ist aber äquivalent zu $\mathbf{c}^\top\mathbf{A}\mathbf{c} \leq \alpha$. Nach Voraussetzung ist aber $\alpha\mathbf{A} - \mathbf{a}\mathbf{a}^\top$ n.n.d., d.h. $\mathbf{x}^\top(\alpha\mathbf{A} - \mathbf{a}\mathbf{a}^\top)\mathbf{x} \geq 0$ für alle Vektoren $\mathbf{x} \in \mathbb{R}^n$. Wähle $\mathbf{x} = \mathbf{c}$. Dann folgt $\alpha\mathbf{c}^\top\mathbf{A}\mathbf{c} - \mathbf{c}^\top\mathbf{a}\mathbf{a}^\top\mathbf{c} \geq 0$ und danach $\alpha\mathbf{c}^\top\mathbf{A}\mathbf{c} \geq (\mathbf{c}^\top\mathbf{A}\mathbf{c})(\mathbf{c}^\top\mathbf{A}\mathbf{c})$. Mithin haben wir $\mathbf{c}^\top\mathbf{A}\mathbf{c} \leq \alpha$.

„b)⇒ a)“ Sei $\mathbf{x} \in \mathbb{R}^n$ beliebig. Da $\mathbf{a} \in \mathcal{M}(\mathbf{A})$, gilt $\mathbf{a} = \mathbf{A}\mathbf{c}$ für ein $\mathbf{c} \in \mathbb{R}^n$. Dann ist

$$\begin{aligned}
\mathbf{x}^\top(\alpha\mathbf{A} - \mathbf{a}\mathbf{a}^\top)\mathbf{x} &= \alpha\mathbf{x}^\top\mathbf{A}\mathbf{x} - (\mathbf{x}^\top\mathbf{a})^2 \\
&= \alpha\mathbf{x}^\top\mathbf{A}\mathbf{x} - (\mathbf{x}^\top\mathbf{A}\mathbf{c})^2 \\
&\geq \alpha\mathbf{x}^\top\mathbf{A}\mathbf{x} - (\mathbf{x}^\top\mathbf{A}\mathbf{x})(\mathbf{c}^\top\mathbf{A}\mathbf{c}) \qquad (3.10) \\
&= \mathbf{x}^\top\mathbf{A}\mathbf{x}(\alpha - \mathbf{c}^\top\mathbf{A}\mathbf{c}) \\
&\geq 0. \qquad (3.11)
\end{aligned}$$

(3.10) folgt aus der Cauchy-Schwarzschen Ungleichung (1.38), Seite 49. (3.11) gilt, weil $\mathbf{A}$ n.n.d. ist und $\mathbf{c}^\top\mathbf{A}\mathbf{c} = \mathbf{a}\mathbf{A}^-\mathbf{a} \leq \alpha$.

❑

Die Äquivalenz (iii) dieses Satzes geht auf Baksalary und Kala (1983) zurück.

Beispiel 3.12

Betrachten wir erneut das Problem der Schätzung eines multivariaten Parameters durch zwei Statistiken $\mathbf{S}$ und $\mathbf{T}$, wobei bekannt ist, daß $\mathbf{C} = \mathbf{Cov}(\mathbf{S}) - \mathbf{Cov}(\mathbf{T})$ nichtnegativ definit ist. Wir setzen abkürzend $\mathbf{c}_1 := \mathbf{b}(\mathbf{S}, \boldsymbol{\theta})$ und $\mathbf{c}_2 := \mathbf{b}(\mathbf{T}, \boldsymbol{\theta})$. Wenden wir Satz 3.6(iii) auf die Matrix $\mathbf{A} = \mathbf{C} + \mathbf{c}_1\mathbf{c}_1^\top$ an, so erhalten wir die folgenden äquivalenten Aussagen:

a) $\mathbf{T}$ ist nicht schlechter als $\mathbf{S}$ im Sinne von Definition 3.1.

b) $\mathbf{c}_2 \in \mathcal{M}(\mathbf{C} + \mathbf{c}_1\mathbf{c}_1^\top)$ und $\mathbf{c}_2^\top(\mathbf{C} + \mathbf{c}_1\mathbf{c}_1^\top)^-\mathbf{c}_2 \leq 1$.

Die Bedingungen in b) sind aber in der Regel leicht nachprüfbar. Es ist zu beachten, daß hier nur *eine* g-Inverse von $\mathbf{C} + \mathbf{c}_1\mathbf{c}_1^\top$ benötigt wird. Ist $\mathbf{C}$ sogar positiv definit, ist $\mathbf{C}$ regulär und folglich auch $\mathbf{C} + \mathbf{c}_1\mathbf{c}_1^\top$. Dann liegt $\mathbf{c}_2$ stets im Spaltenraum von $\mathbf{C} + \mathbf{c}_1\mathbf{c}_1^\top$, und die Bedingung b) lautet dann vereinfacht

$$\mathbf{c}_2^\top(\mathbf{C} + \mathbf{c}_1\mathbf{c}_1^\top)^{-1}\mathbf{c}_2 \leq 1. \tag{3.12}$$

Für den Fall, daß $\mathbf{S}$ unverzerrt ist, haben wir $\mathbf{c}_1 = \mathbf{0}$, und (3.12) schreibt sich in der Form

$$\mathbf{c}_2 \in \mathcal{M}(\mathbf{C}) \quad \text{und} \quad \mathbf{c}_2^\top\mathbf{C}^-\mathbf{c}_2 \leq 1. \tag{3.13}$$

Ist schließlich $\mathbf{C}$ positiv definit und $\mathbf{S}$ unverzerrt, erhalten wir

$$\mathbf{c}_2^\top\mathbf{C}^{-1}\mathbf{c}_2 \leq 1. \tag{3.14}$$

○

Wir beschließen diesen Abschnitt mit einer Reihe wichtiger Regeln, die wir nicht beweisen möchten, wobei aber dem Leser empfohlen sei, zumindest einen Teil der Aussagen selbst zu überprüfen.

Satz 3.7

Gegeben sei die (m,n)-Matrix $\mathbf{A}$. Dann gilt

(i) $(\mathbf{A}^\top)^- = (\mathbf{A}^-)^\top$.

(ii) Falls $\mathbf{A}$ idempotent ist, so gilt $\mathbf{A}^- = \mathbf{A}$.

(iii) *Sind* $\mathbf{R}$ *bzw.* $\mathbf{S}$ *reguläre* (m,m) *bzw.* (n,n)*-Matrizen, so ist* $\mathbf{S}^{-1}\mathbf{A}^{-}\mathbf{R}^{-1}$ *eine g-Inverse von* $\mathbf{RAS}$.

(iv) $\mathbf{B}$ *sei eine* (p,q)*-Matrix. Dann gilt*

$$\begin{pmatrix} \mathbf{A} & \mathbf{0} \\ \mathbf{0} & \mathbf{B} \end{pmatrix}^{-} = \begin{pmatrix} \mathbf{A}^{-} & \mathbf{0} \\ \mathbf{0} & \mathbf{B}^{-} \end{pmatrix}.$$

(v) *Für die* (m,p)*-Matrix* $\mathbf{B}$ *gelte* $\mathcal{M}(\mathbf{B}) \subset \mathcal{M}(\mathbf{A})$. *Dann gilt*

$$\begin{pmatrix} \mathbf{A} & \mathbf{B} \\ \mathbf{0} & \mathbf{0} \end{pmatrix}^{-} = \begin{pmatrix} \mathbf{A}^{-} & \mathbf{0} \\ \mathbf{0} & \mathbf{0} \end{pmatrix}.$$

(vi) $\mathbf{A}(\mathbf{A}^{\mathsf{T}}\mathbf{A})^{-}\mathbf{A}^{\mathsf{T}}\mathbf{A} = \mathbf{A}$.

(vii) $\mathbf{A}^{\mathsf{T}}\mathbf{A}(\mathbf{A}^{\mathsf{T}}\mathbf{A})^{-}\mathbf{A}^{\mathsf{T}} = \mathbf{A}^{\mathsf{T}}$.

(viii) $\mathbf{A}(\mathbf{A}^{\mathsf{T}}\mathbf{A})^{-}\mathbf{A}^{\mathsf{T}}$ *ist eine g-Inverse von* $\mathbf{A}$.

(ix) $\mathbf{A}\,(\mathbf{A}^{\mathsf{T}}\mathbf{A})^{-}\,\mathbf{A}^{\mathsf{T}}$ *ist symmetrisch und idempotent.*

(x) $\mathbf{B}$ *sei eine* (p,n)*-Matrix. Dann gilt* $\mathbf{B}\mathbf{A}^{-}\mathbf{A} = \mathbf{B}$ *genau dann, wenn* $\mathcal{M}(\mathbf{B}^{\mathsf{T}}) \subset \mathcal{M}(\mathbf{A}^{\mathsf{T}})$.

Beweis: Siehe Aufgabe 3.7. ❑

3.7 Moore-Penrose-Inverse

In einigen Anwendungen genügt der Begriff der g-Inversen nicht, um bei genauen Untersuchungen eines Sachverhaltes rasch zum Ziel zu kommen. Will man z.B. bei einem linearen Gleichungssystem den Lösungsvektor mit kürzester euklidischer Norm bestimmen, reicht das Vorhandensein einer g-Inversen allein nicht aus. Derartige kürzeste Lösungsvektoren werden z.B. im linearen Regressionsmodell betrachtet (vgl. Beispiel 3.14).

Wie in der Einleitung schon ausgeführt wurde, kann die *Eindeutigkeit* einer g-Inversen durch Hinzunahme dreier weiterer Forderungen erzwungen werden. Dies führt zur Begriffsbildung der Moore-Penrose-Inversen.

Definition 3.3

$\mathbf{A}$ sei eine (m,n)-Matrix. Die (n,m)-Matrix $\mathbf{A}^{\dagger}$ heißt **Moore-Penrose-Inverse** (kurz: **MP-Inverse**) von $\mathbf{A}$, falls gilt:

$$\mathbf{A}\mathbf{A}^{\dagger}\mathbf{A} = \mathbf{A} \tag{3.15}$$

$$\mathbf{A}^{\dagger}\mathbf{A}\mathbf{A}^{\dagger} = \mathbf{A}^{\dagger} \tag{3.16}$$

$$\left(\mathbf{A}\mathbf{A}^{\dagger}\right)^{\top} = \mathbf{A}\mathbf{A}^{\dagger} \tag{3.17}$$

$$\left(\mathbf{A}^{\dagger}\mathbf{A}\right)^{\top} = \mathbf{A}^{\dagger}\mathbf{A}. \tag{3.18}$$

In dieser Definition ist von *der* MP-Inversen die Rede. Nachfolgend wird dann auch gezeigt, daß sie zu jeder Matrix existiert und eindeutig ist.

Satz 3.8
A sei eine (m,n)-Matrix. Dann existiert eine Matrix $\mathbf{A}^{\dagger}$ mit den Eigenschaften (3.15) *bis* (3.18), *und sie ist auch eindeutig.*

Beweis:

(1) Existenz: Betrachte die Singulärwertdarstellung der Matrix $\mathbf{A}$ in (3.7). Dann erfüllt (vgl. Satz 3.1)

$$\mathbf{A}^{\dagger} = \mathbf{V}\begin{pmatrix} \Delta^{-1} & 0 \\ 0 & 0 \end{pmatrix}\mathbf{U}^{\top}$$

die Eigenschaften (3.15) bis (3.18) der Definition 3.3.

(2) Eindeutigkeit: Seien $\mathbf{A}_1^{\dagger}$ und $\mathbf{A}_2^{\dagger}$ zwei Matrizen, die die Eigenschaften (3.15) bis (3.18) besitzen. Es ist zu zeigen, daß dann $\mathbf{A}_1^{\dagger} = \mathbf{A}_2^{\dagger}$ zutrifft.

(i) Wir zeigen: $\mathbf{A}\mathbf{A}_1^{\dagger} = \mathbf{A}\mathbf{A}_2^{\dagger}$: Multipliziere $\mathbf{A} = \mathbf{A}\mathbf{A}_1^{\dagger}\mathbf{A}$ von rechts mit $\mathbf{A}_2^{\dagger}$. Dann ist $\mathbf{A}\mathbf{A}_2^{\dagger} = \mathbf{A}\mathbf{A}_1^{\dagger}\mathbf{A}\mathbf{A}_2^{\dagger}$. Nun sind beide Matrizen $\mathbf{A}\mathbf{A}_j^{\dagger}$, $j = 1,2$, wegen (3.17) symmetrisch, d.h. es gilt

$$\mathbf{A}\mathbf{A}_2^{\dagger} = \left(\mathbf{A}\mathbf{A}_1^{\dagger}\mathbf{A}\mathbf{A}_2^{\dagger}\right)^{\top} = \left(\mathbf{A}\mathbf{A}_2^{\dagger}\right)^{\top}\left(\mathbf{A}\mathbf{A}_1^{\dagger}\right)^{\top} = \mathbf{A}\mathbf{A}_2^{\dagger}\mathbf{A}\mathbf{A}_1^{\dagger} = \mathbf{A}\mathbf{A}_1^{\dagger}.$$

(ii) Die Identität $\mathbf{A}_1^{\dagger}\mathbf{A} = \mathbf{A}_2^{\dagger}\mathbf{A}$ wird analog wie in (i) gezeigt.

(iii) Wir zeigen schließlich $\mathbf{A}_1^{\dagger} = \mathbf{A}_2^{\dagger}$. Wegen (3.16), (i) und (ii) ist

$$\mathbf{A}_1^{\dagger} = (\mathbf{A}_1^{\dagger}\mathbf{A})\mathbf{A}_1^{\dagger} = (\mathbf{A}_2^{\dagger}\mathbf{A})\mathbf{A}_1^{\dagger} = \mathbf{A}_2^{\dagger}(\mathbf{A}\mathbf{A}_1^{\dagger}) = \mathbf{A}_2^{\dagger}(\mathbf{A}\mathbf{A}_2^{\dagger}) = \mathbf{A}_2^{\dagger}.$$

□

Beispiel 3.13

(i) Die Matrix

$$\mathbf{A} = \begin{pmatrix} 1 & 1 \\ 1 & 1 \end{pmatrix}$$

ist symmetrisch und kommutiert mit $\mathbf{B} = \frac{1}{4}\mathbf{A}$, d.h., es gilt $\mathbf{AB} = \mathbf{BA}$. Wegen $\mathbf{AA} = 2\mathbf{A}$ und $\mathbf{AAA} = 4\mathbf{A}$ folgt

$$\mathbf{A}^{\dagger} = \frac{1}{4}\begin{pmatrix} 1 & 1 \\ 1 & 1 \end{pmatrix}.$$

(ii) Für

$$\mathbf{A} = \begin{pmatrix} 1 & 0 \\ 1 & 0 \\ 1 & 1 \end{pmatrix}$$

ist wegen Satz 3.8

$$\mathbf{A}^{\dagger} = \frac{1}{2}\begin{pmatrix} -1 & 1 & 0 \\ -1 & -1 & 2 \end{pmatrix},$$

vgl. auch Abschnitt 3.7.

○

Es muss nicht betont werden, daß die MP-Inverse eine g-Inverse ist und folglich auch die Eigenschaften, die in Abschnitt 3.3 hergeleitet wurden, zutreffen. Weitere Eigenschaften folgen im

Satz 3.9
Sei $\mathbf{A}$ *eine* (m,n)*-Matrix. Dann gilt*

(i) *Ist* $\mathbf{A}$ *regulär, so gilt* $\mathbf{A}^{\dagger} = \mathbf{A}^{-1}$

(ii) $\mathbf{0}_{n,m}^{\dagger} = \mathbf{0}_{m,n}$

(iii) $\left(\mathbf{A}^{\dagger}\right)^{\dagger} = \mathbf{A}$

(iv) $\left(\mathbf{A}^{\dagger}\right)^{\top} = (\mathbf{A}^{\top})^{\dagger}$

(v) $\text{rg}(\mathbf{A}) = \text{rg}(\mathbf{A}^\dagger) = \text{rg}(\mathbf{A}\mathbf{A}^\dagger) = \text{rg}(\mathbf{A}^\dagger\mathbf{A})$

(vi) $\mathbf{P}$ *bzw.* $\mathbf{Q}$ *sei eine orthogonale* (m,m)*- bzw.* (n,n)*-Matrix. Dann gilt* $(\mathbf{PAQ})^\dagger = \mathbf{Q}^{-1}\mathbf{A}^\dagger\mathbf{P}^{-1}$.

(vii) Ist $\mathbf{A}$ *symmetrisch und idempotent, so ist* $\mathbf{A}^\dagger = \mathbf{A}$.

(viii) Ist $\text{rg}(\mathbf{A}) = m$*, so gilt* $\mathbf{A}^\dagger = \mathbf{A}^\top(\mathbf{A}\mathbf{A}^\top)^{-1}$ *und* $\mathbf{A}\mathbf{A}^\dagger = \mathbf{I}_m$.

(ix) Ist $\text{rg}(\mathbf{A}) = n$*, so gilt* $\mathbf{A}^\dagger = (\mathbf{A}^\top\mathbf{A})^{-1}\mathbf{A}^\top$ *und* $\mathbf{A}^\dagger\mathbf{A} = \mathbf{I}_n$.

(x) Ist $\mathbf{A} = \alpha$ *eine reelle Zahl, so ist*

$$\alpha^\dagger = \begin{cases} 1/\alpha & \alpha \neq 0 \\ 0 & \alpha = 0. \end{cases}$$

(xi) Ist $\mathbf{A} = \mathbf{a}$ *ein Vektor, so gilt*

$$\mathbf{a}^\dagger = \begin{cases} \dfrac{\mathbf{a}^\top}{\|\mathbf{a}\|^2} & \mathbf{a} \neq \mathbf{0} \\ \mathbf{0}^\top & \mathbf{a} = \mathbf{0}. \end{cases}$$

(xii) Es sei $\mathbf{A}$ *eine Diagonalmatrix,* $\mathbf{A} = \text{diag}(\alpha_1, \ldots, \alpha_n)$*. Dann gilt* $\mathbf{A}^\dagger = \text{diag}\{\alpha_1^\dagger, \ldots, \alpha_n^\dagger\}$

(xiii) Für eine reelle Zahl α *gilt* $(\alpha\mathbf{A})^\dagger = \alpha^\dagger\mathbf{A}^\dagger$.

(xiv) Ist $\mathbf{A}$ *symmetrisch, so kann* $\mathbf{A}$ *mit* $\mathbf{A}^\dagger$ *vertauscht werden, d.h.* $\mathbf{A}^\dagger\mathbf{A} = \mathbf{A}\mathbf{A}^\dagger$.

(xv) Ist $\mathbf{B}$ *eine* (p,q)*-Matrix, so gilt* $(\mathbf{A}\otimes\mathbf{B})^\dagger = \mathbf{A}^\dagger\otimes\mathbf{B}^\dagger$*. Dabei bezeichnet* $\otimes$ *das Kroneckerprodukt, siehe Definition 1.13, Seite 19.*

(xvi)

$$\mathbf{A} = \begin{pmatrix} \mathbf{A} & \mathbf{0} \\ \mathbf{0} & \mathbf{B} \end{pmatrix}^\dagger = \begin{pmatrix} \mathbf{A}^\dagger & \mathbf{0} \\ \mathbf{0} & \mathbf{B}^\dagger \end{pmatrix}.$$

Beweis: Die Aussagen folgen direkt mit Hilfe der Eigenschaften, die eine MP-Inverse definieren, vgl. Aufgabe 3.9. ❑

Ergänzend sei zu Eigenschaft (vi) bemerkt, daß für *reguläre* Matrizen $\mathbf{P}$ und $\mathbf{Q}$ i.a. gilt $(\mathbf{PAQ})^{-1} \neq \mathbf{Q}^{-1}\mathbf{A}^\dagger\mathbf{P}^{-1}$. Im allgemeinen ist auch $(\mathbf{AB})^\dagger \neq \mathbf{B}^\dagger\mathbf{A}^\dagger$. Man beachte jedoch Aussage (i) des folgenden Satzes.

Satz 3.10

Sei $\mathbf{A}$ *eine* (m,n)*- und* $\mathbf{B}$ *eine* (n,m)*-Matrix mit* $n \leq m$*. Dann gilt*

(i) *Für* $\mathrm{rg}(\mathbf{A}) = n = \mathrm{rg}(\mathbf{B})$ *ist* $(\mathbf{AB})^\dagger = \mathbf{B}^\dagger\mathbf{A}^\dagger$

(ii) $(\mathbf{A}^\mathsf{T}\mathbf{A})^\dagger = \mathbf{A}^\dagger(\mathbf{A}^\mathsf{T})^\dagger$

(iii) $(\mathbf{A}\mathbf{A}^\mathsf{T})^\dagger = (\mathbf{A}^\mathsf{T})^\dagger\mathbf{A}^\dagger$

(iv) $\mathbf{A}^\dagger = (\mathbf{A}^\mathsf{T}\mathbf{A})^\dagger\mathbf{A}^\mathsf{T} = \mathbf{A}^\mathsf{T}(\mathbf{A}\mathbf{A}^\mathsf{T})^\dagger$.

Beweis:

(i) Nach Voraussetzung gilt $\mathrm{rg}(\mathbf{A}) = n = \mathrm{rg}(\mathbf{B})$. Deswegen können wir ausnutzen, daß gilt $\mathbf{A}^\dagger = (\mathbf{A}^\mathsf{T}\mathbf{A})^{-1}\mathbf{A}^\mathsf{T}$ und $\mathbf{B}^\dagger = \mathbf{B}^\mathsf{T}(\mathbf{B}\mathbf{B}^\mathsf{T})^{-1}$. Folglich ist

$$\mathbf{B}^\dagger\mathbf{A}^\dagger = \mathbf{B}^\mathsf{T}(\mathbf{B}\mathbf{B}^\mathsf{T})^{-1}(\mathbf{A}^\mathsf{T}\mathbf{A})^{-1}\mathbf{A}^\mathsf{T}.$$

Die rechtsstehende Matrix erfüllt aber, wie sich nachrechnen läßt, die vier Bedingungen für die MP-Inversen von $\mathbf{AB}$. Aufgrund der Eindeutigkeit der MP-Inversen einer Matrix muß damit $\mathbf{B}^\dagger\mathbf{A}^\dagger$ die MP-Inverse von $\mathbf{AB}$ sein.

(ii) Wir zeigen, daß $\mathbf{A}^\dagger(\mathbf{A}^\mathsf{T})^\dagger$ die Bedingungen der MP-Inversen von $\mathbf{A}^\mathsf{T}\mathbf{A}$ erfüllt.

$$\begin{aligned}
\mathbf{A}^\mathsf{T}\mathbf{A}\mathbf{A}^\dagger(\mathbf{A}^\mathsf{T})^\dagger\mathbf{A}^\mathsf{T}\mathbf{A} &= \mathbf{A}^\mathsf{T}\mathbf{A}\mathbf{A}^\dagger\left(\mathbf{A}\mathbf{A}^\dagger\right)^\mathsf{T}\mathbf{A}. \\
&= \mathbf{A}^\mathsf{T}\mathbf{A}\mathbf{A}^\dagger\mathbf{A}\mathbf{A}^\dagger\mathbf{A} \\
&= \mathbf{A}^\mathsf{T}\mathbf{A}. \\
\mathbf{A}^\dagger(\mathbf{A}^\mathsf{T})^\dagger\mathbf{A}^\mathsf{T}\mathbf{A}\mathbf{A}^\dagger(\mathbf{A}^\mathsf{T})^\dagger &= \mathbf{A}^\dagger(\mathbf{A}\mathbf{A}^\dagger)^\mathsf{T}\mathbf{A}\mathbf{A}^\dagger(\mathbf{A}^\mathsf{T})^\dagger \\
&= \mathbf{A}^\dagger\mathbf{A}\mathbf{A}^\dagger\mathbf{A}\mathbf{A}^\dagger(\mathbf{A}^\mathsf{T})^\dagger \\
&= \mathbf{A}^\dagger(\mathbf{A}^\mathsf{T})^\dagger.
\end{aligned}$$

$$
\begin{aligned}
\left(\mathbf{A}^\top\mathbf{A}\mathbf{A}^\dagger(\mathbf{A}^\top)^\dagger\right)^\top &= \mathbf{A}^\dagger(\mathbf{A}^\dagger)^\top\mathbf{A}^\top\mathbf{A} \\
&= \mathbf{A}^\dagger(\mathbf{A}\mathbf{A}^\dagger)^\top\mathbf{A} \\
&= \mathbf{A}^\dagger\mathbf{A}\mathbf{A}^\dagger\mathbf{A} \\
&= \mathbf{A}^\dagger\mathbf{A} \quad \text{(symmetrische Matrix)}.
\end{aligned}
$$

$$
\begin{aligned}
\left(\mathbf{A}^\dagger(\mathbf{A}^\top)^\dagger\mathbf{A}^\top\mathbf{A}\right)^\top &= \mathbf{A}^\top\mathbf{A}\mathbf{A}^\dagger(\mathbf{A}^\dagger)^\top \\
&= \mathbf{A}^\top(\mathbf{A}\mathbf{A}^\dagger)^\top(\mathbf{A}^\dagger)^\top \\
&= \mathbf{A}^\top(\mathbf{A}^\dagger\mathbf{A}\mathbf{A}^\dagger)^\top \\
&= \mathbf{A}^\top(\mathbf{A}^\dagger)^\top \\
&= (\mathbf{A}^\dagger\mathbf{A})^\top \\
&= \mathbf{A}^\dagger\mathbf{A} \quad \text{(symmetrische Matrix)}.
\end{aligned}
$$

Da die MP-Inverse eindeutig ist, folgt die Behauptung.

Beachte bei den vorstehenden Umformungen, daß wiederholt von der Regel $(\mathbf{BC})^\top = \mathbf{C}^\top\mathbf{B}^\top$ (vgl. Abschnitt 1.3.3) sowie der Vertauschbarkeit der MP-Inversion und Transponierung (vgl. Satz 3.9(iv)) Gebrauch gemacht wurde.

(iii) Analog zu (ii).

(iv)

$$
\begin{aligned}
(\mathbf{A}^\top\mathbf{A})^\dagger\mathbf{A}^\top &= \mathbf{A}^\dagger(\mathbf{A}^\top)^\dagger\mathbf{A}^\top \quad \text{(wegen (ii))} \\
&= \mathbf{A}^\dagger(\mathbf{A}\mathbf{A}^\dagger)^\top \\
&= \mathbf{A}^\dagger\mathbf{A}\mathbf{A}^\dagger \\
&= \mathbf{A}^\dagger.
\end{aligned}
$$

Die Gleichheit $\mathbf{A}^\dagger = \mathbf{A}^\top(\mathbf{A}\mathbf{A}^\dagger)$ zeigt sich ähnlich.

❑

3.8 Approximative Lösung von Gleichungssystemen

Kehren wir nun noch einmal zurück zum Problem der Lösung linearer Gleichungssysteme. Ist $\mathbf{Ax} = \mathbf{b}$ lösbar, so haben wir alle Lösungen gemäß Satz

3.2 gegeben durch $\mathbf{x} = \mathbf{A}^\dagger\mathbf{b} + (\mathbf{I} - \mathbf{A}^\dagger\mathbf{A})\mathbf{z}$, $\mathbf{z}$ beliebig, denn die MP-Inverse ist, wie schon mehrfach bemerkt wurde, auch eine g-Inverse. Die partikuläre Lösung $\mathbf{x}_0 = \mathbf{A}^\dagger\mathbf{b}$ hat aber im Unterschied zu einer beliebigen partikulären Lösung $\mathbf{A}^-\mathbf{b}$ eine gewisse Extremaleigenschaft.

Satz 3.11
Das Gleichungssystem $\mathbf{A}\mathbf{x} = \mathbf{b}$ *sei lösbar. Dann ist* $\mathbf{x}_0 = \mathbf{A}^\dagger\mathbf{b}$ *Lösung mit kürzester euklidischer Norm.*

Beweis: Betrachte alle Lösungen $\mathbf{x} = \mathbf{A}^\dagger\mathbf{b} + (\mathbf{I} - \mathbf{A}^\dagger\mathbf{A})\mathbf{z}$. Wegen (3.16) und (3.18) gilt $\left(\mathbf{A}^\dagger\right)^\top(\mathbf{I} - \mathbf{A}^\dagger\mathbf{A}) = \mathbf{0}$. Hieraus folgt

$$\begin{aligned} \mathbf{x}^\top\mathbf{x} &= \left[\mathbf{A}^\dagger\mathbf{b} + (\mathbf{I} - \mathbf{A}^\dagger\mathbf{A})\mathbf{z}\right]^\top \left[\mathbf{A}^\dagger\mathbf{b} + (\mathbf{I} - \mathbf{A}^\dagger\mathbf{A})\mathbf{z}\right] \\ &= \left(\mathbf{A}^\dagger\mathbf{b}\right)^\top \mathbf{A}^\dagger\mathbf{b} + \mathbf{z}^\top(\mathbf{I} - \mathbf{A}^\dagger\mathbf{A})^\top(\mathbf{I} - \mathbf{A}^\dagger\mathbf{A})\mathbf{z} \\ &= \|\mathbf{x}_0\|^2 + \|(\mathbf{I} - \mathbf{A}^\dagger\mathbf{A})\mathbf{z}\|^2 \\ &\geq \|\mathbf{x}_0\|^2, \end{aligned}$$

d.h. $\|\mathbf{x}_0\| \leq \|\mathbf{x}\|$. ❑

Beispiel 3.14
Die Normalgleichung (3.3) im linearen Regressionsmodell hat bei ***beliebigem*** Rang von $\mathbf{X}^\top\mathbf{X}$ als Lösung mit kürzester euklidischer Norm gemäß Satz 3.11

$$\widehat{\beta}_0 = (\mathbf{X}^\top\mathbf{X})^\dagger\mathbf{X}^\top\mathbf{y}.$$

Wegen Satz 3.10 (iv) ist aber $(\mathbf{X}^\top\mathbf{X})^\dagger\mathbf{X}^\top = \mathbf{X}^\dagger$, d.h.

$$\widehat{\beta}_0 = \mathbf{X}^\dagger\mathbf{y}.$$

Als „kurzer" Lösungsvektor der Normalgleichung zeigt $\widehat{\beta}_0$ geringe Variabilität, was im **Satz von Gauss-Markow** zum Ausdruck kommt. ○

Kommen wir nun zu dem interessanten Fall, bei dem das Gleichungssystem $\mathbf{A}\mathbf{x} = \mathbf{b}$ zwar keine Lösung hat, wo wir aber wenigstens Vektoren $\mathbf{x}$ finden wollen, die $\|\mathbf{A}\mathbf{x} - \mathbf{b}\|$ „klein" machen. Dieses Problem tritt z.B. bei der Bestimmung von Schätzern im linearen Regressionsmodell mit minimaler Verzerrung auf. Dies führt zur

Definition 3.4
Gegeben sei das Gleichungssystem $\mathbf{Ax} = \mathbf{b}$, wobei $\mathbf{A}$ eine (m, n)-Matrix und $\mathbf{b} \in \mathbb{R}^m$ ist.

(i) Ein Vektor $\mathbf{x} \in \mathbb{R}^n$ heißt **approximative Lösung** des Gleichungssystems, falls $||\mathbf{Ax} - \mathbf{b}|| \leq ||\mathbf{Az} - \mathbf{b}||$ für alle $\mathbf{z} \in \mathbb{R}^n$ gilt.

(ii) Es bezeichne $\mathcal{A}$ die Menge aller approximativen Lösungen des Gleichungssystems. Ein Vektor $\mathbf{x}_0 \in \mathcal{A}$ heißt **beste approximative Lösung** des Gleichungssystems, falls $||\mathbf{x}_0|| < ||\mathbf{x}||$ für alle anderen $\mathbf{x} \in \mathcal{A}$ gilt.

Satz 3.12
Gegeben sei das Gleichungssystem $\mathbf{Ax} = \mathbf{b}$.

(i) Für jedes $\mathbf{x} \in \mathbb{R}^n$ *gilt*

$$||\mathbf{Ax} - \mathbf{b}|| \geq ||(\mathbf{I} - \mathbf{AA}^\dagger)\mathbf{b}||. \tag{3.19}$$

Das „$\geq$" kann genau dann durch „=" ersetzt werden, wenn $\mathbf{x}$ *die Normalgleichung*

$$\mathbf{Ax} = \mathbf{AA}^\dagger\mathbf{b} \tag{3.20}$$

erfüllt.

(ii) Die Menge $\mathcal{A}$ *aller approximativen Lösungen des Gleichungssystems ist gegeben durch*

$$\mathcal{A} = \{\mathbf{x} \mid \mathbf{x} \in \mathbb{R}^n,\ \mathbf{x} \textit{ erfüllt } (3.20)\}.$$

(iii) $\mathbf{x}_0 = \mathbf{A}^\dagger\mathbf{b}$ *ist beste approximative Lösung des Gleichungssystems.*

Beweis:

(i) Sei $\mathbf{x} \in \mathbb{R}^n$. Wegen (3.15) und (3.17) ist $\mathbf{A}^\intercal(\mathbf{I} - \mathbf{AA}^\dagger) = \mathbf{0}$. Ungleichung (3.19) gilt wegen

$$\begin{aligned} ||\mathbf{Ax} - \mathbf{b}||^2 &= ||\mathbf{A}(\mathbf{x} - \mathbf{A}^\dagger\mathbf{b}) + (\mathbf{I} - \mathbf{AA}^\dagger)(-\mathbf{b})||^2 \\ &= ||\mathbf{A}(\mathbf{x} - \mathbf{A}^\dagger\mathbf{b})||^2 + ||(\mathbf{I} - \mathbf{AA}^\dagger)\mathbf{b}||^2 \\ &\geq ||(\mathbf{I} - \mathbf{AA}^\dagger)\mathbf{b}||^2. \end{aligned} \tag{3.21}$$

Offenbar kann „≥" genau dann durch „=" ersetzt werden, wenn $\mathbf{Ax} - \mathbf{AA}^\dagger\mathbf{b} = \mathbf{0}$, d.h. wenn $\mathbf{x}$ die Gleichung (3.20) erfüllt.

(ii) Erfüllt $\mathbf{x} \in \mathbb{R}^n$ die Gleichung (3.20), so nimmt $\|\mathbf{Ax} - \mathbf{b}\|^2$ die untere Schranke in (3.21) an. Mithin handelt es sich um eine approximative Lösung des Gleichungssystems, woraus $\mathbf{x} \in \mathcal{A}$ folgt. Sei umgekehrt $\mathbf{x} \in \mathcal{A}$. Da $\mathbf{x}_0 = \mathbf{A}^\dagger\mathbf{b}$ die Gleichung (3.20) erfüllt, muß gelten

$$\|\mathbf{Ax} - \mathbf{b}\|^2 = \|\mathbf{Ax}_0 - \mathbf{b}\|^2 = \|(\mathbf{I} - \mathbf{AA}^\dagger)\mathbf{b}\|^2.$$

Nach (3.21) gilt dann auch $\mathbf{Ax} = \mathbf{AA}^\dagger\mathbf{b}$.

(iii) Das Gleichungssystem (3.20) wird durch $\mathbf{x}_0 = \mathbf{A}^\dagger\mathbf{b}$ gelöst. Wegen Satz 3.11 ist

$$\mathbf{A}^\dagger(\mathbf{AA}^\dagger\mathbf{b}) = \mathbf{A}^\dagger\mathbf{b} = \mathbf{x}_0$$

die Lösung mit kürzester euklidischer Länge.

❑

Beispiel 3.15
Gegeben sei das Gleichungssystem

$$\begin{array}{rcl} x_1 \quad + x_3 & = & 2 \\ x_2 \qquad & = & 1 \\ x_2 + x_3 & = & 1 \\ x_2 + x_3 & = & 0, \end{array}$$

welches offenbar keine Lösung besitzt. Die MP-Inverse der Koeffizientenmatrix $\mathbf{A}$ ist (vgl. Abschnitt 3.6.2)

$$\mathbf{A}^\dagger = \begin{pmatrix} 1 & 1 & -0.5 & -0.5 \\ 0 & 1 & 0 & 0 \\ 0 & -1 & 0.5 & 0.5 \end{pmatrix}.$$

Die beste approximative Lösung lautet

$$\mathbf{x}_0 = \mathbf{A}^\dagger\mathbf{b} = (2.5, 1, -0.5)^\top.$$

Ferner ist

$$\mathbf{A}\mathbf{A}^{\dagger}\mathbf{b} = (2, 1, 0.5, 0.5)^{\mathsf{T}},$$

d.h. der „Fehler“, den wir bei Verwendung von $\mathbf{x}_0$ als bester approximativer Lösung machen, lautet wegen (3.19)

$$\|\mathbf{A}\mathbf{x} - \mathbf{b}\| = \|(\mathbf{I} - \mathbf{A}\mathbf{A}^{\dagger})\mathbf{b}\| = \|(0, 0, 0.5, -0.5)^{\mathsf{T}}\| = \frac{\sqrt{2}}{2}.$$

○

Für viele Fragestellungen sind g-Inverse ausreichend, die außer der Bedingung (3.15) nicht alle der Bedingungen (3.16) bis (3.18) der MP-Inversen erfüllen, z.B.:

Gilt für $\mathbf{A}^-$ zusätzlich (3.16), dann heißt $\mathbf{A}^-$ **reflexive Inverse**

Gilt für $\mathbf{A}^-$ zusätzlich (3.17), dann heißt $\mathbf{A}^-$ **Kleinst-Quadrate-Inverse**

Gilt für $\mathbf{A}^-$ zusätzlich (3.18), dann heißt $\mathbf{A}^-$ **Minimum-Norm-Inverse.**

Ausführliche Informationen über diese Inversen-Typen sind der Monografie von Rao und Mitra (1971) zu entnehmen.

3.9 Projektionen und Projektoren

Projektoren und ihre Funktionswerte, die Projektionen, spielen in der Matrixrechnung und deren Anwendung in Statistik und Ökonometrie eine wichtige Rolle. Viele Sachverhalte lassen sich einfach und elegant mit dem nachstehend behandelten Projektionskalkül behandeln.

Gegeben seien zwei Unterräume $\mathcal{V}$ und $\mathcal{W}$ des euklidischen Vektorraumes $\mathbb{R}^n$ (vgl. 1.10.2). Dann sind auch $\mathcal{V} \cap \mathcal{W}$ bzw. $\mathcal{V} + \mathcal{W} := \{\mathbf{z} \mid \mathbf{z} = \mathbf{v} + \mathbf{w}, \mathbf{v} \in \mathcal{V}, \mathbf{w} \in \mathcal{W}\}$ Unterräume von $\mathbb{R}^n$, wie sich zeigen läßt. Falls $\mathcal{V} \cap \mathcal{W} = \{\mathbf{0}\}$ gilt, d.h. $\mathcal{V}$ und $\mathcal{W}$ im wesentlichen elementefremd sind, schreiben wir für $\mathcal{V} + \mathcal{W}$ auch $\mathcal{V} \oplus \mathcal{W}$.

Im folgenden wollen wir annehmen, daß sogar $\mathbb{R}^n = \mathcal{V} \oplus \mathcal{W}$ gilt. Dies bedeutet insbesondere, daß sich jedes $\mathbf{x} \in \mathbb{R}^n$ auf genau eine Weise in der Form $\mathbf{x} = \mathbf{v} + \mathbf{w}$ mit $\mathbf{v} \in \mathcal{V}$ und $\mathbf{w} \in \mathcal{W}$ darstellen läßt. Falls nämlich eine weitere Darstellung $\mathbf{x} = \mathbf{v}^* + \mathbf{w}^*$ möglich wäre, so hätten wir $\mathbf{v} - \mathbf{v}^* = \mathbf{w}^* - \mathbf{w}$. Dann wäre aber, da $\mathcal{V}$ und $\mathcal{W}$ Unterräume sind, $\mathbf{v} - \mathbf{v}^*$ Element von $\mathcal{V}$ *und* $\mathcal{W}$, d.h. $\mathbf{v} - \mathbf{v}^* = \mathbf{0}$. Analog wäre dann auch $\mathbf{w}^* - \mathbf{w} = \mathbf{0}$.

Wir betrachten nun die Abbildung

$$\begin{aligned} P:\mathbb{R}^n &\to \mathbb{R}^n \\ \mathbf{x} &\mapsto P(\mathbf{x}) = \mathbf{v}, \end{aligned}$$

wobei wieder $\mathbf{x} = \mathbf{v} + \mathbf{w}, \mathbf{v} \in \mathcal{V}$ und $\mathbf{w} \in \mathcal{W}$, geschrieben sei.

Definition 3.5
Die Abbildung $P : \mathbb{R}^n \to \mathbb{R}^n$ heißt **Projektor auf $\mathcal{V}$ längs $\mathcal{W}$**.

Aufgrund der eindeutigen Darstellung jedes Vektors $\mathbf{x} = \mathbf{v} + \mathbf{w}$ ist P wohldefiniert.

Beispiel 3.16
Im $\mathbb{R}^n$ betrachten wir die Unterräume

$$\mathcal{V} = \{(\alpha, \alpha)^\mathsf{T} \mid \alpha \in \mathbb{R}\} \quad \text{und} \quad \mathcal{W} = \{(\beta, 0)^\mathsf{T} \mid \beta \in \mathbb{R}\}.$$

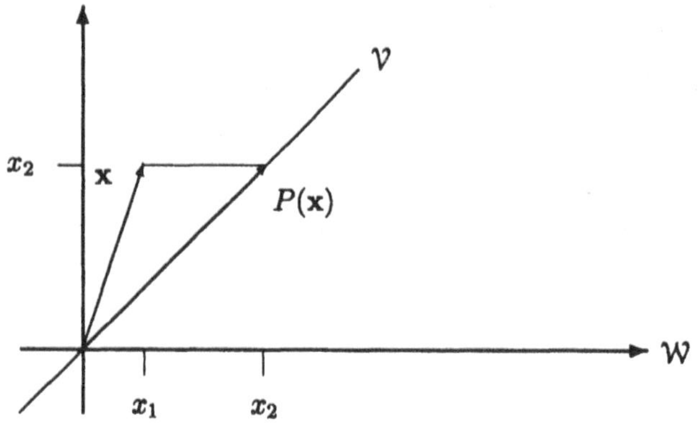

Abbildung 3.1: Projektor auf $\mathcal{V}$ längs $\mathcal{W}$

Dann ist offenbar $\mathcal{V} \oplus \mathcal{W} = \mathbb{R}^2$, denn jeder Vektor $(x_1, x_2)^\mathsf{T} \in \mathbb{R}^2$ kann eindeutig in der Form

$$\begin{pmatrix} x_1 \\ x_2 \end{pmatrix} = \underbrace{x_2 \begin{pmatrix} 1 \\ 1 \end{pmatrix}}_{\in \mathcal{V}} + \underbrace{(x_1 - x_2) \begin{pmatrix} 1 \\ 0 \end{pmatrix}}_{\in \mathcal{W}}.$$

geschrieben werden. Damit ist

$$P\begin{pmatrix} x_1 \\ x_2 \end{pmatrix} = \begin{pmatrix} x_2 \\ x_2 \end{pmatrix}.$$

Die Wirkung des Projektors P ist in Abbildung 3.1 dargestellt.

○

Satz 3.13

Sei $\mathbb{R}^n = \mathcal{V} \oplus \mathcal{W}$ und $P : \mathbb{R}^n \to \mathbb{R}^n$ der Projektor auf $\mathcal{V}$ längs $\mathcal{W}$. Dann gilt

(i) P ist linear.

(ii) $\mathcal{M}(P) = \mathcal{V}$ und $\mathcal{N}(P) = \mathcal{W}$, wobei $\mathcal{N}(P)$ der Kern und $\mathcal{M}(P)$ der Bildraum von P ist.

(iii) $P \circ P = P$, wobei „$\circ$" das Hintereinanderschalten von Abbildungen bedeutet, d.h., es gilt $(P \circ P)(\mathbf{x}) = P(P(\mathbf{x}))$, siehe Abschnitt 1.4.

Beweis:

(i) Seien $\mathbf{x}_1 = \mathbf{v}_1 + \mathbf{w}_1, \mathbf{x}_2 = \mathbf{v}_2 + \mathbf{w}_2$ aus $\mathbb{R}^n$. Dann ist $\mathbf{x}_1 + \mathbf{x}_2 = (\mathbf{v}_1 + \mathbf{v}_2) + (\mathbf{w}_1 + \mathbf{w}_2)$ und damit $P(\mathbf{x}_1 + \mathbf{x}_2) = \mathbf{v}_1 + \mathbf{v}_2 = P(\mathbf{x}_1) + P(\mathbf{x}_2)$. Für $\alpha \in \mathbb{R}$ ist schließlich $P(\alpha\mathbf{x}_1) = P(\alpha\mathbf{v}_1 + \alpha\mathbf{w}_1) = \alpha\mathbf{v}_1 = \alpha P(\mathbf{x}_1)$.

(ii) Klar.

(iii) Sei $\mathbf{x} \in \mathbb{R}^n$, so ist $(P \circ P)(\mathbf{x}) = P(P(\mathbf{x})) = P(\mathbf{x})$, da $P(\mathbf{x}) \in \mathcal{V}$. ❑

Zu jeder linearen Abbildung gehört aber gemäß Abschnitt 1.4 genau eine Matrix $\mathbf{P}$, die die lineare Abbildung P vermittelt, d.h., es gilt $P(\mathbf{x}) = \mathbf{P}\mathbf{x}$. Daraus folgt, daß die Bildmenge $\mathcal{M}(P)$ bzw. der Kern $\mathcal{N}(P)$ durch

$$\mathcal{M}(\mathbf{P}) = \{\mathbf{P}\mathbf{x} \mid \mathbf{x} \in \mathbb{R}^n\} \quad \text{und} \quad \mathcal{N}(\mathbf{P}) = \{\mathbf{x} \mid \mathbf{x} \in \mathbb{R}^n,\ \mathbf{P}\mathbf{x} = \mathbf{0}\}$$

dargestellt werden, siehe (1.26). Ferner entspricht $P \circ P$ der Matrix $\mathbf{P}^2$. In Beispiel 3.16 ist $\mathbf{P} = \left(\begin{smallmatrix} 0 & 1 \\ 0 & 1 \end{smallmatrix}\right)$.

Ist $\mathbf{P}$ der Projektor auf $\mathcal{V}$ längs $\mathcal{W}$, so erhalten wir mit $\mathbf{Q} = \mathbf{I} - \mathbf{P}$ den Projektor auf $\mathcal{W}$ längs $\mathcal{V}$.

Jede idempotente (n, n)-Matrix $\mathbf{P}$, d.h. $\mathbf{P}^2 = \mathbf{P}$, läßt sich als Projektor auffassen. Dazu betrachten wir die Unterräume

$$\mathcal{V}_{\mathbf{P}} := \mathcal{M}(\mathbf{P}) = \{\mathbf{Px} \mid \mathbf{x} \in \mathbb{R}^n\}$$

und

$$\mathcal{W}_{\mathbf{P}} := \mathcal{N}(\mathbf{P}) = \{\mathbf{x} \mid \mathbf{x} \in \mathbb{R}^n \text{ und } \mathbf{Px} = \mathbf{0}\}.$$

Offenbar ist $\mathcal{W}_{\mathbf{P}} = \{(\mathbf{I}-\mathbf{P})\mathbf{z} \mid \mathbf{z} \in \mathbb{R}^n\}$ sowie $\mathcal{V}_{\mathbf{P}} \cap \mathcal{W}_{\mathbf{P}} = \{\mathbf{0}\}$ und $\mathcal{V}_{\mathbf{P}} + \mathcal{W}_{\mathbf{P}} = \mathbb{R}^n$, so daß gilt $\mathbb{R}^n = \mathcal{V}_{\mathbf{P}} \oplus \mathcal{W}_{\mathbf{P}}$. Der Projektor, der auf $\mathcal{V}_{\mathbf{P}}$ längs $\mathcal{W}_{\mathbf{P}}$, abbildet, stimmt mit $\mathbf{P}$ überein. Umgekehrt ist wegen Eigenschaft (iii) des Satzes 3.13 jeder Projektor idempotent. Damit ist der Begriff *Projektor* ein Synonym für eine ***idempotente Matrix***.

Beispiel 3.17

Gegeben sei eine (m, n)-Matrix $\mathbf{A}$ mit einer g-Inversen $\mathbf{A}^-$. Dann gilt

(i) $\mathbf{AA}^-$ und $\mathbf{A}^-\mathbf{A}$ sind idempotent (und damit Projektoren).

(ii) $\mathbf{AA}^-$ ist Projektor auf $\mathcal{M}(\mathbf{A})$ längs $\mathcal{N}(\mathbf{AA}^-)$. Hieraus folgt insbesondere $\mathbb{R}^m = \mathcal{M}(\mathbf{A}) \oplus \mathcal{N}(\mathbf{AA}^-)$.

(iii) $\mathbf{A}^-\mathbf{A}$ ist Projektor auf $\mathcal{M}(\mathbf{A}^-\mathbf{A})$ längs $\mathcal{N}(\mathbf{A})$. Hieraus folgt insbesondere $\mathbb{R}^n = \mathcal{M}(\mathbf{A}^-\mathbf{A}) \oplus \mathcal{N}(\mathbf{A})$.

○

Wenden wir uns nun dem Problem zu, wann die Summe bzw. das Produkt von Projektoren wieder einen Projektor liefert.

Satz 3.14

$\mathbf{P}_i$ seien Projektoren auf $\mathcal{M}(\mathbf{P}_i)$ längs $\mathcal{N}(\mathbf{P}_i)$ für $i = 1, 2$. Dann sind die folgenden Aussagen äquivalent:

(i) $\mathbf{P}_1 + \mathbf{P}_2$ *ist Projektor.*

(ii) $\mathbf{P}_1\mathbf{P}_2 = \mathbf{P}_2\mathbf{P}_1 = \mathbf{0}$.

Beweis: „(i)⇒(ii)“: Seien $\mathbf{P}_1$ und $\mathbf{P}_2$ Projektoren. Dann ist $(\mathbf{P}_1+\mathbf{P}_2)(\mathbf{P}_1+\mathbf{P}_2) = \mathbf{P}_1+\mathbf{P}_2$ und somit $\mathbf{P}_1^2+\mathbf{P}_1\mathbf{P}_2+\mathbf{P}_2\mathbf{P}_1+\mathbf{P}_2^2 = \mathbf{P}_1+\mathbf{P}_2$. Da $\mathbf{P}_1$ und $\mathbf{P}_2$ idempotente Matrizen sind, erhalten wir $\mathbf{P}_1\mathbf{P}_2 + \mathbf{P}_2\mathbf{P}_1 = \mathbf{0}$. Multiplizieren wir diese Gleichung von links mit $\mathbf{P}_1$, so folgt $\mathbf{P}_1\mathbf{P}_2 + \mathbf{P}_1\mathbf{P}_2\mathbf{P}_1 = \mathbf{0}$, und multiplizieren wir von rechts mit $\mathbf{P}_1$, so resultiert $\mathbf{P}_1\mathbf{P}_2\mathbf{P}_1 + \mathbf{P}_2\mathbf{P}_1 = \mathbf{0}$. Insgesamt gilt also $\mathbf{P}_1\mathbf{P}_2 = \mathbf{P}_2\mathbf{P}_1$. Da aber auch $\mathbf{P}_1\mathbf{P}_2 + \mathbf{P}_2\mathbf{P}_1 = \mathbf{0}$ war, folgt schließlich $\mathbf{P}_1\mathbf{P}_2 = \mathbf{P}_2\mathbf{P}_1 = \mathbf{0}$.

„(ii)⇒(i)": Es gelte $\mathbf{P}_1\mathbf{P}_2 = \mathbf{0} = \mathbf{P}_2\mathbf{P}_1$. Dann folgt sofort die Gleichung $(\mathbf{P}_1 + \mathbf{P}_2)(\mathbf{P}_1 + \mathbf{P}_2) = \mathbf{P}_1 + \mathbf{P}_2$. ❑

Ist eine der beiden Bedingungen des vorigen Satzes erfüllt, so gilt:

$$\mathcal{M}(\mathbf{P}_1\mathbf{P}_2) = \mathcal{M}(\mathbf{P}_1) \oplus \mathcal{M}(\mathbf{P}_2)$$

und

$$\mathcal{N}(\mathbf{P}_1\mathbf{P}_2) = \mathcal{N}(\mathbf{P}_1) \cap \mathcal{N}(\mathbf{P}_2),$$

so daß $\mathbf{P}_1 + \mathbf{P}_2$ der Projektor auf $\mathcal{M}(\mathbf{P}_1) \oplus \mathcal{M}(\mathbf{P}_2)$ längs $\mathcal{N}(\mathbf{P}_1) \cap \mathcal{N}(\mathbf{P}_2)$ ist.

Gegeben seien die Projektoren $\mathbf{P}_1$ und $\mathbf{P}_2$. Dann sind die folgenden Aussagen äquivalent:

(i) $\mathbf{P}_1 - \mathbf{P}_2$ ist ein Projektor.

(ii) $\mathbf{P}_1\mathbf{P}_2 = \mathbf{P}_2\mathbf{P}_1 = \mathbf{P}_2$.

Dies folgt direkt aus Satz 3.14 und der Tatsache, daß $\mathbf{P}_1 - \mathbf{P}_2$ genau dann Projektor ist, wenn dies auch $\mathbf{I} - (\mathbf{P}_1 - \mathbf{P}_2) = (\mathbf{I} - \mathbf{P}_1) + \mathbf{P}_2$ ist. In diesem Fall ist $\mathbf{P}_1 - \mathbf{P}_2$ Projektor auf $\mathcal{M}(\mathbf{P}_1) \cap \mathcal{N}(\mathbf{P}_2)$ längs $\mathcal{M}(\mathbf{P}_1) \oplus \mathcal{N}(\mathbf{P}_2)$.

Satz 3.15

$\mathbf{P}_i$ sei Projektor auf $\mathcal{M}(\mathbf{P}_i)$ längs $\mathcal{N}(\mathbf{P}_i)$ für $i = 1, 2$. Es sei ferner $\mathbf{P}_1\mathbf{P}_2 = \mathbf{P}_2\mathbf{P}_1$. Dann ist $\mathbf{P}_1\mathbf{P}_2$ Projektor auf $\mathcal{M}(\mathbf{P}_1) \cap \mathcal{M}(\mathbf{P}_2)$ längs $\mathcal{N}(\mathbf{P}_1) + \mathcal{N}(\mathbf{P}_2)$.

Beweis: $\mathbf{P}_1\mathbf{P}_2$ ist idempotent, denn es ist

$$(\mathbf{P}_1\mathbf{P}_2)(\mathbf{P}_1\mathbf{P}_2) = \mathbf{P}_1(\mathbf{P}_2\mathbf{P}_1)\mathbf{P}_2 = \mathbf{P}_1(\mathbf{P}_1\mathbf{P}_2)\mathbf{P}_2 = \mathbf{P}_1\mathbf{P}_2.$$

Es bleibt noch zu zeigen:

(i) $\mathcal{M}(\mathbf{P}_1\mathbf{P}_2) = \mathcal{M}(\mathbf{P}_1) \cap \mathcal{M}(\mathbf{P}_2)$

(ii) $\mathcal{N}(\mathbf{P}_1\mathbf{P}_2) = \mathcal{N}(\mathbf{P}_1) + \mathcal{N}(\mathbf{P}_2)$.

Zu (i): Sei $\mathbf{y} \in \mathcal{M}(\mathbf{P}_1\mathbf{P}_2)$. Dann gilt $\mathbf{P}_1\mathbf{P}_2\mathbf{y} = \mathbf{y}$, und nach Linksmultiplikation mit $\mathbf{P}_1$ erhalten wir $\mathbf{P}_1\mathbf{P}_2\mathbf{y} = \mathbf{P}_1\mathbf{y}$, d.h. $\mathbf{y} = \mathbf{P}_1\mathbf{y} \in \mathcal{M}(\mathbf{P}_1)$. Entsprechend gilt $\mathbf{y} \in \mathcal{M}(\mathbf{P}_2)$. Ist umgekehrt $\mathbf{y} \in \mathcal{M}(\mathbf{P}_1) \cap \mathcal{M}(\mathbf{P}_2)$, so gilt $\mathbf{P}_1\mathbf{y} = \mathbf{y} = \mathbf{P}_2\mathbf{y}$, und nach Linksmultiplikation mit $\mathbf{P}_1$ resultiert $\mathbf{y} = \mathbf{P}_1\mathbf{P}_2\mathbf{y} \in \mathcal{M}(\mathbf{P}_1\mathbf{P}_2)$.

Zu (ii): Sei $\mathbf{x} \in \mathcal{N}(\mathbf{P}_1\mathbf{P}_2)$. Dann muß gelten $\mathbf{P}_1\mathbf{P}_2\mathbf{x} = \mathbf{0}$, d.h. $\mathbf{P}_2\mathbf{x} \in \mathcal{N}(\mathbf{P}_1)$. Entsprechend folgt aus der Prämisse, daß $\mathbf{P}_1\mathbf{x} \in \mathcal{N}(\mathbf{P}_2)$. Nun läßt sich $\mathbf{x}$ darstellen in der Form $\mathbf{x} = \mathbf{P}_2\mathbf{x} + (\mathbf{I} - \mathbf{P}_2)\mathbf{x}$. Folglich ist $\mathbf{x} \in \mathcal{N}(\mathbf{P}_1) + \mathcal{M}(\mathbf{I} - \mathbf{P}_2) = \mathcal{N}(\mathbf{P}_1) + \mathcal{N}(\mathbf{P}_2)$. Umgekehrt, falls $\mathbf{x} \in \mathcal{N}(\mathbf{P}_1) + \mathcal{N}(\mathbf{P}_2)$, so hat $\mathbf{x}$ die Darstellung $\mathbf{x} = \mathbf{x}_1 + \mathbf{x}_2$ mit $\mathbf{x}_1 \in \mathcal{N}(\mathbf{P}_1)$ und $\mathbf{x}_2 \in \mathcal{N}(\mathbf{P}_2)$, so daß $\mathbf{P}_1\mathbf{P}_2\mathbf{x} = \mathbf{P}_1\mathbf{P}_2\mathbf{x}_1 + \mathbf{P}_1\mathbf{P}_2\mathbf{x}_2 = \mathbf{P}_2\mathbf{P}_1\mathbf{x}_1 + \mathbf{P}_1\mathbf{P}_2\mathbf{x}_2 = \mathbf{0}$. Damit haben wir schließlich $\mathbf{x} \in \mathcal{N}(\mathbf{P}_1\mathbf{P}_2)$. ❑

Ein wichtiger Sonderfall liegt vor, wenn wir zu einem Unterraum $\mathcal{V}$ sein **orthogonales Komplement**

$$\mathcal{V}^\perp := \{\mathbf{w} \mid \mathbf{w} \in \mathbb{R}^n \text{ und } \mathbf{w}^\top\mathbf{v} = 0 \text{ für alle } \mathbf{v} \in \mathcal{V}\}$$

aufsuchen. $\mathcal{V}^\perp$ ist ein Unterraum des $\mathbb{R}^n$ mit $\mathcal{V} \cap \mathcal{V}^\perp = \{\mathbf{0}\}$ und $\mathcal{V} + \mathcal{V}^\perp = \mathbb{R}^n$. Es ist also $\mathbb{R}^n = \mathcal{V} \oplus \mathcal{V}^\perp$. Die zugehörige Projektionsmatrix wollen wir mit $\mathbf{P}_\mathcal{V}$ bezeichnen. $\mathbf{P}_\mathcal{V}$ heißt auch **orthogonaler Projektor** auf $\mathcal{V}$ (längs $\mathcal{V}^\perp$). Der transformierte Wert $\mathbf{P}_\mathcal{V}\mathbf{x} \in \mathcal{V}$ heißt **orthogonale Projektion** von $\mathbf{x}$ (längs $\mathcal{V}^\perp$).

Beispiel 3.18
Betrachte erneut $\mathcal{V} = \{(\alpha, \alpha)^\top \mid \alpha \in \mathbb{R}\}$. Dann ist $\mathcal{V}^\perp = \{(-\beta, \beta)^\top \mid \beta \in \mathbb{R}\}$. Ferner erhalten wir als orthogonalen Projektor auf $\mathcal{V}$:

$$\mathbf{P}_\mathcal{V} = \frac{1}{2}\begin{pmatrix} 1 & 1 \\ 1 & 1 \end{pmatrix}.$$

Mithin ist für $\mathbf{x} \in \mathbb{R}^2$

$$\mathbf{P}_\mathcal{V}\mathbf{x} = \frac{1}{2}\begin{pmatrix} x_1 + x_2 \\ x_1 + x_2 \end{pmatrix} = \frac{x_1 + x_2}{2}\begin{pmatrix} 1 \\ 1 \end{pmatrix}.$$

Der orthogonale Projektor $\mathbf{P}_\mathcal{V}$ ist in Abbildung 3.2 dargestellt.

○

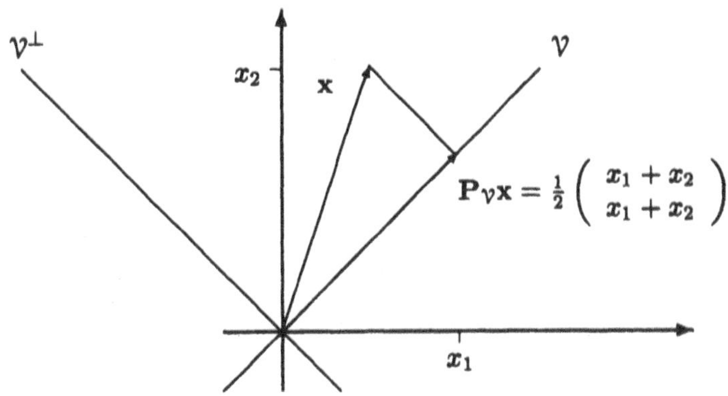

Abbildung 3.2: Orthogonale Projektion von $\mathbf{x}$ auf $\mathcal{V}$

Satz 3.16
Gegeben sei die (n, n)-Matrix $\mathbf{P}$. Dann sind die folgenden Aussagen äquivalent:

(i) $\mathbf{P}$ ist symmetrisch und idempotent.

(ii) $\mathbf{P}$ ist orthogonaler Projektor.

Beweis: „(i)⇒(ii)“: $\mathbf{P}$ ist idempotent und damit Projektor auf $\mathcal{V} = \mathcal{M}(\mathbf{P}) = \{\mathbf{Px} \mid \mathbf{x} \in \mathbb{R}^n\}$ längs $\mathcal{N}(\mathbf{P}) = \{\mathbf{x} \mid \mathbf{x} \in \mathbb{R}^n,\ \mathbf{Px} = \mathbf{0}\} = \mathcal{M}(\mathbf{I} - \mathbf{P}) =: \mathcal{W}$. Zu zeigen ist $\mathcal{V}^\perp = \mathcal{W}$.

Sei $\mathbf{y} \in \mathcal{V}^\perp$. Dann ist $\mathbf{y}^\mathsf{T}\mathbf{v} = \mathbf{0}$ für alle $\mathbf{v} \in \mathcal{V}$, woraus $\mathbf{y}^\mathsf{T}\mathbf{Px} = \mathbf{0}$ für alle $\mathbf{x} \in \mathbb{R}^n$ und insbesondere $\mathbf{y}^\mathsf{T}\mathbf{Py} = \mathbf{0}$ folgt. Da $\mathbf{P}$ symmetrisch und idempotent ist, gilt $\mathbf{y}^\mathsf{T}\mathbf{P}^\mathsf{T}\mathbf{Py} = (\mathbf{yP})^\mathsf{T}\mathbf{Py} = \mathbf{0}$ und also $\mathbf{Py} = \mathbf{0}$. Mithin ist $\mathbf{y} \in \mathcal{W}$ und folglich $\mathcal{V}^\perp \subset \mathcal{W}$. Ist umgekehrt $\mathbf{y} \in \mathcal{W}$, so gilt $\mathbf{Py} = \mathbf{0}$. Wir müssen zeigen: $\mathbf{y}^\mathsf{T}\mathbf{v} = 0$ für alle $\mathbf{v} \in \mathcal{V}$, d.h. $\mathbf{y}^\mathsf{T}\mathbf{Px} = 0$ für alle $\mathbf{x} \in \mathbb{R}^n$. Da aber $\mathbf{Py} = \mathbf{0}$, so ist $\mathbf{y}^\mathsf{T}\mathbf{P}^\mathsf{T} = \mathbf{y}^\mathsf{T}\mathbf{P} = \mathbf{0}$ und damit auch $\mathbf{y}^\mathsf{T}\mathbf{Px} = 0$.

„(ii)⇒(i)“: Es ist nur noch die Symmetrie von $\mathbf{P}$ nachzuweisen. Für alle $\mathbf{x}, \mathbf{z} \in \mathbb{R}^n$ ist $\mathbf{Px} \in \mathcal{V}$ und $(\mathbf{I} - \mathbf{P})\mathbf{z} \in \mathcal{V}^\perp$. Mithin gilt $\mathbf{x}^\mathsf{T}\mathbf{P}^\mathsf{T}(\mathbf{I} - \mathbf{P})\mathbf{z} = \mathbf{x}^\mathsf{T}(\mathbf{P}^\mathsf{T} - \mathbf{P}^\mathsf{T}\mathbf{P})\mathbf{z} = 0$ für alle $\mathbf{x}, \mathbf{z} \in \mathbb{R}^n$. Insbesondere für die Einheitsvektoren $\mathbf{e}_i$ und $\mathbf{e}_j$ erhalten wir $\mathbf{e}_i^\mathsf{T}(\mathbf{P}^\mathsf{T} - \mathbf{P}^\mathsf{T}\mathbf{P})\mathbf{e}_j = 0$, woraus $\mathbf{P}^\mathsf{T} = \mathbf{P}^\mathsf{T}\mathbf{P}$ folgt. Also ist $\mathbf{P}^\mathsf{T}$ symmetrisch und damit auch $\mathbf{P}$. ❑

Nach dem vorigen Satz sind also für eine beliebige (m, n)-Matrix $\mathbf{A}$ die Matrizen $\mathbf{AA}^\dagger, \mathbf{A}^\dagger\mathbf{A}$ sowie $\mathbf{I} - \mathbf{A}^\dagger\mathbf{A}$ stets orthogonale Projektoren. Dies folgt direkt aus den Eigenschaften der MP-Inversen. Z.B. projiziert $\mathbf{AA}^\dagger$ orthogonal auf $\mathcal{V} = \{\mathbf{AA}^\dagger\mathbf{z} \mid \mathbf{z} \in \mathbb{R}^n\} = \{\mathbf{Ax} \mid \mathbf{x} \in \mathbb{R}^n\} = \mathcal{M}(\mathbf{A})$, den Spaltenraum von $\mathbf{A}$ (vgl. Aufgabe 3.8).

Beispiel 3.19
Betrachte das lineare Regressionsmodell $\mathbf{y} = \mathbf{X}\boldsymbol{\beta} + \mathbf{u}$. Es bezeichnet

$$\widehat{\mathbf{y}} := \mathbf{X}\widehat{\boldsymbol{\beta}} = \mathbf{X}\mathbf{X}^{\dagger}\mathbf{y}$$

bzw.

$$\widehat{\mathbf{u}} := \mathbf{y} - \mathbf{X}\widehat{\boldsymbol{\beta}} = (\mathbf{I} - \mathbf{X}\mathbf{X}^{\dagger})\mathbf{y}$$

den **prognostizierten y-Vektor** bzw. den Vektor der **KQ-Residuen.** Dann ist $\widehat{\mathbf{y}}$ die orthogonale Projektion von $\mathbf{y}$ auf $\mathcal{M}(\mathbf{X})$, und $\widehat{\mathbf{u}}$ ist die orthogonale Projektion von $\mathbf{y}$ auf $\mathcal{M}(\mathbf{X})^{\perp} = \mathcal{N}(\mathbf{X}^{\top})$. Folglich ist $\mathbf{y} = \widehat{\mathbf{y}} + \widehat{\mathbf{u}}$ und $\widehat{\mathbf{y}} \perp \widehat{\mathbf{u}}$, was in Abbildung 3.3 veranschaulicht wird.

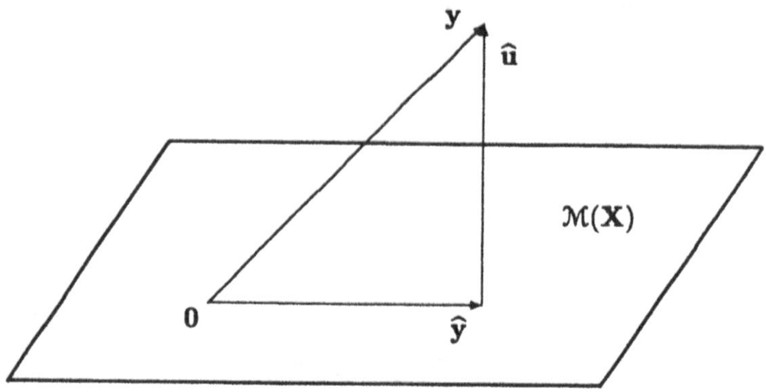

Abbildung 3.3: Orthogonale Projektion auf $\mathcal{M}(\mathbf{X})$.

○

Ein orthogonaler Projektor läßt sich auch durch folgenden Sachverhalt charakterisieren:

Satz 3.17
Es sei $\mathcal{V}$ ein Unterraum des $\mathbb{R}^n$ und $\mathbf{P} = \mathbf{P}_{\mathcal{V}}$ sei orthogonaler Projektor auf $\mathcal{V}$. Dann gilt

$$||\mathbf{P}\mathbf{x} - \mathbf{x}|| = \min_{\mathbf{v} \in \mathcal{V}} ||\mathbf{v} - \mathbf{x}||$$

für alle $\mathbf{x} \in \mathbb{R}^n$

Beweis: Seien $\mathbf{x} \in \mathbb{R}^n$ und $\mathbf{v} \in \mathcal{V}$ beliebig. Dann gilt

$$\begin{aligned} \|\mathbf{v}-\mathbf{x}\|^2 &= (\mathbf{v}-\mathbf{x})^\top(\mathbf{v}-\mathbf{x}) \\ &= (\mathbf{v}-\mathbf{Px}+\mathbf{Px}-\mathbf{x})^\top(\mathbf{v}-\mathbf{Px}+\mathbf{Px}-\mathbf{x}) \\ &= \|\mathbf{v}-\mathbf{Px}\|^2+\|\mathbf{Px}-\mathbf{x}\|^2 \\ &\geq \|\mathbf{Px}-\mathbf{x}\|^2. \end{aligned}$$

Dabei wurde ausgenutzt, daß gilt $\mathbf{v}-\mathbf{Px} \in \mathcal{V}$ und $\mathbf{x}-\mathbf{Px} = (\mathbf{I}-\mathbf{P})\mathbf{x} \in \mathcal{V}^\perp$. ❑

Abbildung 3.4 veranschaulicht den Sachverhalt.

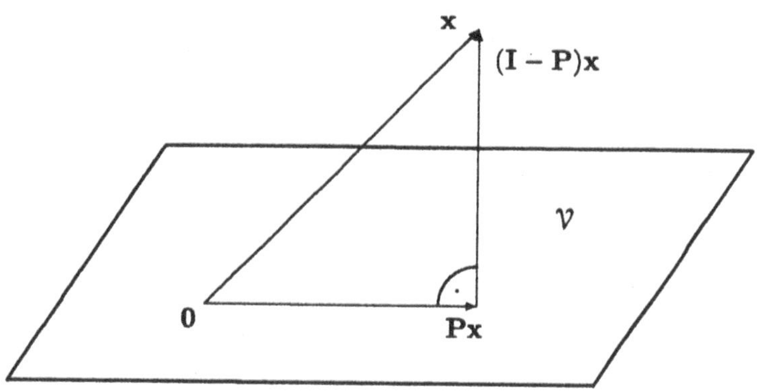

Abbildung 3.4: Orthogonale Projektion auf $\mathcal{V}$.

$\mathbf{P}_\mathcal{V}\mathbf{x}$ ist also derjenige Vektor aus $\mathcal{V}$, der von $\mathbf{x}$ den kürzesten Abstand hat, nämlich $\|(\mathbf{I}-\mathbf{P}_\mathcal{V})\mathbf{x}\|$. Die Projektionen $\mathbf{P}_\mathcal{V}\mathbf{x}$ und $(\mathbf{I}-\mathbf{P}_\mathcal{V})\mathbf{x}$ stehen senkrecht aufeinander, d.h. $(\mathbf{P}_\mathcal{V}\mathbf{x})^\top(\mathbf{I}-\mathbf{P}_\mathcal{V})\mathbf{x} = \mathbf{0}$. Hier wird noch einmal der Sinn der Bezeichnung *orthogonaler* Projektor deutlich (vgl. auch Beispiel 3.19).

3.10 Numerische Methoden

In den Abschnitten 3.3 und 3.4 haben wir gesehen, wie wir mit Hilfe der Singulärwertdarstellung einer Matrix g-Inverse und MP-Inverse bestimmen können. Wir wollen nachstehend numerisch einfachere Methoden kennenlernen, die besonders zu empfehlen sind.

3.10.1 Bestimmung einer g-Inversen

Beim Gaußschen Algorithmus zur Berechnung der Inversen einer Matrix bedient man sich der **elementaren Umformungen**, die für die (m, n)-Matrix $\mathbf{A}$ mit der Zeilen- bzw. Spaltenschreibweise

$$\mathbf{A} = \begin{pmatrix} \mathbf{a}_{(1)}^{\mathsf{T}} \\ \mathbf{a}_{(2)}^{\mathsf{T}} \\ \vdots \\ \mathbf{a}_{(m)}^{\mathsf{T}} \end{pmatrix} = (\mathbf{a}_1, \mathbf{a}_2, \ldots, \mathbf{a}_n)$$

wie folgt beschrieben werden können:

- Multiplikation von Zeile $\mathbf{a}_{(i)}^{\mathsf{T}}$ bzw. Spalte $\mathbf{a}_{(j)}$ mit Skalaren $c \neq 0$.
- Ersetzen von $\mathbf{a}_{(i)}^{\mathsf{T}}$ bzw. $\mathbf{a}_j$ durch $\mathbf{a}_{(i)}^{\mathsf{T}} + \lambda \mathbf{a}_{(k)}^{\mathsf{T}}$ bzw. $\mathbf{a}_j + \lambda \mathbf{a}_l$.
- Vertauschen von Zeilen bzw. Spalten.

Es ist leicht zu sehen, daß Umformungen auch bei nichtquadratischen Matrizen durch spezielle, einfach strukturierte, reguläre Matrizen bewirkt werden. Z.B. soll bei der Matrix $\begin{pmatrix} 1 & 3 & 5 \\ 2 & 1 & -1 \end{pmatrix}$ die erste und zweite Zeile vertauscht werden. Diese Operation wird bewerkstelligt durch Linksmultiplikation mit $\begin{pmatrix} 0 & 1 \\ 1 & 0 \end{pmatrix}$:

$$\begin{pmatrix} 0 & 1 \\ 1 & 0 \end{pmatrix} \begin{pmatrix} 1 & 3 & 5 \\ 2 & 1 & -1 \end{pmatrix} = \begin{pmatrix} 2 & 1 & -1 \\ 1 & 3 & 5 \end{pmatrix}.$$

Diese Zeilen- und Spaltenoperationen dienen auch, wie wir sehen werden, zur Berechnung einer g-Inversen.

Definition 3.6

Gegeben sei die (m, n)-Matrix $\mathbf{H}$ mit $\text{rg}(\mathbf{H}) = r$. $\mathbf{H}$ **hat Hermitesche Normalform**, wenn gilt

(i) Die ersten r Zeilen sind keine Nullzeilen, die übrigen Zeilen enthalten nur Nullen.

(ii) Die ersten r Spalten der Einheitsmatrix $\mathbf{I}_m$ treten als Spalten von $\mathbf{H}$ auf.

Die Matrix

$$\mathbf{H} = \begin{pmatrix} 0 & 1 & 3 & 0 \\ 0 & 0 & 0 & 1 \\ 0 & 0 & 0 & 0 \end{pmatrix}$$

hat Hermitesche Normalform, denn $\mathrm{rg}(\mathbf{H}) = 2$, die ersten beiden Zeilen sind keine Nullzeilen, die beiden ersten Spalten von $\mathbf{I}_3$

$$\mathbf{e}_1 = \begin{pmatrix} 1 \\ 0 \\ 0 \end{pmatrix} \quad \text{und} \quad \mathbf{e}_2 = \begin{pmatrix} 0 \\ 1 \\ 0 \end{pmatrix}$$

erscheinen als Spalten von $\mathbf{H}$.

Jede (m, n)-Matrix $\mathbf{A}$ mit $\mathrm{rg}(\mathbf{A}) = r$ läßt sich durch elementare Zeilenumformungen (vgl. Wetzel u.a. (1981)) in Hermitesche Normalform überführen:

$$\mathbf{E}_k \mathbf{E}_{k-1} \cdots \mathbf{E}_1 \mathbf{A} = \mathbf{H}.$$

Da die umformenden Matrizen $\mathbf{E}_j$ regulär sind, ist auch ihr Produkt $\mathbf{E} = \mathbf{E}_k \mathbf{E}_{k-1} \cdots \mathbf{E}_1$ regulär. Die Ränge von $\mathbf{A}$ und $\mathbf{H}$ sind mithin identisch.

Beispiel 3.20

Gegeben sei die Matrix

$$\mathbf{A} = \begin{pmatrix} 0 & 1 & 2 & -1 & 2 \\ 0 & 0 & -3 & 5 & -4 \\ 0 & 2 & 1 & 3 & 0 \end{pmatrix}.$$

Wir führen jetzt $\mathbf{A}$ durch elementare Zeilenumformungen über in Hermitesche Normalform.

1. Operation $\quad -2\mathbf{a}_{(1)}^{\mathsf{T}} + \mathbf{a}_{(3)}^{\mathsf{T}}$:

$$\mathbf{E}_1 \mathbf{A} = \begin{pmatrix} 0 & 1 & 2 & -1 & 2 \\ 0 & 0 & -3 & 5 & -4 \\ 0 & 0 & -3 & 5 & 4 \end{pmatrix} \quad \text{mit} \quad \mathbf{E}_1 = \begin{pmatrix} 1 & 0 & 0 \\ 0 & 1 & 0 \\ -2 & 0 & 1 \end{pmatrix}$$

2. Operation $-\mathbf{a}_{(2)}^{\mathsf{T}} + \mathbf{a}_{(3)}^{\mathsf{T}}$:

$$\mathbf{E}_2\mathbf{E}_1\mathbf{A} = \begin{pmatrix} 0 & 1 & 2 & -1 & 2 \\ 0 & 0 & -3 & 5 & 4 \\ 0 & 0 & 0 & 0 & 0 \end{pmatrix} \quad \text{mit} \quad \mathbf{E}_2 = \begin{pmatrix} 1 & 0 & 0 \\ 0 & 1 & 0 \\ 0 & -1 & 1 \end{pmatrix}$$

Hier erkennen wir schon den Rang von $\mathbf{A}$: $\mathrm{rg}(\mathbf{A}) = \mathrm{rg}(\mathbf{E}_2\mathbf{E}_1\mathbf{A}) = 2$.

3. Operation $(-1/3)\mathbf{a}_{(2)}^{\mathsf{T}}$:

$$\mathbf{E}_3\mathbf{E}_2\mathbf{E}_1\mathbf{A} = \begin{pmatrix} 0 & 1 & 2 & -1 & 2 \\ 0 & 0 & 1 & -5/3 & -4/3 \\ 0 & 0 & 0 & 0 & 0 \end{pmatrix}$$

mit

$$\mathbf{E}_3 = \begin{pmatrix} 1 & 0 & 0 \\ 0 & -1/3 & 0 \\ 0 & 0 & 1 \end{pmatrix}$$

4. Operation: $-2\mathbf{a}_{(2)}^{\mathsf{T}} + \mathbf{a}_{(1)}^{\mathsf{T}}$:

$$\mathbf{E}_4\mathbf{E}_3\mathbf{E}_2\mathbf{E}_1\mathbf{A} = \begin{pmatrix} 0 & 1 & 0 & 7/3 & 14/3 \\ 0 & 0 & 1 & -5/3 & -4/3 \\ 0 & 0 & 0 & 0 & 0 \end{pmatrix}$$

mit

$$\mathbf{E}_4 = \begin{pmatrix} 1 & -2 & 0 \\ 0 & 1 & 0 \\ 0 & 0 & 1 \end{pmatrix}.$$

Es resultiert also eine Matrix in Hermitescher Normalform. ○

Die Matrizen $\mathbf{E}_j$ der elementaren Zeilenumformungen brauchen im folgenden nicht explizit notiert zu werden.

Jede (m, n)-Matrix $\mathbf{H}$ in Hermitescher Normalform läßt sich durch anschließende Permutation (d.h. Vertauschung) der *Spalten* in die Form

$$\mathbf{R} = \begin{pmatrix} \mathbf{I}_r & \mathbf{K} \\ \mathbf{0} & \mathbf{0} \end{pmatrix}$$

überführen, d.h. $\mathbf{R} = \mathbf{HP}$ mit $\mathbf{P}$ als geeigneter Permutationsmatrix, wobei $r = \mathrm{rg}(\mathbf{H})$ ist. $\mathbf{P}$ entsteht aus $\mathbf{I}_n$ durch Vertauschung von Spalten.

Beispiel 3.21
Betrachte

$$\mathbf{H} = \begin{pmatrix} 0 & 1 & 3 & 0 \\ 0 & 0 & 0 & 1 \\ 0 & 0 & 0 & 0 \end{pmatrix} \quad \text{und} \quad \mathbf{P} = \begin{pmatrix} 0 & 0 & 0 & 1 \\ 1 & 0 & 0 & 0 \\ 0 & 0 & 1 & 0 \\ 0 & 1 & 0 & 0 \end{pmatrix}.$$

Dann ist

$$\mathbf{R} = \mathbf{HP} = \left(\begin{array}{cc|cc} 1 & 0 & 3 & 0 \\ 0 & 1 & 0 & 0 \\ \hline 0 & 0 & 0 & 0 \end{array}\right) = \begin{pmatrix} \mathbf{I}_2 & \mathbf{K} \\ \mathbf{0} & \mathbf{0} \end{pmatrix} \quad \text{mit} \quad \mathbf{K} = \begin{pmatrix} 3 & 0 \\ 0 & 0 \end{pmatrix}.$$

○

Insgesamt kann also jede (m,n)-Matrix $\mathbf{A}$ mit $\mathrm{rg}(\mathbf{A}) = r$ in die Form

$$\mathbf{R} = \mathbf{EAP} = \begin{pmatrix} \mathbf{I}_r & \mathbf{K} \\ 0 & 0 \end{pmatrix}$$

überführt werden. Dabei ist $\mathbf{E} = \mathbf{E}_k\mathbf{E}_{k-1}\dots\mathbf{E}_1$ eine (m,m)-Matrix und $\mathbf{P}$ ist eine (n,n)-Matrix.

Wegen der Regularität von $\mathbf{E}$ und $\mathbf{P}$ kann man $\mathbf{A}$ aus $\mathbf{R}$ zurückgewinnen, denn es gilt

$$\mathbf{A} = \mathbf{E}^{-1}\mathbf{R}\mathbf{P}^{-1}.$$

Wenn $\mathbf{A}$ regulär ist, gilt $\mathbf{R} = \mathbf{I}_n$. Damit erhalten wir den

Satz 3.18
Gegeben sei die (m,n)-Matrix $\mathbf{A}$ mit $\mathrm{rg}(\mathbf{A}) = r$. Dann ist eine g-Inverse von $\mathbf{A}$ gegeben durch

$$\mathbf{A}^- = \mathbf{P}\begin{pmatrix} \mathbf{I}_r & \mathbf{0} \\ \mathbf{0} & \mathbf{0} \end{pmatrix}\mathbf{E},$$

wobei $\mathbf{E}$ und $\mathbf{P}$ die oben erwähnten Matrizen sind.

Beweis: Folgt direkt durch Bestimmung von $\mathbf{AA^-A}$. Man beachte dabei die Darstellung $\mathbf{A} = \mathbf{E}^{-1}\mathbf{RP}^{-1}$. ❑

Will man eine g-Inverse $\mathbf{A}^-$ der (m,n)-Matrix $\mathbf{A}$ ermitteln, so können wir die hierfür erforderlichen Matrizen $\mathbf{E}$ und $\mathbf{P}$ leicht mittels des **Gauß-Jordan-Algorithmus** erhalten:

(i) Hänge an $\mathbf{A}$ die Einheitsmatrix $\mathbf{I}_m$ an: $(\mathbf{A} \mid \mathbf{I}_m)$.

(ii) Durch sukzessives Ausführen der elementaren Zeilenumformungen, d.h. Linksmultiplikation mit $\mathbf{E}_i$, erhalten wir schließlich $\mathbf{E} = \mathbf{E}_k\mathbf{E}_{k-1}\cdots\mathbf{E}_1$:

$$\begin{aligned}
\mathbf{E}_1(\mathbf{A} \mid \mathbf{I}_m) &= (\mathbf{E}_1\mathbf{A} \mid \mathbf{E}_1) \\
\mathbf{E}_2\mathbf{E}_1(\mathbf{A} \mid \mathbf{I}_m) &= (\mathbf{E}_2\mathbf{E}_1\mathbf{A} \mid \mathbf{E}_2\mathbf{E}_1) \\
&\vdots \\
\mathbf{E}(\mathbf{A} \mid \mathbf{I}_m) &= (\mathbf{EA} \mid \mathbf{E}).
\end{aligned}$$

(iii) Ein möglicherweise notwendiger Spaltentausch bestimmt $\mathbf{P}$:

$$(\mathbf{EA} \mid \mathbf{E})\mathbf{P} = (\mathbf{EAP} \mid \mathbf{EP}) = (\mathbf{R} \mid \mathbf{EP}).$$

Die Matrix $\mathbf{R}$ ist dann die gesuchte g-Inverse von $\mathbf{A}$.

Beispiel 3.22

Wir illustrieren für

$$\mathbf{A} = \begin{pmatrix} 1 & 0 & 2 & 3 \\ 2 & 0 & 2 & 0 \\ 0 & 0 & -2 & -6 \end{pmatrix}$$

den Gauß-Jordan-Algorithmus:

$$\left(\begin{array}{cccc|ccc} 1 & 0 & 2 & 3 & 1 & 0 & 0 \\ 2 & 0 & 2 & 0 & 0 & 1 & 0 \\ 0 & 0 & -2 & -6 & 0 & 0 & 1 \end{array}\right) \longrightarrow \left(\begin{array}{cccc|ccc} 1 & 0 & 2 & 3 & 1 & 0 & 0 \\ 0 & 0 & -2 & -6 & -2 & 1 & 0 \\ 0 & 0 & -2 & -6 & 0 & 0 & 1 \end{array}\right)$$

$$\longrightarrow \left(\begin{array}{cccc|ccc} 1 & 0 & 2 & 3 & 1 & 0 & 0 \\ 0 & 0 & -2 & 6 & -2 & 1 & 0 \\ 0 & 0 & 0 & 0 & 2 & -1 & 1 \end{array}\right)$$

$$\longrightarrow \left(\begin{array}{cccc|ccc} 1 & 0 & 2 & 3 & 1 & 0 & 0 \\ 0 & 0 & 1 & -3 & 1 & -1/2 & 0 \\ 0 & 0 & 0 & 0 & 2 & -1 & 1 \end{array}\right)$$

$$\longrightarrow \left(\begin{array}{cccc|ccc} 1 & 0 & 0 & 9 & -1 & 1 & 0 \\ 0 & 0 & 1 & -3 & 1 & -1/2 & 0 \\ 0 & 0 & 0 & 0 & 1 & -1 & 1 \end{array}\right).$$

Die zuletzt erhaltene Matrix ist von der Form $(\mathbf{EA} \mid \mathbf{E})$. Wir erkennen, daß $\mathbf{EA}$ eine Hermitesche Normalform aufweist, an der man $\mathrm{rg}(\mathbf{A}) = 2 = r$ ablesen kann.

Da noch die zweite und und die dritte Spalte vertauscht werden müssen, ist $\mathbf{P}$ gegeben durch

$$\mathbf{P} = \begin{pmatrix} 1 & 0 & 0 & 0 \\ 0 & 0 & 1 & 0 \\ 0 & 1 & 0 & 0 \\ 0 & 0 & 0 & 1 \end{pmatrix}.$$

Gemäß Satz 3.18 erhalten wir zusammenfassend

$$\begin{aligned} \mathbf{A}^- &= \mathbf{P} \begin{pmatrix} \mathbf{I}_2 & \mathbf{0} \\ \mathbf{0} & \mathbf{0} \end{pmatrix} \mathbf{E} \\ &= \begin{pmatrix} 1 & 0 & 0 & 0 \\ 0 & 0 & 1 & 0 \\ 0 & 1 & 0 & 0 \\ 0 & 0 & 0 & 1 \end{pmatrix} \begin{pmatrix} 1 & 0 & 0 \\ 0 & 1 & 0 \\ 0 & 0 & 0 \\ 0 & 0 & 0 \end{pmatrix} \begin{pmatrix} -1 & 1 & 0 \\ 1 & -1/2 & 0 \\ 1 & -1 & 1 \end{pmatrix} \\ &= \begin{pmatrix} -1 & 1 & 0 \\ 0 & 0 & 0 \\ 1 & -1/2 & 0 \\ 0 & 0 & 0 \end{pmatrix}. \end{aligned}$$

○

Es ist noch anzumerken, daß die elementaren Zeilenumformungen unterschiedlich gewählt werden können und damit i.d.R. auch unterschiedliche g-Inverse resultieren. Dies ist aber kein Nachteil; zur Lösung von linearen Gleichungssystemen genügt *eine* g-Inverse.

3.10.2 Bestimmung der MP-Inversen nach Dwivedi

Jede (m,n)-Matrix $\mathbf{A}$ mit $\text{rg}(\mathbf{A}) = r$ läßt sich faktorisieren in der Form $\mathbf{A} = \mathbf{BC}$, wobei $\mathbf{B}$ eine (m,r)-Matrix von vollem *Spaltenrang* ($\text{rg}(\mathbf{B}) = r$) und $\mathbf{C}$ eine (r,n)-Matrix von vollem *Zeilenrang* ($\text{rg}(\mathbf{C}) = r$) ist. Diese Darstellung wird **Vollrangfaktorisierung** genannt. Die Matrizen $\mathbf{B}$ und $\mathbf{C}$ sind dabei i.a. nicht eindeutig.

Nachfolgend wollen wir eine numerische Prozedur kennenlernen, die auf Dwivedi (1975) zurückgeht, und mit deren Hilfe ein Paar von Faktormatrizen $\mathbf{B}$ und $\mathbf{C}$ bestimmt werden kann. Die MP-Inverse von $\mathbf{A}$ erhalten wir dann sofort aus $\mathbf{B}$ und $\mathbf{C}$:

$$\mathbf{A}^{\dagger} = \mathbf{C}^{\top} (\mathbf{C}\mathbf{C}^{\top})^{-1} (\mathbf{B}^{\top}\mathbf{B})^{-1} \mathbf{B}^{\top},$$

d.h., neben der Vollrangfaktorisierung sind noch zwei Matrixinversionen durchzuführen. Dabei ist anzumerken, daß wegen $r = \text{rg}(\mathbf{C}) = \text{rg}(\mathbf{C}\mathbf{C}^{\top})$ bzw. $r = \text{rg}(\mathbf{B}) = \text{rg}(\mathbf{B}^{\top}\mathbf{B})$ die auftretenden Matrizen auch wirklich regulär sind. Die Inversen von $\mathbf{C}\mathbf{C}^{\top}$ und $\mathbf{B}^{\top}\mathbf{B}$ bestimmen wir am besten mit dem Gauß-Jordan-Algorithmus.

Wir wollen nun die **Methode der Vollrangzerlegung** beschreiben. Sei die (m,n)-Matrix $\mathbf{A} \neq \mathbf{0}$ gegeben. Wähle irgendein festes von Null verschiedenes Matrixelement, etwa a_{hk}, und setze $\mathbf{A}_1 := \mathbf{A} - \mathbf{b}_1\mathbf{c}_{(1)}^{\top}$ mit

$$\mathbf{b}_1 = \frac{1}{a_{hk}}(a_{1k}, a_{2k}, \ldots, a_{mk})^{\top} \quad \text{und} \quad \mathbf{c}_{(1)}^{\top} = (a_{h1}, a_{h2}, \ldots, a_{hn}).$$

Offenbar sind alle Elemente der h-ten Zeile und der k-ten Spalte von $\mathbf{A}_1$ gleich Null. Ist $\mathbf{A}_1 = \mathbf{0}$, so ist $\mathbf{A} = \mathbf{b}_1\mathbf{c}_{(1)}^{\top}$ die gesuchte Faktorisierung. Falls nicht, wiederholen wir die eben beschriebene Prozedur mit der Matrix $\mathbf{A}_1$. Dies erzeugt eine Matrix $\mathbf{A}_2$, die mindestens zwei Nullzeilen und zwei Nullspalten aufweist. Da jeder Schritt die Anzahl der Nullzeilen und Nullspalten erhöht, wird dieses Vorgehen nach endlich vielen Schritten bei der Nullmatrix beendet sein.

Schematisch sieht die Prozedur so aus:

$$\begin{aligned}
\mathbf{A} - \mathbf{b}_1\mathbf{c}_{(1)}^{\mathsf{T}} &=: \mathbf{A}_1 \\
\mathbf{A}_1 - \mathbf{b}_2\mathbf{c}_{(2)}^{\mathsf{T}} &=: \mathbf{A}_2 \\
&\vdots \\
\mathbf{A}_{r-2} - \mathbf{b}_{r-1}\mathbf{c}_{(r-1)}^{\mathsf{T}} &=: \mathbf{A}_{r-1} \neq \mathbf{0} \\
\mathbf{A}_{r-1} - \mathbf{b}_r\mathbf{c}_{(r)}^{\mathsf{T}} &= \mathbf{0},
\end{aligned}$$

wobei $r = \mathrm{rg}(\mathbf{A})$ ist. Dann haben wir mit

$$\mathbf{B} = (\mathbf{b}_1, \mathbf{b}_2, \ldots, \mathbf{b}_r) \quad \text{und} \quad \mathbf{C} = (\mathbf{c}_{(1)}, \mathbf{c}_{(2)}, \ldots, \mathbf{c}_{(r)})^{\mathsf{T}}$$

die gewünschte Faktorisierung erreicht:

$$\mathbf{BC} = \mathbf{b}_1\mathbf{c}_{(1)}^{\mathsf{T}} + \mathbf{b}_2\mathbf{c}_{(2)}^{\mathsf{T}} + \cdots + \mathbf{b}_r\mathbf{c}_{(r)}^{\mathsf{T}} = \mathbf{A}.$$

Die Spalten von $\mathbf{B}$ und $\mathbf{C}^{\mathsf{T}}$ sind linear unabhängig (Aufgabe 3.11).

Beispiel 3.23
Gegeben sei die Matrix

$$\mathbf{A} = \begin{pmatrix} 2 & 3 \\ 0 & 2 \\ 0 & -2 \end{pmatrix}.$$

Als festes Matrixelement wählen wir $a_{11} = 2 \neq 0$. Dann ist $\mathbf{b}_1 = (2,0,0)^{\mathsf{T}}/2 = (1,0,0)^{\mathsf{T}}$, $\mathbf{c}_{(1)} = (2,3)^{\mathsf{T}}$ und

$$\mathbf{A}_1 = \begin{pmatrix} 2 & 3 \\ 0 & 2 \\ 0 & -2 \end{pmatrix} - \begin{pmatrix} 1 \\ 0 \\ 0 \end{pmatrix} (2,3) = \begin{pmatrix} 0 & 0 \\ 0 & 2 \\ 0 & -2 \end{pmatrix}.$$

Im nächsten Schritt wählen wir 2 als festes Element (2. Zeile, 2. Spalte). Dann ist $\mathbf{b}_2 = (0,2,-2)^{\mathsf{T}}/2 = (0,1,-1)^{\mathsf{T}}$ und $\mathbf{c}_{(2)} = (0,2)^{\mathsf{T}}$ und

$$\mathbf{A}_2 = \begin{pmatrix} 0 & 0 \\ 0 & 2 \\ 0 & -2 \end{pmatrix} - \begin{pmatrix} 0 \\ 1 \\ -1 \end{pmatrix} (0,2) = \begin{pmatrix} 0 & 0 \\ 0 & 0 \\ 0 & 0 \end{pmatrix}.$$

Damit ist also

$$\mathbf{B} = \begin{pmatrix} 1 & 0 \\ 0 & 1 \\ 0 & -1 \end{pmatrix} \quad \text{und} \quad \mathbf{C} = \begin{pmatrix} 2 & 3 \\ 0 & 2 \end{pmatrix}.$$

Berechnen wir nun noch $\mathbf{A}^{\dagger}$:

$$\begin{aligned}
\mathbf{B}^{\mathsf{T}}\mathbf{B} &= \begin{pmatrix} 1 & 0 & 0 \\ 0 & 1 & -1 \end{pmatrix} \begin{pmatrix} 1 & 0 \\ 0 & 1 \\ 0 & -1 \end{pmatrix} = \begin{pmatrix} 1 & 0 \\ 0 & 2 \end{pmatrix} \\
\mathbf{C}\mathbf{C}^{\mathsf{T}} &= \begin{pmatrix} 2 & 3 \\ 0 & 2 \end{pmatrix} \begin{pmatrix} 2 & 0 \\ 3 & 2 \end{pmatrix} = \begin{pmatrix} 13 & 6 \\ 6 & 4 \end{pmatrix} \\
(\mathbf{B}^{\mathsf{T}}\mathbf{B})^{-1} &= \begin{pmatrix} 1 & 0 \\ 0 & 1/2 \end{pmatrix} \\
(\mathbf{C}\mathbf{C}^{\mathsf{T}})^{-1} &= \frac{1}{16} \begin{pmatrix} 4 & -6 \\ -6 & 13 \end{pmatrix} \\
\mathbf{A}^{\dagger} &= \frac{1}{16} \begin{pmatrix} 2 & 0 \\ 3 & 2 \end{pmatrix} \begin{pmatrix} 4 & -6 \\ -6 & 13 \end{pmatrix} \begin{pmatrix} 1 & 0 \\ 0 & 1/2 \end{pmatrix} \begin{pmatrix} 1 & 0 & 0 \\ 0 & 1 & -1 \end{pmatrix} \\
&= \frac{1}{8} \begin{pmatrix} 4 & -3 & 3 \\ 0 & 2 & -2 \end{pmatrix}.
\end{aligned}$$

○

Weitere Algorithmen zur Bestimmung der MP-Inversen werden im Lehrbuch von Schmidt und Trenkler (1998) beschrieben. Diese sind allerdings aufwendiger und werden hier nicht näher behandelt.

3.11 Aufgaben

Aufgabe 3.1

Führen Sie den Beweis von Satz 3.1 bzgl. der Darstellung der Matrix **G** zu Ende.

Aufgabe 3.2
Sei $\mathbf{G}$ eine g-Inverse von $\mathbf{A}$. Weisen Sie nach, daß die folgenden beiden Aussagen äquivalent sind:

(a) $\mathbf{G}$ ist g-Inverse von $\mathbf{AG}$.

(b) $\mathbf{G}^2$ ist g-Inverse von $\mathbf{A}$.

Aufgabe 3.3
Zeigen Sie die „Kürzungsregel“: Aus $\mathbf{RA}^\top\mathbf{A} = \mathbf{SA}^\top\mathbf{A}$ folgt $\mathbf{RA}^\top = \mathbf{SA}^\top$. *Hinweis*: Zeigen Sie zunächst die Identität

$$(\mathbf{RA}^\top\mathbf{A} - \mathbf{SA}^\top\mathbf{A})(\mathbf{R}^\top - \mathbf{S}^\top) = (\mathbf{AA}^\top - \mathbf{SA}^\top)(\mathbf{RA}^\top - \mathbf{SA}^\top)^\top.$$

Aufgabe 3.4
Beweisen Sie Satz 3.3.

Aufgabe 3.5
Gegeben sei das Gleichungssystem:

$$\begin{aligned} x_1 - 2x_2 + 3x_3 + 2x_4 &= -2 \\ x_1 \qquad + x_3 + 3x_4 &= 0 \\ x_1 + 2x_2 - 3x_3 \qquad &= 2. \end{aligned}$$

Finden Sie eine g-Inverse der Koeffizientenmatrix $\mathbf{A}$. Geben Sie sämtliche Lösungen des Systems an. Finden Sie einen Lösungsvektor $\mathbf{x}$ mit $\|\mathbf{x}\| = 1$.

Aufgabe 3.6
Weisen Sie nach, daß die nachstehenden Bedingungen äquivalent zur Schätzbarkeit von $\mathbf{a}^\top\boldsymbol{\beta}$ im linearen Regressionsmodell (3.2) sind:

(a) $\operatorname{rg}\begin{pmatrix}\mathbf{X}\\ \mathbf{a}^\top\end{pmatrix} = \operatorname{rg}(\mathbf{X})$

(b) $\mathbf{a}^\top\mathbf{X}^-\mathbf{X} = \mathbf{a}^\top$ für eine g-Inverse $\mathbf{X}^-$ von $\mathbf{X}$

(c) $\operatorname{rg}\begin{pmatrix}\mathbf{X}^\top\mathbf{X}\\ \mathbf{a}^\top\end{pmatrix} = \operatorname{rg}(\mathbf{X}^\top\mathbf{X})$

(d) $\mathbf{a}^\top(\mathbf{X}^\top\mathbf{X})^-\mathbf{X}^\top\mathbf{X} = \mathbf{a}^\top$ für eine g-Inverse $(\mathbf{X}^\top\mathbf{X})^-$ von $\mathbf{X}^\top\mathbf{X}$.

Aufgabe 3.7
Beweisen Sie Satz 3.7.

Aufgabe 3.8

Zeigen Sie, daß für eine beliebige (m,n)-Matrix $\mathbf{A}$ gilt

(a) $\mathcal{M}(\mathbf{A}) = \mathcal{M}(\mathbf{A}\mathbf{A}^\top) = \mathcal{M}(\mathbf{A}\mathbf{A}^\dagger)$

(b) $\mathcal{N}(\mathbf{A}) = \mathcal{N}(\mathbf{A}^\top\mathbf{A}) = \mathcal{N}(\mathbf{A}^\dagger\mathbf{A})$

(c) $\mathcal{N}(\mathbf{A}) = [\mathcal{M}(\mathbf{A}^\top)]^\perp$.

Aufgabe 3.9

Bestimmen Sie für die Matrix

$$\mathbf{A} = \begin{pmatrix} 1 & 2 & -1 & 0 \\ -2 & -4 & 2 & 0 \end{pmatrix}$$

die Vollrangfaktorisierung nach Dwivedi und anschließend die MP-Inverse.

Aufgabe 3.10

Beweisen Sie Satz 3.9.

Aufgabe 3.11

$\mathbf{A}$ und $\mathbf{B}$ seien (m,n)-Matrizen, für die gelte $\mathbf{A}\mathbf{B}^\top = \mathbf{0}$ und $\mathbf{B}^\top\mathbf{A} = \mathbf{0}$. Zeigen Sie die Identitäten:

$$\mathbf{A}\mathbf{B}^\dagger = \mathbf{0},\ \mathbf{B}^\dagger\mathbf{A} = \mathbf{0},\ \mathbf{A}^\dagger\mathbf{B} = \mathbf{0} \quad \text{und} \quad \mathbf{B}\mathbf{A}^\dagger = \mathbf{0}.$$

Aufgabe 3.12

Weisen Sie nach, daß die Spalten der Matrix $\mathbf{B}$ und $\mathbf{C}^\top$ der Prozedur von Dwivedi (vgl. Abschnitt 3.2.6) linear unabhängig sind.

Aufgabe 3.13

Seien $\mathbf{A}, \mathbf{B}_1$ und $\mathbf{B}_2$ gegebene Matrizen.

(a) Zeigen Sie: Ist das Gleichungssystem

$$\mathbf{X}\mathbf{A}\mathbf{X} = \mathbf{X},\ \mathbf{A}\mathbf{X} = \mathbf{B}_1 \quad \text{und} \quad \mathbf{X}\mathbf{A} = \mathbf{B}_2$$

lösbar, so ist dessen Lösung $\mathbf{X}$ eindeutig.

(b) Für welche Wahl von $\mathbf{B}_1$ und $\mathbf{B}_2$ ist $\mathbf{X}$ eine g-Inverse von $\mathbf{A}$?

Aufgabe 3.14

Es sei $\mathbf{A}$ eine (m,n)-Matrix mit $\mathbf{A} \neq \mathbf{0}$, und α sei eine reelle Zahl. Eine Matrizenfolge $[\mathbf{A}_n]$ sei mit $\mathbf{A}_0 := \alpha\mathbf{A}^\mathsf{T}$ definiert durch

$$\mathbf{A}_n := (2\mathbf{I} - \mathbf{A}_{n-1}\mathbf{A})\mathbf{A}_{n-1}$$

für $n = 1, 2, 3, \ldots$.

Zeigen Sie

$$\lim_{n\to\infty} \mathbf{A}_n = \mathbf{A}^\dagger,$$

wenn α die Bedingungen $0 < \alpha < 2/\lambda_1$ erfüllt, wobei λ_1 der größte Eigenwert von $\mathbf{A}^\mathsf{T}\mathbf{A}$ ist.

Aufgabe 3.15

$\mathbf{P}$ und $\mathbf{Q}$ seien Projektoren mit der Eigenschaft $\mathbf{PQ} = \mathbf{QP}$. Ist $\mathbf{P} + \mathbf{Q} - \mathbf{PQ}$ ein weiterer Projektor?

Kapitel 4

Nichtnegative Matrizen

4.1 Vorbemerkungen

Eines der ersten linearen ökonomischen Modelle stammt von Walras. In ihm wurden in mehreren Gleichungen gleichgewichtige Zustände einer Ökonomie beschrieben, ohne daß Fragen nach Existenz und Eindeutigkeit von Lösungen nachgegangen wurde. Erst mit den Arbeiten von Frobenius zu Anfang dieses Jahrhunderts konnte die Lösungsproblematik behandelt werden.

Der Umfang dieser linearen ökonomischen Modelle erfordert die komprimierte Darstellung mit Hilfe des Matrizenkalküls. Erst die matrizielle Schreibweise läßt die Struktur solcher Modelle deutlich hervortreten und ermöglicht deren sachgerechte Analyse. Die im folgenden Abschnitt diskutierten Beispiele bestätigen nicht nur diese Vorgehensweise, sondern geben auch Hinweise auf die besonderen Schwierigkeiten bei der Diskussion derartiger Modelle. Vor allem werden wir die a priori auferlegten Restriktionen für ökonomische Größen zu berücksichtigen haben, wobei die Nichtnegativität der Parameter eine wichtige Rolle spielt. Aber auch topologische Fragestellungen, die sich aus Konvergenzproblemen und dem dynamischen Charakter einiger Modelle ergeben, werden Gegenstand der Untersuchung sein. Von zentraler Bedeutung wird die Analyse des Spektrums der zugrundeliegenden Matrizen, d.h. ihrer Eigenwerte sein. Schließlich wird der Nichtnegativität der Lösungen linearer Gleichungssysteme besondere Aufmerksamkeit gewidmet.

4.2 Motivierende Beispiele

Zunächst wollen wir einige typische lineare ökonomische Modelle betrachten und die dabei auftretenden Fragen diskutieren.

4.2.1 Statisches Leontief-Modell

Das von Leontief (1949) entwickelte disaggregierte Modell zerlegt die Volkswirtschaft eines Landes in n Sektoren (Industrien), wobei vereinfacht angenommen sei, daß jeder Sektor i genau ein Gut i produziert (Output), das den anderen Sektoren, einschließlich des eigenen, als Produktionsmittel (Input) zur Verfügung steht.

Bezeichnet a_{ij} für $i, j = 1, \ldots, n$ die Anzahl der Einheiten des i-ten Gutes, um *eine* Einheit des j-ten Gutes herzustellen, so mögen „constant returns of scale" vorliegen, d.h. um α Einheiten des j-ten Gutes zu produzieren, benötigen wir αa_{ij} Einheiten des i-ten Gutes.

Bei dem hier betrachteten offenen statischen Modell entsteht das Problem des Aufstellens eines Produktionsplans, bei dem sich die Volkswirtschaft im Gleichgewicht befindet: Die von allen Sektoren produzierten Mengen (Outputs) werden vollständig von den Sektoren sowie der Endnachfrage (Konsum) verbraucht. Als Betrachtungszeit wollen wir eine feste Periode, etwa ein Jahr, wählen.

Wenn x_j die produzierte Menge (Totaloutput) des j-ten Sektors ist, so ist offenbar $a_{ij}x_j$ die Anzahl der Einheiten (Totalinput) des Gutes aus Sektor i, um die Menge x_j von Gut j zu produzieren. Mithin stellt $\sum_{j=1}^{n} a_{ij}x_j$ den Gesamtbedarf des Gutes i dar, um die Produktion in allen Sektoren zu gewährleisten. Somit ist die Nettoproduktion (Nettooutput) des i-ten Sektors gegeben durch $x_i - \sum_{j=1}^{n} a_{ij}x_j$, $i = 1, \ldots, n$.

Gesamtwirtschaftliches Gleichgewicht liegt vor, wenn die Endnachfrage c_i (= Anzahl der Einheiten) nach Gut i gleich der Nettoproduktion ist:

$$x_i - \sum_{j=1}^{n} a_{ij}x_j = c_i, \quad i = 1, \ldots, n. \tag{4.1}$$

Führen wir die Vektor- bzw. Matrix-Schreibweise

$$\begin{aligned} \mathbf{x} &:= (x_i) \quad \text{(Bruttoproduktionsvektor)} \\ \mathbf{A} &:= (a_{ij}) \quad \text{(Input-Output Matrix)} \\ \mathbf{c} &:= (c_i) \quad \text{(Endnachfragevektor)} \end{aligned}$$

ein, so kann (4.1) in der Form $\mathbf{x} - \mathbf{A}\mathbf{x} = \mathbf{c}$ geschrieben werden oder

$$(\mathbf{I} - \mathbf{A})\mathbf{x} = \mathbf{c}, \tag{4.2}$$

wobei $\mathbf{I}$ die Einheitsmatrix ist.

Problem: Bei gegebener Input-Output-Matrix $\mathbf{A}$ und Endnachfragevektor $\mathbf{c}$ fragen wir:

(i) Wann ist die Matrix $\mathbf{I}-\mathbf{A}$ regulär, damit der Bruttoproduktionsvektor („Produktionsplan") eindeutig gegeben ist durch $\mathbf{x} = (\mathbf{I}-\mathbf{A})^{-1}\mathbf{c}$?

(ii) Wann ist die Lösung $\mathbf{x}$ aus (i) ökonomisch sinnvoll, d.h. wann sind die Komponenten von $\mathbf{x}$ nichtnegativ?

Bei der Analyse dieses Problems werden wir natürlich die Nichtnegativität der Komponenten von $\mathbf{A}$ und $\mathbf{c}$ ausnutzen.

4.2.2 Erweitertes Leontief-Modell

Im statischen Leontief-Modell des vorigen Abschnittes wurde vom Produktionsfaktor Arbeit abstrahiert. Wir wollen ihn nun explizit in das vorstehende Modell aufnehmen. Dazu nehmen wir an:

Um eine Einheit von Gut j zu erzeugen, benötigen wir l_j Arbeitseinheiten. Der Vektor $\mathbf{l} := (l_j)$ fasse die Arbeitsinputleistungen zusammen. Ist weiter p_i der Preis pro Einheit von Gut i und w der Lohnsatz (z.B. Stundenlohn), so gilt die Identität

$$p_j = \underbrace{\sum_{i=1}^{n} p_i a_{ij}}_{\text{Kosten für Inputs}} + \underbrace{w l_j}_{\text{Lohnkosten}}, \qquad j = 1, \ldots, n.$$

Die Preise p_j müssen also so gefunden werden, daß der j-te Sektor mit seinem Stückerlös gerade die Inputs zur Erzeugung einer Outputeinheit zurückkaufen kann.

Definiert man analog $\mathbf{p} := (p_j)$, so gilt also $\mathbf{p}^\mathsf{T} - \mathbf{p}^\mathsf{T}\mathbf{A} = \mathbf{p}^\mathsf{T}(\mathbf{I}-\mathbf{A}) = w\mathbf{l}^\mathsf{T}$.

Problem: Falls $l_j > 0$, $j = 1, \ldots, n$, so fragen wir

(i) nach der Existenz einer eindeutigen Lösung $\mathbf{p}$,

(ii) nach Restriktionen für die Input-Output-Matrix, so daß $p_j > 0$, $j = 1, \ldots, n$, d.h. für jedes Outputgut ein positiver Preis erzielt wird.

Wie zu erwarten ist, wird bei diesem Problem die Regularität der Matrix $\mathbf{I}-\mathbf{A}$ und die Positivität der Komponenten ihrer Inversen eine große Rolle spielen.

4.2.3 Einkommensverteilungsmodell

Betrachten wir die Einkommensverteilung innerhalb einer Gesellschaft. Dazu bilden wir n disjunkte Einkommensklassen und führen den Vektor $\mathbf{v}_t = (v_i(t))$ ein, wobei $v_i(t)$ der Anteil der Gesellschaft ist, der in der Periode t in die Einkommensklasse i fällt.

Es bezeichne $A_{ij}(t)$ das Ereignis, daß ein Einkommensbezieher aus Klasse j nach der Periode t in die Klasse i überwechselt. Nehmen wir weiter an, daß die Wahrscheinlichkeit $p_{ij}(t) := P(A_{ij}(t))$ nicht von dem Periodenindex t abhängt, d.h. $p_{ij}(t) = p_{ij}$, so stellt $p_{ij}v_j(t)$ den erwarteten Anteil in der Klasse i in der Periode $t+1$ dar, der sich in der Periode t noch in Klasse j befand, d.h.

$$v_i(t+1) = \sum_{j=1}^{n} p_{ij}v_j(t), \quad i = 1, \ldots, n, \tag{4.3}$$

ist der erwartete Anteil der Gesellschaft, der in Periode $t+1$ in die Einkommensklasse i fällt.

Definieren wir die Matrix $\mathbf{P} := (p_{ij})$, so kann (4.3) in der äquivalenten Form $\mathbf{v}_{t+1} = \mathbf{P}\mathbf{v}_t$ geschrieben werden.

Problem: Von Interesse sind folgende Fragen:

(i) Wie entwickelt sich die Einkommensverteilung bei zunehmendem Zeithorizont, d.h. wann und wogegen konvergiert die Vektorfolge $\mathbf{v}_t$?

(ii) Wenn Konvergenz von $\mathbf{v}_t$ vorliegt, ist der Endzustand der Einkommensverteilung unabhängig von der Anfangsverteilung $\mathbf{v}_0$?

4.2.4 Dynamisches Leontief-Modell

Betrachten wir erneut das statische Leontief-Modell aus Abschnitt 4.2.1, wobei wir unterstellen wollen, daß keine Endnachfrage nach Konsum oder Export vorliegt (geschlossenes Modell). Die produzierten Güter dienen lediglich direkt als Input zur Produktion oder zur Bildung von Kapitalgütern. Diese Annahmen sind sicherlich nicht realistisch, sie stellen jedoch die Bestandteile eines der klassischen Input-Output-Modelle dar.

Dazu führen wir eine (n,n)-Matrix $\mathbf{B} = (b_{ij})$ ein, wobei b_{ij} die Anzahl der Einheiten des Gutes i ist, die in Sektor j investiert wurden, um eine Einheit des Gutes j zu produzieren. Bezeichne $\mathbf{x}(t) = (x_i(t))$ den Bruttoproduktionsvektor in der Periode t. Dann gibt $\mathbf{k}(t) := \mathbf{B}\mathbf{x}(t)$ den vorhandenen

Kapitalstock in der Periode t und $\mathbf{k}(t+1) - \mathbf{k}(t) = \mathbf{B}(\mathbf{x}(t+1) - \mathbf{x}(t))$ die Kapitalveränderung (Investition) von Periode t auf Periode $t+1$ wieder.

Ist $\mathbf{A}$ wie in 4.2.1 die Input-Output-Matrix, so ist uns mit dem Vektor $\mathbf{Ax}(t)$ die direkte Nachfrage zwischen den Sektoren gegeben. Der Totaloutput $\mathbf{x}(t)$ dient der Befriedigung der intermediären Nachfrage und der Nachfrage zu Investitionszwecken:

$$\mathbf{x}(t) = \mathbf{Ax}(t) + \mathbf{B}(\mathbf{x}(t+1) - \mathbf{x}(t)).$$

Wenn $\mathbf{B}$ regulär ist, erhalten wir durch Linksmultiplikation der vorstehenden Gleichung mit $\mathbf{B}^{-1}$:

$$\mathbf{x}(t+1) = [\mathbf{I} + \mathbf{B}^{-1}(\mathbf{I} - \mathbf{A})]\mathbf{x}(t).$$

Problem: Neben der Frage der Regularität von $\mathbf{B}$ ist zu untersuchen,

(i) welche Beschränkungen $\mathbf{A}$ und $\mathbf{B}$ auferlegt werden müssen, damit die Komponenten von $\mathbf{x}(t+1)$ stets nichtnegativ sind,

(ii) wann gleichgewichtiges Wachstum vorliegt, d.h. wann die Bruttoproduktion mit einer konstanten Rate λ anwächst, so daß $\mathbf{x}(t+1) \approx \lambda\mathbf{x}(t)$ für großes t gilt.

4.3 Grundlegende Eigenschaften

Die Begriffe „Ordnung“ und „Konvergenz“, die wir von den reellen Zahlen her kennen, wollen wir nun auf Matrizen übertragen. Es zeigt sich, daß dies ohne größere Schwierigkeiten möglich ist, wobei aufgrund der komplexeren Struktur der Matrizen allerdings einige „Überraschungen“ zu erwarten sind.

4.3.1 Nichtnegativität

Wie wir in Abschnitt 4.2 gesehen haben, sind die in ökonomischen Modellen vorkommenden Parameter — häufig zu Vektoren oder Matrizen zusammengefaßt — aus theoretischen Gründen nichtnegativ. Ferner sind gewisse Variablen als Lösungen von Matrizengleichungen oder -ungleichungen an Nichtnegativitätsbedingungen gebunden. Im folgenden wollen wir uns daher mit der Analyse nichtnegativer Matrizen beschäftigen.

Die nachstehend auftretenden Matrizen und Vektoren haben durchweg reelle Elemente.

Definition 4.1
Gegeben sei die (m,n)-Matrix $\mathbf{A} = (a_{ij})$.

(i) $\mathbf{A}$ heißt **nichtnegativ**, falls $a_{ij} \geq 0$ für alle i,j gilt. Symbol: $\mathbf{A} \geq \mathbf{0}$.

(ii) $\mathbf{A}$ heißt **semipositiv**, falls $\mathbf{A} \geq \mathbf{0}$ und $a_{ij} > 0$ für mindestens ein Paar (i,j) gilt. Symbol: $\mathbf{A} \succeq \mathbf{0}$.

(iii) $\mathbf{A}$ heißt **positiv**, falls $a_{ij} > 0$ für alle i,j gilt. Symbol: $\mathbf{A} > \mathbf{0}$.

Entsprechend schreiben wir $\mathbf{A} \leq \mathbf{0}$, wenn $\mathbf{A}$ nichtnegativ ist, etc.

Für nichtnegative Skalare λ schreiben wir einheitlich $\lambda \geq 0$. Die beiden Symbole „$\succeq$" und „$\geq$" sind streng zu trennen.

Auf Grund von Definition 4.1 sind naheliegende Anordnungsrelationen für (m,n)-Matrizen $\mathbf{A}$ und $\mathbf{B}$ möglich. So schreiben wir im folgenden $\mathbf{A} \geq \mathbf{B}$ oder $\mathbf{A} \succeq \mathbf{B}$ bzw. $\mathbf{A} > \mathbf{B}$, wenn $\mathbf{A} - \mathbf{B} \geq \mathbf{0}$ oder $\mathbf{A} - \mathbf{B} \succeq \mathbf{0}$ bzw. $\mathbf{A} - \mathbf{B} > \mathbf{0}$ gilt.

Die Relation $\mathbf{A} \succeq \mathbf{B}$ z.B. bedeutet also: $a_{ij} \geq b_{ij}$ für alle i,j und $a_{ij} > b_{ij}$ für mindestens ein Paar (i,j).

Für die (m,n)-Matrizen $\mathbf{A}$, $\mathbf{B}$, $\mathbf{C}$, $\mathbf{D}$, die (n,p)-Matrix $\mathbf{E}$ und $\lambda \in \mathbb{R}_0^+$ sind die folgenden Eigenschaften einfach nachzuweisen:

(i) Ist $\mathbf{A} \geq \mathbf{0}$, so ist $\lambda\mathbf{A} \geq \mathbf{0}$.

(ii) Ist $\mathbf{A} \geq \mathbf{0}$ und $\mathbf{B} \geq \mathbf{0}$, so ist $\mathbf{A} + \mathbf{B} \geq \mathbf{0}$.

(iii) Ist $\mathbf{A} \geq \mathbf{0}$ und $\mathbf{E} \geq \mathbf{0}$, so ist $\mathbf{AE} \geq \mathbf{0}$.

(iv) Ist $\mathbf{A} \geq \mathbf{B}$ und $\mathbf{B} \geq \mathbf{C}$, so ist $\mathbf{A} \geq \mathbf{C}$.

(v) Ist $\mathbf{A} \geq \mathbf{B}$ und $\mathbf{B} \geq \mathbf{A}$, so ist $\mathbf{A} = \mathbf{B}$.

(vi) Ist $\mathbf{A} \geq \mathbf{B}$ und $\mathbf{C} \geq \mathbf{D}$, so ist $\mathbf{A} + \mathbf{C} \geq \mathbf{B} + \mathbf{D}$.

Da trivialerweise auch $\mathbf{A} \geq \mathbf{A}$ gilt, ist wegen (iv) und (v) „$\geq$" eine Ordnungsrelation im mathematischen Sinne, nicht aber die beiden anderen Relationen „$\succeq$" und „$>$", siehe Abschnitt 1.11.

Einige der Regeln können ohne Mühe auch für die Relation „$\succeq$" und „$>$" aufgestellt werden. Da Vektoren spezielle Matrizen sind, gelten die voranstehenden Definitionen und Eigenschaften natürlich auch für Vektoren.

Wie wir in den motivierenden Beispielen gesehen haben, müssen Lösungen von linearen Gleichungssystemen in der Ökonomie häufig nichtnegativ sein. Manchmal sind diese Systeme, wie der folgende Satz zeigt, noch gekoppelt mit linearen Ungleichungen.

Satz 4.1

Gegeben sei die (m,n)-Matrix $\mathbf{A} = (\mathbf{a}_1, \ldots, \mathbf{a}_n)$. Dann besitzt das folgende System von Gleichungen und Ungleichungen

(i) $\mathbf{A}\mathbf{x} = \mathbf{0}$

(ii) $\mathbf{x} \geq \mathbf{0}$

(iii) $\mathbf{A}^\mathsf{T}\mathbf{y} \geq \mathbf{0}$

(mindestens) zwei Lösungsvektoren $\mathbf{x} = (x_i) \in \mathbb{R}^n$ und $\mathbf{y} \in \mathbb{R}^m$ mit $x_i + \mathbf{a}_i^\mathsf{T}\mathbf{y} > 0$ für alle $i = 1, \ldots, n$.

Beweis: Wir zeigen die Behauptung o.B.d.A. für $i = 1$ durch vollständige Induktion nach der Anzahl n der Spalten von $\mathbf{A}$.

Für $n = 1$ ist $\mathbf{A} = \mathbf{a}_1$ ein Spaltenvektor. Gilt $\mathbf{a}_1 = \mathbf{0}$, so wählen wir $x > 0$ und $\mathbf{y} \in \mathbb{R}^m$ beliebig, andernfalls lösen $x = 0$ und $\mathbf{y} = \mathbf{a}_1$ das System.

Die Aussage gelte für jede n-spaltige Matrix. Zu zeigen ist, daß das System auch eine Lösung mit den geforderten Eigenschaften für $\mathbf{A}_{n+1} = (\mathbf{a}_1, \ldots, \mathbf{a}_n, \mathbf{a}_{n+1}) = (\mathbf{A}_n, \mathbf{a}_{n+1})$ besitzt, worin $\mathbf{A}_n$ eine n-spaltige Matrix ist.

Nach Induktionsvoraussetzung gibt es Vektoren $\mathbf{u} = (u_1, \ldots, u_n)^\mathsf{T} \in \mathbb{R}^n$ und $\mathbf{v} \in \mathbb{R}^m$, so daß gilt $\mathbf{A}_n\mathbf{u} = \mathbf{0}$, $\mathbf{u} \geq \mathbf{0}$, $\mathbf{A}_n^\mathsf{T}\mathbf{v} \geq \mathbf{0}$ sowie $u_1 + \mathbf{a}_1^\mathsf{T}\mathbf{v} \geq 0$. Ist $\mathbf{a}_{n+1}^\mathsf{T}\mathbf{v} \geq 0$, so sind $\mathbf{x} := (\mathbf{u}^\mathsf{T}, 0)^\mathsf{T} \in \mathbb{R}^{n+1}$ und $\mathbf{y} := \mathbf{v} \in \mathbb{R}^m$ Lösungen mit den geforderten Eigenschaften.

Sei nun $\mathbf{a}_{n+1}^\mathsf{T}\mathbf{v} < 0$. Dann ist $\alpha_j := -\mathbf{a}_j^\mathsf{T}\mathbf{v}/\mathbf{a}_{n+1}^\mathsf{T}\mathbf{v}$ für jedes $j = 1, \ldots, n$ nichtnegativ, und die Matrix $\mathbf{B} := (\mathbf{b}_1, \ldots, \mathbf{b}_n)$ mit $\mathbf{b}_j := \mathbf{a}_j + \alpha_j\mathbf{a}_{n+1}$ genügt der Bedingung $\mathbf{B}^\mathsf{T}\mathbf{v} = \mathbf{0}$. Wenden wir die Induktionsvoraussetzung auf die n-spaltige Matrix $\mathbf{B}$ an, so gibt es Vektoren $\mathbf{k} = (k_j) \in \mathbb{R}^n$ und $\mathbf{l} \in \mathbb{R}^m$ mit $\mathbf{B}\mathbf{k} = \mathbf{0}$, $\mathbf{k} \geq \mathbf{0}$, $\mathbf{B}\mathbf{l} \geq \mathbf{0}$ und $k_1 + \mathbf{b}_1^\mathsf{T}\mathbf{l} > 0$. Es sei

$$\mathbf{x} := (\mathbf{k}^\mathsf{T}, \sum_{j=1}^{n} \alpha_j k_j)^\mathsf{T}, \ \mathbf{y} := \mathbf{l} + \beta\mathbf{v} \text{ mit } \beta := -\frac{\mathbf{a}_{n+1}^\mathsf{T}\mathbf{l}}{\mathbf{a}_{n+1}^\mathsf{T}\mathbf{v}}.$$

Offenbar ist $\mathbf{x} \geq \mathbf{0}$, da $\alpha_j \geq 0$ für alle j. Ferner gilt

$$
\begin{aligned}
\mathbf{A}_{n+1}\mathbf{x} &= (\mathbf{a}_1, \dots, \mathbf{a}_n, \mathbf{a}_{n+1}) \begin{pmatrix} k_1 \\ \vdots \\ k_n \\ \sum \alpha_j k_j \end{pmatrix} \\
&= \sum_{j=1}^{n} k_j \mathbf{a}_j + \left(\sum_{j=1}^{n} \alpha_j k_j\right) \mathbf{a}_{n+1} \\
&= \sum_{j=1}^{n} k_j (\mathbf{a}_j + \alpha_j \mathbf{a}_{n+1}) \\
&= \mathbf{B}\mathbf{k} \\
&= \mathbf{0}.
\end{aligned}
$$

Schließlich ergibt sich wegen $\mathbf{a}_j = \mathbf{b}_j - \alpha_j \mathbf{a}_{n+1}$ für $j = 1, \dots, n$ und $\mathbf{a}_{n+1}^\mathsf{T}(\mathbf{1} + \beta\mathbf{v}) = 0$:

$$
\mathbf{A}_{n+1}^\mathsf{T}\mathbf{y} = \begin{pmatrix} \mathbf{b}_1^\mathsf{T} - \alpha_1 \mathbf{a}_{n+1}^\mathsf{T} \\ \vdots \\ \mathbf{b}_n^\mathsf{T} - \alpha_n \mathbf{a}_{n+1}^\mathsf{T} \\ \mathbf{a}_{n+1}^\mathsf{T} \end{pmatrix} (\mathbf{1} + \beta\mathbf{v}) = (\mathbf{1}^\mathsf{T}\mathbf{B}, 0)^\mathsf{T} \geq \mathbf{0}
$$

sowie

$$
\begin{aligned}
\mathbf{x}_1 + \mathbf{a}_1^\mathsf{T}\mathbf{y} &= k_1 + \mathbf{a}_1^\mathsf{T}(\mathbf{1} + \beta\mathbf{v}) \\
&= k_1 + (\mathbf{b}_1 - \alpha_1 \mathbf{a}_{n+1})^\mathsf{T}(\mathbf{1} + \beta\mathbf{v}) \\
&= k_1 + \mathbf{b}_1^\mathsf{T}\mathbf{1} + \beta\mathbf{b}_1^\mathsf{T}\mathbf{v} \\
&= k_1 + \mathbf{b}_1^\mathsf{T}\mathbf{1} \\
&> 0,
\end{aligned}
$$

wobei wir noch ausnutzen, daß wegen $\mathbf{B}^\mathsf{T}\mathbf{v} = \mathbf{0}$ auch $\mathbf{b}_1^\mathsf{T}\mathbf{v} = 0$ sein muß. ❑

Der vorstehende Satz läßt sich noch erweitern zum

Satz 4.2 (Tucker (1956))
Gegeben sei die (m, n)-Matrix $\mathbf{A} = (\mathbf{a}_1, \dots, \mathbf{a}_n)$ und das System von Gleichungen und Ungleichungen

(i) $\mathbf{Ax} = \mathbf{0}$

(ii) $\mathbf{x} \geq \mathbf{0}$

(iii) $\mathbf{A}^\mathsf{T}\mathbf{y} \geq \mathbf{0}$.

Dann hat das System mindestens eine Lösung $\{\mathbf{x}, \mathbf{y}\}$ *mit* $\mathbf{x} + \mathbf{A}^\mathsf{T}\mathbf{y} > 0$.

Beweis: Aus Symmetriegründen gibt es gemäß Satz 4.1 für jeden Index $i = 1, \ldots, n$ ein Paar von Vektoren $\{\mathbf{x}_i, \mathbf{y}_i\}$ mit (a) $\mathbf{Ax}_i = \mathbf{0}$, (b) $\mathbf{x}_i \geq \mathbf{0}$ und (c) $\mathbf{A}^\mathsf{T}\mathbf{y}_i \geq 0$ sowie $x_{ii} + \mathbf{a}_i^\mathsf{T}\mathbf{y}_i > 0$, wobei x_{ij} die j-te Komponente von $\mathbf{x}_i$ ist. Setzen wir nun $\mathbf{x} := \sum_{i=1}^n \mathbf{x}_i$ und $\mathbf{y} := \sum_{i=1}^n \mathbf{y}_i$. Dann folgt aus (a), (b) und (c) offenbar $\mathbf{Ax} = \mathbf{0}$, $\mathbf{x} \geq \mathbf{0}$, sowie $\mathbf{A}^\mathsf{T}\mathbf{y} \geq \mathbf{0}$. Zudem erhalten wir für die j-te Komponente von $\mathbf{x} + \mathbf{A}^\mathsf{T}\mathbf{y}$:

$$(\mathbf{x} + \mathbf{A}^\mathsf{T}\mathbf{y})_j = \sum_{i=1}^n x_{ij} + \mathbf{a}_j^\mathsf{T}\mathbf{y} = \sum_{i=1}^n (x_{ij} + \mathbf{a}_j^\mathsf{T}\mathbf{y}_i) > 0.$$

Da j beliebig gewählt war, folgt mithin die Behauptung. ❑

Der Beweis des folgenden Satzes sei eine dem Leser überlassene Übung. Er ist eine direkte Konsequenz von Satz 4.1.

Satz 4.3 (Stiemke (1915))
Gegeben sei die (m, n)*-Matrix* $\mathbf{A}$ *und der Vektor* $\mathbf{b} \in \mathbb{R}^m$ *mit* $\mathbf{b} \neq \mathbf{0}$. *Dann sind die nachstehenden Aussagen äquivalent:*

(i) Es gibt einen Vektor $\mathbf{x} > \mathbf{0}$ *mit* $\mathbf{Ax} = \mathbf{b}$.

(ii) Die Ungleichung $\mathbf{A}^\mathsf{T}\mathbf{y} \succeq \mathbf{0}$ *hat keine Lösung* $\mathbf{y}$.

Wenden wir uns schließlich noch dem sogenannten **Farkas-Lemma** zu, welches weitreichende Konsequenzen in der nichtlinearen Programmierung hat, siehe Abschnitt 8.3.

Satz 4.4 (Farkas (1902))
Gegeben sei die (m, n)*-Matrix* $\mathbf{A}$ *und der Vektor* $\mathbf{b} \in \mathbb{R}^m$ *mit* $\mathbf{b} \neq \mathbf{0}$. *Dann sind die nachstehenden Aussagen äquivalent:*

(i) Das Gleichungssystem $\mathbf{Ax} = \mathbf{b}$ *hat eine Lösung* $\mathbf{x} \in \mathbb{R}^n$ *mit* $\mathbf{x} \geq \mathbf{0}$.

(ii) Für jede Lösung $\mathbf{y} \in \mathbb{R}^m$ *von* $\mathbf{A}^\mathsf{T}\mathbf{y} \geq 0$ *gilt:* $\mathbf{y}^\mathsf{T}\mathbf{b} \geq 0$.

Beweis:

„(i)⇒ (ii)“: Das Gleichungssystem $\mathbf{Ax} = \mathbf{b}$ besitze eine Lösung $\mathbf{x} \geq \mathbf{0}$, und sei $\mathbf{y}$ eine Lösung von $\mathbf{A}^\mathsf{T}\mathbf{y} \geq \mathbf{0}$. Dann gilt $\mathbf{y}^\mathsf{T}\mathbf{b} = \mathbf{y}^\mathsf{T}\mathbf{Ax} \geq 0$ wegen $\mathbf{x} \geq \mathbf{0}$ und $\mathbf{A}^\mathsf{T}\mathbf{y} \geq 0$.

„(ii)⇒ (i)“: Betrachte die partitionierte Matrix $\mathbf{B} := (\mathbf{A}, -\mathbf{b})$. Wegen Satz 4.2, angewendet auf $\mathbf{B}$, gibt es Vektoren $\mathbf{u}$ und $\mathbf{v}$ mit $\mathbf{Bu} = \mathbf{0}$, $\mathbf{u} \geq \mathbf{0}$ und $\mathbf{B}^\mathsf{T}\mathbf{v} \geq 0$, so daß $\mathbf{u} + \mathbf{B}^\mathsf{T}\mathbf{v} > \mathbf{0}$. Aus $\mathbf{B}^\mathsf{T}\mathbf{v} \geq \mathbf{0}$ folgt $\mathbf{A}^\mathsf{T}\mathbf{v} \geq \mathbf{0}$ und $\mathbf{v}^\mathsf{T}\mathbf{b} \leq 0$, aber aufgrund der Prämisse muß auch $\mathbf{v}^\mathsf{T}\mathbf{b} \geq 0$ sein, d.h. $\mathbf{v}^\mathsf{T}\mathbf{b} = 0$. Nun ist noch $\mathbf{u} + \mathbf{B}^\mathsf{T}\mathbf{y} > 0$, folglich ist die $(n+1)$-te Komponente u_{n+1} von $\mathbf{u}$ positiv. Setze nun $\mathbf{x} := (x_i)$ mit $x_i := u_i/u_{n+1}$, so daß schließlich folgt: $\mathbf{0} = \mathbf{Bu} = u_{n+1}\mathbf{Ax} - u_{n+1}\mathbf{b}$, d.h. $\mathbf{Ax} = \mathbf{b}$. ❑

4.3.2 Matrixnormen

Die Euklidische Norm eines Vektors $\mathbf{x} = (x_1, \ldots, x_n)^\mathsf{T}$ wurde in (1.22) definiert durch $\|\mathbf{x}\| = (\mathbf{x}^\mathsf{T}\mathbf{x})^{1/2}$ und erfüllt die Bedingungen

(i) $\|\mathbf{x}\| = 0$ genau dann, wenn $\mathbf{x} = \mathbf{0}$

(ii) $\|\lambda\mathbf{x}\| = |\lambda|\|\mathbf{x}\|$

(iii) $\|\mathbf{x} + \mathbf{y}\| \leq \|\mathbf{x}\| + \|\mathbf{y}\|$

für alle $\mathbf{x}, \mathbf{y} \in \mathbb{R}^n$ und alle $\lambda \in \mathbb{R}$. Aber auch die **Maximumnorm** $\|\mathbf{x}\|_\infty := \max_{1\leq j\leq n} |x_j|$ und die **Summennorm** $\|\mathbf{x}\|_1 := \sum_{j=1}^{n} |x_j|$ erfüllen die obigen Eigenschaften (i) bis (iii).

Generell ist die **Norm** $\|\mathbf{x}\|$ eines Vektors $\mathbf{x} \in \mathbb{R}^n$ erklärt als eine Abbildung $\|\cdot\| : \mathbb{R}^n \to \mathbb{R}_0^+$, wobei die Eigenschaften (i) bis (iii) erfüllt sein müssen. Der Begriff der Vektornorm läßt sich in naheliegender Weise auf Matrizen verallgemeinern.

Definition 4.2
Eine Abbildung $\|\cdot\| : \mathbb{R}^{m\times n} \to \mathbb{R}_0^+$ heißt **Matrixnorm**, wenn für $\mathbf{A}, \mathbf{B} \in \mathbb{R}^{m\times n}$ und $\lambda \in \mathbb{R}$ gilt:

(i) $\|\mathbf{A}\| = 0$ genau dann, wenn $\mathbf{A} = \mathbf{0}$

(ii) $\|\lambda\mathbf{A}\| = |\lambda|\ \|\mathbf{A}\|$

(iii) $\|\mathbf{A} + \mathbf{B}\| \leq \|\mathbf{A}\| + \|\mathbf{B}\|$.

Gilt zusätzlich, sofern $\mathbf{AB}$ definiert ist,

(iv) $\|\mathbf{AB}\| \leq \|\mathbf{A}\| \cdot \|\mathbf{B}\|$,

so sprechen wir von einer **multiplikativen Norm.**

Gegeben sei eine quadratische (n,n)-Matrix $\mathbf{A} = (a_{ij})$. Für unsere Zwecke wichtig sind die folgenden Matrixnormen, die alle multiplikativ sind:

Maximumnorm	$\|\mathbf{A}\|_{\mathrm{M}} := n \max_{i,j} \|a_{ij}\|$
Euklidische Norm	$\|\mathbf{A}\|_{\mathrm{E}} := \sqrt{\sum_{i=1}^{n} \sum_{j=1}^{n} a_{ij}^2}$
Spaltensummennorm	$\|\mathbf{A}\|_1 := \max_j \sum_{i=1}^{n} \|a_{ij}\|$
Zeilensummennorm	$\|\mathbf{A}\|_\infty := \max_i \sum_{j=1}^{n} \|a_{ij}\|$
Spektralnorm	$\|\mathbf{A}\|_2 := \max_j \sqrt{\lambda_j(\mathbf{A}^\mathsf{T}\mathbf{A})}$,

wobei $\lambda_j(\mathbf{A}^\mathsf{T}\mathbf{A})$ für $j = 1, \ldots, n$, die Eigenwerte von $\mathbf{A}^\mathsf{T}\mathbf{A}$ bezeichnen, die natürlich reell und nichtnegativ sind, da $\mathbf{A}^\mathsf{T}\mathbf{A}$ nichtnegativ definit ist, siehe Satz 1.23(i), Seite 34. Die Spektralnorm wird gelegentlich auch **Sup-Norm** genannt.

Wir beweisen exemplarisch den folgenden

Satz 4.5

Die Maximumnorm $\|\mathbf{A}\|_{\mathrm{M}}$ *ist eine multiplikative Matrixnorm.*

Beweis:

(i) $n \max\limits_{i,j} |a_{ij}| = 0 \Leftrightarrow a_{ij} = 0$ für alle $i, j = 1, \ldots, n$.

(ii) $n \max\limits_{i,j} |\lambda a_{ij}| = n \max\limits_{i,j} |\lambda||a_{ij}| = |\lambda| n \max\limits_{i,j} |a_{ij}|$.

(iii) $n \max\limits_{i,j} |a_{ij} + b_{ij}| \leq n \max\limits_{i,j}(|a_{ij}| + |b_{ij}|) = n \max\limits_{i,j} |a_{ij}| + n \max\limits_{i,j} |b_{ij}|$

(iv) Sei $a := \max_{i,j} |a_{ij}|$ und $b := \max\limits_{i,j} |b_{ij}|$. Nun ist $\mathbf{AB} = (c_{ij})$ mit $c_{ij} = \sum_{k=1}^{n} a_{ik} b_{kj}$. Dann erhalten wir

$$\begin{aligned}
\max_{i,j} |c_{ij}| &= \max_{i,j} \left| \sum_{k=1}^{n} a_{ik} b_{kj} \right| \\
&\leq \max_{i,j} \sum_{k=1}^{n} |a_{ik}|\, |b_{kj}| \qquad \text{(Dreiecksungleichung!)} \\
&\leq a \max_{j} \sum_{k=1}^{n} |b_{kj}| \\
&\leq anb.
\end{aligned}$$

Folglich ist

$$\|\mathbf{AB}\|_M = n \max_{i,j} |c_{ij}| \leq (na)(nb) = \|\mathbf{A}\|_M \cdot \|\mathbf{B}\|_M.$$

❑

Wie oben schon angedeutet wurde, wollen wir uns nachfolgend nur mit multiplikativen Normen für quadratische Matrizen beschäftigen, die wir schlicht mit „Norm“ bezeichnen. Diese Normen haben eine gemeinsame untere Schranke, die wir nun einführen wollen.

Definition 4.3
Es seien $\lambda_1(\mathbf{A}), \ldots, \lambda_n(\mathbf{A})$ die (möglicherweise komplexen) Eigenwerte der (n,n)-Matrix $\mathbf{A}$. Dann ist der **Spektralradius** von $\mathbf{A}$ gegeben durch

$$s(\mathbf{A}) := \max_{1 \leq j \leq n} |\lambda_j(\mathbf{A})|.$$

Der Spektralradius sollte nicht mit der Spektralnorm $\|\mathbf{A}\|_2$ verwechselt werden.

Satz 4.6
Sei $\|\cdot\| : \mathbb{R}^{n \times n} \to \mathbb{R}_0^+$ *eine beliebige Norm. Dann ist* $s(\mathbf{A}) \leq \|\mathbf{A}\|$ *für alle* (n,n)*-Matrizen* $\mathbf{A}$.

Beweis: Sei $\lambda_{\max}$ Eigenwert von $\mathbf{A}$ mit $|\lambda_{\max}| = s(\mathbf{A})$. Wähle zu $\lambda_{\max}$ einen Eigenvektor $\mathbf{x} \neq \mathbf{0}$, und definiere die (n,n)-Matrix $\mathbf{X} := (\mathbf{x}, \mathbf{0}, \ldots, \mathbf{0})$. Für sie gilt $\lambda_{\max}\mathbf{X} = (\lambda_{\max}\mathbf{x}, \mathbf{0}, \ldots, \mathbf{0}) = (\mathbf{Ax}, \mathbf{0}, \ldots, \mathbf{0}) = \mathbf{AX}$. Dann folgt

$$s(\mathbf{A}) = |\lambda_{\max}| = \frac{\|\lambda_{\max}\mathbf{X}\|}{\|\mathbf{X}\|} = \frac{\|\mathbf{AX}\|}{\|\mathbf{X}\|} \leq \frac{\|\mathbf{A}\|\|\mathbf{X}\|}{\|\mathbf{X}\|} = \|\mathbf{A}\|.$$

❑

4.3.3 Konvergenz von Matrizen

Der Begriff der Konvergenz von Vektoren läßt sich ohne weiteres auf Matrizen übertragen. Wir sagen, die Matrixfolge $[\mathbf{A}_\nu] = [a_{ij}^{(\nu)}]$ konvergiert gegen die Matrix $\mathbf{A} = (a_{ij})$ bezüglich der Norm $\|\cdot\|$, wenn $\lim_{\nu\to\infty} \|\mathbf{A}_\nu - \mathbf{A}\| = 0$ gilt, und wir schreiben hierfür $\lim_{\nu\to\infty} \mathbf{A}_\nu = \mathbf{A}$ oder kürzer $\lim \mathbf{A}_\nu = \mathbf{A}$. Es läßt sich zeigen, daß $\lim \mathbf{A}_\nu = \mathbf{A}$ genau dann gilt, wenn $\lim\limits_{\nu\to\infty} a_{ij}^{(\nu)} = a_{ij}$ für alle i und j zutrifft, d.h. es kommt für die Konvergenz von Matrizen nicht auf die zugrundegelegte Matrixnorm an.

Satz 4.7
Wenn die Grenzwerte $\lim \mathbf{A}_\nu = \mathbf{A}$ *und* $\lim \mathbf{B}_\nu = \mathbf{B}$ *existieren, so gilt*

(i) $\lim(\mathbf{A}_\nu \pm \mathbf{B}_\nu) = \mathbf{A} \pm \mathbf{B}$

(ii) $\lim(\mathbf{A}_\nu \mathbf{B}_\nu) = \mathbf{AB}$

(iii) Ist zusätzlich $\mathbf{A}_\nu \geq \mathbf{0}$ *für alle* $\nu = 1, 2, 3, \ldots$ *, so gilt* $\mathbf{A} \geq \mathbf{0}$.

(iv) Ist $\mathbf{A}$ *regulär, so sind alle Matrizen* $\mathbf{A}_\nu$ *für hinreichend große Indices* ν *regulär, und es gilt* $\lim \mathbf{A}_\nu^{-1} = \mathbf{A}^{-1}$.

Da eine beschränkte und monoton wachsende Folge reeller Zahlen konvergiert, ergibt sich für Matrizen der analoge Sachverhalt:

Satz 4.8
Gilt $\mathbf{A} \geq \mathbf{A}_{\nu+1} \geq \mathbf{A}_\nu$ *für alle* $\nu = 1, 2, 3, \ldots$, *so existiert* $\lim \mathbf{A}_\nu$, *und es ist* $\mathbf{A} \geq \lim \mathbf{A}_\nu$.

Besonders wichtig ist der Fall, daß die Potenzen $\mathbf{A}^\nu$ einer Matrix $\mathbf{A}$ gegen die Nullmatrix $\mathbf{0}$ streben. Dies geschieht genau dann, wenn $s(\mathbf{A}) < 1$, vgl. Satz 4.9. Nach Satz 4.6 läßt sich aber die Bedingung $s(\mathbf{A}) < 1$ leicht überprüfen: Ist für *eine* multiplikative Norm $\|\cdot\|$ die Ungleichung $\|\mathbf{A}\| < 1$ erfüllt, so gilt mithin $s(\mathbf{A}) < 1$ und folglich $\lim \mathbf{A}^\nu = \mathbf{0}$.

Wie man sofort sieht, ist für die Matrix

$$\mathbf{A} = \frac{1}{12}\begin{pmatrix} 4 & 3 \\ 2 & 6 \end{pmatrix}$$

z.B. die Zeilensummennorm $\|\mathbf{A}\|_\infty = 2/3 < 1$, d.h. wir können schließen $\lim \mathbf{A}^\nu = \mathbf{0}$. Der Spektralradius ist übrigens $s(\mathbf{A}) = (5 + \sqrt{7})/12 \approx 0.637$.

In der Ökonomie begegnen wir des öfteren auch sogenannten Matrixreihen, die wir nun einführen:

Definition 4.4
Gegeben sei die Folge $[\mathbf{A}_\nu]$ von (m,n)-Matrizen. Die Matrixsumme (auch Matrixreihe genannt) $\mathbf{S}_k = \sum_{\nu=0}^{k} \mathbf{A}_\nu$, heißt **konvergent**, falls es eine (m,n)-Matrix $\mathbf{S}$ gibt, so daß gilt $\lim_{k\to\infty} \mathbf{S}_k = \mathbf{S}$. Wir schreiben dann

$$\mathbf{S} = \mathbf{A}_0 + \mathbf{A}_1 + \mathbf{A}_2 + \cdots = \sum_{\nu=0}^{\infty} \mathbf{A}_\nu .$$

In diesem Fall folgt, wie man schnell zeigt, notwendig $\lim_{\nu\to\infty} \mathbf{A}_\nu = \mathbf{0}$. Ist $\mathbf{A}$ eine quadratische Matrix, so ist die Reihe $\mathbf{S}_k = \sum_{\nu=0}^{k} \mathbf{A}^\nu$ genau dann konvergent, wenn $\lim_{\nu\to\infty} \mathbf{A}^\nu = \mathbf{0}$ gilt, wobei $\mathbf{A}^\nu$ die ν-te Potenz von $\mathbf{A}$ ist.

Wir können sogar zeigen

Satz 4.9
Für eine quadratische Matrix $\mathbf{A}$ sind die folgenden Aussagen äquivalent:

(i) $s(\mathbf{A}) < 1$

(ii) $\lim_{\nu\to\infty} \mathbf{A}^\nu = \mathbf{0}$

(iii) $\mathbf{I} - \mathbf{A}$ *ist regulär und* $(\mathbf{I} - \mathbf{A})^{-1} = \sum_{\nu=0}^{\infty} \mathbf{A}^\nu$.

Beweis: Zur Äquivalenz von (i) und (ii) vgl. Goldberg (1991).

„(ii)⇒(iii)": Es ist offenbar $(\mathbf{I}-\mathbf{A})(\mathbf{I}+\mathbf{A}+\cdots+\mathbf{A}^\nu) = \mathbf{I}-\mathbf{A}^{\nu+1}$ für jedes ν. Gilt nun $\lim \mathbf{A}^\nu = \mathbf{0}$, so folgt unmittelbar $(\mathbf{I}-\mathbf{A}) \sum_{\nu=0}^{\infty} \mathbf{A}^\nu = \mathbf{I}$ und wegen der Eindeutigkeit der Inversen die Aussage (iii).

„(iii)⇒(ii)": Existiert umgekehrt der Grenzwert $\lim \mathbf{S}_k = \lim \sum_{\nu=0}^{k} \mathbf{A}^\nu$, so gilt dann wegen $\mathbf{S}_\nu - \mathbf{S}_{\nu-1} = \mathbf{A}^\nu$ die Identität $\lim \mathbf{A}^\nu = \lim \mathbf{S}_\nu - \lim \mathbf{S}_{\nu-1} = \mathbf{0}$. ❑

Beispiel 4.1
Betrachten wir das statische Leontief-Modell aus Abschnitt 4.2.1 mit $(\mathbf{I}-\mathbf{A})\mathbf{x} = \mathbf{c}$, wobei $\mathbf{A} = (a_{ij})$ die (n,n)-Input-Output-Matrix mit $a_{ij} \geq 0$, $\mathbf{c} = (c_j)$ der Endnachfragevektor mit $c_j \geq 0$ und $\mathbf{x} = (x_j)$ der Bruttoproduktionsvektor mit $x_j \geq 0$ sind. Nach Satz 4.9 ist dann

(i) $\mathbf{I} - \mathbf{A}$ regulär, wenn $s(\mathbf{A}) < 1$. Dazu reicht es aus nachzuweisen, daß $\|\mathbf{A}\| < 1$ für irgendeine multiplikative Norm erfüllt ist.

(ii) Die in (i) sichergestellte Regularität von $\mathbf{I} - \mathbf{A}$ ist wegen $(\mathbf{I}-\mathbf{A})^{-1} = \sum_{\nu=0}^{\infty} \mathbf{A}^\nu$ und auch wegen der Nichtnegativität von $\mathbf{A}$ bzw. $\mathbf{c}$ hinreichend für die ökonomisch sinnvolle Lösung $\mathbf{x} = (\mathbf{I}-\mathbf{A})^{-1}\mathbf{c}$.

Sei etwa

$$\mathbf{A} = \begin{pmatrix} 0.25 & 0.30 & 0.20 \\ 0.40 & 0.10 & 0.20 \\ 0.10 & 0.30 & 0.25 \end{pmatrix} \quad \text{und} \quad \mathbf{c} = \begin{pmatrix} 8 \\ 6 \\ 7 \end{pmatrix},$$

so haben wir als Zeilensummennorm $\|\mathbf{A}\|_\infty = 0.75 < 1$. Mithin ist $\mathbf{I} - \mathbf{A}$ regulär, und in der Tat haben wir als Matrix der „Leontief-Multiplikatoren"

$$(\mathbf{I} - \mathbf{A})^{-1} = \begin{pmatrix} 1.903 & 0.882 & 0.742 \\ 0.990 & 1.678 & 0.712 \\ 0.650 & 0.789 & 1.717 \end{pmatrix},$$

so daß der Bruttoproduktionsvektor $\mathbf{x} = (\mathbf{I} - \mathbf{A})^{-1}\mathbf{c} = (25.71, 22.97, 21.95)^\top$ realisiert werden muß, um die Endnachfrage $\mathbf{c}$ zu befriedigen.

Die Inverse von $\mathbf{I} - \mathbf{A}$ kann gemäß Satz 4.9(iii) auch über die Reihendarstellung $\sum_{\nu=0}^{\infty} \mathbf{A}^\nu$ gewonnen werden. Die Konvergenz ist sehr rasch:

$$\sum_{\nu=0}^{5} \mathbf{A}^\nu = \begin{pmatrix} 1.746 & 0.738 & 0.610 \\ 0.842 & 1.542 & 0.586 \\ 0.517 & 0.667 & 1.604 \end{pmatrix}$$

$$\sum_{\nu=0}^{10} \mathbf{A}^\nu = \begin{pmatrix} 1.902 & 0.881 & 0.742 \\ 0.989 & 1.678 & 0.711 \\ 0.649 & 0.788 & 1.716 \end{pmatrix}$$

$$\sum_{\nu=0}^{20} \mathbf{A}^\nu = \begin{pmatrix} 1.903 & 0.882 & 0.742 \\ 0.990 & 1.678 & 0.712 \\ 0.650 & 0.789 & 1.717 \end{pmatrix}.$$

Dies trifft aber generell nicht zu. ○

Der nachstehende Satz stellt eine Verallgemeinerung der vorigen Untersuchung dar. Er wird in Abschnitt 4.4 eine besondere Rolle spielen.

Satz 4.10

Sei $\mathbf{A}$ *eine* (n, n)*-Matrix mit* $\mathbf{A} \geq \mathbf{0}$. *Dann gilt für* $\rho \in \mathbb{R}$:

(i) *Falls* $\rho\mathbf{I} - \mathbf{A}$ *regulär ist und* $(\rho\mathbf{I} - \mathbf{A})^{-1} \geq \mathbf{0}$ *gilt, so ist* $\rho > 0$ *und*

$$(\rho\mathbf{I} - \mathbf{A})^{-1} = \frac{1}{\rho} \sum_{\nu=0}^{\infty} \left(\frac{\mathbf{A}}{\rho}\right)^\nu.$$

(ii) *Gilt $\rho > 0$ und ist $\sum_{\nu=0}^{\infty} (\mathbf{A}/\rho)^\nu$ eine konvergente Reihe, so ist $\rho\mathbf{I} - \mathbf{A}$ regulär mit semipositiver Inverse*

$$(\rho\mathbf{I} - \mathbf{A})^{-1} = \frac{1}{\rho}\sum_{\nu=0}^{\infty}\left(\frac{\mathbf{A}}{\rho}\right)^{\nu}.$$

Beweis: (i) Betrachte das System $(\rho\mathbf{I} - \mathbf{A})\mathbf{x} = \mathbf{1}_n$ mit $\mathbf{1}_n = (1, 1, \ldots, 1)^\top \in \mathbb{R}^n$. Dann ist $\mathbf{x} = (\rho\mathbf{I} - \mathbf{A})^{-1}\mathbf{1}_n \succeq \mathbf{0}$ und aus $(\rho\mathbf{I} - \mathbf{A})\ \mathbf{x} = \rho\mathbf{x} - \mathbf{A}\mathbf{x} > \mathbf{0}$ erhalten wir $\rho\mathbf{x} > \mathbf{A}\mathbf{x}$. Da $\mathbf{A} \geq \mathbf{0}$ und $\mathbf{x} \succeq \mathbf{0}$, muß $\rho > 0$ sein.

Definiere nun $\mathbf{S}_k := \rho^{-1}\sum_{\nu=0}^{k}(\mathbf{A}/\rho)^\nu$. Dann erhalten wir wegen $(\rho\mathbf{I} - \mathbf{A})\mathbf{S}_k = \mathbf{I} - (\mathbf{A}/\rho)^{k+1}$ die Beziehung $(\rho\mathbf{I} - \mathbf{A})\mathbf{S}_k \preceq \mathbf{I}$. Nun ist nach Voraussetzung die Inverse von $\rho\mathbf{I} - \mathbf{A}$ semipositiv, d.h. $\mathbf{S}_k \preceq (\rho\mathbf{I} - \mathbf{A})^{-1}$. Ferner gilt $\mathbf{S}_k \preceq \mathbf{S}_{k+1}$ für alle $k = 0, 1 \ldots$. Somit bildet jedes Element von $\mathbf{S}_k$ eine monoton nichtfallende beschränkte Folge, d.h. $\lim \mathbf{S}_k =: \mathbf{S}$ existiert. Damit konvergiert $[(\mathbf{A}/\rho)^k] = [\rho(\mathbf{S}_{k+1} - \mathbf{S}_k)]$ gegen die Nullmatrix, folglich ist $(\rho\mathbf{I} - \mathbf{A})\ \mathbf{S} = \mathbf{I}$ und daher $\mathbf{S} = (\rho\mathbf{I} - \mathbf{A})^{-1}$.

(ii) Wegen der Prämisse strebt $[(\mathbf{A}/\rho)^\nu]$ gegen die Nullmatrix. Aufgrund von $\rho\mathbf{I} - \mathbf{A} = \rho(\mathbf{I} - \mathbf{A}/\rho)$ und Satz 4.9(iii) folgt die Behauptung. ❑

4.3.4 Diagonaldominanz

Bei den in der Praxis auftretenden Input-Output-Matrizen gestaltet sich die Frage der Regularität von $\mathbf{I} - \mathbf{A}$ noch leichter, wenn wir den Begriff der Diagonaldominanz kennen.

Definition 4.5
Die (n, n)-Matrix $\mathbf{A}$ besitzt eine **dominante Diagonale**, falls Konstanten $d_j > 0, j = 1, \ldots, n$, existieren, so daß gilt

$$d_j|a_{jj}| > \sum_{\substack{i=1\\ i\neq j}}^{n} d_i|a_{ij}|$$

für alle $j = 1, \ldots, n$.

Besonders interessant ist der Spezialfall mit $d_j = 1$ für $j = 1, \ldots, n$. Dann muß das Diagonalelement a_{jj} betragsmäßig größer sein als die Summe der Beträge aller übrigen Elemente der j-ten Spalte. Das gilt z.B. für

$$\mathbf{A} = \begin{pmatrix} 5 & -1 & -2 \\ 1 & 3 & 3 \\ 1 & 1 & -6 \end{pmatrix}.$$

Satz 4.11

$\mathbf{A}$ besitze eine dominante Diagonale. Dann ist $\mathbf{A}$ regulär.

Beweis: Wäre $\mathbf{A}$ singulär, so würde ein Vektor $\mathbf{x} = (x_1, \ldots, x_n)^\mathsf{T} \neq \mathbf{0}$ existieren mit $\mathbf{x}^\mathsf{T}\mathbf{A} = \mathbf{0}^\mathsf{T}$. Dann ist aber

$$|a_{jj}x_j| = |-\sum_{\substack{i=1\\i\neq j}}^{n} a_{ij}x_i| \leq \sum_{\substack{i=1\\i\neq j}}^{n} |a_{ij}||x_i|$$

für alle $j = 1, \ldots, n$. Setzt man nun $y_j := x_j/d_j, j = 1, \ldots, n$, so impliziert dies

$$d_j|a_{jj}||y_j| \leq \sum_{\substack{i=1\\i\neq j}}^{n} d_i|a_{ij}||y_i|$$

für alle $j = 1, \ldots, n$. Da $\mathbf{x} \neq \mathbf{0}$, ist auch $|y_k| = \max_{1\leq j\leq n} |y_j| \neq 0$. Für die k-te Ungleichung bedeutet dies nach Division durch $|y_k|$:

$$d_k|a_{kk}| \leq \sum_{\substack{i=1\\i\neq k}}^{n} d_i|a_{ik}|\frac{|y_i|}{|y_k|} \leq \sum_{\substack{i=1\\i\neq k}}^{n} d_i|a_{ik}|.$$

Dann kann $\mathbf{A}$ aber keine dominante Diagonale besitzen. ❑

Beispiel 4.2

Gegeben sei das erweiterte Leontief-Modell aus Abschnitt 4.2.2, in dem der Produktionsfaktor Arbeit eingeführt wurde. Wann gibt es für das Gleichungssystem

$$\mathbf{p}^\mathsf{T}(\mathbf{I} - \mathbf{A}) = w\mathbf{l}^\mathsf{T} \tag{4.4}$$

(i) eine eindeutige Lösung $\mathbf{p}$ für $w > 0$ und $\mathbf{l} > 0$,

(ii) eine Lösung $\mathbf{p}$ mit $\mathbf{p} > \mathbf{0}$?

Antwort: Wenn $\mathbf{B} := \mathbf{I} - \mathbf{A}$ eine dominante Diagonale besitzt. Dann gibt es nämlich einen Vektor $\mathbf{d} = (d_j) > \mathbf{0}$ mit

$$d_j|b_{jj}| > \sum_{i \neq j} d_i|b_{ij}|$$

für alle j. Wegen $b_{jj} = 1 - a_{jj}$ und $|b_{ij}| = -b_{ij}$ für $i \neq j$ ergibt sich nach einigen einfachen Schritten in äquivalenter Schreibweise

$$\mathbf{d}^\mathsf{T} > \mathbf{d}^\mathsf{T}\mathbf{A} \qquad \text{d.h.} \qquad \mathbf{d}^\mathsf{T}(\mathbf{I} - \mathbf{A}) > \mathbf{0}.$$

Diese Bedingung ist aber leicht überprüfbar. Wegen Satz 4.11 haben wir dann die Regularität von $\mathbf{I} - \mathbf{A}$, d.h. wir haben eine eindeutige Lösung

$$\mathbf{p}^\mathsf{T} = w\mathbf{l}^\mathsf{T}(\mathbf{I} - \mathbf{A})^{-1},$$

die wegen $w > 0$ und $\mathbf{l} > \mathbf{0}$ und aufgrund der Semipositivität von $(\mathbf{I} - \mathbf{A})^{-1}$ positiv ist. Gibt es umgekehrt eine Lösung $\mathbf{p}$ für (4.4) mit $\mathbf{p} > \mathbf{0}$, so folgt sofort $\mathbf{p}^\mathsf{T} > \mathbf{p}^\mathsf{T}\mathbf{A}$ und mithin die Diagonaldominanz von $\mathbf{A}$. Die Bedingung $\mathbf{p}^\mathsf{T} > \mathbf{p}^\mathsf{T}\mathbf{A}$ gewährleistet also den Spielraum zum Auffangen der Lohnkosten und zur Erzielung von Gewinnen! Sei $\mathbf{A}$ die Input-Output-Matrix aus Beispiel 4.1. Dann hat

$$\mathbf{I} - \mathbf{A} = \begin{pmatrix} 0.75 & -0.30 & -0.20 \\ -0.40 & 0.90 & -0.20 \\ -0.10 & -0.30 & 0.75 \end{pmatrix}$$

eine dominante Diagonale, und das Gleichungssystem $\mathbf{p}^\mathsf{T}(\mathbf{I} - \mathbf{A}) = w\mathbf{l}^\mathsf{T}$ hat eine eindeutige Lösung $\mathbf{p} > \mathbf{0}$, sofern $w > 0$ und $\mathbf{l} > \mathbf{0}$ erfüllt ist. ○

Besonders wichtig ist der Fall, daß Diagonaldominanz vorliegt und einige oder alle Matrixelemente nichtnegativ sind. Z.B. haben wir den

Satz 4.12

$\mathbf{A}$ besitze eine dominante Diagonale mit positiven Elementen a_{jj}. Dann besitzen alle Eigenwerte von $\mathbf{A}$ positive Realteile.

Beweis: Sei $\lambda = \alpha + \beta i$ ein Eigenwert von $\mathbf{A}$, und wir nehmen an, daß gilt $\alpha \leq 0$. Dann ist

$$|a_{jj} - \lambda| = |a_{jj} - \alpha - \beta i| = \sqrt{(a_{jj} - \alpha)^2 + \beta^2} \geq a_{jj} - \alpha \geq |a_{jj}|.$$

Weil die Diagonale dominant ist, folgt

$$\sum_{\substack{k=1 \\ k \neq j}}^{n} d_k |a_{kj}| < d_j |a_{jj}| \leq d_j |a_{jj} - \lambda|.$$

Damit besitzt aber auch $\mathbf{A} - \lambda\mathbf{I}$ eine dominante Diagonale, so daß wegen Satz 4.11 $\mathbf{A} - \lambda\mathbf{I}$ regulär ist. Dies ist aber ein Widerspruch, denn λ ist Eigenwert von $\mathbf{A}$, d.h. $\mathbf{A} - \lambda\mathbf{I}$ ist singulär. Mithin gilt $\alpha > 0$. ❑

Nach Satz 4.12 sind insbesondere alle *reellen* Eigenwerte von $\mathbf{A}$ positiv, sofern $\mathbf{A}$ eine positive dominante Diagonale besitzt.

Beispiel 4.3

Betrachte ein dynamisches System $\mathbf{x}(t+1) = \mathbf{A}\mathbf{x}(t) + \mathbf{y}$, wobei $\mathbf{A} = (a_{ij})$ und $\mathbf{y}$ nichtnegativ seien. Zudem gebe es reelle Zahlen $d_1, \ldots, d_n > 0$ mit

$$\sum_{i=1}^{n} d_i a_{ij} < d_j \tag{4.5}$$

für $j = 1, \ldots, n$. Dann ist das System **stabil**, d.h. $\lim_{t \to \infty} \mathbf{x}(t)$ existiert, der Grenzwert ist nichtnegativ und hängt nicht vom Anfangszustand $\mathbf{x}(0)$ ab. Dies ergibt sich aus folgendem: Aus (4.5) erhalten wir

$$\sum_{\substack{i=1 \\ i \neq j}}^{n} d_i |a_{ij}| < d_j |1 - a_{jj}|$$

für jedes $j = 1, \ldots, n$, d.h. $\mathbf{I} - \mathbf{A}$ besitzt eine dominante Diagonale, und $\mathbf{I} - \mathbf{A}$ ist folglich regulär. Betrachte nun die Diagonalmatrix $\mathbf{D} = \mathrm{diag}(d_j)$. Dann haben die Matrizen $\mathbf{A}$ und $\mathbf{B} = \mathbf{D}\mathbf{A}\mathbf{D}^{-1}$ dieselben Eigenwerte (vgl. Aufgabe 4.12). Nach Bedingung (4.5) hat aber die Matrix $\mathbf{B}$ eine Zeilensummennorm kleiner 1 (vgl. Abschnitt 4.3.2). Folglich gilt aufgrund von Satz 4.6, daß

$s(\mathbf{A}) = s(\mathbf{B}) < 1$ ist. Aus Satz 4.9, Seite 214, folgt dann $(\mathbf{I} - \mathbf{A})^{-1} \geq \mathbf{0}$ und $\lim_{t\to\infty} \mathbf{A}^t = \mathbf{0}$. Durch vollständige Induktion ergibt sich

$$\mathbf{x}(t) = \mathbf{A}^t\mathbf{x}(0) + (\mathbf{I} - \mathbf{A})^{-1}(\mathbf{I} - \mathbf{A}^t)\mathbf{y},$$

so daß schließlich gilt:

$$\lim_{t\to\infty} \mathbf{x}(t) = (\mathbf{I} - \mathbf{A})^{-1}\mathbf{y} \geq \mathbf{0}.$$

○

Man beachte, daß die Bedingung (4.5) des voranstehenden Beispiels schon dann erfüllt ist, wenn die Spaltensummennorm $||\mathbf{A}||_1 < 1$ ist. Auf Beispiel 4.3 wird in Abschnitt 4.4 näher eingegangen.

Besonders nützlich für die weiteren Untersuchungen ist die folgende Charakterisierung der Diagonaldominanz:

Satz 4.13

Sei $\mathbf{A} = (a_{ij})$ eine (n,n)-Matrix mit $a_{ii} > 0$ und $a_{ij} \leq 0$. Dann sind die nachstehenden Aussagen äquivalent:

(i) $\mathbf{A}$ besitzt eine dominante Diagonale.

(ii) für jedes $\mathbf{b} \geq \mathbf{0}$ gibt es genau ein $\mathbf{x} \geq \mathbf{0}$ mit $\mathbf{Ax} = \mathbf{b}$.

Beweis:

„(i)⇒(ii)“: Wegen Satz 4.11 ist $\mathbf{A}$ regulär, d.h. es gibt genau eine Lösung $\mathbf{x} = (x_i) = \mathbf{A}^{-1}\mathbf{b}$. Es ist zu zeigen: $\mathbf{x} \geq \mathbf{0}$. Sei $\mathfrak{J}$ die Menge der Indizes j, so daß $x_j < 0$. Angenommen, $\mathfrak{J}$ ist nicht leer. Die Gleichung $\mathbf{Ax} = \mathbf{b}$ kann ausführlich in der Form

$$\sum_{j\in\mathfrak{J}} a_{ij}x_j + \sum_{j\notin\mathfrak{J}} a_{ij}x_j = b_i, \quad i = 1,\ldots,n \tag{4.6}$$

geschrieben werden. Wir multiplizieren die die Diagonaldominanz realisierenden $d_i > 0$ mit diesen Gleichungen und addieren über $i \in \mathfrak{J}$

$$\sum_{i\in\mathfrak{J}}\sum_{j\in\mathfrak{J}} d_i a_{ij}x_j + \sum_{i\in\mathfrak{J}}\sum_{j\notin\mathfrak{J}} d_i a_{ij}x_j = \sum_{i\in\mathfrak{J}} d_i b_i \geq 0. \tag{4.7}$$

Wegen Diagonaldominanz gilt $\sum_{\substack{i\in\mathfrak{J}\\ i\neq j}} d_i|a_{ij}| < d_j|a_{jj}|$ für alle j, insbesondere für die Indizes $j \in \mathfrak{J}$. Da $a_{jj} > 0$, folgt für $j \in \mathfrak{J}$:

$$\sum_{i\in\mathfrak{J}} d_i a_{ij} = \sum_{\substack{i\in\mathfrak{J}\\ i\neq j}} d_i a_{ij} + d_j a_{jj} = -\sum_{\substack{i\in\mathfrak{J}\\ i\neq j}} d_i|a_{ij}| + d_j|a_{jj}| > 0.$$

Mithin resultiert

$$\sum_{i\in\mathfrak{J}}\sum_{j\in\mathfrak{J}} d_i a_{ij} x_j = \sum_{j\in\mathfrak{J}}\sum_{i\in\mathfrak{J}} d_i a_{ij} x_j < 0,$$

aber der zweite Summand von (4.7) ist nicht positiv, denn falls $i \in \mathfrak{J}$, $j \notin \mathfrak{J}$, so folgt $a_{ij} \leq 0$ und $x_j \geq 0$. Insgesamt ist die linke Seite von (4.7) negativ, also ein Widerspruch.

„(ii)⇒(i)“: Wähle $\mathbf{b} = \mathbf{1} = (1, 1, \ldots, 1)^\mathsf{T}$. Dann gibt es ein $\mathbf{x} = (x_i) \geq \mathbf{0}$ mit $\mathbf{A}\mathbf{x} = \mathbf{b}$. Da $a_{ii} > 0$ und $a_{ij} \leq 0$ für $i \neq j$, muß $\mathbf{x} > \mathbf{0}$ sein. Das erkennen wir, indem wir nacheinander die n Gleichungen in (4.6) betrachten. Aus der ersten Gleichung folgt dann $x_1 > 0$, aus der zweiten $x_2 > 0$ usw. Wählen wir $\mathbf{d} = \mathbf{x}$, so hat $\mathbf{A}^\mathsf{T}$ eine dominante Diagonale (wir überlassen die dazu notwendigen einfachen Schritte dem Leser). Wegen der bereits gezeigten Implikationen „(i)⇒(ii)“ hat die Gleichung $\mathbf{A}^\mathsf{T}\mathbf{y} = \mathbf{b}$ genau eine Lösung $\mathbf{y} \geq \mathbf{0}$. Wie eben zeigen wir $\mathbf{y} > \mathbf{0}$, so daß $\mathbf{A} = (\mathbf{A}^\mathsf{T})^\mathsf{T}$ eine dominante Diagnonale besitzt. ❑

Beispiel 4.4

Betrachte erneut das erweiterte Leontief-Modell aus Abschnitt 4.2.2 mit dem Gleichungssystem $\mathbf{p}^\mathsf{T}(\mathbf{I}-\mathbf{A}) = w\mathbf{l}^\mathsf{T}$. Offenbar erfüllt $\mathbf{B} = \mathbf{I}-\mathbf{A}$ die Prämissen des Satzes 4.13. Besitzt $\mathbf{B}$ eine dominante Diagonale, so ist nochmals die Existenz, Eindeutigkeit und Nichtnegativität einer Lösung $\mathbf{p}$ gezeigt (vgl. Beispiel 4.2). ❍

4.3.5 Zerlegbarkeit

Namentlich in Input-Output-Modellen ist der Begriff der Zerlegbarkeit bzw. Unzerlegbarkeit sehr nützlich.

Definition 4.6

Es sei $\mathbf{A}$ eine (n,n)-Matrix mit $n \geq 2$. Dann heißt $\mathbf{A}$ **zerlegbar**, wenn $\mathcal{N} := \{1, \ldots, n\}$ in zwei nichtleere Teilmengen $\mathfrak{I}$ und $\mathfrak{J}$ zerlegt werden kann, so daß gilt $a_{ij} = 0$ für $i \in \mathfrak{I}$ und $j \in \mathfrak{J}$. Anderenfalls heißt $\mathbf{A}$ **unzerlegbar**.

Für eine Input-Output-Matrix **A** bedeutet Zerlegbarkeit, daß alle $\mathcal{N}$ Sektoren in zwei disjunkte Gruppen $\mathfrak{I}$ und $\mathfrak{J}$ zerlegt werden können, wobei sämtliche Sektoren $j \in \mathfrak{J}$ *keine* Inputs von den Sektoren $i \in \mathfrak{I}$ beziehen. Mithin können die Sektoren aus $\mathfrak{J}$ ihre Produktion ohne Lieferung aus dem $\mathfrak{I}$-Bereich durchführen (umgekehrt ist dies i.a. nicht möglich!).

Wie man sich leicht überlegt gilt der

Satz 4.14

Eine Matrix **A** *ist genau dann zerlegbar, wenn man sie durch Permutation von Zeilen und Spalten umformen kann zu*

$$\mathbf{P}^{-1}\mathbf{A}\mathbf{P} = \begin{pmatrix} \mathbf{B}_{11} & \mathbf{B}_{12} \\ \mathbf{0} & \mathbf{B}_{22} \end{pmatrix}.$$

Dabei sind $\mathbf{B}_{11}$ *bzw.* $\mathbf{B}_{22}$ *quadratische* (k,k)*-Matrizen bzw.* $(n-k, n-k)$*-Matrizen, wobei die Anzahl der Elemente von* $\mathfrak{J}$ *bzw.* $\mathfrak{I}$ *gegeben ist durch* $|\mathfrak{J}| = k$ *und* $|\mathfrak{I}| = n-k$*. Ferner ist* $\mathbf{B}_{12}$ *eine* $(k, n-k)$*-Matrix, welche nicht notwendig gleich der Nullmatrix ist. Schließlich ist* $\mathbf{0}$ *die Nullmatrix mit* $n-k$ *Zeilen und* k *Spalten.*

Hierbei ist **P** eine sogenannte **Permutationsmatrix**, die durch passende Vertauschung von Spalten der Einheitsmatrix **I** entsteht. **P** ist regulär, und ihre Inverse ist ebenfalls eine Permutationsmatrix. Die Transformation $\mathbf{P}^{-1}\mathbf{A}\mathbf{P}$ bewirkt gerade die notwendige Vertauschung von Zeilen und Spalten.

Beispiel 4.5

Die Matrix

$$\mathbf{A}_1 = \begin{pmatrix} -1 & 0 & 2 \\ -2 & 2 & 3 \\ 1 & 0 & -4 \end{pmatrix}$$

ist zerlegbar (wähle $\mathfrak{I} = \{1,3\}$ und $\mathfrak{J} = \{2\}$). Die Matrix

$$\mathbf{A}_2 = \begin{pmatrix} 1 & -1 \\ 2 & 3 \\ 0 & 2 \end{pmatrix}$$

ist unzerlegbar, und die Matrix

$$\mathbf{A}_3 = \begin{pmatrix} 0 & 1 & 0 \\ 0 & 0 & 2 \\ 3 & 0 & 0 \end{pmatrix}$$

ist unzerlegbar (d.h. aus der Anzahl der Nullen läßt sich noch nichts folgern). ○

Beispiel 4.6

Im statischen Leontief-Modell mit $(\mathbf{I}-\mathbf{A})\mathbf{x} = \mathbf{c}$ (vgl. Abschnitt 4.2.1) wollen wir annehmen, daß Produktion und Endnachfrage jedes Gutes im gleichen festen Verhältnis μ stehen, d.h. $\mathbf{c} = \mu\mathbf{x}$, so daß $(\mathbf{I}-\mathbf{A})\mathbf{x} = \mu\mathbf{x}$ oder äquivalent

$$\mathbf{A}\mathbf{x} = (1-\mu)\mathbf{x} \tag{4.8}$$

gilt. Ist $\mathbf{A}$ zerlegbar, so können wir duch Umnumerierung der Sektoren erreichen, daß

$$\mathbf{A} = \begin{pmatrix} \mathbf{A}_{11} & \mathbf{A}_{12} \\ \mathbf{0} & \mathbf{A}_{22} \end{pmatrix},$$

wobei $\mathbf{A}_{11}$ eine (k,k)-, $\mathbf{A}_{12}$ eine $(k,n-k)$- bzw. $\mathbf{A}_{22}$ eine $(n-k,n-k)$-Matrix ist.

Partitionieren wir den Bruttoproduktionsvektor $\mathbf{x} = (\mathbf{x}_1^{\mathsf{T}}, \mathbf{x}_2^{\mathsf{T}})^{\mathsf{T}}$ entsprechend, so erhalten wir aus (4.8)

$$\begin{aligned} \mathbf{A}_{11}\mathbf{x}_1 + \mathbf{A}_{12}\mathbf{x}_2 &= (1-\mu)\mathbf{x}_1 \\ \mathbf{A}_{22}\mathbf{x}_2 &= (1-\mu)\mathbf{x}_2. \end{aligned}$$

Die Gruppe der Sektoren mit den Indexnummern $k+1, k+2, \ldots, n$ kann mithin gesondert behandelt werden. Die Sektoren der anderen Gruppe (Indizes: $1, 2, \ldots, k$) beziehen Inputgüter aus dieser Gruppe. Falls auch noch $\mathbf{A}_{12} = \mathbf{0}$ ist, finden auch keine Lieferungen in umgekehrter Richtung statt. Wir sagen dann, daß $\mathbf{A}$ **vollständig zerlegbar** ist. ○

Eine wichtige Charakterisierung der Zerlegbarkeit *nichtnegativer* Matrizen liefert der

Satz 4.15

Sei $\mathbf{A}$ *eine* (n,n)*-Matrix mit* $\mathbf{A} \geq \mathbf{0}$. *Dann gilt*

(i) $\mathbf{A}$ *ist genau dann zerlegbar, wenn es ein* $\mu \geq 0$ *und einen Vektor* $\mathbf{x} \geq \mathbf{0}$ *gibt, der* nicht *positiv ist, so daß gilt* $\mathbf{Ax} \leq \mu\mathbf{x}$.

(ii) $\mathbf{A}$ *ist genau dann zerlegbar, wenn* $\mathbf{A}^\mathsf{T}$ *zerlegbar ist.*

(iii) Ist $\mathbf{A}$ *unzerlegbar, so gilt* $(\mathbf{I}+\mathbf{A})^{n-1} > \mathbf{0}$.

Beweis:

(i) „$\Rightarrow$“: Sei $\mathcal{N} := \{1,\ldots,n\}$. Da $\mathbf{A}$ zerlegbar ist, gibt es nichtleere disjunkte Mengen $\mathcal{I},\mathcal{J} \subset \mathcal{N}$, $\mathcal{I} \cup \mathcal{J} = \mathcal{N}$ mit $a_{ij} = 0$ für $i \in \mathcal{I}$, $j \in \mathcal{J}$. Setzen wir

$$x_i = \begin{cases} 0 & \text{falls } i \in \mathcal{I}, \\ 1 & \text{falls } i \in \mathcal{J}, \end{cases}$$

so gilt für $\mathbf{x} := (x_i)$, daß $\mathbf{x}$ semipositiv, aber nicht positiv ist. Wir wählen nun eine reelle Zahl μ mit der Eigenschaft $\mu \geq \sum_{j=1}^n a_{ij}$ für alle $i \in \mathcal{J}$. Dann folgt sofort $(\mu - a_{ii})x_i \geq \sum_{\substack{j=1\\j\neq i}}^n a_{ij}x_j$ für alle $i \in \mathcal{J}$.

Für $i \in \mathcal{I}$ gilt trivialerweise $0 = (\mu - a_{ii})x_i = \sum_{\substack{j=1\\j\neq i}}^n a_{ij}x_j$. Der Leser beachte dabei, daß gilt $a_{ij} = 0$ für $j \in \mathcal{J}$ und $x_j = 0$, falls $j \in \mathcal{I}$.

„$\Leftarrow$“: Betrachte die Indexmenge $\mathcal{J} = \{j \mid j \in \mathcal{N} \text{ und } x_j > 0\}$. Dann sind $\mathcal{J}$ und $\mathcal{I} := \mathcal{N} \setminus \mathcal{J}$ nichtleer und disjunkt.

Aus $\mathbf{Ax} \leq \mu\mathbf{x}$ und $x_i = 0$ für $i \in \mathcal{I}$ folgt für jedes $i \in \mathcal{I}$:

$$0 = (\mu - a_{ii})x_i \geq \sum_{\substack{j=1\\j\neq i}}^n a_{ij}x_j - \sum_{j\in\mathcal{J}} a_{ij}x_j \geq 0,$$

d.h. $a_{ij} = 0$ für $i \in \mathcal{I}$ und $j \in \mathcal{J}$, da $x_j > 0$ für $j \in \mathcal{J}$.

(ii) Es reicht aus, die Notwendigkeit nachzuweisen. Falls $\mathbf{A}^\mathsf{T} =: (c_{ij})$, so gilt $c_{ij} = a_{ji}$. Wählt man $\mathcal{I}^* = \mathcal{J}$ und $\mathcal{J}^* = \mathcal{I}$, so gilt für $i \in \mathcal{I}^*$ und $j \in \mathcal{J}^*$: $c_{ij} = a_{ji} = 0$ wegen $j \in \mathcal{J}^* = \mathcal{I}$ und $i \in \mathcal{I}^* = \mathcal{J}$.

(iii) Wir zeigen: $(\mathbf{I}+\mathbf{A})^{n-1}\mathbf{e} > \mathbf{0}$ für alle Einheitsvektoren $\mathbf{e} = \mathbf{e}_j \in \mathbb{R}^n$. Dazu genügt es zu zeigen, daß der Vektor $\mathbf{z} := (z_k) = (\mathbf{I}+\mathbf{A})\mathbf{e}$ weniger Nullkomponenten hat als $\mathbf{e}$.

Wegen $\mathbf{z} = \mathbf{e}+\mathbf{A}\mathbf{e}$ und $\mathbf{A}\mathbf{e} \geq \mathbf{0}$ kann $\mathbf{z}$ zumindest nicht mehr Nullkomponenten als $\mathbf{e}$ haben. Angenommen, $\mathbf{z}$ habe die gleiche Anzahl, d.h. $z_k \neq 0$ für genau ein k. Da $\mathbf{A}\mathbf{e} \geq \mathbf{0}$ und $\mathbf{e} = \mathbf{e}_j$, muß $k = j$ sein. Nun ist $\mathbf{z} = (\mathbf{I}+\mathbf{A})\mathbf{e}_j = \mathbf{e}_j + \mathbf{a}_j$, wobei $\mathbf{a}_j = (a_{1j}, \ldots, a_{nj})^\mathsf{T}$ der j-te Spaltenvektor von $\mathbf{A}$ ist. Folglich erhalten wir $a_{ij} = 0$ für $i \neq j$. Setzen wir nun $\mathcal{I} := \mathcal{N} \setminus \{j\}$ und $\mathcal{J} := \{j\}$, so haben wir einen Widerspruch zur Unzerlegbarkeit von $\mathbf{A}$. ❑

Beispiel 4.7

Für die unzerlegbare Matrix $\mathbf{A}_3$ aus Beispiel 4.5 erhalten wir in der Tat

$$(\mathbf{I}+\mathbf{A}_3)^2 = \begin{pmatrix} 1 & 2 & 2 \\ 6 & 1 & 4 \\ 6 & 3 & 1 \end{pmatrix} > 0.$$

○

Auf unzerlegbare Matrizen kommen wir im folgenden Abschnitt noch einmal zurück.

4.4 Frobenius-Wurzel

Bekanntlich besitzen symmetrische Matrizen ausschließlich reelle Eigenwerte. Bei nichtnegativen Matrizen ist das nicht immer der Fall. Immerhin, das werden die folgenden Untersuchungen zeigen, gibt es hier einen ausgezeichneten nichtnegativen Eigenwert, Frobeniuswurzel genannt, der eine obere Schranke für die Beträge der übrigen — möglicherweise — komplexen Eigenwerte darstellt.

Eng verwandt mit diesem Eigenwertproblem ist das nachstehende

Beispiel 4.8

Gegeben sei die (n,n)-Matrix $\mathbf{A}$ mit $\mathbf{A} \geq \mathbf{0}$. Ferner sei $\mathbf{c} \geq \mathbf{0}$ und $\rho \in \mathbb{R}$. Betrachte das Gleichungssystem

$$(\rho\mathbf{I} - \mathbf{A})\mathbf{x} = \mathbf{c}. \tag{4.9}$$

(Für $\rho = 1$ sei auf das statische Leontief-Modell aus 4.2.1 verwiesen).

Hierbei stellt sich allgemein die Frage nach einer nichtnegativen Lösung $\mathbf{x}$ und deren Eindeutigkeit. Wenn ein ρ so existiert, daß $(\rho\mathbf{I} - \mathbf{A})$ regulär und $(\rho\mathbf{I} - \mathbf{A})^{-1} \geq \mathbf{0}$ ist, so ist das Problem gelöst. Wir werden sehen, daß dies für alle reellen ρ möglich ist, die größer als die Frobeniuswurzel sind. ○

Wenden wir uns nun der Existenz der Frobeniuswurzel zu.

Satz 4.16

Gegeben sei die (n,n)-Matrix $\mathbf{A}$ mit $\mathbf{A} \geq \mathbf{0}$. Dann hat $\mathbf{A}$ einen ausgezeichneten Eigenwert $\lambda_F(\mathbf{A})$ mit den folgenden Eigenschaften:

(i) $\lambda_F(\mathbf{A}) \geq 0$.

(ii) Zu $\lambda_F(\mathbf{A})$ gibt es einen semipositiven Eigenvektor $\mathbf{x}(\mathbf{A})$.

(iii) $\rho\mathbf{I} - \mathbf{A}$ regulär und $(\rho\mathbf{I} - \mathbf{A})^{-1} \geq \mathbf{0} \Leftrightarrow \rho > \lambda_F(\mathbf{A})$.

(iv) $\lambda_F(\mathbf{A}) \geq |\lambda|$ für alle Eigenwerte λ von $\mathbf{A}$.

Beweis:

(i) Definiere die Menge

$$\mathcal{R}(\mathbf{A}) := \{\rho \mid \rho \in \mathbb{R},\ \rho\mathbf{I} - \mathbf{A} \text{ ist regulär und } (\rho\mathbf{I} - \mathbf{A})^{-1} \geq \mathbf{0}\}.$$

Offenbar ist $\mathcal{R}(\mathbf{A})$ nicht leer, denn für hinreichend groß gewähltes ρ ist $\rho\mathbf{I} - \mathbf{A} = \rho(\mathbf{I} - \mathbf{A}/\rho)$ regulär, da dann für den Spektralradius $s(\mathbf{A}/\rho) < 1$ gilt (vgl. Satz 4.9) und weiter

$$(\rho\mathbf{I} - \mathbf{A})^{-1} = \frac{1}{\rho}\left(\mathbf{I} - \frac{1}{\rho}\mathbf{A}\right)^{-1} = \frac{1}{\rho}\sum_i (\mathbf{A}/\rho)^i$$

sogar invertierbar ist, wobei die Inverse nichtnegative Elemente besitzt. Wegen Satz 4.10 muß $\rho > 0$ sein. Schließlich strebt $s(\mathbf{A}/\rho)$ gegen ∞, falls $\rho > 0$ und $\rho \to 0$ (betrachte dazu die Eigenwertprobleme von $\mathbf{A}$ und $\mathbf{A}/\rho$), so daß insbesondere $s(\mathbf{A}/\rho) \geq 1$ für genügend kleines $\rho > 0$ gilt.

Setze $\lambda_F(\mathbf{A}) := \inf \mathcal{R}(\mathbf{A})$, was wohldefiniert und nichtnegativ ist, da $\mathcal{R}(\mathbf{A})$ durch 0 nach unten beschränkt ist. Weil offenkundig $\rho' \in \mathcal{R}(\mathbf{A})$ für $\rho' \geq \rho$ mit $\rho \in \mathcal{R}(\mathbf{A})$ gilt, haben wir die Inklusion $(\lambda_F(\mathbf{A}), \infty) \subset \mathcal{R}(\mathbf{A})$.

Angenommen, $\lambda_F(\mathbf{A})$ gehöre zu $\mathcal{R}(\mathbf{A})$. Aufgrund der Sätze 4.10 und 4.11 haben wir $s(\mathbf{A}/\lambda_F(\mathbf{A})) < 1$. Dann gibt es ein $\rho^* < \lambda_F(\mathbf{A})$, so daß immer noch $s(\mathbf{A}/\rho^*) < 1$ wäre. Das ist aber ein Widerspruch zur Eigenschaft von $\lambda_F(\mathbf{A})$, untere Schranke von $\mathcal{R}(\mathbf{A})$ zu sein. Mithin gilt $\mathcal{R}(\mathbf{A}) = (\lambda_F(\mathbf{A}), \infty)$ und $\lambda_F(\mathbf{A})\mathbf{I} - \mathbf{A}$ ist singulär.

(ii) Wende Tucker's Theorem (Satz 4.2) auf $\lambda_F(\mathbf{A})\mathbf{I} - \mathbf{A}$ an: Es gibt Vektoren $\mathbf{x} \geq \mathbf{0}$ und $\mathbf{y}$, so daß gilt $(\lambda_F(\mathbf{A})\mathbf{I} - \mathbf{A})\mathbf{x} = \mathbf{0}$, $(\lambda_F(\mathbf{A})\mathbf{I} - \mathbf{A}^\top)\mathbf{y} \geq \mathbf{0}$ und $\mathbf{x} + (\lambda_F(\mathbf{A})\mathbf{I} - \mathbf{A}^\top)\mathbf{y} > \mathbf{0}$. Wir zeigen, daß $\mathbf{x}$ semipositiv ist.

Angenommen, es wäre $\mathbf{x} = \mathbf{0}$. Dann haben wir $(\lambda_F(\mathbf{A})\mathbf{I} - \mathbf{A}^\top)\mathbf{y} > \mathbf{0}$. Wähle $\rho^* > \lambda_F(\mathbf{A})$, so daß noch $(\rho^*\mathbf{I} - \mathbf{A}^\top)\mathbf{y} > \mathbf{0}$ gilt. Da trivialerweise $\mathcal{R}(\mathbf{A}^\top) = \mathcal{R}(\mathbf{A})$, folgt mithin $(\rho^*\mathbf{I} - \mathbf{A}^\top)^{-1} \geq 0$, so daß $\mathbf{y} > \mathbf{0}$ sein muß. (Der Leser mache sich klar, warum $\mathbf{y}$ nicht semipositiv sein kann.)

Setze $\mathbf{B} := (b_{ij}) := \lambda(\mathbf{A})\mathbf{I} - \mathbf{A}^\top$. Dann ist $b_{ij} \leq 0$ für $i \neq j$. Wegen $\mathbf{By} > \mathbf{0}$ und $\mathbf{y} > \mathbf{0}$ folgt

$$b_{jj}y_j > -\sum_{i \neq j} b_{ji}y_i \geq 0$$

für alle j. Damit hat $\mathbf{B}^\top$ eine dominante Diagonale und $b_{ii} > 0$ für alle i. Nach Satz 4.11 ist $\mathbf{B}^\top$ regulär, und wegen Satz 4.13 ist für jeden Einheitsvektor $\mathbf{b} = \mathbf{e}_i$: $(\mathbf{B}^\top)^{-1}\mathbf{e}_i \geq \mathbf{0}$, d.h. $(\mathbf{B}^\top)^{-1} \geq \mathbf{0}$. Damit haben wir schließlich den Widerspruch $\lambda_F(\mathbf{A}) \in \mathcal{R}(\mathbf{A}^\top)$. Wähle somit $\mathbf{x}(\mathbf{A}) := \mathbf{x}$.

(iii) evident.

(iv) Sei $\mathbf{x} \neq \mathbf{0}$ Eigenvektor zum Eigenwert λ von $\mathbf{A}$, d.h. $\mathbf{Ax} = \lambda\mathbf{x}$, oder komponentenweise $\sum_{j=1}^n a_{ij}x_j = \lambda x_i$ und folglich $\sum_{j=1}^n a_{ij}|x_j| \geq |\lambda||x_i|$ für alle i. Angenommen, es wäre $|\lambda| > \lambda_F(\mathbf{A})$. Dann gilt $|\lambda| \in \mathcal{R}(\mathbf{A})$ und $(|\lambda|\mathbf{I} - \mathbf{A})^{-1} \geq 0$ wegen (iii). Für den Vektor $|\mathbf{x}| := (|x_i|)$ haben wir $\mathbf{A}|\mathbf{x}| > |\lambda||\mathbf{x}|$ oder $(|\lambda|\mathbf{I} - \mathbf{A})|\mathbf{x}| < \mathbf{0}$, so daß schließlich $|\mathbf{x}| \leq \mathbf{0}$, d.h. $\mathbf{x} = \mathbf{0}$ folgt. Der Eigenvektor $\mathbf{x}$ war aber als verschieden vom Nullvektor gewählt. ❑

Wir halten den bemerkenswerten Sachverhalt noch einmal fest: Nichtnegative Matrizen haben stets einen reellen, nichtnegativen Eigenwert, der alle übrigen Eigenwerte betragsmäßig übertrifft. Dieser ausgezeichnete Eigenwert heißt **Frobeniuswurzel** (Frobenius 1908, 1909, 1912). Er stimmt mit dem Spektralradius überein, und zu ihm gibt es einen reellen Eigenvektor, der positiv oder semipositiv ist.

Beispiel 4.9

Gegeben sei die (zerlegbare) nichtnegative Matrix

$$\mathbf{A} = \begin{pmatrix} 2 & 2 & 1 \\ 0 & 2 & 0 \\ 1 & 1 & 2 \end{pmatrix}.$$

Das charakteristische Polynom bestimmt sich zu $p(\lambda) = (2-\lambda)^3 + \lambda - 2$, so daß wir als Eigenwerte $\lambda_1 = \lambda_F(\mathbf{A}) = 3$, $\lambda_2 = 2$, $\lambda_3 = 1$ erhalten. Zu $\lambda_F(\mathbf{A}) = 3$ gehört der semipositive Eigenvektor $\mathbf{x}(\mathbf{A}) = (1,0,1)^\top$. ○

Weitere Eigenschaften der Frobenius-Wurzel sind im nachstehenden Satz zusammengefaßt:

Satz 4.17

Gegeben seien die (n,n)-Matrizen $\mathbf{A}$ und $\mathbf{B}$. Ist $\mathbf{A} \geq \mathbf{0}$, so gilt

(i) $\lambda_F(\mathbf{A}) = \lambda_F(\mathbf{A}^\top)$.

(ii) Gilt $\mathbf{A} \leq \mathbf{B}$, *so ist* $\lambda_F(\mathbf{A}) \leq \lambda_F(\mathbf{B})$.

(iii) $\lambda_F(\alpha\mathbf{A}) = \alpha\lambda_F(\mathbf{A})$ *für* $\alpha \geq 0$.

(iv) $\lambda_F(\mathbf{A}^m) = (\lambda_F(\mathbf{A}))^m$ *für* $m = 1, 2, \ldots$

Beweis:

(i) Wurde schon implizit ausgenutzt beim Beweis des vorigen Satzes. Folgt direkt aus $\mathcal{R}(\mathbf{A}) = \mathcal{R}(\mathbf{A}^\top)$.

(ii) Wir zeigen: $\mathcal{R}(\mathbf{B}) \subset \mathcal{R}(\mathbf{A})$. Sei $\rho \in \mathcal{R}(\mathbf{B})$. Dann ist $\rho > 0$, $\rho\mathbf{I} - \mathbf{B}$ regulär und $(\rho\mathbf{I} - \mathbf{B})^{-1} \geq \mathbf{0}$. Wegen Satz 4.10 ist $\sum (\mathbf{B}/\rho)^\nu$ konvergent. Nun ist $\mathbf{A}/\rho \leq \mathbf{B}/\rho$, d.h. auch $\sum (\mathbf{A}/\rho)^\nu$ konvergiert. Erneutes Anwenden des zitierten Satzes zeigt: $\rho\mathbf{I} - \mathbf{A}$ ist regulär, $(\rho\mathbf{I} - \mathbf{A})^{-1} \geq \mathbf{0}$, d.h. $\rho \in \mathcal{R}(\mathbf{A})$. Somit gilt $\lambda_F(\mathbf{B}) = \inf \mathcal{R}(\mathbf{B}) \geq \inf \mathcal{R}(\mathbf{A}) = \lambda_F(\mathbf{A})$.

(iii) und (iv) folgen direkt aus Eigenschaften von Eigenwerten, siehe Satz 1.16. ❑

Für die Frobeniuswurzel, die ja mit dem Spektralradius übereinstimmt, existiert gemäß Satz 4.6 eine Reihe oberer Schranken, u.a. die Spalten- und die Zeilensummennorm. Eine untere Schranke liefert der folgende

Satz 4.18

Die Frobeniuswurzel $\lambda_F(\mathbf{A})$ einer quadratischen Matrix $\mathbf{A} \geq \mathbf{0}$ ist nach unten durch die kleinste Spalten- bzw. Zeilensumme beschränkt, d.h.

$$\min_{1 \leq j \leq n} \sum_{i=1}^{n} a_{ij} \leq \lambda_F(\mathbf{A}), \quad \min_{1 \leq i \leq n} \sum_{j=1}^{n} a_{ij} \leq \lambda_F(\mathbf{A}).$$

Beweis: Wir zeigen den Satz für die Spaltensumme. Die Aussage bezüglich der Zeilensumme folgt analog.

Sei $\mathbf{x}(\mathbf{A})$ ein Eigenvektor zum Eigenwert $\lambda_F(\mathbf{A})$. Wegen $\mathbf{Ax}(\mathbf{A}) = \lambda_F(\mathbf{A})\mathbf{x}(\mathbf{A})$ gilt $\lambda_F(\mathbf{A})x_i(\mathbf{A}) = \sum_{j=1}^n a_{ij}x_j(\mathbf{A})$ für alle $i = 1,\ldots,n$. Nach Summation über i erhalten wir

$$\begin{aligned}\lambda_F(\mathbf{A})\sum_{i=1}^n x_i(\mathbf{A}) &= \sum_{i=1}^n\sum_{j=1}^n a_{ij}x_j(\mathbf{A}) \\ &= \sum_{j=1}^n\sum_{i=1}^n a_{ij}x_j(\mathbf{A}) \\ &= \sum_{j=1}^n x_j(\mathbf{A})\sum_{i=1}^n a_{ij}.\end{aligned}$$

Mithin gilt $\lambda_F(\mathbf{A}) = \sum_{j=1}^n a_j s_j$ mit $a_j := \sum_{i=1}^n x_i(\mathbf{A})/x_j(\mathbf{A})$ und $s_j = \sum_{i=1}^n a_{ij}$. Da $\sum_{j=1}^n a_j = 1$, folgt die Behauptung. ❑

Unter Berücksichtigung von Satz 4.6, Seite 212, gilt für eine quadratische Matrix $\mathbf{A} \geq \mathbf{0}$ zudem $\lambda_F(\mathbf{A}) \leq \max_{1\leq j\leq n}\sum_{i=1}^n a_{ij}$ und $\lambda_F(\mathbf{A}) \leq \max_{1\leq i\leq n}\sum_{i=1}^n a_{ij}$. Wir erinnern daran, daß gemäß Satz 4.16 die Frobeniuswurzel $\lambda_F(\mathbf{A})$ einer nichtnegativen Matrix $\mathbf{A}$ stets nichtnegativ ist.

Satz 4.19

Die (n,n)-Matrix $\mathbf{A}$ mit $\mathbf{A} \geq \mathbf{0}$ sei unzerlegbar. Dann gilt

(i) Zu $\lambda_F(\mathbf{A})$ gibt es einen positiven Eigenvektor $\mathbf{x}(\mathbf{A})$.

(ii) $\lambda_F(\mathbf{A}) > 0$.

(iii) Jeder reelle Eigenvektor zu $\lambda_F(\mathbf{A})$ ist skalares Vielfaches von $\mathbf{x}(\mathbf{A})$.

(iv) Es gibt genau dann einen semipositiven Vektor $\mathbf{x}$ mit $(\rho\mathbf{I} - \mathbf{A})\,\mathbf{x} \succeq \mathbf{0}$, wenn gilt $\rho \in \mathfrak{R}(\mathbf{A})$.

(v) Die Aussage $\rho \in \mathfrak{R}(\mathbf{A})$ ist äquivalent mit $(\rho\mathbf{I} - \mathbf{A})^{-1} > \mathbf{0}$.

Beweis:

(i) Sei $\lambda_F(\mathbf{A})$ Frobeniuswurzel mit semipositivem Eigenvektor $x(\mathbf{A})$, so daß gilt $\mathbf{Ax}(\mathbf{A}) = \lambda_F(\mathbf{A})\mathbf{x}(\mathbf{A})$. Wäre $\mathbf{x}(\mathbf{A})$ nicht positiv, so müßte gemäß Satz 4.15 $\mathbf{A}$ zerlegbar sein. Das ist aber ein Widerspruch.

(ii) $\mathbf{A}$ kann keine Nullzeilen haben, denn sonst wäre $\mathbf{A}$ zerlegbar. Folglich gilt $\mathbf{Ax}(\mathbf{A}) > \mathbf{0}$, d.h. $\lambda(\mathbf{A})\mathbf{x}(\mathbf{A}) > \mathbf{0}$ und damit $\lambda_F(\mathbf{A}) > 0$.

(iii) Es sei $\mathbf{x} = (x_i)$ ein reeller Eigenvektor zum Eigenwert $\lambda_F(\mathbf{A})$. Setze $\alpha := \min_{1\leq i\leq n} x_i/x_i(\mathbf{A})$ und $\mathbf{y} := \mathbf{x} - \alpha\mathbf{x}(\mathbf{A})$. Man beachte, daß nach (i) $x_i(\mathbf{A}) > 0$ vorausgesetzt werden kann. Dann ist $\mathbf{y}$ offenbar ein nichtnegativer, aber nicht positiver Eigenvektor von $\mathbf{A}$ zum Eigenwert $\lambda_F(\mathbf{A})$. Wenden wir Satz 4.15 erneut an, so ergibt sich $\mathbf{y} = \mathbf{0}$, d.h. $\mathbf{x} = \alpha\mathbf{x}(\mathbf{A})$.

(iv) „$\Rightarrow$": Wegen Satz 4.17 ist $\lambda_F(\mathbf{A})$ auch Frobeniuswurzel von $\mathbf{A}^\mathsf{T}$, und $\mathbf{A}^\mathsf{T}$ ist unzerlegbar aufgrund von Satz 4.15. Sei $\mathbf{x}(\mathbf{A}^\mathsf{T})$ der zu $\lambda_F(\mathbf{A})$ gehörende Eigenvektor von $\mathbf{A}^\mathsf{T}$, d.h. $\mathbf{A}^\mathsf{T}\mathbf{x}(\mathbf{A}^\mathsf{T}) = \lambda_F(\mathbf{A})\mathbf{x}(\mathbf{A}^\mathsf{T})$ oder nach Transponieren $\mathbf{x}(\mathbf{A}^\mathsf{T})^\mathsf{T}\mathbf{A} = \lambda_F(\mathbf{A})\,\mathbf{x}(\mathbf{A}^\mathsf{T})^\mathsf{T}$. Rechtsmultiplikation mit $\mathbf{x}$ impliziert $\mathbf{x}(\mathbf{A}^\mathsf{T})^\mathsf{T}\mathbf{A}\mathbf{x} = \lambda_F(\mathbf{A})\mathbf{x}(\mathbf{A}^\mathsf{T})^\mathsf{T}\mathbf{x}$ und dann $(\rho - \lambda_F(\mathbf{A}))\mathbf{x}(\mathbf{A}^\mathsf{T})^\mathsf{T}\mathbf{x} = \mathbf{x}(\mathbf{A}^\mathsf{T})^\mathsf{T}(\rho\mathbf{I} - \mathbf{A})\mathbf{x}$. Nun sind nach Prämisse $\mathbf{x}$ und $(\rho\mathbf{I} - \mathbf{A})\mathbf{x}$ semipositiv und folglich, da $\mathbf{x}(\mathbf{A}^\mathsf{T})$ positiv ist, $\rho - \lambda_F(\mathbf{A}) > 0$. Mithin gilt $\rho \in \mathcal{R}(\mathbf{A})$ (vgl. den Beweis von Satz 4.16).

„$\Leftarrow$": Betrachte das System $(\rho\mathbf{I} - \mathbf{A})\mathbf{x} = \mathbf{b}$ mit $\mathbf{b} = (1, 1, \ldots, 1)^\mathsf{T}$. Dann ist $\mathbf{x} = (\rho\mathbf{I} - \mathbf{A})^{-1}\,\mathbf{b}$ semipositiv, und $(\rho\mathbf{I} - \mathbf{A})\,\mathbf{x} = \mathbf{b}$ ist sogar positiv.

(v) „$\Rightarrow$": Sei $\mathbf{e}_i$ ein beliebiger Einheitsvektor des $\mathbb{R}^n$. Wir zeigen: $\mathbf{x} := (\rho\,\mathbf{I} - \mathbf{A})^{-1}\,\mathbf{e}_i$ ist ein positiver Vektor. Offenbar ist $\mathbf{x} \geq \mathbf{0}$. Angenommen, $\mathbf{x}$ habe einige Nullkomponenten. Ohne Beschränkung der Allgemeinheit nehmen wir an, daß dies die letzten sind: $\mathbf{x} = (\mathbf{y}^\mathsf{T}, 0, \ldots, 0)^\mathsf{T}$, $\mathbf{y} > \mathbf{0}$. Partitioniert man $\mathbf{A}$ entsprechend, so erhalten wir

$$\begin{pmatrix} \rho\,\mathbf{I} - \mathbf{A}_{11} & -\mathbf{A}_{12} \\ -\mathbf{A}_{21} & \rho\,\mathbf{I} - \mathbf{A}_{22} \end{pmatrix} \begin{pmatrix} \mathbf{y} \\ 0 \end{pmatrix} = \mathbf{e}_i,$$

und mithin ist $-\mathbf{A}_{21}\mathbf{y} \geq \mathbf{0}$. Damit folgt $\mathbf{A}_{21} = \mathbf{0}$ im Widerspruch zur Unzerlegbarkeit von $\mathbf{A}$.

„$\Leftarrow$": trivial. ❑

Es läßt sich übrigens auch zeigen, daß im Falle der Unzerlegbarkeit von $\mathbf{A}$ die Frobeniuswurzel $\lambda_F(\mathbf{A})$ sogar *einfache* Nullstelle der charakteristischen Gleichung $|\lambda\mathbf{I} - \mathbf{A}| = 0$ ist.

Beispiel 4.10
Greifen wir erneut das statische Leontief-Modell aus Abschnitt 4.2.1 mit der konkreten Input-Output-Matrix aus Beispiel 4.1 auf:

$$\mathbf{A} = \begin{pmatrix} 0.25 & 0.30 & 0.20 \\ 0.40 & 0.10 & 0.20 \\ 0.10 & 0.30 & 0.25 \end{pmatrix}.$$

$\mathbf{A}$ ist unzerlegbar, folglich ist $\lambda_F(\mathbf{A})$ positiv. Die Frobeniuswurzel liegt innerhalb der Schranken $\min_j \sum_i a_{ij} = 0.65$ und $\max_j \sum_i a_{ij} = 0.75$. In der

Tat ist das Spektrum, d.h. die Menge der Eigenwerte, von $\mathbf{A}$ gegeben durch $\lambda_1 = \lambda_F(\mathbf{A}) = 0.703$, $\lambda_2 = 0.083$ und $\lambda_3 = -0.185$. Als einen positiven Eigenvektor erhalten wir $\mathbf{x}(\mathbf{A}) = (1.181, 1.115, 1.000)^\top$.

Hier wird auch noch einmal deutlich, daß die Leontief-Inverse existiert, weil $\lambda_F(\mathbf{A}) < 1$. ○

Beispiel 4.11

Betrachte das Einkommensverteilungsmodell aus Abschnitt 4.2.3

$$\mathbf{v}_{t+1} = \mathbf{P} v_t. \tag{4.10}$$

Offenbar addieren sich die Spaltenelemente von $\mathbf{P}$ zu 1, d.h., es gilt

$$\sum_{i=1}^{n} p_{ij} = 1 \tag{4.11}$$

für alle $j = 1, \ldots, n$. Man beachte dabei, daß die p_{ij} Wahrscheinlichkeiten darstellen. Die Identitäten aus (4.11) schreiben sich kompakt als $\mathbf{1}_n^\top \mathbf{P} = \mathbf{1}_n^\top$, wobei $\mathbf{1}_n = (1, 1, \ldots, 1)^\top \in \mathbb{R}^n$ ist. Damit ist 1 Eigenwert von $\mathbf{P}^\top$. Wegen $\lambda_F(\mathbf{P}^\top) \leq \max_{1 \leq j \leq n} \sum_{i=1}^{n} p_{ij}$ ist 1 Frobeniuswurzel von $\mathbf{P}^\top$ und damit auch von $\mathbf{P}$.

Sei $\mathbf{v}_0$ der anfängliche Vermögensverteilungsvektor. Dann erhalten wir aus (4.10) die Gleichheit:

$$\mathbf{v}_t = \mathbf{P}^t\, \mathbf{v}_0.$$

○

Zur Konvergenz der Matrixfolge $\mathbf{P}^t$ wollen wir folgenden Satz benutzen:

Satz 4.20

Die (n,n)-Matrix $\mathbf{A}$ mit $\mathbf{A} \geq \mathbf{0}$ sei unzerlegbar. Dann gilt:

(i) $\mathbf{A}_0 = \lim_{k\to\infty}[\mathbf{A}/\lambda_F(\mathbf{A})]^k$ *existiert genau dann, wenn es eine natürliche Zahl k gibt mit $\mathbf{A}^k > \mathbf{0}$.*

(ii) Existiert $\mathbf{A}_0 = \lim_{k\to\infty}[\mathbf{A}/\lambda_F(\mathbf{A})]^k$, *so gilt* $\mathbf{A}_0 = \mathbf{x}\mathbf{y}^\top$, *wobei*

α) $\mathbf{x} = (x_i) > \mathbf{0}$ *als Lösung von* $\mathbf{A}\mathbf{x} = \lambda_F(\mathbf{A})\mathbf{x}$

β) $\mathbf{y} = (y_i) > \mathbf{0}$ als Lösung von $\mathbf{A}^\mathsf{T}\mathbf{y} = \lambda_\mathrm{F}(\mathbf{A})\mathbf{y}$

die Normierungsbedingung $\mathbf{x}^\mathsf{T}\mathbf{y} = \sum x_i y_i = 1$ erfüllen.

Beweis: siehe Karlin und Taylor (1975). ❑

Ist beispielsweise $\mathbf{A} > 0$, so ist $\mathbf{A}$ unzerlegbar, und Bedingung (i) ist erfüllt mit $k = 1$. Dazu ein konkretes Zahlenbeispiel.

Beispiel 4.12
Sei

$$\mathbf{P} = \begin{pmatrix} 0.90 & 0.10 & 0.20 \\ 0.05 & 0.80 & 0.20 \\ 0.05 & 0.10 & 0.60 \end{pmatrix},$$

vgl. Blumen et al. (1955). Dann ist $\lambda_\mathrm{F}(\mathbf{A}) = 1$, $\mathbf{x}(\mathbf{P}) = (0.57, 0.29, 0.14)^\mathsf{T}$, $\mathbf{y}(\mathbf{P}) = (1,1,1)^\mathsf{T}$, und es gilt

$$\lim_{t\to\infty} \mathbf{P}^t = \mathbf{P}_0 = \mathbf{x}(\mathbf{P})\mathbf{y}(\mathbf{P})^\mathsf{T} \begin{pmatrix} 0.57 & 0.57 & 0.57 \\ 0.29 & 0.29 & 0.29 \\ 0.14 & 0.14 & 0.14 \end{pmatrix}.$$

Da die Komponenten des Vektors $\mathbf{v}_0$ Anteile sind, ist deren Summe 1, d.h.

$$\lim_{t\to\infty} \mathbf{v}_t = \lim_{t\to\infty} \mathbf{P}^t\mathbf{v}_0 = \mathbf{P}_0\mathbf{v}_0 = \mathbf{x}(\mathbf{P})(1,1,1)^\mathsf{T}\mathbf{v}_0 = \mathbf{x}(\mathbf{P}).$$

Damit strebt die Folge $[\mathbf{v}_t]$, unabhängig vom Anfangszustand $\mathbf{v}_0$, gegen die asymptotische Vermögensverteilung $\mathbf{v}_0 = \mathbf{P}_0\mathbf{v}_0 = \mathbf{x}(\mathbf{P}) = (0.57, 0.29, 0.14)^\mathsf{T}$. ○

Beispiel 4.13
Nehmen wir im dynamischen Leontief-Modell aus 4.2.4 an, daß (i) die Matrix $\mathbf{B}$ regulär ist (diese Annahme ist realistisch, vgl. Takayama (1985)), (ii) $\lambda_\mathrm{F}(\mathbf{A}) < 1$ und (iii) $(\mathbf{I} - \mathbf{A})^{-1}\mathbf{B}$ unzerlegbar ist (z.B. positiv). Dann ist $\lambda_0 := \lambda_\mathrm{F}((\mathbf{I} - \mathbf{A})^{-1}\mathbf{B}) > 0$, und es gibt zu λ_0 einen positiven Eigenvektor $\mathbf{x}_0$. Mithin ist $\mu_0 = 1/\lambda_0$ Eigenwert von $\mathbf{B}^{-1}(\mathbf{I} - \mathbf{A})$, und wie man sich sofort anhand der Eigenwertgleichung klarmacht, ist $\mathbf{x}_0$ auch Eigenvektor von $\mathbf{B}^{-1}(\mathbf{I} - \mathbf{A})$ zu μ_0. Folglich ist $1 + \mu_0$ Eigenwert von $\mathbf{D} := \mathbf{I} + \mathbf{B}^{-1}(\mathbf{I} - \mathbf{A})$ mit Eigenvektor $\mathbf{x}_0$.

Betrachten wir jetzt die Entwicklung des Bruttoproduktionsvektors $\mathbf{x}(t+1) = \mathbf{D}\mathbf{x}(t)$, so gilt äquivalent $\mathbf{x}(t) = \mathbf{D}^t\mathbf{x}(0)$. Ist nun $\mathbf{x}(0) = \mathbf{x}_0$, ergibt sich $\mathbf{x}(t) = (1+\mu_0)^t\mathbf{x}_0$. Somit erhalten wir für $\mathbf{x}(t)$ einen balanzierten Wachstumspfad: $1+\mu_0 > 1$ und $\mathbf{x}(t+1) = (1+\mu_0)\mathbf{x}(t)$ (vgl. das abschließende Problem (ii) in 4.2.4).

Balanciertes Wachstum ist natürlich entsprechend den vorstehenden Überlegungen auch dann möglich, wenn $\mathbf{x}(t)$ erst nach einigen Perioden in den Bruttoproduktionsvektor $\mathbf{x}_0$ einmündet. ○

4.5 Stochastische Matrizen

Im vorigen Abschnitt wurde das Einkommensverteilungsmodell betrachtet (vgl. Beispiel 4.11). Die dabei auftretende Matrix $\mathbf{P}$ hatte nichtnegative Elemente und ihre Spalten summierten sich zu eins. Derartige Matrizen sind von besonderer Bedeutung, ebenso wie nichtnegative Matrizen, deren *Zeilensumme* gleich eins ist. Diese ergeben sich in natürlicher Weise aus den Übergangswahrscheinlichkeiten stochastischer Systeme (vgl. Abschnitt 9.3).

Definition 4.7
Die (n,n)-Matrix $\mathbf{A} = (a_{ij})$ heißt **stochastische Matrix**, falls gilt

(i) $a_{ij} \geq 0$ für alle $i,j = 1,\ldots,n$,

(ii) $\sum\limits_{j=1}^{n} a_{ij} = 1$ für alle $i = 1,\ldots,n$.

Die Eigenschaften (i) und (ii) können etwas kompakter geschrieben werden:

$$\text{(i) } \mathbf{A} \geq \mathbf{0} \qquad \text{(ii) } \mathbf{A}\mathbf{1}_n = \mathbf{1}_n.$$

Beispiel 4.14
Sei $X_0, X_1, X_2, \ldots$ eine Folge von Zufallsvariablen mit Werten in einer abzählbaren Menge $\mathcal{S}$. Gilt für alle $m = 0,1,2,\ldots$ und alle möglichen Werte $j,k,k_0,k_1,\ldots k_{m-1} \in \mathcal{S}$

$$P(X_{m+1} = k \mid X_0 = k_0,\ldots,X_m = j) = P(X_{m+1} = k \mid X_m = j),$$

so heißt die Folge $X_0, X_1, X_2, \ldots$ eine **Markow-Kette**. Sind die **Übergangswahrscheinlichkeiten**

$$p_{jk} := P(X_{m+1} = k \mid X_m = j) = P(X_1 = k \mid X_0 = j), \quad j,k \in \mathcal{S},$$

unabhängig von m, so heißt die Markov-Kette **homogen.** Ist $\mathcal{S}$ endlich mit n Elementen, so ist die (n,n)-Matrix $\mathbf{P} = (p_{jk})$ eine stochastische Matrix, die auch als **Übergangsmatrix** der Markov-Kette bezeichnet wird. ○

Zunächst geben wir im nachstehenden Satz ein paar wichtige Regeln für stochastische Matrizen an.

Satz 4.21

Gegeben seien die stochastischen (n,n)-Matrizen $\mathbf{A},\mathbf{B},\mathbf{A}_1 \ldots, \mathbf{A}_m$. Ferner seien $\alpha_1 \ldots, \alpha_m$ nichtnegative reelle Zahlen mit $\sum_{i=1}^m \alpha_i = 1$.

Dann gilt

(i) Die Elemente von $\mathbf{A}$ liegen im Intervall $[0,1]$.

(ii) $\mathbf{AB}$ ist eine stochastische Matrix.

(iii) $\mathbf{A}^k$ ist eine stochastische Matrix für jedes $k \in \mathbb{N}$.

(iv) $\sum_{i=1}^m \alpha_i \mathbf{A}_i$ ist eine stochastische Matrix.

Beweis:

(i) Für $\mathbf{A} = (a_{ij})$ gilt $a_{ij} \geq 0$ und $a_{ij} \leq 1$, die zweite Eigenschaft wegen $\sum a_{ij} = 1$ und $a_{ij} \geq 0$.

(ii) Mit $\mathbf{A} \geq 0$ und $\mathbf{B} \geq 0$ gilt auch $\mathbf{AB} \geq 0$. Außerdem ist

$$(\mathbf{AB})\mathbf{1}_n = \mathbf{A}(\mathbf{B}\mathbf{1}_n) = \mathbf{A}\mathbf{1}_n = \mathbf{1}_n.$$

(iii) Wegen (ii) ist jedes endliche Produkt von stochastischen Matrizen wieder eine stochastische Matrix, d.h.

$$\mathbf{A}^k = \underbrace{\mathbf{AA}\cdots\mathbf{A}}_{k \text{ Faktoren}}$$

ist eine stochastische Matrix.

(iv) Offenbar ist wegen $\mathbf{A}_i \geq \mathbf{0}$ und $\alpha_i \geq 0$ auch $\sum_{i=1}^m \alpha_i \mathbf{A}_i \geq \mathbf{0}$. Zudem gilt

$$\left(\sum_{i=1}^m \alpha_i \mathbf{A}_i\right) \mathbf{1}_n = \sum_{i=1}^m \alpha_i (\mathbf{A}_i \mathbf{1}_n) = \sum_{i=1}^n \alpha_i \mathbf{1}_n = \mathbf{1}_n.$$

❑

Mit gegebenen stochastischen Matrizen $\mathbf{A}$ und $\mathbf{B}$ ist aufgrund Eigenschaft (iv) des vorigen Satzes auch $\alpha\mathbf{A} + (1-\alpha)\mathbf{B}$ stochastisch, wenn gilt $0 \leq \alpha \leq 1$. Damit ist die Menge der stochastischen Matrizen konvex.

Wegen der Eigenschaft $\mathbf{A1}_n = \mathbf{1}_n$, ist 1 ein Eigenwert der (n,n)-Matrix $\mathbf{A}$ zum Eigenvektor $\mathbf{1}_n$. Wie wir sehen werden, ist 1 sogar Frobeniuswurzel einer stochastischen Matrix $\mathbf{A}$.

Satz 4.22

Es sei $\mathbf{A}$ *eine* (n,n)*-Matrix.*

(i) Die Matrix $\mathbf{A} \geq \mathbf{0}$ *ist genau dann stochastisch, wenn gilt* $\mathbf{A1}_n = \mathbf{1}_n$, *d.h. 1 ist Eigenwert von* $\mathbf{A}$ *und* $\mathbf{1}_n$ *ist ein zugehöriger Eigenvektor.*

(ii) Ist $\mathbf{A}$ *stochastisch, so gilt* $\mathrm{s}(\mathbf{A}) = \lambda_F(\mathbf{A}) = 1$.

Beweis:

(i) Die Behauptung ist anhand der Vorbemerkung evident.

(ii) Betrachte die Zeilensummennorm $\|\mathbf{A}\|_\infty = \max_{1\leq i\leq n} \sum_{j=1}^n |a_{ij}|$ von $\mathbf{A}$. Da $\mathbf{A}$ stochastisch ist, gilt $\|\mathbf{A}\|_\infty = 1$. Aus Satz 4.6 folgt für den Spektralradius von $\mathbf{A}$: $\mathrm{s}(\mathbf{A}) \leq \|\mathbf{A}\|_\infty = 1$. Andererseits ist 1 nach (i) ein Eigenwert von $\mathbf{A}$. Folglich ergibt sich $1 \leq \lambda_F(\mathbf{A}) \leq \mathrm{s}(\mathbf{A}) \leq 1$ und damit die Behauptung. ❑

Bei der Untersuchung der asymptotischen Entwicklung einer Markov-Kette ist die Frage von Bedeutung, ob die Grenzmatrix $\mathbf{P}_0$ der Matrixfolge $\mathbf{P}, \mathbf{P}^2, \mathbf{P}^3, \ldots$ existiert. Diese Existenz ist nicht immer gesichert.

Beispiel 4.15

Offenbar gilt für die stochastische Matrix

$$\mathbf{A} = \begin{pmatrix} 0 & 1 \\ 1 & 0 \end{pmatrix}$$

die Gleichung

$$\mathbf{A}^k = \begin{cases} \begin{pmatrix} 1 & 0 \\ 0 & 1 \end{pmatrix} & \text{falls } k \text{ gerade ist,} \\ \begin{pmatrix} 0 & 1 \\ 1 & 0 \end{pmatrix} & \text{falls } k \text{ ungerade ist,} \end{cases}$$

d.h. die Folge $[\mathbf{A}^k]$ konvergiert nicht. Ein hinreichendes Kriterium für Konvergenz ist hingegen die Bedingung: $\lambda(\mathbf{A}) = 1$ ist *einziger* Eigenwert von $\mathbf{A}$ vom Absolutbetrag 1, vgl. Huppert (1990), S. 101. Z.B. gilt für die obige Matrix $\lambda_1 = \lambda_F(\mathbf{A}) = 1$. Für den anderen Eigenwert $\lambda_2 = -1$ gilt ebenfalls $|\lambda_2| = 1$, d.h. die erwähnte hinreichende Bedingung für Konvergenz ist nicht erfüllt. ○

Die Konvergenzgeschwindigkeit von $[\mathbf{A}^k]$ hängt entscheidend von den Absolutbeträgen der übrigen Eigenwerte ab. Liegt einer dieser Beträge nahe bei 1, so ist mit einer geringen Konvergenzgeschwindigkeit zu rechnen. Eine Begründung dieser Eigenschaft gibt Huppert (1990) unter Zuhilfenahme der Jordanschen Normalform von $\mathbf{A}$, siehe Satz 1.18, Seite 29.

Für unzerlegbare stochastische Matrizen $\mathbf{A}$ erhält man als Spezialfall von Satz 4.20 den folgenden

Satz 4.23

Ist die stochastische Matrix $\mathbf{A}$ *unzerlegbar, so existiert* $\mathbf{A}_0 = \lim_{k\to\infty} \mathbf{A}^k$, *und es gilt*

$$\mathbf{A}_0 = \mathbf{1}_n \mathbf{y}^\mathsf{T},$$

wobei $\mathbf{y} > \mathbf{0}$ *Lösung von* $\mathbf{A}^\mathsf{T}\mathbf{y} = \mathbf{y}$ *mit* $\|\mathbf{y}\|_1 = 1$ *ist.*

Somit ist insbesondere für $\mathbf{A} > \mathbf{0}$ die Folge $[\mathbf{A}^k]$ konvergent, und die Grenzmatrix besteht aus identischen Zeilen mit Zeilensummen 1.

Für zerlegbare stochastische Matrizen erhält man die folgende Verallgemeinerung:

Satz 4.24

Die zerlegbare stochastische Matrix $\mathbf{A}$ *sei von der Form*

$$\mathbf{A} = \begin{pmatrix} \mathbf{A}_1 & \mathbf{0} & \cdots & \mathbf{0} & \mathbf{0} \\ \mathbf{0} & \mathbf{A}_2 & \cdots & \mathbf{0} & \mathbf{0} \\ \vdots & \vdots & \ddots & \vdots & \vdots \\ \mathbf{0} & \mathbf{0} & \cdots & \mathbf{A}_r & \mathbf{0} \\ \mathbf{B}_1 & \mathbf{B}_2 & \cdots & \mathbf{B}_r & \mathbf{C} \end{pmatrix}$$

mit unzerlegbaren stochastischen Matrizen $\mathbf{A}_1, \ldots, \mathbf{A}_r$. *Dann konvergiert die Folge* $[\mathbf{A}^k]$ *gegen*

$$\mathbf{A}^* = \begin{pmatrix} \mathbf{A}_1^* & \mathbf{0} & \cdots & \mathbf{0} & \mathbf{0} \\ \mathbf{0} & \mathbf{A}_2^* & \cdots & \mathbf{0} & \mathbf{0} \\ \vdots & \vdots & \ddots & \vdots & \vdots \\ \mathbf{0} & \mathbf{0} & \cdots & \mathbf{A}_r^* & \mathbf{0} \\ \mathbf{B}_1^* & \mathbf{B}_2^* & \cdots & \mathbf{B}_r^* & \mathbf{0} \end{pmatrix},$$

wobei sich $\mathbf{A}_1^*, \ldots, \mathbf{A}_r^*$ *als Grenzmatrizen von* $\mathbf{A}_1, \ldots, \mathbf{A}_r$ *wie in Satz 4.23 ergeben und die Zeilen der Matrix* $\mathbf{B}^* = (\mathbf{B}_1^*, \ldots, \mathbf{B}_r^*)$ *als konvexe Linearkombination der Zeilen der Blockdiagonalmatrix* $\mathbf{D}^* = \mathrm{diag}(\mathbf{A}_1^*, \ldots, \mathbf{A}_r^*)$.

Das folgende Beispiel diene zur Illustration.

Beispiel 4.16

Für die stochastische Matrix

$$\mathbf{A} = \left(\begin{array}{cc|ccc|cc} 2/10 & 8/10 & 0 & 0 & 0 & 0 & 0 \\ 7/10 & 3/10 & 0 & 0 & 0 & 0 & 0 \\ \hline 0 & 0 & 3/10 & 5/10 & 2/10 & 0 & 0 \\ 0 & 0 & 6/10 & 0 & 4/10 & 0 & 0 \\ 0 & 0 & 0 & 4/10 & 6/10 & 0 & 0 \\ \hline 0 & 1/10 & 1/10 & 2/10 & 2/10 & 3/10 & 1/10 \\ 1/10 & 1/10 & 1/10 & 0 & 1/10 & 2/10 & 4/10 \end{array}\right)$$

ergibt sich die Grenzmatrix

$$\mathbf{A}^* = \left(\begin{array}{cc|ccc|cc} 7/15 & 8/15 & 0 & 0 & 0 & 0 & 0 \\ 7/15 & 8/15 & 0 & 0 & 0 & 0 & 0 \\ \hline 0 & 0 & 6/23 & 7/23 & 7/23 & 0 & 0 \\ 0 & 0 & 6/23 & 7/23 & 7/23 & 0 & 0 \\ 0 & 0 & 6/23 & 7/23 & 7/23 & 0 & 0 \\ \hline 7/75 & 8/75 & 24/115 & 28/115 & 8/23 & 0 & 0 \\ 14/75 & 16/75 & 18/115 & 21/115 & 6/23 & 0 & 0 \end{array}\right).$$

○

Wir geben noch die folgende nützliche Charakterisierung an.

Satz 4.25
$\mathbf{A}$ *sei stochastisch, und* $\lim_{k\to\infty} \mathbf{A}^k = \mathbf{A}_0$ *existiere. Dann gilt*

(i) $\mathbf{A}_0$ *ist idempotent.*

(ii) $\mathbf{A}_0$ *ist stochastisch.*

(iii) $\mathbf{A}_0\mathbf{A} = \mathbf{A}\mathbf{A}_0 = \mathbf{A}_0$.

(iv) Die Spalten von $\mathbf{A}_0$ *sind Eigenvektoren von* $\mathbf{A}$ *zum Eigenwert* 1.

Beweis:

(i) Da $\lim_{k\to\infty} \mathbf{A}^k = \mathbf{A}_0$, gilt $(\lim_{k\to\infty} \mathbf{A}^k)(\lim_{k\to\infty} \mathbf{A}^k) = \mathbf{A}_0^2$. Andererseits ist $(\lim_{k\to\infty} \mathbf{A}^k)^2 = \lim_{k\to\infty} \mathbf{A}^{2k} = \mathbf{A}_0$.

(ii) Da $\mathbf{A}^k \geq \mathbf{0}$ für alle $k \in \mathbb{N}$, folgt $\lim_{n\to\infty} \mathbf{A}^k = \mathbf{A}_0 \geq \mathbf{0}$. Außerdem gilt wegen Satz 4.21(iii): $\mathbf{A}^k\mathbf{1}_n = \mathbf{1}_n$ und folglich $\mathbf{1}_n = \lim_{k\to\infty}(\mathbf{A}^k\mathbf{1}_n) = (\lim_{k\to\infty} \mathbf{A}^k)\mathbf{1}_n = \mathbf{A}_0\mathbf{1}_n$.

(iii) $\mathbf{A}_0 = \lim_{n\to\infty} \mathbf{A}^k = \lim_{n\to\infty} \mathbf{A}^{k+1} = \mathbf{A} \lim_{n\to\infty} \mathbf{A}^k = \mathbf{A}\mathbf{A}_0$.

(iv) Nach (iii) gilt $\mathbf{A}\mathbf{p}_0 = \mathbf{p}_0$ für jeden Spaltenvektor $\mathbf{p}_0$ von $\mathbf{A}_0$.

❑

Interessant ist der Fall, wenn der zu 1 gehörende Eigenraum $\mathcal{E}$ von $\mathbf{A}$ die Dimension 1 hat, d.h. wenn gilt $\mathcal{E} = \{\lambda\mathbf{1}_n \mid \lambda \in \mathbb{R}\}$. Das trifft nach Satz 4.23(i) z.B. zu, wenn $\mathbf{A}$ unzerlegbar ist. Dann folgt aus Satz 4.25(iii), daß Skalare $\lambda_1, \ldots, \lambda_n$ existieren mit

$$\mathbf{A}_0 = (\lambda_1\mathbf{1}_n, \lambda_2\mathbf{1}_n, \ldots, \lambda_n\mathbf{1}_n) = \mathbf{1}_n\boldsymbol{\lambda}^\top$$

für $\boldsymbol{\lambda}^{\mathsf{T}} := (\lambda_1, \ldots, \lambda_n)$. Da $\mathbf{A}_0$ idempotent ist, gilt $\boldsymbol{\lambda}^{\mathsf{T}}\mathbf{1}_n = 1$, d.h. die Komponenten von λ summieren sich zu 1.

Andererseits gilt $\lim_{n\to\infty}(\mathbf{A}^{\mathsf{T}})^k = \mathbf{A}_0^{\mathsf{T}} = \boldsymbol{\lambda}^{\mathsf{T}}\mathbf{1}_n^{\mathsf{T}}$.

Da auch $\mathbf{A}_0^{\mathsf{T}} = \mathbf{A}^{\mathsf{T}}\mathbf{A}_0^{\mathsf{T}}$, gilt für jeden Spaltenvektor $\mathbf{q}_0$ von $\mathbf{A}_0^{\mathsf{T}}$, daß $\mathbf{A}^{\mathsf{T}}\mathbf{q}_0 = \mathbf{q}_0$, d.h. die Spalten von $\mathbf{A}_0^{\mathsf{T}}$ sind Eigenvektoren von $\mathbf{A}^{\mathsf{T}}$ zum Eigenwert 1. Da aber offenbar $\mathbf{A}_0^{\mathsf{T}} = \boldsymbol{\lambda}\mathbf{1}_n^{\mathsf{T}} = (\boldsymbol{\lambda}, \boldsymbol{\lambda}, \ldots, \boldsymbol{\lambda})$ (Spaltendarstellung!), ist $\boldsymbol{\lambda}$ einziger Eigenvektor von $\mathbf{A}^{\mathsf{T}}$. Mithin folgt die Darstellung $\mathbf{A}_0 = \mathbf{1}_n\boldsymbol{\lambda}^{\mathsf{T}}$, wobei $\mathbf{1}_n$ einziger Eigenvektor von $\mathbf{A}$ zum Eigenwert 1 und $\boldsymbol{\lambda}$ einziger Eigenvektor von $\mathbf{A}^{\mathsf{T}}$ zum Eigenwert 1 ist. Beide Eigenvektoren sind eindeutig bis auf Normierung. Insgesamt erhält man dann wieder Satz 4.23(ii).

Beispiel 4.17 (Huppert (1990))
Für

$$\mathbf{A} = \begin{pmatrix} 1-p & p \\ q & 1-q \end{pmatrix}$$

mit $0 \leq p \leq 1$ und $0 \leq q \leq 1$ gilt

$$\mathbf{A}^k = \mathbf{I}_2 + \frac{1-(1-p-q)^k}{p+q}\mathbf{B},$$

wobei

$$\mathbf{B} = \begin{pmatrix} -p & p \\ q & -q \end{pmatrix} \quad \text{und} \quad \mathbf{I}_2 = \begin{pmatrix} 1 & 0 \\ 0 & 1 \end{pmatrix},$$

was der Leser durch vollständige Induktion nachweisen möge. Für $-1 < 1-p-q \leq 1$, konvergiert also die Folge $[\mathbf{A}^k]$ gegen

$$\mathbf{A}_0 = \lim_{k\to\infty} \mathbf{A}^k = \begin{cases} \mathbf{I}_2 & \text{für } p = q = 0, \\ \mathbf{I}_2 + \dfrac{1}{p+q}\mathbf{B} & \text{für } -1 < 1-p-q < 1. \end{cases}$$

Man beachte, daß die Grenzmatrix $\mathbf{A}_0$ für $-1 < 1-p-q < 1$ die Darstellung

$$\mathbf{A}_0 = \frac{1}{p+q}\begin{pmatrix} q & p \\ q & p \end{pmatrix} = \mathbf{1}_2\,\boldsymbol{\lambda}^{\mathsf{T}}$$

besitzt mit $\mathbf{1}_2 = (1,1)^{\mathsf{T}}$ und $\boldsymbol{\lambda}^{\mathsf{T}} = (q,p)/(p+q)$. Offenbar ist $\boldsymbol{\lambda}$ Eigenvektor von $\mathbf{A}^{\mathsf{T}}$ zum Eigenwert 1. ○

4.6 Aufgaben

Aufgabe 4.1

Sei $\mathbf{x} \in \mathbb{R}^n$. Zeigen Sie, daß durch $\|\mathbf{x}\|_1 := \max_{1\leq j\leq n} |x_j|$ bzw. $\|\mathbf{x}\|_2 := \sum_{j=1}^{n} |x_j|$ Vektornormen definiert werden.

Aufgabe 4.2

$\mathbf{A}$ sei eine (m,n)-Matrix. Zeigen Sie:

(a) Entweder hat die Ungleichung $\mathbf{Ax} \geq \mathbf{c}$ eine Lösung $\mathbf{x}$, oder das System $\mathbf{A}^\mathsf{T}\mathbf{u} = \mathbf{0}$, $\mathbf{c}^\mathsf{T}\mathbf{u} > 0$ hat eine nichtnegative Lösung $\mathbf{u}$.

(b) Entweder hat die Ungleichung $\mathbf{Ax} \leq \mathbf{b}$ eine nichtnegative Lösung $\mathbf{x}$, oder das System $\mathbf{A}^\mathsf{T}\mathbf{u} \geq \mathbf{0}$, $\mathbf{b}^\mathsf{T}\mathbf{u} < \mathbf{0}$ hat eine semipositive Lösung $\mathbf{u}$.

(c) Entweder hat die Gleichung $\mathbf{Ax} = \mathbf{0}$ eine semipositive Lösung $\mathbf{x}$, oder die Ungleichung $\mathbf{A}^\mathsf{T}\mathbf{u} > \mathbf{0}$ hat eine Lösung $\mathbf{u}$.

Aufgabe 4.3

Sei $\mathbf{A} = (a_{ij})$ eine Matrix. Zeigen Sie, daß $\|\mathbf{A}\| := \sqrt{\sum_i \sum_j a_{ij}^2}$ die Eigenschaften einer Matrixnorm erfüllt.

Aufgabe 4.4

Für die konvergenten Matrizenfolgen $[\mathbf{A}_n]$ und $[\mathbf{B}_n]$ sei $\lim \mathbf{A}_n =: \mathbf{A}$ und $\lim \mathbf{B}_n =: \mathbf{B}$. Zeigen Sie:

(a) $\lim(\mathbf{A}_n + \mathbf{B}_n) = \mathbf{A} + \mathbf{B}$.

(b) $\lim(\mathbf{A}_n\mathbf{B}_n) = \mathbf{AB}$.

(c) Ist $\mathbf{A}$ regulär, so ist $\mathbf{A}_n$ regulär für hinreichend großes n, und es gilt $\lim \mathbf{A}_n^{-1} = \mathbf{A}^{-1}$.

Aufgabe 4.5

Für eine (m,n)-Matrix $\mathbf{A}$ erfülle $\nu(\mathbf{A})$ die Eigenschaften einer Matrixnorm. Zeigen Sie, daß $\mu(\mathbf{A}) := \nu(\mathbf{BAC})$ eine Matrixnorm ist, wobei $\mathbf{B}$ bzw. $\mathbf{C}$ eine reguläre (m,m)- bzw. (n,n)-Matrix ist.

Aufgabe 4.6

Beweisen Sie Satz 4.3.

Aufgabe 4.7

Zeigen Sie anhand zweier $(2,2)$–Matrizen $\mathbf{A} \geq \mathbf{0}$, $\mathbf{B} \geq \mathbf{0}$, daß i.a. *nicht* gilt $\lambda_F(\mathbf{AB}) \leq \lambda_F(\mathbf{A})\lambda_F(\mathbf{B})$.

Aufgabe 4.8

Die (n,n)-Matrix $\mathbf{A} = (a_{ij}) = (\mathbf{a}_{(1)}, \ldots, \mathbf{a}_{(n)})^\top = (\mathbf{a}_1, \ldots, \mathbf{a}_n) \geq \mathbf{0}$ sei unzerlegbar, und es gelte $a_{ii} > 0$ für ein i. Zeigen Sie:

(a) $\mathbf{A}^{2n-2} > \mathbf{0}$.

(b) $\mathbf{A}^{2n_i+2} > \mathbf{0}$. Dabei ist n_i die Anzahl der Nullen in der i-ten Zeile $\mathbf{a}_{(i)}^\top$ *und* in der i-ten Spalte $\mathbf{a}_i$ von $\mathbf{A}$.

Aufgabe 4.9

Es sei $\mathbf{A} \neq \mathbf{0}$ eine (n,n)-Matrix mit $\mathbf{A} \geq \mathbf{0}$. Zeigen Sie: Es gilt $\lambda_F(\mathbf{A}) > 0$, wenn $\mathbf{A}$ einen positiven Eigenvektor besitzt.

Aufgabe 4.10

Es sei $\mathbf{A} = (a_{ij}) \geq \mathbf{0}$ eine Matrix mit $a_{i,i+1} \neq 0$ für $i = 1, \ldots, n-1$ und $a_{n,1} \neq 0$. Ferner sei $a_{ij} = 0$ für alle $j \neq i+1$. Zeigen Sie, daß $\mathbf{A}$ zerlegbar ist.

Aufgabe 4.11

Eine (n,n)-Matrix $\mathbf{A} = (a_{ij}) \geq \mathbf{0}$ heißt **doppelt-stochastisch**, falls $\sum\limits_{j=1}^{n} a_{ij} = 1$ für alle $i = 1, \ldots, n$ und $\sum\limits_{i=1}^{n} a_{ij} = 1$ für alle $j = 1, \ldots, n$ gilt.

Zeigen Sie:

(a) Für eine doppelt-stochastische Matrix $\mathbf{A}$ ist $\lambda_F(\mathbf{A}) = \lambda_F(\mathbf{A}^\top) = 1$ und $\mathbf{1}_n = (1, 1, \ldots, 1)^\top$ ist zugehöriger Eigenvektor von $\mathbf{A}$ und $\mathbf{A}^\top$.

(b) Das Produkt zweier doppelt-stochastischer Matrizen ist doppelt-stochastisch.

Aufgabe 4.12

Zeigen Sie, daß die Matrix

$$\begin{pmatrix} 0 & 0 & 1 & 0 \\ 0 & 0 & 0 & 1 \\ 0 & 1 & 0 & 0 \\ 1 & 0 & 0 & 0 \end{pmatrix}$$

unzerlegbar ist.

Kapitel 5

Differenzen- und Differentialgleichungen

5.1 Vorbemerkungen

In diesem Kapitel wollen wir uns mit der Theorie und Anwendungen von Differenzen- und Differentialgleichungen, ihren Lösungen und dem asymptotischen Verhalten der Lösungen (Stabilitätskriterien) beschäftigen. Differenzen- und Differentialgleichungen spielen eine wichtige Rolle in der ökonomischen Theorie, so z.B. in der Wachstums-, Konjunktur- und Preistheorie. Dabei mag es sich um die zeitliche Entwicklung des Volkseinkommens, der Nachfrage, dem Angebot oder des Preises eines Produkts u.a. handeln. Ausgangspunkt ist in der Regel die Formulierung eines sogenannten dynamischen Modells, das einen funktionalen Zusammenhang zwischen ökonomischen Variablen über die Zeit beschreibt, im Gegensatz zu den zeitunabhängigen, den sogenannten statischen Modellen. Allgemein versteht Samuelson (1983) unter einem dynamischen System: *A system is dynamical if its behavior over time is determined by functional equations in which 'variables at different points of time' are involved in an 'essential' way.*

Solche Systeme lassen sich meist durch Differenzen- oder Differentialgleichungen beschreiben und werfen damit die Frage nach deren Lösbarkeit auf. In Abschnitt 5.2 soll dies an fünf Beispielen veranschaulicht werden. Die Unterscheidung zwischen Differenzen- und Differentialgleichungen liegt einzig in den beiden unterschiedlichen Betrachtungen der Zeit t begründet, die als Variable ins Modell eingeht: t kann diskret oder stetig sein. Im diskreten Fall werden die im Modell auftretenden Variablen nur zu bestimmten Zeitpunkten $t_0, t_1, t_2, \ldots$ (z.B. jede Woche, jedes Quartal, oder jedes Jahr) beobachtet bzw. gemessen, im stetigen Fall (theoretisch) zu jedem Zeitpunkt eines vorgegebenen Intervalls. Der stetige Fall kann somit als Grenzfall des diskreten Falls angesehen werden, wenn die Zeitabstände gegen Null konvergieren. Differenzen- bzw. Differentialgleichungen sind dann als Gleichungen zu interpretieren, die einen funktionalen Zusammenhang zwischen den auftretenden Variablen, gemessen über eine diskrete bzw. stetige Zeit, beschreiben (siehe Abschnitte 5.2 und 5.3).

Bei der Untersuchung von Differenzen- und Differentialgleichungen wollen wir uns in erster Linie auf lineare Gleichungen beschränken, und das aus zwei Gründen: Zum einen können in vielen Fällen ökonomische Phänomene hinreichend gut durch lineare Modelle bzw. Gleichungen beschrieben werden, und zum anderen erfordert die Untersuchung linearer Modelle bzw. Gleichungen meist nur einfaches mathematisches Werkzeug. Denken wir z.B. an die Lösung linearer homogener und inhomogener Gleichungssysteme, wie sie in der Linearen Algebra (siehe Wetzel u.a. (1981)) behandelt wurden, so erweist sich die Struktur der Lösungen des inhomogenen Systems als äußerst einfach: $\mathbf{x}_{AI} = \mathbf{x}_{AH} + \mathbf{x}_{SI}$, wobei $\mathbf{x}_{AI}$ die allgemeine, $\mathbf{x}_{SI}$ eine spezielle Lösung des inhomogenen Systems und $\mathbf{x}_{AH}$ die allgemeine Lösung des homogenen Systems bedeuten. Ganz genau die gleiche Struktur werden wir bei der Lösung linearer Differenzen- und Differentialgleichungen wiederfinden.

Demzufolge wäre eine gemeinsame Behandlung von Differenzen- und Differentialgleichungen aus mathematischer Sicht sicherlich eleganter; wir entscheiden uns dennoch nach einigen allgemeinen, gemeinsamen Ausführungen im 3. Abschnitt für eine getrennte Darstellung im 4. und 5. Abschnitt, um zum einen dem Ökonomen den Einstieg zu erleichtern und zum anderen ein separates Studium von Differenzen- und Differentialgleichungen zu ermöglichen, wenn Interesse an nur einem der beiden Gebiete besteht.

Die hier betrachteten Modelle sind deterministischer Natur, d.h., es werden keine wahrscheinlichkeitstheoretischen Annahmen oder Aussagen über die im Modell auftretenden Variablen bzw. Parameter gemacht, wie es bei den sogenannten stochastischen Modellen der Fall ist.

5.2 Einführende Beispiele

In diesem Abschnitt wollen wir einige Beispiele von dynamischen Modellen zur Einführung in die Theorie betrachten, die zu Differenzen- und Differentialgleichungen führen.

5.2.1 Cobweb-Modell (Spinnweb-Modell)

Es bezeichne D die Nachfrage, S das Angebot, P den Preis eines Produkts, und t sei ein Zeitparameter. Es werden die folgenden Annahmen getroffen:

$$D(t) = a - bP(t) \tag{5.1}$$

$$S(t) = c + dP(t-1) \tag{5.2}$$

$$D(t) = S(t), \ t = 1, 2, 3, \ldots \tag{5.3}$$

mit $a, b, c, d > 0$. Gleichung (5.2) beinhaltet, daß das Angebot S mit einer Verzögerung von einer Periode auf den Marktpreis P reagiert. (Setzen wir $S(t) = c + dP(t)$, so handelt es sich um ein statisches Modell.) Mit Gleichung (5.3) wird die Annahme ausgedrückt, daß in jeder Periode der Preis des Produkts so bestimmt wird, daß Angebot und Nachfrage gleich sind (Gleichgewichtspreis). Wegen (5.3) folgt aus (5.1) und (5.2) die Beziehung $a - bP(t) = c + dP(t-1)$ oder

$$P(t) + \frac{d}{b}P(t-1) = \frac{a-c}{b}. \tag{5.4}$$

Diese Gleichung ist wegen der Verzögerung um maximal eine Periode eine Differenzengleichung 1. Ordnung. Die grafische Darstellung der Lösung $P(t)$ von (5.4) in Abbildung 5.2, Seite 267, hat die Form eines Spinngewebes, womit sich der Name des Modells erklärt. Wir kommen darauf in Abschnitt 5.4.1 zurück.

5.2.2 Multiplikator-Akzelerator-Modell von Samuelson

Es bezeichne $Y(t)$ das Volkseinkommen, $C(t)$ den Konsum, $I(t)$ die Investitionen und $G(t) = \text{const} = G$ die Staatsausgaben einer Volkswirtschaft zum Zeitpunkt t. Folgende Annahmen werden getroffen:

$$Y(t) = C(t) + I(t) + G \quad \text{für } t = 1, 2, 3, \ldots, \tag{5.5}$$

$$C(t) = aY(t-1), \tag{5.6}$$

$$I(t) = b[C(t) - C(t-1)] \tag{5.7}$$

mit $0 < a < 1$ und $b > 0$. Die Beziehung in (5.5) ist statisch, da in ihr nur Werte der gleichen Periode t auftreten. Annahme (5.6) bedeutet, daß der Konsum proportional zum Einkommen der Vorperiode ist mit dem Faktor a, der sogenannten marginalen Konsumrate, und (5.7) drückt aus, daß die Investitionen proportional zur Differenz des Konsums aus derselben und der vorangegangenen Periode sind (Akzelerationsprinzip). Die Beziehungen in (5.6) und (5.7) sind dynamisch, da die Konsumausgaben der laufenden

Periode durch das Einkommen der Vorperiode erklärt werden und somit die Einkommen verschiedener Perioden zueinander in Beziehung stehen.

Die ökonomische Verflechtung in diesem Modell ist wie folgt gegeben: Eine Änderung der Staatsausgaben bewirkt wegen (5.5) eine Änderung des Volkseinkommens und über (5.6) eine Änderung des Konsums, die nach (5.7) eine Änderung der Investitionen zur Folge hat und damit nach (5.5) wieder eine Änderung des Volkseinkommens.

Setzen wir nun $C(t)$ aus (5.6) und $I(t)$ aus (5.7) in (5.5) ein, so ergibt sich $Y(t) = aY(t-1) + b\,[aY(t-1) - aY(t-2)] + G$ für $t = 2, 3, 4, \ldots$, d.h.

$$Y(t) - a(1+b)Y(t-1) + abY(t-2) = G. \tag{5.8}$$

Diese Gleichung stellt wegen der Verzögerung um maximal zwei Perioden eine Differenzengleichung 2. Ordnung dar. Die Lösung $Y(t)$ von (5.8) gibt die temporale Entwicklung des Volkseinkommens wieder. Analog beschreiben (5.6) bzw. (5.7) die Entwicklung des Konsums bzw. der Investitionen.

5.2.3 Angebot-Nachfrage-Modell von Evans

Die Bezeichnungen sind wie in Abschnitt 5.2.1 gewählt. Es werde angenommen

$$D(t) = a - bP(t), \tag{5.9}$$

$$S(t) = c + dP(t), \tag{5.10}$$

$$P'(t) = \alpha\,(D(t) - S(t)) \tag{5.11}$$

mit $a, b, c, d, \alpha > 0$. Diese Gleichung besagt, daß sich der Preis mit der Zeit proportional zum Nachfrageüberschuß ändert. Setzen wir wie in Abschnitt 5.2.1 $D(t) = S(t)$, so erhalten wir für den Gleichgewichtspreis $\overline{P}$ aus (5.9) und (5.10): $\overline{P} = (a-c)/(b+d)$. Weiter folgt aus (5.11) $P'(t) = 0$, d.h., $P(t) = \text{const} = \overline{P}$. Es liegt also ein dynamisches Modell im stationären Gleichgewicht vor.

Wir nehmen nun $D(t) \neq S(t)$ an. Setzen wir $D(t)$ aus (5.9) und $S(t)$ aus (5.10) in (5.11) ein, so ergibt sich $P'(t) = \alpha(a - bP(t) - c - dP(t)) = \alpha(a - c - (b+d)P(t))$, d.h.

$$P'(t) + \alpha(b+d)P(t) = \alpha(a-c). \tag{5.12}$$

Da maximal die 1. Ableitung auftritt, stellt diese Gleichung eine (lineare) Differentialgleichung 1. Ordnung dar. Es läßt sich zeigen, daß die Lösung $P(t)$ dieser Gleichung mit $t \to \infty$ gegen den Gleichgewichtspreis $\overline{P}$ konvergiert, siehe Abschnitt 5.5.1.

5.2.4 Cobweb-Modell mit Lagerbeständen

Es seien wie in Abschnitt 5.2.1 die Funktionen $D(t)$, $S(t)$ und $P(t)$ die Nachfrage, das Angebot bzw. der Preis eines Produkts zur Zeit t. Weiter bezeichnen $L(t)$ den Lagerbestand in t und L_0 ein fest vorgegebenes Niveau des Lagerbestandes. Per definitionem soll gelten $L'(t) = S(t) - D(t)$.

Folgende Annahmen werden getroffen:

$$D(t) = a - bP(t), \tag{5.13}$$

$$S(t) = c + dP(t), \tag{5.14}$$

$$P'(t) = -\alpha(L(t) - L_0) \tag{5.15}$$

mit $a, b, c, d, \alpha > 0$. Gleichung (5.15) besagt, daß die Zuwachsrate des Preises demjenigen Wert proportional ist, um den die Lagerbestände unter L_0 fallen. Aus ihr folgt: $P''(t) = -\alpha L'(t) = -\alpha(S(t) - D(t))$, d.h. der Preisanstieg wird proportional zur Abnahme der Lagerbestände beschleunigt. Es ergibt sich: $P''(t) = -\alpha(c + dP(t) - a + bP(t))$ oder

$$P''(t) + \alpha(b + d)P(t) = \alpha(a - c). \tag{5.16}$$

Diese Gleichung stellt eine (lineare) Differentialgleichung 2. Ordnung dar, da maximal die 2. Ableitung auftritt. Auf ihre Lösung kommen wir in Abschnitt 5.5.2 zurück.

5.2.5 Harrod-Domar-Modell

Die unterschiedliche Betrachtung von diskreter und stetiger Zeit, die einer Differenzen- bzw. Differentialgleichung zu Grunde liegt, läßt sich auch gut am Harrod-Domar-Modell verdeutlichen. Es seien $S(t)$ die Sparsumme, $I(t)$ die Investitionen und $Y(t)$ das Volkseinkommen zur Zeit t, und es gelte

$$S(t) = I(t), \tag{5.17}$$

$$S(t) = aY(t), \tag{5.18}$$

$$I(t) = b\,(Y(t) - Y(t-1))\,, \tag{5.19}$$

bzw.

$$I(t) = bY'(t) \tag{5.20}$$

mit Sparrate $a > 0$ und $b > 0$. Während $Y(t)-Y(t-1)$ in (5.19) den Zuwachs zwischen den Zeitpunkten $t-1$ und t angibt, beschreibt $Y'(t)$ in (5.20) die Zuwachsrate in jedem Zeitpunkt. Aus (5.17), (5.18) und (5.19) ergibt sich die lineare Differenzengleichung 1. Ordnung

$$Y(t) - \frac{b}{b-a}Y(t-1) = 0 \tag{5.21}$$

und aus (5.17), (5.18) und (5.20) die (lineare) Differentialgleichung 1. Ordnung

$$Y'(t) - \frac{a}{b}Y(t) = 0. \tag{5.22}$$

Es hängt also entscheidend von der Wahl einer diskreten oder stetigen Zeit bei der Formulierung der Modellannahmen ab, ob dieses Modell sich durch eine Differenzen- oder eine Differentialgleichung beschreiben läßt.

Natürlich kann den Annahmen eines dynamischen Modells sowohl eine diskrete als auch eine stetige Zeit zugrundeliegen. Das führt dann zu gemischten Differenzen-Differentialgleichungen, z.B. $y'(t) = ay(t-1)+by'(t-1)$. Das Problem besteht nun darin, Lösungen $y(t)$ zu finden, die dieser Gleichung für alle $t \geq 1$ genügen. Die Theorie gemischter Differenzen-Differentialgleichungen ist recht kompliziert; wir werden auf sie hier nicht weiter eingehen und verweisen nur auf Gandolfo (1997).

5.3 Grundlegende Begriffe und Sätze

5.3.1 Definition von Differenzen- und Differentialgleichungen

In Abschnitt 5.2 haben wir Beispiele von Differenzen- und Differentialgleichungen kennengelernt. Wir wollen nun die allgemeinen Definitionen bringen.

Definition 5.1

Gegeben sei eine Funktion $F : \mathbb{R}^{n+2} \to \mathbb{R}$.

(i) Eine Beziehung der Form

$$F(y(t+n), y(t+n-1), \dots, y(t+1), y(t), t) = 0 \tag{5.23}$$

heißt **gewöhnliche Differenzengleichung n-ter Ordnung.**

(ii) Eine Beziehung der Form

$$F(y^{(n)}(t), y^{(n-1)}(t), \dots, y'(t), y(t), t) = 0 \tag{5.24}$$

heißt **gewöhnliche Differentialgleichung n-ter Ordnung.**

Setzen wir $t + n = \tau$, dann geht (5.23) über in

$$F(y(\tau), y(\tau-1), \dots, y(\tau-n+1), y(\tau-n), \tau-n) = 0. \tag{5.25}$$

Die Äquivalenz von (5.23) und (5.25) bedeutet also eine „Vorwärts-Rückwärts-Äquivalenz" bezüglich der Zeit t.

Die Gleichungen (5.23) und (5.24) sind Spezialfälle sogenannter **Funktionalgleichungen**, bei denen jeweils Funktionen als Lösungen dieser Gleichungen gesucht werden. Die Bezeichnung *gewöhnlich* trägt der Tatsache Rechnung, daß die Lösungen $y(t)$ Funktionen nur einer Variablen t sind, im Unterschied zu den sogenannten **partiellen Differenzen- und Differentialgleichungen**, bei denen y eine Funktion von mehr als einer Variablen ist. Diese werden hier nicht behandelt.

Die Ordnung einer Differenzengleichung gibt also die Differenz zwischen dem größten und kleinsten Argument in $y(t)$, und die Ordnung einer Differentialgleichung die höchste auftretende Ableitung von y an.

Spezialfälle sind die linearen Differenzen- und Differentialgleichungen, die in dynamischen ökonomischen Modellen eine besondere Rolle spielen.

Definition 5.2
Eine Differenzengleichung n-ter Ordnung heißt **lineare Differenzengleichung**, wenn sie in der Form

$$a_n(t)y(t+n) + a_{n-1}(t)y(t+n-1) + \dots + a_1(t)y(t+1) + a_0(t)y(t) = g(t) \tag{5.26}$$

geschrieben werden kann, wobei die Funktionen $a_0, a_1, \dots, a_{n-1}, a_n, g$ nur von t (und nicht von y) abhängen und $a_n(t), a_0(t) \neq 0$ für alle t gilt.

Definition 5.3
Eine Differentialgleichung n-ter Ordnung heißt **lineare Differentialgleichung**, wenn sie in der Form

$$a_n(t)y^{(n)}(t) + a_{n-1}(t)y^{(n-1)}(t) + \cdots + a_1(t)y'(t) + a_0(t)y(t) = g(t) \quad (5.27)$$

geschrieben werden kann, wobei die Funktionen $a_0, a_1, \ldots, a_{n-1}, a_n, g$ nur von t (und nicht von y) abhängen und $a_n(t) \neq 0$ für alle t gilt.

Gilt $g(t) = 0$ in (5.26) bzw. (5.27), so heißen die entsprechenden linearen Differenzengleichungen bzw. Differentialgleichungen **homogen**, anderenfalls **inhomogen**. Diese Namensgebung ist analog zu der Bezeichnung bei linearen Gleichungssystemen. Sind die Funktionen $a_0, a_1, \ldots, a_{n-1}, a_n$ in (5.26) bzw. (5.27) konstant und damit unabhängig von t, so sprechen wir von einer linearen Differenzengleichung bzw. linearen Differentialgleichung mit **konstanten Koeffizienten**. Sie nehmen in der ökonomischen Theorie unter den linearen Differenzengleichungen bzw. Differentialgleichungen eine herausragende Stellung ein (siehe alle fünf Beispiele in Abschnitt 5.2).

5.3.2 Existenz und Eindeutigkeit von Lösungen

Nicht jede Differenzen- oder Differentialgleichung besitzt überhaupt eine Lösung. So gibt es offensichtlich keine reelle Funktion, die die Gleichungen

$$y^2(t) + y^2(t-1) = -1 \quad \text{für } t = 1, 2, 3, \ldots \quad (5.28)$$

oder

$$[y'(t)]^2 + y^2(t-1) = -1 \quad (5.29)$$

erfüllt. Darüberhinaus muß die Lösung einer Differenzen- oder Differentialgleichung nicht eindeutig sein. So hat etwa $y'(t) = a$ offensichtlich unendlich viele Lösungen, nämlich $y(t) = at + b$ für $a, b \in \mathbb{R}$. Wir wollen hier nicht für beliebige Differenzen- bzw. Differentialgleichungen allgemeine Existenz- und Eindeutigkeitssätze angeben (siehe dazu Sydsaeter (1981)), sondern uns auf den Fall der *linearen* Differenzen- und Differentialgleichungen beschränken.

Satz 5.1
Die lineare Differenzengleichung n-ter Ordnung (5.26) *hat genau dann eine Lösung y(t), wenn n aufeinanderfolgende Werte von y(t), die* **Anfangsbedingungen**, *vorgegeben werden.*

Beweis: Wir zeigen zunächst, daß eine lineare Differenzengleichung mindestens eine Lösung hat. Seien $y(s+1), \ldots, y(s+n)$ die n vorgegebenen, aufeinanderfolgenden Werte, wobei s beliebig gewählt ist. Hieraus kann man $y(t)$ für $t \leq s$ oder $t > s+n$ berechnen.

Wir setzen zunächst $t = s$ in (5.26) ein. Dann ist

$$a_n(s)y(s+n) + a_{n-1}(s)y(s+n-1) + \\ \cdots + a_1(s)y(s+1) + a_0(s)y(s) = g(s).$$

Wegen $a_0(s) \neq 0$ erhalten wir

$$y(s) = \frac{1}{a_0(s)}\{g(s) - a_n(s)y(s+n) - a_{n-1}(s)y(s+n-1) - \\ \cdots - a_1(s)y(s+1)\}.$$

Der so berechnete Wert $y(s)$ erfüllt gemeinsam mit den Anfangsbedingungen die lineare Differenzengleichung. Mit Hilfe von $y(s), y(s+1), \ldots, y(s+n-1)$ können wir nun $y(s-1)$ nach derselben Methode bestimmen und induktiv somit alle Werte $y(t)$ mit $t \leq s$.

Setzen wir $t = s+1$ in (5.26) ein, so erhalten wir

$$a_n(s+1)y(s+n+1) + a_{n-1}(s+1)y(s+n) + \\ \cdots + a_1(s+1)y(s+2) + a_0(s+1)y(s+1) = g(s+1).$$

Wegen $a_n(s+1) \neq 0$ ergibt sich

$$y(s+n+1) = \frac{1}{a_n(s+1)}[g(s+1) - a_{n-1}(s+1)y(s+n) - \\ \cdots - a_1(s+1)y(s+2) - a_0(s+1)y(s+1)].$$

Analog werden dann die Werte $y(s+n+2), y(s+n+3), \ldots$ berechnet.

Die so gefundene Lösung ist eindeutig, weil mit den gegebenen Anfangsbedingungen $y(s+1), \ldots, y(s+n)$ alle anderen Werte

$$\ldots, y(s-2), y(s-1), y(s), y(s+n+1), y(s+n+2), y(s+n+3), \ldots$$

nach dem oben beschriebenen Verfahren eindeutig bestimmt sind. ❑

Analog zu Satz 5.1 kann ein Existenz- und Eindeutigkeitssatz für lineare Differentialgleichungen formuliert werden, auf dessen Beweis hier jedoch verzichtet wird:

Satz 5.2

Gegeben seien stetige Funktionen $g : [a,b] \to \mathbb{R}$ *und* $a_j : [a,b] \to \mathbb{R}$ *für* $j = 0, 1, 2, \ldots, n$, *und es gelte* $a_n(t) \neq 0$ *für alle* t. *Dann gibt es zu vorgegebenen reellen Zahlen* $t_0, C_0, C_1, \ldots, C_{n-1}$ *mit* $a < t_0 < b$ *genau eine Lösung* $y : [a,b] \to \mathbb{R}$ *der linearen Differentialgleichung* (5.27), *die den* n *Anfangsbedingungen*

$$y(t_0) = C_0,\ y'(t_0) = C_1, \ldots, y^{(n-1)}(t_0) = C_{n-1}$$

genügt.

Beweis: siehe z.B. Hoheisel (1956). ❑

Für lineare Differenzengleichungen mit konstanten Koeffizienten und stetigem g sind trivialerweise die Voraussetzungen in Satz 5.2 erfüllt, so daß eine derartige Gleichung stets eine eindeutige Lösung bei vorgegebenen Anfangsbedingungen hat.

Sätze 5.1 und 5.2 garantieren zwar Existenz und Eindeutigkeit der Lösung einer linearen Differenzengleichung oder einer linearen Differentialgleichung n-ter Ordnung bei vorgegebenen n Anfangsbedingungen, jedoch besagen sie nichts über die Struktur der Lösungen schlechthin.

5.3.3 Struktur des Lösungsraumes

Um die allgemeine Lösung $y_{\mathrm{AI}}(t)$ einer linear inhomogenen Differenzen- bzw. Differentialgleichung n-ter Ordnung zu bestimmen, versuchen wir zunächst die allgemeine Lösung $y_{\mathrm{AH}}(t)$ der zugehörigen linear homogenen Differenzen- bzw. Differentialgleichung zu finden. Wir werden sehen, daß es *ohne* die Festlegung von n Anfangsbedingungen genau n „linear unabhängige" Lösungen $y_1(t), \ldots, y_n(t)$ für eine linear homogene Differenzen- oder Differentialgleichung gibt und daß *mit* der Festlegung von n Anfangsbedingungen auf Grund der Sätze 5.1 und 5.2 die Lösung eindeutig wird.

Es gilt zunächst der

Satz 5.3
Gegeben sei die linear homogene Differenzengleichung

$$a_n(t)y(t+n) + a_{n-1}(t)y(t+n-1) + \cdots + a_1(t)y(t+1) + a_0(t)y(t) = 0 \tag{5.30}$$

oder die linear homogene Differentialgleichung

$$a_n(t)y^{(n)}(t) + a_{n-1}(t)y^{(n-1)}(t) + \cdots + a_1(t)y'(t) + a_0(t)y(t) = 0. \tag{5.31}$$

Sind $y_1(t), \ldots, y_r(t)$ Lösungen von (5.30) bzw. (5.31), so ist auch jede Linearkombination $c_1y_1(t) + c_2y_2(t) + \cdots + c_ry_r(t)$ Lösung. Dabei können die Koeffizienten $c_1, \ldots, c_r$ reelle oder komplexe Zahlen sein.

Beweis: Wir wollen den Beweis nur für eine linear homogene Differentialgleichung führen, denn er verläuft für eine linear homogene Differenzengleichung analog. Der kürzeren Schreibweise wegen lassen wir das Argument t in den Funktionen $a_i(t), y_j^{(k)}(t)$ weg. Es ist also zu zeigen, daß $c_1y_1+c_2y_2+\cdots+c_ry_r$ eine Lösung von (5.31) ist, wenn $y_1, \ldots, y_r$ Lösungen sind:

$$\begin{aligned}
a_n \left[(c_1y_1 + c_2y_2 + \ldots + c_ry_r)^{(n)}\right] &+ a_{n-1}\left[(c_1y_1 + c_2y_2 + \cdots + c_ry_r)^{(n-1)}\right] \\
&+ \cdots + a_1\left[(c_1y_1 + c_2y_2 + \cdots + c_ry_r)'\right] \\
&+ a_0\left[c_1y_1 + c_2y_2 + \cdots + c_ry_r\right] \\
&= a_n\left[c_1y_1^{(n)} + c_2y_2^{(n)} + \cdots + c_ry_r^{(n)}\right] \\
&+ a_{n-1}\left[c_1y_1^{(n-1)} + c_2y_2^{(n-1)} + \cdots + c_ry_r^{(n-1)}\right] \\
&+ \cdots + a_1\left[c_1y_1' + c_2y_2' + \cdots + c_ry_r'\right] \\
&+ a_0\left[c_1y_1 + c_2y_2 + \cdots + c_ry_r\right] \\
&= c_1\left[a_ny_1^{(n)} + a_{n-1}y_1^{(n-1)} + \cdots + a_1y_1' + a_0y_1\right] \\
&+ c_2\left[a_ny_2^{(n)} + a_{n-1}y_2^{(n-1)} + \cdots + a_1y_2' + a_0y_2\right] \\
&+ \cdots + c_r\left[a_ny_r^{(n)} + a_{n-1}y_r^{(n-1)} + \cdots + a_1y_r' + a_0y_r\right] \\
&= 0.
\end{aligned}$$

Das erste Gleichheitszeichen gilt wegen der Vertauschbarkeit von Summation und Differentiation, das zweite resultiert aus einer Vertauschung der Summanden (Spalten zu Zeilen) sowie Ausklammern der Koeffizienten $c_1, \dots, c_r$, und das dritte ergibt sich aus der Voraussetzung, daß $y_1(t), \dots, y_r(t)$ Lösungen sind. ❑

Die Bedeutung dieses Satzes liegt darin, daß wir mit dem Auffinden von r beliebigen Lösungen $y_1, \dots, y_r$ gleich unendlich viele Lösungen $c_1 y_1 + c_2 y_2 + \dots + c_r y_r$ gefunden haben. Die Frage, die sich unmittelbar stellt, ist: Wie sieht die Gesamtheit *aller* Lösungen einer linear homogenen Differenzen- bzw. Differentialgleichung aus?

In Abschnitt 1.9.3 hatten wir in Verallgemeinerung des Konzepts der linearen Unabhängigkeit von Vektoren des $\mathbb{R}^n$ den Begriff der linearen Unabhängigkeit von Elementen eines beliebigen Vektorraumes $\mathcal{V}$ eingeführt und in Beispiel 1.4 den allgemeinen Vektorraum $\mathcal{F}$ von Funktionen $f : [a, b] \to \mathbb{R}$ angegeben. Wir betrachten hier nun einen speziellen Funktionenraum, nämlich den **Lösungsraum** $\mathcal{L}$ einer linear homogenen Differenzen- bzw. Differentialgleichung n-ter Ordnung, der aus der Menge aller Funktionen besteht, die Lösungen dieser Gleichungen sind. Um die Struktur dieses Lösungsraumes vollständig zu überschauen, reicht es aus, eine Basis von $\mathcal{L}$ anzugeben. Es wird sich herausstellen, daß diese Basis aus n Elementen besteht, d.h., es gibt genau n linear unabhängige Lösungen der Gleichungen, so daß insbesondere $\dim(\mathcal{L}) = n$ folgt.

Der Nachweis der linearen Unabhängigkeit bzw. Abhängigkeit von Funktionen gemäß der Definition 1.26 ist nicht immer leicht zu führen. Sind die Funktionen jedoch Lösungen von linear homogenen Differenzen- oder Differentialgleichungen, so gibt es analog wie beim Nachweis der linearen Unabhängigkeit bzw. Abhängigkeit von Vektoren ein einfaches Kriterium über die Determinante, auf welches wir noch zurückkommen werden. Doch zunächst wollen wir den grundlegenden Satz über die Anzahl linear unabhängiger Lösungen einer linear homogenen Differenzen- bzw. Differentialgleichung angeben:

Satz 5.4

Eine linear homogene Differenzen- bzw. Differentialgleichung n-ter Ordnung hat genau n linear unabhängige Lösungen $y_1(t), \dots, y_n(t)$.

Auf den nicht ganz trivialen Beweis dieses Satzes wollen wir hier verzichten, siehe dazu Kenkel (1974) oder Sydsaeter (1981).

Als wichtige Aussage des Satzes bleibt festzuhalten, daß jede linear homogene Differenzen- bzw. Differentialgleichung n-ter Ordnung nicht mehr und nicht weniger als n linear unabhängige Lösungen $y_1(t), \dots, y_n(t)$ hat. Das bedeutet, daß die Menge $\{z(t), y_1(t), \dots, y_n(t)\}$ für jede weitere Lösung $z(t)$ linear abhängig ist, und daß sich letztere als Linearkombination der $y_1(t), \dots, y_n(t)$

darstellen läßt, so daß gilt $z(t) = d_1 y_1(t) + \cdots + d_n y_n(t)$ für eindeutig bestimmte Zahlen $d_1, \ldots, d_n \in \mathbb{R}$. Die gesuchte allgemeine Lösung $y_{AH}(t)$ hat also die Form

$$y_{AH}(t) = c_1 y_1(t) + c_2 y_2(t) + \cdots + c_n y_n(t), \quad c_1, c_2, \ldots, c_n \in \mathbb{R}, \tag{5.32}$$

wobei $y_1(t), \ldots, y_n(t)$ linear unabhängige Lösungen der linear homogenen Differenzen- bzw. Differentialgleichung sind, wie auch immer diese Lösungen gefunden wurden. Daß $y_{AH}(t)$ überhaupt Lösung der linear homogenen Differenzen- bzw. Differentialgleichung ist folgt aus Satz 5.3. Damit ist die Struktur des Lösungsraumes einer linear homogenen Differenzen- bzw. Differentialgleichung erkennbar: Sind n Anfangsbedingungen vorgegeben, so lassen sich die n Konstanten $c_1, \ldots, c_n$ in (5.32) eindeutig bestimmen. Wegen der Sätze 5.1 und 5.2 ist dann die Lösung der linear homogenen Differenzen- bzw. Differentialgleichung eindeutig.

Wie kann nun der Nachweis geführt werden, daß n gefundene Lösungen einer linear homogenen Differenzen- bzw. Differentialgleichung linear unabhängig sind? Ohne Beweis geben wir die beiden entsprechenden Sätze für linear homogene Differenzen- bzw. Differentialgleichungen an, die jeweils ein notwendiges und hinreichendes Kriterium für die lineare Unabhängigkeit der Lösungen liefern.

Satz 5.5

Die n Lösungen $y_1(t), \ldots, y_n(t)$ einer linear homogenen Differenzengleichung sind genau dann linear unabhängig, wenn $C(t) \neq 0$ für alle t gilt. Dabei ist

$$C(t) := \begin{vmatrix} y_1(t) & y_2(t) & \cdots & y_n(t) \\ y_1(t+1) & y_2(t+1) & \cdots & y_n(t+1) \\ \vdots & \vdots & \ddots & \vdots \\ y_1(t+n-1) & y_2(t+n-1) & \cdots & y_n(t+n-1) \end{vmatrix}$$

die sogenannte **Casorati-Determinante**.

Analog gilt der

Satz 5.6

Die n Lösungen $y_1(t), \ldots, y_n(t)$ einer linear homogenen Differentialgleichung sind genau dann linear unabhängig, wenn $W(t) \neq 0$ für alle t gilt. Dabei ist

$$W(t) := \begin{vmatrix} y_1(t) & y_2(t) & \cdots & y_n(t) \\ y_1'(t) & y_2'(t) & \cdots & y_n'(t) \\ \vdots & \vdots & \ddots & \vdots \\ y_1^{(n-1)}(t) & y_2^{(n-1)}(t) & \cdots & y_n^{(n-1)}(t) \end{vmatrix}$$

die sogenannte **Wronski-Determinante.**

Zum Beweis der Sätze siehe Kenkel (1974) und Sydsaeter (1981).

Daß die $y_1(t), \ldots, y_n(t)$ Lösungen einer linear homogenen Differenzen- bzw. Differentialgleichung sind, ist eine wichtige Voraussetzung in den beiden Sätzen. Trifft das nicht zu, so kann gelten $C(t) = 0$ bzw. $W(t) = 0$, obwohl die $y_1(t), \ldots, y_n(t)$ linear unabhängig sind.

Beispiel 5.1
Die Funktionen $y_1(t) = t^3$ und $y_2(t) = t^2|t|$ sind für alle $t \in \mathbb{R}$ linear unabhängig, was der Leser prüfen möge. Es gilt aber

$$W(t) = \begin{vmatrix} t^3 & t^2|t| \\ 3t^2 & 3t|t| \end{vmatrix} = 3t^4|t| - 3t^4|t| = 0.$$

Nach Satz 5.6 können wir damit folgern, daß es keine linear homogene Differentialgleichung gibt, für die $y_1(t)$ und $y_2(t)$ Lösungen sind. ○

Die Sätze 5.5 und 5.6 sagen noch nichts darüber aus, wie n linear unabhängige Lösungen $y_1(t), \ldots, y_n(t)$ bestimmt werden können und wie damit im konkreten Fall $y_{\mathrm{AH}}(t)$ aussieht. Verfahren zur Bestimmung der Lösungen werden wir für linear homogene Differenzengleichungen und linear homogene Differentialgleichungen getrennt in den Abschnitten 5.4 und 5.5 angeben.

Wie läßt sich nun mit Hilfe von $y_{\mathrm{AH}}(t)$ die allgemeine Lösung $y_{\mathrm{AI}}(t)$ einer linear inhomogenen Differenzengleichung bzw. einer linear inhomogenen Differentialgleichung angeben? Darauf gibt der folgende Satz, der sogenannte **Überlagerungssatz**, eine Antwort:

Satz 5.7
Die allgemeine Lösung $y_{AI}(t)$ einer linear inhomogenen Differenzengleichung (Differentialgleichung) hat die Form

$$y_{AI}(t) = y_{AH}(t) + y_{SI}(t),$$

worin $y_{AH}(t)$ die allgemeine Lösung der linear homogenen Differenzengleichung (Differentialgleichung) und $y_{SI}(t)$ eine spezielle Lösung der zugehörigen linear inhomogenen Differenzengleichung (Differentialgleichung) ist.

Beweis: Der Beweis gliedert sich in zwei Teile.

(a) Zunächst wird gezeigt, daß $y_{\mathrm{AH}}(t) + y_{\mathrm{SI}}(t)$ eine Lösung der linear inhomogenen Differenzengleichung bzw. der linear inhomogenen Differentialgleichung ist.

(b) Dann zeigen wir, daß *jede weitere* Lösung $\overline{y}_{\mathrm{SI}}(t)$ zur Lösungsmenge $y_{\mathrm{AH}}(t) + y_{\mathrm{SI}}(t)$ gehört.

Wir wollen den Beweis nur für den Fall einer linear inhomogenen Differentialgleichung durchführen. Der für eine linear inhomogene Differenzengleichung verläuft analog.

Zu (a): Es gilt

$$\begin{aligned} a_n y_{\mathrm{AH}}^{(n)} + a_{n-1} y_{\mathrm{AH}}^{(n-1)} + \cdots + a_1 y'_{\mathrm{AH}} + a_0 y_{\mathrm{AH}} &= 0 \\ a_n y_{\mathrm{SI}}^{(n)} + a_{n-1} y_{\mathrm{SI}}^{(n-1)} + \cdots + a_1 y'_{\mathrm{SI}} + a_0 y_{\mathrm{SI}} &= g. \end{aligned}$$

Dabei wurde das Argument t fortgelassen. Addition der beiden Gleichungen ergibt

$$\begin{aligned} a_n \left(y_{\mathrm{AH}}^{(n)} + y_{\mathrm{SI}}^{(n)}\right) + a_{n-1} \left(y_{\mathrm{AH}}^{(n-1)} + y_{\mathrm{SI}}^{(n-1)}\right) &+ \\ \cdots + a_1 \left(y'_{\mathrm{AH}} + y'_{\mathrm{SI}}\right) + a_0 \left(y_{\mathrm{AH}} + y_{\mathrm{SI}}\right) &= g \end{aligned}$$

oder

$$\begin{aligned} a_n \left(y_{\mathrm{AH}} + y_{\mathrm{SI}}\right)^{(n)} + a_{n-1} \left(y_{\mathrm{AH}} + y_{\mathrm{SI}}\right)^{(n-1)} &+ \\ \cdots + a_1 \left(y_{\mathrm{AH}} + y_{\mathrm{SI}}\right)' + a_0 \left(y_{\mathrm{AH}} + y_{\mathrm{SI}}\right) &= g. \end{aligned}$$

Mithin ist $y_{\mathrm{AH}}(t) + y_{\mathrm{SI}}(t)$ eine Lösung der linear inhomogenen Differentialgleichung.

Zu (b): Sei neben $y_{\mathrm{SI}}(t)$ die Funktion $\overline{y}_{\mathrm{SI}}(t)$ eine weitere Lösung der linear inhomogenen Differentialgleichung. Dann gilt also

$$a_n y_{\mathrm{SI}}^{(n)} + a_{n-1} y_{\mathrm{SI}}^{(n-1)} + \cdots + a_1 y'_{\mathrm{SI}} + a_0 y_{\mathrm{SI}} = g$$

und

$$a_n\overline{y}_{\mathrm{SI}}^{(n)} + a_{n-1}\overline{y}_{\mathrm{SI}}^{(n-1)} + \cdots + a_1\overline{y}'_{\mathrm{SI}} + a_0\overline{y}_{\mathrm{SI}} = g.$$

Subtraktion der beiden Gleichungen ergibt

$$a_n\left(\overline{y}_{\mathrm{SI}} - y_{\mathrm{SI}}\right)^{(n)} + a_{n-1}\left(\overline{y}_{\mathrm{SI}} - y_{\mathrm{SI}}\right)^{(n-1)} + \cdots + a_1\left(\overline{y}_{\mathrm{SI}} - y_{\mathrm{SI}}\right)' + a_0\left(\overline{y}_{\mathrm{SI}} - y_{\mathrm{SI}}\right) = 0.$$

Folglich ist $\overline{y}_{\mathrm{SI}} = (\overline{y}_{\mathrm{SI}} - y_{\mathrm{SI}}) + y_{\mathrm{SI}}$, wobei $\overline{y}_{\mathrm{SI}} - y_{\mathrm{SI}}$ Lösung der linear homogenen Differentialgleichung ist. Damit besitzt $\overline{y}_{\mathrm{SI}}$ eine Darstellung der Form $y_{\mathrm{AH}}(t) + y_{\mathrm{SI}}(t)$. ❑

Wir wollen zum Abschluß dieses Abschnitts die Vorgehensweise zur Bestimmung von y_{AI} am folgenden Diagramm veranschaulichen:

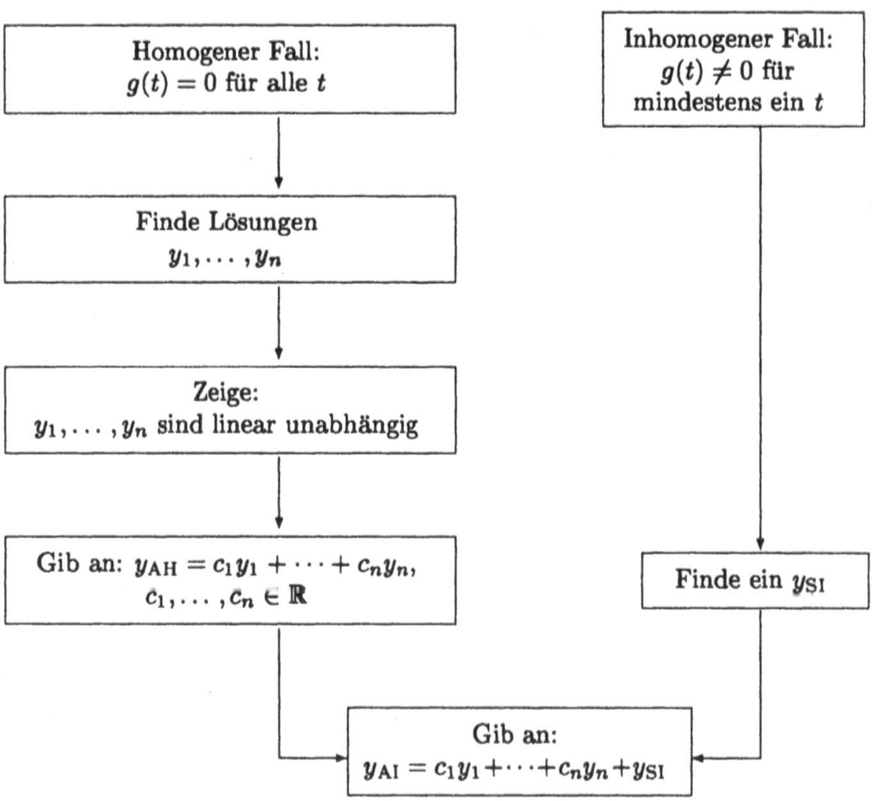

5.3.4 Stabilität und Gleichgewicht

Wir haben in Abschnitt 5.3.2 gesehen, daß eine lineare Differenzen- bzw. Differentialgleichung n-ter Ordnung bei vorgegebenen n Anfangsbedingungen eine eindeutige Lösung hat. Werden eine oder mehrere der n Anfangsbedingungen geändert, so ändert sich natürlich auch die Lösung der Gleichung. Es stellt sich dann die wichtige Frage, ob Änderungen der Anfangsbedingungen irgendeinen grundlegenden Effekt auf das Langzeit-Verhalten der Lösung haben oder ob jeglicher Effekt mit $t \to \infty$ verschwindet. Im letzteren Fall sprechen wir von einem **stabilen System** oder einer **stabilen Gleichung**, anderenfalls von einem **instabilen System** oder einer **instabilen Gleichung**.

Die Frage nach der Stabilität bzw. Instabilität eines Systems ist schon deshalb von großer Bedeutung in der Wirtschaftstheorie, weil der Ökonom häufig nicht exakt, sondern bestenfalls approximativ den Anfangszustand des zu untersuchenden Systems beschreiben kann. So gesehen ist die Stabilität eine Minimalforderung an ein sinnvolles ökonomisches System. Eine solche qualitative Aussage, stabil oder instabil, über ein ökonomisches System mag sogar häufig stärker im Vordergrund stehen als die explizite quantitative Lösung einer Gleichung. Das trifft natürlich insbesondere dann zu, wenn die explizite Lösung der Gleichung nur sehr schwierig oder überhaupt nicht zu finden ist. In diesem Fall wird man sich also mit einem Studium des asymptotischen Verhaltens der Lösung begnügen und dabei nach Kriterien suchen, wann die möglicherweise nur implizit angegebene Lösung stabil ist oder nicht.

Konzepte der Stabilität eines Systems, einer Gleichung bzw. einer Lösung gibt es in großer Fülle, siehe z.B. Tu (1993) und Gandolfo (1997).

Wie oben angedeutet, wollen wir uns hier auf das asymptotische Konzept der Stabilität beschränken und dabei mehr den globalen als den lokalen Aspekt bezüglich des Verhaltens der Lösung herausstellen. Die Begriffe der Stabilität, des Gleichgewichtswertes bzw. des Gleichgewichtspfades werden wir im folgenden für den in der ökonomischen Theorie wichtigen Fall einer linearen Differenzen- bzw. Differentialgleichung mit konstanten Koeffizienten erläutern.

Gegeben sei die lineare Differenzengleichung

$$a_n y(t+n) + a_{n-1} y(t+n-1) + \cdots + a_1 y(t+1) + a_0 y(t) = g(t) \qquad (5.33)$$

bzw. die lineare Differentialgleichung

$$a_n y^{(n)}(t) + a_{n-1} y^{(n-1)}(t) + \cdots + a_1 y'(t) + a_0 y(t) = g(t) \qquad (5.34)$$

mit konstanten Koeffizienten $a_0, a_1, \ldots, a_n \in \mathbb{R}$. Es sei

$$y_{\text{AI}}(t) = y_{\text{AH}}(t) + y_{\text{SI}}(t) \tag{5.35}$$

die allgemeine Lösung von (5.33) bzw. (5.34), wobei

$$y_{\text{AH}}(t) = c_1 y_1(t) + \cdots + c_n y_n(t), \quad c_1, \ldots, c_n \in \mathbb{R}, \tag{5.36}$$

die allgemeine Lösung der zugehörigen homogenen Gleichung ist.

Definition 5.4
Eine lineare Differenzen- bzw. Differentialgleichung mit konstanten Koeffizienten heißt **global stabil**, falls gilt $\lim_{t\to\infty} y_{\text{AH}}(t) = 0$ für alle Faktoren $c_1, \ldots, c_n \in \mathbb{R}$ in (5.36).

Globale Stabilität einer linearen Differenzen- bzw. Differentialgleichung mit konstanten Koeffizienten bedeutet also, daß $y_{\text{AI}}(t)$ mit $t \to \infty$ gegen die spezielle Lösung $y_{\text{SI}}(t)$ strebt, die völlig unabhängig ist von den vorgegebenen Anfangsbedingungen.

Wie kann nun $y_{\text{SI}}(t)$ aussehen? Hier sind zwei Fälle bezüglich der Funktion $g(t)$ in (5.33) bzw. (5.34) zu unterscheiden:

(a) $g(t) = g_0$ für ein $g_0 \in \mathbb{R}$ und alle t.

(b) $g(t)$ ist nicht konstant.

Im Fall (a) kann eine spezielle Lösung $y_{\text{SI}}(t)$ von (5.33) bzw. (5.34) sofort angegeben werden. Denn setzen wir $g(t) = g_0$ für alle t in (5.33) bzw. (5.34) ein, so ergibt sich

$$y_{\text{SI}}(t) = \frac{g_0}{a_0 + a_1 + \cdots + a_n}, \tag{5.37}$$

falls $a_0 + a_1 + \cdots + a_n \neq 0$ gilt bzw.

$$y_{\text{SI}}(t) = \frac{g_0}{a_0} \tag{5.38}$$

falls $a_0 \neq 0$ gilt.

Es resultiert also stets eine konstante Lösung, der sogenannte **Gleichgewichtswert**.

Im Fall (b) wird eine spezielle Lösung $y_{\text{SI}}(t)$ von (5.33) bzw. (5.34) keine konstante Funktion sein, was wir an einem Beispiel verdeutlichen wollen.

Beispiel 5.2
Gegeben sei die linear inhomogene Differenzengleichung

$$y(t+2) - 2y(t+1) + y(t) = t. \tag{5.39}$$

Für $t = 0$ erhalten wir

$$y(2) - 2y(1) + y(0) = 0.$$

Setzen wir $y(1) = y(0) =: c$ für ein beliebiges $c \in \mathbb{R}$, dann ist auch $y(2) = c$. $y(t) = c$ ist jedoch keine Lösung der Gleichung (5.39), denn setzen wir etwa $t = 1$, so ergibt sich $y(3)-2y(2)+y(1) = y(3)-2c+c = 1$ oder $y(3) = c+1 \neq c$. Mithin löst $y(t) = c$ Gleichung (5.39) nicht für alle t und ist folglich kein Gleichgewichtswert. ○

In einer Verallgemeinerung des Begriffes Gleichgewichtswert wollen wir im Fall (b), wo y_{SI} als Funktion von t eine spezielle Lösung einer global stabilen linearen Differenzen- bzw. Differentialgleichung ist, diese Lösung $y_{\mathrm{SI}}(t)$ einen **Gleichgewichtspfad** nennen.

Wir resümieren: In einer global stabilen linearen Differenzen- oder Differentialgleichung konvergiert mit $t \to \infty$ jede Lösung der Gleichung gegen den Gleichgewichtswert bzw. Gleichgewichtspfad und das völlig unabhängig von den vorgegebenen Anfangsbedingungen. Ist diese Konvergenz nicht für beliebige Anfangswerte, sondern nur für solche in einer „hinreichend kleinen" Umgebung der Gleichgewichtslösung gesichert, so sprechen wir von **lokaler Stabilität**. Nach den Ausführungen zu Beginn dieses Abschnitts ist der Ökonom natürlich mehr am Nachweis einer globalen als einer lokalen Stabilität interessiert. In diesem Sinn werden wir uns zunächst auf die Frage nach globaler Stabilität beschränken und diese Frage bei der (separaten) Diskussion von linearen Differenzen- und Differentialgleichungen in den Abschnitten 5.4 bzw. 5.5 aufgreifen und für die in Abschnitt 5.2 angeführten Beispiele beantworten. Dabei werden wir notwendige und hinreichende Kriterien für die globale Stabilität angeben, ohne vorher explizit die Lösung bestimmt zu haben. Solche Kriterien ermöglichen eine „schnelle" Entscheidung über das (qualitative) Verhalten der Lösung, nämlich stabil oder instabil zu sein.

5.4 Lineare Differenzengleichungen mit konstanten Koeffizienten

5.4.1 Lineare Differenzengleichungen 1. Ordnung

Die allgemeine Form einer linearen Differenzengleichungen 1. Ordnung mit konstanten Koeffizienten ist gegeben durch

$$a_1 y(t+1) + a_0 y(t) = g(t). \tag{5.40}$$

Eine dazu äquivalente Darstellung ist

$$y(t+1) - ay(t) = b(t) \text{ mit } -a := \frac{a_0}{a_1}, b(t) := \frac{g(t)}{a_1}. \tag{5.41}$$

Zur Bestimmung der allgemeinen Lösung $y_{\mathrm{AI}}(t) = y_{\mathrm{AH}}(t) + y_{\mathrm{SI}}(t)$ berechnen wir zunächst die allgemeine Lösung der homogenen Gleichung $y_{\mathrm{AH}}(t)$ und anschließend eine spezielle Lösung $y_{\mathrm{SI}}(t)$.

Sei also $y(t+1) - ay(t) = 0$ die zugehörige linear homogene Differenzengleichung. Offensichtlich ist $y(t) = a^t$ eine Lösung dieser Gleichung, denn es ist $a^{t+1} - a \cdot a^t = 0$. Da eine linear homogene Differenzengleichung 1. Ordnung genau eine linear unabhängige Lösung hat (siehe Abschnitt 5.3.3) erhalten wir also die allgemeine Lösung

$$y_{\mathrm{AH}}(t) = Ca^t, \; C \in \mathbb{R}. \tag{5.42}$$

Ist nun die Anfangsbedingung $y(t_0) =: y_0$ zu einem beliebigen Zeitpunkt t_0 vorgegeben, so ergibt sich $y_{\mathrm{AH}}(t_0) = Ca^{t_0} = y_0$ und damit $C = y_0/a^{t_0}$ für $t_0 \neq 0$. Ist hingegen $t_0 = 0$, so erhalten wir $C = y_0$. In jedem Fall ist die Lösung dann eindeutig.

Betrachten wir nun die inhomogene Gleichung $y(t+1) - ay(t) = b(t)$. Dabei unterscheiden wir zwei Fälle:

(a) $b(t)$ ist eine konstante Funktion, d.h. $b(t) = b$ für ein b und alle t,

(b) $b(t)$ ist keine konstante Funktion.

Im Fall (a) liegt als Lösungsansatz $y_{\mathrm{SI}}(t) =: k$ mit einer unbestimmten Konstanten k nahe. Damit ergibt sich $k - ak = b$, woraus

$$y_{\mathrm{SI}}(t) = \frac{b}{1-a} \tag{5.43}$$

folgt, sofern $a \neq 1$ gilt. Ist hingegen $a = 1$, so führt der Ansatz $y_{\mathrm{SI}}(t) =: kt$ zu $k(t+1) - kt = b$ und damit auf $k = b$. Mithin ist dann

$$y_{\text{SI}}(t) = bt. \tag{5.44}$$

Fassen wir die Ergebnisse zusammen, so erhält man aus (5.42), (5.43) (5.44) und Satz 5.7 für den Fall (a) die allgemeine Lösung der linearen Differenzengleichungen 1. Ordnung

$$y_{\text{AI}}(t) = \begin{cases} Ca^t + \dfrac{b}{1-a} & \text{für } a \neq 1 \\ C + bt & \text{für } a = 1 \end{cases} \tag{5.45}$$

mit $t = 0, 1, 2, \ldots$

Im Fall (b) wollen wir zwei Verfahren zur Bestimmung einer speziellen Lösung $y_{\text{SI}}(t)$ angeben, wobei die erste — die Methode der Variation der Konstanten — für alle Funktionen $b(t)$ zum Ziel führt, jedoch aufwendiger ist, wohingegen das zweite Verfahren — die Methode der unbestimmten Koeffizienten — für ausgewählte Funktionen schnell zum Ziel führt.

Methode der Variation der Konstanten: Die Konstante C in $y_{\text{AI}}(t) = Ca^t$ wird durch eine Funktion $C(t)$ ersetzt, die dann so bestimmt wird, daß $C(t)a^t$ eine spezielle Lösung der linear inhomogenen Differenzengleichung ist, d.h. aus (5.41) folgt:

$$C(t+1)a^{t+1} - aC(t)a^t = b(t)$$

und damit

$$C(t+1) - C(t) = \frac{b(t)}{a^{t+1}}.$$

Daraus kann man $C(t)$ beginnend mit $t = 0$ wie folgt bestimmen:

$$\begin{aligned} C(1) - C(0) &= \frac{b(0)}{a^1} \\ C(2) - C(1) &= \frac{b(1)}{a^2} \\ &\vdots \\ C(t) - C(t-1) &= \frac{b(t-1)}{a^t}. \end{aligned}$$

Dann ist

$$\begin{aligned}
C(1) &= C(0) + \frac{b(0)}{a^1} \\
C(2) &= C(1) + \frac{b(1)}{a^2} = C(0) + \frac{b(0)}{a^1} + \frac{b(1)}{a^2} \\
C(3) &= C(2) + \frac{b(2)}{a^3} = C(0) + \frac{b(0)}{a^1} + \frac{b(1)}{a^2} + \frac{b(2)}{a^3} \\
&\vdots \\
C(t) &= C(0) + \frac{b(0)}{a^1} + \frac{b(1)}{a^2} + \cdots + \frac{b(t-1)}{a^t}.
\end{aligned}$$

Mithin ist

$$y_{\mathrm{SI}}(t) = C(0)a^t + b(0)a^{t-1} + b(1)a^{t-2} + \cdots + b(t-1)$$

eine spezielle Lösung und

$$y_{\mathrm{AI}}(t) = C^* a^t + b(0)a^{t-1} + b(1)a^{t-2} + \cdots + b(t-1)$$

die allgemeine Lösung der linear inhomogenen Differenzengleichung 1. Ordnung im Fall (b), wobei $C^* := C(0) + C$ ist.

Methode der unbestimmten Koeffizienten: Ist $b(t)$ von einer der Formen t^m, d^t, e^{kt}, $\sin kt$ oder $\cos kt$ mit $m, d \in \mathbb{N}$ und $k \in \mathbb{R}$, so führt in der Regel der Ansatz

$$\begin{aligned}
y_{\mathrm{SI}}(t) &= c_0 + c_1 t + c_2 t^2 + \cdots + c_m t^m, \quad c_i \in \mathbb{R} \text{ bzw.} \\
y_{\mathrm{SI}}(t) &= c d^t, \quad c \in \mathbb{R}, \text{ bzw.} \\
y_{\mathrm{SI}}(t) &= c e^{kt}, \quad c \in \mathbb{R}, \text{ bzw.} \\
y_{\mathrm{SI}}(t) &= c_1 \sin kt + c_2 \cos kt, \quad c_1, c_2, \in \mathbb{R}
\end{aligned}$$

zum Ziel. Dabei sind dann die auftretenden Koeffizienten aus dem entsprechenden Ansatz zu bestimmen. Wir wollen dieses Verfahren veranschaulichen am

Beispiel 5.3

Gegeben sei die Gleichung $y(t+1) - 3y(t) = 2^t$. Der Ansatz $y_{\mathrm{SI}}(t) = c2^t$ liefert $c2^{t+1} - 3c2^t = 2^t$ oder äquivalent $2c2^t = 2^t(1+3c)$. Hieraus folgt $2c = 1 + 3c$ und damit $c = -1$. Mithin ist $y_{\mathrm{SI}}(t) = -2^t$. ○

Ist $b(t)$ eine Summe von zwei (drei, vier, ...) Formen t^m, d^t, e^{kt}, $\sin kt$, $\cos kt$, so führen zwei (drei, vier, ...) Ansätze zum Ziel.

Beispiel 5.4

Sei $b(t) = e^{kt} + 2^t$. Man bestimmt zunächst $c_1 \in \mathbb{R}$ in $y_{\mathrm{SI}}^{(1)}(t) = c_1 e^{kt}$ als Lösung von $y(t+1) - ay(t) = e^{kt}$ und $c_2 \in \mathbb{R}$ in $y_{\mathrm{SI}}^{(2)}(t) = c_2 2^t$ als Lösung von $y(t+1) - ay(t) = 2^t$. Die gesuchte spezielle Lösung ist dann $y_{\mathrm{SI}}(t) = y_{\mathrm{SI}}^{(1)}(t) + y_{\mathrm{SI}}^{(2)}(t)$ mit den aus den beiden Ansätzen berechneten Werten $c_1, c_2 \in \mathbb{R}$. ○

Weitere Beispiele sind bei Gandolfo (1997) zu finden.

Wir wollen nun noch das Verhalten der Lösung einer linear inhomogenen Differenzengleichung 1. Ordnung mit konstanten Koeffizienten untersuchen und dabei die Frage nach der (globalen) Stabilität aufwerfen. Dazu muß per definitionem geprüft werden, wann $\lim_{t\to\infty} y_{\mathrm{AH}}(t) = \lim_{t\to\infty} Ca^t = 0$, $C \in \mathbb{R}$, gilt. Das hängt entscheidend vom Wert a ab, wie die folgende Tabelle zeigt:

Tabelle 5.1: Verhalten von $y_{\mathrm{AH}}(t) = Ca^t$

a	Verhalten von Ca^t für $t \to \infty$	Stabilität
$a = 1$	konstant gleich C	nein
$a = -1$	oszilliert zwischen C und $-C$	nein
$1 < a$	strebt gegen $+\infty$	nein
$a < -1$	oszilliert, strebt gegen $\pm\infty$	nein
$0 < a < 1$	strebt gegen 0	ja
$-1 < a < 0$	oszilliert, strebt gegen 0	ja

In den beiden letzten Fällen mit $|a| < 1$, in denen Stabilität vorliegt, strebt dann $y_{\mathrm{AI}}(t)$ gegen den Gleichgewichtswert $b/(1-a)$, wenn $b(t) = b$ eine konstante Funktion ist. Wenn $b(t)$ nicht konstant ist, so strebt $y_{\mathrm{AI}}(t)$ gegen den Gleichgewichtspfad $y_{\mathrm{SI}}(t)$.

Abbildung 5.1 veranschaulicht das Verhalten von $y_{\mathrm{AH}}(t) = Ca^t$ für $t \to \infty$.

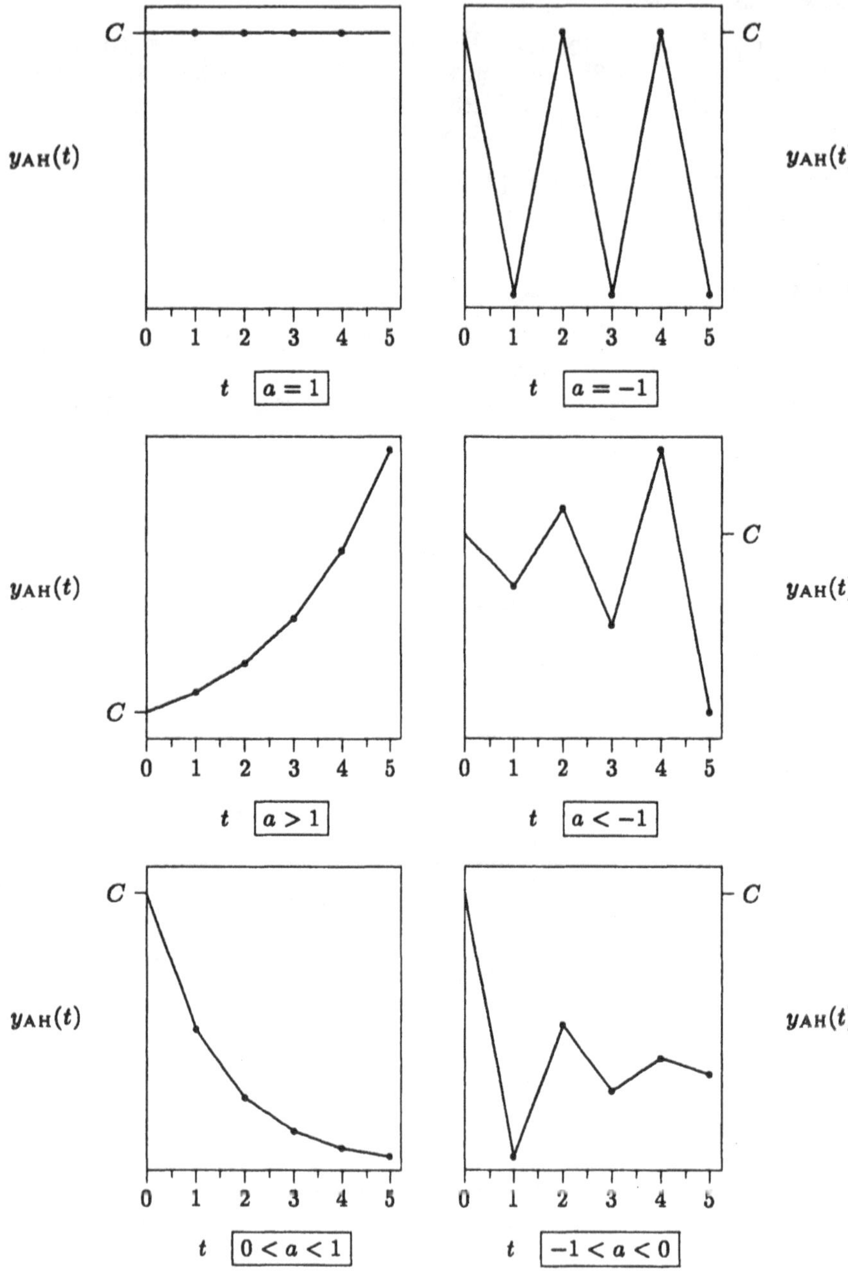

Abbildung 5.1: Verhalten von $y_{\mathrm{AH}}(t) = Ca^t$ für veschiedene $a \in \mathbb{R}$.

Beispiel 5.5
Wir betrachten das Cobweb-Modell aus Abschnitt 5.2.1. Hier liegt die linear inhomogene Differenzengleichung 1. Ordnung

$$P(t) + \frac{d}{b}P(t-1) = \frac{a-c}{b}, \ t = 1, 2, 3, \ldots$$

mit $a, b, c, d \in \mathbb{R}^+$ vor. Äquivalent hierzu ist

$$P(t+1) + \frac{d}{b}P(t) = \frac{a-c}{b}, \ t = 0, 1, 2, \ldots$$

Wegen $b \neq -d$ ist die allgemeine Lösung nach (5.45) gegeben durch

$$P(t) = C\left(-\frac{d}{b}\right)^t + \frac{a-c}{b+d}.$$

Der Fall $0 < -d/b < 1$ kann wegen $b, d > 0$ nicht eintreten. Wie Tabelle 5.1 zu entnehmen ist, ist die linear inhomogene Differenzengleichung global stabil, falls $-1 < -d/b$, also $d < b$ gilt. Dann strebt der Preis $P(t)$ mit $t \to \infty$ oszillierend gegen den Gleichgewichtspreis $\overline{p} := (a-c)/(b+d)$. Die Anfangskonstante C ist dabei durch die Anfangsbedingungen $P(0)$ bestimmt, denn es ist $C = P(0) - (a-c)/(b+d)$.

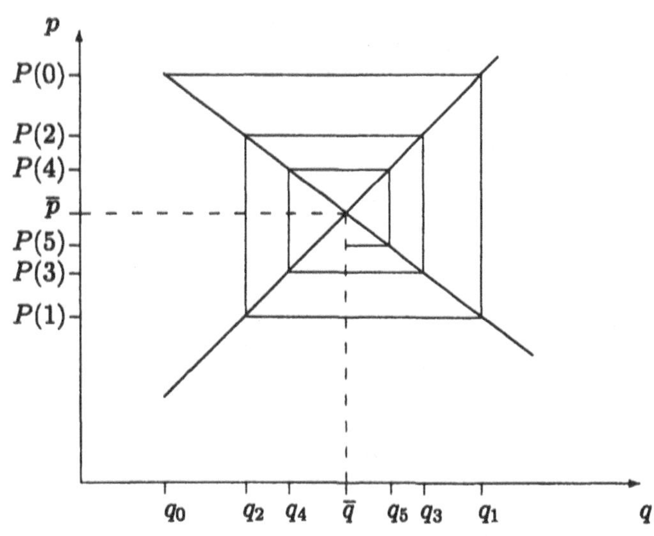

Abbildung 5.2: Cobweb-Modell mit $q_t = D(t) = S(t)$.

Abbildung 5.2 möge veranschaulichen, warum das obige Modell als **Cobweb-** oder **Spinnweb-Modell** bezeichnet wird. Darin bezeichnet q_0 die nachgefragte und angebotene Menge zum Preis $P(0)$ in der Anfangsperiode. Der Preis $P(0)$ beeinflußt den Unternehmer, die Menge $q_1 = c + dP(0)$ anzubieten, die vollständig zum Preis $P(1) = -(q_1 - a)/b$ nachgefragt wird. Dieser Preis $P(1)$ wiederum hat ein Angebot $q_2 = c + dP(1)$ in der nächsten Periode zur Folge, das zum Preis $P(2) = -(q_2 - a)/b$ vollständig nachgefragt wird, usw. Der Preis $P(t)$ konvergiert gegen den Gleichgewichtspreis $\overline{p}$ und die nachgefragte bzw. angebotene Menge q_t gegen die Gleichgewichtsmenge $\overline{q}$. ○

5.4.2 Lineare Differenzengleichungen 2. Ordnung

Die allgemeine Form einer linearen Differenzengleichungen 2. Ordnung mit konstanten Koeffizienten ist gegeben durch

$$y(t+2) + a_1 y(t+1) + a_0 y(t) = g(t), \tag{5.46}$$

wobei wir analog zu dem Hinweis in Abschnitt 5.4.1 o.B.d.A. $a_2 = 1$ setzen. Wir suchen zunächst wieder die allgemeine Lösung y_{AH} der zugehörigen homogenen Gleichung

$$y(t+2) + a_1 y(t+1) + a_0 y(t) = 0. \tag{5.47}$$

Dazu müssen wir nach den Ausführungen in Abschnitt 5.3.3 *genau* zwei linear unabhängige Lösungen $y_1(t)$ und $y_2(t)$ finden, denn dann ist die allgemeine Lösung gegeben durch $y_{AH}(t) = c_1 y_1(t) + c_2 y_2(t)$ mit $c_1, c_2 \in \mathbb{R}$. Analog wie bei der Lösung einer Gleichung 1. Ordnung wählen wir den Ansatz $y(t) = \lambda^t$. Mit (5.47) folgt dann $\lambda^{t+2} + a_1\lambda^{t+1} + a_0\lambda^t = 0$. Nach Division durch $\lambda^t \neq 0$ ergibt sich die sogenannte **charakteristische Gleichung**

$$\lambda^2 + a_1\lambda + a_0 = 0. \tag{5.48}$$

Diese quadratische Gleichung hat genau zwei Wurzeln, nämlich

$$\lambda_{1/2} = -\frac{a_1}{2} \pm \frac{1}{2}\sqrt{a_1^2 - 4a_0},$$

wobei eine doppelte Wurzel zweimal gezählt wird. Diese beiden Wurzeln werden die gesuchten linear unabhängigen Lösungen $y_1(t)$ und $y_2(t)$ liefern.

Drei Fälle sind zu unterscheiden:

(a) $a_1^2 - 4a_0 > 0$: Es gibt zwei Wurzeln $\lambda_1, \lambda_2 \in \mathbb{R}$ mit $\lambda_1 \neq \lambda_2$.

(b) $a_1^2 - 4a_0 = 0$: Es gibt eine doppelte Wurzel $\lambda \in \mathbb{R}$ mit $\lambda_1 = \lambda_2 = \lambda = -a_1/2$.

(c) $a_1^2 - 4a_0 < 0$: Es gibt zwei konjugiert komplexe Wurzeln $\lambda = \alpha + i\beta, \overline{\lambda} = \alpha - i\beta \in \mathbb{C}$ mit $\beta \neq 0$.

Im Fall (a) ergibt sich also $y_1(t) = \lambda_1^t$ und $y_2(t) = \lambda_2^t$. Wir zeigen die lineare Unabhängigkeit dieser beiden Funktionen mit Hilfe der Casorati-Determinante, siehe Satz 5.5. Hier ist

$$
\begin{aligned}
C(t) &= \begin{vmatrix} \lambda_1^t & \lambda_2^t \\ \lambda_1^{t+1} & \lambda_2^{t+1} \end{vmatrix} \\
&= \lambda_1^t \lambda_2^{t+1} - \lambda_1^{t+1} \lambda_2^t \\
&= \lambda_1^t \lambda_2^t (\lambda_2 - \lambda_1) \\
&\neq 0
\end{aligned}
$$

wegen $\lambda_1 \neq \lambda_2$. Mithin folgt

$$
y_{AH}(t) = c_1 \lambda_1^t + c_2 \lambda_2^t, \; c_1, c_2 \in \mathbb{R}. \tag{5.49}
$$

Im Fall (b) erhalten wir als erste Lösung $y_1(t) = c\lambda^t$. Wir zeigen nun, daß $y_2(t) = t\lambda^t$ eine weitere Lösung von (5.47) ist und daß $y_1(t)$ und $y_2(t)$ linear unabhängig sind.

Es ist

$$
\begin{aligned}
(t+2)\lambda^{t+2} + a_1(t+1)\lambda^{t+1} + a_0 t\lambda^t &= t\lambda^{t+2} + 2\lambda^{t+2} \\
&\quad + a_1 t\lambda^{t+1} + a_1\lambda^{t+1} + a_0 t\lambda^t \\
&= t\lambda^t \underbrace{(\lambda^2 + a_1\lambda + a_0)}_{=0} + \lambda^{t+1} \underbrace{(2\lambda + a_1)}_{=0} \\
&= 0.
\end{aligned}
$$

Folglich ist $t\lambda^t$ Lösung von (5.47). Weiterhin sind λ^t und $t\lambda^t$ linear unabhängig, denn für die Casorati-Determinante gilt:

$$\begin{aligned} C(t) &= \begin{vmatrix} \lambda^t & t\lambda^t \\ \lambda^{t+1} & (t+1)\lambda^{t+1} \end{vmatrix} \\ &= (t+1)\lambda^{2t+1} - t\lambda^{2t+1} \\ &= \lambda^{2t+1}(t+1-t) \\ &\neq 0. \end{aligned}$$

Mithin ist

$$y_{\mathrm{AH}}(t) = c_1\lambda^t + c_2 t\lambda^t, \; c_1, c_2 \in \mathbb{R}. \tag{5.50}$$

Betrachten wir schließlich den Fall (c). Für die Wurzeln $\lambda, \overline{\lambda}$ gilt $\alpha = -a_1/2$ und $\beta = \sqrt{a_1^2 - 4a_0}/2$, und die Funktionen $y_1(t) = \lambda^t$ und $y_2(t) = \overline{\lambda}^t$ lösen (5.47). Sie sind außerdem linear unabhängig, denn wir erhalten nach Satz 1.2, Gleichung (1.9):

$$\begin{aligned} C(t) &= \begin{vmatrix} \lambda^t & \overline{\lambda}^t \\ \lambda^{t+1} & \overline{\lambda}^{t+1} \end{vmatrix} \\ &= |\lambda|^{2t}\overline{\lambda} - |\lambda|^{2t}\lambda \\ &= |\lambda|^{2t}(-2i\beta) \\ &\neq 0. \end{aligned}$$

Also ist

$$y_{\mathrm{AH}}(t) = c_1\lambda^t + c_2\overline{\lambda}^t, \; c_1, c_2 \in \mathbb{R}. \tag{5.51}$$

Um auch in diesem Fall reelle Funktionen als Lösungen von (5.47) zu erhalten, greifen wir auf die Darstellung von λ mittels Polarkoordinaten zurück, siehe (1.12). Danach ist

$$\lambda = r(\cos\phi + i\sin\phi), \text{ mit } r = \sqrt{\alpha^2 + \beta^2}, \cos\phi = \frac{\alpha}{r}, \sin\phi = \frac{\beta}{r}.$$

Nach der Moivreschen Formel (1.14) ergibt sich dann

$$y_1(t) = \lambda^t = r^t(\cos t\phi + i \sin t\phi) \quad \text{und} \quad y_2(t) = \overline{\lambda}^t = r^t(\cos t\phi - i \sin t\phi).$$

Nach Satz 5.3 ist auch jede Linearkombination von $y_1(t)$ und $y_2(t)$ Lösung von (5.47), also beispielsweise auch

$$\widetilde{y}_1(t) = \frac{1}{2}\,(y_1(t) + y_2(t)) = r^t \cos t\phi$$

und

$$\widetilde{y}_2(t) = \frac{1}{2i}\,(y_1(t) + y_2(t)) = r^t \sin t\phi.$$

Diese beiden Lösungen sind reelle Funktionen und linear unabhängig, denn für die zugehörige Casorati-Determinante gilt $C(t) \neq 0$, was der Leser nachprüfen möge. Somit ist

$$y_{\mathrm{AH}}(t) = c_1 r^t \cos t\phi + c_2 r^t \sin t\phi, \; c_1, c_2 \in \mathbb{R}. \tag{5.52}$$

$y_{\mathrm{AH}}(t)$ kann noch vereinfacht werden. Zu diesem Zweck definieren wir neue Konstanten ω und A durch $c_1 = A\cos\omega$ und $c_2 = -A\sin\omega$. Dann folgt

$$c_1 \cos t\phi + c_2 \sin t\phi = A(\cos t\phi \cos\omega - \sin t\phi \sin\omega) = A\cos(t\phi + \omega).$$

Also vereinfacht sich (5.52) zu

$$y_{\mathrm{AH}}(t) = Ar^t \cos(t\phi + \omega). \tag{5.53}$$

Wir sehen, daß im Fall (c) die Lösungsfunktion in Form von Cosinus-Schwingungen oszilliert. Dabei ist Ar^t die **Amplitude** zur Zeit t, ϕ ist die **Frequenz** und ω ist die **Phase** der Oszillation. A und ω sind durch zwei Anfangsbedingungen festgelegt, was ursprünglich die Konstanten c_1 und c_2 in (5.51) waren.

Auf das Verhalten von $y_{\mathrm{AH}}(t)$ gehen wir gleich ein. Zuvor jedoch wollen wir eine spezielle Lösung $y_{\mathrm{SI}}(t)$ der linear inhomogenen Differenzengleichung bestimmen, um dann $y_{\mathrm{AI}}(t)$ angeben zu können. Wir unterscheiden dazu zwei Fälle

(a) $b(t)$ ist eine konstante Funktion mit $b(t) = b$ für ein b und alle t.

(b) $b(t)$ ist keine konstante Funktion.

Wie in Abschnitt 5.4.1 liegt im Fall (a) der Ansatz $y_{SI}(t) = k$ für eine Zahl k nahe, so daß insbesondere $k+a_1k+a_0k = b$ und damit $k = b/(1+a_1+a_0)$ folgt, sofern der Nenner nicht verschwindet. Ist $1+a_1+a_0 = 0$, so versuchen wir es mit dem Ansatz $y_{SI}(t) = kt$. Aus (5.43) ergibt sich $k(t+2)+a_1k(t+1)+a_0kt = (1 + a_1 + a_0) - k(a_1 + 2) = b$. Ist $a_1 + 2 \neq 0$, so ist $k = b/(a_1 + 2)$. Ist $a_1 + 2 = 0$, so versuchen wir es mit $y_{SI}(t) = kt^2$. Einsetzen in (5.43) und Umformen ergibt $k = b/(a_1 + 4) = b/2$.

Zusammenfassend erhalten wir

$$y_{SI}(t) = \begin{cases} \dfrac{b}{1+a_1+a_0}, & 1+a_1+a_0 \neq 0 \\ \dfrac{bt}{a_1+2}, & a_1+2 \neq 0 \\ \dfrac{bt^2}{2}, & a_1+2=0. \end{cases} \tag{5.54}$$

Addieren wir nun zur bereits gefundenen Lösung $y_{AH}(t)$ in (5.49), (5.50) bzw. (5.51) oder (5.53) die spezielle Lösung $y_{SI}(t)$ in (5.54), so erhalten wir die allgemeine Lösung der linear inhomogenen Differenzengleichung 2. Ordnung in dem Fall, wo $b(t)$ konstant ist.

Im Fall (b), wo $b(t)$ als nicht konstant angenommen wird, stehen uns grundsätzlich wieder die Methode der Variation der Konstanten und die der unbestimmten Koeffizienten auf der Suche nach einer speziellen Lösung $y_{SI}(t)$ zur Verfügung. Das erstgenannte Verfahren erweist sich allerdings als numerisch recht aufwendig, denn der Leser beachte, daß nun zwei Funktionen $c_1(t)$ und $c_2(t)$ für jeden der drei Lösungsfälle $y_{AH}(t)$ bestimmt werden müssen. Wir gehen daher hier nicht näher darauf ein. In der Regel ist die Funktion $b(t)$ von einer der bereits in Abschnitt 5.4.1 behandelten Formen, so daß der Ansatz der unbestimmten Koeffizienten oft leicht zum Ziel führt.

Beispiel 5.6

Gegeben sei die Gleichung

$$y(t+2) - 2y(t+1) + y(t) = e^t. \tag{5.55}$$

Der Ansatz $y_{SI}(t) = ce^t$ mit $c \in \mathbb{R}$ führt zu

$$ce^{t+2} - 2ce^{t+1} + ce^t = e^t.$$

Dividiert man diese Gleichung durch $e^t \neq 0$, so erhält man $ce^2 - 2ce + c = 1$ und folglich $c = 1/(e-1)^2$. Das heißt:

$$y_{\mathrm{SI}}(t) = \frac{e^t}{(e-1)^2}$$

ist eine spezielle Lösung von (5.55). ○

Wir wollen nun die globale Stabilität einer linearen Differenzengleichung 2. Ordnung mit konstanten Koeffizienten untersuchen. Dazu muß geprüft werden, wann $\lim_{t\to\infty} y_{\mathrm{AH}}(t) = \lim_{t\to\infty}(c_1 y_1(t) + c_2 y_2(t)) = 0$ gilt, wobei für $y_{\mathrm{AH}}(t)$ die folgenden drei Fälle zu betrachten sind:

(a) $y_{\mathrm{AH}}(t) = c_1\lambda_1^t + c_2\lambda_2^t$, siehe (5.49).

(b) $y_{\mathrm{AH}}(t) = (c_1 + c_2 t)\lambda^t$, siehe (5.50).

(c) $y_{\mathrm{AH}}(t) = Ar^t \cos(t\phi + \omega)$, siehe (5.53).

Offensichtlich hängt das Konvergenzverhalten von $y_{\mathrm{AH}}(t)$ entscheidend von den Wurzeln λ_1 und λ_2 der charakteristischen Gleichung $\lambda^2 + a_1\lambda + a_0 = 0$ ab.

Da die Folge $[q^n]$ für $q \in \mathbb{C}$ genau dann gegen Null konvergiert, wenn $|q| < 1$ ist, so kann der Leser sich leicht von der Gültigkeit des folgenden Satzes überzeugen.

Satz 5.8

Eine lineare Differenzengleichung 2. Ordnung mit konstanten Koeffizienten ist genau dann global stabil, wenn für die Wurzeln λ_1 und λ_2 der charakteristischen Gleichung (5.48) gilt: $|\lambda_1| < 1$ und $|\lambda_2| < 1$.

In diesem Fall konvergiert $y_{AI}(t)$ gegen die Gleichgewichtslösung $y_{SI}(t)$, und zwar unabhängig von der Wahl der beiden Anfangsbedingungen $y(t_0) = C_0$ und $y(t_1) = C_1$ zur Bestimmung von c_1 und c_2 in $y_{AH}(t)$.

Beispiel 5.7

Im Samuelson-Modell aus Abschnitt 5.2.2 ist

$$Y(t) - a(1+b)Y(t-1) + abY(t-2) = G, \quad t = 2, 3, \ldots$$

Hierzu äquivalent ist

$$Y(t+2) - a(1+b)Y(t+1) + abY(t) = G, \quad t = 0, 1, \ldots$$

mit $0 < a < 1$ und $b > 0$. Die charakteristische Gleichung ist gegeben durch $\lambda^2 - a(1+b)\lambda + ab = 0$ und besitzt die Wurzeln

$$\lambda_{1/2} = \frac{a(1+b)}{2} \pm \frac{1}{2}\sqrt{a^2(1+b)^2 - 4ab}.$$

Je nachdem, ob der Radikand größer, gleich oder kleiner ist als Null, erhalten wir zwei verschiedene reelle Wurzeln, eine doppelte reelle Wurzel bzw. zwei konjugiert komplexe Wurzeln. Im letzten Fall ist also $a^2(1+b)^2 - 4ab < 0$, woraus $a < 4b/(1+b)^2$ folgt.

Sei speziell $a = 1/2$ und $b = 1$. Dann ist $\lambda_1 = 1/2 + i/2$, $\lambda_2 = 1/2 - i/2$ und $r = |\lambda_1| = |\lambda_2| = \sqrt{2}/2$. Aus $r\cos\phi = 1/2$ folgt $\cos\phi = \sqrt{2}/2$ und analog $\sin\phi = \sqrt{2}/2$. Damit ist $\phi = \pi/4$, so daß wir schreiben können

$$\lambda_{1/2} = \frac{\sqrt{2}}{2}\left(\cos\frac{\pi}{4} \pm i\sin\frac{\pi}{4}\right).$$

Dann lautet die allgemeine Lösung der linear homogenen Differenzengleichung nach (5.53):

$$Y_{\mathrm{AH}}(t) = A\left(\frac{\sqrt{2}}{2}\right)^t \cos\left(\frac{t\pi}{4} + \omega\right).$$

Als spezielle Lösung erhalten wir

$$Y_{\mathrm{SI}}(t) = \frac{G}{1 - a(1+b) + ab} = \frac{G}{1-a} = 2G$$

wegen $a = 1/2$. Dann ergibt sich als allgemeine Lösung

$$Y_{\mathrm{AI}}(t) = Y(t) = A\left(\frac{\sqrt{2}}{2}\right)^t \cos\left(\frac{t\pi}{4} + \omega\right) + 2G.$$

Die Konstanten A und ω können über zwei vorgegebene Anfangswerte $Y(t_0) = C_0$ und $Y(t_1) = C_1$ bestimmt werden, wobei man der Einfachheit halber $t_0 = 0$ und $t_1 = 1$ setzen kann. Wegen $|\lambda_1| = |\lambda_2| = r = \sqrt{2}/2 < 1$ ist die linear homogene Differenzengleichung nach Satz 5.8 global stabil; das Volkseinkommen $Y(t)$ konvergiert für $t \to \infty$ oszillierend gegen den Gleichgewichtswert $Y_{SI} = 2G$, wobei G die (über die Zeit konstanten) Staatsausgaben sind.

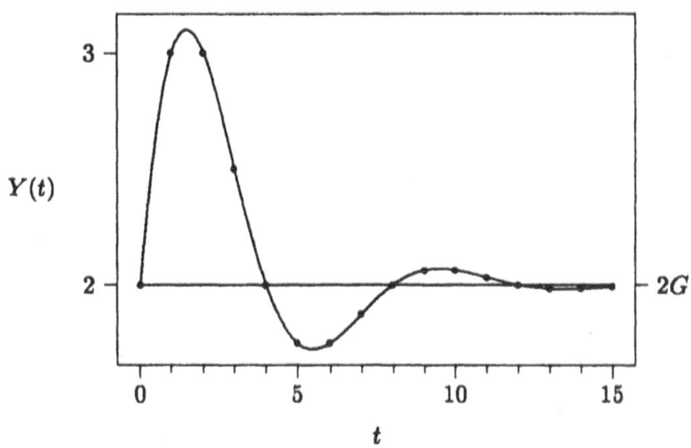

Abbildung 5.3: Volkseinkommen $Y(t)$ im Samuelson-Modell.

Abbildung 5.3 veranschaulicht den Verlauf von $Y(t)$. Werden die Anfangsbedingungen $Y(0) = 2$, $Y(1) = 3$ und $G = 1$ gewählt, so ergibt sich $\omega = \pi/2$ und $A = -2$, was der Leser nachprüfen möge. Die eindeutige Lösung lautet dann wegen $\cos(x + \pi/2) = -\sin x$:

$$Y(t) = 2\left(\frac{\sqrt{2}}{2}\right)^t \sin\left(\frac{t\pi}{4}\right) + 2.$$

○

5.4.3 Lineare Differenzengleichungen n-ter Ordnung

Es sei

$$y(t+n) + a_{n-1}y(t+n-1) + \cdots + a_1 y(t+1) + a_0 y(t) = b(t) \tag{5.56}$$

die allgemeine Form einer linearen Differenzengleichung n-ter Ordnung mit konstanten Koeffizienten $a_0, a_1, \ldots, a_{n-1} \in \mathbb{R}$, wobei wir wieder o.B.d.A. $a_n = 1$ setzen können. Behandeln wir zunächst wieder die homogene Gleichung

$$y(t+n) + a_{n-1}y(t+n-1) + \cdots + a_1 y(t+1) + a_0 y(t) = 0.$$

Analog zum Fall $n = 2$ versuchen wir es mit dem Lösungsansatz $y(t) = \lambda^t$. Das führt zu $\lambda^{t+n} + a_{n-1}\lambda^{t+n-1} + \cdots + a_1\lambda^{t+1} + a_0\lambda^t = 0$ und nach Division durch $\lambda^t \neq 0$ zur sogenannten **charakteristischen Gleichung**

$$\lambda^n + a_{n-1}\lambda^{n-1} + \cdots + a_1\lambda + a_0 = 0. \tag{5.57}$$

Diese Gleichung n-ten Grades hat genau n Wurzeln $\lambda_1, \ldots, \lambda_n$, wobei mehrfach auftretende Wurzeln entsprechend häufig gezählt werden.

Drei Fälle sind wieder zu unterscheiden:

(a) Alle Wurzeln sind reell und verschieden.

(b) Alle Wurzeln sind reell, aber nicht voneinander verschieden.

(c) Es treten komplexe Wurzeln auf.

Im Fall (a) erhalten wir n linear unabhängige Lösungen $y_1(t) = \lambda_1^t, \ldots,$ $y_n(t) = \lambda_n^t$, $\lambda_i \neq \lambda_j$ für alle $i \neq j$, was mit Hilfe der Casorati-Determinante gezeigt werden kann. Somit ist

$$y_{\mathrm{AH}}(t) = c_1\lambda_1^t + \cdots + c_n\lambda_n^t$$

mit $c_1, \ldots, c_n \in \mathbb{R}$. Im Fall (b) liefert eine p-fache Wurzel λ genau p linear unabhängige Lösungen $\lambda^t, t\lambda^t, \ldots, t^{p-1}\lambda^t$. Gibt es nun r verschiedene Wurzeln

$\lambda_1, \ldots, \lambda_r$, wobei λ_i mit der Vielfachheit p_i auftritt, d.h. $p_1 + \cdots + p_r = n$, so lautet die allgemeine Lösung

$$\begin{aligned} y_{\mathrm{AH}}(t) =& c_{11}\lambda_1^t + c_{12}t\lambda_1^t + \cdots + c_{1p_1}t^{p_1-1}\lambda_1^t \\ &+ c_{21}\lambda_2^t + c_{22}t\lambda_2^t + \cdots + c_{2p_2}t^{p_2-1}\lambda_2^t \\ &+ \cdots + c_{r1}\lambda_r^t + c_{r2}t\lambda_r^t + \cdots + c_{rp_r}t^{p_r-1}\lambda_r^t. \end{aligned}$$

Daß die n auftretenden Lösungen $t^i\lambda_j^t$ für $0 \leq i \leq p_j - 1$, $1 \leq j \leq r$ linear unabhängig sind, läßt sich wieder mit Hilfe der Casorati-Determinante zeigen.

Im Fall (c) ist zunächst wieder zu beachten, daß mit jeder komplexen Wurzel $\lambda = \alpha + i\beta$ auch die konjugiert komplexe Zahl $\overline{\lambda} = \alpha - i\beta$ eine Wurzel der charakteristischen Gleichung ist. Tritt das Paar komplexer Wurzeln $(\lambda, \overline{\lambda})$ einfach auf, so sind $r^t \sin\phi t$ und $r^t \cos\phi t$ Lösungen, siehe Gleichung (5.52). Tritt das Paar $(\lambda, \overline{\lambda})$ mit der Vielfachheit q auf, so lauten die $2q$ linear unabhängigen Lösungen

$$r^t \sin\phi t,\ r^t \cos\phi t,\ r^t t \sin\phi t,\ r^t t \cos\phi t,\ \ldots,\ r^t t^{q-1} \sin\phi t,\ r^t t^{q-1} \cos\phi t$$

mit $r = |\lambda| = \sqrt{\alpha^2 + \beta^2}$, $\sin\phi = \beta/r$ und $\cos\phi = \alpha/r$. Sind alle Wurzeln komplex und treten die r verschiedenen Paare komplexer Zahlen mit den Vielfachheiten $q_1, \ldots, q_r$ auf, wobei $q_1 + \cdots + q_r = n/2$ gilt, so läßt sich wie im Fall (b) die allgemeine Lösung sofort angeben. Sind neben den komplexen auch reelle Wurzeln vorhanden, so werden aus diesen nach (a) und (b) zusätzlich linear unabhängige Lösungen bestimmt; insgesamt müssen n linear unabhängige Lösungen gefunden werden.

Das Hauptproblem liegt natürlich darin, alle n Wurzeln der charakteristischen Gleichung zu bestimmen. Bekanntlich gibt es für $n \geq 5$ kein allgemeines Verfahren mehr, alle Wurzeln exakt zu bestimmen, und man muß sich dann meist mit Näherungsverfahren begnügen.

Hinsichtlich der Angabe einer speziellen Lösung $y_{\mathrm{SI}}(t)$ von (5.56) unterscheiden wir zwei Fälle:

(a) $b(t)$ ist eine konstante Funktion mit $b(t) = b$ für ein b und alle t.

(b) $b(t)$ ist keine konstante Funktion.

Im Fall (a) liegt wie für $n = 2$ der Ansatz $y_{\mathrm{SI}}(t) = k$ für eine Zahl k nahe. Das führt zu $k + a_{n-1}k + \cdots + a_0k = b$ und folglich

$$k = \frac{b}{1 + a_0 + \cdots + a_{n-1}},$$

sofern $1 + a_0 + \cdots + a_{n-1} \neq 0$ ist . Gilt $1 + a_0 + \cdots + a_{n-1} = 0$, so verfahren wir sukzessive so, wie für $n = 2$ in Abschnitt 5.4.1 dargestellt wurde.

Im Fall (b) bietet sich das Verfahren der unbestimmten Koeffizienten an, wenn $b(t)$ von einer der in Abschnitt 5.4.1 angegebenen Formen t^m, d^t, e^{kt}, $\sin kt$ oder $\cos kt$ ist. In diesem Fall kann man leicht eine spezielle Lösung $y_{\mathrm{SI}}(t)$ finden.

$$y_{\mathrm{AI}}(t) = y_{\mathrm{AH}}(t) + y_{\mathrm{SI}}(t).$$

Beispiel 5.8
Gegeben sei die Gleichung

$$y(t+3) - 2y(t+2) + y(t+1) - 2y(t) = 3^t. \tag{5.58}$$

Wir bestimmen zunächst $y_{\mathrm{AH}}(t)$. Die charakteristische Gleichung lautet: $\lambda^3 - 2\lambda^2 + \lambda - 2 = 0$, die die Wurzeln $\lambda_1 = 2$, $\lambda_2 = i$ und $\lambda_3 = -i$ besitzt.

Die reelle Wurzel $\lambda_1 = 2$ liefert die Lösung $y_1(t) = 2^t$. Im Fall der komplexen Wurzeln ist $\alpha = 0$ und $\beta = 1$ in $\lambda_{2/3} = \alpha \pm i\beta$. Damit ist $r = \sqrt{\alpha^2 + \beta^2} = 1$, $\sin\phi = \beta/r = 1$ und $\cos\phi = \alpha/r = 0$, also $\phi = \pi/2$. Das bedeutet:

$$y_2(t) = r^t \sin\phi t = \sin\left(\frac{\pi t}{2}\right), \quad y_3(t) = r^t \cos\phi t = \cos\left(\frac{\pi t}{2}\right)$$

und folglich

$$y_{\mathrm{AH}}(t) = c_1 2^t + c_2 \sin\left(\frac{\pi t}{2}\right) + c_3 \cos\left(\frac{\pi t}{2}\right).$$

Um eine spezielle Lösung $y_{\mathrm{SI}}(t)$ zu bestimmen, versuchen wir es mit dem Ansatz $y_{\mathrm{SI}}(t) = c3^t$, woraus $c3^{t+3} - 2c3^{t+2} + c3^{t+1} - 2c3^t = 3^t$ folgt. Division durch 3^t liefert $27c - 18c + 3c - 2c = 1$ und damit $c = 1/10$. Mithin ist

$$y_{\mathrm{SI}}(t) = \frac{1}{10}3^t.$$

Zusammenfassend lautet die allgemeine Lösung der linear inhomogenen Differenzengleichung (5.58)

$$y_{AI}(t) = c_1 2^t + c_2 \sin\left(\frac{\pi t}{2}\right) + c_3 \cos\left(\frac{\pi t}{2}\right) + \frac{1}{10}3^t.$$

Die Koeffizienten c_1, c_2 und c_3 lassen sich aus drei vorgegebenen Anfangswerten $y(0) = C_0$, $y(1) = C_1$ und $y(2) = C_2$ bestimmen. Sei etwa $y(0) = 1$, $y(1) = 2$ und $y(2) = -1$. Dann ist das folgende lineare Gleichungssystem zu lösen:

$$\begin{aligned} c_1 + \quad\quad + c_3 + \tfrac{1}{10} &= 1 \\ 2c_1 + 2c_2 + \quad + \tfrac{3}{10} &= 2 \\ 4c_1 \quad\quad - c_3 + \tfrac{9}{10} &= -1. \end{aligned}$$

Man erhält $c_1 = -1/5$, $c_2 = 21/10$ und $c_3 = 11/10$. Die eindeutige Lösung lautet somit

$$y(t) = -\frac{1}{5}2^t + \frac{21}{10}\sin\left(\frac{\pi t}{2}\right) + \frac{11}{10}\cos\left(\frac{\pi t}{2}\right) + \frac{1}{10}3^t.$$

○

Hinsichtlich einiger ökonomischer Anwendungsbeispiele für eine lineare Differenzengleichung n-ter Ordnung mit $n > 2$ sei auf Rommelfanger (1977) verwiesen.

Häufig sind wir aber nicht an der expliziten Lösung $y_{AI}(t)$ interessiert, sondern vielmehr an ihrem qualitativem Verhalten, insbesondere für $t \to \infty$. Das wirft die Frage nach der Stabilität der linearen Differenzengleichung n-ter Ordnung auf. Wie im Fall $n = 2$ gilt der folgende Satz, auf dessen Beweis hier verzichtet sei, siehe dazu z.B. Gandolfo (1997). Der Leser beachte die entsprechenden Überlegungen in Abschnitt 5.4.2.

Satz 5.9

Eine lineare Differenzengleichung n-ter Ordnung mit konstanten Koeffizienten ist genau dann global stabil, wenn für die Wurzeln $\lambda_1, \ldots, \lambda_n$ der charakteristischen Gleichung (5.57) gilt: $|\lambda_i| < 1$ für alle $i = 1, \ldots, n$. In diesem Fall konvergiert $y_{AI}(t)$ gegen die Gleichgewichtslösung $y_{SI}(t)$, und zwar unabhängig von der Wahl der n Anfangsbedingungen

$$y(0) = C_0, y(1) = C_1, \ldots, y(n-1) = C_{n-1}.$$

Die Anwendung dieses Satzes zur Überprüfung der Stabilität einer linearen Differenzengleichung erweist sich insofern als problematisch, da, wie bereits erwähnt, die Berechnung der n Wurzeln der charakteristischen Gleichung häufig sehr mühsam ist. Dann wird man nach einfacheren Kriterien Ausschau halten, insbesondere nach solchen, die es gestatten, direkt über die Koeffizienten $a_0, \ldots, a_{n-1}$ der charakteristischen Gleichung zu prüfen, ob alle Wurzeln $\lambda_1, \ldots, \lambda_n$ betragsmäßig kleiner sind als 1. Das ist natürlich darauf zurückzuführen, daß die Wurzeln $\lambda_1, \ldots, \lambda_n$ durch die Koeffizienten $a_0, \ldots, a_{n-1}$ bestimmt sind, denn beispielsweise ist $\lambda_{1/2} = -a_1/2 \pm \sqrt{a_1^2 - 4a_0}/2$ für $n = 2$.

Unter den zahlreichen dieser Kriterien wollen wir hier das recht einfache **Kriterium von Schur** angeben.

Satz 5.10

Die Wurzeln der Gleichung

$$a_n x^n + a_{n-1}x^{n-1} + \cdots + a_2 x^2 + a_1 x + a_0 = 0$$

sind genau dann betragsmäßig kleiner als 1, wenn die folgenden n Determinanten größer sind als 0:

$$S_1 = \left|\begin{array}{c|c} a_n & a_0 \\ \hline a_0 & a_n \end{array}\right|$$

$$S_2 = \left|\begin{array}{cc|cc} a_n & 0 & a_0 & a_1 \\ a_{n-1} & a_n & 0 & a_0 \\ \hline a_0 & 0 & a_n & a_{n-1} \\ a_1 & a_0 & 0 & a_n \end{array}\right|$$

$$\vdots$$

$$S_n = \left|\begin{array}{cccc|cccc} a_n & 0 & \ldots & 0 & a_0 & a_1 & \ldots & a_{n-1} \\ a_{n-1} & a_n & \ldots & 0 & 0 & a_0 & \ldots & a_{n-2} \\ \vdots & \vdots & \ddots & \vdots & \vdots & \vdots & \ddots & \vdots \\ a_1 & a_2 & \ldots & a_n & 0 & 0 & \ldots & a_0 \\ \hline a_0 & 0 & \ldots & 0 & a_n & a_{n-1} & \ldots & a_1 \\ a_1 & a_0 & \ldots & 0 & 0 & a_n & \ldots & a_2 \\ \vdots & \vdots & \ddots & \vdots & \vdots & \vdots & \ddots & \vdots \\ a_{n-1} & a_{n-2} & \ldots & a_0 & 0 & 0 & \ldots & a_n \end{array}\right| .$$

Beweis: Siehe Chipman (1951). ❑

Die Linien sollen die Struktur der Determinanten verdeutlichen. Für den Fall $n = 2$ mit $a_2 = 1$ läßt sich aus den Bedingungen $S_1 > 0$ und $S_2 > 0$ ein einfaches Kriterium für die globale Stabilität über die Koeffizienten a_0, a_1 und $a_2 = 1$ angeben, siehe Aufgabe 5.4

5.4.4 Systeme von linearen Differenzengleichungen

Betrachten wir zur Einführung das in Abschnitt 5.2.2 behandelte Modell von Samuelson, das wir durch die Einführung von Koeffizienten mit dem Wert 0 in folgender äquivalenter Form schreiben können:

$$Y(t+1) = a(1+b)Y(t) - bC(t) + 0 \cdot I(t) + 1 \cdot G \tag{5.59}$$

$$C(t+1) = aY(t) + 0 \cdot C(t) + 0 \cdot I(t) + 0 \cdot G \tag{5.60}$$

$$I(t+1) = abY(t) - bC(t) + 0 \cdot I(t) + 0 \cdot G \tag{5.61}$$

mit $0 < a < 1$ und $b > 0$. Dies ist ein sogenanntes **lineares Differenzengleichungssystem 1. Ordnung**.

Das Studium linearer Differenzengleichungssysteme 1. Ordnung erweist sich insofern als ausgesprochen nützlich, weil — wie wir sehen werden — jede lineare Differenzengleichung n-ter Ordnung durch ein System von n Differenzengleichungen 1. Ordnung ersetzt werden kann. Das erleichtert die Suche nach Lösungen von linearen Differenzengleichungen n-ter Ordnung.

Das allgemeine lineare Differenzengleichungssystem 1. Ordnung mit konstanten Koeffizienten lautet in expliziter Form

$$\begin{aligned}
y_1(t+1) &= a_{11}y_1(t) \quad + \cdots + a_{1n}y_{1n}(t) + b_1(t) \\
y_2(t+1) &= a_{21}y_1(t) \quad + \cdots + a_{2n}y_{2n}(t) + b_2(t) \\
\vdots \qquad & \qquad \vdots \qquad\qquad\qquad \vdots \qquad\quad \vdots \\
y_n(t+1) &= a_{n1}y_1(t) \quad + \cdots + a_{nn}y_{nn}(t) + b_n(t)
\end{aligned}$$

mit $a_{ij} \in \mathbb{R}$ für $1 \leq i, j \leq n$. Dieses System kann wie folgt in Matrixform geschrieben werden

$$\begin{pmatrix} y_1(t+1) \\ y_2(t+1) \\ \vdots \\ y_n(t+1) \end{pmatrix} = \begin{pmatrix} a_{11} & a_{12} & \cdots & a_{1n} \\ a_{21} & a_{22} & \cdots & a_{2n} \\ \vdots & \vdots & \ddots & \vdots \\ a_{n1} & a_{n2} & \cdots & a_{nn} \end{pmatrix} \begin{pmatrix} y_1(t) \\ y_2(t) \\ \vdots \\ y_n(t) \end{pmatrix} + \begin{pmatrix} b_1(t) \\ b_2(t) \\ \vdots \\ b_n(t) \end{pmatrix}$$

oder

$$\mathbf{y}(t+1) = \mathbf{A}\mathbf{y}(t) + \mathbf{b}(t). \tag{5.62}$$

Im Gegensatz zu allen bisher betrachteten linearen Differenzengleichungen, in denen eine Funktion $y(t)$ als Lösung gesucht wurde, geht es hier um die Suche nach einem ***Funktionentupel*** als Lösung des linearen Differenzengleichungssystems. Die Bedeutung von linearen Differenzengleichungssystemen 1. Ordnung verdeutlicht der bereits angedeutete

Satz 5.11

Jede lineare Differenzengleichung n-ter Ordnung mit konstanten Koeffizienten kann als ein System von n linearen Differenzengleichungen 1. Ordnung mit konstanten Koeffizienten geschrieben werden.

Beweis: Sei $y(t+n) + a_{n-1}y(t+n-1) + \cdots + a_1 y(t+1) + a_0 y(t) = b(t)$ eine lineare Differenzengleichung n-ter Ordnung mit $a_0, a_1, \ldots, a_{n-1} \in \mathbb{R}$. Wir setzen

$$\begin{aligned} y_1(t) &:= y(t) \\ y_2(t) &:= y_1(t+1) = y(t+1) \\ &\vdots \\ y_n(t) &:= y_{n-1}(t+1) = y(t+n-1) \end{aligned}$$

und erhalten

$$\begin{aligned} y_1(t+1) &= \quad y_2(t) \\ y_2(t+1) &= \quad\quad y_3(t) \\ &\vdots \\ y_{n-1}(t+1) &= \quad\quad\quad y_n(t) \\ y_n(t+1) &= -a_0 y_1(t) - a_1 y_2(t) - a_3 y_3(t) - \cdots - a_{n-1} y_n(t) \quad + \quad b(t). \end{aligned}$$

Dies ist ein System von n linearen Differenzengleichungen 1. Ordnung mit konstanten Koeffizienten. ❑

Um die allgemeine Lösung von (5.62) zu bestimmen, könnten wir wie in den vorangegangenen Abschnitten zunächst die allgemeine Lösung des zugehörigen homogenen Gleichungssystems $\mathbf{y}(t+1) - \mathbf{A}\mathbf{y}(t) = \mathbf{0}$ und anschließend eine spezielle Lösung des inhomogenen Gleichungssystems bestimmen. Dann stellt auch hier die Summe dieser beiden Lösungen die allgemeine Lösung des inhomogenen Gleichungssystems dar, was der Leser prüfen kann.

Einfacher jedoch ist der folgende direkte Ansatz zur Bestimmung der allgemeinen Lösung. Wir setzen der Reihe nach $t = 0, 1, 2, \ldots$ in (5.62) und erhalten

$$\begin{aligned}
\mathbf{y}(1) &= \mathbf{A}\mathbf{y}(0) + \mathbf{b}(0) \\
\mathbf{y}(2) &= \mathbf{A}\mathbf{y}(1) + \mathbf{b}(1) = \mathbf{A}^2\mathbf{y}(0) + \mathbf{A}\mathbf{b}(0) + \mathbf{b}(1) \\
\mathbf{y}(3) &= \mathbf{A}\mathbf{y}(2) + \mathbf{b}(2) = \mathbf{A}^3\mathbf{y}(0) + \mathbf{A}^2\mathbf{b}(0) + \mathbf{A}\mathbf{b}(1) + \mathbf{b}(2)
\end{aligned}$$

und allgemein

$$\mathbf{y}(t) = \mathbf{A}^t\mathbf{y}(0) + \mathbf{A}^{t-1}\mathbf{b}(0) + \mathbf{A}^{t-2}\mathbf{b}(1) + \cdots + \mathbf{b}(t-1). \tag{5.63}$$

Ist $\mathbf{b}(t) = (b_1, \ldots, b_n)^\top \in \mathbb{R}^n$ ein Vektor von Konstanten, so ergibt sich als Lösung

$$\mathbf{y}(t) = \mathbf{A}^t\mathbf{y}(0) + (\mathbf{I} + \mathbf{A} + \cdots + \mathbf{A}^{t-1})\mathbf{b}. \tag{5.64}$$

Um also die allgemeine Lösung (5.63) bzw. (5.64) von (5.62) zu bestimmen, müssen Matrix-Potenzen berechnet werden, was im Zeitalter des Computers kein Problem darstellt.

5.4.5 Darstellung der Lösung mit Hilfe von Eigenwerten

Wir wollen nun noch eine andere Darstellung für $\mathbf{y}(t)$ in (5.64) angeben, indem die Matrix $\mathbf{A}^t$ durch eine andere Matrix ersetzt wird. Sind alle Eigenwerte von $\mathbf{A}$ verschieden, so sind die zugehörigen Eigenvektoren linear unabhängig, siehe Satz 1.15(vi). Dann ist $\mathbf{A}$ nach Satz 1.17(ii) der Diagonalmatrix $\mathbf{D}$ mit den Eigenwerten von $\mathbf{A}$ ähnlich, und die Matrix $\mathbf{S}$ der zugehörigen Eigenvektoren erfüllt die Diagonalisierbarkeitsbedingung, so daß gilt $\mathbf{A} = \mathbf{S}\mathbf{D}\mathbf{S}^{-1}$. Es folgt nun mit $\mathbf{D}^t = \mathrm{diag}(d_1^t, \ldots, d_n^t)$:

$$\mathbf{A}^t = \underbrace{(\mathbf{S}\mathbf{D}\mathbf{S}^{-1})(\mathbf{S}\mathbf{D}\mathbf{S}^{-1})\cdots(\mathbf{S}\mathbf{D}\mathbf{S}^{-1})}_{t \textbf{ Faktoren}} = \mathbf{S}\mathbf{D}^t\mathbf{S}^{-1}.$$

Damit wird Gleichung (5.64) zu

$$\mathbf{y}(t) = \mathbf{S}\mathbf{D}^t\mathbf{S}^{-1}\mathbf{y}(0) + (\mathbf{I} + \mathbf{S}\mathbf{D}\mathbf{S}^{-1} + \cdots + \mathbf{S}\mathbf{D}^{t-1}\mathbf{S}^{-1})\mathbf{b}. \tag{5.65}$$

Alle Informationen über das dynamische Verhalten von $\mathbf{y}(t)$ stecken also in der Diagonalmatrix $\mathbf{D}$ der Eigenwerte von $\mathbf{A}$. Das Problem der Berechnung von $\mathbf{D}^t$ liegt natürlich darin, vorab die Eigenwerte $d_1, \ldots, d_n$ als Wurzeln des charakteristischen Polynoms zu bestimmen. Das kann aufwendig oder sogar exakt nicht möglich sein. Sind jedoch die Eigenwerte, wenngleich nur näherungsweise, und die zugehörigen Eigenvektoren bestimmt, dann ist die Berechnung von $\mathbf{y}(t)$ sehr einfach.

Es sei an dieser Stelle darauf hingewiesen, daß auch für den Fall gleicher Eigenwerte die Matrix $\mathbf{A}^t$ durch eine andere Matrix ersetzt werden kann, die möglicherweise leichter zu berechnen ist. Dazu wird $\mathbf{A}$ über eine reguläre Matrix $\mathbf{T}$ auf eine Jordan-Normalform übergeführt, siehe Satz 1.18, sowie Murata (1977) und Tu (1993).

Wir wollen noch die Frage nach der Stabilität eines linearen Differenzengleichungssystems für den Fall $\mathbf{b}(t) = \mathbf{b} = (b_1, \ldots, b_n)^{\mathsf{T}} \in \mathbb{R}^n$ aufgreifen. Die allgemeine Lösung lautet nach (5.64):

$$\mathbf{y}(t) = \mathbf{A}^t\mathbf{y}(0) + (\mathbf{I} + \mathbf{A} + \cdots + \mathbf{A}^{t-1})\mathbf{b}.$$

Es ist $(\mathbf{I} + \mathbf{A} + \cdots + \mathbf{A}^{t-1})(\mathbf{I} - \mathbf{A}) = \mathbf{I} - \mathbf{A}^t$. Ist $\mathbf{I} - \mathbf{A}$ regulär, so folgt $(\mathbf{I} + \mathbf{A} + \cdots + \mathbf{A}^{t-1}) = (\mathbf{I} - \mathbf{A}^t)(\mathbf{I} - \mathbf{A})^{-1}$. Dann erhalten wir

$$\mathbf{y}(t) = \mathbf{A}^t\mathbf{y}(0) + (\mathbf{I} - \mathbf{A}^t)(\mathbf{I} - \mathbf{A})^{-1}\mathbf{b}. \tag{5.66}$$

Das lineare Differenzengleichungssystem ist offensichtlich genau dann global stabil, wenn gilt $\lim_{t\to\infty} \mathbf{A}^t = \mathbf{0}$. Dann strebt $\mathbf{y}(t)$ unabhängig vom Anfangszustand $\mathbf{y}(0)$ gegen den konstanten Vektor $(\mathbf{I} - \mathbf{A})^{-1}\mathbf{b}$, den sogenannten **Gleichgewichtsvektor**.

Wann gilt nun $\lim_{t\to\infty} \mathbf{A}^t = 0$? Es sei $\mathbf{A}^t = \mathbf{S}\mathbf{D}^t\mathbf{S}^{-1}$ bzw. $\mathbf{D}^t = \mathbf{S}^{-1}\mathbf{A}^t\mathbf{S}$. Offensichtlich strebt $\mathbf{A}^t$ genau dann gegen $\mathbf{0}$, wenn $\mathbf{D}^t$ gegen $\mathbf{0}$ strebt. Die Diagonalmatrix $\mathbf{D}^t$ hat aber genau dann die Nullmatrix als Grenzmatrix, wenn $\lim_{t\to\infty} d_i^t = 0$ oder äquivalent $|d_i| < 1$ für alle $i = 1, \ldots, n$ gilt. Dieses Ergebnis entspricht einer Teilaussage von Satz 4.9: $\lim_{t\to\infty} \mathbf{A}^t = \mathbf{0}$ ist äquivalent damit, daß gilt $\mathrm{s}(\mathbf{A}) < 1$, wobei $\mathrm{s}(\mathbf{A})$ der Spektralradius von $\mathbf{A}$ ist, siehe Definition 4.3. Somit haben wir den folgenden Satz bewiesen (siehe auch Satz 5.9).

Satz 5.12

Ein lineares Differenzengleichungssystem 1. Ordnung mit konstanten Koeffizienten $\mathbf{y}(t+1) = \mathbf{A}\mathbf{y}(t)+\mathbf{b}$ *ist genau dann global stabil, wenn alle Eigenwerte der Matrix* $\mathbf{A}$ *betragsmäßig kleiner sind als 1. Ferner strebt jede Lösung* $\mathbf{y}(t)$ *mit* $t \to \infty$ *gegen den Gleichgewichtsvektor* $(\mathbf{I}-\mathbf{A})^{-1}\mathbf{b}$.

Wie erwähnt, sind die Eigenwerte einer Matrix nicht immer leicht zu berechnen. Deswegen suchen wir nach Kriterien, nach denen aus den Elementen a_{ij} der Matrix $\mathbf{A}$ direkt auf Stabilität bzw. Nichtstabilität geschlossen werden kann. Aus der Vielzahl solcher hinreichenden bzw. notwendigen Kriterien (siehe z.B. Gandolfo (1997)) wählen wir jeweils eins aus:

Satz 5.13

Gilt $\sum_{j=1}^{n} |a_{ij}| < 1$ *für alle* $i = 1,\ldots,n$ *oder* $\sum_{i=1}^{n} |a_{ij}| < 1$ *für alle* $j = 1,\ldots,n$, *so sind alle Eigenwerte der Matrix* $\mathbf{A} = (a_{ij})$ *betragsmäßig kleiner als 1.*

Beweis: Er folgt unmittelbar aus Satz 4.6, Seite 212, wenn für $||\mathbf{A}||$ die Zeilen- bzw. Spaltennorm gewählt wird. ❑

Satz 5.14

Die Eigenwerte der (n,n)-Matrix $\mathbf{A} = (a_{ij})$ *seien alle betragsmäßig kleiner als 1. Dann gilt* $|\operatorname{tr}(\mathbf{A})| = |\sum_{i=1}^{n} a_{ii}| < n$.

Beweis: Aus Satz 1.15(ix), Seite 26 und der Dreiecksungleichung folgt:

$$\left|\sum_{i=1}^{n} a_{ii}\right| = |\operatorname{tr}\mathbf{A}| = \left|\sum_{i=1}^{n} \lambda_i\right| \le \sum_{i=1}^{n} |\lambda_i| < n.$$

❑

Beispiel 5.9 (Fortsetzung von Beispiel 5.7)

Das Samuelson-Modell lautet in Matrixform

$$\begin{pmatrix} Y(t+1) \\ C(t+1) \\ I(t+1) \end{pmatrix} = \begin{pmatrix} a(1+b) & -b & 0 \\ a & 0 & 0 \\ ab & -b & 0 \end{pmatrix} \begin{pmatrix} Y(t) \\ C(t) \\ I(t) \end{pmatrix} + \begin{pmatrix} G \\ 0 \\ 0 \end{pmatrix}$$

mit $0 < a < 1$ und $b > 0$. Damit entspricht $Y(t)$ in der obigen Notation $y_1(t)$, $C(t)$ entspricht $y_2(t)$, $I(t)$ entspricht $y_3(t)$ und $(G,0,0)^\top$ entspricht $\mathbf{b}(t) = \mathbf{b}$. Als Lösung erhalten wir

$$\begin{pmatrix} Y(t) \\ C(t) \\ I(t) \end{pmatrix} = \mathbf{A}^t \begin{pmatrix} Y(0) \\ C(0) \\ I(0) \end{pmatrix} + (\mathbf{I} + \mathbf{A} + \cdots + \mathbf{A}^{t-1}) \begin{pmatrix} G \\ 0 \\ 0 \end{pmatrix}$$

mit

$$\mathbf{A} = \begin{pmatrix} a(1+b) & -b & 0 \\ a & 0 & 0 \\ ab & -b & 0 \end{pmatrix}.$$

Die Nullstellen des charakteristischen Polynoms von **A** sind bestimmt durch

$$\begin{aligned} |\mathbf{A} - \lambda\mathbf{I}| &= \begin{vmatrix} a(1+b) - \lambda & -b & 0 \\ a & -\lambda & 0 \\ ab & -b & -\lambda \end{vmatrix} \\ &= -\lambda(\lambda^2 - a\lambda(1+b) + ab) \\ &= 0, \end{aligned}$$

woraus

$$\lambda_{1/2} = \frac{a(1+b)}{2} \pm \frac{1}{2}\sqrt{a^2(1+b)^2 - 4ab}$$

und $\lambda_3 = 0$ folgt.

Der Eigenwert $\lambda_3 = 0$ trägt nicht zur allgemeinen Lösung $\mathbf{y}_{\mathrm{AH}}(t)$ der entsprechenden linear homogenen Differenzengleichung 2. Ordnung bei, siehe Abschnitt 5.4.2. Das bedeutet, daß das obige lineare Differenzengleichungssystem — wie erwähnt — in seiner dynamischen Form redundant ist. Für $\lambda_1 \neq \lambda_2$ ist also die Matrix **A** ähnlich zur Diagonalmatrix $\mathbf{D} = \mathrm{diag}(\lambda_1, \lambda_2, 0)$ ihrer Eigenwerte.

Die notwendige Bedingung $|\mathrm{tr}(\mathbf{A})| < n$ aus Satz 5.14 entspricht hier der Ungleichung $a(1+b) < 3$ mit $0 < a < 1$ und $b > 0$. Wird speziell $a = 1/2$ und $b = 1$ gewählt, so ist

$$\mathbf{A} = \begin{pmatrix} 1 & -1 & 0 \\ 1/2 & 0 & 0 \\ 1/2 & -1 & 0 \end{pmatrix}$$

und $\lambda_{1/2} = 1/2 \pm i/2$, $\lambda_3 = 0$. Wegen $|\lambda_1| = |\lambda_2| = \sqrt{2}/2 < 1$ ist das obige System stabil, und für den Gleichgewichtsvektor erhalten wir

$$(\mathbf{I} - \mathbf{A})^{-1} \begin{pmatrix} G \\ 0 \\ 0 \end{pmatrix} = \begin{pmatrix} 2 & -2 & 0 \\ 1 & 0 & 0 \\ 0 & -1 & 1 \end{pmatrix} \begin{pmatrix} G \\ 0 \\ 0 \end{pmatrix} = \begin{pmatrix} 2G \\ G \\ 0 \end{pmatrix},$$

so daß folgt $(Y(t), C(t), I(t))^\top \to (2G, G, 0)^\top$ für $t \to \infty$.

Die notwendige Bedingung für Stabilität über die Koeffizienten von $\mathbf{A}$ ist wegen $(1 + 1)/2 = 1 < 3$ erfüllt, nicht jedoch eine der hinreichenden Bedingungen von Satz 5.13, wenngleich wir von dem System gezeigt haben, daß es stabil ist. ○

Beispiel 5.10

In Abschnitt 4.2.4 haben wir das folgende geschlossene Input-Output-Modell betrachtet

$$\mathbf{x}(t) = \mathbf{A}\mathbf{x}(t) + \mathbf{B}(\mathbf{x}(t+1) - \mathbf{x}(t)), \tag{5.67}$$

wobei $\mathbf{x}(t)$ den Bruttoproduktionsvektor, $\mathbf{A}$ die Input-Output-Matrix und $\mathbf{B}$ die Investitionsmatrix bedeuten. Wir betrachten hier also das Leontief-Modell mit diskreter Zeit. (Bei Annahme einer stetigen Zeitvariablen t liegt ein lineares Differentialgleichungssystem vor, das allgemein in Abschnitt 5.5.4 behandelt wird.)

Unterstellen wir, daß $\mathbf{B}$ regulär ist, so ergibt sich

$$\mathbf{x}(t+1) = (\mathbf{I} + \mathbf{B}^{-1}(\mathbf{I} - \mathbf{A}))\mathbf{x}(t) = \mathbf{C}\mathbf{x}(t) \tag{5.68}$$

mit $\mathbf{C} = \mathbf{I} + \mathbf{B}^{-1}(\mathbf{I} - \mathbf{A})$. Dies ist ein linear homogenes Differenzengleichungssystem mit konstanten Koeffizienten. Als allgemeine Lösung erhalten wir nach (5.64):

$$\mathbf{x}(t) = \mathbf{C}^t\mathbf{x}(0).$$

Eine spezielle Lösung $\mathbf{x}_S(t)$ des Systems (5.68) ist für $i = 1, \ldots, n$ gegeben durch $\mathbf{x}_S(t) = d_i^t\mathbf{p}_i$, wobei d_i ein Eigenwert von $\mathbf{C}$ und $\mathbf{p}_i$ ein zugehöriger Eigenvektor ist. Der Nachweis gelingt sofort durch Einsetzen von $\mathbf{x}_S(t)$ in (5.68).

Es drängt sich nun unmittelbar die Frage auf, wie sichergestellt werden kann, daß d_i und alle Komponenten von $\mathbf{p}_i$ nichtnegativ sind. Anderenfalls wäre nämlich die Lösung $\mathbf{x}_S(t)$ ökonomisch nicht sinnvoll interpretierbar. Ist die Matrix **C** nichtnegativ und unzerlegbar, so existiert nach Satz 4.16 ein nichtnegativer Eigenwert, die Frobeniuswurzel, und ein dazugehörender semipositiver Eigenvektor, und wir erhalten eine ökonomisch sinnvolle Lösung.

Im allgemeinen kann jedoch nicht vorausgesetzt werden, daß $\mathbf{C} = \mathbf{I}+\mathbf{B}^{-1}(\mathbf{I}-\mathbf{A})$ nichtnegativ ist. Hat die Matrix **A** beispielweise nur positive Elemente und ist $\mathbf{B} = \mathbf{I}$, so enthält die Matrix $\mathbf{C} = 2\mathbf{I} - \mathbf{A}$ negative Elemente. Die Tatsache allerdings, daß **C** nicht unbedingt nichtnegativ ist, schließt eine sogenannte balancierte Wachstumslösung nicht aus; siehe Abschnitt 4.2.4 und Beispiel 4.5. Die Stabilität des Systems (5.68) kann mit Hilfe von Satz 5.12 geprüft werden.

Es sei noch kurz auf das offene Leontief-Modell hingewiesen:

$$\mathbf{x}(t+1) = (\mathbf{I} + \mathbf{B}^{-1}(\mathbf{I} - \mathbf{A}))\mathbf{x}(t) + \mathbf{g}(t) = \mathbf{C}\mathbf{x}(t) + \mathbf{g}(t),$$

worin $\mathbf{g}(t)$ den Endnachfragevektor der n Güter zur Zeit t bedeutet. Die Lösung dieses linear inhomogenen Differenzengleichungssystems ergibt sich aus (5.63), siehe auch Woods (1990). ○

Zum Abschluß wollen wir noch kurz auf ein lineares Differenzengleichungssystem p-ter Ordnung mit konstanten Koeffizienten eingehen. Es hat die allgemeine Form:

$$\mathbf{y}(t+p) = \mathbf{A}_{n-1}\mathbf{y}(t+p-1) + \cdots + \mathbf{A}_0\mathbf{y}(t) + \mathbf{b}(t), \tag{5.69}$$

wobei $\mathbf{A}_i$ für $i = 0, \ldots, n$ eine (n,n)-Matrix ist. Dieses System kann in ein lineares Differenzengleichungssystem 1. Ordnung überführt werden. Es sei

$$\mathbf{z}(t+1) = \begin{pmatrix} \mathbf{y}(t+p) \\ \mathbf{y}(t+p-1) \\ \mathbf{y}(t+p-2) \\ \vdots \\ \mathbf{y}(t+1) \end{pmatrix}, \quad \mathbf{g}(t) = \begin{pmatrix} \mathbf{b}(t) \\ \mathbf{0} \\ \mathbf{0} \\ \vdots \\ \mathbf{0} \end{pmatrix}$$

und

$$\mathbf{A} := \begin{pmatrix} \mathbf{A}_{n-1} & \mathbf{A}_{n-2} & \mathbf{A}_{n-3} & \cdots & \mathbf{A}_0 \\ \mathbf{I} & \mathbf{0} & \mathbf{0} & \cdots & \mathbf{0} \\ \mathbf{0} & \mathbf{I} & \mathbf{0} & \cdots & \mathbf{0} \\ \vdots & \vdots & \ddots & \ddots & \vdots \\ \mathbf{0} & \mathbf{0} & \cdots & \mathbf{I} & \mathbf{0} \end{pmatrix}.$$

Man beachte, daß $\mathbf{z}(t+1)$ und $\mathbf{g}(t)$ np-elementige Vektoren sind, und $\mathbf{A}$ ist eine (np, np)-Matrix. Dann ist $\mathbf{z}(t+1) = \mathbf{A}\mathbf{z}(t) + \mathbf{g}(t)$ ein lineares Differenzengleichungssystem 1. Ordnung , worin die ersten n Gleichungen identisch sind mit (5.69) und die restlichen $n(p-1)$ Gleichungen Identitäten sind. Die Theorie linearer Differenzengleichungssysteme p-ter Ordnung kann somit auf die der linearen Differenzengleichungssysteme 1. Ordnung zurückgeführt werden.

5.5 Lineare Differentialgleichungen mit konstanten Koeffizienten

5.5.1 Lineare Differentialgleichungen 1. Ordnung

Die allgemeine Form einer linearen Differentialgleichung 1. Ordnung lautet $a_1 y'(t) + a_0 y(t) = g(t)$ oder

$$y'(t) - ay(t) = b(t) \tag{5.70}$$

mit $a := -a_0/a_1$, $b(t) = g(t)/a_1$ und $a_1 \neq 0$.

Zur Bestimmung der allgemeinen Lösung $y_{\mathrm{AI}}(t) = y_{\mathrm{AH}}(t) + y_{\mathrm{SI}}(t)$ von (5.70) berechnen wir zunächst die allgemeine Lösung $y_{\mathrm{AH}}(t)$ der zugehörigen linear homogenen Differentialgleichung. Sei also $y'(t) - ay(t) = 0$, d.h.

$$\frac{y'(t)}{y(t)} = a.$$

Integration auf beiden Seiten ergibt $\ln|y(t)| = at + C_1$, wobei $C_1 \in \mathbb{R}$ beliebig gewählt ist. Hieraus folgt $|y(t)| = e^{at+C_1}$ und damit $y(t) = Ce^{at}$ mit $C = \pm e^{C_1}$. Da eine linear homogene Differentialgleichung 1. Ordnung genau eine linear unabhängige Lösung hat, ist also

$$y_{\mathrm{AH}}(t) = Ce^{at}.$$

Bei vorgegebenem Anfangswert $y(0)$ ist die Konstante C gerade gleich $y(0)$, und die Lösung ist dann eindeutig.

Betrachten wir nun die inhomogene Gleichung $y'(t) - ay(t) = b(t)$. Zwei Fälle sind zu unterscheiden:

(a) $b(t) = b$ für alle t mit $b \in \mathbb{R}$.

(b) $b(t)$ ist nicht konstant.

Im Fall (a) versuchen wir es mit dem Lösungsansatz $y_{\mathrm{SI}}(t) = k$ mit $k \in \mathbb{R}$. Dann folgt $-ak = b$, woraus $k = y_{\mathrm{SI}}(t) = -b/a$ folgt für $a \neq 0$. Ist $a = 0$, so ist $y_{\mathrm{SI}}(t) = bt$ eine spezielle Lösung. Zusammenfassend ergibt sich:

$$y_{\mathrm{AI}}(t) = \begin{cases} Ce^{at} - \dfrac{b}{a} & \text{für } a \neq 0, \\ C + bt & \text{für } a = 0. \end{cases} \tag{5.71}$$

Im Fall (b) bieten sich — wie bereits in Abschnitt 5.4.1 beschrieben — zwei Verfahren zur Bestimmung einer speziellen Lösung $y_{\mathrm{SI}}(t)$ an, die Methode der Variation der Konstanten und die der unbestimmten Koeffizienten.

Methode der Variation der Konstanten: Die Konstante C in $y_{\mathrm{AH}}(t) = Ce^{at}$ wird durch eine Funktion $C(t)$ so bestimmt, daß $C(t)e^{at}$ eine spezielle Lösung der linear inhomogenen Differentialgleichung ist. Mit $y_{\mathrm{SI}}(t) = C(t)e^{at}$ folgt $y'_{\mathrm{SI}}(t) = C'(t)e^{at} + aC(t)e^{at}$, was eingesetzt in (5.70) ergibt:

$$\begin{aligned} C'(t)e^{at} + aC(t)e^{at} - aC(t)e^{at} \overset{!}{=} b(t) &\Leftrightarrow C'(t)e^{at} = b(t) \\ &\Leftrightarrow C'(t) = b(t)e^{-at}. \end{aligned}$$

Da keine Verwechslung bezüglich Funktions- und Integrationsvariablen t zu befürchten ist, schreiben wir für die Lösung $C(t)$:

$$C(t) = \int b(t)e^{-at}\,dt \qquad \text{und damit} \qquad y_{\mathrm{SI}}(t) = e^{at}\int b(t)e^{-at}\,dt.$$

Zusammenfassend erhalten wir im Fall (b):

$$y_{\mathrm{AI}}(t) = Ce^{at} + e^{at}\int b(t)e^{-at}\,dt. \tag{5.72}$$

Beispiel 5.11
In der linear inhomogenen Differentialgleichung $y'(t) - 2y(t) = e^t$ ist $a = 2$ und $b(t) = e^t$. Es ist $y_{\text{AH}}(t) = Ce^{2t}$ und

$$y_{\text{SI}}(t) = e^{2t} \int e^t e^{-2t}\, dt = e^{2t} \int e^{-t}\, dt = -e^{2t} e^{-t} = -e^t,$$

woraus insgesamt $y_{\text{AI}}(t) = Ce^{2t} - e^t$ folgt. Bei vorgegebener Anfangsbedingung $y(0) = 0$ ergibt sich $0 = Ce^0 - e^0$, also $C = 1$, und damit die eindeutige Lösung $y(t) = e^{2t} - e^t$. ○

Methode der unbestimmten Koeffizienten: Ist $b(t)$ von einer der Formen t^m, d^t, e^{kt}, $\sin kt$ oder $\cos kt$, so führt meist der Ansatz

$$y_{\text{SI}}(t) = c_0 + c_1 t + \cdots + c_m t^m, \quad c_0, c_1, \ldots, c_m \in \mathbb{R}, \text{ bzw.}$$

$$y_{\text{SI}}(t) = cd^t, \quad c \in \mathbb{R}, \text{ bzw.}$$

$$y_{\text{SI}}(t) = ce^{kt}, \quad c \in \mathbb{R}, \text{ bzw.}$$

$$y_{\text{SI}}(t) = c_1 \sin kt + c_2 \cos kt, \quad c_1, c_2 \in \mathbb{R},$$

zum Ziel. Hierbei sind die Koeffienten $c, c_0, c_1, \ldots, c_m$ aus dem entsprechenden Ansatz zu bestimmen.

Beispiel 5.12 (Fortsetzung von Beispiel 5.11)
Wir betrachten nochmals die in Beispiel 5.11 behandelte linear inhomogene Differentialgleichung $y'(t) - 2y(t) = e^t$ mit $k = 1$. Der Ansatz $y_{\text{SI}}(t) = ce^{kt}$ führt zu $ce^t - 2ce^t = e^t$ und somit zu $c = -1$. Mithin ist $y_{\text{SI}}(t) = -e^t$. ○

Wir wollen nun der Frage nachgehen, wann eine lineare Differentialgleichung 1. Ordnung global stabil ist. Dazu muß per definitionem geprüft werden, wann

$$\lim_{t \to \infty} y_{\text{AH}}(t) = \lim_{t \to \infty} Ce^{at} = 0, \quad C \in \mathbb{R},$$

gilt. Die Beantwortung dieser Frage hängt offensichtlich nur vom Wert $a \in \mathbb{R}$ ab. Drei Fälle sind zu unterscheiden:

(a) $a = 0$.

(b) $a > 0$.

(c) $a < 0$.

Im Fall (a) gilt: $Ce^{at} = C$, im Fall (b): $Ce^{at} \to \infty$ und im Fall (c): $Ce^{at} \to 0$ für $t \to \infty$. Mithin ist die Gleichung nur für $a < 0$ global stabil. Die allgemeine Lösung $y_{AI}(t) = Ce^{at} + y_{SI}(t)$ strebt gegen den Gleichgewichtswert $y_{SI} = -b/a$, wenn $b(t) = b$ eine konstante Funktion ist. Wenn $b(t)$ keine konstante Funktion ist, dann strebt $y_{AI}(t)$ gegen den Gleichgewichtspfad $y_{SI}(t)$. Abbildung 5.4 zeigt das Verhalten von $y_{AH}(t)$ für die Fälle (a), (b) und (c).

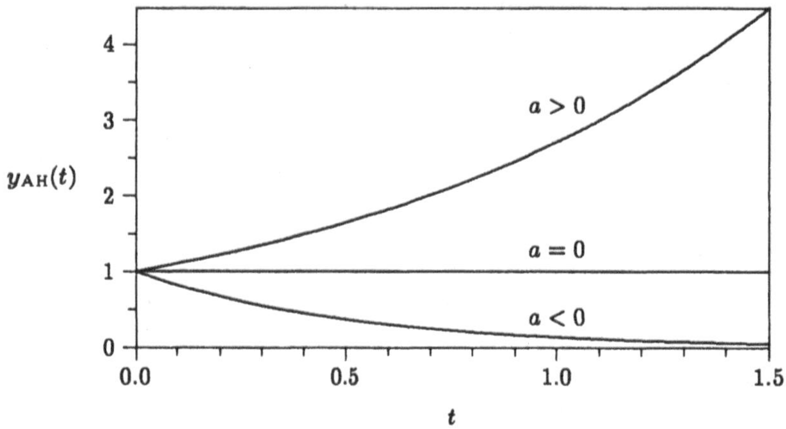

Abbildung 5.4: Verhalten der Lösung $y_{AH}(t) = Ce^{at}$ für verschiedene $a \in \mathbb{R}$.

Beispiel 5.13

Als Abschluß dieses Abschnitts wollen wir die allgemeine Lösung für das Angebot-Nachfrage-Modell von Evans aus Abschnitt 5.2.3 angeben, sowie die Frage nach deren Stabilität beantworten. Es ist die linear inhomogene Differentialgleichung $P'(t) + \alpha(b+d)P(t) = \alpha(a-c)$ mit $\alpha, a, b, c, d \in \mathbb{R}^+$ zu lösen. Dabei entspricht $\alpha(b+d)$ dem Faktor $-a$, und $\alpha(a-c)$ entspricht b in (5.70).

Als allgemeine Lösung erhalten wir wegen $\alpha(b+d) \neq 0$ nach (5.71):

$$P(t) = Ce^{-\alpha(b+d)t} + \frac{a-c}{b+d}.$$

Wegen $-\alpha(b+d) < 0$ ist diese Gleichung global stabil, d.h., $P(t)$ strebt mit $t \to \infty$ gegen den Gleichgewichtspreis $\overline{P} = (a-c)/(b+d)$, analog zu dem Fall der entsprechenden linear homogenen Differenzengleichung in Abschnitt 5.4.1.

Unter Berücksichtigung der Anfangsbedingung $P(0) = P_0$ ergibt sich $Ce^0 + (a-c)/(b+d) = P_0$ und damit $C = P_0 - \overline{P}$, d.h. $P(t) = (P_0 - \overline{P})e^{-\alpha(b+d)t} + \overline{P}$. Es gilt also $P(t) \to \overline{P}$ mit $t \to \infty$, unabhängig vom Anfangswert P_0. ○

5.5.2 Lineare Differentialgleichungen 2. Ordnung

Bei der Behandlung linearer Differentialgleichungen 1. Ordnung im vorigen Abschnitt fiel die Analogie der Vorgehensweise zur Bestimmung einer Lösung und die Ähnlichkeit dieser Lösung im Vergleich zu solchen von linearen Differenzengleichungen 1. Ordnung aus Abschnitt 5.4.1 auf. An die Stelle der Funktion a^t als „Baustein" der Lösung einer linear homogenen Differenzengleichung tritt im Fall einer linear homogenen Differentialgleichung die Funktion e^{at}. Die Analogie dieses „Baustein-Prinzips" der Lösungen von linear homogenen Differenzengleichungen und linear homogenen Differentialgleichungen finden wir ebenso bei solchen Gleichungen höherer Ordnung. Statt des Lösungsansatzes $y(t) = \lambda^t$ für linear homogene Differenzengleichungen in den Abschnitten 5.4.2 und 5.4.3 wählen wir in diesem und im folgenden Abschnitt den Ansatz $y(t) = e^{\lambda t}$ und müssen dann zur Bestimmung der Lösung wieder die Nullstellen der zugehörigen charakteristischen Gleichung bestimmen. Die daraus resultierenden Lösungen weisen eine analoge Struktur wie die von linear homogenen Differenzengleichungen auf. Auch bei linear inhomogenen Differentialgleichungen ist die Vorgehensweise zum Auffinden von Lösungen ganz ähnlich wie bei linear inhomogenen Differenzengleichungen.

Betrachten wir zunächst lineare Differentialgleichungen 2. Ordnung. Die allgemeine Form lautet

$$y''(t) + a_1 y'(t) + a_0 y(t) = b(t), \tag{5.73}$$

wobei also wieder o.B.d.A. $a_2 = 1$ angenommen wird. Um die allgemeine Lösung von (5.73) zu bestimmen, suchen wir zunächst die allgemeine Lösung $y_{\mathrm{AH}}(t)$ der zugehörigen linear homogenen Differentialgleichung und dann eine spezielle Lösung der linear inhomogenen Differentialgleichung. Sei also

$$y''(t) + a_1 y'(t) + a_0 y(t) = 0. \tag{5.74}$$

Wie oben erwähnt, versuchen wir es mit dem Lösungsansatz $y(t) = e^{\lambda t}$, d.h. $\lambda^2 e^{\lambda t} + a_1 \lambda e^{\lambda t} + a_0 e^{\lambda t} = 0$ und damit nach Division durch $e^{\lambda t}$:

$$\lambda^2 + a_1\lambda + a_0 = 0.$$

Diese charakteristische Gleichung, vergleiche auch Abschnitt 5.4.2, hat genau zwei reelle oder komplexe Wurzeln $\lambda_{1/2}$, die uns zu den beiden gesuchten linear unabhängigen Lösungen $y_1(t), y_2(t)$ der linear homogenen Differentialgleichung führen werden. Sie sind gegeben durch

$$\lambda_{1/2} = -\frac{a_1}{2} \pm \frac{1}{2}\sqrt{a_1^2 - 4a_0}.$$

Analog zu Abschnitt 5.4.2 sind wieder drei Fälle zu unterscheiden:

(a) $a_1^2 - 4a_0 > 0$: Es gibt zwei Wurzeln $\lambda_1, \lambda_2 \in \mathbb{R}$ mit $\lambda_1 \neq \lambda_2$.

(b) $a_1^2 - 4a_0 = 0$: Es gibt eine doppelte Wurzel $\lambda \in \mathbb{R}$ mit $\lambda_1 = \lambda_2 = \lambda = -a_1/2$.

(c) $a_1^2 - 4a_0 < 0$: Es gibt zwei konjugiert komplexe Wurzeln $\lambda = \alpha + i\beta, \overline{\lambda} = \alpha - i\beta \in \mathbb{C}$ mit $\beta \neq 0$.

Im Fall (a) ergibt sich $y_1(t) = e^{\lambda_1 t}$ und $y_2(t) = e^{\lambda_2 t}$. Für die Wronski-Determinante dieser beiden Funktionen gilt

$$W(t) = \begin{vmatrix} e^{\lambda_1 t} & e^{\lambda_2 t} \\ \lambda_1 e^{\lambda_1 t} & \lambda_2 e^{\lambda_2 t} \end{vmatrix} = e^{\lambda_1 t} e^{\lambda_2 t}(\lambda_2 - \lambda_1) \neq 0$$

wegen $\lambda_1 \neq \lambda_2$. Nach Satz 5.6 sind $y_1(t)$ und $y_2(t)$ somit linear unabhängig, woraus wir die allgemeine Lösung der linear homogenen Differentialgleichung erhalten:

$$y_{\mathrm{AH}}(t) = c_1 e^{\lambda_1 t} + c_2 e^{\lambda_2 t} \tag{5.75}$$

mit $c_1, c_2 \in \mathbb{R}$.

Im Fall (b) ergibt sich als erste Lösung $y_1(t) = e^{\lambda t}$. Wir zeigen nun, daß $y_2(t) = te^{\lambda t}$ eine zweite Lösung ist und daß $y_1(t)$ und $y_2(t)$ linear unabhängig sind. Es ist $y_2'(t) = \lambda te^{\lambda t} + e^{\lambda t}$ und $y_2''(t) = 2\lambda e^{\lambda t} + \lambda^2 te^{\lambda t}$, was in (5.74) eingesetzt

$$2\lambda e^{\lambda t} + \lambda^2 t e^{\lambda t} + a_1 \lambda e^{\lambda t} + a_1 e^{\lambda t} + a_0 t e^{\lambda t} = e^{\lambda t}[\underbrace{(\lambda^2 + a_1\lambda + a_0)}_{=0} t + \underbrace{2\lambda + a_1)}_{=0}]$$

$$= 0$$

ergibt. Mithin ist $y_2(t) = te^{\lambda t}$ eine Lösung von (5.74). Weiterhin gilt für die Wronski-Determinante:

$$W(t) = \begin{vmatrix} e^{\lambda t} & te^{\lambda t} \\ \lambda e^{\lambda t} & \lambda t e^{\lambda t} + e^{\lambda t} \end{vmatrix} = e^{2\lambda t} \neq 0.$$

Wir erhalten also

$$y_{AH}(t) = c_1 e^{\lambda t} + c_2 t \lambda e^{\lambda t}, \quad c_1, c_2 \in \mathbb{R}. \tag{5.76}$$

Im Fall (c) sind $\lambda = \alpha + i\beta$ und $\overline{\lambda} = \alpha - i\beta$ mit $\alpha = -a_1/2$ und $\beta = \sqrt{a_1^2 - 4a_0}/2$ Lösungen der charakteristischen Gleichung, und wir erhalten $y_1(t) = e^{(\alpha+i\beta)t}$ und $y_2(t) = e^{(\alpha-i\beta)t}$ als Lösungen, die auch linear unabhängig sind, was wieder über $W(t) \neq 0$ gezeigt werden kann. Das bedeutet

$$y_{AH}(t) = c_1 e^{(\alpha+i\beta)t} + c_2 e^{(\alpha-i\beta)t}, \quad c_1, c_2 \in \mathbb{R}. \tag{5.77}$$

Um auch hier wieder reelle Funktionen als Lösungen von (5.74) zu erhalten, können wir wie bei einer linear homogenen Differenzengleichung vorgehen, siehe Abschnitt 5.4.2. Darauf sei hier verzichtet. Wir geben lediglich das Ergebnis

$$y_{AH}(t) = c_1 e^{\alpha t} \cos \beta t + c_2 e^{\alpha t} \sin \beta t$$

an, was äquivalent in der Form

$$y_{AH}(t) = A e^{\alpha t} \cos(\beta t + \omega) \tag{5.78}$$

mit Konstanten A und ω, die aus den Faktoren c_1 und c_2 gemäß $c_1 = A \cos \omega$ und $c_2 = -A \sin \omega$ hervorgehen, geschrieben werden kann.

Wir sehen, daß die Lösungsfunktion in Form von Cosinus-Schwingungen oszilliert. Dabei ist $Ae^{\alpha t}$ die Amplitude zur Zeit t, β ist die Frequenz und ω ist die Phase der Oszillation. Die Schwingungen konvergieren gegen 0 (d.h. sie sind gedämpft), falls $e^{\alpha t}$ gegen Null strebt, was genau für $\alpha < 0$ der Fall ist, siehe Abschnitt 5.5.1. Abbildung 5.5 illustriert diese Art der Funktion. Für $\alpha > 0$ „explodieren" die Schwingungen.

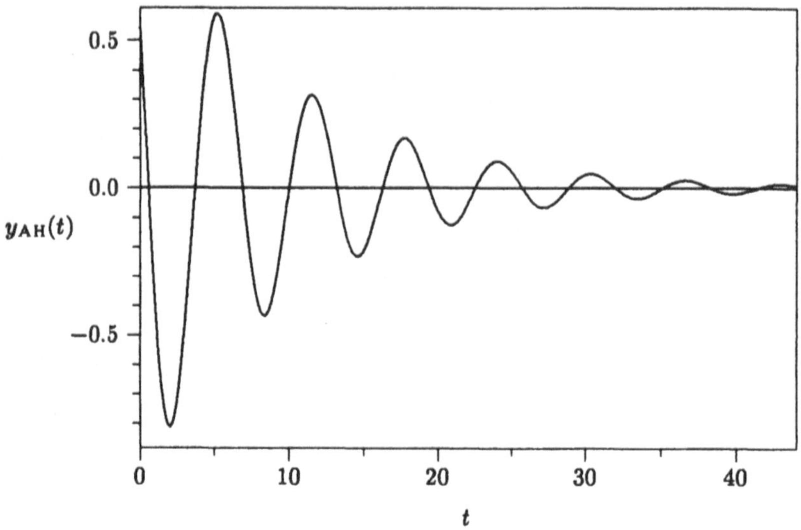

Abbildung 5.5: $y_{\mathrm{AH}}(t) = Ae^{\alpha t}\cos(\beta t + \omega)$ mit $\alpha < 0$.

Wir suchen nun noch eine spezielle Lösung $y_{\mathrm{SI}}(t)$ von (5.73). Wir unterscheiden zwei Fälle:

(a) $b(t) = b$ für alle t mit $b \in \mathbb{R}$,

(b) $b(t)$ ist keine konstante Funktion.

Im Fall (a) versuchen wir es wie in Abschnitt 5.5.1 mit dem Ansatz $y_{\mathrm{SI}}(t) = k$ für ein $k \in \mathbb{R}$, was in (5.73) eingesetzt $a_0 k = b$ und damit

$$k = y_{\mathrm{SI}}(t) = b/a_0 \tag{5.79}$$

für $a_0 \neq 0$ ergibt. Ist $a_0 = 0$, so setzen wir $y_{\text{SI}}(t) = kt$. Dann ist $a_1 k + a_0 kt = b$, woraus $k = b/a_1$ und

$$y_{\text{SI}}(t) = \frac{bt}{a_1} \tag{5.80}$$

für $a_1 \neq 0$ folgt. Ist schließlich auch $a_1 = 0$, so setzen wir $y_{\text{SI}}(t) = kt^2$, woraus $2k + 2a_1 kt + a_0 kt^2 = b$, also $k = b/2$ und damit

$$y_{\text{SI}}(t) = \frac{bt^2}{2} \tag{5.81}$$

folgt. Addieren wir nun zu $y_{\text{AH}}(t)$ in (5.75), (5.76) bzw. (5.77) die in Abhängigkeit von a_0 und a_1 zutreffende spezielle Lösung $y_{\text{SI}}(t)$ aus (5.79), (5.80) bzw. (5.81), so erhalten wir die allgemeine Lösung $y_{\text{AI}}(t)$ von (5.73).

Im Fall (b) kann wie in Abschnitt 5.5.1 grundsätzlich die Methode der Variation der Konstanten oder die der unbestimmten Koeffizienten auf der Suche nach $y_{\text{SI}}(t)$ angewendet werden. Weil das erste Verfahren hier numerisch recht aufwendig ist, verzichten wir auf seine Darstellung und veranschaulichen nur die Methode der unbestimmten Koeffizienten an einem Beispiel.

Beispiel 5.14

Für die Gleichung $y''(t) + 2y'(t) - y(t) = t^2$ wählen wir den Ansatz $y_{\text{SI}}(t) = c_0 + c_1 t + c_2 t^2$. Dann folgt $y'(t) = c_1 + 2c_2 t$, $y''(t) = 2c_2$ und damit $2c_2 + 2c_1 + 4c_2 t - c_0 - c_1 t - c_2 t^2 \stackrel{!}{=} t^2$. Durch Koeffizientenvergleich erhält man das Gleichungssystem

$$\begin{aligned} 2c_1 + 2c_2 - c_0 &= 0 \\ - c_1 + 4c_2 &= 0 \\ - c_2 &= 1, \end{aligned}$$

was durch $c_2 = -1$, $c_1 = -4$ und $c_0 = -10$ gelöst wird. Mithin ist

$$y_{\text{SI}}(t) = -t^2 - 4t - 10.$$

○

Wir wollen noch das qualitative Verhalten der Lösung und damit die Frage nach der Stabilität untersuchen. Für die allgemeine Lösung $y_{\text{AH}}(t)$ der linear homogenen Differentialgleichung ergab sich

$$y_{AH}(t) = \begin{cases} c_1 e^{\lambda_1 t} + c_2 e^{\lambda_2 t} & \text{für } \lambda_1, \lambda_2 \in \mathbb{R} \text{ und } \lambda_1 \neq \lambda_2, \\ c_1 e^{\lambda t} + c_2 t e^{\lambda t} & \text{für } \lambda_1 = \lambda_2 = \lambda \in \mathbb{R}, \\ A e^{\alpha t} \cos(\beta t + \omega) & \text{für } \lambda_{1/2} = \alpha \pm i\beta \in \mathbb{C}. \end{cases}$$

Da die Funktion e^{kt} allgemein genau dann mit $t \to \infty$ gegen Null strebt, wenn $k < 0$ ist (siehe Abschnitt 5.5.1), gilt also der folgende

Satz 5.15

Eine lineare Differentialgleichung 2. Ordnung mit konstanten Koeffizienten ist genau dann global stabil, wenn die reellen Wurzeln der charakteristischen Gleichung negativ sind und die komplexen Wurzeln negative Realteile haben.

Der Leser mache sich unter Anwendung des Vietaschen Wurzelsatzes klar, daß diese Bedingungen wegen $\lambda_{1/2} = -a_1/2 \pm \sqrt{a_1^2 - 4a_0}/2$ genau dann erfüllt ist, wenn $a_1 > 0$ und $a_0 > 0$ gilt.

Beispiel 5.15

Im Cobweb-Modell mit Lagerbeständen, das in Abschnitt 5.2.4 betrachtet wurde, liegt die folgende lineare Differentialgleichung 2. Ordnung mit konstanten Koeffizienten vor:

$$P''(t) + \alpha(b+d)P(t) = \alpha(a-c), \quad \alpha, a, b, c, d \in \mathbb{R}^+.$$

Ein Vergleich mit (5.73) ergibt $a_1 = 0$, $a_0 = \alpha(b+d) > 0$ und $b = \alpha(a-c)$, was eine Konstante ist. Mithin ist $\lambda_{1/2} = \pm\sqrt{-4a_0}/2$, d.h. $\lambda_1 = i\sqrt{a_0}$ und $\lambda_2 = -i\sqrt{a_0}$. Nach (5.78) erhalten wir

$$P_{AH}(t) = Ae^0 \cos(\sqrt{a_0}t + \omega) = A\cos(\sqrt{a_0}t + \omega).$$

Wegen $a_1 = 0$ ist diese lineare Differentialgleichung 2. Ordnung instabil, und die Lösung $P_{AH}(t)$ oszilliert gleichförmig mit maximalem Betrag der Amplitude A. Damit strebt $P_{AI}(t)$ nicht gegen die spezielle Lösung

$$P_{SI}(t) = \frac{b}{a_0} = \frac{\alpha(a-c)}{\alpha(b+d)} = \frac{a-c}{b+d}.$$

○

5.5.3 Lineare Differentialgleichungen n-ter Ordnung

Die allgemeine Form einer linearen Differentialgleichung n-ter Ordnung mit konstanten Koeffizienten $a_0, a_1, \dots, a_{n-1} \in \mathbb{R}$ ist gegeben durch

$$y^{(n)}(t) + a_{n-1}y^{(n-1)}(t) + \cdots + a_1 y'(t) + a_0 y(t) = b(t). \tag{5.82}$$

Um deren allgemeine Lösung $y_{\text{AI}}(t)$ zu bestimmen, müssen wir nach Satz 5.7 wegen $y_{\text{AI}}(t) = y_{\text{AH}}(t) + y_{\text{SI}}(t)$ zunächst wieder die allgemeine Lösung $y_{\text{AH}}(t)$ der zugehörigen linear homogenen Differentialgleichung als Linearkombination von n linear unabhängigen Lösungen angeben und dann noch eine spezielle Lösung $y_{\text{SI}}(t)$ der linear inhomogenen Differentialgleichung. Die n linear unabhängigen Lösungen der linear homogenen Differentialgleichung erhält man analog zum Fall $n = 2$ mit dem Ansatz $y(t) = e^{\lambda t}$ aus den n Wurzeln $\lambda_1, \dots, \lambda_n$ der zugehörigen charakteristischen Gleichung $\lambda^n + a_{n-1}\lambda^{n-1} + \cdots + a_1\lambda + a_0 = 0$. Dabei sind wie in Abschnitt 5.4.3 drei Fälle bezüglich der n Wurzeln zu unterscheiden, worauf hier nicht noch einmal eingegangen werden soll.

Bei der Bestimmung einer speziellen Lösung $y_{\text{SI}}(t)$ sind ebenfalls wie in Abschnitt 5.4.3 zwei Fälle zu betrachten:

(a) $b(t) = b$ für alle t mit $b \in \mathbb{R}$,

(b) $b(t)$ ist keine konstante Funktion.

Im Fall (a) wählen wir den Ansatz $y_{\text{SI}}(t) = k$ mit $k \in \mathbb{R}$ und im Fall (b) benutzen wir die Methode der unbestimmten Koeffizienten.

Beispiel 5.16

Wir betrachten die Gleichung

$$y'''(t) - y''(t) - y'(t) + y(t) = \sin t. \tag{5.83}$$

Zunächst wird $y_{\text{AH}}(t)$ bestimmt. Die charakteristische Gleichung lautet $\lambda^3 - \lambda^2 - \lambda + 1 = 0$, die die Lösungen $\lambda_1 = \lambda_2 = 1$ und $\lambda_3 = -1$ besitzt. Wir erhalten

$$y_{\text{AH}}(t) = c_1 e^t + c_2 t e^t + c_3 e^{-t}.$$

Um $y_{SI}(t)$ zu bestimmen, setzen wir $y_{SI}(t) = k_1 \sin t + k_2 \cos t$ und berechnen aus diesem Ansatz k_1 und k_2. Setzt man $y_{SI}(t)$ in die linear inhomogene Differentialgleichung 3. Ordnung (5.83) ein, so ergibt sich:

$$\begin{aligned} & - k_1 \cos t + k_2 \sin t + k_1 \sin t + k_2 \cos t \\ & \quad - k_1 \cos t + k_2 \sin t + k_1 \sin t + k_2 \cos t \\ & \stackrel{!}{=} \sin t, \end{aligned}$$

d.h.

$$2(k_2 - k_1) \cos t + 2(k_1 + k_2) \sin t \stackrel{!}{=} \sin t.$$

Ein Koeffizientenvergleich liefert $2(k_2 - k_1) = 0$ und $2(k_1 + k_2) = 1$, woraus $k_1 = k_2 = 1/4$ folgt. Mithin ist

$$y_{SI}(t) = \frac{1}{4} \sin t + \frac{1}{4} \cos t$$

und damit

$$y_{AI}(t) = c_1 e^t + c_2 t e^t + c_3 e^{-t} + \frac{1}{4} (\sin t + \cos t) .$$

○

Wir wollen noch die Frage nach der globalen Stabilität einer linearen Differentialgleichung n-ter Ordnung in Erweiterung des Falles $n = 2$ aufgreifen, denn häufig besteht das eigentliche Interesse nicht an der expliziten Lösung, die möglicherweise auch gar nicht explizit angegeben werden kann, weil die Wurzeln der charakteristischen Gleichung nicht exakt berechenbar sind, sondern mehr an einer qualitativen Aussage über das Verhalten der Lösung mit $t \to \infty$. Wie im Fall $n = 2$ gilt zunächst der folgende Satz, der allerdings die Kenntnis der n Wurzeln der charakteristischen Gleichung voraussetzt.

Satz 5.16

Eine lineare Differentialgleichung n-ter Ordnung mit konstanten Koeffizienten ist genau dann global stabil, wenn die reellen Wurzeln der charakteristischen Gleichung negativ sind und die komplexen Wurzeln negative Realteile haben.

Zum Beweis, der analog zu dem von Satz 5.15 verläuft, sei auf Sydsaeter (1981) verwiesen.

Ist eine lineare Differentialgleichung n-ter Ordnung mit konstanten Koeffizienten global stabil, dann strebt $y_{\mathrm{AI}}(t)$ mit $t \to \infty$ unabhängig von der Wahl der n Anfangsbedingungen gegen die spezielle Lösung $y_{\mathrm{SI}}(t)$, die **Gleichgewichtslösung**.

Wie kann nun die Frage nach der Stabilität *ohne* Kenntnis der $\lambda_1, \ldots, \lambda_n$ direkt aus den Koeffizienten $a_0, a_1, \ldots, a_{n-1}$ der linearen Differentialgleichung beantwortet werden? Aus der Fülle der notwendigen und hinreichenden Kriterien für Stabilität sei hier ein sehr einfaches, und zwar das **Kriterium von Routh-Hurwitz** herausgegriffen.

Satz 5.17

Die reellen bzw. komplexen Wurzeln der Gleichung $a_n x^n + a_{n-1}x^{n-1} + \cdots + a_1 x + a_0 = 0$, $a_n > 0$, sind genau dann negativ bzw. besitzen einen negativen Realteil, wenn alle Hauptabschnittsdeterminanten der (n,n)-Matrix

$$\mathbf{H}_n = \begin{pmatrix} a_{n-1} & a_{n-3} & a_{n-5} & a_{n-7} & a_{n-9} & \cdots & 0 \\ a_n & a_{n-2} & a_{n-4} & a_{n-6} & a_{n-8} & \cdots & 0 \\ 0 & a_{n-1} & a_{n-3} & a_{n-5} & a_{n-7} & \cdots & 0 \\ 0 & a_n & a_{n-2} & a_{n-4} & a_{n-6} & \cdots & 0 \\ 0 & 0 & a_{n-1} & a_{n-3} & a_{n-5} & \cdots & 0 \\ 0 & 0 & a_n & a_{n-2} & a_{n-4} & \cdots & 0 \\ \cdots & \cdots & \cdots & \cdots & \cdots & \cdots & \cdots \\ 0 & 0 & 0 & 0 & 0 & \cdots & a_0 \end{pmatrix}$$

positiv sind.

Beweis: siehe Gantmacher (1971). ❑

Die Matrix $\mathbf{H}_n$ wird dabei wie folgt gebildet: Auf der Hauptdiagonalen stehen die Koeffizienten $a_{n-1}, a_{n-2}, \ldots, a_{n-k}, \ldots, a_0$. Die Koeffizientenindizes in den Spalten durchlaufen von oben nach unten aufsteigende Zahlen. Koeffizienten mit Indizes größer als n oder kleiner als Null werden gleich Null gesetzt. Die n Hauptabschnittsdeterminanten D_i, $i = 1, \ldots, n$, lauten dann

$$D_1 = a_{n-1}$$

$$D_2 = a_{n-1}a_{n-2} - a_n a_{n-3}$$

$$D_3 = \begin{vmatrix} a_{n-1} & a_{n-3} & a_{n-5} \\ a_n & a_{n-2} & a_{n-4} \\ 0 & a_{n-1} & a_{n-3} \end{vmatrix}$$

$$\vdots$$

$$D_n = |\mathbf{H}_n|.$$

Beispielsweise ist im Fall $n = 5$:

$$\mathbf{H}_5 = \begin{pmatrix} a_4 & a_2 & a_0 & 0 & 0 \\ a_5 & a_3 & a_1 & 0 & 0 \\ 0 & a_4 & a_2 & a_0 & 0 \\ 0 & a_5 & a_3 & a_1 & 0 \\ 0 & 0 & a_4 & a_2 & a_0 \end{pmatrix}.$$

In diesem Fall sind fünf Hauptabschnittsdeterminanten $D_1, \ldots, D_5$ zu berechnen.

Beispiel 5.17 (Fortsetzung von Beispiel 5.16)
Gegeben ist die Gleichung

$$y'''(t) - y''(t) - y'(t) + y(t) = \sin t.$$

Wenden wir Satz 5.17 an, so sehen wir, daß diese lineare Differentialgleichung 3. Ordnung wegen $D_1 = a_2 = -1$ instabil ist. ○

Es ist kein „Zufall", daß die lineare Differentialgleichung dieses Beispiels instabil ist, weil schon einer der Koeffizienten negativ ist. Ganz allgemein kann man zeigen, daß jede lineare Differentialgleichung n-ter Ordnung mit konstanten Koeffizienten instabil ist, wenn mindestens einer der Koeffizienten negativ ist. Die Forderung, daß alle $a_0, a_1, \ldots, a_{n-1}$ positiv sind, stellt also ein sehr einfaches notwendiges Kriterium für die Stabilität einer linearen Differentialgleichung dar.

5.5.4 Systeme von linearen Differentialgleichungen

Betrachten wir zur Einführung das in Abschnitt 5.2.4 vorgestellte Cobweb-Modell mit Lagerbeständen. Ersetzen wir $S(t)$ bzw. $D(t)$ in $L'(t) = S(t) - D(t)$ durch $c + dP(t)$ bzw. $a - bP(t)$, so ist

$$\begin{aligned} P'(t) &= 0 \cdot P(t) - \alpha L(t) + \alpha L_0 \\ L'(t) &= (b+d) \cdot P(t) + 0 \cdot L(t) + c - a \end{aligned} \tag{5.84}$$

mit $\alpha, a, b, c, d > 0$. Dies ist ein sogenanntes lineares Differentialgleichungssystem 1. Ordnung. Es kann in diesem speziellen Fall in eine lineare Differentialgleichung 2. Ordnung übergeführt werden:

$$P''(t) = -\alpha(b+d)P(t) + \alpha(a-c).$$

Generell geht man jedoch eher den umgekehrten Weg und stellt eine lineare Differentialgleichung n-ter Ordnung als ein System von n linearen Differentialgleichungen 1. Ordnung dar.

Die allgemeine explizite Form eines linearen Differentialgleichungssystems 1. Ordnung mit konstanten Koeffizienten lautet:

$$\begin{aligned} y_1'(t) &= a_{11}y_1(t) + a_{12}y_2(t) + \cdots + a_{1n}y_n(t) + b_1(t) \\ y_2'(t) &= a_{21}y_1(t) + a_{22}y_2(t) + \cdots + a_{2n}y_n(t) + b_2(t) \\ &\vdots \\ y_n'(t) &= a_{n1}y_1(t) + a_{n2}y_2(t) + \cdots + a_{nn}y_n(t) + b_n(t) \end{aligned}$$

mit $a_{ij} \in \mathbb{R}$ für $i, j = 1, \ldots, n$ oder in Matrixform

$$\mathbf{y}'(t) = \mathbf{A}\mathbf{y}(t) + \mathbf{b}(t) \tag{5.85}$$

mit

$$\mathbf{y}(t) = \begin{pmatrix} y_1(t) \\ \vdots \\ y_n(t) \end{pmatrix}, \quad \mathbf{y}'(t) = \begin{pmatrix} y_1'(t) \\ \vdots \\ y_n'(t) \end{pmatrix}, \quad \mathbf{b}(t) = \begin{pmatrix} b_1(t) \\ \vdots \\ b_n(t) \end{pmatrix}$$

und

$$\mathbf{A} = \begin{pmatrix} a_{11} & a_{12} & \cdots & a_{1n} \\ a_{21} & a_{22} & \cdots & a_{2n} \\ \vdots & \vdots & \ddots & \vdots \\ a_{n1} & a_{n2} & \cdots & a_{nn} \end{pmatrix}.$$

Im Gegensatz zu den bislang betrachteten linearen Differentialgleichungen, in denen eine Funktion als Lösung gesucht wurde, ist die Lösung hier ein n-Tupel von Funktionen $y_1(t), \ldots, y_n(t)$. Ist $\mathbf{b}(t) = \mathbf{0}$, so sprechen wir von einem **linear homogenen Differentialgleichungssystem**, anderenfalls von einem **linear inhomogenen Differentialgleichungssystem.**

Die besondere Bedeutung von linearen Differentialgleichungssystemen 1. Ordnung verdeutlicht der folgende Satz, der in ähnlicher Form für lineare Differenzengleichungssysteme in Satz 5.11 formuliert wurde:

Satz 5.18

Jede lineare Differentialgleichung n-ter Ordnung mit konstanten Koeffizienten kann als ein System von n linearen Differentialgleichungen 1. Ordnung mit konstanten Koeffizienten geschrieben werden.

Beweis: Es sei

$$y^{(n)}(t) + a_{n-1}y^{(n-1)}(t) + \cdots + a_1 y'(t) + a_0 y(t) = b(t)$$

eine lineare Differentialgleichung n-ter Ordnung mit $a_0, a_1, \ldots, a_{n-1} \in \mathbb{R}$. Setzen wir

$$\begin{aligned} y_1(t) &:= y(t) \\ y_2(t) &:= y_1'(t) = y'(t) \\ y_3(t) &:= y_2'(t) = y''(t) \\ &\vdots \\ y_n(t) &:= y_{n-1}'(t) = y^{(n-1)}(t), \end{aligned}$$

so erhalten wir das äquivalente System

$$
\begin{aligned}
y_1'(t) &= y_2(t) \\
y_2'(t) &= y_3(t) \\
&\vdots \\
y_{n-1}'(t) &= y_n(t) \\
y_n'(t) &= -a_0y_1(t) - a_1y_2(t) - a_3y_3(t) - \cdots - a_{n-1}y_n(t) + b(t).
\end{aligned}
$$

Dies ist ein lineares Differentialgleichungssystem 1. Ordnung. ❑

Zur Bestimmung der allgemeinen Lösung $y_{\mathrm{AI}}(t)$ von (5.85) müssen wir sowohl $y_{\mathrm{AH}}(t)$ als auch eine spezielle Lösung $y_{\mathrm{SI}}(t)$ finden. Die allgemeine Lösung ist dann $y_{\mathrm{AI}}(t) = y_{\mathrm{AH}}(t) + y_{\mathrm{SI}}(t)$.

Sei also

$$\mathbf{y}'(t) = \mathbf{A}\mathbf{y}(t) \tag{5.86}$$

das zugehörige lineare homogene Differentialgleichungssystem. Wegen Satz 5.18 und den Ausführungen in Abschnitt 5.5.3 liegt der Lösungsansatz $\mathbf{y}(t) = e^{\lambda t}\mathbf{k}$ mit $\mathbf{k} = (k_1, \ldots, k_n)^{\mathsf{T}}$ nahe. Setzen wir $\mathbf{y}(t) = e^{\lambda t}\mathbf{k}$ in (5.86) ein, so erhalten wir $\lambda e^{\lambda t}\mathbf{k} = e^{\lambda t}\mathbf{A}\mathbf{k}$. Division durch $e^{\lambda t} \neq 0$ ergibt $\lambda\mathbf{k} = \mathbf{A}\mathbf{k}$ oder

$$(\mathbf{A} - \lambda\mathbf{I})\mathbf{k} = \mathbf{0}. \tag{5.87}$$

Dieses homogene Gleichungssystem hat genau dann nichttriviale Lösungen $\mathbf{k}$, wenn gilt

$$|\mathbf{A} - \lambda\mathbf{I}| = 0. \tag{5.88}$$

Die Suche nach der Lösung $y_{\mathrm{AH}}(t)$ führt also mit Blick auf die Gleichungen (5.87) und (5.88) auf das Eigenwertproblem der Matrix $\mathbf{A}$. Das charakteristische Polynom

$$|\mathbf{A} - \lambda\mathbf{I}| = (-\lambda)^n + s_{n-1}(-\lambda)^{n-1} + \cdots + s_1(-\lambda) + s_0 = 0,$$

$s_0, \ldots, s_{n-1} \in \mathbb{R}$, hat genau n Wurzeln $\lambda_1, \ldots, \lambda_n$, die Eigenwerte von $\mathbf{A}$. Sind alle Eigenwerte voneinander verschieden, so sind die zu verschiedenen

Eigenwerten gehörenden Eigenvektoren linear unabhängig, und die aus (5.87) zu bestimmenden linear unabhängigen Eigenvektoren $\mathbf{k}_1, \ldots, \mathbf{k}_n$ liefern gerade die n linear unabhängigen Lösungen $e^{\lambda_1 t}\mathbf{k}_1, \ldots, e^{\lambda_n t}\mathbf{k}_n$ von (5.86), so daß gilt

$$\mathbf{y}_{\mathrm{AH}}(t) = c_1 e^{\lambda_1 t}\mathbf{k}_1 + c_2 e^{\lambda_2 t}\mathbf{k}_2 + \cdots + c_n e^{\lambda_n t}\mathbf{k}_n$$

mit $c_1, \ldots, c_n \in \mathbb{R}$. Sind die Eigenwerte von $\mathbf{A}$ nicht alle voneinander verschieden, dann sind die zu gleichen Eigenwerten gehörenden Eigenvektoren nicht unbedingt linear unabhängig, und sie liefern dann also keine linear unabhängigen Lösungen von (5.86). Auf dieses Problem wollen wir hier nicht weiter eingehen und verweisen stattdessen auf Murata (1977), siehe auch Abschnitt 5.4.4. Um noch noch eine spezielle Lösung $y_{\mathrm{SI}}(t)$ von (5.85) zu finden, unterscheiden wir zunächst die beiden Fälle

(a) $\mathbf{b}(t) = \mathbf{b}$ für alle t mit $\mathbf{b} \in \mathbb{R}^n$,

(b) $\mathbf{b}(t)$ ist keine konstante Funktion.

Im Fall (a) versuchen wir es mit dem Ansatz $\mathbf{y}_{\mathrm{SI}}(t) = \mathbf{k}$, was in (5.85) eingesetzt $\mathbf{0} = \mathbf{A}\mathbf{k} + \mathbf{b}$ ergibt, und damit $\mathbf{k} = -\mathbf{A}^{-1}\mathbf{b}$, sofern $\mathbf{A}$ regulär ist. Mithin ist dann $y_{\mathrm{SI}}(t) = -\mathbf{A}^{-1}\mathbf{b}$.

Beispiel 5.18
Im Cobweb-Modell mit Lagerbeständen aus Abschnitt 5.2.4 ist

$$\mathbf{A} = \begin{pmatrix} 0 & -\alpha \\ b+d & 0 \end{pmatrix} \text{ und } \mathbf{b}(t) = \begin{pmatrix} \alpha L_0 \\ c-a \end{pmatrix}.$$

Die Matrix $\mathbf{A}$ ist wegen $\alpha, b, d \in \mathbb{R}^+$ regulär, und es gilt

$$\mathbf{A}^{-1} = \begin{pmatrix} 0 & \dfrac{1}{b+d} \\ -\dfrac{1}{\alpha} & 0 \end{pmatrix}$$

d.h.

$$\mathbf{y}_{\mathrm{SI}} = -\begin{pmatrix} 0 & \dfrac{1}{b+d} \\ -\dfrac{1}{\alpha} & 0 \end{pmatrix}\begin{pmatrix} \alpha L_0 \\ c-a \end{pmatrix} = \begin{pmatrix} \dfrac{a-c}{b+d} \\ L_0 \end{pmatrix}.$$

Der Leser vergleiche diese Lösung mit der in Abschnitt 5.5.2. ○

Im Fall (b) bietet sich die Methode der unbestimmten Koeffizienten an, ganz analog den Ausführungen und Beispielen in den Abschnitten 5.5.1, 5.5.2 und 5.5.3, so daß an dieser Stelle auf ein weiteres Beispiel verzichtet sei. Damit können wir hier die allgemeine Lösung $\mathbf{y}_{\mathrm{AI}}(t) = \mathbf{y}_{\mathrm{AH}}(t) + \mathbf{y}_{\mathrm{SI}}(t)$ von (5.85) für den Fall angeben, daß alle Eigenwerte von $\mathbf{A}$ verschieden sind.

Beispiel 5.19 (Fortsetzung von Beispiel 5.18)

Betrachten wir nochmals das Cobweb-Modell mit Lagerbeständen in der Formulierung von (5.84), das gegeben ist durch

$$\begin{aligned} P'(t) &= 0 \cdot P(t) - \alpha L(t) + \alpha L_0 \\ L'(t) &= (b+d) \cdot P(t) + 0 \cdot L(t) + c - a. \end{aligned}$$

Das zugehörige charakteristische Polynom lautet dann

$$|\mathbf{A} - \lambda \mathbf{I}| = \begin{vmatrix} -\lambda & -\alpha \\ b+d & -\lambda \end{vmatrix} = \lambda^2 + \alpha(b+d) = 0,$$

woraus man die Lösungen $\lambda_1 = i\sqrt{a_0}$ und $\lambda_2 = -i\sqrt{a_0}$ mit $a_0 := \alpha(b+d)$ erhält. Der Leser prüfe nun, daß

$$\mathbf{k}_1 = \begin{pmatrix} i\alpha/\sqrt{a_0} \\ -1 \end{pmatrix} \text{ und } \mathbf{k}_2 = \begin{pmatrix} -i\alpha/\sqrt{a_0} \\ -1 \end{pmatrix}$$

zwei zu λ_1 bzw. λ_2 gehörende Eigenvektoren sind, die linear unabhängig sind. Er gebe dann die allgemeine (reelle) Lösung $\mathbf{y}_{\mathrm{AI}}(t)$ von (5.84) an. ○

Abschließend wollen wir noch die Frage nach der Stabilität eines linearen Differentialgleichungssystems 1. Ordnung untersuchen. Analog zu Satz 5.16 gilt der folgende

Satz 5.19

Ein lineares Differentialgleichungssystem 1. Ordnung ist genau dann global stabil, wenn die reellen Eigenwerte von $\mathbf{A}$ *negativ sind und die komplexen Eigenwerte negative Realteile haben.*

Beweis: siehe Murata (1977). ❑

In diesem Fall strebt $\mathbf{y}_{AI}(t)$ unabhängig von der Wahl der Anfangsbedingungen gegen die spezielle Lösung $\mathbf{y}_{SI}(t)$, die als **Gleichgewichtspunkt** bezeichnet wird, wenn $\mathbf{b}(t)$ eine konstante Funktion ist, anderenfalls als **Gleichgewichtspfad**.

Wir suchen noch nach Kriterien, mit deren Hilfe direkt aus der Koeffizientenmatrix $\mathbf{A}$ auf Stabilität bzw. Instabilität geschlossen werden kann, weil die Berechnung der Wurzeln des charakteristischen Polynoms oft sehr mühsam oder sogar exakt nicht möglich ist. Ohne Beweis geben wir zunächst ein notwendiges und dann ein notwendiges *und* hinreichendes Kriterium für die Stabilität eines linearen Differentialgleichungssystems an (siehe auch Satz 5.17). Zu den Beweisen der folgenden Sätze 5.20 und 5.21 siehe Gandolfo (1997).

Satz 5.20

Ist ein lineares Differentialgleichungssystem 1. Ordnung mit Koeffizientenmatrix $\mathbf{A} = (a_{ij})$ stabil, so gilt

$$\mathrm{tr}(\mathbf{A}) = \sum_{i=1}^{n} a_{ii} < 0.$$

Betrachten wir etwa das Cobweb-Modell mit Lagerbeständen aus Beispiel 5.19, so sehen wir, daß wegen $\mathrm{tr}(\mathbf{A}) = 0$ das Kriterium aus Satz 5.20 nicht erfüllt ist, und wir können folgern, daß das zugehörige lineare Differentialgleichungssystem instabil ist, siehe auch Abschnitt 5.5.2.

Es gilt sogar der

Satz 5.21

Ein lineares Differentialgleichungssystem 1. Ordnung mit symmetrischer Koeffizientenmatrix $\mathbf{A}$ ist genau dann global stabil, wenn $\mathbf{A}$ negativ definit ist.

Der Nachweis der negativen Definitheit gelingt mittels des Kriteriums der Hauptabschnittsdeterminanten, siehe Satz 1.20(ii).

Beispiel 5.20

Sei $\mathbf{A} = \begin{pmatrix} -1 & 2 \\ 2 & -6 \end{pmatrix}$ die symmetrische Koeffizientenmatrix eines linearen Differentialgleichungssystems. Es ist

$$D_1 = a_{11} = -1 < 0 \text{ und } D_2 = |\mathbf{A}| = 6 - 4 = 2 > 0.$$

Folglich ist das System stabil. Der Leser beachte, daß natürlich auch das notwendige Kriterium $\mathrm{tr}(\mathbf{A}) = -7 < 0$ erfüllt ist. ○

Hinsichtlich weiterer hinreichender und notwendiger Kriterien sei auf Gandolfo (1997) verwiesen.

5.6 Operatorendarstellung linerarer Differenzen- und Differentialgleichungen

Lineare Differenzen- und Differentialgleichungen besitzen — wie wir in den vorangegangenen Abschnitten gesehen haben — die gleiche Struktur des Lösungsraumes. Aus didaktischen Gründen haben wir dennoch die Differenzen- und Differentialgleichung getrennt behandelt. In diesem Abschnitt wollen wir im Sinne einer stärkeren Vereinheitlichung der Theorie die gemeinsame Struktur bei linearen Differenzen- und Differentialgleichungen herausstellen. Das gelingt über den Begriff des linearen Operators.

Definition 5.5
Es seien $\mathcal{X} \subset \mathcal{V}$ und $\mathcal{Y} \subset \mathcal{W}$ zwei nichtleere Teilmengen von Vektorräumen $\mathcal{V}$ und $\mathcal{W}$. Eine Abbildung $L : \mathcal{X} \to \mathcal{Y}$ heißt **linearer Operator**, falls gilt

(i) $L(x_1 + x_2) = L(x_1) + L(x_2)$ für alle $x_1, x_2 \in \mathcal{X}$.

(ii) $L(\lambda x) = \lambda L(x)$ für alle $x \in \mathcal{X}$ und alle $\lambda \in \mathbb{R}$.

Offenbar ist jede lineare Transformation $L : \mathbb{R}^n \to \mathbb{R}^n$, $\mathbf{x} \mapsto \mathbf{Ax}$ ein linearer Operator, siehe Definition 1.14.

Zur Darstellung von linearen Differenzen- und Differentialgleichungen über lineare Operatoren betrachten wir den **Differenzenoperator** Δ bzw. den **Differentialoperator** D. Sei $\mathcal{F}_1$ die Menge aller Funktionen $f : \mathbb{R} \to \mathbb{R}$ und $\mathcal{F}_2$ sei die Menge aller differenzierbaren Funktionen $f : \mathbb{R} \to \mathbb{R}$. Für $h \in \mathbb{R}^+$ sind die Operatoren $\Delta : \mathcal{F} \to \mathbb{R}$ bzw. $D : \mathcal{F} \to \mathbb{R}$ gegeben durch

$$\Delta f := f(x+h) - f(x), f \in \mathcal{F}_1, \text{ bzw. } Df = f', f \in \mathcal{F}_2.$$

Dabei ist f' die Ableitung von f.

Statt Δf und $Df = f'$ schreibt man häufig auch $\Delta f(x)$ und $Df(x)$, um Δf und Df als Funktionen von x zu interpretieren. Der Differenzenoperator Δ wird auch als „forward shift operator" bezeichnet, im Unterschied zum Operator $\Delta^* f := f(x) - f(x-h)$, dem „backward shift operator". Letzterer wird im folgenden nicht weiter betrachtet.

Zunächst ist darauf hinzuweisen, daß $\mathcal{F}_1$ ein Vektorraum ist, siehe Beispiel 1.4. Aber auch die Menge $\mathcal{F}_2$ ist ein Vektorraum, was der Leser nachweisen möge. Δ und D sind lineare Operatoren, denn es gilt

$$
\begin{aligned}
\text{(i)} \qquad \Delta(f+g) &= (f(x+h)+g(x+h)) - (f(x)+g(x)) \\
&= (f(x+h)-f(x)) + (g(x+h)-g(x)) \\
&= \Delta f + \Delta g \\
\text{(ii)} \qquad \Delta(\lambda f) &= \lambda f(x+h) - \lambda f(x) \\
&= \lambda(f(x+h)-f(x)) \\
&= \lambda \Delta f
\end{aligned}
$$

bzw.

$$
\begin{aligned}
\text{(i)} \qquad D(f+g) &= (f+g)' = f' + g' = Df + Dg \\
\text{(ii)} \qquad D(\lambda f) &= (\lambda f)' = \lambda f' = \lambda D f.
\end{aligned}
$$

Für das Folgende wollen wir vereinbaren, daß die Differenzenbildung immer mit demselben festen Verschiebungsparameter $h > 0$ erfolgt. Unter dieser Voraussetzung wenden wir nun den linearen Differenzenoperator Δ und den linearen Differentialoperator D auf die Funktion Δf bzw. Df an und erhalten die sogenannte 2. Differenz bzw. die 2. Ableitung von f:

$$
\begin{aligned}
\Delta(\Delta f) &= \Delta(f(x+h) - f(x)) \\
&= (f(x+h+h) - f(x+h)) - (f(x+h) - f(x)) \\
&= f(x+2h) - 2f(x+h)) + f(x)
\end{aligned}
$$

bzw. $D(Df) = D(f') = f''$.

Statt $\Delta(\Delta f)$ bzw. $D(Df)$ schreiben wir auch $\Delta^2 f$ bzw. $D^2 f$. Nun können wir auf $\Delta^2 f$ bzw. $D^2 f$ wieder die linearen Operatoren Δ bzw. D anwenden und erhalten $\Delta^3 f$ bzw. $D^3 f$. Allgemein gelangen wir zur

Definition 5.6 Die n-te Differenz und die n-te Ableitung von f sind gegeben durch $\Delta^n f := \Delta(\Delta^{n-1} f)$ bzw. $D^n f := D(D^{n-1} f)$.

Durch vollständige Induktion kann gezeigt werden, daß für $\Delta^n f$ die Darstellung gilt:

$$
\Delta^n f = \sum_{j=0}^{n} \binom{n}{j} (-1)^j f(x + (n-j)h).
$$

Wir wollen Δ^n an einem Beispiel illustrieren.

Beispiel 5.21

Es sei $f : \mathbb{R} \to \mathbb{R}$ mit $f(x) = x^3$. Es ist zunächst

$$\Delta f = (x+h)^3 - x^3 = x^3 + 3hx^2 + 3h^2x + h^3 - x^3 = 3hx^2 + 3h^2x + h^3.$$

Weiterhin ist

$$\begin{aligned}\Delta^2 f &= \Delta(\Delta f)\\ &= \Delta(3hx^2 + 3h^2x + h^3)\\ &= 3h(x+h)^2 + 3h^2(x+h) + h^3 - (3hx^2 + 3h^2x + h^3)\\ &= 3hx^2 + 6h^2x + 3h^3 + 3h^2x + 3h^3 + h^3 - 3hx^2 - 3h^2x - h^3\\ &= 6h^2x + 6h^3\end{aligned}$$

und schließlich

$$\begin{aligned}\Delta^3 f &= \Delta^2(\Delta f)\\ &= 6h^2(x+h) + 6h^3 - (6h^2x + 6h^3)\\ &= 6h^2x + 6h^3 + 6h^3 - 6h^2x - 6h^3\\ &= 6h^3,\end{aligned}$$

was eine Konstante ist. ○

Daß die dritte Differenz von $f(x) = x^3$ zu einem konstanten Wert führt, ist natürlich kein Zufall. Allgemein kann gezeigt werden, daß $\Delta^n p$ eine Konstante ist, wenn p ein Polynom n-ten Grades ist.

Wenden wir uns nun der Anwendung der linearen Operatoren Δ und D auf die Darstellung linearer Differenzen- oder Differentialgleichungen zu. In Abschnitt 5.3.1 wurden lineare Differenzen- bzw. Differentialgleichungen wie folgt definiert:

$$a_n(t)y(t+n) + a_{n-1}(t)y(t+n-1) + \cdots + a_1(t)y(t+1) + a_0(t)y(t) = g(t) \tag{5.89}$$

bzw.

$$a_n(t)y^{(n)}(t) + a_{n-1}(t)y^{(n-1)}(t) + \cdots + a_1(t)y'(t) + a_0(t)y(t) = g(t). \quad (5.90)$$

Mit Hilfe der linearen Operatoren Δ und D und den n-ten Differenzen Δ^n bzw. n-ten Ableitungen D^n können die Gleichungen (5.89) bzw. (5.90) in der Form

$$b_n(t)\Delta^n y(t) + b_{n-1}(t)\Delta^{n-1}y(t) + \cdots + b_1(t)\Delta y(t) + b_0(t)y(t) = g(t) \quad (5.91)$$

bzw.

$$b_n(t)D^n y(t) + b_{n-1}(t)D^{n-1}y(t) + \cdots + b_1(t)Dy(t) + b_0(t)y(t) = g(t) \quad (5.92)$$

geschrieben werden, was verdeutlicht, daß Differenzen- und Differentialgleichungen die gleiche Struktur aufweisen. Dabei wurde $h = 1$ gesetzt, und die Funktionen $b_0(t), b_1(t), \ldots, b_n(t)$ sind Linearkombinationen der Funktionen $a_0(t), a_1(t), \ldots, a_n(t)$.

Lineare Differenzen- bzw. Differentialgleichungen mit konstanten Koeffizienten liegen dann vor, wenn die Funktionen $a_j(t)$ und damit auch $b_i(t)$ Konstanten sind. Betrachten wir dazu jeweils ein Beispiel für eine Differenzengleichung und für eine Differentialgleichung.

Beispiel 5.22
Ein Geldbetrag K zum Zeitpunkt $t = 0$, $K = y(0)$, wird jährlich mit 3% ($p = 0.03$) verzinst. Wie hoch ist der Betrag nach t Jahren?

Sei $y(t)$ der Betrag am Ende des t-ten Jahres. Dann gilt offensichlich $y(t+1) = y(t) + py(t)$, oder äquivalent $y(t+1) - y(t) - py(t) = \Delta y(t) - py(t) = 0$. Es liegt also eine linear homogene Differenzengleichung 1. Ordnung vor, deren Lösung für $p = 0.03$ zu bestimmen ist. ○

Beispiel 5.23
Wir betrachten das Cobweb-Modell mit Lagerbeständen aus Abschnitt 5.2.4, was als $P''(t) + \alpha(b + d)P(t) = \alpha(a - c)$ geschrieben werden kann, oder äquivalent $D^2P(t) + \alpha(b+d)P(t) = \alpha(a-c)$. Es liegt eine linear inhomogene Differentialgleichung 2. Ordnung mit konstanten Koeffizienten vor. ○

Wir sehen also, daß lineare Operatoren ein geeignetes Instrumentarium sind, um die gemeinsame Struktur von linearen Differenzen- und Differentialgleichungen darzustellen.

5.7 Nichtlineare Differenzen- und Differentialgleichungen

5.7.1 Vorbemerkungen

Die Bedeutung linearer Modelle in der Ökonomie ist bereits in Abschnitt 5.1 herausgestellt worden. Aus diesem Grund haben wir uns in diesem Kapitel bislang nahezu ausschließlich mit linearen Differenzen- und Differentialgleichungen beschäftigt. Für alle diese Gleichungen existieren Lösungen, die bei fest vorgegebenen Anfangsbedingungen in der Regel sogar eindeutig sind. Trotz der starken Restriktion der Linearität der Gleichungen und Systeme spiegeln die Lösungsfunktionen eine große Variabilität im Zeitablauf wider wie zyklisches, stabiles oder explosives Verhalten, usw. Nichtsdestoweniger setzt sich in der Ökonomie immer mehr die Erkenntnis durch, daß lineare Modelle zur Beschreibung ökonomischer Phänomene allein nicht ausreichen, wenngleich sie in vielen Fällen durchaus akzeptable Approximationen der Realität liefern mögen.

Der Grund für die bislang noch recht stiefmütterliche Behandlung nichtlinearer Gleichungen und Systeme in der ökonomischen Theorie ist sicherlich vorab darin zu sehen, daß ihre Lösungen bei weitem nicht so leicht zu finden sind und die Lösungsstruktur nicht so einfach ist wie im linearen Fall, von speziellen Ausnahmen einmal abgesehen. So ist beispielsweise die „einfache" nichtlineare Differentialgleichung $y(t)y'(t) = \sin(t)$ nicht in expliziter Form mit Hilfe elementarer Funktionen wie Polynome, Exponentialfunktionen oder trigonometrische Funktionen lösbar.

Auch bei vorgegebenen Anfangsbedingungen muß eine vorhandene Lösung einer nichtlinearen Differentialgleichung im Gegensatz zu einer linearen Differentialgleichung nicht unbedingt eindeutig sein. So hat die nichtlineare Differentialgleichung $y'(t) = y^{2/3}(t)$ mit der Anfangsbedingung $y(0) = 0$ unendlich viele Lösungen, nämlich

$$y(t) = \begin{cases} 0 & \text{für } 0 \leq t \leq b, \\ (t-b)^3 & \text{für } b < t, \end{cases}$$

wobei $b \in \mathbb{R}^+$ beliebig gewählt werden kann.

Die numerische Analyse nichtlinearer Gleichungen bzw. Gleichungssysteme basiert in der Regel auf einer Folge sukzessiver linearer Approximationen der nichtlinearen Gleichungen bzw. Gleichungssysteme, vergleichbar mit dem Newton-Verfahren zur Bestimmung einer Nullstelle einer nichtlinearen Funktion. Es gibt auch einfache Fälle, in denen eine nichtlineare Gleichung durch geeignete Transformation auf eine lineare Gleichung zurückgeführt werden kann.

Beispiel 5.24

Es bezeichne K den Kapitaleinsatz, L den Arbeitseinsatz, Q das Produktionsvolumen, I die Nettoinvestition und S die Sparsumme. Im **Wachstumsmodell von Solow** werden die folgenden Annahmen getroffen:

$$K'(t) = I(t) = S(t), \tag{5.93}$$

$$Q(t) = K^{\alpha}(t)L^{1-\alpha}(t), \quad 0 < \alpha < 1, \tag{5.94}$$

$$K'(t) = aQ(t), \quad 0 < a < 1, \tag{5.95}$$

$$\frac{L'(t)}{L(t)} = b, \quad b > 0. \tag{5.96}$$

Gleichung (5.94) stellt die sogenannte **Cobb-Douglas-Produktionsfunktion** dar, und der Faktor a in (5.95) gibt den konstanten Anteil des Produktionsvolumens $Q(t)$ an, der gespart bzw. investiert wird. Gleichung (5.96) schließlich drückt das exponentielle Wachstum von $L(t)$ mit der Rate b aus, denn (5.96) ist gleichbedeutend mit $L(t) = Ce^{bt}$, wobei $C = L(0) > 0$ gesetzt werden kann.

Setzen wir $k(t) := K(t)/L(t)$ und $q(t) := Q(t)/L(t)$, so folgt aus (5.94)

$$q(t) = k^{\alpha}(t). \tag{5.97}$$

Es gilt

$$k'(t) = \frac{L(t)K'(t) - L'(t)K(t)}{L^2(t)} = \frac{K'(t)}{L(t)} - \left(\frac{L'(t)}{L(t)}\right)\left(\frac{K(t)}{L(t)}\right),$$

woraus wegen (5.96) folgt

$$\frac{K'(t)}{L(t)} = k'(t) + \left(\frac{L'(t)}{L(t)}\right)\left(\frac{K(t)}{L(t)}\right) = k'(t) + bk(t). \tag{5.98}$$

Wegen (5.95) ist $K'(t)/L(t) = aQ(t)/L(t)$. Mit (5.97) und (5.95) ergibt sich damit

$$\begin{aligned} k'(t) &= \frac{K'(t)}{L(t)} - bk(t) \\ &= a\frac{Q(t)}{L(t)} - bk(t) \\ &= aq(t) - bk(t) \\ &= ak^\alpha(t) - bk(t) \end{aligned}$$

oder

$$k'(t) + bk(t) = ak^\alpha(t), \quad 0 < a < 1, \; b > 0. \tag{5.99}$$

Das ist eine nichtlineare Differentialgleichung 1. Ordnung, und zwar eine sogenannte **Bernoulli-Gleichung**. Solche Differentialgleichungen können generell durch eine geeignete Transformation auf eine lineare Differentialgleichung zurückgeführt werden. Setzen wir hier $z(t) = k^{1-\alpha}(t)$, so ist $z'(t) = (1-\alpha)k^{-\alpha}(t)k'(t)$. Dividieren wir (5.99) durch $k^\alpha(t)$, so folgt $z'(t)/(1-\alpha) + bz(t) = a$ oder

$$z'(t) + (1-\alpha)bz(t) = (1-\alpha)a. \tag{5.100}$$

Dies ist eine linear inhomogene Differentialgleichung 1. Ordnung mit konstanten Koeffizienten, deren Lösung nach Abschnitt 5.5.1 gegeben ist durch

$$z_{\mathrm{AI}}(t) = Ce^{-(1-\alpha)bt} + \frac{a}{b}$$

und damit

$$k_{\mathrm{AI}}(t) = (z_{\mathrm{AI}}(t))^{\frac{1}{1-\alpha}}.$$

Die Konstante C ist bei vorgebener Anfangsbedingung bestimmt. ○

Auch nichtlineare Differenzengleichungen können manchmal durch geeignete Transformationen in lineare überführt werden. Der Leser zeige das an den zwei Beispielen

$$y(t+1) = \frac{y(t)}{1+y(t)}, \quad y(0) \neq 0,$$

mit Hilfe von $z(t) := 1/y(t)$ und

$$y(t+1) = a - \frac{b}{y(t)}$$

mit Hilfe von $z(t+1)/z(t) := y(t)$ für $t = 0, 1, 2, \ldots$

Ökonomische Anwendungsbeispiele nichtlinearer Differenzen- oder Differentialgleichungen sind u.a. bei Chiang (1984), Tu (1993) und Gandolfo (1997) zu finden. Chiang z.B. untersucht das in Abschnitt 5.2.1 betrachtete Cobweb-Modell, das zu einer nichtlinearen Differenzengleichung führt, wenn für den Preis P eine obere Grenze P^* festgesetzt wird.

Solow und Samuelson (1953) betrachten in Verallgemeinerung des linearen (geschlossenen) Leontief-Modells ein System mit n nichtlinearen Differenzengleichungen 1. Ordnung, siehe auch Beispiel 5.10. Es ist gegeben durch

$$x_i(t+1) = H_i(x_1(t), x_2(t), \ldots, x_n(t)), \quad i = 1, 2, \ldots, n,$$

oder in Matrixschreibweise

$$\mathbf{x}(t+1) = \mathbf{H}\mathbf{x}(t),$$

wobei die H_i für $i = 1, \ldots, n$ reellwertige, stetig differenzierbare, linear homogene Funktionen auf einer Teilmenge von $(\mathbb{R}^+)^n$ sind. Jede Funktion H_i ist im allgemeinen nichtlinear und stellt nicht notwendigerweise die Produktionsfunktion des i-ten Gutes dar, sondern kann vielmehr eine komplizierte Mischung vieler Produktionsprozesse in der Ökonomie sein. Unter der Annahme, daß alle partiellen Ableitungen von H_i positiv sind für alle $\mathbf{x}(t)$, kann gezeigt werden, daß eine eindeutig bestimmte balancierte Wachstumslösung existiert, die relativ stabil ist, siehe Takayama (1985).

Obige Annahme ist sehr restriktiv, denn sie bedeutet nicht nur, daß jedes Gut zur Produktion eines jeden anderen Gutes benutzt werden kann, sondern auch, daß alle anderen Güter produziert werden können, wenn nur ein einziges Gut vorhanden ist.

Wie bereits erwähnt, stößt die Suche nach der expliziten Lösung einer nichtlinearen Differenzen- bzw. Differentialgleichung im allgemeinen auf große Schwierigkeiten. Das zeigt sich schon bei nichtlinearen Differenzen- bzw. Differentialgleichungen 1. Ordnung der Form

$$y(t+1) = f(t, y(t)) \quad \text{bzw.} \quad y'(t) = g(t, y(t))$$

mit beliebigen Funktionen f bzw. g. Unter gewissen Bedingungen an f bzw. g kann zwar Existenz und Eindeutigkeit der Lösung dieser Gleichungen nachgewiesen werden, jedoch ist dies ein magerer Trost, wenn man sie nicht explizit finden kann.

Der einzige Lichtblick mag darin bestehen, statt der quantitativen Lösung das qualitative Verhalten der Lösung zu untersuchen und damit die wichtige Frage nach ihrer Stabilität aufzuwerfen. Darauf werden wir in Abschnitt 5.7.3 näher eingehen. Doch zuvor seien exemplarisch für den Fall nichtlinearer Differentialgleichungen 1. Ordnung einige Lösungsansätze aufgezeigt.

5.7.2 Nichtlineare Differentialgleichungen 1. Ordnung

Wir betrachten zunächst das

Beispiel 5.25

Gegeben sei die nichtlineare Differentialgleichung

$$y'(t) = \frac{y(t)}{t} - \frac{y^2(t)}{t^2}, \quad t \neq 0,$$

die auch in der Form $y' = dy/dt = -(y^2(t) - ty(t))/t^2$, d.h., $t^2dy + (y^2(t) - ty(t))dt = 0$ geschrieben werden kann. Das entspricht einer Darstellung der Differentialgleichung in der Form $u(t, y(t))dt + v(t, y(t))dy = 0$. ○

Sei nun $F(y'(t), y(t), t) = 0$ im Sinne von Definition 5.2 die in impliziter Form gegebene nichtlineare Differentialgleichung 1. Ordnung. Wir unterstellen, daß sich diese Gleichung explizit nach y' auflösen läßt, d.h., es gelte

$$y'(t) = g(t, y(t)). \tag{5.101}$$

(Der Leser mache sich an einem einfachen Beispiel klar, daß das nicht immer möglich ist). Ist g konstant oder eine Funktion nur von t, so kann (5.101) direkt durch Integration gelöst werden. Anderenfalls mag eine der im folgenden dargestellten Methoden zur Bestimmung der Lösung geeignet sein.

Zunächst schreiben wir (5.101) analog zu Beispiel 5.25 in der Form

$$u(t,y)dt + v(t,y)dy = 0 \quad \text{mit} \quad g(t,y(t)) = -\frac{u(t,y(t))}{v(t,y(t))}. \tag{5.102}$$

Wir unterscheiden drei Fälle:

(a) Gleichung (5.102) ist **separabel**: Das bedeutet, daß u eine Funktion nur von t und v eine Funktion nur von y ist, so daß die Gleichung die Form $u(t)dt+ v(y(t))dy$ aufweist. Hier kann die getrennte Integration als Lösungsansatz gewählt werden:

$$\int u(t)\,dt + \int v(y)\,dy = c.$$

(b) Gleichung (5.102) ist **homogen**, d.h. u und v sind homogene Funktionen vom selben Grad in t und $y(t)$. Dabei heißt eine Funktion $h(t,y(t))$ **homogen** vom Grad n in t und $y(t)$, falls gilt $h(at,ay) = a^n h(t,y)$ für eine beliebige Konstante a, siehe auch Definition 1.49.

Hier kann die Substitution $y = rt$, $dy = rdt + tdr(t)$ oder $t = ry$, $dt = rdy + ydr$ als Lösungsansatz gewählt werden. Die sich ergebende Differentialgleichung kann dann in der Form $u(t)dt+v(r)dr = 0$ oder $u(r)dr+v(y)dy = 0$ geschrieben werden und durch getrennte Integration wie eine separable Differentialgleichung gelöst werden. Durch Einsetzen von $r = y/t$ oder $r = t/y$ in diese Lösung erhält man dann die Lösung der Ausgangsgleichung.

Beispiel 5.26 (Fortsetzung von Beispiel 5.25)
Wir betrachteten die Gleichung $(y^2(t) - ty(t))dt + t^2dy = 0$. Sei $y(t) = rt$ und $dy = rdt + tdr$. Dann folgt

$$0 = (r^2t^2 - rt^2)dt + t^2(rdt + tdr) = r^2t^2dt + t^3dr$$

bzw.

$$\frac{dt}{t} + \frac{dr}{r^2} = 0.$$

Durch getrennte Integration ergibt sich $\ln t - 1/r = c$ und mit $r(t) = y(t)/t$ die Lösung

$$y(t) = \frac{t}{\ln t - c}.$$

○

(c) Gleichung (5.102) ist **exakt**, d.h. es gilt:

$$\frac{\partial u(t, y(t))}{\partial y} + \frac{\partial v(t, y(t))}{\partial t} = 0. \tag{5.103}$$

Eine dazu äquivalente Darstellung ist

$$\frac{\partial F}{\partial t} dt + \frac{\partial F}{\partial y} dy = 0,$$

wobei $F(t, y) = c$, $c \in \mathbb{R}$, die allgemeine Lösung der Differentialgleichung in impliziter Form ist. Diese Lösung kann dann aus

$$\frac{\partial F}{\partial t} = u(t, y) \quad \text{und} \quad \frac{\partial F}{\partial y} = v(t, y)$$

bestimmt werden.

Die Bedingung (5.103) wird jedoch nur selten erfüllt sein. Bisweilen gelingt es aber durch Multiplikation mit einem sogenannten **integrierenden Faktor** $k(t, y)$ eine gegebene Differentialgleichung in eine exakte umzuwandeln. Wir fordern also von $k(t, y)$, daß für

$$k(t, y)u(t, y)dt + k(t, y)v(t, y)dy = 0$$

die Bedingung

$$\frac{\partial}{\partial y} ku = \frac{\partial}{\partial y} kv \quad \text{oder} \quad \frac{\partial k}{\partial y} v - \frac{\partial k}{\partial y} u + k\left(\frac{\partial v}{\partial t} - \frac{\partial u}{\partial y}\right) = 0$$

gilt.

Auf den ersten Blick sieht diese **partielle Differentialgleichung** für $k(t, y)$ komplizierter aus als die Ausgangsdifferentialgleichung. Manchmal kann man aber für diese Differentialgleichung eine spezielle Lösung erraten, was ausreicht, da auch nur *eine* solche Lösung ($\neq 0$) interessiert.

Beispiel 5.27
Die Gleichung

$$2ydt + tdy = 0$$

ist nicht exakt, denn es gilt $\partial u/\partial y = 2 \neq 1 = \partial v/\partial t$. Als integrierender Faktor bietet sich $k(t,y) = t$ an. Dann ergibt sich die exakte Differentialgleichung

$$2ytdt + t^2dy = 0 \quad \text{mit} \quad \frac{\partial}{\partial y}ku = 2t = \frac{\partial}{\partial t}kv.$$

Als Lösung erhalten wir wegen $\partial F/\partial t = 2yt$ und $\partial F/\partial y = t^2$:

$$F(t,y) = t^2y = c \quad \text{d.h.} \quad y(t) = \frac{c}{t^2}$$

für $t \neq 0$. ○

Der Leser zeige, daß die Differentialgleichung $ye^tdt + (1+y)e^tdy = 0$ nicht exakt ist und daß $k(t,y) = e^y$ ein integrierender Faktor ist. Wie lautet dann die Lösung dieser Differentialgleichung?

Weitere Beispiele nichtlinearer Differentialgleichungen 1. Ordnung, die auch ökonomische Anwendungen haben, sind beispielsweise in Gandolfo (1997) zu finden.

Ein breites Anwendungsfeld nichtlinearer dynamischer Systeme stellt die Chaostheorie dar, die sich mittlerweile zu einer selbstständigen mathematischen Disziplin entwickelt hat. Um den Rahmen dieses Buches nicht zu sprengen, verzichten wir auf die Darstellung der Theorie und ihrer Anwendungen und verweisen — insbesondere im Hinblick auf ökonomische Anwendungen — auf die Bücher von Wiggins (1990), Lorenz (1993), Puu (1993) und Tu (1993).

5.7.3 Stabilität und Gleichgewicht

In den Abschnitten 5.4 und 5.5 haben wir die Lösungen auf globale Stabilität hin geprüft und notwendige und hinreichende Kriterien für deren Stabilität angegeben. Neben dem Konzept der globalen Stabilität steht das der lokalen Stabilität, worauf bereits in Abschnitt 5.3.4 hingewiesen wurde. Es gibt eine

Reihe von Stabilitätsbegriffen, die auf globaler bzw. lokaler Betrachtungsweise basieren, siehe z.B. Takayama (1985). Wir wollen hier im Zusammenhang mit der Lösung nichtlinearer Gleichungen bzw. Systeme einige ergänzende Anmerkungen zur lokalen und globalen Stabilität machen und dabei nur das qualitative Verhalten der Lösung herausstellen, weil gerade bei nichtlinearen Gleichungen bzw. Systemen — wie erwähnt — die explizite quantitative Lösung in der Regel nicht angegeben werden kann.

Betrachten wir allgemein die folgenden sogenannten **Normalsysteme** von Differenzen- bzw. Differentialgleichungen mit zunächst beliebigen Funktionen f_i:

$$y_i(t+1) = f_i(t, y_1(t), \ldots, y_n(t))$$

bzw.

$$y_i'(t) = f_i(t, y_1(t), \ldots, y_n(t))$$

für $i = 1, \ldots, n$, oder kurz in Vektorschreibweise

$$\mathbf{y}(t+1) = \mathbf{f}(t, \mathbf{y}(t)) \quad \text{bzw.} \quad \mathbf{y}'(t) = \mathbf{f}(t, \mathbf{y}(t)).$$

Sind die Systeme unabhängig von t, so liegen sogenannte **autonome Systeme** vor, die eine wichtige Rolle spielen und auf die wir uns deshalb hier beschränken wollen. Diese Systeme können dann in der Form

$$\mathbf{y}(t+1) = \mathbf{f}(\mathbf{y}(t)) \tag{5.104}$$

bzw.

$$\mathbf{y}'(t) = \mathbf{f}(\mathbf{y}(t)) \tag{5.105}$$

geschrieben werden.

Analog zur Definition des Gleichgewichtswertes bei linearen Gleichungen in Abschnitt 5.3.4 heißt ein Punkt **a Gleichgewichtspunkt** für (5.104) bzw. (5.105) wenn gilt $\mathbf{f}(\mathbf{a}) = \mathbf{0}$. Ein Gleichgewichtspunkt **a** ist **asymptotisch global stabil**, wenn jede Lösung $\mathbf{y}(t) = (y_1(t), \ldots, y_n(t))^\mathsf{T}$ von (5.104) bzw. (5.105) mit $t \to \infty$ gegen **a** konvergiert. Ein Gleichgewichtspunkt **a** ist **asymptotisch lokal stabil**, wenn die Konvergenz der Lösung gegen **a** nur für den Fall gegeben ist, daß der „Startpunkt" $\mathbf{y}(0)$ in einer hinreichend kleinen Umgebung von $\mathbf{a}$ liegt. Approximieren wir die differenzierbaren Funktionen f_i durch lineare Funktionen in einer Umgebung von $\mathbf{a}$ mit Hilfe einer Taylorreihenentwicklung, so können wir auf die so aus (5.104) bzw. (5.105) abgeleiteten linearen Systeme mit $\mathbf{A} = (\partial f_i(\mathbf{a})/\partial y_j)$, $i, j = 1, \ldots, n$, als Koeffizientenmatrix unmittelbar Satz 5.12 bzw. Satz 5.19 anwenden, um über die Eigenwerte von $\mathbf{A}$ jeweils ein notwendiges und hinreichendes Kriterium für die asymptotisch globale Stabilität dieser linearen Systeme zu erhalten. Es liegt die Vermutung nahe, daß dann $\mathbf{a}$ für die nichtlinearen Systeme (5.104) bzw. (5.105) asymptotisch lokal stabil ist, was gezeigt werden kann, siehe Sydsaeter (1981).

Die lineare Approximation der Funktionen f_i in einer Umgebung von $\mathbf{a}$ kann also nur zum Nachweis einer lokalen Stabilität führen. Wird globale Stabilität gewünscht, so müssen wir nach einer anderen Methode Ausschau halten. Eine der bekanntesten ist die sogenannte **zweite Methode von Liapunov**, die auch **direkte Methode** genannt wird. Während seine **erste Methode**, auch **indirekte Methode** genannt, darauf basiert, die Lösungen des Systems explizit über eine Potenzreihenentwicklung zu bestimmen und Stabilität dann aus dem Verhalten der Reihen für großes t abzuleiten (somit lokale Stabilität über lineare Approximation, wie oben beschrieben), kommt die zweite Methode ohne die explizite Angabe der Lösung zum Nachweis globaler Stabilität aus und ist daher gerade für solche nichtlinearen Systeme geeignet, deren Lösung analytisch nicht bestimmt werden kann. Hier steht also der qualitative Aspekt im Vordergrund. Der Nachweis der globalen Stabilität des Gleichgewichtspunktes $\mathbf{a}$ mit Hilfe der zweiten Methode Liapunov basiert im wesentlichen auf der Existenz einer sogenannten **Liapunov-Funktion v**, die den Abstand von $\mathbf{y}$ zu $\mathbf{a}$ mißt, wobei dieser Abstand als Funktion der Zeit zunimmt. Es kann sogar gezeigt werden, daß die Existenz einer Liapunov-Funktion auch eine notwendige Bedingung für die globale Stabilität von $\mathbf{a}$ ist. Hinsichtlich näherer Einzelheiten sei auf Sydsaeter (1981) und Gandolfo (1997) verwiesen.

Wie jedoch im konkreten Fall die Frage nach der Existenz bzw. Nichtexistenz einer Liapunov-Funktion zum Nachweis der globale Stabilität bzw. Instabilität bejaht oder verneint werden kann, das mag dahingestellt oder dem Einfallsreichtum des Anwenders überlassen bleiben (trial and error!).

Ein weiteres und sicherlich stärker anwendungsorientiertes Verfahren als die zweite Methode von Liapunov zum Nachweis globaler Stabilität ist die sogenannte **Phasen-Diagramm-Technik**, die auch ohne die explizite Lösung der Gleichungen bzw. Systeme auskommt und daher besonders im nichtlinearen Fall angewendet wird. Diese Technik basiert auf einer geometrischen Darstellung der Lösung und befaßt sich mit dem Verhalten dieses sogenannten **Lösungspfades** in der Nähe von (möglichen) Gleichgewichtspunkten. Beispiele dazu sind u.a. bei Sydsaeter (1981) und Gandolfo (1997) zu finden.

5.8 Aufgaben

Aufgabe 5.1

Die *stetige* Verzinsung eines Kapitals $K(t)$ kann durch die Differentialgleichung $K'(t) = pK(t)$ beschrieben werden, wobei $K(t)$ das Kapital zum Zeitpunkt t und p den festen Zinssatz bedeuten. Auf welches Kapital wächst bei einem Zinssatz von $p = 5\%$ ein Anfangskapital von

(a) 1000 DM nach 10 Jahren?

(b) 1 Pfennig nach 1998 Jahren?

Aufgabe 5.2

Ein Kapital K werde *jährlich* mit einem Zinssatz p verzinst. Das Anfangskapital sei K_0.

(a) Stellen Sie die zugehörige Differenzengleichung auf, und bestimmen Sie ihre Lösung.

(b) Auf welches Kapital wächst bei einem Zinssatz von $p = 5\%$ ein Anfangskapital von

i) 1000 DM nach 10 Jahren?

(ii) von 1 Pfennig nach 1998 Jahren?

Aufgabe 5.3

Geben Sie die allgemeine Lösung der folgenden linearen Differenzengleichungen an, und untersuchen Sie diese auf Stabilität:

(a) $y(t+1) - 2y(t) = 1$.

(b) $y(t+1) - y(t)/2 = e^t$.

(c) $y(t+1) = (t+1)y(t)$ mit $y(0) = 1$.

Aufgabe 5.4

(a) Bestimmen Sie die allgemeine Lösung der folgenden linearen Differenzengleichungen:

(i) $y(t+2) + 0.1y(t+1) - 0.3y(t) = 4$.

(ii) $y(t+2) - y(t+1) + y(t)/4 = 3^t$ mit $y(0) = 0$ und $y(1) = 1$.

(iii) $y(t+2) - 2y(t+1) + 2y(t) = -1$.

(b) Beweisen Sie, daß die lineare Differenzengleichung $y(t+2) + a_1 y(t+1) + a_0 y(t) = b(t)$ genau dann global stabil ist, wenn $1 + a_0 + a_1 > 0$, $1 + a_0 - a_1 > 0$ und $1 - a_0 > 0$ gilt.

Aufgabe 5.5

Prüfen Sie über das Schur-Kriterium, siehe Satz 5.10, ob die Lösungen der folgenden linearen Differenzengleichungen stabil sind:

(a) $y(t+2) - 3y(t+1) + 6y(t) = e^t$.

(b) $y(t+2) + y(t+1) + y(t)/2 = t$.

Aufgabe 5.6

Bestimmen Sie die allgemeine Lösung der folgenden linearen Differentialgleichungen, und untersuchen Sie diese auf Stabilität:

(a) $y'(t) - 2y(t) = t^2 - t$ mit $y(0) = 0$.

(b) $y'(t) = t^2 y(t)$ mit $y(0) = 2$.

(c) $y'(t) + \cos t\, y(t) = \sin t \cdot \cos t$.

Aufgabe 5.7

Zeigen Sie, daß die Funktion

$$y(t) = \begin{cases} 0 & \text{für } t \leq b, \\ (t-b)^2 & \text{für } t > b, \end{cases}$$

für $b > 0$ eine Lösung der Differentialgleichung $y'(t) - 2\sqrt{y(t)} = 0$ ist, die jedoch selbst bei vorgegebener Anfangsbedingung $y(0) = 0$ nicht eindeutig ist.

Aufgabe 5.8

Bestimmen Sie die allgemeine Lösung der folgenden linearen Differentialgleichungen, und untersuchen Sie diese auf Stabilität:

(a) $y''(t) - 2y'(t) + 2y(t) = t$.

(b) $y''(t) + 10y'(t) + 25y(t) = 5$.

(c) $y''(t) - y'(t) = 1$ mit $y(0) = 0$ und $y'(0) = 0$.

Aufgabe 5.9

(a) Prüfen sie mittels des Routh-Hurwitz-Kriteriums, siehe Satz 5.17, ob die folgenden linearen Differentialgleichungen stabil sind:

(i) $y''(t) + 2y'(t) + y(t) = 1.$

(ii) $y'''(t) + 4y''(t) + 3y'(t) - y(t) = \sin t.$

(b) Gegeben sei die lineare Differentialgleichung $y'''(t) + a_2y''(t) + a_1y'(t) + a_0y(t) = b(t)$ mit $a_0 > 0$, $a_1a_2 - a_0 > 0$ und $a_2 > 0$. Zeigen Sie, daß dann alle drei Hauptabschnittsdeterminanten positiv sind, siehe Satz 5.17.

Aufgabe 5.10

Bestimmen Sie die Lösungen der folgenden linearen Differentialgleichungen:

(a) $y'(t)y^2(t) = 2t.$

(b) $y'(t) = t/y(t)$, $y(t) \neq 0.$

(c) $y'(t) = \cos ty^2(t).$

(d) $(t-3y)y^2dt+(1-3y^2t)dy = 0.$ Hinweis: Suchen Sie einen integrierenden Faktor.

Kapitel 6

Lineare Optimierung

6.1 Einführung

Die lineare Optimierung (auch bekannt als lineare Programmierung) gehört zu den Techniken des Operations Research, die am weitesten verbreitet sind. Sie zeichnet sich durch eine einfache Modellbildung und durch effiziente Lösungsverfahren aus. Ihre Zielsetzung, eine lineare (affine) Funktion unter Nebenbedingungen, die in Form von linearen Gleichungen oder Ungleichungen auftreten, zu maximieren oder minimieren, macht sie universell einsetzbar. Ihre praktische Bedeutung liegt aber vor allem darin, daß auch „große“ Probleme mit einer Vielzahl von Variablen und Nebenbedingungen noch zufriedenstellend gelöst werden können.

Auf typische ökonomische Anwendungsbereiche werden wir im Rahmen der Beispiele und Aufgaben exemplarisch eingehen. Darüber hinaus wird die lineare Optimierung zur Lösung ganzzahliger, nichtlinearer oder dynamischer Optimierungsprobleme herangezogen (vgl. Kapitel 7, 8 und 9).

Der typische Aufbau linearer Optimierungsprobleme sowie deren praktische Relevanz ergibt sich bereits aus den folgenden einführenden Beispielen 6.1–6.4.

Beispiel 6.1 (Produktionsprogrammplanung)

Ein Unternehmen stellt die Produkte P_1 und P_2 her, die mit einem Gewinn von 3 DM bzw. 4 DM pro Mengeneinheit (ME) verkauft werden können.

Zur Herstellung sind eine Maschine, ein Rohstoff und Arbeitskräfte erforderlich, die in dem betrachteten Planungszeitraum nur begrenzt zur Verfügung stehen:

Maschine:	maximal 1200 Std.
Rohstoff:	maximal 3000 ME
Arbeitskräfte:	maximal 125 Std.

Benötigt werden für die Herstellung einer ME des Produktes P_1 (bzw. P_2):

Maschine:	3 Std.	(bzw. 2 Std.)
Rohstoff:	5 ME	(bzw. 10 ME)
Arbeitskräfte:	0 Std.	(bzw. 0.5 Std.)

Das Unternehmen ist an einem Produktionsprogramm interessiert, das den (Gesamt-)Gewinn maximiert.

Das optimale Produktionsprogramm ergibt sich als Lösung eines linearen Optimierungsproblems, das wir nun aufstellen wollen. Hierzu sei x_1 die Produktionsmenge des Produktes P_1 und x_2 die des Produktes P_2. x_1 und x_2 fassen wir als Entscheidungsvariablen auf, die nur nichtnegative Werte annehmen dürfen. Diese erste Forderung fassen wir in den sog. **Nichtnegativitätsbedingungen** $x_1 \geq 0, x_2 \geq 0$ zusammen. x_1 und x_2 unterliegen weiteren Restriktionen, die sich aus den verfügbaren Maschinenstunden, der verfügbaren Rohstoffmenge und den verfügbaren Arbeitsstunden ergeben:

$$\begin{array}{lr} \text{Maschinenstunden}: & 3x_1 + 2x_2 \leq 1200 \\ \text{Rohstoffmenge}: & 5x_1 + 10x_2 \leq 3000 \\ \text{Arbeitsstunden}: & 0.5x_2 \leq \ \ 125. \end{array}$$

Die linke Seite der jeweiligen Ungleichung enthält die benötigten Ressourcen in Abhängigkeit vom Produktionsprogramm und die rechte Seite deren Vorrat. Der Verbrauch an Maschinenstunden kommt wie folgt zustande: Die Herstellung einer ME des Produktes P_1 bzw. P_2 erfordert 3 bzw. 2 Maschinenstunden. Da x_1 ME des Produktes P_1 und x_2 ME des Produktes P_2 gefertigt werden, ergibt sich ein Gesamtverbrauch von $3x_1 + 2x_2$ Maschinenstunden, der kleiner oder gleich 1200 sein muß, um die zur Verfügung stehenden Maschinenstunden einzuhalten. Analog für die übrigen Restriktionen.

Verbunden mit der Herstellung von x_1 ME des Produktes P_1 und x_2 ME des Produktes P_2 ist ein (mengenproportionaler) Gewinn $z = 3x_1 + 4x_2$.

Zusammenfassend erhalten wir das folgende lineare Optimierungsproblem

$$\text{maximiere } z = 3x_1 + 4x_2$$

unter den Nebendingungen

$$\begin{aligned} 3x_1 + 2x_2 &\leq 1200 \\ 5x_1 + 10x_2 &\leq 3000 \\ 0.5x_2 &\leq 125 \end{aligned}$$

$$x_1 \geq 0,\ x_2 \geq 0,$$

dessen Lösung die optimalen Produktionsmengen x_1^*, x_2^* und den dabei erzielbaren Gesamtgewinn z^* liefert. ○

Beispiel 6.2 (Ein Mischungsproblem)

Zur Fütterung einer bestimmten Tierart sind die Nährstoffe N_1, N_2 und N_3 erforderlich, die in den Futtermitteln F_1 und F_2 in unterschiedlicher Konzentration enthalten sind:

	N_1	N_2	N_3
F_1	3	4	1
F_2	3	3	3

Nährstoffeinheiten pro ME Futtermittel

Eine ME des Futtermittels F_1 kostet 25 DM, eine ME des Futtermittels F_2 kostet 50 DM.

Wie viele ME von F_1 und F_2 sind zu füttern, um bei möglichst geringen Kosten den Bedarf an Nährstoffen (8 Einheiten des Nährstoffs N_1, 19 Einheiten des Nährstoffs N_2, 7 Einheiten des Nährstoffs N_3) zu decken?

Die gesuchten ME von F_1 und F_2 ergeben sich als Lösung eines linearen Optimierungsproblems. Hierzu seien x_1 die zu fütternden ME von F_1 und x_2 die von F_2. x_1 und x_2 fassen wir als Entscheidungsvariablen auf, die nur nichtnegative Werte annehmen dürfen ($x_1 \geq 0, x_2 \geq 0$).

Der zu deckende Bedarf an Nährstoffen wird sichergestellt durch die Ungleichungen

$$\begin{aligned} &\text{Nährstoff } N_1\text{:} && 3x_1 + 3x_2 \geq 8 \\ &\text{Nährstoff } N_2\text{:} && 4x_1 + 3x_2 \geq 19 \\ &\text{Nährstoff } N_3\text{:} && x_1 + 3x_2 \geq 7, \end{aligned}$$

wobei auf der linken Seite die Nährstoffmengen in Abhängigkeit von den Futtermengen stehen und auf der rechten Seite die geforderten Mindestmengen.

Die Kosten z, die aus der Fütterung von x_1 ME von F_1 und x_2 ME von F_2 entstehen, lauten $z = 25x_1 + 50x_2$.

Somit haben wir das folgende lineare Optimierungsproblem

$$\text{minimiere } z = 25x_1 + 50x_2$$

unter den Nebenbedingungen

$$\begin{aligned} 3x_1 + 3x_2 &\geq 8 \\ 4x_1 + 3x_2 &\geq 19 \\ x_1 + 3x_2 &\geq 7 \\ x_1 \geq 0, x_2 &\geq 0 \end{aligned}$$

zu lösen. ○

Beispiel 6.3 (Ein Transportproblem)

Ein Unternehmen hat zwei Filialen F_1 und F_2, von denen drei Großhändler G_1, G_2 und G_3 die Produkte beziehen. Die Transportkosten pro ME, der Bedarf der Großhändler und der Lagerbestand der Filialen sind in der folgenden Tabelle zusammengefaßt.

	Transportkosten pro ME			
	G_1	G_2	G_3	Bedarf
F_1	0.9	1.0	1.2	600
F_2	0.6	0.4	0.5	400
Lagerbestand	300	500	200	1000

Das Unternehmen ist daran interessiert, den Transport von den Filialen zu den Großhändlern so zu organisieren, daß die Gesamtkosten minimal werden.

Das Transportproblem läßt sich als ein spezielles lineares Optimierungsproblem formulieren. Hierzu bezeichne x_{ij} die Transportmenge von F_i nach G_j. Die Entscheidungsvariablen x_{ij} müssen die Nichtnegativitätsbedingungen $x_{ij} \geq 0$ erfüllen und zusätzlich sicherstellen, daß der Bedarf der Großhändler gedeckt und gleichzeitig in den Filialen nicht mehr nachgefragt wird, als dort vorhanden ist.

Der Gesamtbedarf (1000 ME) stimmt mit dem Gesamtangebot überein. Diese Besonderheit stellt keine Einschränkung dar, da durch Hinzunahme einer fiktiven Filiale oder eines fiktiven Großhändlers eventuelle Überschüsse ausgeglichen werden können (vgl. Abschnitt 6.9), sondern führt auf eine zusätzliche Struktur, von der wir bei der Lösung des Transportproblems noch Gebrauch machen werden.

Da keine Restbestände oder Fehlmengen auftreten können, ergeben sich die Nebenbedingungen als Gleichungen: $x_{11}+x_{12}+x_{13}=600$, $x_{21}+x_{22}+x_{23}=400$ sowie $x_{11}+x_{21}=300$, $x_{12}+x_{22}=500$, $x_{13}+x_{23}=200$. Die ersten beiden Gleichungen besagen, daß die in den Filialen verfügbaren Bestände an die Großhändler abgegeben werden und die letzten drei Gleichungen, daß der Bedarf der Großhändler gedeckt wird.

Da wir unterstellen, daß die Kosten mengenproportional sind, ergeben sich die Gesamtkosten der Transporte zu $z = 0.9x_{11}+x_{12}+1.2x_{13}+0.6x_{21}+0.4x_{22}+0.5x_{23}$. Hieraus resultiert das lineare Optimierungsproblem

$$\text{minimiere } z = 0.9x_{11}+x_{12}+1.2x_{13}+0.6x_{21}+0.4x_{22}+0.5x_{23}$$

unter den Nebenbedingungen

$$\begin{array}{llllllll}
x_{11} + x_{12} + x_{13} & & & & & & = & 600 \\
& & & x_{21} + x_{22} + x_{23} & & & = & 400 \\
x_{11} & & & + x_{21} & & & = & 300 \\
& x_{12} & & & + x_{22} & & = & 500 \\
& & x_{13} & & & + x_{23} & = & 200
\end{array}$$

$$x_{ij} \geq 0 \text{ für } i = 1,2 \text{ und } j = 1,2,3.$$

○

Beispiel 6.4 (Ein Produktionsproblem mit Mengenrelationen)

Eine Bäckerei stellt vier verschiedene Kuchensorten her. Die Erlöse pro Stück sowie die benötigten Zutaten und deren verfügbare Mengen sind in der folgenden Tabelle zusammengefaßt.

Sorte	Zutaten (ME/Stück)						Erlös (GE)
	Mehl	Zucker	Butter	Nüsse	Kakao	Eier	
Nußkuchen	250	100	100	300	—	1	20
Marmorkuchen	350	80	100	—	40	1	15
Sandkuchen	400	100	150	—	—	1	12
Linzertorte	400	150	250	250	25	3	30
	10000	3000	6000	5000	1000	1000	
	verfügbare Menge (ME)						

Bei der Herstellung einer Linzertorte fällt ein Eiweiß ab, das zusammen mit 50 ME Mehl, 30 ME Zucker und 25 ME Nüssen zu einem Nußhörnchen verarbeitet und mit einem Erlös von 1.2 GE verkauft werden kann.

Zu beachten ist ferner, daß doppelt so viele Nußkuchen herzustellen sind wie Sandkuchen und daß mindestens 25% der insgesamt produzierten Kuchen (ohne Nußhörnchen) Marmorkuchen sind.

Ziel der Bäckerei ist es, den Erlös aus dem Verkauf der Kuchen und Nußhörnchen zu maximieren.

Der maximal erzielbare Erlös und die zugehörigen Produktionsmengen $x_1 \geq 0, x_2 \geq 0, \ldots, x_5 \geq 0$ an Nußkuchen, Marmorkuchen, Sandkuchen, Linzertorten bzw. Nußhörnchen ergibt sich als Lösung eines linearen Optimierungsproblems mit der

$$\text{Zielfunktion (Gesamtgewinn) } z = 20x_1 + 15x_2 + 12x_3 + 30x_4 + 1.2x_5,$$

die zu maximieren ist unter den Nebenbedingungen

$$\begin{array}{lrl}
\text{Verbrauch an Mehl:} & 250x_1 + 350x_2 + 400x_3 + 400x_4 + 50x_5 & \leq 10000 \\
\text{Verbrauch an Zucker:} & 100x_1 + 80x_2 + 100x_3 + 150x_4 + 30x_5 & \leq 3000 \\
\text{Verbrauch an Butter:} & 100x_1 + 100x_2 + 150x_3 + 250x_4 + 25x_5 & \leq 6000 \\
\text{Verbrauch an Nüssen:} & 300x_1 + 250x_4 & \leq 5000 \\
\text{Verbrauch an Kakao:} & 40x_2 + 25x_4 & \leq 1000 \\
\text{Verbrauch an Eiern:} & x_1 + x_2 + x_3 + 3x_4 & \leq 1000
\end{array}$$

sowie den Mengenrelationen

Nußhörnchen – Linzertorten:	$x_5 \leq x_4$
Nußkuchen – Sandkuchen:	$x_1 = 2x_3$
Marmorkuchen – Kuchen insgesamt:	$x_2 \geq 0.25(x_1 + x_2 + x_3 + x_4)$.

○

Die einführenden Beispiele zeigen bereits, daß die Lösung linearer Optimierungsprobleme auf die Bestimmung von Extremwerten unter Nebenbedingungen führt. Extremwerte unter Nebenbedingungen sind uns bereits in Abschnitt 2.2.8 begegnet. Die dort angegebene Methode, die Extremwerte durch Nullsetzen der partiellen Ableitungen der Lagrange-Funktion zu ermitteln, setzt jedoch Nebenbedingungen in Form von Gleichungen voraus und ist damit nicht anwendbar. Eine Übertragung dieses Lösungsansatzes auf Nebenbedingungen in Form von Ungleichungen nehmen wir in Kapitel 8 vor. Die resultierenden Algorithmen sind jedoch bei weitem nicht so effizient wie die speziellen, die Linearität der Zielfunktion und Nebenbedingungen ausnutzenden Algorithmen der linearen Optimierung.

6.2 Graphische Lösung

Lineare Optimierungsprobleme mit nur zwei Entscheidungsvariablen lassen sich auf bequeme Weise graphisch lösen. Die Bedeutung der graphischen Lösung liegt aber vor allem in der geometrischen Veranschaulichung der Rechenschritte des Simplex Algorithmus.

Beispiel 6.5 (Fortsetzung von Beispiel 6.1)
Aufgrund der Nichtnegativitätsbedingungen $x_1 \geq 0$ und $x_2 \geq 0$ liegt die Menge der zulässigen Lösungen im 1. Quadranten und wird durch die x_1-Achse und die x_2-Achse begrenzt. Weitere Einschränkungen ergeben sich aus den Restriktionen $3x_1 + 2x_2 \leq 1200$, $5x_1 + 10x_2 \leq 3000$ und $0.5x_2 \leq 125$. Die Begrenzungsgeraden $3x_1 + 2x_2 = 1200$, $5x_1 + 10x_2 = 3000$ und $0.5x_2 = 125$ kann man in die Graphik eintragen, indem man deren Schnittpunkte mit den Achsen bestimmt und diese verbindet. Beispielsweise erhält man den Schnittpunkt von $3x_1 + 2x_2 = 1200$ mit der x_1-Achse durch Nullsetzen von x_2 ($3x_1 + 2 \cdot 0 = 1200 \Rightarrow x_1 = 400$). Liegen die Begrenzungsgeraden vor, so wird der Bereich zugeordnet, der die Nebenbedingungen erfüllt. Wir sprechen vom **zulässigen Bereich**. Sieht man einmal von Restriktionen in Gleichungsform ab, so kann man sich den zulässigen Bereich auch als Durchschnitt von Halbebenen vorstellen und sukzessive generieren. Jede solche Halbebene ist durch die Begrenzungsgerade und einen beliebigen Punkt, z.B. den Nullpunkt, eindeutig festgelegt. Erfüllt dieser Punkt die Restriktion, so liegt die zugehörige Halbebene auf „dieser“ Seite der Begrenzungsgeraden und ansonsten auf der „gegenüberliegenden“ Seite.

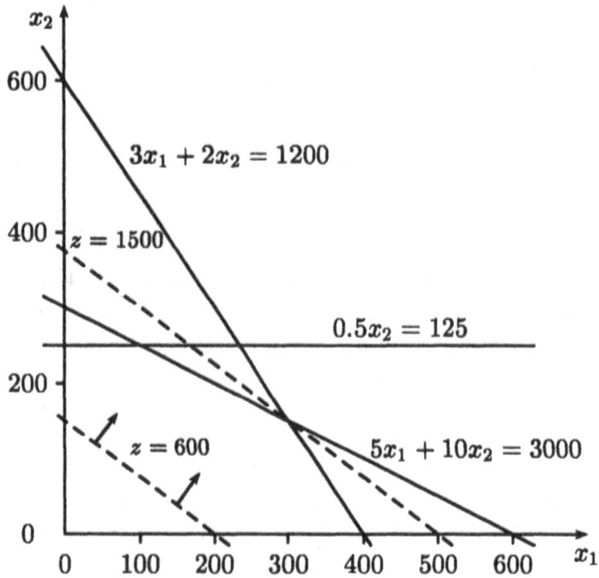

Abbildung 6.1: Graphische Lösung von Beispiel 6.1

Bei der Eintragung der Zielfunktion geht man ähnlich vor. Zunächst trägt man $3x_1 + 4x_2 = z_0$ für einen festen Wert z_0 von z ein. Wir haben $z_0 = 600$ gewählt. Die so ermittelte Zielfunktionsgerade wird dann parallel in Richtung wachsender z-Werte verschoben. Die Richtung legt man fest, indem man beispielsweise prüft, ob die Zielfunktionsgerade, die durch den Nullpunkt geht, einen kleineren oder größeren z-Wert hat. In unserem Fall ist der Wert 0 und damit kleiner als z_0. Folglich wächst z in entgegengesetzter Richtung. Die Zielfunktionsgerade wird nun parallel verschoben bis zum Rand des zulässigen Bereiches. Die Parallelverschiebung endet in der Regel in einem Eckpunkt des zulässigen Bereichs. Dieser Eckpunkt ist dann die optimale Lösung (in unserem Falle $x_1^* = 300, x_2^* = 150$) und der zugehörige Funktionswert (in unserem Falle $z^* = 1500$) das gesuchte Maximum.

Verläuft die Zielfunktionsgerade parallel zu einer Restriktionsgeraden, so ist die optimale Lösung nicht mehr eindeutig. Zu der Menge der optimalen Lösungen gehört aber nach wie vor ein Eckpunkt (vgl. Aufgabe 6.4). ○

6.3 Die Standardform

Wir haben bereits in den einführenden Beispielen gesehen, daß das lineare Optimierungsproblem in natürlicher Weise als Maximum- oder Minimum-Problem auftritt und daß auch die Nebenbedingungen in unterschiedlicher

Form ($\leq$-Ungleichungen, Gleichungen, $\geq$-Ungleichungen) vorkommen. Für eine Vereinheitlichung der weiteren Vorgehensweise empfiehlt es sich daher, von einer Standardform des linearen Optimierungsproblems auszugehen und abweichende Formen vorab in die Standardform zu überführen.

Definition 6.1

Unter einem linearen Optimierungsproblem in **Standardform** verstehen wir die Aufgabe

$$\max z = \mathbf{c}^\mathsf{T}\mathbf{x}$$

u.d.N.

$$\mathbf{A}\mathbf{x} \leq \mathbf{b}$$
$$\mathbf{x} \geq \mathbf{0}.$$

Dabei bezeichnet n die Anzahl der **Variablen**, m die Anzahl der **Nebenbedingungen**, $\mathbf{c} = (c_1, \ldots, c_n)^\mathsf{T}$ den Vektor der **Zielfunktionskoeffizienten**, $\mathbf{x} = (x_1, \ldots, x_n)^\mathsf{T}$ den Vektor der **Entscheidungsvariablen**, $\mathbf{b} = (b_1, \ldots, b_m)^\mathsf{T}$ den Vektor der Werte der rechten Seite, und die (m, n)-Matrix $\mathbf{A} = (a_{ij})$ ist die **Koeffizientenmatrix**. Die Funktion $f(\mathbf{x}) = \mathbf{c}^\mathsf{T}\mathbf{x}$ heißt **Zielfunktion** und die Menge

$$\mathcal{M} = \{\mathbf{x} \in \mathbb{R}^n \mid \mathbf{A}\mathbf{x} \leq \mathbf{b},\ \mathbf{x} \geq \mathbf{0}\}$$

zulässiger Bereich. Jedes $\mathbf{x} \in \mathcal{M}$, also jeder Punkt $\mathbf{x} \in \mathbb{R}^n$, der die Nebenbedingungen $\mathbf{A}\mathbf{x} \leq \mathbf{b}$ und $\mathbf{x} \geq \mathbf{0}$ erfüllt, heißt **zulässige Lösung**.

Definition 6.2

Eine zulässige Lösung $\mathbf{x}^* \in \mathcal{M}$ mit $f(\mathbf{x}^*) \geq f(\mathbf{x})$ für alle $\mathbf{x} \in \mathcal{M}$ heißt **optimal**.

Ist der zulässige Bereich $\mathcal{M}$ abgeschlossen und beschränkt, so existiert eine optimale Lösung nach dem Satz von Bolzano–Weierstrass, der besagt, daß eine reellwertige stetige Funktion auf einer kompakten Menge ihr Maximum annimmt. Aber auch bei unbeschränkter Menge $\mathcal{M}$ kann durchaus eine optimale Lösung existieren (vgl. Aufgabe 6.3). In der Regel dürfte jedoch $f(\mathbf{x})$ unbeschränkt sein und damit keine optimale Lösung existieren (vgl. Beispiel 6.9).

Darüber hinaus ist die Menge $\mathcal{M}$ konvex. Aufgrund der speziellen Struktur bezeichnet man sie auch als **konvexes Polyeder** und, falls $\mathcal{M}$ beschränkt ist, als **konvexes Polytop**. Diese zusätzliche Struktur erlaubt uns weitergehende Aussagen über die Lage optimaler Lösungen.

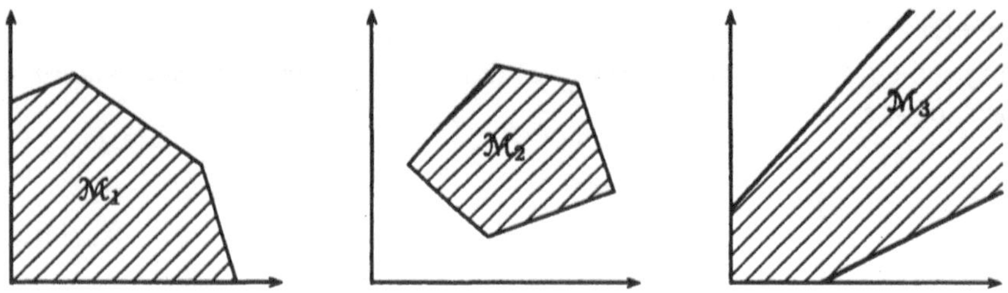

Abbildung 6.2: Konvexe Polytope $\mathcal{M}_1$ und $\mathcal{M}_2$ und konvexer Polyeder $\mathcal{M}_3$

Zur leichteren Überprüfung der Konvexität von $\mathcal{M}$ erinnern wir noch einmal an die Definition einer konvexen Menge (vgl. Definition 1.29): Zu zwei beliebigen Punkten $\mathbf{x}_1$ und $\mathbf{x}_2$ von $\mathcal{M}$ gehören auch alle Punkte $\mathbf{x}$ der Verbindungsstrecke von $\mathbf{x}_1$ und $\mathbf{x}_2$ zu $\mathcal{M}$, also alle Punkte $\mathbf{x} \in \mathbb{R}^n$ mit $\mathbf{x} = \lambda\mathbf{x}_1 + (1-\lambda)\mathbf{x}_2$ für ein $\lambda \in [0,1]$.

Satz 6.1

Die Menge $\mathcal{M}$ ist konvex.

Beweis: Seien $\mathbf{x}_1, \mathbf{x}_2 \in \mathcal{M}$ und $\mathbf{x} = \lambda\mathbf{x}_1 + (1-\lambda)\mathbf{x}_2$ für ein $\lambda \in [0,1]$. Dann folgt unter Ausnutzung der Linearität von $\mathbf{A}$:

$$\mathbf{A}\mathbf{x} = \mathbf{A}(\lambda\mathbf{x}_1 + (1-\lambda)\mathbf{x}_2) = \lambda\mathbf{A}\mathbf{x}_1 + (1-\lambda)\mathbf{A}\mathbf{x}_2 \leq \lambda\mathbf{b} + (1-\lambda)\mathbf{b} = \mathbf{b}.$$

Somit ist $\mathbf{A}\mathbf{x} \leq \mathbf{b}$. Da mit $\mathbf{x}_1$ und $\mathbf{x}_2$ auch $\mathbf{x} \geq \mathbf{0}$ gilt, folgt $\mathbf{x} \in \mathcal{M}$ und schließlich die Konvexität von $\mathcal{M}$. ❑

Von besonderem Interesse sind die Eckpunkte von $\mathcal{M}$.

Definition 6.3

Ein Punkt $\mathbf{x} \in \mathcal{M}$, der sich *nicht* als echte konvexe Linearkombination $\mathbf{x} = \lambda\mathbf{x}_1 + (1-\lambda)\mathbf{x}_2$ zweier Punkte $\mathbf{x}_1, \mathbf{x}_2 \in \mathcal{M}$, $\lambda \in (0,1)$, darstellen läßt, heißt **Eckpunkt** des zulässigen Bereichs.

Satz 6.2

Besitzt das lineare Optimierungsproblem eine optimale Lösung, so wird diese in einem Eckpunkt von $\mathcal{M}$ angenommen. Ist diese nicht eindeutig, so befinden sich unter den optimalen Lösungen Eckpunkte von $\mathcal{M}$.

Beweis: Sei $\mathbf{x} \in \mathcal{M}$ eine optimale Lösung. Wir unterscheiden zwei Fälle.

(a) Ist $\mathbf{x}$ eindeutig, so ist $\mathbf{x}$ ein Eckpunkt von $\mathcal{M}$. Wäre nämlich $\mathbf{x}$ kein Eckpunkt, so wäre $\mathbf{x} = \lambda\mathbf{x}_1 + (1-\lambda)\mathbf{x}_2$ für geeignete $\lambda \in (0,1)$, $\mathbf{x}_1, \mathbf{x}_2 \in \mathcal{M}$, und wir erhielten

$$\begin{aligned} f(\mathbf{x}) &= \mathbf{c}^{\mathsf{T}}\mathbf{x} \\ &= \mathbf{c}^{\mathsf{T}}(\lambda\mathbf{x}_1 + (1-\lambda)\mathbf{x}_2) \\ &= \lambda\mathbf{c}^{\mathsf{T}}\mathbf{x}_1 + (1-\lambda)\mathbf{c}^{\mathsf{T}}\mathbf{x}_2 \\ &\leq \max\{\mathbf{c}^{\mathsf{T}}\mathbf{x}_1, \mathbf{c}^{\mathsf{T}}\mathbf{x}_2\} \\ &= \max\{f(\mathbf{x}_1), f(\mathbf{x}_2)\}. \end{aligned}$$

Somit gäbe es zumindest eine weitere optimale Lösung im Widerspruch zur Annahme. Folglich ist $\mathbf{x}$ ein Eckpunkt.

(b) Ist $\mathbf{x}$ nicht eindeutig, so nutzen wir zunächst aus, daß sich jede zulässige Lösung $\mathbf{x}'$ als konvexe Linearkombination $\mathbf{x}' = \sum_{i=1}^{\nu} \lambda_i \mathbf{x}_i$ der (endlich vielen) Eckpunkte $\mathbf{x}_1, \ldots, \mathbf{x}_\nu$ darstellen läßt (vgl. z.B. Minoux (1986), Seite 32). Angewandt auf $\mathbf{x}$ erhalten wir dann $f(\mathbf{x}) \leq \max\{f(\mathbf{x}_1), \ldots, f(\mathbf{x}_\nu)\}$ wie unter (a). Damit ist unter den optimalen Lösungen mindestens ein Eckpunkt. ❑

Zusammenfassend können wir festhalten: Das lineare Optimierungsproblem besitzt

a) keine zulässige Lösung (die Nebenbedingungen sind widersprüchlich),

b) genau eine optimale Lösung (die in einem Eckpunkt von $\mathcal{M}$ angenommen wird),

c) unendlich viele optimale Lösungen (die als konvexe Linearkombination der „optimalen Eckpunkte" darstellbar sind; vgl. auch Aufgabe 6.4).

Die Beschränkung auf die Eckpunkte von $\mathcal{M}$ trägt wesentlich zu einer Reduktion des Rechenaufwandes bei. Dennoch wächst auch die Anzahl der Eckpunkte mit der Problemgröße sehr schnell an und kann lediglich durch $\binom{n+m}{m}$ nach oben abgeschätzt werden. Der Simplex Algorithmus als wichtigstes Verfahren zur Lösung linearer Optimierungsprobleme sucht daher nicht nur die Eckpunkte von M nach dem Maximum ab, sondern geht noch einen entscheidenden Schritt weiter, in dem er in jedem Austauschschritt einen neuen Eckpunkt mit verbessertem (oder zumindest nicht schlechterem) Zielfunktionswert generiert.

Zur Durchführung des Simplex Algorithmus benötigen wir eine algebraische Charakterisierung der Eckpunkte von $\mathcal{M}$. Hierzu ist es erforderlich, die Standardform in ein Optimierungsproblem

$$\max z = c_1 x_1 + \cdots + c_n x_n$$

u.d.N.

$$\begin{array}{cccccccccc} a_{11}x_1 + & \cdots & +a_{1n}x_n & +x_{n+1} & & & & = & b_1 \\ a_{21}x_1 + & \cdots & +a_{2n}x_n & & +x_{n+2} & & & = & b_2 \\ \vdots & \ddots & \vdots & & & \ddots & & \vdots & \vdots \\ a_{m1}x_1 + & \cdots & +a_{mn}x_n & & & & +x_{n+m} & = & b_m \end{array} \qquad (6.1)$$

$$x_1, \ldots, x_n, x_{n+1}, \ldots, x_{n+m} \geq 0$$

zu überführen mit Gleichungen als Nebenbedingungen.

Definition 6.4

Die Variablen $x_1, \ldots, x_n$ in (6.1) bezeichnet man auch als **Strukturvariablen** und die Variablen $x_{n+1}, \ldots, x_{n+m}$ als **Schlupfvariablen**.

Auf die ökonomische Interpretation der Struktur- und Schlupfvariablen gehen wir in Abschnitt 6.7 näher ein.

Um (6.1) in Vektorschreibweise darstellen zu können, erweitern wir die Koeffizientenmatrix $\mathbf{A}$ um die (m,m)-Einheitsmatrix $\mathbf{I}_m$ zu einer $(m, n+m)$-Matrix $\widetilde{\mathbf{A}} = (\mathbf{A}, \mathbf{I}_m)$. Außerdem fassen wir (der Einfachheit halber) $\mathbf{c} = (c_1, \ldots, c_n, 0, \ldots, 0)^\mathsf{T}$ und $\mathbf{x} = (x_1, \ldots, x_n, x_{n+1}, \ldots, x_{n+m})^\mathsf{T}$ als Vektoren des $\mathbb{R}^{n+m}$ auf. Dann ist (6.1) äquivalent zu dem linearen Optimierungsproblem in Gleichungsform

$$\max z = \mathbf{c}^\mathsf{T}\mathbf{x}$$

u.d.N.

$$\widetilde{\mathbf{A}}\mathbf{x} = \mathbf{b} \qquad (6.2)$$
$$\mathbf{x} \geq \mathbf{0}.$$

Die erweiterte Koeffizientenmatrix $\widetilde{\mathbf{A}} = (\mathbf{a}_1, \ldots, \mathbf{a}_{n+m})$ hat den Rang m. Daher können wir m linear unabhängige Spalten $\mathbf{a}_{i_1}, \ldots, \mathbf{a}_{i_m}$ von $\widetilde{\mathbf{A}}$ auswählen und diese als eine Basis des $\mathbb{R}^m$ interpretieren. Diese m linear unabhängigen Spalten fassen wir nun zu einer (nichtsingulären) Matrix $\mathbf{B} = (\mathbf{a}_{i_1}, \ldots, \mathbf{a}_{i_m})$ zusammen und die übrigen Spalten von $\widetilde{\mathbf{A}}$ zu einer Matrix $\mathbf{N} = (\mathbf{a}_{i_{m+1}}, \ldots, \mathbf{a}_{i_{m+n}})$. Dann geht (6.2) über in

$$\max z = \mathbf{c}_\mathbf{B}^\top \mathbf{x}_\mathbf{B} + \mathbf{c}_\mathbf{N}^\top \mathbf{x}_\mathbf{N}$$

u.d.N.

$$\mathbf{B}\mathbf{x}_\mathbf{B} + \mathbf{N}\mathbf{x}_\mathbf{N} = \mathbf{b} \qquad (6.3)$$
$$\mathbf{x}_\mathbf{B}, \mathbf{x}_\mathbf{N} \geq \mathbf{0},$$

wobei $\mathbf{c}_\mathbf{B} = (c_{i_1}, \ldots, c_{i_m})^\top$, $\mathbf{x}_\mathbf{B} = (x_{i_1}, \ldots, x_{i_m})^\top$, $\mathbf{c}_\mathbf{N} = (c_{i_{m+1}}, \ldots, c_{i_{m+n}})^\top$ und $\mathbf{x}_\mathbf{N} = (x_{i_{m+1}}, \ldots, x_{i_{m+n}})^\top$.

Um eine Lösung von (6.3) zu erhalten, setzen wir $\mathbf{x}_\mathbf{N} = \mathbf{0}$ und lösen $\mathbf{B}\mathbf{x}_\mathbf{B} + \mathbf{N}\mathbf{x}_\mathbf{N} = \mathbf{b}$ nach $\mathbf{x}_\mathbf{B}$ auf. Das Ergebnis $\mathbf{x}_\mathbf{B} = \mathbf{B}^{-1}\mathbf{b}$, $\mathbf{x}_\mathbf{N} = \mathbf{0}$ ist dann eine Lösung von $\widetilde{\mathbf{A}}\mathbf{x} = \mathbf{b}$ mit höchstens m von Null verschiedenen Komponenten. Ist diese Lösung zulässig, also $\mathbf{x}_\mathbf{B} \geq \mathbf{0}$, so entspricht sie einem Eckpunkt von $\mathcal{M}$ und umgekehrt.

Satz 6.3

Eine zulässige Lösung $\mathbf{x} = (x_1, \ldots, x_{n+m})^\top$ *von* (6.2) *entspricht genau dann einem Eckpunkt von* $\mathcal{M}$, *wenn die Spaltenvektoren* $\mathbf{a}_j$ *der Matrix* $\widetilde{\mathbf{A}}$, *die mit positivem Gewicht* x_j *in die Darstellung* $\mathbf{a}_1 x_1 + \cdots + \mathbf{a}_{m+n} x_{m+n} = \mathbf{b}$ *eingehen, linear unabhängig sind.*

Satz 6.3, dessen Beweis man z.B. in Minoux (1986), Seite 30, findet, führt auf den folgenden primitiven Lösungsansatz: Setze n der Variablen $x_1, \ldots, x_{n+m}$ Null und löse das verbleibende Gleichungssystem. Zur Veranschaulichung dient

Beispiel 6.6 (Fortsetzung von Beispiel 6.1)

Mit den Schlupfvariablen x_3, x_4, x_5 erhalten wir

$$\max z = 3x_1 + 4x_2$$

u.d.N.

$$\begin{array}{rcrcrcrcrcr} 3x_1 & + & 2x_2 & + & x_3 & & & & & = & 1200 \\ 5x_1 & + & 10x_2 & & & + & x_4 & & & = & 3000 \\ & & 0.5x_2 & & & & & + & x_5 & = & 125 \end{array}$$

$$x_1, \ldots, x_5 \geq 0.$$

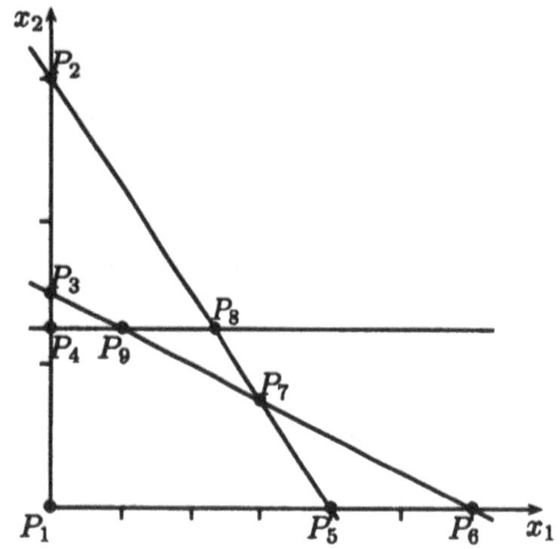

Abbildung 6.3: Lösungspunkte der 10 Gleichungssysteme

Nullsetzen von jeweils zwei Variablen führt dann auf $\binom{n+m}{m} = \binom{5}{3} = 10$ Gleichungssysteme mit den Lösungen

$$
\begin{array}{ll}
x_1 = x_2 = 0: & x_3 = 1200, x_4 = 3000, x_5 = 125 \\
x_1 = x_3 = 0: & x_2 = 600, x_4 = -3000, x_5 = -175 \\
x_1 = x_4 = 0: & x_2 = 300, x_3 = 600, x_5 = -25 \\
x_1 = x_5 = 0: & x_2 = 250, x_3 = 700, x_4 = 500 \\
x_2 = x_3 = 0: & x_1 = 400, x_4 = 1000, x_5 = 125 \\
x_2 = x_4 = 0: & x_1 = 600, x_3 = -600, x_5 = 125 \\
x_2 = x_5 = 0: & \text{nicht lösbar } (\mathbf{a}_1, \mathbf{a}_3, \mathbf{a}_4 \text{ linear abhängig}) \\
x_3 = x_4 = 0: & x_1 = 300, x_2 = 150, x_5 = 50 \\
x_3 = x_5 = 0: & x_1 = 233^1/_3, x_2 = 250, x_4 = -666^2/_3 \\
x_4 = x_5 = 0: & x_1 = 400, x_2 = 250, x_3 = 400,
\end{array}
$$

die den Punkten $P_1 = (0,0)$, $P_2 = (0,600)$, ... , $P_9 = (400,250)$ in Abbildung 6.3 entsprechen. Von den 10 Gleichungssystemen sind somit 9 lösbar, die wiederum auf 5 zulässige Lösungen (P_1,P_4, P_5, P_7, P_9) und 4 unzulässige Lösungen (P_2, P_3, P_6, P_8) führen. Die optimale Lösung wird in Punkt $P_7 = (300,150)$ angenommen. Der Nachteil des hohen Rechenaufwandes ist offensichtlich. ○

6.4 Der Simplex Algorithmus

Auf die Grundidee des Simplex Algorithmus, die sukzessive Berechnung von Eckpunkten mit verbesserten Zielfunktionswerten, haben wir bereits hingewiesen. Wir wollen nun auf die bei einem Iterationsschritt anfallenden Rechenschritte näher eingehen. Vorbereitend betrachten wir

Beispiel 6.7 (Fortsetzung von Beispiel 6.1)
Die Darstellung in Gleichungsform

$$\max z = 3x_1 + 4x_2 + \boxed{0}$$

u.d.N.

$$
\begin{array}{rcr|lllllr|l}
3x_1 & + & 2x_2 & + & x_3 & & & = & 1200 & (1) \\
5x_1 & + & 10x_2 & & & + & x_4 & = & 3000 & (2) \\
 & & 0.5x_2 & & & & + \; x_5 & = & 125 & (3)
\end{array}
\qquad (6.4)
$$

$$x_1, \ldots, x_5 \geq 0.$$

liefert unmittelbar eine erste zulässige Lösung (Eckpunkt P_1 in Abbildung 6.3)

$$x_1 = 0,\ x_2 = 0,\ x_3 = 1200,\ x_4 = 3000,\ x_5 = 125 \text{ mit } z = 0,$$

die wir direkt ablesen können, da die von Null verschiedenen Variablen in der Zielfunktion nicht vorkommen und zudem jeweils nur in einer Nebenbedingung und dort mit dem Koeffizienten 1.

Diese interessante Eigenschaft läßt sich mittels elementarer Matrix-Operationen auf die Lösungen benachbarter Eckpunkte übertragen und bildet den Kern eines Austauschschrittes.

Tauscht man beispielsweise $x_2 = 0$ gegen $x_5 = 0$ aus (Übergang von Eckpunkt P_1 zu Eckpunkt P_4), so erhält man mit

$$\max z = 3x_1 - 4x_5 + \boxed{1000}$$

u.d.N.

$$\begin{array}{rccccccl} 3x_1 & & + x_3 & & - & 4x_5 & = & 700 \qquad (1) - 4 \times (3) \\ 5x_1 & & & + x_4 & - & 20x_5 & = & 500 \qquad (2) - 20 \times (3) \\ & x_2 & & & + & 2x_5 & = & 250 \qquad 2 \times (3) \end{array} \tag{6.5}$$

$$x_1, \ldots, x_5 \geq 0$$

unmittelbar die neue zulässige Basislösung (Eckpunkt P_4)

$$x_1 = 0,\ x_2 = 250,\ x_3 = 700,\ x_4 = 500,\ x_5 = 0 \text{ mit } z = 1000.$$

Zu der neuen Darstellung gelangt man wie folgt: Zunächst eliminiert man unter Ausnutzung von $0.5x_2 + x_5 = 125$ nach Nebenbedingung (3) in (6.4) x_2 aus der alten Zielfunktion und nimmt dafür x_5 in die Zielfunktion auf. Nebenbedingung (1) in (6.5) ergibt sich dann aus Nebenbedingung (1) in (6.4) minus 4 mal Nebenbedingung (3) aus in (6.4). Entsprechend (und in (6.5) angegeben) für Nebenbedingung (2) und (3). ○

Die Formalisierung und vor allem Schematisierung dieser Rechenschritte zusammen mit der Auswahl des neuen Eckpunktes und eines Abbruchkriteriums bildet den Kern des Simplex Algorithmus.

Definition 6.5
Eine Lösung $\mathbf{x} = (x_1, \ldots, x_{n+m})^\mathsf{T}$ des linearen Optimierungsproblems in Gleichungsform heißt **Basislösung**, wenn die beiden folgenden Bedingungen erfüllt sind:

(i) n Variablen sind Null (sog. **Nichtbasisvariablen** oder kurz **NBV**),

(ii) jede der verbleibenden m Variablen tritt nur in jeweils einer Nebenbedingung auf und dort mit dem Koeffizienten 1 (sog. **Basisvariablen** oder kurz **BV**).

Eine Basislösung heißt **zulässig**, falls alle BV nichtnegativ sind. Das Optimierungsproblem liegt in **kanonischer Form** vor, wenn in der Zielfunktion die Koeffizienten aller BV Null sind.

Die Darstellungen (6.4) und (6.5) von Beispiel 6.7 liegen in kanonischer Form vor mit x_3, x_4, x_5 bzw. x_2, x_3, x_4 als BV und x_1, x_2 bzw. x_1, x_5 als NBV.

Die Rechenschritte, etwa der Übergang von (6.4) nach (6.5), werden gewöhnlich in einem Tableau durchgeführt. Dieses bezeichnen wir als **Simplex-Tableau**. Zur Darstellung gehen wir von (6.1) mit $\mathbf{b} \geq \mathbf{0}$ aus. Dann liegt das Optimierungsproblem bereits in kanonischer Form vor und $\mathbf{x}$ ist eine zulässige Basislösung mit den NBV $x_1, \ldots, x_n$ und den BV $x_{n+1}, \ldots, x_{n+m}$. Da durch Umnumerierung und Neuanordnung der Variablen jedes beliebige Optimierungsproblem, das in kanonischer Form vorliegt, in die Form (6.1) überführt werden kann, dient die Vereinfachung lediglich der bequemeren Darstellung der Rechenschritte und ist keineswegs einschränkend.

Die Nebenbedingungen

$$a_{i1}x_1 + a_{i2}x_2 + \cdots + a_{in}x_n + x_{n+i} = b_i, \quad i = 1, \ldots, m$$

liegen bereits als Gleichungen vor. Um auch die Zielfunktion

$$z = c_1x_1 + c_2x_2 + \cdots + c_{n+m}x_{n+m} + z_0,$$

die wir um eine Konstante z_0 erweitert haben, als Gleichung darzustellen, fassen wir z (genauer $-z$) als zusätzliche Variable auf und formen die Zielfunktion um in eine weitere Restriktionszeile

$$-z + c_1x_1 + c_2x_2 + \cdots + c_{n+m}x_{n+m} = -z_0$$

mit der rechten Seite $-z_0$. Die Koeffizienten der Zielfunktionszeile und die Koeffizienten der Restriktionszeilen zusammen mit einer Kopfzeile, die die Zuordnung zu den Variablen ermöglicht, bildet dann das Simplex-Tableau.

	$-z$	x_1	x_2	$\cdots$	x_s	$\cdots$	x_n	x_{n+1}	x_{n+2}	$\cdots$	x_{n+r}	$\cdots$	x_{n+m}	RS
	1	c_1	c_2	$\cdots$	c_s	$\cdots$	c_n	0	0	$\cdots$	0	$\cdots$	0	$-z_0$
	0	a_{11}	a_{12}	$\cdots$	a_{1s}	$\cdots$	a_{1n}	1	0	$\cdots$	0	$\cdots$	0	b_1
	0	a_{21}	a_{22}	$\cdots$	a_{2s}	$\cdots$	a_{2n}	0	1	$\cdots$	0	$\cdots$	0	b_2
Pivot-	$\vdots$	$\vdots$	$\vdots$	$\ddots$	$\vdots$	$\ddots$	$\vdots$	$\vdots$	$\vdots$	$\ddots$	$\vdots$	$\ddots$	$\vdots$	$\vdots$
zeile $\rightarrow$	0	a_{r1}	a_{r2}	$\cdots$	a_{rs}	$\cdots$	a_{rn}	0	0	$\cdots$	1	$\cdots$	0	b_r
	$\vdots$	$\vdots$	$\vdots$	$\ddots$	$\vdots$	$\ddots$	$\vdots$	$\vdots$	$\vdots$	$\ddots$	$\vdots$	$\ddots$	$\vdots$	$\vdots$
	0	a_{m1}	a_{m2}	$\cdots$	a_{ms}	$\cdots$	a_{mn}	0	0	$\cdots$	0	$\cdots$	1	b_m

$\uparrow$
Pivotspalte

Austausch von x_{n+r} gegen x_s

Das Pivotelement legt die auszutauschenden Variablen fest und wird im Simplex-Tableau häufig hervorgehoben, beispielsweise durch Einkreisen oder wie im folgenden durch graue Unterlegung des Hintergrunds. Es ist wie folgt definiert.

Definition 6.6
Die Zeile im Simplex-Tableau, die der auszutauschenden BV zugeordnet ist (Position der 1), bezeichnet man als **Pivotzeile**, die Spalte der in die Basis aufzunehmenden NBV als **Pivotspalte** und die Schnittstelle von Pivotspalte und Pivotzeile als **Pivotelement**.

Auswahl des Pivotelements:

Regel I: (Auswahl der Pivotspalte s)

Ist der größte Zielfunktionskoeffizient positiv, so wähle die (bzw. eine) zugehörige Spalte als Pivotspalte. Es sei Spalte s.

Regel II: (Auswahl der Pivotzeile r)

Wähle die Pivotzeile r so, daß unter allen $a_{is} > 0$ der Quotient b_i/a_{is} am kleinsten wird, d.h. daß

$$\frac{b_r}{a_{rs}} = \min\left\{\frac{b_i}{a_{is}} \mid a_{is} > 0\right\}$$

erfüllt ist.

Die Auswahl des Pivotelements stellt sicher, daß die neue Basislösung zulässig ist (Regel II) und zu einem verbesserten Zielfunktionswert führt (Regel I). Der Beweis ist Aufgabe 6.13 vorbehalten.

Sind die Voraussetzungen für Regel I oder II nicht erfüllt, so liegt bereits eine optimale Lösung vor oder die Zielfunktion ist unbeschränkt. In beiden Fällen wird das Verfahren abgebrochen.

Stoppkriterien:

1. Stoppregel (optimale Lösung gefunden)

Gilt $c_j \leq 0$ für alle j, so ist $\mathbf{x}$ optimal und z_0 das zugehörige Maximum.

2. Stoppregel (Zielfunktion unbeschränkt)

Ist ein $c_s > 0$ und sind alle $a_{is} \leq 0$, $i = 1, \ldots, m$, so existiert kein Maximum.

Beweis der 1. Stoppregel: Wegen $z = z_0 + c_1 x_1 + \cdots + c_n x_n$ und $c_j x_j \leq 0$ für alle j würde die Aufnahme einer NBV x_s in die Basis bewirken, daß der Zielfunktionswert $z = z_0$ der aktuellen Basislösung überginge in $z = z_0 + c_s x_s \leq z_0$, was eine Verschlechterung zur Folge hätte. Somit ist die aktuelle Basislösung optimal.

Beweis der 2. Stoppregel: Sei $c_s > 0$ in der aktuellen Basislösung. Setzt man die zugehörige NBV $x_s = k$ für ein beliebiges $k > 0$ und läßt die übrigen NBV unverändert, so erhält man wegen $a_{is} \leq 0$ mit $x_{n+i} = b_i - a_{is}k \geq 0$, $i = 1, \ldots, m$, eine neue zulässige Lösung mit $z = z_0 + c_s k$ und somit beliebig großem Zielfunktionswert. Damit ist die Zielfunktion unbeschränkt. ❑

Liegt das Pivotelement fest, so kann der Basistausch vorgenommen werden. Wir wenden uns nun den dabei anfallenden Rechenschritten zu. Wird x_s anstelle von x_{n+r} (Pivotelement a_{rs}) in die Basis aufgenommen, so geht das Simplex-Tableau mittels der elementaren Matrix-Operationen, die wir bereits exemplarisch eingesetzt haben, über in

$-z$	x_1	x_2	$\cdots$	x_s	$\cdots$	x_n	x_{n+1}	x_{n+2}	$\cdots$	x_{n+r}	$\cdots$	x_{n+m}	RS
1	c'_1	c'_2	$\cdots$	0	$\cdots$	c'_n	0	0	$\cdots$	c'_{n+r}	$\cdots$	0	$-z'_0$
0	a'_{11}	a'_{12}	$\cdots$	0	$\cdots$	a'_{1n}	1	0	$\cdots$	$a'_{1,n+r}$	$\cdots$	0	b'_1
0	a'_{21}	a'_{22}	$\cdots$	0	$\cdots$	a'_{2n}	0	1	$\cdots$	$a'_{2,n+r}$	$\cdots$	0	b'_2
$\vdots$	$\vdots$	$\vdots$	$\ddots$	$\vdots$	$\ddots$	$\vdots$	$\vdots$	$\vdots$	$\ddots$	$\vdots$	$\ddots$	$\vdots$	$\vdots$
0	$\frac{a_{r1}}{a_{rs}}$	$\frac{a_{r2}}{a_{rs}}$	$\cdots$	1	$\cdots$	$\frac{a_{rn}}{a_{rs}}$	0	0	$\cdots$	$\frac{1}{a_{rs}}$	$\cdots$	0	$\frac{b_r}{a_{rs}}$
$\vdots$	$\vdots$	$\vdots$	$\ddots$	$\vdots$	$\ddots$	$\vdots$	$\vdots$	$\vdots$	$\ddots$	$\vdots$	$\ddots$	$\vdots$	$\vdots$
0	a'_{m1}	a'_{m2}	$\cdots$	0	$\cdots$	a'_{mn}	0	0	$\cdots$	$a'_{m,n+r}$	$\cdots$	1	b'_m

(6.6)

wobei die noch fehlenden Einträge a'_{ij}, c'_j, b'_i und $-z_0$ sich wie folgt ergeben.

Transformation des Simplex-Tableaus:

Pivotspalte und Pivotzeile ergeben sich unmittelbar aus (6.6); die übrigen Einträge lauten:

$$
\begin{aligned}
a'_{ij} &= a_{ij} - \frac{a_{is}a_{rj}}{a_{rs}}, \quad i \neq r,\ j \neq s, \\
c'_j &= c_j - c_s \frac{a_{rj}}{a_{rs}}, \quad j \neq s, \\
b'_i &= b_i - b_r \frac{a_{is}}{a_{rs}}, \quad i \neq r, \\
-z'_0 &= -z_0 - b_r \frac{c_s}{a_{rs}}.
\end{aligned}
$$

Leichter und frei von Indizes einzuprägen ist die schematische Umsetzung mit Hilfe der **Dreiecksregel**, die wir exemplarisch verdeutlichen:

Neuer Eintrag a'_{ij} *gleich* alter Eintrag a_{ij} *minus* (Element a_{is} der Pivotspalte *mal* Element a_{rj} der Pivotzeile *dividiert durch* Pivotelement a_{rs})

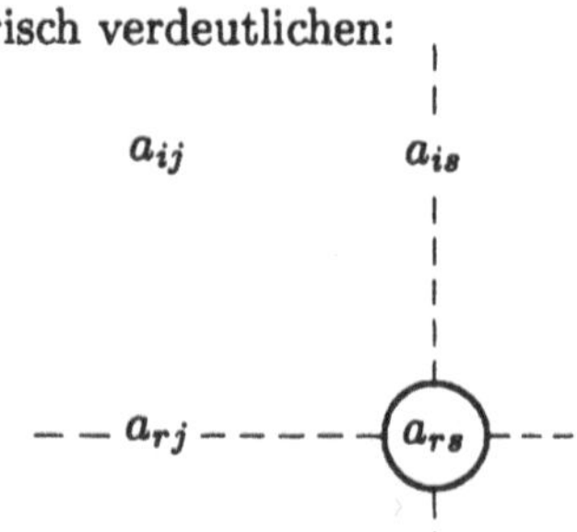

Mit der Transformation des Simplex-Tableaus ist der Basistausch abgeschlossen.

Simplex-Tableau (6.6) bildet den Ausgangspunkt für einen weiteren Austauschschritt. Das Verfahren wird solange fortgeführt, bis es mit Stoppregel I oder II abbricht.

Beispiel 6.8 (Fortsetzung von Beispiel 6.7)

Dem Ausgangstableau

$-z$	x_1	x_2	x_3	x_4	x_5	RS
1	3	4	0	0	0	0
0	3	2	1	0	0	1200
0	5	10	0	1	0	3000
0	0	1/2	0	0	1	125

entnimmt man unmittelbar die erste Basislösung (Eckpunkt P_1). Sie lautet: $x_1 = 0$, $x_2 = 0$, $x_3 = 1200$, $x_4 = 3000$, $x_5 = 125$ und hat den Zielfunktionswert $z = 0$.

Die 4 als größter Zielfunktionskoeffizient ist positiv. Damit ist die Voraussetzung der Auswahlregel I erfüllt. Die zugehörige Variable x_2 wird zur BV und die zugehörige Spalte $(2, 10, 0.5)^T$ der Koeffizientenmatrix zur Pivotspalte. Alle Elemente der Pivotspalte sind positiv. Damit kommt jede Zeile als Pivotzeile in Frage. Der kleinste der Quotienten 1200/2, 3000/10, 125/0.5 aus rechter Seite und Pivotspalte ist 125/0.5. Die zugehörige Zeile (3. Restriktionszeile) wird zur Pivotzeile und die Schnittstelle von Pivotspalte und Pivotzeile, also die 0.5, zum Pivotelement. Es ist im Tableau bereits hervorgehoben.

Der Austausch von x_5 (BV, die der Pivotzeile zugeordnet ist) gegen x_2 (NBV der Pivotspalte) führt auf das nachfolgende Tableau. Hierbei wird das Pivotelement durch Eins ersetzt; die übrigen Elemente der Pivotspalte einschließlich des Zielfunktionskoeffizienten durch Null. Die Elemente der Pivotzeile (mit Ausnahme des Pivotelements) werden durch das Pivotelement geteilt. Die übrigen Elemente ergeben sich mit Hilfe der Dreiecksregel; z.B. geht $a_{11} = 3$ über in $a'_{11} = 3 - (2 \cdot 0)/(1/2) = 3$.

Die resultierende Basislösung (Eckpunkt P_4) lautet: $x_1 = 0$, $x_2 = 250$, $x_3 = 700$, $x_4 = 500$, $x_5 = 0$ mit $z = 1000$.

$-z$	x_1	x_2	x_3	x_4	x_5	RS
1	3	0	0	0	−8	−1000
0	3	0	1	0	−4	700
0	5	0	0	1	−20	500
0	0	1	0	0	2	250

Ein weiterer Austauschschritt wird erforderlich, da Stoppregel I (Basislösung optimal) nicht erfüllt ist. Die zum größten Zielfunktionskoeffizienten (der 3) zugehörige Spalte wird zur Pivotspalte. Diese enthält zwei positive Einträge (3 und 5). Die zugehörigen Zeilen kommen als Pivotzeile in Frage. Der kleinere der beiden Quotienten 700/3 und 500/5 führt auf die zu 500/5 zugehörige Zeile (2. Restriktionszeile) als Pivotzeile. Mit 5 als Pivotelement führt der Austauschschritt auf das folgende Tableau

$-z$	x_1	x_2	x_3	x_4	x_5	RS
1	0	0	0	−3/5	4	−1300
0	0	0	1	−3/5	8	400
0	1	0	0	1/5	−4	100
0	0	1	0	0	2	250

Die zugehörige Basislösung (Eckpunkt P_9) lautet: $x_1 = 100$, $x_2 = 250$, $x_3 = 400$, $x_4 = 0$, $x_5 = 0$ mit $z = 1300$. Sie kann weiter verbessert werden. Mit 8 als Pivotelement erhält man dann

$-z$	x_1	x_2	x_3	x_4	x_5	RS
1	0	0	−1/2	−3/10	0	−1500
0	0	0	1/8	−3/40	1	50
0	1	0	1/2	−1/10	0	300
0	0	1	−1/4	3/20	0	150

Alle Zielfunktionskoeffizienten sind kleiner oder gleich Null. Somit ist Stoppregel I erfüllt, und wir haben mit $x_1 = 300$, $x_2 = 150$, $x_3 = 0$, $x_4 = 0$, $x_5 = 0$, $z = 1500$ die optimale Lösung (Eckpunkt P_7) gefunden. ○

Beispiel 6.9

Abbildung 6.4 kann man unmittelbar entnehmen, daß das lineare Optimierungsproblem

$$\max z = x_1 + 2x_2$$

u.d.N.

$$-x_1 + x_2 \leq 4$$
$$-2x_1 + x_2 \leq 2$$
$$x_1, x_2 \geq 0$$

eine unbeschränkte Zielfunktion und damit keine optimale Lösung besitzt.

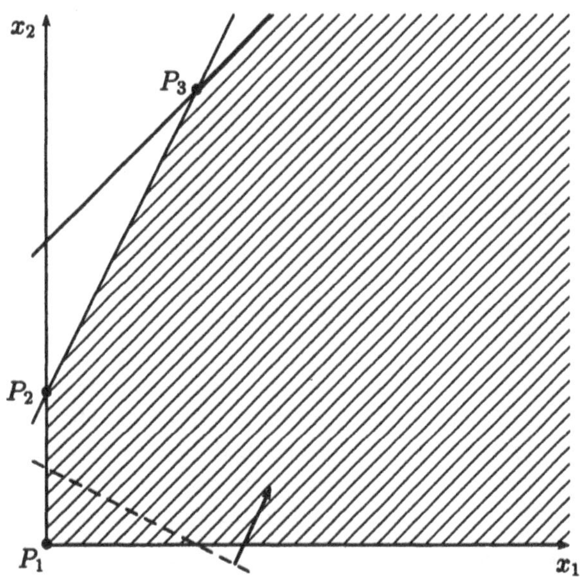

Abbildung 6.4: Austauschschritte bei unbeschränkter Zielfunktion

Wenden wir den Simplex Algorithmus auf dieses Problem an, so generieren wir, ausgehend vom Eckpunkt P_1, die Eckpunkte P_2 und P_3 und stellen dann im Eckpunkt P_3 fest, daß Stoppregel II erfüllt (und damit die Zielfunktion unbeschränkt) ist. Weitere Einzelheiten kann man den nachfolgenden Tableaus entnehmen.

$-z$	x_1	x_2	x_3	x_4	RS
1	1	2	0	0	0
0	−1	1	1	0	4
0	−2	1	0	1	2

$-z$	x_1	x_2	x_3	x_4	RS
1	5	0	0	−2	−4
0	1	0	1	−1	2
0	−2	1	0	1	2

$-z$	x_1	x_2	x_3	x_4	RS
1	0	0	−5	3	−14
0	1	0	1	−1	2
0	0	1	2	−1	6

○

Das Simplex-Tableau weist eine gewisse Redundanz auf, die wir nun beheben wollen. Hierzu kehren wir noch einmal zu Beispiel 6.8 zurück.

Beispiel 6.10 (Fortsetzung von Beispiel 6.8)

Auf die Spalten der BV können wir verzichten. Wir müssen uns lediglich die Zeilen merken, in denen die Einsen stehen. Zudem ist die erste Spalte, die $-z$ zugeordnet ist, überflüssig, da sie sich nicht ändert. In diese frei werdende Spalte tragen wir die BV ein und zwar in der Anordnung, die durch die Einsen vorgegeben ist. Das resultierende Tableau, das **verkürzte Simplex-Tableau**, unterscheidet sich dann von dem ursprünglichen Tableau wie folgt:

$-z$	x_1	x_2	x_3	x_4	x_5	RS
1	3	4	0	0	0	0
0	3	2	1	0	0	1200
0	5	10	0	1	0	3000
0	0	1/2	0	0	1	125

	x_1	x_2	RS
	3	4	1200
x_3	3	2	1200
x_4	5	10	3000
x_5	0	1/2	125

Führt man nun die Austauschschritte im ursprünglichen Tableau durch und überträgt die Ergebnisse auf das verkürzte Tableau, so ergeben sich die folgenden Transformationen in beiden Tableaus.

$-z$	x_1	x_2	x_3	x_4	x_5	RS
1	3	0	0	0	−8	−1000
0	3	0	1	0	−4	700
0	5	0	0	1	−20	500
0	0	1	0	0	2	250

	x_1	x_5	RS
	3	−8	−1000
x_3	3	−4	700
x_4	5	−20	500
x_2	0	2	250

$-z$	x_1	x_2	x_3	x_4	x_5	RS
1	0	0	0	−3/5	4	−1300
0	0	0	1	−3/5	8	400
0	1	0	0	1/5	−4	100
0	0	1	0	0	2	250

	x_4	x_5	RS
	−3/5	4	−1300
x_3	−3/5	8	400
x_1	1/5	−4	100
x_2	0	2	250

$-z$	x_1	x_2	x_3	x_4	x_5	RS
1	0	0	−1/2	−3/10	0	−1500
0	0	0	1/8	−3/40	1	50
0	1	0	1/2	−1/10	0	300
0	0	1	−1/4	3/20	0	150

	x_4	x_3	RS
	−3/10	−1/2	−1500
x_5	−3/40	1/8	50
x_1	−1/10	1/2	300
x_2	3/20	−1/4	150

Wir werden nun sehen, daß sich die Rechenschritte im verkürzten Tableau auch ohne Kenntnis des Standard-Tableaus durchführen lassen. ○

Um die Darstellung möglichst einfach zu halten, gehen wir wieder von (6.1) aus. Das führt uns auf das verkürzte Tableau in (6.7).

	x_1	$\cdots$	x_s	$\cdots$	x_n	RS
$-z$	c_1	$\cdots$	c_s	$\cdots$	c_n	$-z_0$
x_{n+1}	a_{11}	$\cdots$	a_{1s}	$\cdots$	a_{1n}	b_1
$\vdots$	$\vdots$	$\ddots$	$\vdots$	$\ddots$	$\vdots$	$\vdots$
x_{n+r}	a_{r1}	$\cdots$	a_{rs}	$\cdots$	a_{rn}	b_r
$\vdots$	$\vdots$	$\ddots$	$\vdots$	$\ddots$	$\vdots$	$\vdots$
x_{n+m}	a_{m1}	$\cdots$	a_{ms}	$\cdots$	a_{mn}	b_m

(6.7)

Das Tableau

	x_1	$\cdots$	x_{n+r}	$\cdots$	x_n	RS
$-z$	c'_1	$\cdots$	$-\frac{c_s}{a_{rs}}$	$\cdots$	c'_n	$-z'_0$
x_{n+1}	a'_{11}	$\cdots$	$-\frac{a_{1s}}{a_{rs}}$	$\cdots$	a'_{1n}	b'_1
$\vdots$	$\vdots$	$\ddots$	$\vdots$	$\ddots$	$\vdots$	$\vdots$
x_s	$\frac{a_{r1}}{a_{rs}}$	$\cdots$	$\frac{1}{a_{rs}}$	$\cdots$	$\frac{a_{rn}}{a_{rs}}$	$\frac{b_r}{a_{rs}}$
$\vdots$	$\vdots$	$\ddots$	$\vdots$	$\ddots$	$\vdots$	$\vdots$
x_{n+m}	a'_{m1}	$\cdots$	$-\frac{a_{ms}}{a_{rs}}$	$\cdots$	a'_{mn}	b'_m

(6.8)

enthält dann die Einträge nach Durchführung des Austauschschritts. Hierzu ist es lediglich erforderlich, die Operationen, die wir im Standard-Tableau durchgeführt haben, geringfügig zu modifizieren:

(a) Die Regeln für die Auswahl des Pivotelements und die Stoppregeln gelten weiterhin.

(b) Die neue BV und die neue NBV tauschen ihren Platz.

(c) Das Pivotelement a_{rs} geht in $a'_{rs} = 1/a_{rs}$ über.

(d) Jedes Element a_{rj} der Pivotzeile (mit Ausnahme des Pivotelements) wird durch das Pivotelement a_{rs} dividiert, d.h. $a'_{rj} = a_{rj}/a_{rs}$.

(e) Jedes Element a_{is} der Pivotspalte (mit Ausnahme des Pivotelements) wird durch das Pivotelement dividiert und anschließend mit -1 multipliziert, d.h. $a'_{is} = -a_{is}/a_{rs}$.

(f) Die Transformation der übrigen Elemente erfolgt wieder mit der Dreiecksregel.

Im folgenden werden wir stets das verkürzte Tableau verwenden.

6.5 Phase I und Phase II des Simplex Algorithmus

Entscheidend für die bisherige Anwendung des Simplex Algorithmus war, daß der Nullpunkt zum zulässigen Bereich gehörte und wir damit in der Lage waren, unmittelbar eine Basislösung angeben zu können. Dies muß nicht so sein, wie das folgende Beispiel zeigt.

Beispiel 6.11

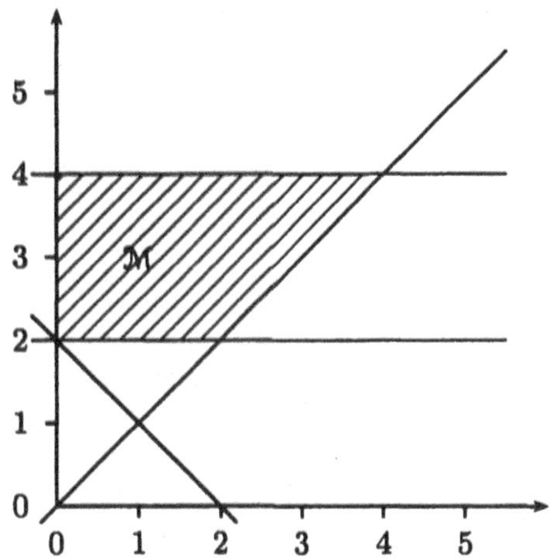

Abbildung 6.5: Standardform mit negativen Werten der rechten Seite

Überführt man das lineare Optimierungsproblem (siehe Abbildung 6.5)

$$\max z = x_1 + x_2 + 1$$

u.d.N.

$$\begin{aligned} x_2 &\geq 2 \\ x_1 - x_2 &\leq 0 \\ x_1 + x_2 &\geq 0 \\ x_2 &\leq 4 \\ x_1, x_2 &\geq 0 \end{aligned}$$

in die Standardform, so enthält das Anfangstableau (linkes Tableau) negative Werte der rechten Seite.

	x_1	x_2	RS
	1	1	−1
x_3	0	−1	−2
x_4	1	−1	0
x_5	−1	−1	−2
x_6	0	1	4

	x_1	x_6	RS
	1	−1	−5
x_3	0	1	2
x_4	1	1	0
x_5	−1	1	2
x_2	0	1	4

Damit ist die zugehörige Basislösung $x_1 = 0$, $x_2 = 0$, $x_3 = -2$, $x_4 = 0$, $x_5 = -2$, $x_6 = 4$ (Nullpunkt in der (x_1, x_2)-Ebene) unzulässig und kann nicht als Ausgangspunkt des Simplex Algorithmus herangezogen werden. Durch Modifikation der Auswahlregeln kann man versuchen, diese negativen Werte der rechten Seite in positive Werte der rechten Seite zu überführen, ohne daß neue negative Werte der rechten Seite entstehen.

Das rechts stehende Tableau ist das Ergebnis dieser Transformation und kann als Anfangstableau für den Simplex Algorithmus herangezogen werden. ❍

Formalisiert man diese Rechenschritte, so erhält man die folgende Erweiterung des Simplex Algorithmus: Treten im Anfangstableau negative Werte der rechten Seite auf, so wird zunächst in einer Vorphase (Phase I) eine zulässige Basislösung bestimmt. Diese zulässige Basislösung wird dann in der Hauptphase (Phase II) mit Hilfe des Simplex Algorithmus verbessert. Zur vereinfachten Darstellung liege wieder (6.1) und damit Tableau (6.7) vor.

Auswahl des Pivotelements in Phase I:

Regel I: (Auswahl der Pivotspalte s)

Sei b_l ein negativer Wert der rechten Seite. Ist das kleinste a_{lj} negativ, so wähle die (bzw. eine) zugehörige Spalte als Pivotspalte. Es sei Spalte s.

Regel II: (Auswahl der Pivotzeile r)

Sind alle $b_i < 0$ oder gilt $a_{is} \leq 0$ für alle i mit $b_i > 0$, so wähle die Zeile l als Pivotzeile. Anderenfalls wähle unter allen Zeilen i, für die $b_i \geq 0$ *und* $a_{is} > 0$ gilt, die Pivotzeile r so, daß der Quotient b_i/a_{is} am kleinsten wird, d.h.

$$\frac{b_r}{a_{rs}} = \min\left\{\frac{b_i}{a_{is}} \mid b_i \geq 0,\ a_{is} > 0\right\}.$$

Sind die Voraussetzungen für Regel I oder II nicht erfüllt, so liegt bereits eine zulässige Basislösung vor, oder es existiert keine zulässige Lösung. In beiden Fällen wird das Verfahren abgebrochen, siehe Aufgabe 6.13.

Stoppkriterien in Phase I:

1. Stoppregel (Existenz einer zulässigen Basislösung)

Sind alle $b_i \geq 0$, so liegt eine zulässige Basislösung vor.

2. Stoppregel ($\mathcal{M} = \emptyset$)

Ist ein $b_r < 0$ und sind alle $a_{rj} \geq 0$, so existiert keine zulässige (Basis-)Lösung.

Phase I des Simplex Algorithmus läßt sich an Beispiel 6.11 veranschaulichen.

Beispiel 6.12 (Fortsetzung von Beispiel 6.11)

Die 1. Restriktionszeile enthält mit -2 eine negative rechte Seite und mit -1 ein negatives Element. Die zugehörige Spalte wählen wir als Pivotspalte (Regel I). Für die Pivotzeile kommt dann nur noch die 4. Restriktionszeile in Frage (Regel II). Der Austauschschritt erfolgt wie gewohnt. Das resultierende Tableau auf Seite 354 (rechtes Tableau) erfüllt Stoppregel I. Damit ist eine zulässige Basislösung gefunden (Eckpunkt $(0,4)^T$ in der (x_1, x_2)-Ebene) und man kann mit dem (gewöhnlichen) Simplex Algorithmus fortfahren. ❍

Ziel der Phase I ist es hauptsächlich, eine zulässige Basislösung zu generieren. Dabei ist es i.a. unerheblich, mit welcher Basislösung (in welchem Eckpunkt) man die Phase II startet. Daher sind auch Varianten der Phase I üblich. Eine solche Variante (auch als **Phase 0** bekannt), findet Anwendung bei Nebenbedingungen in Gleichungsform und wird in dem folgenden Beispiel vorgestellt.

Beispiel 6.13

Stellt man die Gleichung in dem linearen Optimierungsproblem

$$\max z = 2x_1 + 4x_3$$

u.d.N.

$$2x_1 - 3x_2 + x_3 = 3$$

$$2x_1 - 4x_2 - 2x_3 \leq 8$$

$$x_1, x_2, x_3 \geq 0$$

als Ungleichungen $2x_1 - 3x_2 + x_3 \leq 3$ und $-2x_1 + 3x_2 - x_3 \leq -3$ dar, so kann mit Hilfe der Phase I eine zulässige Lösung ermittelt werden. Als Nachteil erweist sich dabei, daß eine weitere Restriktion anfällt und eine weitere

Variable zu berücksichtigen ist. Diesen zusätzlichen Aufwand kann man umgehen, wenn man die Gleichung als $\leq$-Ungleichung behandelt und vorrangig die zugehörige Schlupfvariable aus der Basis und dem Tableau entfernt und dann mit Phase II (oder wenn nötig mit Phase I) fortfährt.

Konkret bedeutet das, daß vorrangig die Schlupfvariable x_4, die der Gleichung zugeordnet ist, aus der Basis und dem Tableau entfernt wird.

	x_1	x_2	x_3	RS
	2	0	4	0
x_4	2	−3	1	3
x_5	2	−4	−2	8

	x_2	x_3	RS
	3	3	−3
x_1	−3/2	1/2	3/2
x_5	−1	−3	5

Anschließend kann das Problem, das nun in kanonischer Form

$$\max z = 3x_2 + 3x_3 + 3$$

u.d.N.

$$x_1 - 3/2x_2 + 1/2x_3 = 3/2$$
$$x_5 - x_2 - 3x_3 = 5$$
$$x_1, x_2, x_3, x_5 \geq 0$$

vorliegt, mit Hilfe des Simplex Algorithmus gelöst werden. ○

Zum Abschluß dieses Abschnitts fassen wir noch einmal die Rechenschritte der Phasen I und II des Simplex Algorithmus zusammen. Ausgangspunkt ist wieder (6.7).

Simplex Algorithmus (Phase I und Phase II)

Initialisierung (Phase I)

1) Sind alle $b_i \geq 0$ (1. Stoppregel der Phase I), fahre mit 5. fort.
2) Ist Auswahlregel 1 der Phase I anwendbar, wähle Pivotelement aus und führe Basistausch durch. Anderenfalls (2. Stoppregel der Phase I) fahre mit 4. fort.
3) Fahre mit 1. fort.
4) Es existiert keine zulässige Lösung (Abbruch 1).

Optimierung (Phase II)

5) Sind alle $c_j \leq 0$ (1. Stoppregel), fahre mit 8. fort. Andernfalls wähle eine zum größten Zielfunktionskoeffizient zugehörige Spalte als Pivotspalte.

6) Sind alle Elemente der Pivotspalte kleiner oder gleich Null (2. Stoppregel), fahre mit 9. fort. Anderenfalls wähle Pivotelement aus und führe Basistausch durch.

7) Fahre mit 5. fort.

8) Basislösung ist optimal (Abbruch 2).

9) Zielfunktion ist unbeschränkt (Abbruch 3).

Bei Bedarf kann die Phase 0 der Phase I vorangestellt werden.

6.6 Der duale Simplex Algorithmus

Für Optimierungsprobleme, für die zunächst eine zulässige Lösung ermittelt werden muß, bietet sich unter bestimmten Voraussetzungen der duale Simplex Algorithmus als eine interessante Alternative zur Phase I und II des Simplex Algorithmus an.

Beispiel 6.14

Das Minimumproblem

$$\min v = 2x_1 + 2x_2$$

u.d.N.

$$\begin{aligned} x_1 + x_2 &\leq 4 \\ 2x_1 + x_2 &\geq 2 \\ x_1, x_2 &\geq 0 \end{aligned}$$

läßt sich unter Berücksichtigung der bekannten Identität $\min f(x) = -\max\{-f(x)\}$, siehe Aufgabe 6.6, durch Multiplikation der 2. Restriktion mit -1 und Einführung der Schlupfvariablen x_3, x_4 in die äquivalente Form

$$\max z = -2x_1 - 2x_2$$

u.d.N.

$$\begin{aligned} x_1 + x_2 + x_3 \quad &= 4 \\ -2x_1 - x_2 \quad + x_4 &= -2 \\ x_1, x_2, x_3, x_4 &\geq 0 \end{aligned}$$

bringen, in der die Zielfunktionskoeffizienten bereits „optimal" (Stoppregel I anwendbar) sind; die rechte Seite der zweiten Restriktion jedoch nicht zulässig ist. ○

Diese Struktur, der wir noch häufiger begegnen werden, legt es nahe, die Austauschschritte so zu modifizieren, daß die Optimalität der Zielfunktionskoeffizienten erhalten bleibt und dabei die Werte der rechten Seite, die negativ sind, schrittweise in positive Werte überführt werden.

Für Beispiel 6.14 (in äquivalenter Form) erhalten wir so bereits in einem Austauschschritt

	x_1	x_2	RS
	-2	-2	0
x_3	1	1	4
x_4	-2	-1	-2

	x_4	x_2	RS
	-1	-1	2
x_3	$1/2$	$1/2$	3
x_1	$-1/2$	$1/2$	1

die optimale Lösung $x_1 = 1$, $x_2 = 0$ und können auf die aufwendigere Phase I verzichten.

Unsere exemplarische Vorgehensweise läßt sich formalisieren zu einer Rechenvorschrift, die als **dualer Simplex Algorithmus** bekannt ist. Ausgangspunkt ist wieder (6.7).

Der duale Simplex-Algorithmus

Annahme: Es gilt $c_j \leq 0$ für alle $j = 1, \ldots, n$.

Es können nun zwei Fälle auftreten:

Fall I: Es gilt $b_i \geq 0$ für alle $i = 1, \ldots, m$: Die Basislösung ist optimal (Abbruch 1).

Fall II: Mindestens ein b_i ist negativ: Wähle die (bzw. eine) zu dem kleinsten b_i zugehörige Zeile als Pivotzeile. Es sei Zeile r.

1) Gilt $a_{rj} \geq 0$ für alle j, so hat das Problem keine zulässige Lösung (Abbruch 2).

2) Gilt $a_{rj} < 0$ für mindestens ein j, so wähle die Pivotspalte s so, daß unter allen $a_{rj} < 0$ der Quotient c_j/a_{rj} am kleinsten wird, d.h.

$$\frac{c_s}{a_{rs}} = \min\left\{\frac{c_j}{a_{rj}} \mid a_{rj} < 0\right\}.$$

Die Wahl der Pivotzeile r stellt sicher, daß die rechte Seite der Pivotzeile positiv und dabei kein positiver Wert der rechten Seite negativ wird. Die Pivotspalte s ist so gewählt, daß die Negativität der Zielfunktionskoeffizienten erhalten bleibt, siehe Aufgabe 6.13.

Der duale Simplex Algorithmus bietet sich zur Lösung von Minimumproblemen an, bei denen die Annahme $c_j \leq 0$ für $i = 1, \ldots, n$ (nach Überführung in ein Maximumproblem) häufig in natürlicher Weise erfüllt ist. Weitere typische Anwendungen treten im Rahmen der parametrischen Optimierung (Abschnitt 6.10) und ganzzahligen Optimierung (Abschnitte 7.3 und 7.4) auf.

Der duale Simplex Algorithmus schließt die algorithmische Behandlung linearer Optimierungsprobleme zunächst ab. Wir kommen nun zu einem theoretischen Konzept, dem der Dualität, das uns einen neuen Zugang zu linearen Optimierungsproblemen verschafft und schließlich weitere Algorithmen liefert, die bei strukturierten linearen Optimierungsproblemen Anwendung finden.

6.7 Dualität

Das lineare Optimierungsproblem in Standardform

$$\text{(P)} \quad \max z = \mathbf{c}^{\mathsf{T}}\mathbf{x}$$

u.d.N.

$$\mathbf{A}\mathbf{x} \leq \mathbf{b}$$

$$\mathbf{x} \geq \mathbf{0},$$

das wir künftig auch als **primales Problem** bezeichnen werden, steht in einem engen Zusammenhang mit dem folgenden linearen Optimierungsproblem, dem zugehörigen **dualen Problem**

$$\text{(D)} \quad \min v = \mathbf{b}^\mathsf{T}\mathbf{y}$$

u.d.N.

$$\mathbf{A}^\mathsf{T}\mathbf{y} \geq \mathbf{c}$$
$$\mathbf{y} \geq \mathbf{0}.$$

Wir werden später noch sehen, daß beide Probleme im wesentlichen denselben Sachverhalt beschreiben und sich lediglich in der Sichtweise unterscheiden. Diese Erkenntnis ist hilfreich für die ökonomische Interpretation der Ergebnisse und bildet zudem die theoretische Grundlage für neue Algorithmen (primale-duale Verfahren), die bei der Lösung strukturierter linearer Optimimierungsprobleme (z.B. Transport-, Zuordnungs-, Flußprobleme) Anwendung finden.

Im Grunde ist es unerheblich, welches der beiden Probleme man als das primale und welches als das duale ansieht, da man sich leicht überlegen kann, daß das duale Problem des dualen Problems mit dem primalen Problem übereinstimmt, siehe Aufgabe 6.6.

Häufig muß das Originalproblem erst in die Standardform überführt werden, um das duale Problem zuordnen zu können. Nützlich sind daher die folgenden Transformationsregeln, die den Umweg über die Standardform ersparen.

primal	dual
Zielfunktionskoeffizient c_j	rechte Seite c_j
rechte Seite b_i	Zielfunktionskoeffizient b_i
Koeffizientenmatrix $\mathbf{A}$	Koeffizientenmatrix $\mathbf{A}^\mathsf{T}$
Restriktionszeile i: $\leq$-Ungleichung	Variable $y_i \geq 0$
Restriktionszeile i: Gleichung	Variable $y_i \in \mathbb{R}$
Restriktionszeile i: $\geq$-Ungleichung	Variable $y_i \leq 0$
Variable $x_j \geq 0$	Restriktionszeile j: $\geq$-Ungleichung
Variable $x_j \in \mathbb{R}$	Restriktionszeile j: Gleichung
Variable $x_j \leq 0$	Restriktionszeile j: $\leq$-Ungleichung

Jeder Zielfunktionswert einer zulässigen Lösung des dualen (primalen) Problems ist eine obere (untere) Schranke für die Zielfunktionswerte des primalen (dualen) Problems. Das ist das Ergebnis des schwachen Dualitätssatzes.

Satz 6.4 (Schwache Dualität)

Sei $\mathbf{x}$ *eine zulässige Lösung von* (P) *und* $\mathbf{y}$ *eine zulässige Lösung von* (D). *Dann gilt* $\mathbf{c}^\mathsf{T}\mathbf{x} \leq \mathbf{b}^\mathsf{T}\mathbf{y}$.

Beweis: Seien $\mathbf{x} \geq \mathbf{0}$ und $\mathbf{y} \geq \mathbf{0}$ zulässige Lösungen von (P) bzw. (D). Dann gilt $\mathbf{A}\mathbf{x} \leq \mathbf{b}$ und $\mathbf{A}^\mathsf{T}\mathbf{y} \geq \mathbf{c}$, und wir erhalten unter Berücksichtigung der Rechenregeln für die Transponierte einer Matrix

$$\mathbf{c}^\mathsf{T}\mathbf{x} \leq (\mathbf{A}^\mathsf{T}\mathbf{y})^\mathsf{T}\mathbf{x} = \mathbf{y}^\mathsf{T}\mathbf{A}\mathbf{x} = (\mathbf{y}^\mathsf{T}\mathbf{A}\mathbf{x})^\mathsf{T} = \mathbf{x}^\mathsf{T}\mathbf{A}^\mathsf{T}\mathbf{y} = (\mathbf{A}\mathbf{x})^\mathsf{T}\mathbf{y} \leq \mathbf{b}^\mathsf{T}\mathbf{y}$$

und damit die Behauptung. ❑

Die Zielfunktionswerte einer zulässigen Lösung des primalen und einer zulässigen Lösung des dualen Problems stimmen genau dann überein, wenn sie optimal sind. Das ist das Ergebnis des starken Dualitätssatzes.

Satz 6.5 (Starke Dualität)

(i) Sei $\mathbf{x}^*$ *eine zulässige Lösung von* (P) *und* $\mathbf{y}^*$ *eine zulässige Lösung von* (D). *Gilt* $\mathbf{c}^\mathsf{T}\mathbf{x}^* = \mathbf{b}^\mathsf{T}\mathbf{y}^*$, *so sind* $\mathbf{x}^*$ *und* $\mathbf{y}^*$ *optimal.*

(ii) Sei $\mathbf{x}^*$ *eine optimale Lösung von* (P) *und* $\mathbf{y}^*$ *eine optimale Lösung von* (D). *Dann gilt* $\mathbf{c}^\mathsf{T}\mathbf{x}^* = \mathbf{b}^\mathsf{T}\mathbf{y}^*$.

Beweis: (i) Nach Satz 6.4 und Voraussetzung $\mathbf{c}^\mathsf{T}\mathbf{x}^* = \mathbf{b}^\mathsf{T}\mathbf{y}^*$ gilt $\mathbf{c}^\mathsf{T}\mathbf{x} \leq \mathbf{b}^\mathsf{T}\mathbf{y}^* = \mathbf{c}^\mathsf{T}\mathbf{x}^*$ für alle zulässigen Lösungen $\mathbf{x}$ von (P) und $\mathbf{b}^\mathsf{T}\mathbf{y} \geq \mathbf{c}^\mathsf{T}\mathbf{x}^* = \mathbf{b}^\mathsf{T}\mathbf{y}^*$ für alle zulässigen Lösungen $\mathbf{y}$ von (D). Somit sind $\mathbf{x}^*$ und $\mathbf{y}^*$ optimal.

(ii) Das primale Problem liege in Gleichungsform vor (vgl. (6.3)) mit dem Vektor $\mathbf{x_B}$ der BV und dem Vektor $\mathbf{x_N}$ der NBV vor.

$$\text{(P)} \quad \max z = \mathbf{c}_\mathbf{B}^\mathsf{T}\mathbf{x_B} + \mathbf{c}_\mathbf{N}^\mathsf{T}\mathbf{x_N}$$

u.d.N.

$$\begin{aligned} \mathbf{B}\mathbf{x_B} + \mathbf{N}\mathbf{x_N} &\leq \mathbf{b} \\ \mathbf{x_B}, \mathbf{x_N} &\geq \mathbf{0}. \end{aligned} \tag{6.9}$$

Dann lautet das zugehörige duale Problem

$$\text{(D)} \quad \min v = \mathbf{b}^\top \mathbf{y}$$

u.d.N.

$$\begin{aligned} \mathbf{B}^\top \mathbf{y} &\geq \mathbf{c_B} \\ \mathbf{N}^\top \mathbf{y} &\geq \mathbf{c_N} \\ \mathbf{y} &\in \mathbb{R}^m. \end{aligned}$$

Ist $\mathbf{x}^* = (\mathbf{x}_\mathbf{B}^\top, \mathbf{x}_\mathbf{N}^\top)^\top$ eine optimale Lösung von (P), so kann man $\mathbf{x_B} = \mathbf{B}^{-1}(\mathbf{b} - \mathbf{N}\mathbf{x_N})$ in der Zielfunktion ersetzen und erhält $z = \mathbf{c}_\mathbf{B}^\top \mathbf{B}^{-1}\mathbf{b} + (\mathbf{c}_\mathbf{N}^\top - \mathbf{c}_\mathbf{B}^\top \mathbf{B}^{-1}\mathbf{N})\mathbf{x_N}$ mit

$$\mathbf{c}_\mathbf{N}^\top - \mathbf{c}_\mathbf{B}^\top \mathbf{B}^{-1}\mathbf{N} \leq \mathbf{0}. \tag{6.10}$$

Wählt man nun $\mathbf{y} = (\mathbf{c}_\mathbf{B}^\top \mathbf{B}^{-1})^\top \in \mathbb{R}^m$, so gilt

$$\mathbf{B}^\top \mathbf{y} = \mathbf{B}^\top (\mathbf{c}_\mathbf{B}^\top \mathbf{B}^{-1})^\top = (\mathbf{c}_\mathbf{B}^\top \mathbf{B}^{-1}\mathbf{B})^\top = \mathbf{c_B}$$

und

$$\mathbf{N}^\top \mathbf{y} = \mathbf{N}^\top (\mathbf{c}_\mathbf{B}^\top \mathbf{B}^{-1})^\top = (\mathbf{c}_\mathbf{B}^\top \mathbf{B}^{-1}\mathbf{N})^\top \geq (\mathbf{c}_\mathbf{N}^\top)^\top = \mathbf{c_N}.$$

Somit ist $\mathbf{y}$ eine zulässige Lösung von (D). Nach Satz 6.4 und (6.9) gilt dann für eine beliebige optimale Lösung $\mathbf{y}^*$ von (D)

$$\mathbf{c}^\top \mathbf{x}^* \leq \mathbf{b}^\top \mathbf{y}^* \leq \mathbf{b}^\top \mathbf{y} = \mathbf{y}^\top \mathbf{b} = \mathbf{c}_\mathbf{B}^\top \mathbf{B}^{-1}\mathbf{N} = \mathbf{c}_\mathbf{B}^\top \mathbf{x_B} + \mathbf{c}_\mathbf{N}^\top \mathbf{x_N} = \mathbf{c}^\top \mathbf{x}^*,$$

also $\mathbf{c}^\top \mathbf{x}^* = \mathbf{b}^\top \mathbf{y}^*$, und damit die Behauptung. ❑

Die folgende Tabelle faßt die wichtigsten Ergebnisse zusammen.

	(D)	
(P)	zulässige Lösung	keine zulässige Lösung
zulässige Lösung	$\max z = \min v$	z nach oben unbeschränkt
keine zulässige Lösung	v nach unten unbeschränkt	möglich (Übungsaufgabe)

Beispiel 6.15

Das folgende primale Problem hat eine unbeschränkte Zielfunktion; das zugehörige duale Problem besitzt keine zulässige Lösung.

(P) $\max z = x_1 + x_2$

u.d.N.

$$x_1 - x_2 \leq -1$$
$$x_1, x_2 \geq 0$$

(D) $\min v = -y_1$

u.d.N.

$$y_1 \geq 1$$
$$-y_1 \geq 1$$
$$y_1 \geq 0.$$

○

Die Variablen des dualen (primalen) Problems bezeichnen wir im folgenden auch als **duale (primale) Variablen** und eine Lösung, die für das duale (primale) Problem zulässig ist, als **dual (primal) zulässig**.

Das primale und duale Problem lassen sich mit Hilfe des Simplex-Tableaus simultan lösen. Hierzu ist es lediglich erforderlich, das bestehende Tableau um die dualen Variablen zu erweitern.

	x_1	x_2	$\cdots$	x_n		duale NBV
$-z$	c_1	c_1	$\cdots$	c_n	$-z_0$	
x_{n+1}	a_{11}	a_{12}	$\cdots$	a_{1n}	b_1	y_1
x_{n+2}	a_{21}	a_{22}	$\cdots$	a_{2n}	b_2	y_2
$\vdots$	$\vdots$	$\vdots$	$\ddots$	$\vdots$	$\vdots$	$\vdots$
x_{n+m}	a_{m1}	a_{m2}	$\cdots$	a_{mn}	b_m	y_m
	$-y_{m+1}$	$-y_{m+2}$	$\cdots$	$-y_{m+n}$	$-v$	

duale BV

Von „links nach rechts“ gelesen erhalten wir wieder das primale Problem, von „unten nach oben“ das duale Problem. Orientiert man sich ($\mathbf{b} \geq \mathbf{0}$ vorausgesetzt) bei den Austauschschritten an dem primalen Problem, so ist das gleichbedeutend damit, daß wir das duale Problem mit Hilfe des dualen Simplex Algorithmus lösen.

Beispiel 6.16 (Fortsetzung von Beispiel 6.1)

Das primale und duale Problem lauten

(P) $\max z = 3x_1 + 4x_2$

u.d.N.

$$\begin{aligned} 3x_1 + 2x_2 &\leq 1200 \\ 5x_1 + 10x_2 &\leq 3000 \\ 0.5x_2 &\leq 125 \\ x_1, x_2 &\geq 0 \end{aligned}$$

(D) $\min v = 1200y_1 + 3000y_2 + 125y_3$

u.d.N.

$$\begin{aligned} 3y_1 + 5y_2 \qquad &\geq 3 \\ 2y_1 + 10y_2 + 0.5y_3 &\geq 4 \\ y_1, y_2, y_3 &\geq 0. \end{aligned}$$

Löst man (P) wie gewohnt und (D) (formuliert als Maximumproblem) mit Hilfe des dualen Simplex Algorithmus, so fallen für beide Probleme dieselben Rechenschritte an, wie man sich leicht anhand beider Tableaus verdeutlichen kann.

	x_1	x_2		
$-z$	3	4	0	
x_3	3	2	1200	y_1
x_4	5	10	3000	y_2
x_5	0	1/2	125	y_3
	$-y_4$	$-y_5$	$-v$	

Anfangstableau des erweiterten Simplex-Tableaus

	y_1	y_2	y_3	RS
$-z'$	−1200	−3000	−125	0
y_4	−3	−5	0	−3
y_5	−2	−10	−1/2	−4

Anfangstableau des dualen Simplex Algorithmus

	x_4	x_3		
$-z$	−3/10	−1/2	−1500	
x_5	−3/40	1/8	50	y_3
x_1	−1/10	1/2	300	y_4
x_2	3/20	−1/4	150	y_5
	$-y_2$	$-y_1$	$-v$	

Endtableau des erweiterten Simplex-Tableaus

	y_3	y_4	y_5	RS
	−50	−300	−150	1500
y_2	3/40	1/10	−3/20	3/10
y_1	−1/8	−1/2	1/2	1/2

Endtableau des dualen Simplex Algorithmus

Wir kommen nun zur **ökonomischen Interpretation** beider Probleme, die wir an dem konkreten Sachverhalt des Beispiels 6.1 vornehmen wollen: Ausgangspunkt war das primale Problem, das in der Maximierung des Deckungsbeitrages bei gegebenem Ressourceneinsatz bestand. Das duale Problem können wir interpretieren als die Aufgabe, den Ressourcenverbrauch bei gegebenem Ziel zu minimieren.

Die Strukturvariablen x_1, x_2 des primalen Problems bezeichnen die Produktionsmengen, die Schlupfvariablen x_3, x_4, x_5 die nicht verbrauchten Ressourcen. Im Endtableau tritt x_5 als BV mit dem Wert 50 auf. Somit werden von den 125 zur Verfügung stehenden Arbeitsstunden nur 75 benötigt. Eine „geringfügige" Änderung des Produktionsplans würde demzufolge zu keinem Engpaß bei den Arbeitsstunden führen. Die Ressource Arbeitsstunden ist also reichlich bemessen. Grundlegend anders ist die Situation bei den Schlupfvariablen x_3 und x_4, die im Endtableau als NBV auftreten. Das bedeutet, daß die Maschinenstunden und der Rohstoffvorrat vollständig verbraucht werden. Selbst eine geringe Verringerung (oder Erhöhung) der Maschinenstunden, was äquivalent wäre zu $x_3 > 0$ (bzw. $x_3 < 0$), hätte dann (Restriktionszeilen 1,2,3 im Endtableau) die Mengenänderungen

$$\begin{aligned} x_5 + x_3/8 &= 50 & \text{bzw.} \quad x_5 &= 50 - x_3/8 \\ x_1 + x_3/2 &= 300 & x_1 &= 300 - x_3/2 \\ x_2 - x_3/4 &= 150 & x_2 &= 150 + x_3/4 \end{aligned}$$

sowie (Zielfunktionszeile im Endtableau) die Wertänderung

$$-z - x_3/2 = -1500 \qquad z = 1500 - x_3/2$$

zur Folge. Analog für x_4.

Die Strukturvariablen y_1, y_2 und y_3 des dualen Problems bezeichnet man in diesem Zusammenhang auch als **Schattenpreise** oder **Opportunitätskosten**. Sie geben den Wert an, um den sich der Zielfunktionswert der optimalen Lösung ändert, wenn die entsprechende Kapazitätsbegrenzung um eine Einheit verändert wird. In unserem Fall ist $y_1 = 1/2$, $y_2 = 3/10$ und $y_3 = 0$.

Man beachte jedoch, daß diese Interpretation nur für Produktprogrammänderungen gilt, die keinen Einfluß auf die Basis der optimalen Lösung haben. Weitergehende Änderungen, die einen Basistausch nach sich ziehen, werden im Rahmen der parametrischen Optimierung in Abschnitt 6.10 behandelt.

○

Das zweite zentrale Ergebnis neben dem Dualitätssatz ist der

Satz 6.6 (Satz vom komplementären Schlupf)

Sei $(\mathbf{x}^\mathsf{T}, \mathbf{u}^\mathsf{T})^\mathsf{T}$ *eine zulässige Lösung des primalen Problems* (P') *und* $(\mathbf{y}^\mathsf{T}, \mathbf{w}^\mathsf{T})^\mathsf{T}$ *eine zulässige Lösung des dualen Problems* (D') *mit*

(P') $\max z = \mathbf{c}^\mathsf{T}\mathbf{x}$

u.d.N.

$$\mathbf{A}\mathbf{x} + \mathbf{u} = \mathbf{b}$$
$$\mathbf{x}, \mathbf{u} \geq \mathbf{0}$$

(D') $\min v = \mathbf{b}^\mathsf{T}\mathbf{y}$

u.d.N.

$$\mathbf{A}^\mathsf{T}\mathbf{y} - \mathbf{w} = \mathbf{c}$$
$$\mathbf{y}, \mathbf{w} \geq \mathbf{0}.$$

Dann sind $\mathbf{x}$ *und* $\mathbf{y}$ *genau dann optimal, wenn die* **Komplementaritätsbedingungen** $\mathbf{x}^\mathsf{T}\mathbf{w} = 0$ *und* $\mathbf{y}^\mathsf{T}\mathbf{u} = 0$ *erfüllt sind.*

Beweis: (a) Seien $\mathbf{x}$ und $\mathbf{y}$ optimal. Dann gilt $\mathbf{c}^\mathsf{T}\mathbf{x} = \mathbf{b}^\mathsf{T}\mathbf{y}$ nach Satz 6.5(ii), und es folgt

$$\begin{aligned} 0 &= \mathbf{b}^\mathsf{T}\mathbf{y} - \mathbf{c}^\mathsf{T}\mathbf{x} \\ &= \mathbf{y}^\mathsf{T}\mathbf{b} - \mathbf{x}^\mathsf{T}\mathbf{c} \\ &= \mathbf{y}^\mathsf{T}(\mathbf{A}\mathbf{x} + \mathbf{u}) - \mathbf{x}^\mathsf{T}(\mathbf{A}^\mathsf{T}\mathbf{y} - \mathbf{w}) \\ &= \mathbf{y}^\mathsf{T}\mathbf{A}\mathbf{x} - \mathbf{x}^\mathsf{T}\mathbf{A}^\mathsf{T}\mathbf{y} + \mathbf{y}^\mathsf{T}\mathbf{u} + \mathbf{x}^\mathsf{T}\mathbf{w}. \end{aligned}$$

Zusammen mit $\mathbf{y}^\mathsf{T}\mathbf{A}\mathbf{x} - \mathbf{x}^\mathsf{T}\mathbf{A}^\mathsf{T}\mathbf{y} = 0$ sowie $\mathbf{y}^\mathsf{T}\mathbf{u} \geq 0$ und $\mathbf{x}^\mathsf{T}\mathbf{w} \geq 0$ gilt dann $\mathbf{y}^\mathsf{T}\mathbf{u} = 0 = \mathbf{x}^\mathsf{T}\mathbf{w}$.

(b) Seien $\mathbf{x}$ und $\mathbf{y}$ zulässige Lösungen mit $\mathbf{x}^\mathsf{T}\mathbf{w} = 0$ und $\mathbf{y}^\mathsf{T}\mathbf{u} = 0$. Dann folgt zusammen mit (a) $0 = \mathbf{y}^\mathsf{T}\mathbf{u} + \mathbf{x}^\mathsf{T}\mathbf{w} = \mathbf{b}^\mathsf{T}\mathbf{y} - \mathbf{c}^\mathsf{T}\mathbf{x}$ und damit $\mathbf{b}^\mathsf{T}\mathbf{y} = \mathbf{c}^\mathsf{T}\mathbf{x}$. Nach Satz 6.5 (i) sind dann $\mathbf{x}$ und $\mathbf{y}$ optimal. ❑

Da $\mathbf{x}, \mathbf{w} \geq \mathbf{0}$ gilt, ist $\mathbf{x}^\mathsf{T}\mathbf{w} = 0$ äquivalent zu $x_j w_j = 0$ für $j = 1, \ldots, n$. Entsprechend ist $\mathbf{y}^\mathsf{T}\mathbf{u} = 0$ äquivalent zu $y_i u_i = 0$ für $i = 1, \ldots, m$.

Satz 6.6 bildet die theoretische Grundlage für eine Reihe von Algorithmen, die bei der Lösung strukturierter linearer Optimierungsprobleme (z.B. Transport-, Zuordnungs-, Flußprobleme) dem Simplex Algorithmus häufig vorgezogen werden. Diese Algorithmen generieren auf jeder Iterationsstufe eine primal (oder dual) zulässige Lösung, die die Komplementaritätsbedingungen $\mathbf{x}^\mathsf{T}\mathbf{w} = 0$ und $\mathbf{y}^\mathsf{T}\mathbf{u} = 0$ erfüllt, und stoppen, sobald die gefundene

Lösung auch dual (bzw. primal) zulässig ist. Die Optimalität folgt dann aus dem Satz vom komplementären Schlupf. Der Algorihmus für das Transportproblem, den wir in Abschnitt 6.9 vorstellen, gehört zu diesem Typ von Algorithmus. Vorab veranschaulichen wir an einem einfachen Beispiel die Bedeutung der Komplementaritätsbedingungen als Optimalitätskriterium.

Beispiel 6.17

Gegeben seien

$$\text{(P)} \quad \max z = 4x_1 + 2x_2 + 5x_3 \qquad \text{(D)} \quad \min v = 45y_1 + 21y_2$$

u.d.N. u.d.N.

$$\begin{aligned} 2x_1 + x_2 + 2x_3 &\leq 45 \\ 3x_1 \qquad + x_3 &\leq 21 \\ x_1, x_2, x_3 &\geq 0 \end{aligned} \qquad \begin{aligned} 2y_1 + 3y_2 &\geq 4 \\ y_1 \qquad &\geq 2 \\ 2y_1 + y_2 &\geq 5 \\ y_1, y_2 &\geq 0. \end{aligned}$$

Haben wir (etwa durch Probieren) herausgefunden, daß $\mathbf{x} = (0,3,21)^\mathsf{T}$ eine zulässige Lösung des primalen Problems mit Schlupf $\mathbf{u} = (0,0)^\mathsf{T}$ ist, so können wir eine Lösung $\mathbf{y}$ des dualen Problems mit Schlupf $\mathbf{w}$ als Lösung der Komplementaritätsbedingungen

$$\begin{aligned} \mathbf{x}^\mathsf{T}\mathbf{w} = 0: &\quad (\Leftrightarrow \; x_1w_1 = 0, \; x_2w_2 = 0, \; x_3w_3 = 0) \\ \mathbf{y}^\mathsf{T}\mathbf{u} = 0: &\quad (\Leftrightarrow \; y_1u_1 = 0, \; y_2u_2 = 0) \end{aligned}$$

bestimmen.

Wegen $x_2, x_3 > 0$ ist $w_2 = w_3 = 0$. Daher müssen die 2. und 3. Restriktionszeile von (D) als Gleichungen erfüllt werden. Hieraus folgt $\mathbf{y} = (2,1)^\mathsf{T}$. $\mathbf{y}$ ist eine zulässige Lösung von (D). Damit sind die Voraussetzungen des Satzes vom komplementären Schlupf erfüllt und $\mathbf{x}$ bzw. $\mathbf{y}$ sind optimal für (P) bzw. (D).

Für $\mathbf{x} = (0,0,0)^\mathsf{T}$ würde dieselbe Vorgehensweise auf die unzulässige Lösung $\mathbf{y} = (0,0)^\mathsf{T}$ führen, und damit wäre der Satz vom komplementären Schlupf nicht anwendbar. ○

6.8 Zweipersonen-Nullsummenspiele

Zweipersonen-Nullsummenspiele, auf die wir nun näher eingehen wollen, stellen eine wichtige Anwendung der Dualitätstheorie dar.

Unter einem **Spiel** versteht man ein Modell zur Beschreibung von Interessenkonflikten. Man unterscheidet zwischen **Zweipersonen-** und **Mehrpersonenspielen**, zwischen **Nullsummen-** und **Nichtnullsummenspielen**.

Im einfachsten Fall, dem Zweipersonen-Nullsummenspiel, agieren zwei rational handelnde Gegenspieler (P_1 und P_2), deren Gesamtauszahlung sich zu Null addiert; d.h. der Gewinn des einen Spielers stimmt mit dem Verlust des anderen Spielers überein.

Beispiel 6.18 (Vereinfachtes Nim)

Zwei Spieler, P_1 und P_2, nehmen von einem Stapel von anfangs 5 Spielsteinen abwechselnd je nach Belieben einen oder zwei Steine weg. Jeder kann sehen, wieviele Steine noch auf dem Stapel liegen. Der Spieler, der den letzten Stein oder die beiden letzten Steine wegnehmen kann, erhält 1 GE, der andere muß die GE zahlen. Spieler 1 (also P_1) darf beginnen.

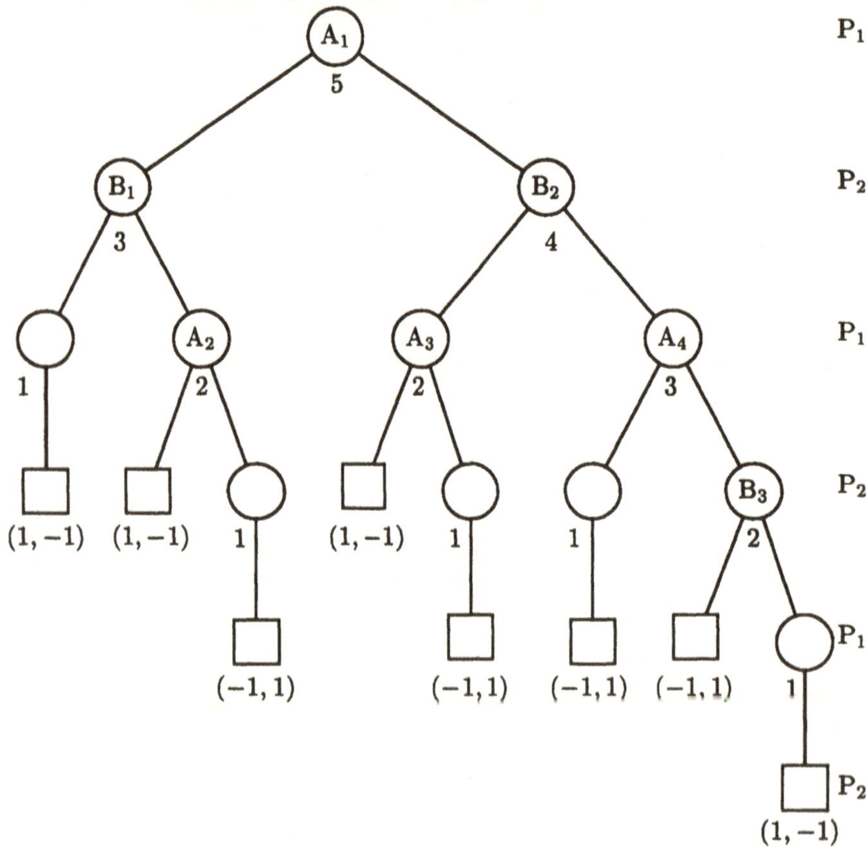

Abbildung 6.6: Entscheidungssituationen und Auszahlungen

Jeden Ast des Entscheidungsbaums in Abbildung 6.6 können wir als einen möglichen Spielverlauf auffassen. A_1, A_2, A_3, A_4 stellen die Entscheidungssituationen von P_1 dar und B_1, B_2, B_3 die von P_2 mit den jeweils noch vorhandenen Spielsteinen. Die Quadrate stellen die möglichen Spielausgänge dar und die zugehörigen Tupel die Auszahlungen an die beiden Spieler.

Der Entscheidungsbaum dient lediglich der Veranschaulichung. Erforderlich ist nur die Angabe der Entscheidungen für *jeden* der in Frage kommenden Entscheidungssituationen. Eine solche Entscheidungsfolge bezeichnet man als **Strategie** des Spielers.

i	A_1	A_2	A_3	A_4
1	2	2	—	—
2	2	1	—	—
3	1	—	2	2
4	1	—	2	1
5	1	—	1	2
6	1	—	1	1

Strategie $i = 1, \ldots, 6$ von P_1

j	B_1	B_2	B_3
1	2	2	—
2	1	2	—
3	2	1	1
4	2	1	2
5	1	1	2
6	1	1	1

Strategie $j = 1, \ldots, 6$ von P_2

Die erste Spalte der linken Tabelle enthält die Strategien des Spielers 1, die erste Spalte der rechten Tabelle die des Spielers 2. Beispielsweise bedeutet $i = 2$, in Entscheidungssituation A_1 bzw. A_2 zwei bzw. einen Stein zu entnehmen. Die Entscheidungssituationen A_3 und A_4 sind nicht bewertet, da sie bei Anwendung von $i = 2$ nicht auftreten können.

Die mit den Strategienpaaren (i, j) verbundenen Auszahlungen a_{ij} an P_1 sind in der folgenden Auszahlungsmatrix zusammengestellt.

	P_2					
P_1	1	2	3	4	5	6
1	1	1	1	1	1	1
2	1	−1	1	1	−1	−1
3	1	1	−1	−1	−1	−1
4	1	1	1	−1	−1	1
5	−1	−1	−1	−1	−1	−1
6	−1	−1	1	−1	−1	1

Auszahlungen a_{ij} an P_1

○

Definition 6.7

Unter einem **Zweipersonen-Nullsummenspiel** verstehen wir ein Tripel $\Gamma = (\Sigma_1, \Sigma_2, \mathbf{A})$ mit

(i) $\Sigma_1 = \{1, \ldots, m\}$ ist die Menge der Strategien des Spielers 1.

(ii) $\Sigma_2 = \{1, \ldots, n\}$ ist die Menge der Strategien des Spielers 2.

(iii) $\mathbf{A} = (a_{ij})$ bzw. $\mathbf{B} = -\mathbf{A}$ ist die Auszahlungsmatrix an Spieler 1 bzw. 2.

Bevor wir das Verhalten beider Spieler analysieren können, benötigen wir einen geeigneten Optimalitätsbegriff. Vorbereitend betrachten wir

Beispiel 6.19

Es liege ein Spiel $\Gamma = (\Sigma_1, \Sigma_2, \mathbf{A})$ mit der Auszahlungsmatrix

$$\mathbf{A} = \begin{pmatrix} -6 & 9 & 1 & 20 \\ 10 & 5 & 4 & 7 \\ -4 & -2 & 0 & -5 \end{pmatrix}$$

vor. Wählt P_1 die Strategie 1 (1. Zeile der Auszahlungsmatrix), so kann er die höchste Auszahlung erreichen (Gewinn 20), geht aber auch das höchste Risiko ein (Verlust 6). Strategie 2 (2. Zeile) verspricht einen mittleren Gewinn bei einem mittleren Risiko. Strategie 3 (3. Zeile) ist für P_1 uninteressant, da sie unabhängig von der Verhaltensweise von P_2 zu einer schlechteren Auszahlung als Strategie 2 führt. Die Entscheidung für $i = 1$ oder $i = 2$ ist damit eine Frage der Risikobereitschaft von P_1. ○

Das auf John v. Neumann zurückgehende **Minmax-Prinzip** besagt: Jeder Spieler überlegt, was ihm *schlimmstenfalls* passieren kann und versucht daraus das *Beste* zu machen. Das bedeutet im Falle von

Beispiel 6.20 (Fortsetzung von Beispiel 6.19)

Der Mindestgewinn $\min\{a_{i1}, a_{i2}, a_{i3}, a_{i4}\}$, den sich P_1 (unabhängig von der Strategie von P_2) sichern kann, wird maximal für $i = 2$ und beträgt 4. Entsprechend wird der Höchstverlust $\max\{a_{1j}, a_{2j}, a_{3j}\}$ für P_2 (unabhängig von der Strategie von P_1) minimal für $j = 3$ und beträgt (ebenfalls) 4.

Strategie i	1	2	3
Mindestgewinn	−6	4	−5

Strategie j	1	2	3	4
Höchstverlust	10	9	4	20

Man überlegt sich leicht, daß ein Abweichen von $i = 2$ für Spieler 1 von Nachteil ist, wenn Spieler 2 weiterhin an $j = 3$ festhält. Umgekehrt hat auch P_2 keinen Vorteil, wenn er von $j = 3$ abgeht und P_1 weiterhin an $i = 2$ festhält. Insofern befindet sich das Spiel in einem gewissen Gleichgewicht, und beide Spieler können ihre Strategien offenlegen. ○

Definition 6.8

Ein Strategienpaar $(i^*, j^*) \in \Sigma_1 \times \Sigma_2$ heißt ein Paar von **Gleichgewichtsstrategien**, falls

$$a_{i,j^*} \leq a_{i^*,j^*} \leq a_{i^*,j}$$

für beliebige $i \in \Sigma_1$ und $j \in \Sigma_2$ gilt.

Die Existenz eines Paares von Gleichgewichtsstrategien setzt voraus, daß

$$v_{\mathrm{u}} = \max_{i \in \Sigma_1} \min_{j \in \Sigma_2} a_{ij} \qquad \text{(unterer Spielwert)}$$

$$v_{\mathrm{o}} = \min_{j \in \Sigma_2} \max_{i \in \Sigma_1} a_{ij} \qquad \text{(oberer Spielwert)}$$

übereinstimmen.

Satz 6.7

Ist $v_{\mathrm{u}} = v_{\mathrm{o}}$, so existiert ein Paar $(i^*, j^*) \in \Sigma_1 \times \Sigma_2$ von Gleichgewichtsstrategien, und es gilt

$$\min_{j \in \Sigma_2} a_{i^*,j} = \max_{i \in \Sigma_1} \min_{j \in \Sigma_2} a_{i,j} = \min_{j \in \Sigma_2} \max_{i \in \Sigma_1} a_{i,j} = \max_{i \in \Sigma_1} a_{i,j^*}.$$

Beweis: Nach Voraussetzung ist $v_{\mathrm{u}} = v_{\mathrm{o}}$ und somit $\max_i \min_j a_{i,j} = \min_j \max_i a_{i,j}$. Daher gibt es ein Paar $(i^*, j^*) \in \Sigma_1 \times \Sigma_2$ mit $\min_j a_{i^*,j} = \max_i a_{i,j^*}$. Hieraus folgt

$$a_{i,j^*} \leq \max_i a_{i,j^*} = \min_j a_{i^*,j} \leq a_{i^*,j^*}$$

für alle $i \in \Sigma_1$ sowie

$$a_{i^*,j^*} \geq \min_j a_{i^*,j} = \max_i a_{i,j^*} \geq a_{i^*,j^*}$$

für alle $j \in \Sigma_2$ und damit die Behauptung. ❑

Man beachte, daß generell nur $v_{\mathrm{u}} \leq v_{\mathrm{o}}$ gilt, vgl. Aufgabe 6.15. Ist $v_{\mathrm{u}} < v_{\mathrm{o}}$, so ändert sich die Situation gegenüber Satz 6.7 grundlegend, und jeder der beiden Spieler kann einen Vorteil daraus ziehen, die Strategie des Gegenspielers zu durchschauen.

Beispiel 6.21 (Stein, Schere, Papier)

Zwei Spieler deuten gleichzeitig einen der drei folgenden Gegenstände an: Stein (Faust), Schere (Spreizen von Zeige- und Mittelfinger), Papier (flache Hand). Deuten beide Spieler denselben Gegenstand an, so ist das Spiel unentschieden; ansonsten gewinnt Stein gegenüber Schere, Schere gegenüber Papier, Papier gegenüber Stein und der Gewinner erhält vom Gegenspieler den Betrag 1. Dann ist $\Sigma_1 = \Sigma_2 = \{1, 2, 3\} = \{\text{Papier,Stein,Schere}\}$,

$$\mathbf{A} = \begin{pmatrix} 0 & 1 & -1 \\ -1 & 0 & 1 \\ 1 & -1 & 0 \end{pmatrix}$$

und somit $v_u = \max\{-1, -1, -1\} < \min\{1, 1, 1\} = v_o$.

Wird das Spiel mehrfach wiederholt, so besteht die Gefahr, daß P_2 die Strategie von P_1 durchschaut (und umgekehrt). Möchte sich dieser davor schützen, so muß er die Wahl seiner Strategie vom Zufall abhängig machen. Das führt uns auf randomisierte Strategien. ○

Definition 6.9

Unter der **gemischten Erweiterung** eines Zweipersonen-Nullsummenspiels $\Gamma = (\Sigma_1, \Sigma_2, \mathbf{A})$ verstehen wir das Tripel $\overline{\Gamma} = (\mathcal{S}_1, \mathcal{S}_2, \overline{A})$ mit

(i) $\mathcal{S}_1 = \{\mathbf{p} = (p_1, \ldots, p_m) \mid p_i \geq 0,\ i = 1, \ldots, m,\ \sum_{i=1}^m p_i = 1\}$ ist die Menge der gemischten Strategien des Spielers 1, wobei p_i die Wahrscheinlichkeit bezeichnet, mit der er die Strategie i wählt.

(ii) $\mathcal{S}_2 = \{\mathbf{q} = (q_1, \ldots, q_n) \mid q_j \geq 0,\ j = 1, \ldots, n,\ \sum_{j=1}^n q_j = 1\}$ ist die Menge der gemischten Strategien des Spielers 2, wobei q_j die Wahrscheinlichkeit bezeichnet, mit der er die Strategie j wählt.

(iii) $\overline{A}(\mathbf{p}, \mathbf{q}) = \sum_{i=1}^m \sum_{j=1}^n a_{ij} p_i q_j$ ist die (erwartete) Auszahlung an P_1 bei Wahl von $(\mathbf{p}, \mathbf{q}) \in \mathcal{S}_1 \times \mathcal{S}_2$ (die sich bei wiederholter Anwendung nach hinreichend langer Zeit einstellt).

Wenden beide Spieler eine gemischte Strategie an, so „würfeln" sie ihre Strategien aus. Unsere Aufgabe besteht nun noch darin, den „richtigen Würfel" bereitzustellen. In diesem Zusammenhang bezeichnet man die Strategien i und j auch als **reine Strategien**.

Definition 6.10

Ein Strategienpaar $(\mathbf{p}^*, \mathbf{q}^*) \in \mathcal{S}_1 \times \mathcal{S}_2$ heißt ein Paar von **Gleichgewichtsstrategien**, falls

$$\overline{A}(\mathbf{p}, \mathbf{q}^*) \leq \overline{A}(\mathbf{p}^*, \mathbf{q}^*) \leq \overline{A}(\mathbf{p}^*, \mathbf{q})$$

für beliebige $(\mathbf{p}, \mathbf{q}) \in \mathcal{S}_1 \times \mathcal{S}_2$ gilt.

Die Lücke, die $v_u < v_o$ aufgerissen hat, läßt sich durch Übergang zu gemischten Strategien schließen, da

$$\overline{v}_u := \max_{\mathbf{p}\in\mathcal{S}_1} \min_{\mathbf{q}\in\mathcal{S}_2} \overline{A}(\mathbf{p}, \mathbf{q}) \quad \text{und} \quad \overline{v}_o := \min_{\mathbf{q}\in\mathcal{S}_2} \max_{\mathbf{p}\in\mathcal{S}_1} \overline{A}(\mathbf{p}, \mathbf{q})$$

(stets) übereinstimmen. Man spricht daher auch von dem **Wert** $\overline{v} := \overline{v}_u = \overline{v}_o$ des Spiels $\overline{\Gamma}$.

Satz 6.8 (Minmax-Theorem)

Für die gemischte Erweiterung $\overline{\Gamma} = (\mathcal{S}_1, \mathcal{S}_2, \overline{A})$ *des Spiels* $\Gamma = (\mathcal{S}_1, \mathcal{S}_2, \mathbf{A})$ *existiert der Spielwert* $\overline{v}$, *und es gibt ein Paar von Gleichgewichtsstrategien* $(\mathbf{p}^*, \mathbf{q}^*) \in \mathcal{S}_1 \times \mathcal{S}_2$ *mit*

$$\min_{\mathbf{q}\in\mathcal{S}_2} \overline{A}(\mathbf{p}^*, \mathbf{q}) = \max_{\mathbf{p}\in\mathcal{S}_1} \min_{\mathbf{q}\in\mathcal{S}_2} \overline{A}(\mathbf{p}, \mathbf{q}) = \overline{v} = \min_{\mathbf{q}\in\mathcal{S}_2} \max_{\mathbf{p}\in\mathcal{S}_1} \overline{A}(\mathbf{p}, \mathbf{q}) = \max_{\mathbf{p}\in\mathcal{S}_1} \overline{A}(\mathbf{p}, \mathbf{q}^*).$$

Der Beweis ergibt sich aus dem folgenden Satz 6.9.

Die Berechnung des Spielwertes $\overline{v}$ und eines Paares von Gleichgewichtsstrategien $(\mathbf{p}^*, \mathbf{q}^*) \in \mathcal{S}_1 \times \mathcal{S}_2$ läßt sich auf die Lösung eines linearen Optimierungsproblems zurückführen.

Sind nicht alle Elemente a_{ij} der Auszahlungsmatrix $\mathbf{A}$ positiv, so können wir durch Addition einer Konstanten c zu einer Matrix $\mathbf{A}' = (a_{ij} + c)$ übergehen. Die gemischte Erweiterung des neuen Spiels $\Gamma' = (\Sigma_1, \Sigma_2, \mathbf{A}')$ besitzt dann den Spielwert $\overline{v}' = \overline{v} + c$; die Gleichgewichtsstrategien bleiben jedoch erhalten (Übungsaufgabe).

Satz 6.9

Es liege ein Spiel $\Gamma = (\Sigma_1, \Sigma_2, A)$ *mit* $a_{ij} > 0$ *für alle* i, j *vor. Sei* $\mathbf{x}^*$ *bzw.* $\mathbf{y}^*$ *eine zulässige Lösung von* (P) *bzw.* (D) *mit*

$$\text{(P)} \quad \max z_2 = \sum_{j=1}^{n} x_j \qquad\qquad \text{(D)} \quad \min z_1 = \sum_{i=1}^{m} y_i$$

u.d.N. u.d.N.

$$\sum_{j=1}^{n} a_{ij} x_j \leq 1, \; i \in \Sigma_1 \qquad\qquad \sum_{i=1}^{m} a_{ij} y_i \geq 1, \; j \in \Sigma_2$$

$$x_1, \ldots, x_n \geq 0 \qquad\qquad y_1, \ldots, y_m \geq 0,$$

und z^* *sei das zugehörige Optimum. Dann ist* $(\mathbf{p}^*, \mathbf{q}^*) \in \mathcal{S}_1 \times \mathcal{S}_2$ *, wobei*

$$\mathbf{p}^* = (y_1^*/z^*, \ldots, y_m^*/z^*)^\top \text{ und } \mathbf{q}^* = (x_1^*/z^*, \ldots, x_n^*/z^*)^\top \tag{6.11}$$

ein Paar von Gleichgewichtsstrategien ist und

$$\overline{v} = 1/z^* \tag{6.12}$$

der Wert des Spiels.

Beweis: (P) und (D) besitzen eine zulässige Lösung, denn beispielsweise ist $\mathbf{x} = (\xi^*, 0, \ldots, 0)^\top$ mit $\xi = 1/\max\{a_{11}, \ldots, a_{m1}\}$ eine zulässige Lösung von (P). Nach Satz 6.4 existiert dann eine optimale Lösung $\mathbf{x}^*$ für (P) und $\mathbf{y}^*$ für (D). Für $\mathbf{p}^*, \mathbf{q}^*$ nach (6.11) und $\overline{v}$ nach (6.12) gilt dann

$$\overline{A}(\mathbf{p}^*, \mathbf{q}) = \sum_j q_j \sum_i a_{ij} p_i^* = \sum_j q_j \frac{1}{z^*} \sum_i a_{ij} y_i^* \geq \sum_j q_j \overline{v} = \overline{v}$$

für alle $\mathbf{q} \in \mathcal{S}_2$ und

$$\overline{A}(\mathbf{p}, \mathbf{q}^*) = \sum_i p_i \sum_j a_{ij} q_j^* = \sum_i p_i \frac{1}{z^*} \sum_j a_{ij} x_j^* \leq \sum_i p_i \overline{v} = \overline{v}$$

für alle $\mathbf{p} \in \mathcal{S}_1$ und somit

$$\overline{v} \le \min_{\mathbf{q}\in\mathcal{S}_2} \overline{A}(\mathbf{p}^*,\mathbf{q}) \le \max_{\mathbf{p}\in\mathcal{S}_1} \min_{\mathbf{q}\in\mathcal{S}_2} \overline{A}(\mathbf{p},\mathbf{q}) = \overline{v}_\mathrm{u}$$

$$\overline{v} \ge \max_{\mathbf{p}\in\mathcal{S}_1} \overline{A}(\mathbf{p},\mathbf{q}^*) \ge \min_{\mathbf{q}\in\mathcal{S}_2} \max_{\mathbf{p}\in\mathcal{S}_1} \overline{A}(\mathbf{p},\mathbf{q}) = \overline{v}_\mathrm{o}.$$

Unter Berücksichtigung von $\overline{v}_\mathrm{u} \le \overline{v}_\mathrm{o}$ (Übungsaufgabe) folgt hieraus $\overline{v}_\mathrm{u} = \overline{v}_\mathrm{o}$. Wie in Satz 6.7 überprüft man nun, daß $(\mathbf{p}^*,\mathbf{q}^*)$ ein Paar von Gleichgewichtsstrategien ist. ❑

Beispiel 6.22 (Fortsetzung von Beispiel 6.21)

Da $\mathbf{A}$ negative Elemente a_{ij} enthält, gehen wir über zu $\mathbf{A}' = (a_{ij}+2)$ und bestimmen $(\mathbf{p}^*,\mathbf{q}^*)$ und $\overline{v}' = \overline{v}+2$ mit Hilfe des erweiterten Simplex-Tableaus.

	x_1	x_2	x_3		
$-z_2$	1	1	1	0	
x_4	2	3	1	1	y_1
x_5	1	2	3	1	y_2
x_6	3	1	2	1	y_3
	$-y_4$	$-y_5$	$-y_6$	$-z_1$	

Anfangstableau

	x_6	x_4	x_5		
$-z_2$	$-1/6$	$-1/6$	$-1/6$	$-1/2$	
x_2				$-1/6$	y_5
x_3				$-1/6$	y_6
x_1				$-1/6$	y_4
	$-y_3$	$-y_1$	$-y_2$	$-z_1$	

Endtableau

Dem Endtableau entnehmen wir $\overline{v} = \overline{v}' - 2 = 1/z^* - 2 = 0$ sowie $\mathbf{p}^* = \mathbf{q}^* = 2(1/6,1/6,1/6)^\mathsf{T} = (1/3,1/3,1/3)^\mathsf{T}$.

Ein solches Spiel bezeichnet man auch als **fair** ($\overline{v} = 0$). Verhalten sich beide Spieler optimal, so wählen sie ihre Strategien $i = 1,2,3$ bzw. $j = 1,2,3$ jeweils mit Wahrscheinlichkeit 1/3. Praktisch könnte das so aussehen, daß sie einen Würfel mit den Zahlen $1,\ldots,6$ werfen und in Abhängigkeit vom Ergebnis e, $e \in \{1,2\}$, $e \in \{3,4\}$, $e \in \{5,6\}$, die Strategien 1, 2, 3 wählen. ○

6.9 Das Transportproblem

Der Aufbau primal-dualer Algorithmen soll nun anhand des Transportproblems (vgl. Beispiel 6.3) exemplarisch vorgestellt werden.

Definition 6.11
Unter einem **Transportproblem** verstehen wir das lineare Optimierungsproblem

$$\text{(P)} \quad \min z = \sum_{i=1}^{m} \sum_{j=1}^{n} c_{ij} x_{ij}$$

u.d.N.

$$\sum_{j=1}^{n} x_{ij} = a_i \quad \text{für } i = 1, \ldots, m$$

$$\sum_{i=1}^{m} x_{ij} = b_j \quad \text{für } j = 1, \ldots, n$$

$$x_{ij} \geq 0 \text{ für alle } i, j,$$

wobei

a_i : Angebotsmenge in Angebotsort A_i, $i = 1, \ldots, m$,

b_j : Bedarfsmenge in Bedarfsort B_j, $j = 1, \ldots, n$,

c_{ij} : Kosten für den Transport einer ME von A_i nach B_j,

x_{ij} : ME, die von A_i nach B_j transportiert werden,

und das Gesamtangebot $a_{\text{tot}} := \sum_{i=1}^{m} a_i$ mit dem Gesamtbedarf $b_{\text{tot}} := \sum_{j=1}^{n} b_j$ übereinstimmt.

Ist $a_{\text{tot}} > b_{\text{tot}}$ bzw. $a_{\text{tot}} < b_{\text{tot}}$, so kann man durch Einführung eines fiktiven Bedarfsortes B_{n+1} bzw. eines Angebotsortes A_{m+1} mit der Bedarfsmenge $b_{n+1} = a_{\text{tot}} - b_{\text{tot}}$ bzw. Angebotsmenge $a_{m+1} = b_{\text{tot}} - a_{\text{tot}}$ stets einen Ausgleich erreichen.

Da die Koeffizientenmatrix des Transportproblems den Rang $n + m - 1$ hat (Übungsaufgabe), kann eine beliebige Zeile der Nebenbedingungen gestrichen und das verbleibende System mit Hilfe des Simplex Algorithmus gelöst werden. Diesen Weg wollen wir jedoch nicht weiterverfolgen, sondern einen Algorithmus vorstellen, der auf dem Satz vom komplementären Schlupf basiert. Hierzu fassen wir (P) als primales Problem auf und betrachten das zugehörige duale Problem

$$\text{(D)} \quad \max z = \sum_{i=1}^{m} a_i u_i + \sum_{j=1}^{n} b_j v_j$$

u.d.N.

$$u_i + v_j \le c_{ij}$$
$$u_i, v_j \in \mathbb{R}.$$

Ausgangspunkt ist eine beliebige Startlösung von (P), die z.B. mit Hilfe der Matrix-Minimum Methode bestimmt werden kann und in das **Transport-Tableau** eingetragen wird.

	B_1	B_2	$\cdots$	B_n	
A_1	c_{11} x_{11}	c_{12} x_{12}	$\cdots$	c_{1n} x_{1n}	a_1
A_2	c_{21} x_{21}	c_{22} x_{22}	$\cdots$	c_{2n} x_{2n}	a_2
$\vdots$	$\vdots$	$\vdots$	$\ddots$	$\vdots$	$\vdots$
A_m	c_{m1} x_{m1}	c_{m2} x_{m2}	$\cdots$	c_{mn} x_{mn}	a_m
	b_1	b_2	$\cdots$	b_n	

Festlegung einer Startlösung: (Matrix-Minimum-Methode)

1. Wähle ein Indexpaar (k, l) mit $c_{kl} = \min\{c_{ij}\}$ Ordne den maximal möglichen Transport $x_{kl} = \min\{a_k, b_l\}$ zu. Setze $\bar{a}_k = a_k - x_{kl}$ und $\bar{b}_l = b_l - x_{kl}$.

2. Ist $\bar{a}_k = 0$, d.h. das Angebot von A_k erschöpft (bzw. $\bar{b}_l = 0$, d.h. der Bedarf von B_l gedeckt), so ist Angebotsgleichung k (bzw. Bedarfsgleichung l) erfüllt und wird nicht weiter berücksichtigt. Sind Angebots- *und* Bedarfsgleichung erfüllt, so wird nur *eine* der beiden Gleichungen nicht weiter berücksichtigt.

3. Wiederhole das Verfahren mit den verbleibenden und aktualisierten Angebots- und Bedarfsgleichungen so lange, bis alle Angebots- und Bedarfsgleichungen erfüllt sind.

Beispiel 6.23 (Fortsetzung von Beispiel 6.3)

Die Matrix-Minimum-Methode führt (in der angegebenen Reihenfolge) auf die zulässige Lösung $\mathbf{x}$ mit $x_{22} = 400$, $x_{11} = 300$, $x_{12} = 100$, $x_{13} = 200$, $x_{21} = 0, x_{23} = 0$. Einzelheiten kann man dem Transport-Tableau entnehmen.

	B_1	B_2	B_3	a_i
A_1	0.9 $300^{(2)}$	1.0 $100^{(3)}$	1.2 $200^{(4)}$	$600, 300, 200, 0$
A_2	0.6	0.4 $400^{(1)}$	0.5	$400, 0$
b_j	$300, 0$	$500, 100, 0$	$200, 0$	

○

Die Startlösung, aber auch jede andere zulässige Basislösung $\mathbf{x}$ von (P) kann mit dem folgenden Test auf Optimalität überprüft werden.

Überprüfung von x auf Optimalität

1) Wähle $u_i, v_j \in \mathbb{R}$ so, daß für alle (i, j), für die x_{ij} eine BV ist, die Bedingung

$$u_i + v_j = c_{ij}$$

erfüllt ist. (Da die Koeffizientenmatrix von (P) den Rang $n+m-1$ hat, kann man eine der Zahlen u_i, v_j Null setzen und die restlichen rekursiv bestimmen.)

2) Berechne für alle (i, j), für die x_{ij} eine NBV ist,

$$\bar{c}_{ij} := c_{ij} - u_i - v_j.$$

3) Gilt $\bar{c}_{ij} \geq 0$ für alle (i, j), so ist $\mathbf{x}$ optimal.

In Schritt 1 des Tests wird eine Lösung der Komplementaritätsbedingungen $x_{ij}(c_{ij} - u_i - v_j) = 0$ generiert und diese in Schritt 3 auf duale Zulässigkeit geprüft. Ist die duale Zulässigkeit gegeben ($\bar{c}_{ij} \geq 0$ für alle (i, j)), so ist der Satz vom komplementären Schlupf anwendbar und damit $\mathbf{x}$ optimal.

Gilt $\bar{c}_{ij} < 0$ für mindestens ein (i, j), so ist $\mathbf{x}$ suboptimal, und es ist ein Basistausch erforderlich, der mit der folgenden Stepping-Stone Methode durchgeführt werden kann.

Austauschschritt (Stepping-Stone Methode)

Annahme: $\bar{c}_{ij} < 0$ für mindestens ein (i, j).

1. Bestimme ein Indexpaar (r, s) mit $\bar{c}_{rs} = \min_{i,j} \bar{c}_{ij} < 0$ und wähle $\bar{x}_{rs}$ als neue BV. Ordne $\bar{x}_{rs}$ den Wert $d \geq 0$ durch Umverteilung der Transportmengen so zu, daß eine der bisherigen BV zur NBV wird.

   (a) Markiere das Feld (r, s) mit $+d$ und suche eine Umverteilungsschleife über die Basisfelder, indem gleiche Zeilen oder Spalten abwechselnd mit $+d$ oder $-d$ markiert werden.

   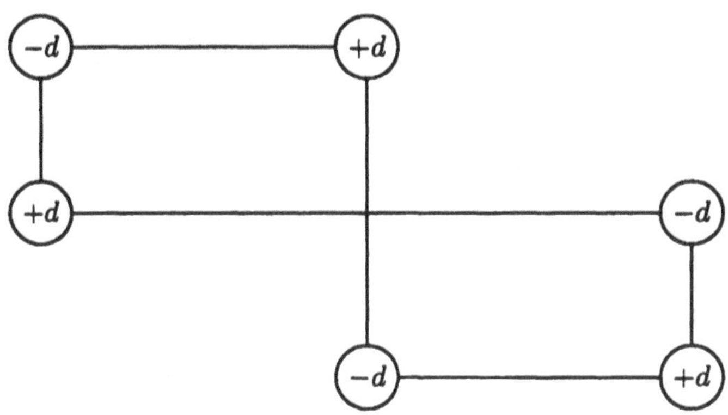

   mögliche Realisation

   (b) Suche unter allen mit $-d$ markierten Feldern der Schleife das (bzw. ein) Feld mit der kleinsten Basislösung. Setze

   $$d = \min\{x_{ij} \mid \text{Feld mit } -d \text{ markiert}\}$$

   und entferne die (bzw. eine) zugehörige BV aus der Basis.

2. Passe die noch verbleibenden BV an gemäß

$$\bar{x}_{ij} = x_{ij} + d \text{ auf allen mit } +d \text{ markierten Feldern}$$

$$\bar{x}_{ij} = x_{ij} - d \text{ auf allen mit } -d \text{ markierten Feldern.}$$

Die neue Basislösung $\bar{\mathbf{x}}$ kann dann wieder mit Hilfe des Satzes vom komplementären Schlupf auf Optimalität überprüft und eventuell durch einen weiteren Austauschschritt verbessert werden.

Zur Veranschaulichung betrachten wir

Beispiel 6.24 (Fortsetzung von Beispiel 6.23)

Die a_i, b_j wurden nur zur Ermittlung der Startlösung benötigt und werden durch die u_i, v_j ersetzt. Zur Überprüfung der Startlösung $\mathbf{x}$ auf Optimalität haben wir, ausgehend von $u_1 = 0$, die u_i, v_j rekursiv berechnet (Schritt 1). Die Reihenfolge kann man dem Tableau entnehmen. Anschließend wurden die $\bar{c}_{ij}$ für die NBV ermittelt und unterhalb von c_{ij} in das Tableau eingetragen (Schritt 2). Die $\bar{c}_{ij}$ für die BV, die nach Konstruktion Null sein müssen, dienen nur der Kontrolle der Berechnung der u_i, v_j.

	B_1	B_2	B_3	u_i
A_1	0.9 0 300	1.0 0 100	1.2 0 200	0 (gesetzt)
A_2	0.6 0.3	0.4 0 400	0.5 −0.1	$-0.6^{(4)}$
v_j	$0.9^{(1)}$	$1.0^{(2)}$	$1.2^{(3)}$	

Da $\bar{c}_{23} = -1 < 0$ ist, ist $\mathbf{x}$ suboptimal. Den notwendig werdenden Basistausch nehmen wir mit Hilfe der Stepping-Stone Methode in dem folgenden Tableau vor.

	B_1	B_2	B_3	u_i
A_1	0.9 0 300	1.0 $+d$ 0 100	1.2 $-d$ 0 200	0
A_2	0.6 0.3	0.4 $-d$ 0 400	0.5 $+d$ −0.1	−0.6
v_j	0.9	1.0	1.2	

Die Umverteilung führt mit $d = \min\{200, 400\} = 200$ auf die neue Basislösung $\bar{\mathbf{x}}$ mit $\bar{x}_{11} = 300$, $\bar{x}_{12} = 300$, $\bar{x}_{22} = 200$, $\bar{x}_{23} = 200$, $\bar{x}_{13} = 0$, $\bar{x}_{21} = 0$.

Zur Überprüfung von $\bar{\mathbf{x}}$ auf Optimalität können wir die reduzierten Zielfunktionskoeffizienten $\bar{c}_{ij} = c_{ij} - u_i - v_j$ heranziehen (Aufgabe 6.14), die i.a. einfacher zu handhaben sind. Mit $\bar{c}_{ij}$ anstelle von c_{ij} erhalten wir dann

	B_1	B_2	B_3	$\bar{u}_i$
A_1	0 0 300	0 0 300	0 0.1	0 (gesetzt)
A_2	0.3 0.3	0 0 200	−0.1 0 200	$0^{(3)}$
$\bar{v}_j$	$0^{(1)}$	$0^{(2)}$	$-0.1^{(4)}$	

Da alle $\bar{\bar{c}}_{ij} = \bar{c}_{ij} - \bar{u}_i - \bar{v}_j \geq 0$ sind, ist $\bar{\mathbf{x}}$ optimal. Die Kosten des Transportplans $\bar{\mathbf{x}}$ ergeben sich aus den Eingangsdaten, d.h. $z = 0.9 \cdot 300 + 1 \cdot 300 + 0.4 \cdot 200 + 0.5 \cdot 200 = 750$. ○

Ein Zuordnungsproblem, etwa die optimale Zuordnung von Tätigkeiten zu Personen, kann man auffassen als ein spezielles Transportproblem mit $m = n$ und $a_i = 1, b_j = 1$ für alle i, j. Ein solches Zuordnungsproblem wollen wir im folgenden Beispiel als Transportproblem formulieren und lösen. Darüberhinaus gibt es eigenständige, die zusätzliche Struktur ausnutzende primal-duale Algorithmen (z.B. **Ungarische Methode**), bezüglich der wir auf die weiterführende Literatur verweisen.

Beispiel 6.25 (Ein Zuordnungsproblem)

Ein Unternehmen hat drei Positionen mit unterschiedlichen Anforderungen neu zu besetzen. Die Qualifikation der drei Bewerber (gemessen in Punkten von 1 bis 8) ergibt sich aus der folgenden Tabelle

	Position		
Bewerber	P_1	P_2	P_3
B_1	1	8	4
B_2	5	7	6
B_3	3	5	4

Die Aufgabe, die Positionen so zu besetzen, daß die Gesamtpunktzahl maximal wird, formulieren wir als Transportproblem

$$\min z = \sum_{i=1}^{3} \sum_{j=1}^{3} c_{ij} x_{ij}$$

u.d.N.

$$\sum_{j=1}^{3} x_{ij} = 1 \quad \text{für } i = 1,2,3$$

$$\sum_{i=1}^{3} x_{ij} = 1 \quad \text{für } j = 1,2,3$$

$$x_{ij} \geq 0 \quad \text{für alle } i,j,$$

wobei $x_{ij} \in \{0,1\} = \{\text{nein, ja}\}$ die Zuordnung des Bewerbers i zur Position j bezeichnet und c_{ij} die negative Punktzahl. Dabei ignorieren wir die Ganzzahligkeitsbedingung an die x_{ij} (vgl. Aufgabe 7.12 für die theoretische Begründung).

Mit Hilfe der Matrix-Minimum-Methode erhalten wir dann die erste Zuordnung. Dabei beachte man, daß das Transportproblem $n + m - 1$, also in unserem Fall 5 Basisvariable hat (aber nur 3 Zuordnungen). Daher haben wir in dem Tableau neben der Reihenfolge der Zuweisung der BV auch die Reihenfolge aufgenommen, mit der die Zeilen/Spalten nicht weiterverfolgt wurden.

	P_1	P_2	P_3	a_i
B_1	-1	-8 $1^{(1)}$	-4	$1,0(^*1)$
B_2	-5 $0^{(4)}$	-7 $0^{(2)}$	-6 $1^{(3)}$	$1,1,0,0(^*4)$
B_3	-3 $1^{(5)}$	-5	-4	$1,0(^*5)$
b_j	1,1,0	$1,0(^*2)$	$1,0(^*3)$	

Die Überprüfung dieser Zuordnung ($x_{12} = x_{23} = x_{31} = 1$), also $B_1 \to P_2$, $B_2 \to P_3$, $B_3 \to P_1$, auf Optimalität ergibt

	P_1	P_2	P_3	u_i
B_1	-1 6	-8 $0 \quad 1^{(1)}$	-4 4	0 (gesetzt)
B_2	-5 $0 \quad 0^{(4)}$	-7 $0^{(2)}$	-6 $0 \quad 1^{(3)}$	1 (2)
B_3	-3 $0 \quad 1^{(5)}$	-5 0	-4 0	3 (5)
v_j	-6 (4)	-8 (1)	-7 (3)	

Da alle $\bar{c}_{ij} \geq 0$ sind, ist die erste Zuordnung ($B_1 \to P_2$, $B_2 \to P_3$, $B_3 \to P_1$) bereits optimal. Sie hat die Gesamtpunktzahl 18. ○

6.10 Parametrische Optimierung

Bisher waren wir davon ausgegangen, daß **A**, **b** und **c** bekannte und konstante Größen sind. Häufig besteht jedoch eine gewisse Unsicherheit über die konkrete Festlegung dieser Eingangsgrößen oder es muß von vornherein mit Anpassungen an sich ändernde ökonomische oder technische Randbedingungen gerechnet werden.

Eine ungenaue Festlegung der Eingangsgrößen hat einen Einfluß auf die optimale Lösung. Diesen abzuschätzen ist Gegenstand der **Sensitivitätsanalyse**. Dabei kann man prinzipiell für alle in Frage kommenden Eingangsgrößen das zugehörige lineare Optimierungsproblem lösen. Diese Vorgehensweise ist jedoch äußerst ineffizient, da von bereits vorhandenen Informationen kein Gebrauch gemacht wird.

Im Rahmen der ökonomischen Interpretation des Endtableaus (vgl. Abschnitt 6.7) sind wir bereits auf Änderungen eines Wertes der rechten Seite **b** eingegangen. Diesen Ansatz werden wir nun aufgreifen und verallgemeinern.

Die Änderung der Koeffizientenmatrix **A** hat einen unmittelbaren Einfluß auf die Inverse $\mathbf{B}^{-1}$ der Basisvektoren und kann zu erheblichen Schwierigkeiten führen. Einfacher zu analysieren ist eine Veränderung der rechten Seite **b** oder des Zielfunktionsvektors **c**, auf die wir nun näher eingehen wollen.

6.10.1 Variation der rechten Seite

Die rechte Seite **b** liege in der Form

$$\mathbf{b} = \mathbf{g} + \alpha \mathbf{h}$$

mit einem Parameter $\alpha \in \mathbb{R}$ und konstanten Vektoren $\mathbf{g}, \mathbf{h} \in \mathbb{R}^m$ vor. Wählt man beispielsweise für $\mathbf{h}$ einen Einheitsvektor $\mathbf{e}_i$, so geht die rechte Seite $\mathbf{b}$ über in

$$\mathbf{b} = (g_1, \dots, g_{i-1}, g_i + \alpha, g_{i+1}, \dots, g_m)^{\mathsf{T}}$$

was, angewandt auf Beispiel 6.1, einer Parallelverschiebung der i-ten Restriktionsgeraden entspricht.

Bei der Parallelverschiebung bleibt für betragsmäßig „kleine" α die Basis der optimalen Lösung erhalten, und es ändern sich lediglich die Werte der Basisvariablen. Mit zunehmendem oder abnehmendem α ändert sich dann auch die Basis und das möglicherweise mehrfach. Auf diese Weise zerfällt die optimale Lösung in (endlich viele) Optimalitätsbereiche mit jeweils fester Basis.

Diese Optimalitätsbereiche und zugehörigen Basislösungen lassen sich mit Hilfe des Simplex-Tableaus ermitteln. Hierzu betrachten wir zwei rechte Seiten, die rechte Seite $\mathbf{g}$ (die $\alpha = 0$ entspricht) und die rechte Seite $\mathbf{h}$ (die für die Variation von α benötigt wird). In einem ersten Schritt ermitteln wir eine optimale Lösung für $\alpha = 0$, deren Existenz wir der Einfachheit halber voraussetzen. Hierbei behandeln wir die rechte Seite $\mathbf{h}$ wie eine Spalte der Koeffizientenmatrix, die mittransformiert wird, aber keinen Einfluß auf die Auswahl des Pivotelements hat. Der erste Schritt endet mit einer Basislösung (vgl. (6.3))

$$\mathbf{x_B}(\alpha) = \mathbf{B}^{-1}(\mathbf{g} + \alpha\mathbf{h}), \ \ \mathbf{x_N}(\alpha) = \mathbf{0},$$

die für $\alpha = 0$ optimal ist. Dies trifft auch für alle $\alpha \neq 0$ mit $\mathbf{x_B}(\alpha) = \mathbf{B}^{-1}(\mathbf{g} + \alpha\mathbf{h})$ zu. Eine weitergehende Zunahme/Abnahme von α führt auf negative und damit unzulässige Werte der rechten Seite $\mathbf{b}$ bei nach wie vor nichtpositiven Zielfunktionskoeffizienten. Damit sind die Voraussetzungen des dualen Simplex Algorithmus erfüllt. Ein dualer Austauschschritt führt dann auf eine neue Basis und den zugehörigen Optimalitätsbereich. Eine eventuell mehrfache Wiederholung dieses letzten Schrittes ergibt schließlich die vollständige Lösung.

Zur Veranschaulichung betrachten wir wieder

Beispiel 6.26 (Fortsetzung von Beispiel 6.1)

Das ursprüngliche Problem, erweitert um die rechte Seite $\mathbf{h} = (0, 1000, 0)^{\mathsf{T}}$, führt auf die Lösung $x_1 = 300$, $x_2 = 150$, $z = 1500$, die für $\alpha = 0$ optimal ist.

	x_1	x_2	RS1	RS2
	3	4	0	0
x_3	3	2	1200	0
x_4	5	10	3000	1000
x_5	0	1/2	125	0

Anfangstableau $\alpha = 0$

	x_4	x_3	RS1	RS2
	−3/10	−1/2	−1500	−300
x_5	−3/40	1/8	50	−75
x_1	−1/10	1/2	300	−100
x_2	3/20	−1/4	150	150

Endtableau $\alpha = 0$

x_1, x_2, x_5 bleiben BV einer optimalen Lösung für alle $\alpha \neq 0$ mit nichtnegativer rechter Seite $(50 - 75\alpha, 300 - 100\alpha, 150 + 150\alpha)^{\mathsf{T}}$. Der erste Term ist nichtnegativ für $\alpha \leq 2/3$, der zweite für $\alpha \leq 3$ und der dritte für $\alpha \geq -1$. Somit sind alle drei Terme nichtnegativ für $-1 \leq \alpha \leq 2/3$, und wir erhalten die optimale Lösung $x_1(\alpha) = 300 - 100\alpha$, $x_2(\alpha) = 150 - 150\alpha$, $z(\alpha) = 1500 + 300\alpha$ für $-1 \leq \alpha \leq 2/3$.

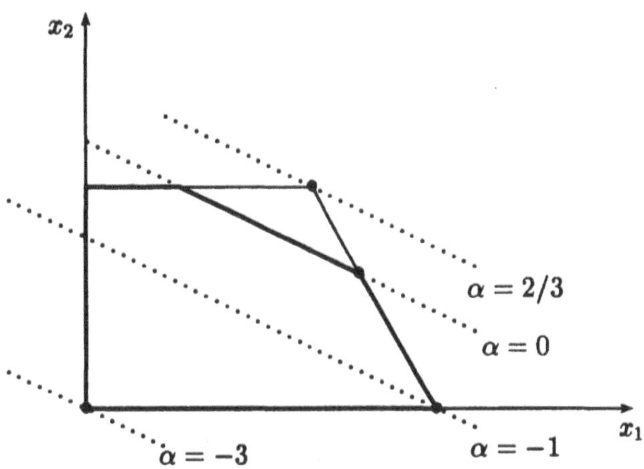

Abbildung 6.7: Einfluß der Parallelverschiebung einer Restriktionsgeraden auf die optimale Lösung

Da x_2 für $\alpha < -1$ unzulässig wird, führen wir einen dualen Austauschschritt mit x_3 als neuer BV durch und bestimmen den zugehörigen Optimalitätsbereich.

	x_4	x_3	RS1	RS2
	−3/10	−1/2	−1500	−300
x_5	−3/40	1/8	50	−75
x_1	−1/10	1/2	300	−100
x_5	3/20	−1/4	150	150

Anfangstableau $\alpha < -1$

	x_4	x_2	RS1	RS2
	−3/5	−2	−1800	−600
x_5	0	1/2	125	0
x_1	1/5	2	600	200
x_3	−3/5	−4	−600	−600

Endtableau $\alpha < -1$

Hieraus folgt die optimale Lösung $x_1(\alpha) = 600 + 200\alpha$, $x_2(\alpha) = 0$, $z(\alpha) = 1800 + 600\alpha$ für $-3 \leq \alpha \leq -1$.

Für den sich anschließenden Bereich $\alpha < -3$ wäre es erforderlich, x_1 aus der Basis zu entfernen, was an Auswahlregel II scheitert. Somit existiert keine zulässige Lösung für $\alpha < -3$.

Für $\alpha > 2/3$ (Ausgangspunkt ist wieder das Endtableau von $\alpha = 0$) führt ein dualer Austauschschritt, der x_5 aus der Basis entfernt, auf die optimale Basislösung $x_1(\alpha) = 700/3$, $x_2(\alpha) = 250$, $z(\alpha) = 1700$ für $\alpha \geq 2/3$.

Damit liegt die vollständige Lösung vor, die wir in der folgenden Tabelle noch einmal zusammenfassen.

α	$x_1(\alpha)$	$x_2(\alpha)$	$z(\alpha)$
$(-\infty, -3)$	keine zulässige Lösung		—
$[-3, -1]$	$600 + 200\alpha$	0	$1800 + 600\alpha$
$[-1, +2/3]$	$300 - 100\alpha$	$150 - 150\alpha$	$1500 + 300\alpha$
$[+2/3, +\infty)$	$700/3$	250	1700

Die Übergänge der Optimalitätsbereiche entsprechen den in Abbildung 6.7 hervorgehobenen Eckpunkten. ○

6.10.2 Variation der Zielfunktion

Der Zielfunktionsvektor $\mathbf{c}$ liege in der Form vor:

$$\mathbf{c} = \mathbf{v} + \beta\mathbf{w}$$

mit einem Parameter $\beta \in \mathbb{R}$ und konstanten Vektoren $\mathbf{v}, \mathbf{w} \in \mathbb{R}^n$. Wählt man beispielsweise für $\mathbf{w}$ einen Einheitsvektor $\mathbf{e}_j$, so geht der Zielfunktionsvektor $\mathbf{c}$ über in

$$\mathbf{c} = (v_1, \ldots, v_{j-1}, v_j + \beta, v_{j+1}, \ldots, v_n)^\mathsf{T},$$

was, angewandt auf Beispiel 6.1, einer Drehung der Zielfunktionsgeraden entspricht.

Für betragsmäßig „kleine" β bleibt die Basis der optimalen Lösung erhalten, und es ändern sich lediglich die Werte der Basisvariablen. Mit zunehmendem oder abnehmendem β ändert sich dann auch die Basis und das möglicherweise mehrfach. Auf diese Weise zerfällt (wie schon bei der Variation der rechten Seite) die optimale Lösung in (endlich viele) Optimalitätsbereiche mit jeweils fester Basis.

Die Optimalitätsbereiche und zugehörigen Basislösungen lassen sich mit Hilfe des Simplex-Tableaus ermitteln. Hiezu betrachten wir zwei Zielfunktionsvektoren, den Zielfunktionsvektor $\mathbf{v}$ (der $\beta = 0$ entspricht) und den Zielfunktionsvektor $\mathbf{w}$ (der für die Variation von β benötigt wird). In einem ersten Schritt ermitteln wir eine optimale Lösung für $\beta = 0$, deren Existenz wir der Einfachheit halber voraussetzen. Hierbei behandeln wir den Zielfunktionsvektor $\mathbf{w}$ als weitere Restriktionszeile, die mittransformiert wird, aber keinen Einfluß auf die Auswahl des Pivotelements hat. Der erste Schritt endet mit einer Basislösung (vgl. (6.3))

$$\mathbf{x_B}(\beta) = \mathbf{B}^{-1}\mathbf{g}, \ \mathbf{x_N}(\beta) = \mathbf{0},$$

die für $\beta = 0$ und alle $\beta \neq 0$ mit $\mathbf{c}_\mathbf{N}^\mathsf{T} - \mathbf{c}_\mathbf{B}^\mathsf{T}\mathbf{B}^{-1}\mathbf{N} = (\mathbf{v}_\mathbf{N}^\mathsf{T} + \beta\mathbf{w}_\mathbf{N}^\mathsf{T}) - (\mathbf{v}_\mathbf{B}^\mathsf{T} + \beta\mathbf{w}_\mathbf{B}^\mathsf{T})\mathbf{B}^{-1}\mathbf{N} \leq \mathbf{0}$ optimal ist, vgl. (6.10). Eine weitergehende Zunahme/Abnahme von β führt auf positive und damit suboptimale Werte der Zielfunktionskoeffizienten bei nach wie vor nichtnegativer rechter Seite. Ein primaler Austauschschritt führt dann auf eine neue Basis und den zugehörigen Optimalitätsbereich. Eine eventuell mehrfache Wiederholung dieses letzten Schrittes ergibt schließlich die vollständige Lösung.

Zur Veranschaulichung betrachten wir wieder

Beispiel 6.27 (Fortsetzung von Beispiel 6.1)

Das ursprüngliche Problem, erweitert um den Zielfunktionsvektor $\mathbf{w} = (1,0)^\mathsf{T}$, führt auf die Lösung $x_1 = 300$, $x_2 = 150$, $z = 1500$, die für $\beta = 0$ optimal ist.

	x_1	x_2	RS
	3	4	0
	1	0	0
x_3	3	2	1200
x_4	5	10	3000
x_5	0	1/2	125

Anfangstableau $\beta = 0$

	x_4	x_3	RS
	−3/10	−1/2	−1500
	1/10	−1/2	−300
x_5	−3/40	1/8	50
x_1	−1/10	1/2	300
x_2	3/20	−1/4	150

Endtableau $\beta = 0$

x_4 und x_3 bleiben NBV einer optimalen Lösung für alle $\beta \neq 0$ mit nichtpositivem Zielfunktionsvektor $(-3+\beta, -5-5\beta)^\mathsf{T}/10$. Der erste Term ist nichtpositiv für $\beta \leq 3$, der zweite für $\beta \geq -1$. Somit sind beide Terme nichtpositiv für $-1 \leq \beta \leq 3$, und wir erhalten für $\beta \in [-1, 3]$ die optimale Lösung $x_1(\beta) = 300$, $x_2(\beta) = 150$, $z(\beta) = 1500 + 300\beta$.

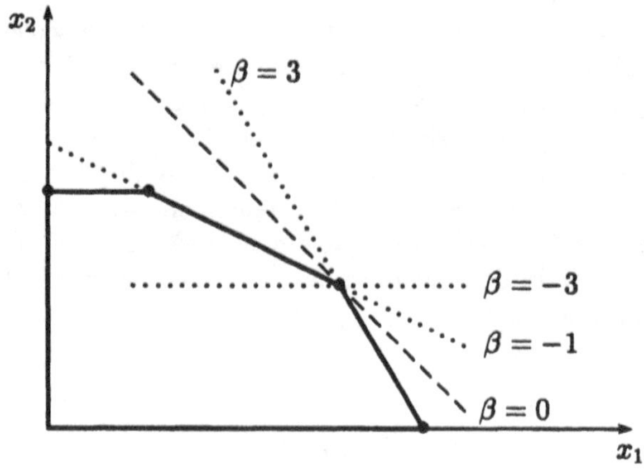

Abbildung 6.8: Einfluß der Drehung der Zielfunktionsgeraden auf die optimale Lösung

Da x_2 für $\beta > 3$ unzulässig wird, führen wir einen primalen Austauschschritt mit x_4 als neuer BV durch und bestimmen den zugehörigen Optimalitätsbereich.

	x_4	x_3	RS
	−3/10	−1/2	−1500
	1/10	−1/2	−300
x_5	−3/40	1/8	50
x_1	−1/10	1/2	300
x_2	3/20	−1/4	150

Anfangstableau $\beta > 3$

	x_2	x_3	RS
	2	−1	−1200
	−2/3	−1/3	−400
x_5	1/2	0	125
x_1	2/3	1/3	400
x_4	20/3	−5/3	100

Endtableau $\beta > 3$

Hieraus folgt die optimale Lösung $x_1(\beta) = 400$, $x_2(\beta) = 0$, $z(\beta) = 1200+400\beta$ für $\beta \geq 3$.

Für $\beta < -1$ (Ausgangspunkt ist wieder das Endtableau von $\beta = 0$) führt ein primaler Austauschschritt, der x_5 aus der Basis entfernt, auf die optimale Basislösung $x_1(\beta) = 100$, $x_2(\beta) = 250$, $z(\beta) = 1300 + 100\beta$ für $\beta \in [-3, -1]$. Schließlich ergibt sich für den noch fehlenden Optimalitätsbereich $\beta \leq -3$: $x_1(\beta) = 0$, $x_2(\beta) = 250$, $z(\beta) = 1000$. Die vollständige Lösung ist noch einmal in der folgenden Tabelle zusammengefaßt.

β	$x_1(\beta)$	$x_2(\beta)$	$z(\beta)$
$(-\infty, -3)$	0	250	1000
$[-3, -1]$	100	250	$1300 + 100\beta$
$[-1, +3]$	300	150	$1500 + 300\beta$
$[+3, +\infty)$	400	0	$1200 + 400\beta$

Die Übergänge der Optimalitätsbereiche entsprechen den in Abbildung 6.8 hervorgehobenen Eckpunkten. ○

6.11 Aufgaben

Aufgabe 6.1

Ein Händler verfügt über 100 kg Walnußkerne, 100 kg Erdnußkerne und 50 kg Rosinen. Der Verkaufspreis je kg beträgt für

Walnußkerne	20,– DM
Haselnußkerne	19,– DM
Rosinen	9,– DM

Er kann diese drei Waren einzeln verkaufen, er kann sie aber auch zu einer Mischung zusammenstellen und unter dem Namen „Studentenfutter" zum Preis von 15,– DM je kg verkaufen. Um den Begriff des Studentenfutters zu rechtfertigen, dürfen höchstens 50% Rosinen und müssen mindestens 25% Walnußkerne enthalten sein. Wie wird sich der Händler verhalten, um seinen Gewinn zu maximieren? Stellen Sie das zugehörige Optimierungsproblem auf.

Aufgabe 6.2

Ein Bauunternehmer erwägt, in einem neu zu erschließenden Wohngebiet zwei Typen von Eigentumswohnungen zu bauen. Die zu den Zeitpunkten t_0, t_1, t_2 und t_3 anfallenden Baukosten, Finanzierungskosten und Erlöse sind in der folgenden Tabelle zusammengestellt.

Finanzmittel im Rahmen des Finanzierungsspielraums, die zu den Zeitpunkten t_0 und t_1 nicht benötigt werden, können auf die nachfolgenden Zeitpunkte t_1 bzw. t_2 übertragen werden (Zinssatz 10%) und fallen zusammen mit den Finanzierungskosten zum Zeitpunkt t_3 an (ohne Zinseszins).

Zeitpunkt		t_0	t_1	t_2	t_3
	Baukosten	60	40	30	
Wohnung Typ A	Finanzierungskosten				30
	Erlös				220
	Baukosten	30	30	50	
Wohnung Typ B	Finanzierungskosten				20
	Erlös				170
Finanzierungsspielraum		960	720	900	

Stellen Sie (unter Vernachlässigung von Ganzzahligkeitsbedingungen) einen Finanzplan mit maximalem Gesamtgewinn auf.

Aufgabe 6.3
Lösen Sie das Mischungsproblem aus Beispiel 6.2

(a) graphisch,

(b) mit Hilfe des Simplex Algorithmus (Phase I und II),

(c) mit Hilfe des dualen Simplex Algorithmus.

Veranschaulichen Sie die Rechenschritte in (b) und (c) anhand Ihrer graphischen Lösung .

Aufgabe 6.4 Im Endtableau des linearen Optimierungsproblems

$$\max z = x_1 + x_2$$

u.d.N.

$$x_1 \leq 2$$

$$x_2 \leq 2$$

$$x_1 + x_2 \leq 1$$

$$x_1, x_2 \geq 0$$

ist ein Zielfunktionskoeffizient Null (sog. **primale Entartung**). Sei $\mathbf{x}_0$ die zugehörige Basislösung. Nehmen Sie einen weiteren Austauschschritt vor mit der Spalte, die der Null zugeordnet ist, als Pivotspalte. Sei $\mathbf{x}_1$ die resultierende neue Basislösung. Zeigen Sie, daß alle Lösungen $\mathbf{x} = \lambda\mathbf{x}_0 + (1-\lambda)\mathbf{x}_1$, $\lambda \in [0,1]$, optimal sind. Tragen Sie die optimalen Lösungen in eine Graphik ein, und rekonstruieren Sie die Vorgehensweise anhand der Graphik.

Aufgabe 6.5
Verifizieren Sie, daß beide Probleme zueinander dual sind.

(P) $\max z = 2x_1 + x_2$

u.d.N.

$$x_1 + x_2 = 2$$
$$2x_1 - x_2 \geq 3$$
$$x_1 - x_2 \leq 1$$
$$x_1 \geq 0,\ x_2 \in \mathbb{R}$$

(D) $\min v = 2y_1 + 3y_2 + y_3$

u.d.N.

$$y_1 + 2y_2 + y_3 \geq 2$$
$$y_1 - y_2 - y_3 = 1$$
$$y_1 \in \mathbb{R},\ y_2 \leq 0,\ y_3 \geq 0.$$

Wählen Sie zunächst den Umweg über die Standardform und vergleichen Sie dann Ihre Ergebnisse mit den Transformationsregeln.

Aufgabe 6.6

(a) Verifizieren Sie $\min f(\mathbf{x}) = -\max(-f)(\mathbf{x})$.

(b) Zeigen Sie, daß das duale Problem des dualen Problems mit dem primalen Problem übereinstimmt.

Aufgabe 6.7
Zwei Firmen, die ihren Marktanteil erhöhen wollen, befinden sich in einem Markt mit dyopolistischer Angebotsstruktur, die soweit gesättigt ist, daß der Interessengegensatz durch ein Zweipersonen-Nullsummenspiel mit Auszahlungsmatrix (Änderung des Marktanteils in %)

$$\mathbf{A} = \begin{pmatrix} -4 & -3 & 4 \\ 2 & 3 & -2 \\ -2 & 4 & -1 \end{pmatrix}$$

beschrieben werden kann.

(a) Ist es für eine oder beide Firmen sinnvoll, eine reine Strategie zu verfolgen?

(b) Wie lauten die optimalen gemischten Strategien beider Firmen, und welchen Wert hat die gemischte Erweiterung des Spiels?

(c) Ist es für eine der beiden Firmen sinnvoll, die Strategienmenge zu ändern?

Aufgabe 6.8

Ein Spaziergänger, der für den Nachmittag einen Ausflug plant, schaut aus dem Fenster und stellt fest, daß es trocken ist. Für den Nachmittag ist jedoch Regen angesagt. Das mit dem Ausflug verbundene Vergnügen bewertet er wie folgt:

	Regen	trocken
Verzicht auf Ausflug	0	0
Mitnahme einer Regenhaut	5	8
Ausflug ohne Regenhaut	−3	10

Wie wird er sich entscheiden, wenn man unterstellen kann, daß er die Entscheidungssituation als ein Zweipersonen-Nullsummenspiel (Spaziergänger – Natur) auffaßt?

Aufgabe 6.9

Lösen Sie das folgende Transportproblem.

	B_1	B_2	B_3	B_4	a_i
A_1	10	5	6	7	25
A_2	8	2	7	6	25
A_3	9	3	4	8	50
b_j	15	20	30	35	

Aufgabe 6.10

Ein Konzern hat entschieden, Datenleitungen von den Telefongesellschaften Tele1 und Tele2 anzumieten.

Der Konzern hat drei Tochterunternehmen A, B, und C mit einem Bedarf von 8, 12 bzw. 10 Leitungen; Tele1 kann 15, Tele2 kann 9 Leitungen bereitstellen.

Sollte die Leitungskapazität von Tele1 und Tele2 nicht ausreichen, so hat der Konzern die Möglichkeit, zusätzliche Leitungen von Telemobil anzumieten.

Die Bereitstellungsgebühren pro Leitung sind in der folgenden Tabelle zusammengefaßt:

	A	B	C
Tele1	3	7	2
Tele2	5	4	6
Telemobil	8	9	5

Wie wird der Konzern die Zuordnung der Leitungen vornehmen?

(a) Formulieren Sie das Problem als ein Transportproblem.

(b) Ermitteln Sie eine Startlösung mit Hilfe der Matrix-Minimum-Methode.

(c) Berechnen Sie die optimale Lösung mit Hilfe der Stepping-Stone-Methode.

Aufgabe 6.11
Gegeben sei das lineare Optimierungsproblem

$$\max z = x_1 + x_2$$

u.d.N.

$$\begin{aligned} 2x_1 + x_2 &\leq 12 \\ -x_1 + 2x_2 &\leq 4 \\ x_1 + 2x_2 &\leq 8 + \alpha \\ x_1, x_2 &\geq 0, \end{aligned}$$

das von einem Parameter $\alpha \in \mathbb{R}$ abhänge.

(a) Tragen Sie für $\alpha = 0$ den zulässigen Bereich in eine Graphik ein.

(b) Bestimmen Sie für $\alpha = 0$ die optimale Lösung graphisch.

(c) Bestimmen Sie mit Hilfe der Graphik die optimalen Lösungen in Abhängigkeit von α.

Verifizieren Sie die Ergebnisse aus (b) und (c) mit Hilfe der parametrischen Optimierung.

Aufgabe 6.12

Gegeben sei das lineare Optimierungsproblem

$$\max z = \alpha x_1 + x_2$$

u.d.N.

$$\begin{aligned} -x_1 + x_2 &\leq 3 \\ 2x_1 + x_2 &\geq 4 \\ 3x_1 + 2x_2 &\leq 24 \\ x_1 + 2x_2 &\leq 12 \\ x_1, x_2 &\geq 0, \end{aligned}$$

das von einem Parameter $\alpha \geq 0$ abhänge.

(a) Tragen Sie die Nebenbedingungen in eine Graphik ein, und skizzieren Sie den zulässigen Bereich.

(b) Bestimmen Sie für $\alpha = 2/3$ eine optimale Lösung mit Hilfe der Graphik.

(c) Für welche Werte von α bleibt die in (b) gefundene Lösung optimal?

(d) Bestimmen Sie anhand der Graphik, für welche α die übrigen Eckpunkte optimal sind.

Verifizieren Sie die Ergebnisse aus (b), (c) und (d) mit Hilfe der parametrischen Optimierung.

Aufgabe 6.13

(a) Zeigen Sie, daß die Regeln I und II des Simplex Algorithmus sicherstellen, daß die neue Basislösung zulässig ist und keinen schlechteren Zielfunktionswert hat.

(b) Beweisen Sie die Stoppregeln I und II der Phase I des Simplex Algorithmus.

(c) Zeigen Sie, daß bei Anwendung des dualen Simplex Algorithmus die Zielfunktionskoeffizienten auch nach einem Austauschschritt kleiner oder gleich Null sind.

Aufgabe 6.14

Gegeben sei ein Transportproblem mit primal zulässiger Lösung $\bar{\mathbf{x}}$. Zeigen Sie, daß anstelle von c_{ij} auch die reduzierten Zielfunktionskoeffizienten $\bar{c}_{ij}$ zur Überprüfung von $\bar{\mathbf{x}}$ auf Optimalität herangezogen werden können.

Aufgabe 6.15

Sei $\mathbf{A} = (a_{ij})$ eine beliebige (m, n)-Matrix. Verifizieren Sie die Ungleichung

$$\max_{1 \leq i \leq m} \min_{1 \leq j \leq n} a_{ij} \leq \min_{1 \leq j \leq n} \max_{1 \leq i \leq m} a_{ij}.$$

Kapitel 7

Ganzzahlige Optimierung

7.1 Einführende Beispiele

Die Anwendung linearer Optimierungsprobleme setzt voraus, daß die Entscheidungsvariablen reellwertig sind. Diese Annahme ist häufig in natürlicher Weise erfüllt oder läßt sich zumindest durch Zusatzüberlegungen rechtfertigen. Darüber hinaus gibt es aber auch eine Reihe von Optimierungsaufgaben, die sich nur unzureichend mit Hilfe von reellwertigen und damit kontinuierlich variierbaren Entscheidungsgrößen beschreiben lassen. Hierzu zählen beispielsweise Entscheidungsprobleme, die auf ja-nein Entscheidungen basieren. Daher ist es sinnvoll, den Rahmen der linearen Optimierung zu erweitern und auch Entscheidungsvariable zuzulassen, die nur ganzzahlige Werte annehmen können oder sogar nur zwei Werte, 0 oder 1.

Die resultierenden (gemischt-)ganzzahligen Optimierungsprobleme werden wir in diesem Abschnitt näher untersuchen. Zuvor geben wir einige einführende Beispiele, die auf typische Anwendungsbereiche hinweisen und insbesondere die Notwendigkeit einer Erweiterung des linearen Modells aus Kapitel 6 aufzeigen.

Beispiel 7.1 (Ein Aufteilungsproblem)
Ein Investor verfügt über 30 Geldeinheiten, die er in 4 Projekte investieren kann. Die Höhe der Investitionen sowie die erwarteten Erträge sind in der folgenden Tabelle zusammengefaßt:

Projekt	Investition	Ertrag
1	12	7
2	6	4
3	21	10
4	8	5

Er ist an einer Auswahl der Projekte interessiert, die ihm den Gesamtertrag (als Summe der Einzelerträge) maximiert.

Bezeichnet man mit $x_i = 1$ bzw. mit $x_i = 0$ die Entscheidung des Investors für bzw. gegen Projekt i, so läßt sich das Aufteilungsproblem als ein binäres Optimierungsproblem:

$$\text{Maximiere } z = 7x_1 + 4x_2 + 10x_3 + 5x_4$$

unter den Nebenbedingungen

$$12x_1 + 6x_2 + 21x_3 + 8x_4 \leq 30$$
$$x_1, x_2, x_3, x_4 \in \{0, 1\}$$

formulieren. ○

Beispiel 7.2 (Ein Schicht-Problem)
Ein Unternehmen benötigt für eine bestimmte Tätigkeit die folgende Anzahl von Mitarbeitern:

Zeitraum	1–5 Uhr	5–9 Uhr	9–13 Uhr	13–17 Uhr	17–21 Uhr	21–1 Uhr
Anzahl	2	4	7	5	2	2

Die Arbeitszeit eines Mitarbeiters betrage 8 Stunden (ohne zeitliche Unterbrechung); Arbeitsbeginn sei um 1, 5, 9, 13, 17 oder 21 Uhr.

Das Unternehmen ist interessiert an einem Schichtplan, bei dem möglichst wenige Mitarbeiter erforderlich sind. Dieser ergibt sich als Lösung des ganzzahligen Optimierungsproblems:

$$\text{Minimiere } z = x_1 + x_2 + \cdots + x_6$$

unter den Nebenbedingungen

$$\begin{array}{llllll l}
x_1 + x_2 & & & & & \geq & 4 \\
& x_2 + x_3 & & & & \geq & 7 \\
& & x_3 + x_4 & & & \geq & 5 \\
& & & x_4 + x_5 & & \geq & 2 \\
& & & & x_5 + x_6 & \geq & 2 \\
x_1 & & & & + x_6 & \geq & 2
\end{array}$$

$$x_1, x_2, \ldots, x_6 \in \mathbb{N}_0,$$

wobei $x_1, x_2, \ldots, x_6$ die Anzahl der Mitarbeiter bezeichnet, die um 1, 5, ..., 21 Uhr beginnt. ○

Beispiel 7.3 (Ein Standort-Problem)
Ein Unternehmen beliefert n Kunden mit einem Gut. Die Mengeneinheiten (ME) pro Periode seien $b_1, \ldots, b_n$; die Transportkosten pro ME seien $c_1, \ldots, c_n$.

Das Unternehmen ist interessiert, die Vertriebskosten zu senken und stellt sich vor, dies durch eine dezentrale Belieferung der Kunden vom Hauptlager und einem Zusatzlager aus zu erreichen. Die Unterhaltskosten dieses Zusatzlagers (bei Inanspruchnahme) seien k_0, die Transportkosten des Gutes pro ME $k_1, \ldots, k_n$.

Sei x_j bzw. y_j der Anteil des Bedarfs von Kunde j, der vom Hauptlager bzw. vom Zusatzlager gedeckt wird. Dann erhält man das folgende Optimierungsproblem zur Ermittlung der minimalen Vertriebskosten:

$$\text{Minimiere } z = k_0 \delta \left(\sum_{j=1}^{n} y_j \right) + \sum_{j=1}^{n} y_j b_j k_j + \sum_{j=1}^{n} x_j b_j c_j$$

unter den Nebenbedingungen

$$\begin{aligned} x_j + y_j &= 1 && \text{für } j = 1, \ldots, n \\ x_j, y_j &\geq 0 && \text{für } j = 1, \ldots, n, \end{aligned}$$

mit $\delta(0) = 0$ für $x = 0$ und $\delta(x) = 1$ für $x > 0$.

Mit Hilfe einer binären Variablen y_0 und einer zusätzlichen Nebenbedingung, die sicherstellt, daß y_0 genau dann von Null verschieden ist, wenn $y_1 + \cdots + y_n > 0$ ist, erhält man dann das (gemischt-ganzzahlige) Optimierungsproblem

$$\text{Minimiere } z = k_0 y_0 + \sum_{j=1}^{n} y_j b_j k_j + \sum_{j=1}^{n} x_j b_j c_j$$

unter den Nebenbedingungen

$$\begin{aligned} y_j - y_0 &\leq 0 && \text{für } j = 1, \ldots, n \\ x_j + y_j &= 1 && \text{für } j = 1, \ldots, n \\ y_0 \in \{0, 1\},\ & y_1, \ldots, y_n, x_1, \ldots, x_n \geq 0. \end{aligned}$$

Eine formale Überprüfung beider Modelle auf Äquivalenz kann man wie in Aufgabe 7.3 vornehmen. ○

7.2 Lösungsansätze

Ein naheliegender Lösungsansatz, durch Weglassen der Ganzzahligkeitsbedingungen zunächst das nicht-ganzzahlige Problem zu lösen und dann dessen Lösung durch Rundung in eine ganzzahlige Lösung zu überführen, führt in der Regel zu einer suboptimalen und häufig auch unzulässigen Lösung. Das zeigt das folgende

Beispiel 7.4

Gegeben sei das Optimierungsproblem

$$\max z = x_1 + 2x_2$$

u.d.N.

$$x_1 + 3x_2 \leq 7$$
$$3x_1 + 2x_2 \leq 10$$
$$x_1, x_2 \in \mathbb{N}_0.$$

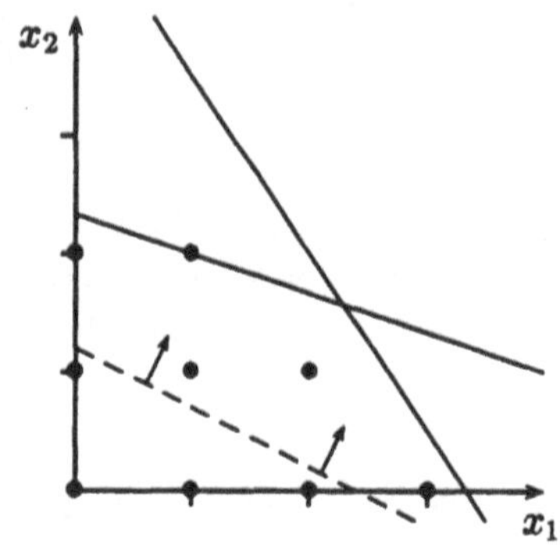

Abbildung 7.1: Graphische Darstellung der ganzzahligen Lösungen

Die ganzzahligen Lösungen sind in der nebenstehenden Skizze als Punkte in den zulässigen Bereich der nicht-ganzzahligen Erweiterung eingetragen. Eine Parallelverschiebung der Zielfunktionsgeraden führt unmittelbar auf die optimale ganzzahlige Lösung $x_1 = 1, x_2 = 2$ mit $z = 5$ und die optimale nicht-ganzzahlige Lösung $x_1 = 16/7, x_2 = 11/7$ mit $z = 38/7$. Eine Rundung der nicht-ganzzahligen Lösung würde auf die unzulässige Lösung $x_1 = 2, x_2 = 2$ führen. ○

Lediglich in wenigen Spezialfällen liefert der Simplex-Algorithmus eine optimale Lösung (vgl. Aufgaben 7.11 und 7.12) oder durch Rundung zufriedenstellende Lösungen. Daher bedarf es einer systematischen Untersuchung ganzzahliger Optimierungsprobleme.

Definition 7.1

Unter einem **ganzzahligen Optimierungsproblem** verstehen wir im folgenden die Aufgabe

$$\text{(P)} \qquad \max z = \mathbf{c}^\mathsf{T}\mathbf{x}$$

u.d.N.

$$\mathbf{Ax} \leq \mathbf{b}$$
$$\mathbf{x} \geq \mathbf{0}, \ \mathbf{x} \in \mathbb{Z}^n.$$

Ein **gemischt-ganzzahliges Optimierungsproblem** liegt vor, wenn nur einige der Variablen ganzzahlig sind; ein **binäres Optimierungsproblem**, wenn zusätzlich $\mathbf{x} \in \{0,1\}^n$ gilt.

Weitere Mischformen ergeben sich analog.

Die Algorithmen zur ganzzahligen Optimierung lassen sich in exakte und heuristische Verfahren einteilen. Zu den exakten Verfahren zählen in erster Linie das Branch-and-Bound-Verfahren (Abschnitt 7.3) und das Schnittebenenverfahren (Abschnitt 7.4); teilweise auch die dynamische Optimierung (Kapitel 9). Der hohe Rechenaufwand, der mit der Anwendung dieser Verfahren verbunden ist, schränkt jedoch deren Einsatz in der Praxis stark ein. Daher konzentriert sich das Interesse seit vielen Jahren vorwiegend auf die Entwicklung problembezogener heuristischer Lösungsansätze.

Diesen heuristischen Lösungsansätzen, auf die wir im Rahmen dieser Einführung nur exemplarisch eingehen können, stehen in jüngster Zeit lokale Suchverfahren mit intelligenten Lernstrategien gegenüber, die vielversprechende Alternativen für eine Vielzahl ganzzahliger Probleme liefern. Zu diesen (Meta-) Heuristiken zählen das Simulated Annealing (Abschnitt 7.5), das Tabu Search (Abschnitt 7.6) und die Genetischen Algorithmen (Abschnitt 7.7).

Ein wichtiger Aspekt bei der Behandlung ganzzahliger Optimierungsprobleme ist die Einschränkung des zulässigen Bereiches im Vorfeld der Optimierung. Hierzu zählt eine Einschränkung des Wertebereichs der Entscheidungsvariablen ebenso wie die Berücksichtigung zusätzlicher Restriktionen.

Obere Schranken der Variablen x_i ergeben sich oft durch Zusatzüberlegungen oder können formal durch Lösen von n linearen Optimierungsproblemen

$$\max z_i = x_i \quad \text{u.d.N.} \quad \mathbf{Ax} \leq \mathbf{b}, \ \mathbf{x} \geq \mathbf{0}$$

ermittelt werden. Sie werden beispielsweise bei der Formulierung als binäres Optimierungsproblem benötigt. Hierzu bemerken wir, daß eine beliebige Entscheidungsvariable $x \in \mathbb{N}_0$ mit $x < 2^{m+1}$ für ein $m \in \mathbb{N}_0$ in der Form

$$x = y_0 2^m + y_1 2^{m-1} + \cdots + y_m 2^0 \tag{7.1}$$

dargestellt werden kann, wobei alle $y_i \in \{0,1\}$ sind.

Sind die Wertebereiche der Entscheidungsvariablen $x_1, x_2, \ldots, x_n$ beschränkt, so kann man mit Hilfe von (7.1) jedes ganzzahlige Problem als ein binäres Problem formulieren. Eine solche Darstellung wird für die Anwendung Genetischer Algorithmen benötigt und kann generell von Interesse sein. Zur Veranschaulichung betrachten wir das folgende

Beispiel 7.5 (Fortsetzung von Beispiel 7.2)
Man überprüft leicht, daß das Schichtproblem äquivalent zu dem binären Problem

$$(\tilde{\mathrm{P}}) \qquad \min z = \sum_{i=0}^{2} \sum_{j=1}^{6} 2^i y_{ij}$$

u.d.N.

$$\begin{aligned}
4y_{21} + 2y_{11} + y_{01} + 4y_{22} + 2y_{12} + y_{02} &\geq 4 \\
4y_{22} + 2y_{12} + y_{02} + 4y_{23} + 2y_{13} + y_{03} &\geq 7 \\
4y_{23} + 2y_{13} + y_{03} + 4y_{24} + 2y_{14} + y_{04} &\geq 5 \\
4y_{24} + 2y_{14} + y_{04} + 4y_{25} + 2y_{15} + y_{05} &\geq 2 \\
4y_{25} + 2y_{15} + y_{05} + 4y_{26} + 2y_{16} + y_{06} &\geq 2 \\
4y_{21} + 2y_{11} + y_{01} + 4y_{26} + 2y_{16} + y_{06} &\geq 2 \\
y_{ij} \in \{0,1\} \text{ für } i = 0,1,2 \text{ und } j = 1,\ldots,6.
\end{aligned}$$

Dabei wurde neben (7.1) Gebrauch gemacht von $x_1, x_2, \ldots, x_6 \in \{0, 1, \ldots, 7\}$. Beispielsweise ergibt sich $x_1 \leq 7$ aus der Tatsache, daß die Mitarbeiter, die um 1 Uhr beginnen, bis 9 Uhr tätig sind. In diesem Zeitraum werden jedoch höchstens 4 Mitarbeiter benötigt.

Eine weitere Möglichkeit der Reduktion des zulässigen Bereiches ergibt sich unmittelbar durch Einbringung der zusätzlichen Restriktion $x_1 + x_2 + \cdots + x_6 \leq 13$ (in Binärdarstellung). Diese zusätzliche Restriktion besagt, daß man sich auf Schichtpläne mit höchstens 13 Mitarbeitern konzentrieren kann. Geht man nämlich von dem Zeitintervall mit dem höchsten Bedarf an Mitarbeitern (9–13 Uhr) aus, ordnet diesem Zeitintervall den Bedarf zu ($x_3 = 7$) und füllt die übrigen Zeitintervalle sukzessive auf, so erhält man den Schichtplan $x_3 = 7$, $x_4 = 0$, $x_5 = 2$, $x_6 = 0$, $x_1 = 2$, $x_2 = 2$, für den 13 Mitarbeiter benötigt werden. ○

(Gemischt-)ganzzahlige Optimierungsprobleme finden Anwendung in vielen Bereichen der Betriebs- und Volkswirtschaftslehre. Die Beispiele und Aufgaben geben einen ersten Eindruck.

7.3 Das Branch-and-Bound-Verfahren

Im Rahmen der exakten Verfahren betrachten wir das Branch-and-Bound-Verfahren und das Schnittebenenverfahren. Beide Verfahren lösen geeignete lineare Optimierungsprobleme und tasten sich durch gezielte Elimination nicht-ganzzahliger Lösungen an eine optimale ganzzahlige Lösung heran.

Definition 7.2
Das lineare Optimierungsprobleme (mit $\mathbf{x} \in \mathbb{R}^n$)

$$\text{(Q)} \qquad \max z = \mathbf{c}^\mathsf{T}\mathbf{x}$$

u.d.N.

$$\mathbf{A}\mathbf{x} \leq \mathbf{b}$$
$$\mathbf{x} \geq \mathbf{0}$$

bezeichnet man als **LP-Relaxation** von (P).

Der Zusammenhang zwischen (P) und (Q) bildet die theoretische Grundlage sowohl für das Branch-and-Bound-Verfahren als auch das Schnittebenenverfahren. Zunächst überprüft man leicht, daß jede zulässige Lösung von (P) auch eine zulässige Lösung von (Q) ist. Sei daher $\mathbf{x}^*$ eine optimale Lösung von (Q) und z^* der zugehörige Zielfunktionswert. Dann gilt:

(i) Ist $\mathbf{x}^*$ ganzzahlig, d.h. sind alle Komponenten von $\mathbf{x}^*$ ganzzahlig, so ist $\mathbf{x}^*$ auch eine optimale Lösung von (P) und z^* auch der maximale Zielfunktionswert von (P).

(ii) Ist $\mathbf{x}^*$ nicht ganzzahlig, d.h. ist mindestens eine Komponente von $\mathbf{x}^*$ nicht ganzzahlig, so ist z^* eine obere Schranke für den maximalen Zielfunktionswert von (P).

Formal setzen wir noch $z^* = -\infty$, falls (Q) keine zulässige Lösung besitzt. In diesem Falle besitzt auch (P) keine zulässige Lösung.

Für den noch nicht betrachteten Fall, daß die Zielfunktion von (Q) unbeschränkt ist, hat (P) entweder keine zulässige Lösung oder die Zielfunktion ist ebenfalls unbeschränkt, wie man sich an einem Beispiel leicht veranschaulichen kann.

Lösungsschritte:

Das Branch-and-Bound-Verfahren besteht nun aus zwei Lösungsschritten, der Relaxation und der Separation, die möglicherweise mehrfach angewandt werden müssen und über eine Auswahlregel gesteuert werden:

Relaxation:

Ersetze (P) durch die LP-Relaxation (Q). Bestimme eine optimale Lösung $\mathbf{x}^*$ von (Q). Ist $\mathbf{x}^*$ ganzzahlig, so ist $\mathbf{x}^*$ eine optimale Lösung von (P), und die Berechnung ist abgeschlossen. Andernfalls fahre mit einem Separationsschritt fort.

Separation:

Wähle eine beliebige nicht-ganzzahlige Komponente x_l^* von $\mathbf{x}^*$ und führe die Lösung von (P) auf die Lösung der beiden Teilprobleme (P') und (P'') mit den zusätzlichen Nebenbedingungen $x_l \leq [x_l^*]$ bzw. $x_l \geq [x_l^*] + 1$ zurück. Dabei bedeutet $[x]$ die größte ganze Zahl $\leq x$.

Für (P') und (P'') kann man wieder die beiden Lösungsschritte der Relaxation und Separation anwenden und sich so an die optimale Lösung von (P) herantasten. Die Reihenfolge der zu behandelnden Teilprobleme wird durch eine Auswahlregel festgelegt, auf die wir noch eingehen werden.

Durch die Aufspaltung von (P) in die beiden Teilprobleme (P') und (P'') geht, wie man sich (anhand der zusätzlichen Restriktion) leicht überzeugt, keine zulässige (ganzzahlige) Lösung verloren. Die zugehörigen LP-Relaxationen (Q') und (Q'') hingegen

$$
\begin{array}{llll}
(\mathrm{Q}') & \max z' = \mathbf{c}^\mathsf{T}\mathbf{x} & (\mathrm{Q}'') & \max z'' = \mathbf{c}^\mathsf{T}\mathbf{x} \\
\text{u.d.N.} & & \text{u.d.N.} & \\
& \mathbf{A}\mathbf{x} \leq \mathbf{b} & & \mathbf{A}\mathbf{x} \leq \mathbf{b} \\
& x_l \leq [x_l^*] & & x_l \geq [x_l^*] + 1 \\
& \mathbf{x} \geq \mathbf{0} & & \mathbf{x} \geq \mathbf{0}
\end{array}
$$

führen zu einer Einschränkung des zulässigen Bereiches nicht-ganzzahliger Lösungen, da $\mathbf{x}^*$ nach Konstruktion weder zu (Q') noch zu (Q'') gehört.

Die Berechnungen können im Simplex-Tableau erfolgen. Dabei ist für die bei einer Separation hinzukommende Nebenbedingung keine zusätzliche Restriktionszeile erforderlich.

Berücksichtigung von $x_l \leq [x_l^*]$:

Die zur Variablen x_l gehörende Restriktionszeile liege im Endtableau von (Q) in der kanonischen Form

$$x_l + \widetilde{a}_{i1}\widetilde{x}_1 + \cdots + \widetilde{a}_{ik}\widetilde{x}_k = \widetilde{b}_i \tag{7.2}$$

vor mit den Nichtbasisvariablen $\widetilde{x}_1, \ldots, \widetilde{x}_k$. Für die zugehörige Basislösung $x_1^*, \ldots, x_n^*$ gilt dann $x_l^* = \widetilde{b}_i$ und damit $[x_l^*] = [\widetilde{b}_i] \neq \widetilde{b}_i$. Die zusätzliche Restriktion $x_l \leq [x_l^*]$ geht dann über in

$$x_l + s' = [\widetilde{b}_i] \tag{7.3}$$

mit der Schlupfvariablen $s' \geq 0$. Eliminiert man x_l aus (7.2) und (7.3), so erhält man die neue Restriktionszeile

$$s' - \widetilde{a}_{i1}\widetilde{x}_1 - \cdots - \widetilde{a}_{ik}\widetilde{x}_k = [\widetilde{b}_i] - \widetilde{b}_i,$$

die für die weiteren Berechnungen (7.2) ersetzt. Die folgende Skizze verdeutlicht den Übergang vom Endtableau von (Q) zum Anfangstableau von (Q').

Endtableau (Q)

	$\widetilde{x}_1$	$\cdots$	$\widetilde{x}_k$	RS
		$\cdots$		
	$\vdots$		$\vdots$	
x_l	$\widetilde{a}_{i1}$	$\cdots$	$\widetilde{a}_{ik}$	$\widetilde{b}_i$
	$\vdots$		$\vdots$	

Anfangstableau (Q')

	$\widetilde{x}_1$	$\cdots$	$\widetilde{x}_k$	RS
		$\cdots$		
	$\vdots$		$\vdots$	
s'	$-\widetilde{a}_{i1}$	$\cdots$	$-\widetilde{a}_{ik}$	$[\widetilde{b}_i] - \widetilde{b}_i$
	$\vdots$		$\vdots$	

Die Rücktransformation $x_l = [\widetilde{b}_i] - s'$ erfolgt am Ende, d.h. nach Auffinden einer optimalen ganzzahligen Lösung.

Berücksichtigung von $x_l \geq [x_l^*] + 1$:

Die zur Variablen x_l gehörende Restriktionszeile liege im Endtableau von (Q) wieder in der Form (7.2) vor. Dann erhält man auf analoge Weise die neue Restriktionszeile

$$s'' + \widetilde{a}_{i1}\widetilde{x}_1 + \cdots + \widetilde{a}_{ik}\widetilde{x}_k = \widetilde{b}_i - [\widetilde{b}_i] - 1,$$

die für die weiteren Berechnungen (7.2) ersetzt. Aus der folgenden Skizze ist noch einmal der Übergang vom Endtableau von (Q) zum Anfangstableau von (Q'') ersichtlich.

Endtableau (Q)

	$\tilde{x}_1 \quad \cdots \quad \tilde{x}_k$	RS
	$\cdots$	
x_l	$\vdots \qquad \vdots$ $\tilde{a}_{i1} \quad \cdots \quad \tilde{a}_{i1}$ $\vdots \qquad \vdots$	$\tilde{b}_i$

Anfangstableau (Q″)

	$\tilde{x}_1 \quad \cdots \quad \tilde{x}_k$	RS
	$\cdots$	
s''	$\vdots \qquad \vdots$ $\tilde{a}_{i1} \quad \cdots \quad \tilde{a}_{i1}$ $\vdots \qquad \vdots$	$\tilde{b}_i - [\tilde{b}_i] - 1$

Die Rücktransformation $x_l = s'' + [\tilde{b}_i] + 1$ erfolgt ebenfalls am Ende, d.h. nach Auffinden einer optimalen ganzzahligen Lösung.

Da die beiden Lösungsschritte der Relaxation und der Separation in der Regel mehrfach angewandt werden müssen, ist noch die Reihenfolge der zu behandelnden Teilprobleme festzulegen:

Hierzu bezeichne (P_0) das Originalproblem und (Q_0) die zugehörige LP-Relaxation. Ferner seien (Q_1) und (Q_2) (mit den Maxima z_1^* und z_2^*) die LP-Relaxationen der durch Separation von (P_0) entstandenen Teilprobleme (P_1) und (P_2) (Stufe 1).

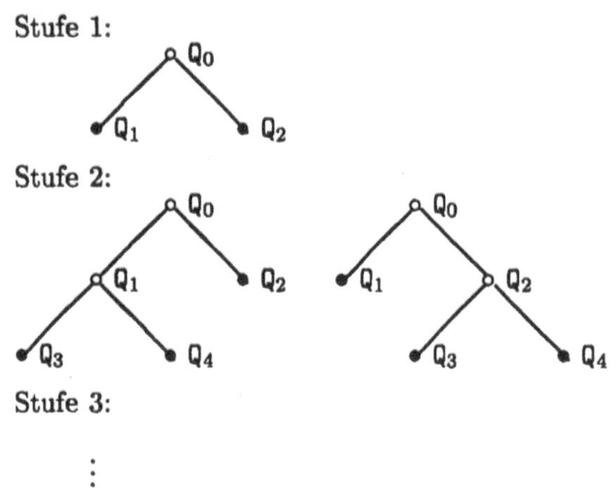

Abbildung 7.2: Mehrstufige Separation von (P_0)

Da wir in einer Umgebung „guter“ nicht-ganzzahliger Lösungen auch „gute“ ganzzahlige Lösungen erwarten können, liegt es nahe, im Falle $z_1^* \geq z_2^*$ mit der Separation von (Q_1) fortzufahren und im Falle $z_1^* < z_2^*$ mit der Separation von (Q_2). Hieraus resultieren die weiteren LP-Relaxationen (Q_3) und (Q_4), die zusammen mit der nicht behandelten LP-Relaxation der Vorstufe (Stufe 1) für die weitere Separation in Frage kommen (Stufe 2).

Fährt man in dieser Weise fort, so erhält man auf der Stufe n die folgende Auswahlregel, die das Branch-and-Bound-Verfahren vervollständigt.

Auswahlregel:

Seien $(\mathrm{Q}_{\nu_1}), \ldots, (\mathrm{Q}_{\nu_{n+1}})$ mit $\nu_i \in \{1, \ldots, 2n\}$ die Kandidaten für die durchzuführende Separation und $z^*_{\nu_1}, \ldots, z^*_{\nu_{n+1}}$ die zugehörigen Maxima.

1) Gilt $z^*_{\nu_i} = -\infty$ für alle ν_i, so besitzt (P_0) keine zulässige Lösung, und die Berechnung ist abgeschlossen.

2) Ist $z^*_{\nu_l} = \max\{z_{\nu_1}, \ldots, z_{\nu_{n+1}}\} > -\infty$ und ist die optimale Lösung $\mathbf{x}^*$ von (Q_{ν_l}) ganzzahlig, so ist die Berechnung abgeschlossen und $\mathbf{x}^*$ eine optimale Lösung von (P_0) und $z^*_{\nu_l}$ das zugehörige Maximum.

3) Ist $z^*_{\nu_l} = \max\{z_{\nu_1}, \ldots, z_{\nu_{n+1}}\} > -\infty$ und ist die optimale Lösung $\mathbf{x}^*$ von (Q_{ν_l}) nicht ganzzahlig, so nehme man eine Separation von (Q_{ν_l}) vor.

Das folgende Beispiel veranschaulicht die einzelnen Rechenschritte.

Beispiel 7.6 (Fortsetzung von Beispiel 7.4)
Die Berechnung von (Q_0) führt auf das folgende Endtableau mit der optimalen Lösung $x_1^* = 16/7$, $x_2^* = 11/7$, bei der sowohl x_1^* als auch x_2^* nicht ganzzahlig sind. Damit wird eine Separation erforderlich, die bezüglich beider Variablen x_1 und x_2 vorgenommen werden kann.

Endtableau (Q_0)

	x_4	x_3	RS
	$-1/7$	$-4/7$	$-38/7$
x_2	$-1/7$	$3/7$	$11/7$
x_1	$3/7$	$-2/7$	$16/7$

Wir entscheiden uns für x_1, nehmen also eine Separation von (Q_0) bezüglich x_1 $(l = 1)$ vor. Die Einbeziehung der beiden zusätzlichen Restriktionen $x_1 \leq [16/7] = 2$ und $x_1 \geq [16/7] + 1 = 3$ führt auf die linearen Optimierungsprobleme (Q_1) und (Q_2) mit

Anfangstableau (Q_1): $x_1 \leq 2$

	x_4	x_3	RS
	$-1/7$	$-4/7$	$-38/7$
x_2	$-1/7$	$3/7$	$11/7$
s_1	$-3/7$	$2/7$	$-2/7$

$s_1 = 2 - x_1$

Endtableau (Q_1)

	s_1	x_3	RS
	$-1/3$	$-2/3$	$-16/3$
x_2	$-1/3$	$1/3$	$5/3$
x_4	$-7/3$	$-2/3$	$2/3$

$z_1^* = 16/3$

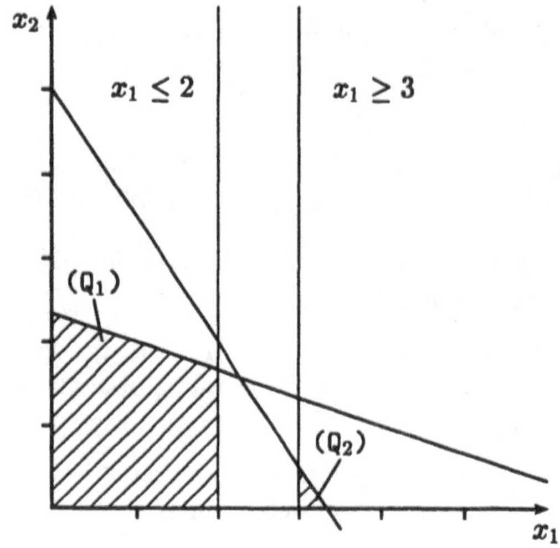

Abbildung 7.3: Stufe 1 der Separation mit zulässigen Bereichen von (Q_1) und (Q_2)

und

Anfangstableau (Q_2): $x_1 \geq 3$

	x_4	x_3	RS
	−1/7	−4/7	−38/7
x_2	−1/7	3/7	11/7
s_2	3/7	−2/7	−5/7

$s_2 = x_1 - 3$

Endtableau (Q_2)

	x_4	s_2	RS
	−1	−2	−4
x_2	1/2	3/2	1/2
x_3	−3/2	−7/2	5/2

$z_2^* = 4$

Da $z_1^* > z_2^*$ ist, verfolgen wir (Q_1) weiter und stellen (Q_2) zunächst zurück. Da die optimale Lösung ($x_2^* = 5/3$, $x_4^* = 2/3$) von (P_1) nicht ganzzahlig ist, wird eine weitere Separation erforderlich, die wir bezüglich x_2 vornehmen ($x_2 \leq [5/3] = 1$ und $x_2 \geq [5/3] + 1 = 2$). Sie führt auf die linearen Optimierungsprobleme (Q_3) und (Q_4) mit

Anfangstableau (Q_3): $x_1 \leq 2$, $x_2 \leq 1$

	s_1	x_3	RS
	−1/3	−2/3	−16/3
s_3	1/3	−1/3	−2/3
x_4	−7/3	−2/3	2/3

$s_1 = 2 - x_1$, $s_3 = 1 - x_2$

Endtableau (Q_3)

	s_1	s_3	RS
	−1	−2	−4
x_3	−1	−3	2
x_4	−3	−2	2

$z_3^* = 4$

und

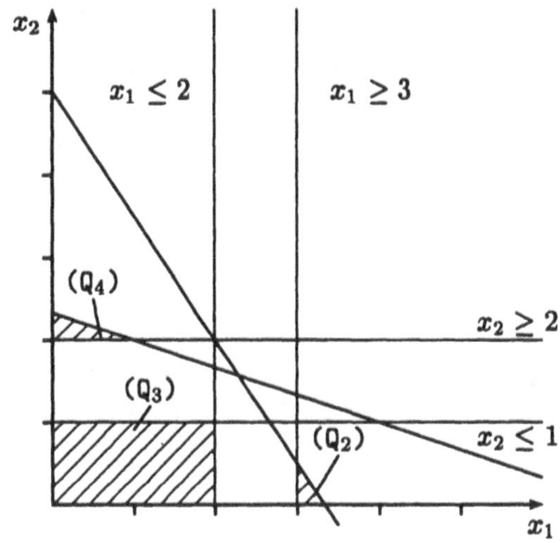

Abbildung 7.4: Stufe 2 der Separation mit zulässigen Bereichen von (Q_2), (Q_3) und (Q_4)

Anfangstableau (Q_4): $x_1 \leq 2$, $x_2 \geq 2$

	s_1	x_3	RS
	$-1/3$	$-2/3$	$-16/3$
s_4	$-1/3$	$1/3$	$-1/3$
x_4	$-7/3$	$-2/3$	$-2/3$

$s_1 = 2 - x_1$, $s_4 = x_2 - 2$

Endtableau (Q_4)

	s_4	x_3	RS
	-1	-1	-5
s_1	-3	-1	1
x_4	-7	-3	3

$z_4^* = 5$

(Q_4) besitzt eine optimale Lösung, die ganzzahlig ist und die übrigen Teillösungen dominiert ($z_4^* = \max\{z_1^*, z_2^*, z_3^*\}$).

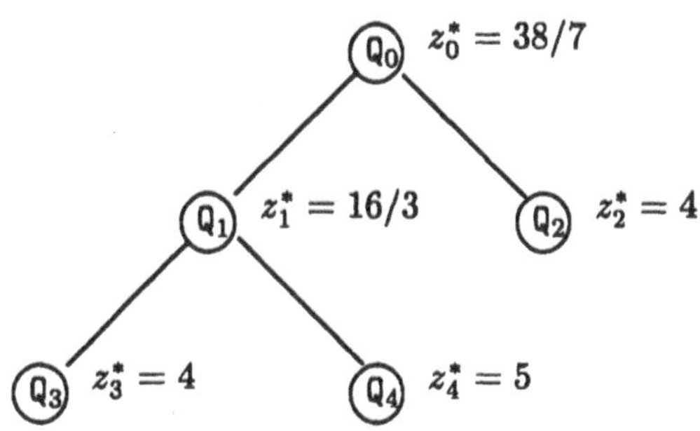

Abbildung 7.5: Zusammenfassung der Teillösungen

Somit haben wir mit $x_1^* = 2 - s_1 = 2 - 1 = 1$, $x_2^* = 2 + s_4 = 2 + 0 = 2$ und $z^* = 5$ die optimale Lösung von $(\mathtt{P}_0)$ gefunden, und die Berechnung ist abgeschlossen. ○

7.4 Das Schnittebenenverfahren

Sei (P) wieder das zu lösende ganzzahlige Optimierungsproblem und (Q) die zugehörige LP-Relaxation. Das Schnittebenenverfahren nutzt ebenfalls den Zusammenhang zwischen (P) und (Q) aus, löst jedoch keine Teilprobleme von (P), sondern schränkt den zulässigen Bereich systematisch ein. Es besteht aus den beiden folgenden Lösungsschritten, die möglicherweise mehrfach angewandt werden müssen:

Lösungsschritte:

(a) Bestimme eine optimale Lösung $\mathbf{x}^*$ von (Q). Ist $\mathbf{x}^*$ ganzzahlig, so ist $\mathbf{x}^*$ eine optimale Lösung von (P) und die Berechnung ist abgeschlossen. Andernfalls fahre mit (b) fort.

(b) Führe eine zusätzliche Restriktion ein, die $\mathbf{x}^*$ als zulässige Lösung ausschließt (wegschneidet), aber keinen Einfluß auf die ganzzahligen zulässigen Lösungen hat. Erweitere (Q) um diese Restriktion und fahre, angewandt auf das erweiterte lineare Optimierungsproblem (Q'), mit (a) fort.

Wir müssen noch eine geeignete Restriktion finden, die die in Schritt (b) geforderten Eigenschaften erfüllt. Sei daher $\mathbf{x}^*$ eine optimale Lösung von (Q) mit $x_l^* \notin \mathbb{N}_0$.

Konstruktion der Schnittebene:

Die zur Variablen x_l gehörende Restriktionszeile liege im Endtableau von (Q) in der Form (7.2) vor. Dann gilt auch

$$x_l + [\widetilde{a}_{i1}]\widetilde{x}_1 + \cdots + [\widetilde{a}_{ik}]\widetilde{x}_k \leq \widetilde{b}_i$$

und für jede ganzzahlige Lösung sogar

$$x_l + [\widetilde{a}_{i1}]\widetilde{x}_1 + \cdots + [\widetilde{a}_{ik}]\widetilde{x}_k \leq [\widetilde{b}_i]. \tag{7.4}$$

Setzt man nun x_l aus (7.2) in (7.4) ein, so erhält man die Restriktion

$$([\widetilde{a}_{i1}] - \widetilde{a}_{i1})\widetilde{x}_1 + \cdots + ([\widetilde{a}_{ik}] - \widetilde{a}_{ik})\widetilde{x}_k \leq [\widetilde{b}_i] - \widetilde{b}_i, \tag{7.5}$$

die nach Konstruktion für alle ganzzahligen zulässigen Lösungen von (Q) erfüllt ist, aber nicht für $\mathbf{x}^*$, da mit $\widetilde{x}_1^* = \cdots = \widetilde{x}_k^* = 0$ und $x_l^* = \widetilde{b}_i \notin \mathbb{N}_0$ die Ungleichung (7.5) auf einen Widerspruch führt.

Restriktion (7.5) nehmen wir in das Endtableau von (Q) auf und erhalten das folgende Anfangstableau für die Erweiterung (Q')

Endtableau (Q)

	$\widetilde{x}_1$	$\cdots$	$\widetilde{x}_k$	RS
		$\cdots$		
	$\vdots$		$\vdots$	
x_l	$\widetilde{a}_{i1}$	$\cdots$	$\widetilde{a}_{ik}$	$\widetilde{b}_i$
	$\vdots$		$\vdots$	

Anfangstableau (Q')

	$\widetilde{x}_1$	$\cdots$	$\widetilde{x}_k$	RS
		$\cdots$		
	$\vdots$		$\vdots$	
x_l	$\widetilde{a}_{i1}$	$\cdots$	$\widetilde{a}_{ik}$	$\widetilde{b}_i$
	$\vdots$		$\vdots$	
s'	$[\widetilde{a}_{i1}] - \widetilde{a}_{i1}$	$\cdots$	$[\widetilde{a}_{ik}] - \widetilde{a}_{ik}$	$[\widetilde{b}_i] - \widetilde{b}_i$

mit der zusätzlichen Variablen $s' \geq 0$.

Zur Veranschaulichung der Lösungsschritte betrachten wir

Beispiel 7.7 (Fortsetzung von Beispiel 7.4)
Da die optimale Lösung ($x_1^* = 16/7, x_2^* = 11/7$) von (Q) nicht ganzzahlig ist, muß Schritt (b) durchgeführt werden. Zur Konstruktion der 1. Schnittebene kommen sowohl x_1 als auch x_2 in Frage. Wir entscheiden uns für x_1 und erhalten aus dem Endtableau von (Q) unmittelbar das folgende Anfangstableau für (Q').

Endtableau (Q):

	x_4	x_3	RS
	−1/7	−4/7	−38/7
x_2	−1/7	3/7	11/7
x_1	3/7	−2/7	16/7

Anfangstableau (Q'):

	x_4	x_3	RS
	−1/7	−4/7	−38/7
x_2	−1/7	3/7	11/7
x_1	3/7	−2/7	16/7
s'	−3/7	−5/7	−2/7

Die 1. Schnittebene hat die graphische Darstellung: $2x_1 + 3x_2 \leq 9$. Um sie zu erhalten, eliminiert man in der Restriktionsungleichung $3x_4 - 5x_3 \leq -2$ (3. Nebenbedingung in (Q')) die Variablen x_4 und x_3 durch Auflösen der Gleichungen $7x_2 - x_4 + 3x_3 = 11$ (1. Nebenbedingung in (Q')) und $7x_1 + 3x_4 - 2x_3 = 16$ (2. Nebenbedingung in (Q')) nach x_1 und x_2.

Im Endtableau von (Q') ist x_1^* ganzzahlig, nicht aber x_2^*. Daher ist eine 2. Schnittebene erforderlich (die wir mit x_2 konstruieren). Sie hat ist durch $x_1 + 2x_2 \leq 5$ gegeben.

Endtableau (Q'):

	s'	x_3	RS
	−1/3	−1/3	−16/3
x_2	−1/3	2/3	5/3
x_1	1	−1	2
x_4	−7/3	5/3	2/3

Anfangstableau (Q''):

	s'	x_3	RS
	−1/3	−1/3	−16/3
x_2	−1/3	2/3	5/3
x_1	1	−1	2
x_4	−7/3	5/3	2/3
s''	−2/3	−2/3	−2/3

Das Endtableau von (Q'') liefert die gesuchte ganzzahlige Lösung: $x_1^* = 1$, $x_2^* = 2$, $z^* = 5$. Damit ist die Berechnung abgeschlossen.

Zur Veranschaulichung der Rechenschritte sind die Schnittebenen und Zwischenlösungen in die Abbildung 7.6 eingetragen.

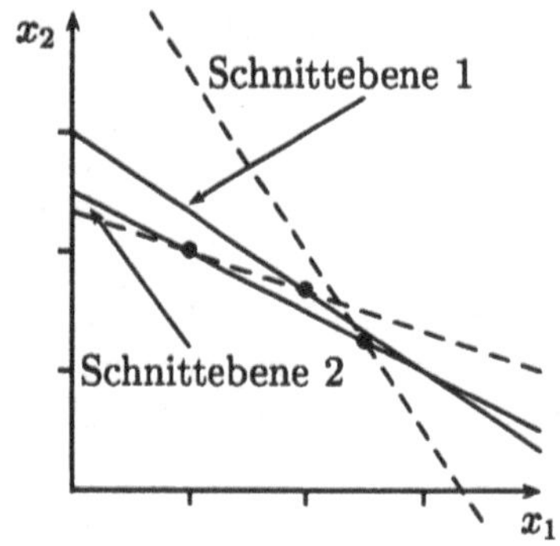

Abbildung 7.6: Graphische Darstellung der Schnittebenen und Zwischenlösungen

○

7.5 Simulated Annealing

Heuristische Verfahren werden häufig eingesetzt, wenn der Rechenaufwand, der mit der Anwendung exakter Verfahren verbunden ist, zu groß wird. Sie ermitteln zunächst eine Startlösung (Eröffnungsverfahren) und suchen dann mit einem akzeptablen Aufwand an Rechenzeit nach Verbesserungen (Verbesserungsverfahren). Die Suche ist auf die Problemstruktur abgestimmt. Die Konvergenz gegen das Optimum kann dabei allerdings nicht garantiert werden. Ebenso kann keine Fehlerabschätzung bei Abbruch des Verfahrens gegeben werden. Andererseits bieten gute Heuristiken die Gewähr, daß eine akzeptable Lösung mit einem realistischen Rechenaufwand gefunden werden kann und daß die gefundene Näherungslösung in der Regel in der Nähe des Optimums liegt und nur selten schlecht ist.

Die auch als Meta-Heuristiken bekannten Konzepte des Simulated Annealing, des Tabu Search und der Genetischen Algorithmen verbinden die Elemente klassischer Suchverfahren mit intelligenten Lernstrategien, die sich an Vorbildern aus den Sozial- und Naturwissenschaften orientieren. Die Verfahren sind iterativ aufgebaut. Sie suchen auf jeder Iterationsstufe eine neue Näherungslösung in der Umgebung der alten Näherungslösung. Dabei wird darauf geachtet, daß die Umgebung möglichst einfach strukturiert ist, um mit möglichst wenig Rechenaufwand die für eine Verbesserung in Frage kommenden Kandidaten zu bestimmen.

Die Umgebung wird problemspezifisch gewählt und kann neben zulässigen Lösungen auch unzulässige Lösungen enthalten. In diesem Falle muß man dann noch festlegen, wie mit den unzulässigen Lösungen zu verfahren ist. Man kann sie aussortieren und nicht weiterverfolgen, oder sie mit in die Iteration einbeziehen und geeignet gewichten (vgl. Beispiele 7.8 und 7.9). Für die Einbeziehung unzulässiger Lösungen spricht, daß in der „unmittelbaren“ Umgebung einer unzulässigen Lösung durchaus ein optimale Lösung liegen kann, die dann aufgrund der besseren Durchdringung der Menge der zulässigen Lösungen schneller gefunden werden kann.

Um die Darstellung zu vereinfachen, verwenden wir im folgenden neben der bisherigen Kurzform von (P) auch die Darstellung

$$(\text{P}) \qquad \max z = f(\mathbf{x}) \quad \text{u.d.N.} \quad \mathbf{x} \in \mathcal{M},$$

mit $f(\mathbf{x}) = \mathbf{c}^{\mathsf{T}}\mathbf{x}$ und $\mathcal{M} := \{\mathbf{x} \in \mathbb{Z}^n \mid \mathbf{A}\mathbf{x} \leq \mathbf{b},\ \mathbf{x} \geq \mathbf{0}\}$.

Wir wenden uns nun den Besonderheiten des Simulated Annealing zu.

Simulated Annealing ist ein lokales Suchverfahren, das mit Hilfe stochastischer Auswahlkriterien eine Folge $\mathbf{x}_0, \mathbf{x}_1, \mathbf{x}_2, \ldots$ von Näherungslösungen generiert. Dabei werden gelegentlich auch Näherungslösungen akzeptiert, die zu einer Verschlechterung der bisherigen Lösung führen. Auf diese Weise wird verhindert, daß der Algorithmus in lokalen Optima steckenbleibt. Das Verfahren basiert auf einem physikalischen Phänomen, das bei der Abkühlung von Metallen vom flüssigen in den festen Zustand beobachtet wird (annealing: härten, ausglühen).

Lösungskonzept:

Sei $\mathbf{x}_k$ eine Näherungslösung, die sich nach k Iterationsschritten ergeben habe.

Zunächst wählen wir ein $\mathbf{x} \in \mathcal{U}(\mathbf{x}_k)$, einer Umgebung von $\mathbf{x}_k$, mit Wahrscheinlichkeit $p_{\mathbf{x}_k}(\mathbf{x})$ aus. Führt $\mathbf{x}$ zu einem verbesserten Zielfunktionswert, gilt also $f(\mathbf{x}) > f(\mathbf{x}_k)$, so wird $\mathbf{x}$ (mit Wahrscheinlichkeit 1) als neue Näherungslösung $\mathbf{x}_{k+1}$ akzeptiert. Andernfalls wird $\mathbf{x}$ mit Wahrscheinlichkeit $e^{-\Delta/c_k}$ als neue Näherungslösung $\mathbf{x}_{k+1}$ akzeptiert und mit Wahrscheinlichkeit $1 - e^{-\Delta/c_k}$ an der alten Näherungslösung $\mathbf{x}_k$ festgehalten. Dabei nimmt die Akzeptanzwahrscheinlichkeit $e^{-\Delta/c_k}$, die noch von einem Kontrollparameter $c_k > 0$ abhängt, mit dem Grad $\Delta = f(\mathbf{x}_k) - f(\mathbf{x})$ der Verschlechterung ab.

Die Wahl der Kontrollparameter $c_0 \geq c_1 \geq c_2 \geq \cdots$ trägt wesentlich zur Konvergenzgeschwindigkeit des Verfahrens bei. Ein „zu schnelles" Absenken bewirkt möglicherweise das Hängenbleiben an einer lokalen Maximumstelle; ein „zu langsames" Absenken kann die Konvergenz unnötig verzögern. Bei konstantem Kontrollparameter ist nicht einmal die Konvergenz gesichert. Vielen Anwendungen liegt daher eine stückweise konstante Folge (c_k) mit $c_k = \alpha^\nu c_0$ für alle $(\nu - 1)l \leq k < \nu l$, $\nu \in \mathbb{N}$ und ein geeignetes $l \in \mathbb{N}$ zugrunde. Dabei wird der Parameter α gewöhnlich zwischen 0.80 und 0.99 gewählt, und als Startwert dient ein c_0, das sicherstellt, daß praktisch alle Übergänge akzeptiert werden.

Das Stopp-Kriterium basiert auf heuristischen Argumenten. So wird häufig das Iterationsverfahren abgebrochen, wenn eine vorgegene Anzahl von Iterationsschritten zu keiner Verbesserung führt.

Zusammenfassend erhalten wir die folgenden Rechenschritte:

Initialisierung:

Wähle Anfangsnäherung $\mathbf{x}_0$. Lege die Folge $(c_k)_{k=0}^{\infty}$ der Kontrollparameter fest.

Iterationsschritt $k \to k+1$:

Wähle $\mathbf{x} \in \mathcal{U}(\mathbf{x}_k)$ mit Wahrscheinlichkeit $p_{\mathbf{x}_k}(\mathbf{x})$ aus. Berechne $\Delta = \max\{0, f(\mathbf{x}_k) - f(\mathbf{x})\}$. Setze $\mathbf{x}_{k+1} = \mathbf{x}$ mit Wahrscheinlichkeit $e^{-\Delta/c_k}$ und $\mathbf{x}_{k+1} = \mathbf{x}_k$ mit Wahrscheinlichkeit $1 - e^{-\Delta/c_k}$.

Bei der algorithmischen Umsetzung der Rechenschritte wird man die Zufallsauswahl mit Zufallszahlen realisieren.

Eine Zufallszahl kann man auffassen als Realisation einer auf $(0, 1]$ gleichverteilten Zufallsvariablen und mit Hilfe eines Rechners generieren (vgl. Standardliteratur zur Simulation). Der mit der Stochastik weniger vertraute Leser kann sich unter der Ziehung einer Zufallszahl auch das Ergebnis beim Drehen eines Glücksrades (mit Umfang 1) vorstellen.

Angewandt auf unsere Problemstellung bietet sich die folgende Vorgehensweise an:

(a) Auswahl von $\mathbf{x} \in \mathcal{U}(\mathbf{x}_k)$: Zerlege das Einheitsintervall in $|\mathcal{U}(\mathbf{x}_k)|$ disjunkte Teilintervalle mit den Längen $p_{\mathbf{x}_k}(\mathbf{x}')$, $\mathbf{x}' \in \mathcal{U}(\mathbf{x}_k)$. Ziehe eine

Zufallszahl z_1. Liegt z_1 in dem Teilintervall, das $p_{\mathbf{x}_k}(\mathbf{x})$ zugeordnet ist, so wähle $\mathbf{x}$ aus.

(b) Akzeptanz von $\mathbf{x}$: Ziehe eine Zufallszahl z_2. Ist $z_2 \leq e^{-\Delta/c}$, akzeptiere $\mathbf{x}$ als neue Näherung. Andernfalls halte an $\mathbf{x}_k$ fest.

Zur Veranschaulichung dient das

Beispiel 7.8 (Fortsetzung von Beispiel 7.4)
Ausgehend von dem erweiterten zulässigen Bereich $\overline{\mathcal{M}} = \{0,1,2,3\}^2$ mit $f(\mathbf{x}) = 0$ für $\mathbf{x} \notin \mathcal{M}$ wählen wir als Umgebung $\mathcal{U}(\overline{\mathbf{x}})$ eines Punktes $\overline{\mathbf{x}} \in \overline{\mathcal{M}}$ die Menge

$$\mathcal{U}(\overline{\mathbf{x}}) = \left\{ \begin{pmatrix} \overline{x}_1 + 1 \\ \overline{x}_2 \end{pmatrix}, \begin{pmatrix} \overline{x}_1 - 1 \\ \overline{x}_2 \end{pmatrix}, \begin{pmatrix} \overline{x}_1 \\ \overline{x}_2 + 1 \end{pmatrix}, \begin{pmatrix} \overline{x}_1 \\ \overline{x}_2 - 1 \end{pmatrix} \right\},$$

wobei wir alle $\mathbf{x} \in \mathcal{U}(\overline{\mathbf{x}})$, die nicht in $\overline{\mathcal{M}}$ liegen, durch $\overline{\mathbf{x}}$ ersetzen. Somit enthält jede Umgebung $\mathcal{U}(\overline{\mathbf{x}})$ vier (nicht notwendigerweise verschiedene) Näherungslösungen. Jedes $\mathbf{x} \in \mathcal{U}(\overline{\mathbf{x}})$ wird mit Wahrscheinlichkeit 1/4 als Kandidat für eine Verbesserung ausgewählt. Die Auswahl erfolgt mit Hilfe von Zufallszahlen. Der Kontrollparameter $c = 0.95$ ist der Einfachheit halber konstant.

Beginnend mit $\mathbf{x}_0 = (0,0)^\mathsf{T}$ wurden 5 Iterationsschritte durchgeführt:

k	$\mathbf{x}_k$	$f(\mathbf{x}_k)$	z_1	$\mathbf{x} \in \mathcal{U}(\mathbf{x}_k)$	$f(\mathbf{x})$	$e^{-\Delta/c}$	z_2
0	$(0,0)^\mathsf{T}$	0	0.64	$(0,1)^\mathsf{T}$	2	1.00	
1	$(0,1)^\mathsf{T}$	2	0.17	$(1,1)^\mathsf{T}$	3	1.00	
2	$(1,1)^\mathsf{T}$	3	0.76	$(1,0)^\mathsf{T}$	1	0.12	0.71
3	$(1,1)^\mathsf{T}$	3	0.61	$(1,2)^\mathsf{T}$	5	1.00	
4	$(1,2)^\mathsf{T}$	5	0.26	$(0,2)^\mathsf{T}$	4	0.35	0.64
5	$(1,2)^\mathsf{T}$	5	...				

Eine Wiederholung des Experimentes mit neuen Zufallszahlen würde eine neue Folge von Näherungslösungen ergeben. Auf diesen Aspekt gehen wir in Beispiel 7.9 noch näher ein. ○

Wir kommen noch einmal auf die Festlegung einer Umgebungsstruktur zurück und untersuchen das asymptotische Verhalten des Simulated Annealing.

Beispiel 7.9 (Das Traveling Salesman Problem)

Das klassische Problem des Handlungsreisenden besteht in der Aufgabe, eine Rundreise minimaler Länge zusammenzustellen, die m vorgegebene Orte verbindet. Seien $i = 1, \ldots, m$ die m Orte der Rundreise. Dann läßt sich eine Rundreise darstellen als Vektor $\mathbf{x} = (x_1, \ldots, x_m)^\mathsf{T}$ mit $x_i \in \{1, \ldots, m\}$ und $x_i \neq i$, wobei x_i bzw. x_i^{-1} den Nachfolger bzw. Vorgänger des Ortes i in der Rundreise $\mathbf{x}$ bezeichnet. Sei $\mathcal{M}$ die Menge aller Rundreisen. Jede Rundreise $\mathbf{x}$ bewerten wir mit ihrer Gesamtlänge, versehen mit negativem Vorzeichen, da wir (P) als Maximumproblem formuliert haben.

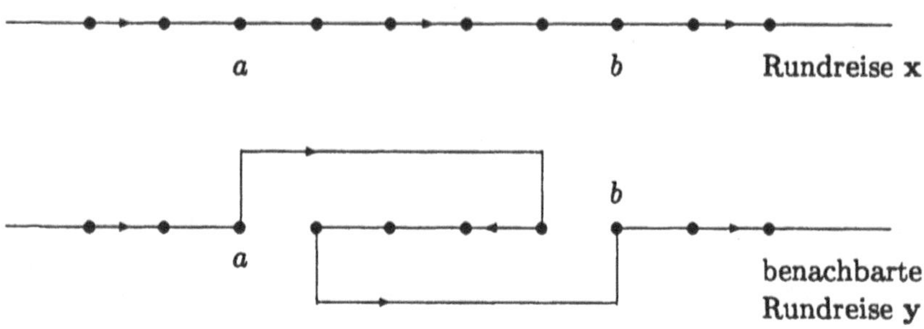

Abbildung 7.7: Auswahl einer benachbarten Rundreise

Als Umgebung $\mathcal{U}(\mathbf{x}) \subset \mathcal{M}$ einer Rundreise $\mathbf{x} \in \mathcal{M}$ lassen wir alle Rundreisen $\mathbf{y} \in \mathcal{M}$ zu, die sich durch Austausch von genau zwei Orten der Rundreise $\mathbf{x}$ in dem folgenden Sinne ergeben: Seien a und b die auszutauschenden Orte. Dann ergibt sich aus der Rundreise $\mathbf{x}$ eine neue Rundreise $\mathbf{y}$ mit $y_a = x_b^{-1}$, $y_b^{-1} = x_a$ und einer teilweisen Richtungsänderung der bisherigen Rundreise $\mathbf{x}$ gemäß Abbildung 7.7.

Auf diese Weise erhalten wir $|\mathcal{U}(\mathbf{x})| = (m-1)(m-2)$ „benachbarte" Rundreisen, von denen wir eine zufällig mit Wahrscheinlichkeit $p_\mathbf{x}(\mathbf{y}) = 1/|\mathcal{U}(\mathbf{x})|$, $\mathbf{y} \in \mathcal{U}(\mathbf{x})$, auswählen.

Mit zunehmender Anzahl m von Orten wächst die Anzahl möglicher Rundreisen stark an. Beispielsweise führt die Bestimmung einer Rundreise minimaler Länge, die die Städte

Hamburg	Mannheim	Stuttgart	Saarbrücken	Kassel
Berlin	Düsseldorf	Dresden	Karlsruhe	Leipzig
München	Bremen	Frankfurt(M)	Nürnberg	Würzburg
Köln	Hannover	Kiel	Rostock	Freiburg

verbindet, auf 19! = 121645100408832000 $\approx 1.22 \times 10^{17}$ Rundreisen, was eine exakte Berechnung ausschließt.

Ausgangspunkt unserer Berechnungen war die Rundreise, die sich aus der spaltenweisen Anordnung der Städte in der Tabelle ergibt. Der Kontrollparameter $c_0 = 2048$ wurde so gewählt, daß anfänglich etwa 90% aller Rundreisen akzeptiert wurden. Ferner waren $l = 171$ und $\alpha = 0.95$.

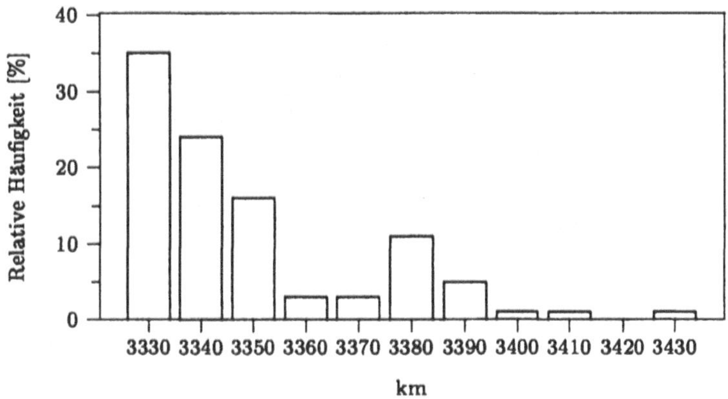

Abbildung 7.8: Weglängen der 100 Testläufe

Die kürzeste gefundene Rundreise verbindet die Städte Hamburg, Kiel, Rostock, Berlin, Dresden, Leipzig, München, Nürnberg, Würzburg, Stuttgart, Freiburg, Karlsruhe, Saarbrücken, Mannheim, Frankfurt, Köln, Düsseldorf, Kassel, Hannover, Bremen. Sie hat die Länge 3334 km.

Insgesamt wurden 100 Testläufe durchgeführt. Ein Testlauf wurde abgebrochen, sobald drei aufeinanderfolgende Iterationsschritte zu keiner Verbesserung führten. Die dabei ermittelten Weglängen (auf volle 10 km gerundet) sind in dem Stabdiagramm der Abbildung 7.8 dargestellt.

Die durchschnittliche Anzahl der Iterationsschritte pro Testlauf betrug 4736. ○

7.6 Tabu Search

Tabu Search ist ein lokales Suchverfahren, das eine Folge $\mathbf{x}_0, \mathbf{x}_1, \mathbf{x}_2, \ldots$ von Näherungslösungen generiert. Im Gegensatz zur Zufallsauswahl beim Simulated Annealing werden deterministische Regeln zur Auswahl der neuen Näherungslösung herangezogen.

Lösungskonzept:

Sei $\mathbf{x}_k$ eine Näherungslösung, die sich nach k Iterationsschritten ergeben habe.

Wie beim Simulated Annealing wird zunächst eine Umgebung $\mathcal{U}(\mathbf{x}_k)$ generiert, aus der die neue Näherungslösung ausgewählt wird. Die Auswahl erfolgt deterministisch. Prinzipiell wird ein $\mathbf{x} \in \mathcal{U}(\mathbf{x}_k)$ ausgewählt, das den größten Zielfunktionswert hat. Von der Auswahl wird jedoch abgesehen, wenn $\mathbf{x}$ sich im sogenannten **Tabu-Status** befindet. In diesem Fall wird das nächstbeste $\mathbf{x}$ entsprechend geprüft.

Der Tabu-Status einer Näherungslösung resultiert aus den für relevant erachteten Informationen aus dem bisherigen Iterationsprozeß. Er soll einen „Rückschritt“ und insbesondere das Hängenbleiben an einer lokalen Maximumstelle verhindern. Diese für relevant erachteten Informationen werden in eine sogenannte **Tabu-Liste** eingetragen und auf jeder Iterationsstufe aktualisiert. Auf diese Weise wird das Verfahren mit einem kurzzeitigen Gedächtnis versehen.

Es bezeichne $\mathcal{T}(\mathbf{x}_0, \ldots, \mathbf{x}_k)$ die Menge der Näherungslösungen, die auf der Stufe k in Abhängigkeit vom bisherigen Iterationsverlauf tabu sind.

Die Modellierung des Gedächtnises des Verfahrens trägt wesentlich zur Konvergenzgeschwindigkeit bei. Ein „zu kurzes“ Gedächtnis tendiert hin zu den traditionellen lokalen Suchverfachen und deren Nachteilen. Ein „zu langes“ Gedächtnis nimmt dem Verfahren jegliche Flexibilität und blockiert schließlich den Suchprozeß.

Das Stopp-Kriterium basiert auf heuristischen Argumenten. So wird häufig das Iterationsverfahren abgebrochen, wenn eine vorgegebene Anzahl von Iterationsschritten zu keiner Verbesserung führt.

Zusammenfassend erhält man die folgenden Rechenschritte:

Initialisierung:

Wähle Anfangsnäherung $\mathbf{x}_0$ und initialisiere die Tabu-Liste.

Iterationsschritt $k \to k+1$:

Wähle $\mathbf{x} \in \mathcal{U}(\mathbf{x}_k) \setminus \mathcal{T}(\mathbf{x}_0, \ldots, \mathbf{x}_k)$ mit dem größten Zielfunktionswert. Setze $\mathbf{x}_{k+1} = \mathbf{x}$ und aktualisiere die Tabu-Liste.

Das folgende Beispiel veranschaulicht die Führung und Aktualisierung einer Tabu-Liste.

Beispiel 7.10 (Fortsetzung von Beispiel 7.1)

Durch Hinzunahme von unzulässigen Lösungen $\mathbf{x}$, die wir mit $f(\mathbf{x}) = 0$ bewerten (gleichbedeutend mit keiner Investition) und so bei der Optimierung weitgehend ausschließen, erweitern wir $\mathcal{M}$ zu $\overline{\mathcal{M}} = \{0,1\}^4$. Auf diese Weise erhalten wir für jedes $\overline{\mathbf{x}} \in \overline{\mathcal{M}}$ die besonders einfache Umgebungsstruktur

$$\mathcal{U}(\overline{\mathbf{x}}) = \left\{ \begin{pmatrix} 1-\overline{x}_1 \\ \overline{x}_2 \\ \overline{x}_3 \\ \overline{x}_4 \end{pmatrix}, \begin{pmatrix} \overline{x}_1 \\ 1-\overline{x}_2 \\ \overline{x}_3 \\ \overline{x}_4 \end{pmatrix}, \begin{pmatrix} \overline{x}_1 \\ \overline{x}_2 \\ 1-\overline{x}_3 \\ \overline{x}_4 \end{pmatrix}, \begin{pmatrix} \overline{x}_1 \\ \overline{x}_2 \\ \overline{x}_3 \\ 1-\overline{x}_4 \end{pmatrix} \right\}.$$

Ausgehend von $\mathbf{x}_0 = (1,0,0,0)^\mathsf{T}$ erhalten wir auf Stufe 0 die Umgebung

$$\mathcal{U}(\overline{\mathbf{x}}_0) = \left\{ \begin{pmatrix} 0 \\ 0 \\ 0 \\ 0 \end{pmatrix}, \begin{pmatrix} 1 \\ 1 \\ 0 \\ 0 \end{pmatrix}, \begin{pmatrix} 1 \\ 0 \\ 1 \\ 0 \end{pmatrix}, \begin{pmatrix} 1 \\ 0 \\ 0 \\ 1 \end{pmatrix} \right\}.$$

Die Näherungslösung $\mathbf{x} \in \mathcal{U}(\mathbf{x}_0)$, die den größten Zielfunktionswert hat, wählen wir als Näherungslösung der Stufe 1 aus. Es ist $\mathbf{x} = (1,0,0,1)^\mathsf{T}$ mit $f(\mathbf{x}) = 12$ (mit (*) markiert) und resultiert aus dem Übergang von $x_4 = 0$ nach $x_4 = 1$. Um eine kurzfristige Rückstufung auf $x_4 = 0$ auszuschließen, werden alle $\mathbf{x} \in \overline{\mathcal{M}}$ mit $x_4 = 0$ auf den Stufen 1 und 2 mit einem Sperrvermerk versehen (T) und die Bewertung $f(\mathbf{x}_0) = 7$ von $\mathbf{x}_0$ als Anspruchsniveau an alle Näherungen $(x_1, x_2, x_3, 0)^\mathsf{T}$ auf den Stufen 1 und 2 gestellt. Beide Informationen werden auf den Stufen 1 und 2 in eine Tabu-Liste eingetragen.

Auf Stufe 1 wird $(1,1,0,1)^\mathsf{T}$ ausgewählt und $x_2 = 0$ mit Anspruchsniveau 12 auf den Stufen 2 und 3 in die Tabu-Liste aufgenommen.

Auf Stufe 2 scheidet $(1,0,0,1)^\mathsf{T}$ mit der höchsten Bewertung als Näherungslösung der Stufe 3 aus (Tabu-Status $x_2 = 0$). Dies trifft zunächst auch für $\mathbf{x} = (1,1,0,0)^\mathsf{T}$ mit der zweithöchsten Bewertung zu (Tabu-Status $x_4 = 0$). Die Bewertung 11 von $\mathbf{x}$ liegt jedoch über dem Anspruchsniveau 7 an die Lösungen mit $x_4 = 0$. Daher wird der Sperrvermerk ignoriert und $\mathbf{x}$ als Näherungslösung der Stufe 3 ausgewählt. (Das bisherige Anspruchsniveau von $x_4 = 0$ wird jedoch nicht korrigiert und auch der Sperrvermerk nicht verlängert). Schließlich wird $x_4 = 1$ mit Anspruchsniveau 16 in die Tabu-Liste auf den Stufen 3 und 4 aufgenommen.

k	$\mathbf{x}_k$	$f(\mathbf{x}_k)$	$\mathbf{x} \in \mathcal{U}(\mathbf{x}_k)$	$f(\mathbf{x})$	Tabu-Status / Anspruchsniveau	
0	$(1,0,0,0)^{\mathsf{T}}$	7	$(0,0,0,0)^{\mathsf{T}}$	0		
			$(1,1,0,0)^{\mathsf{T}}$	11		
			$(1,0,1,0)^{\mathsf{T}}$	0		
			$(1,0,0,1)^{\mathsf{T}}$	12(*)		
1	$(1,0,0,1)^{\mathsf{T}}$	12	$(0,0,0,1)^{\mathsf{T}}$	5	$x_4 = 0$	7(2)
			$(1,1,0,1)^{\mathsf{T}}$	16(*)		
			$(1,0,1,1)^{\mathsf{T}}$	0		
			$(1,0,0,0)^{\mathsf{T}}$	7(T)		
2	$(1,1,0,1)^{\mathsf{T}}$	16	$(0,1,0,1)^{\mathsf{T}}$	9	$x_4 = 0$	7(1)
			$(1,0,0,1)^{\mathsf{T}}$	12(T)	$x_2 = 0$	12(2)
			$(1,1,1,1)^{\mathsf{T}}$	0		
			$(1,1,0,0)^{\mathsf{T}}$	11(T)(*)		
3	$(1,1,0,0)^{\mathsf{T}}$	11	$(0,1,0,0)^{\mathsf{T}}$	4(*)	$x_2 = 0$	12(1)
			$(1,0,0,0)^{\mathsf{T}}$	7(T)	$x_4 = 1$	16(2)
			$(1,1,1,0)^{\mathsf{T}}$	0		
			$(1,1,0,1)^{\mathsf{T}}$	4(T)		
4	$(0,1,0,0)^{\mathsf{T}}$	14	$(1,1,0,0)^{\mathsf{T}}$	11(T)	$x_4 = 1$	16(1)
			$(0,0,0,0)^{\mathsf{T}}$	0	$x_1 = 1$	11(2)
			$(0,1,1,0)^{\mathsf{T}}$	14(*)		
			$(0,1,0,1)^{\mathsf{T}}$	9(T)		
⋮	⋮	⋮	⋮	⋮	⋮	⋮

Die weiteren Austauschschritte ergeben sich analog. Mit $(1,1,0,1)^{\mathsf{T}}$ ist die optimale Lösung bereits gefunden. ○

7.7 Genetische Algorithmen

Genetische Algorithmen orientieren sich an der Evolutionstheorie. Auf jeder Iterationsstufe werden $2m$ ($m \in \mathbb{N}_0$) Näherungslösungen betrachtet und mittels dreier Operationen (Reproduktion, Kreuzung und Mutation) in $2m$ neue Näherungslösungen überführt.

Die Operationen werden auf eine Binär-Codierung der Näherungslösungen angewandt. Diese ergibt sich unmittelbar aus der Darstellung als binäres Optimierungsproblem (vgl. Abschnitt 7.2). Hierzu identifizieren wir eine zulässige Lösung $\mathbf{x} = (x_1, x_2, \cdots, x_n)^{\mathsf{T}} \in \{0,1\}^n$ im folgenden mit ihrem Binär-Code $x_1 x_2 \cdots x_n$.

In Anlehnung an die Evolutionstheorie bezeichnet man eine Iterationsstufe als

Generation und die betrachteten Näherungslösungen als Population. Hieraus resultieren die folgenden Rechenschritte.

Initialisierung:

Wähle Anfangspopulation Π_0.

Iterationsschritt $k \to k+1$:

Wähle $2m$ Näherungslösungen aus der Population Π_k als Elternteile $\mathbf{e}_1, \ldots, \mathbf{e}_{2m}$ aus (Reproduktion) und überführe für $i = 1, \ldots, m$ die Elternteile $\mathbf{e}_{2i-1}, \mathbf{e}_{2i}$ mittels Kreuzung und Mutation in die Abkömmlinge $\mathbf{e}'_{2i-1}, \mathbf{e}'_{2i}$. Bilde aus den Abkömmlingen $\mathbf{e}'_1, \ldots, \mathbf{e}'_{2m}$ die Population Π_{k+1}.

Wir wenden uns nun den Rechenschritten zu, die bei der Reproduktion, Kreuzung und Mutation anfallen.

Reproduktion: (Auswahl der Elternteile $\mathbf{e}_1, \ldots, \mathbf{e}_{2m}$)

Aus der Population Π_k werden $2m$ Elternteile $\mathbf{e}_1, \ldots, \mathbf{e}_{2m}$ ausgewählt. Dabei kann ein $\mathbf{x} \in \Pi_k$ als Elternteil mehrfach ausgewählt werden, ein anderes $\mathbf{x}$ wiederum unberücksichtigt bleiben. Die Auswahl erfolgt zufällig; die Auswahlwahrscheinlichkeit ergibt sich aus der relativen Güte (Fitness) von $\mathbf{x}$ innerhalb der Population.

Speziell wird $\mathbf{x} \in \Pi_k$ als Elternteil $\mathbf{e}_i$ mit Wahrscheinlichkeit

$$p_{\mathbf{x}} = \frac{f(\mathbf{x})}{\sum_{\mathbf{y} \in \Pi_k} f(\mathbf{y})}$$

ausgewählt.

Kreuzung: (zweier Elternteile $\mathbf{x}$ und $\mathbf{y}$)

Die Binär-Codes

$$x_1 \cdots x_l x_{l+1} \cdots x_n$$
$$y_1 \cdots y_l y_{l+1} \cdots y_n$$

zweier Elternteile $\mathbf{x}$ und $\mathbf{y}$ werden an einer zufällig ausgewählten Stelle l mit $1 \leq l < n$ in die Binär-Codes

$$x_1 \cdots x_l y_{l+1} \cdots y_n$$
$$y_1 \cdots y_l x_{l+1} \cdots x_n \tag{7.6}$$

überführt.

Mutation: (der durch Kreuzung entstandenen Binär-Codes)

Jedes Bit $s \in \{0,1\}$ der Binär-Codes (7.6) wird mit Wahrscheinlichkeit p durch $1-s$ ersetzt. Die resultierenden Binär-Codes $\mathbf{x}'$ und $\mathbf{y}'$ sind dann die gesuchten Abkömmlinge der Elternteile $\mathbf{x}$ und $\mathbf{y}$.

Die bei der Reproduktion, Kreuzung und Mutation anfallende Zufallsauswahl kann (wie schon beim Simulated Annealing) mit Hilfe von Zufallszahlen realisiert werden.

Beispiel 7.11 (Fortsetzung von Beispiel 7.1)

Wir legen wieder den erweiterten Zustandsraum zugrunde. Die Population $\Pi_0 = \{\mathbf{x}_1, \mathbf{x}_2, \mathbf{x}_3, \mathbf{x}_4\}$ bestehe aus den Binär-Codes 1000, 0101, 0011 und 0001.

k	Π_k	$f(\mathbf{x})$	$p_\mathbf{x}$	Intervall	ZZ	Eltern-teile	ZZ	l	Kreu-zung	Muta-tion
0	1000	7	0.1944	(0.000, 0.194]	0.2095	0101	0.8311	3	0101	0100
	0101	9	0.2500	(0.194, 0.444]	0.7933	0011			0011	0011
	0011	15	0.4167	(0.444, 0.861]	0.4453	0011	0.0167	1	0000	0000
	0001	5	0.1389	(0.861, 1.000]	0.1801	1000			1011	1011
1	0100	4	0.1081	(0.000, 0.108]	...					
	0011	11	0.2973	(0.108, 0.405]						
	0000	0	0.0000	(0.405, 0.405]						
	1011	22	0.5946	(0.405, 1.000]						
⋮	⋮	⋮	⋮	⋮	⋮	⋮	⋮	⋮	⋮	

Die Berechnung der Population Π_1 kann man der Tabelle entnehmen, in der auch die bei der Reproduktion und Kreuzung verwendeten Zufallszahlen (ZZ) aufgeführt sind. Lediglich die Zufallszahlen, die bei der Mutation verwendet wurden, fehlen. Hier wurde nur eine Zufallszahl z mit $z \leq p = 0.05$ beobachtet und das entsprechend geänderte Bit in der Tabelle markiert. ❍

7.8 Aufgaben

Aufgabe 7.1

Ein Heimwerker benötigt 60 furnierte Spanplatten der Größe 80cm×30cm und 20 furnierte Spanplatten der Größe 60cm×30cm, die er sich in einem Heimwerkermarkt aus Spanplatten der Größe 200cm×100cm nach folgenden Schnittplänen

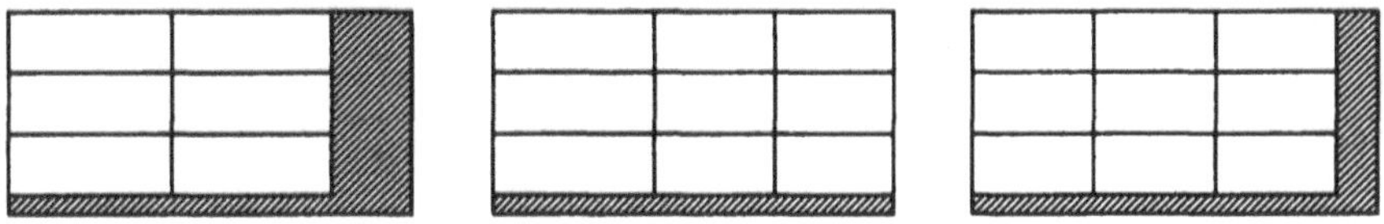

zuschneiden lassen kann. Wie muß der Zuschnitt erfolgen, damit möglichst wenig Abfall anfällt?

Formulieren Sie das Zuschnitt-Problem als ein ganzzahliges Optimierungsproblem.

Aufgabe 7.2

Betrachten Sie das Investitionsproblem aus Beispiel 7.1. Unterstellen Sie, daß eine Investition in Projekt 1 eine Investition in Projekt 2 ausschließt. Um welche Restriktion ist das Optimierungsproblem zu ergänzen?

Aufgabe 7.3 (Berücksichtigung von Fixkosten)

Formulieren Sie das (separable) Optimierungsproblem

$$\min z = \sum_{j=1}^{n} (k_j \delta(x_j) + c_j x_j)$$

unter den Nebenbedingungen

$$\sum_{j=1}^{n} a_{ij} x_j \geq b_i, \; i = 1, \ldots, m, \quad x_j \geq 0, \; j = 1, \ldots, n$$

als gemischt-ganzzahliges Optimierungsproblem.

Aufgabe 7.4 (Ein Standort-Problem)

Ein Unternehmen plant, n Kunden mit einem Gut ($b_1, \ldots, b_n$ ME pro Periode) dezentral von maximal m Lägern zu beliefern. Die Transportkosten des Gutes pro ME von Lager i zu Kunde j seien c_{ij} und die Kosten für die Unterhaltung von Lager i, falls es zur Auslieferung des Gutes herangezogen wird, seien l_i.

Formulieren Sie ein gemischt-ganzzahliges Optimierungsproblem zur Berechnung der minimalen Vertriebskosten.

Aufgabe 7.5 (Ein Maschinenbelegungsproblem)
Auf einer Maschine sind n Aufträge mit den Fertigstellungszeiten $f_1 \leq f_2 \leq \cdots \leq f_n$ und Bearbeitungszeiten $b_1, b_2, \ldots, b_n$ so zu fertigen, daß die gewichtete Anzahl $z = \sum_{j=1}^{n} w_j x_j$ verspäteter Aufträge minimal wird (wobei $w_j \geq 0$ sowie $x_j = 1$, falls Auftrag j verspätet ist und $x_j = 0$ sonst).

Formulieren Sie das Maschinenbelegungsproblem als ein ganzzahliges Optimierungsproblem.

Aufgabe 7.6 (Das Traveling Salesman Problem)
Zur Bestimmung einer Rundreise minimaler Länge, die die Orte $j \in \mathcal{N} = \{1, \ldots, n\}$ mit den Entfernungen c_{ij} verbindet, sei $x_{ij} = 1$, falls j Nachfolgeort von i ist und $x_{ij} = 0$ sonst.

Verifizieren Sie, daß sich das Rundreiseproblem als ganzzahliges Optimierungsproblem

$$\min z = \sum_{j=1}^{n} c_{ij} x_{ij}$$

unter den Nebenbedingungen

$$\begin{aligned}
\sum_{j=1}^{n} x_{ij} &= 1 && \text{für alle } i = 1, \ldots, n \\
\sum_{i=1}^{n} x_{ij} &= 1 && \text{für alle } j = 1, \ldots, n \\
\sum_{i \in \mathcal{N}'} \sum_{j \in \mathcal{N} \setminus \mathcal{N}'} x_{ij} &\geq 1 && \text{für alle nichtleeren, echten Teilmengen } \mathcal{N}' \text{ von } \mathcal{N} \\
x_{ij} &\in \{0, 1\} && \text{für alle } i, j = 1, \ldots, n
\end{aligned}$$

darstellen läßt, und diskutieren Sie den Rechenaufwand, der mit wachsender Anzahl n von Orten anfällt.

Aufgabe 7.7
Lösen Sie das ganzzahlige Optimierungsproblem

$$\max z = 3x_1 + x_2$$

u.d.N.

$$\begin{aligned} x_1 + 2x_2 &\leq 6 \\ 2x_1 - 2x_2 &\leq 3 \\ x_1, x_2 &\in \mathbb{N}_0 \end{aligned}$$

mit Hilfe des Branch-and-Bound-Verfahrens.

Aufgabe 7.8

Stellen Sie das ganzzahlige Optimierungsproblem

$$\max z = 3x_1 + x_2$$

u.d.N.

$$\begin{aligned} 2x_1 + x_2 &\leq 8 \\ 2x_1 - 4x_2 &\leq 3 \\ x_1, x_2 &\in \mathbb{N}_0 \end{aligned}$$

als binäres Optimierungsproblem dar.

Aufgabe 7.9

Lösen Sie das ganzzahlige Optimierungsproblem aus Aufgabe 7.8 mit Hilfe des Schnittebenenverfahrens.

Aufgabe 7.10

Überlegen Sie sich eine einfache Umgebungsstruktur zur Anwendung des Simulated Annealing oder Tabu Search auf das Maschinenbelegungsproblem aus Aufgabe 7.5.

Aufgabe 7.11

Eine Matrix $\mathbf{A}$ heißt **vollständig unimodular**, wenn für jede quadratische nichtsinguläre Teilmatrix $\mathbf{B}$ von $\mathbf{A}$ gilt: $\det \mathbf{B} = \pm 1$.

Zeigen Sie, daß das nicht-ganzzahlige Optimierungsproblem

$$\max z = \mathbf{c}^{\mathsf{T}}\mathbf{x}$$

u.d.N.

$$\begin{aligned} \mathbf{Ax} &\leq \mathbf{b} \\ \mathbf{x} &\geq \mathbf{0} \end{aligned}$$

mit vollständig unimodularer Koeffizientenmatrix $\mathbf{A}$ und ganzzahliger rechten Seite $\mathbf{b}$ nur ganzzahlige Basislösungen besitzt und damit im Falle der Existenz einer optimalen Lösung auch eine ganzzahlige optimale Lösung besitzt.

Aufgabe 7.12

Verifizieren Sie, daß die Koeffizientenmatrix des Transportproblems vollständig unimodular ist.

Hinweis: Nutzen Sie die folgende hinreichende Bedingung für die vollständige Unimodularität einer Matrix aus:

Enthält jede Spalte einer (m,n)-Matrix $\mathbf{A} = (a_{ij})$ mit $a_{ij} \in \{0,-1,1\}$ höchstens zwei von 0 verschiedene Werte und kann die Menge $\mathfrak{I} = \{1,\ldots,m\}$ der Zeilenindices in zwei disjunkte Teilmengen $\mathfrak{I}_1$ und $\mathfrak{I}_2$ zerlegt werden mit den Eigenschaften

a) Hat eine Spalte zwei von 0 verschiedene Werte mit demselben Vorzeichen, so gehört ein Zeilenindex der Teilmenge $\mathfrak{I}_1$ an und der andere $\mathfrak{I}_2$.

b) Hat eine Spalte zwei von 0 verschiedene Werte mit unterschiedlichen Vorzeichen, so gehören beide Zeilenindices derselben Teilmenge an (also $\mathfrak{I}_1$ oder $\mathfrak{I}_2$),

so ist $\mathbf{A}$ vollständig unimodular.

Kapitel 8

Nichtlineare Optimierung

8.1 Einführende Beispiele

Lineare Optimierungsprobleme gehen von einer linearen Zielfunktion aus. Außerdem setzen sie voraus, daß eventuelle Nebenbedingungen in Form von linearen Ungleichungen vorliegen. Diese einfache Struktur erlaubt es, das gesuchte Maximum oder Minimum der Zielfunktion äußerst effizient zu berechnen. Daher wird man stets bemüht sein, das gegebene Problem vorrangig durch ein lineares Optimierungsproblem zu beschreiben. Ist dies nicht möglich, führt also eine Linearisierung der Zielfunktion und/oder der Nebenbedingungen zu unvertretbaren Vereinfachungen, so kann man auf nichtlineare Optimierungsprobleme und deren Lösungsansätze zurückgreifen. Erkauft wird die größere Realitätsnähe jedoch durch mathematisch anspruchsvollere und rechentechnisch aufwendigere Lösungsansätze.

Die folgenden Beispiele geben einen ersten Einblick in die Struktur nichtlinearer Optimierungsprobleme, zeigen die Notwendigkeit nichtlinearer Ansätze auf und veranschaulichen die Schwierigkeiten, die beim Übergang vom linearen zum nichtlinearen Optimierungsproblem auftreten können.

Beispiel 8.1 (Produktprogrammplanung bei Preiselastizität)

Zur Herstellung der Produkte $j = 1, \ldots, n$ werden die Produktionsfaktoren $i = 1, \ldots, m$ eingesetzt. Die maximal nutzbare Kapazität des Faktors i sei b_i, die Beanspruchung des Faktors i zur Herstellung einer Einheit des Produktes j betrage a_{ij}.

Kann von einem konstanten Stückdeckungsbeitrag c_j des Produktes j ausgegangen werden, so ergeben sich die bezüglich der Maximierung des Gesamtdeckungsbeitrages optimalen Produktionsmengen $\mathbf{x}_1^*, \ldots, \mathbf{x}_n^*$ als Lösung des linearen Optimierungsproblems

$$\text{maximiere } z = \sum_{j=1}^{n} c_j x_j$$

unter den Nebenbedingungen

$$\sum_{j=1}^{n} a_{ij} x_j \leq b_i, \; i = 1, \dots, m, \; x_j \geq 0, \; j = 1, \dots, n.$$

Ist der Stückdeckungsbeitrag c_j des Produktes j nicht mehr konstant, sondern eine Funktion $c_j(x_j)$ der produzierten Menge x_j, so ist das resultierende Optimierungsproblem mit der neuen Zielfunktion

$$z = \sum_{j=1}^{n} c_j(x_j) x_j$$

nichtlinear. ○

Beispiel 8.2 (Investitionsentscheidungen unter Unsicherheit)
Ein Kapitalanleger beabsichtigt, ein Depot aus n Wertpapieren mit zufälligen, möglicherweise korrelierten Renditen zusammenzustellen. Die Zusammenstellung soll so erfolgen, daß eine von ihm erwartete Rendite b eingehalten und das dabei auftretende Risiko (ausgedrückt durch die Varianz der Gesamtrendite) minimiert wird.

Sei R_i die Rendite, die sich bei Investition des gesamten Kapitals in Wertpapier $i = 1, \dots, n$ ergebe. Wir fassen $R_1, \dots, R_n$ als Zufallsvariablen mit bekannten Erwartungswerten $\mu_i := \mathrm{E}[R_i]$, bekannten Varianzen $\sigma_i^2 = \sigma_{ii} := \mathrm{E}[(R_i - \mu_i)^2]$ und bekannten Kovarianzen $\sigma_{ij} = \mathrm{E}[(R_i - \mu_i)(R_j - \mu_j)]$ auf.

Ferner bezeichne $x_i \geq 0$, $\sum_{i=1}^{n} x_i = 1$, den Anteil des Kapitals, den der Anleger in Wertpapier i investiert.

Hieraus ergibt sich eine Gesamtrendite $R := \sum_{i=1}^{n} x_i R_i$ mit Erwartungswert $\mathrm{E}[R] = \sum_{i=1}^{n} x_i \mu_i$ und Varianz $\mathrm{Var}[R] = \sum_{i=1}^{n} \sum_{j=1}^{n} x_i x_j \sigma_{ij}$.

Die Festlegung der $x_1, \dots, x_n$ und damit die optimale Zusammensetzung des Depots läßt sich nun als Lösung des nichtlinearen Optimierungsproblems

$$\text{minimiere } z = \sum_{i=1}^{n} \sum_{j=1}^{n} x_i x_j \sigma_{ij}$$

unter den Nebenbedingungen

$$\sum_{i=1}^{n} x_i = 1$$
$$\sum_{i=1}^{n} x_i\mu_i \geq b$$
$$x_i \geq 0 \quad i = 1, \ldots, n$$

bestimmen. ○

Beispiel 8.3 (Modifikation von Beispiel 8.2)

Einem Kapitalanleger stehen b Geldeinheiten zur Verfügung, die er renditeorientiert in n Wertpapiere mit zufälligen, möglicherweise korrelierten Renditen investieren möchte. Eine Einheit des Wertpapiers i koste p_i und habe eine Rendite R_i.

Wir fassen $R_1, \ldots, R_n$ wie in Beispiel 8.2 als Zufallsvariablen mit bekannten Erwartungswerten $\mu_i := \mathrm{E}[R_i]$, bekannten Varianzen $\sigma_i^2 = \sigma_{ii}$ und bekannten Kovarianzen σ_{ij} auf.

Bei Kauf von x_i Einheiten des Wertpapiers i ergibt sich eine Gesamtrendite $R := \sum_{i=1}^{n} x_i R_i$ mit Erwartungswert $\mathrm{E}[R] = \sum_{i=1}^{n} x_i\mu_i$ und Varianz $\mathrm{Var}[R] = \sum_{i=1}^{n}\sum_{j=1}^{n} x_i x_j \sigma_{ij}$.

Wählt der Kapitalanleger als Zielfunktion $\mathrm{E}[R] - \beta\,\mathrm{Var}[R]$, wobei β ein Parameter ist, der seine Risikobereitschaft ausdrückt, so ergibt sich die optimale Zusammensetzung des Depots (unter Vernachlässigung der Ganzzahligkeit der x_j) als Lösung des nichtlinearen Optimierungsproblems

$$\text{maximiere } z = \sum_{i=1}^{n} x_i\mu_i - \beta \sum_{i=1}^{n}\sum_{j=1}^{n} x_i x_j \sigma_{ij}$$

unter den Nebenbedingungen

$$\sum_{i=1}^{n} x_i p_i \leq b$$
$$x_i \geq 0 \quad i = 1, \ldots, n.$$

○

Wir wenden uns nun den Schwierigkeiten zu, die beim Übergang vom linearen zum nichtlinearen Optimierungsproblem auftreten können.

Beispiel 8.4

Gegeben sei das lineare Optimierungsproblem, die Zielfunktion

$$f_1(\mathbf{x}) = c_1x_1 + c_2x_2$$

unter den Nebenbedingungen $0 \leq x_1, x_2 \leq 1$ zu maximieren.

Für die Berechnung der optimalen Lösung ist es lediglich erforderlich, die vier Eckpunkte $(0,0)^\top$, $(0,1)^\top$, $(1,0)^\top$, $(1,1)^\top$ des zulässigen Gebietes $\mathcal{M} = \{(x_1,x_2)^\top \in \mathbb{R}^2 \mid 0 \leq x_1, x_2 \leq 1\}$ auszuwerten.

Ersetzt man die lineare Zielfunktion $f_1(\mathbf{x})$ durch die nichtlineare Zielfunktion

$$f_2(\mathbf{x}) = c_1(x_1-0.5)^2 + c_2(x_2-0.5)^2 + \exp[1-(x_1-0.5)^2-(x_2-0.5)^2], \tag{8.1}$$

so ändert sich die Situation grundlegend. Für $c_1 = c_2 = 2.15$ nimmt f_2 das Maximum auf den Eckpunkten des zulässigen Gebiets $\mathcal{M}$ an, vgl. Abbildung 8.1(a). Für $(c_1,c_2) = (1,3)$ wird das Maximum auf dem Rand von $\mathcal{M}$ angenommen (Abbildung 8.1(b)) und für $c_1 = c_2 = 1$ sogar im Inneren von $\mathcal{M}$, vgl. Abbildung 8.1(c). Somit muß das gesamte Gebiet nach dem Optimum abgesucht werden, und man kann sich nicht, wie bei einem linearen Optimierungsproblem, auf die Eckpunkte konzentrieren.

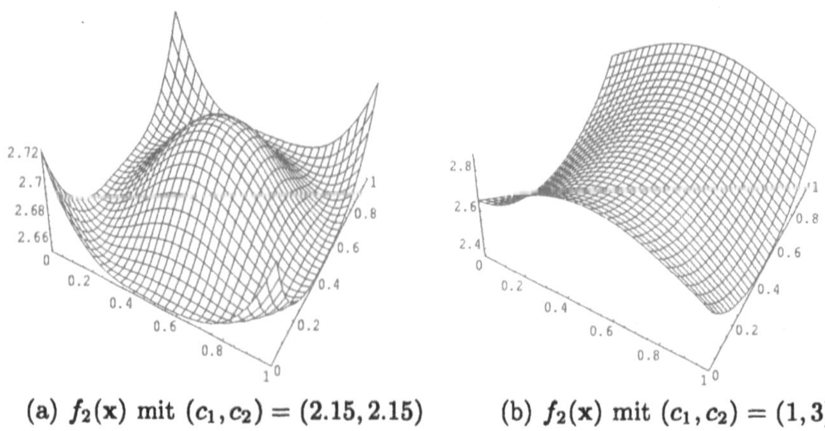

(a) $f_2(\mathbf{x})$ mit $(c_1,c_2) = (2.15, 2.15)$ (b) $f_2(\mathbf{x})$ mit $(c_1,c_2) = (1,3)$

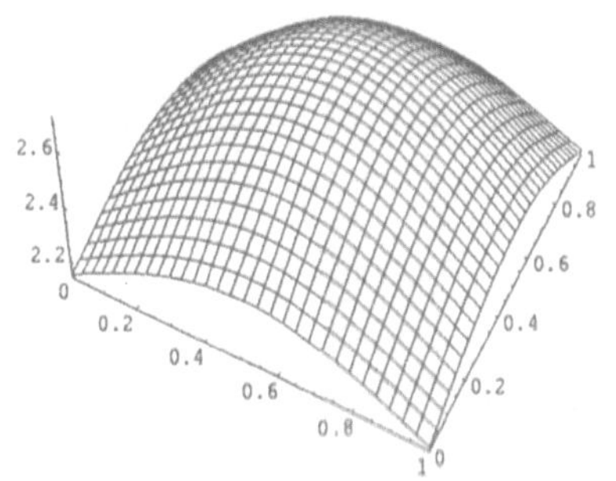

(c) $f_2(\mathbf{x})$ mit $(c_1, c_2) = (1, 1)$

Abbildung 8.1: Zielfunktion $f_2(\mathbf{x})$ aus (8.1) für unterschiedliche (c_1, c_2)

Abbildung 8.1(a) verdeutlicht eine weitere Schwierigkeit, die bei der iterativen Berechnung auftreten kann. Generiert man eine Folge $(\mathbf{x}_k)$ zulässiger Lösungen mit wachsenden Zielfunktionswerten $f(\mathbf{x}_k)$, so kann es, im Gegensatz zum Simplex-Algorithmus, durchaus vorkommen, daß sich die Folge $(\mathbf{x}_k)$ einer lokalen Maximumstelle (hier $(0.5, 0.5)^\mathsf{T}$) nähert und die eigentlichen globalen Maxima (hier in den Eckpunkten) nicht erkennt. ○

Nichtlineare Optimierungsprobleme treten sowohl als Maximierungsprobleme (Beispiele 8.1, 8.3 und 8.4) als auch Minimierungsprobleme (Beispiel 8.2) auf. Um die Darstellung möglichst einfach zu halten, konzentrieren wir uns im folgenden auf das Minimierungsproblem. Unter Berücksichtigung der bekannten Identität $\max f(\mathbf{x}) = -\min(-f)(\mathbf{x})$ kann dann das Maximierungsproblem unmittelbar in ein Minimierungsproblem mit der Zielfunktion $-f$ überführt werden und eine Minimumstelle $\mathbf{x}^*$ des zugeordneten Minimierungsproblem als eine Maximumstelle des Maximierungsproblems aufgefaßt werden. Schließlich ist z^* bis auf das Vorzeichen das gesuchte Maximum.

8.2 Optimalitätsbedingungen

Definition 8.1

Unter einem **nichtlinearen Optimierungsproblem** verstehen wir im folgenden die Aufgabe, das Minimum einer Funktion $f : \mathcal{M} \to \mathbb{R}$ zu bestimmen. Dabei ist $\mathcal{M}$ eine nichtleere Teilmenge des $\mathbb{R}^n$. Jeden Vektor $\mathbf{x} = (x_1, \ldots, x_n)^\mathsf{T} \in \mathcal{M}$ fassen wir als eine zulässige Lösung mit der Bewertung $f(\mathbf{x}) = f(x_1, \ldots, x_n)$ auf. Wir verwenden die folgende Kurzform:

$$\min z = f(\mathbf{x}) \quad \text{u.d.N.} \quad \mathbf{x} \in \mathcal{M}.$$

Stimmt der zulässige Bereich $\mathcal{M}$ mit $\mathbb{R}^n$ überein, so sprechen wir von einem **unrestringierten**, andernfalls von einem **restringierten Optimierungsproblem.**

Definition 8.2
Eine zulässige Lösung $\mathbf{x}^*$ mit $f(\mathbf{x}^*) \leq f(\mathbf{x})$ für alle $\mathbf{x} \in \mathcal{M}$ heißt **optimal.**

Unsere Beispiele zeigen bereits, daß das Auffinden einer optimalen Lösung wesentlich schwieriger und aufwendiger ist als beim linearen Optimierungsproblem. Wir beginnen daher zunächst mit einer Charakterisierung lokaler Minimumstellen.

Definition 8.3
Sei $\overline{\mathbf{x}} \in \mathcal{M}$ beliebig. Ein Vektor $\mathbf{s} = \mathbf{x} - \overline{\mathbf{x}} \in \mathbb{R}^n$ heißt **Richtung** im Punkt $\overline{\mathbf{x}}$. Die Richtung $\mathbf{s}$ heißt **zulässig**, wenn es ein $\overline{\lambda} > 0$ gibt, so daß die Punkte $\overline{\mathbf{x}} + \lambda\mathbf{s} = (\overline{x}_1 + \lambda s_1, \ldots, \overline{x}_n + \lambda s_n)^\mathsf{T}$ für alle $0 < \lambda \leq \overline{\lambda}$ in der Menge $\mathcal{M}$ liegen.

Im folgenden sei $\mathcal{Z}(\overline{\mathbf{x}})$ die Menge aller zulässigen Richtungen im Punkt $\overline{\mathbf{x}}$.

Ist $\overline{\mathbf{x}}$ ein innerer Punkt von $\mathcal{M}$, so existiert nach Definition eine Umgebung von $\overline{\mathbf{x}}$, die vollständig in $\mathcal{M}$ liegt. In diesem Falle ist jede Richtung $\mathbf{s} \in \mathbb{R}^n$ zulässig. Liegt $\overline{\mathbf{x}}$ auf dem Rand von $\mathcal{M}$, so gibt es sowohl zulässige als auch unzulässige Richtungen in $\overline{\mathbf{x}}$.

Definition 8.4
Eine zulässige Richtung $\mathbf{s} \in \mathcal{Z}(\overline{\mathbf{x}})$ heißt **Abstiegsrichtung**, wenn es ein $\overline{\tau} > 0$ gibt mit $f(\overline{\mathbf{x}} + \tau\mathbf{s}) < f(\overline{\mathbf{x}})$ für alle $0 < \tau \leq \overline{\tau}$.

Existiert eine Abstiegsrichtung im Punkt $\overline{\mathbf{x}}$, so kann man auf der Suche nach dem Minimum von f die bisher gefundene Lösung $f(\overline{\mathbf{x}})$ entlang dieser Abstiegsrichtung verbessern. Diese Idee führt auf eine Klasse von Iterationsverfahren, die Gradientenverfahren und die Verfahren zulässiger Richtungen, die wir in den Abschnitten 8.5 und 8.6 noch kennenlernen werden. Existiert keine Abstiegsrichtung im Punkt $\overline{\mathbf{x}}$, so ist $\overline{\mathbf{x}}$ eine lokale Minimumstelle. Das Auffinden einer Abstiegsrichtung oder der Nachweis, daß keine Abstiegsrichtung existiert, ist im allgemeinen jedoch sehr schwierig und oft nur unter zusätzlichen Differenzierbarkeitsannahmen realisierbar.

Ist f stetig differenzierbar (also nach den Variablen $x_1, \ldots, x_n$ partiell differenzierbar mit stetigen partiellen Ableitungen $\partial f/\partial x_1, \ldots, \partial f/\partial x_n$; wir schreiben kurz $f \in \mathcal{C}^1$, so erhalten wir nach Satz 2.7, Seite 79, mit Hilfe der Taylorreihenentwicklung von f im Punkt $\overline{\mathbf{x}}$

$$f(\overline{\mathbf{x}} + \mathbf{s}) - f(\overline{\mathbf{x}}) = \nabla f(\overline{\mathbf{x}} + \delta \mathbf{s})^\mathsf{T}\mathbf{s} \qquad \text{für ein } 0 \le \delta \le 1,$$

die folgende, auf dem Gradienten $\nabla f(\overline{\mathbf{x}}) = (\nabla_1 f(\overline{\mathbf{x}}), \dots, \nabla_n f(\overline{\mathbf{x}}))^\mathsf{T}$ basierende Charakterisierung einer Abstiegsrichtung $\mathbf{s}$ im Punkt $\overline{\mathbf{x}}$.

Satz 8.1
Sei f stetig differenzierbar und $\overline{\mathbf{x}} \in \mathcal{M}$. Eine zulässige Richtung $\mathbf{s} \in \mathcal{Z}(\overline{\mathbf{x}})$ ist eine Abstiegsrichtung im Punkt $\overline{\mathbf{x}}$, wenn gilt

$$\nabla f(\overline{\mathbf{x}})^\mathsf{T}\mathbf{s} < 0. \tag{8.2}$$

Existiert im Punkt $\overline{\mathbf{x}}$ keine Abstiegsrichtung, so ist $\overline{\mathbf{x}}$ eine lokale Minimumstelle, und wir erhalten den

Satz 8.2 (notwendige Optimalitätsbedingung 1. Ordnung)
Sei f stetig differenzierbar. Ist $\overline{\mathbf{x}} \in \mathcal{M}$ eine lokale Minimumstelle, so gilt

$$\nabla f(\overline{\mathbf{x}})^\mathsf{T}\mathbf{s} \ge 0 \tag{8.3}$$

für alle $\mathbf{s} \in \mathcal{Z}(\overline{\mathbf{x}})$.

Ist die lokale Minimumstelle $\overline{\mathbf{x}}$ ein innerer Punkt, so ist $\mathcal{Z}(\overline{\mathbf{x}}) = \mathbb{R}^n$ und damit muß (8.3) für alle $\mathbf{s} \in \mathbb{R}^n$ erfüllt sein. Dies ist nur möglich, wenn alle partiellen Ableitungen im Punkt $\overline{\mathbf{x}}$ verschwinden.

Satz 8.3 (notw. Optimalitätsbedingung 1. Ordnung für innere Punkte)
Sei f stetig differenzierbar. Ist die lokale Minimumstelle $\overline{\mathbf{x}}$ ein innerer Punkt von $\mathcal{M}$, so ist

$$\nabla_i f(\overline{\mathbf{x}}) = 0 \tag{8.4}$$

für alle $i = 1, \dots, n$.

Ist f zweimal stetig differenzierbar (also nach den Variablen $x_1, \dots, x_n$ zweimal partiell differenzierbar mit stetigen gemischten partiellen Ableitungen $\partial^2 f / \partial x_i \partial x_j$; wir schreiben kurz $f \in \mathcal{C}^2$), so lassen sich weitere notwendige

Bedingungen für eine lokale Minimumstelle angeben. In diesem Falle ist die aus den gemischten partiellen Ableitungen $\partial^2 f/\partial x_i \partial x_j$ im Punkt $\overline{\mathbf{x}}$ gebildete (n,n)-Matrix, die **Hesse-Matrix** $\nabla^2 f(\overline{\mathbf{x}})$, symmetrisch, siehe Kapitel 2. Nach Satz 2.8, Seite 79 gilt die Taylorreihenentwicklung von f im Punkt $\overline{\mathbf{x}}$:

$$f(\overline{\mathbf{x}}+\mathbf{s}) - f(\overline{\mathbf{x}}) = \nabla f(\overline{\mathbf{x}})^{\mathsf{T}}\mathbf{s} + \frac{1}{2}\mathbf{s}^{\mathsf{T}}\nabla^2 f(\overline{\mathbf{x}}+\delta\mathbf{s})\mathbf{s} \qquad \text{für ein } 0 \le \delta \le 1,$$

woraus wir die folgende notwendige Bedingung für ein lokales Minimum im Punkt $\overline{\mathbf{x}}$ erhalten.

Satz 8.4 (notwendige Optimalitätsbedingung 2. Ordnung)
Sei f zweimal stetig differenzierbar. Ist $\overline{\mathbf{x}} \in \mathcal{M}$ eine lokale Minimumstelle, so gilt (8.3) *für alle $\mathbf{s} \in \mathcal{Z}(\overline{\mathbf{x}})$. Ist zusätzlich* (8.4) *erfüllt, so ist $\mathbf{s}^{\mathsf{T}}\nabla^2 f(\overline{\mathbf{x}})\mathbf{s} \ge 0$.*

Die Sätze 8.2, 8.3 und 8.4 enthalten nur notwendige Bedingungen für ein lokales Minimum im Punkt $\overline{\mathbf{x}}$. Daher stellt sich die Frage nach hinreichenden Bedingungen. Aus der Analysis kennen wir für $n = 1$ und $\mathcal{M} = \mathbb{R}$ bereits die hinreichende Bedingung: $f'(\overline{x}) = 0$, $f''(\overline{x}) > 0$. Um eine analoge Bedingung für $n > 1$ zu erhalten, unterstellen wir, daß gilt $f \in \mathcal{C}^2$.

Satz 8.5 (hinr. Optimalitätsbedingung 2. Ordnung für innere Punkte)
Sei f zweimal stetig differenzierbar. Ist $\overline{\mathbf{x}} \in \mathcal{M}$ ein innerer Punkt mit $\nabla_i f(\overline{\mathbf{x}}) = 0$ für alle $i = 1, \ldots, n$ und positiv definiter Hesse-Matrix $\nabla^2 f(\overline{\mathbf{x}})$, so ist $\overline{\mathbf{x}}$ eine lokale Minimumstelle.

Zur Veranschaulichung betrachten wir das folgende

Beispiel 8.5 (Maximum-Likelihood-Schätzung)
Die Maximum-Likelihood-Schätzung der unbekannten Parameter μ und σ^2 einer normalverteilten Zufallsvariablen X ergibt sich bei Vorliegen einer Stichprobe $x_1, \ldots, x_n$ vom Umfang n als Maximumstelle der Likelihood-Funktion

$$\begin{aligned} L(\mu,\sigma^2) &= \frac{1}{\sqrt{2\pi\sigma^2}} \exp\left[-\tfrac{1}{2}\left(\tfrac{x_1-\mu}{\sigma}\right)^2\right] \times \cdots \times \frac{1}{\sqrt{2\pi\sigma^2}} \exp\left[-\tfrac{1}{2}\left(\tfrac{x_n-\mu}{\sigma}\right)^2\right] \\ &= (2\pi\sigma^2)^{-n/2} \exp\left[-\frac{1}{2\sigma^2}\sum_{i=1}^{n}(x_i-\mu)^2\right] \end{aligned}$$

Es ist bequemer, zur Log-Likelihood-Funktion

$$\ln L(\mu,\sigma^2) = -\frac{n}{2}\ln 2\pi - \frac{n}{2}\ln\sigma^2 - \frac{1}{2\sigma^2}\sum_{i=1}^{n}(x_i-\mu)^2$$

überzugehen, die dieselben Maximumstellen wie $L(\mu, \sigma^2)$ besitzt (vgl. Aufgabe 8.12). Als Minimierungsaufgabe formuliert stellt sich damit das folgende Optimierungsproblem: Minimiere

$$z = f(\mu, \sigma^2) = \frac{n}{2} \ln 2\pi + \frac{n}{2} \ln \sigma^2 + \frac{1}{2\sigma^2} \sum_{i=1}^{n} (x_i - \mu)^2$$

für $\mu \in \mathbb{R}$ und $\sigma^2 > 0$.

Wir versuchen, zunächst einen inneren Punkt $(\overline{\mu}, \overline{\sigma^2})$ zu finden, für den die partiellen Ableitungen

$$\frac{\partial f}{\partial \mu} = -\frac{1}{\sigma^2} \sum_{i=1}^{n} (x_i - \mu), \quad \frac{\partial f}{\partial \sigma^2} = \frac{n}{2\sigma^2} - \frac{1}{2\left(\sigma^2\right)^2} \sum_{i=1}^{n} (x_i - \mu)^2$$

verschwinden. Das ist der Fall für

$$\overline{\mu} = \frac{1}{n} \sum_{i=1}^{n} x_i \quad \text{und} \quad \overline{\sigma^2} = \frac{1}{n} \sum_{i=1}^{n} (x_i - \overline{\mu})^2 .$$

Mit Hilfe der zweiten partiellen Ableitungen

$$\frac{\partial^2 f}{\partial \mu^2} = \frac{n}{\sigma^2}$$

$$\frac{\partial^2 f}{\partial \mu \partial \sigma^2} = \frac{1}{\left(\sigma^2\right)^2} \sum_{i=1}^{n} (x_i - \mu)$$

$$\frac{\partial^2 f}{\partial \left(\sigma^2\right)^2} = -\frac{n}{2\left(\sigma^2\right)^2} + \frac{1}{2\left(\sigma^2\right)^3} \sum_{i=1}^{n} (x_i - \mu)^2$$

stellen wir die Hesse-Matrix

$$\nabla^2 f(\overline{\mu}, \overline{\sigma^2}) = \frac{n}{\overline{\sigma^2}} \begin{pmatrix} 1 & 0 \\ 0 & 1/2\overline{\sigma^2} \end{pmatrix}$$

im Punkt $(\overline{\mu}, \overline{\sigma^2})$ auf. Diese ist nach Satz 1.20 positiv definit, da die Hauptabschnittsdeterminanten positiv sind. Somit ist $(\overline{\mu}, \overline{\sigma^2})$ nach Satz 8.5 eine lokale

Minimumstelle. Darüber hinaus ist $(\overline{\mu},\overline{\sigma^2})$ auch eine globale Minimumstelle und damit die gesuchte Maximum-Likelihood-Schätzung, da $\mathcal{M}$ offen ist und $(\overline{\mu},\overline{\sigma^2})$ der einzige Punkt ist, der (8.4) erfüllt. ○

Sind der zulässige Bereich $\mathcal{M}$ und die Zielfunktion f konvex, so vereinfacht sich die Situation erheblich. Zunächst zeigen wir, daß jede lokale Minimumstelle auch eine globale Minimumstelle und damit optimale Lösung ist.

Satz 8.6

Sei $\mathcal{M}$ eine konvexe Menge und $f : \mathcal{M} \to \mathbb{R}$ eine konvexe Funktion. Dann gilt:

(i) Jedes lokale Minimum ist auch ein globales Minimum.

(ii) Die Menge aller Minimumstellen ist konvex.

(iii) Ist f streng konvex, so gibt es höchstens eine Minimumstelle.

Beweis: (i) Sei $f(\overline{\mathbf{x}})$ ein lokales Minimum. Gäbe es ein $\mathbf{x} \in \mathcal{M}$ mit $f(\mathbf{x}) < f(\overline{\mathbf{x}})$, so würde aufgrund der Konvexität von f für alle $\alpha \in (0,1)$ gelten

$$f(\overline{\mathbf{x}} + (1-\alpha)(\mathbf{x} - \overline{\mathbf{x}})) = f(\alpha\overline{\mathbf{x}} + (1-\alpha)\mathbf{x}) \leq \alpha f(\overline{\mathbf{x}}) + (1-\alpha)f(\mathbf{x}) < f(\overline{\mathbf{x}})$$

im Widerspruch zur Definition eines lokalen Minimums.

(ii) Sei $f(\overline{\mathbf{x}})$ ein Minimum. Dann ist nach Satz 1.37(iv) die Menge $\mathcal{M}^* := \{\mathbf{x} \in \mathcal{M} \mid f(\mathbf{x}) \leq f(\overline{\mathbf{x}})\}$ konvex.

(iii) Sei $\overline{\mathbf{x}}$ eine Minimumstelle. Gäbe es eine weitere Minimumstelle $\widehat{\mathbf{x}}$, so würde für alle $\lambda \in (0,1)$ gelten

$$f(\lambda\overline{\mathbf{x}} + (1-\lambda)\widehat{\mathbf{x}}) \geq f(\overline{\mathbf{x}}) = f(\widehat{\mathbf{x}}) = \lambda f(\overline{\mathbf{x}}) + (1-\lambda)f(\widehat{\mathbf{x}}),$$

was im Widerspruch zur strengen Konvexität von f steht. □

Unter den zusätzlichen Differenzierbarkeitsannahmen, die wir bereits zur Charakterisierung der lokalen Minimumstellen herangezogen haben, ergeben sich die folgenden Kriterien zur Überprüfung von f auf Konvexität.

Satz 8.7
Sei $\mathcal{M}$ konvex. Dann gilt

(i) Ist $f \in \mathcal{C}^1$, so ist f ist auf $\mathcal{M}$ genau dann konvex, wenn gilt

$$f(\mathbf{x}) - f(\overline{\mathbf{x}}) \geq (\mathbf{x} - \overline{\mathbf{x}})^\mathsf{T} \nabla f(\overline{\mathbf{x}})$$

für alle $\mathbf{x}, \overline{\mathbf{x}} \in \mathcal{M}$.

(ii) Ist $f \in \mathcal{C}^2$, so ist f auf $\mathcal{M}$ genau dann konvex bzw. streng konvex, wenn die Hesse-Matrix in jedem Punkt $\overline{\mathbf{x}} \in \mathcal{M}$ nichtnegativ definit bzw. positiv definit ist.

Mit Satz 8.7(i) und Satz 8.2 erhalten wir die folgende notwendige und hinreichende Bedingung für eine lokale und damit nach Satz 8.6 globale Minimumstelle.

Satz 8.8 (hinreichende Optimalitätsbedingung 1. Ordnung)
Sei $\mathcal{M}$ konvex und f sei stetig differenzierbar und konvex auf $\mathcal{M}$. Dann ist $\overline{\mathbf{x}} \in \mathcal{M}$ genau dann eine globale Minimumstelle, wenn gilt

$$\nabla f(\overline{\mathbf{x}})^\mathsf{T} \mathbf{s} \geq 0 \tag{8.5}$$

für alle $\mathbf{s} \in \mathcal{Z}(\overline{\mathbf{x}})$.

Bei der praktischen Umsetzung des Satzes 8.8 wird man sich zunächst auf die inneren Punkte von $\mathcal{M}$ konzentrieren und versuchen, das nichtlineare Gleichungssystem $\nabla f(\overline{\mathbf{x}}) = \mathbf{0}$ zu lösen. Besitzt es in der Menge der inneren Punkte von $\mathcal{M}$ eine Lösung, so ist diese Lösung eine globale Minimumstelle. Andernfalls hat man noch den Rand von $\mathcal{M}$ mit Hilfe der Originalbedingung (8.5) nach einer Minimumstelle abzusuchen.

8.3 Konvexe Optimierungsprobleme

Der zulässige Bereich $\mathcal{M}$ restringierter nichtlinearer Optimierungsprobleme ist häufig durch Ungleichungen der Form $g_1(\mathbf{x}) \leq 0, \ldots, g_m(\mathbf{x}) \leq 0$ darstellbar, wobei $g_1, \ldots, g_m : \mathbb{R}^n \to \mathbb{R}^n$ ökonomische und/oder technische Restriktionen beschreiben. Sind die g_i konvex, so sind zunächst die Mengen $\mathcal{M}_i = \{\mathbf{x} \in \mathbb{R}^n \mid g_i(\mathbf{x}) \leq 0\}$ konvex (vgl. Satz 1.37(v), Seite 53) und schließlich ist $\mathcal{M} = \cap_{i=1}^m \mathcal{M}_i$ als Durchschnitt konvexer Mengen konvex, vgl. Satz 1.26, Seite 39. Diese zusätzliche Struktur des zulässigen Bereiches $\mathcal{M}$ greifen wir im folgenden auf.

Definition 8.5
Gegeben seien die konvexen Funktionen $f, g_1, \ldots, g_m \in \mathcal{C}^1$. Unter einem **konvexen Optimierungsproblem** verstehen wir die Aufgabe

$$\min z = f(\mathbf{x}) \quad \text{u. d. N.} \quad g_i(\mathbf{x}) \le 0,\ i = 1, \ldots, m.$$

Eine lokale Minimumstelle $\overline{\mathbf{x}} \in \mathcal{M}$ charakterisieren wir wieder als einen Punkt, in dem keine Abstiegsrichtung existiert. Den Nachweis erbringen wir jedoch nicht über die Menge $\mathcal{Z}(\overline{\mathbf{x}})$ der zulässigen Richtungen im Punkt $\overline{\mathbf{x}}$, sondern über eine Menge $\mathcal{Z}^{L}(\overline{\mathbf{x}})$ von Richtungen, die zulässig sind bezüglich der in einer Umgebung von $\overline{\mathbf{x}}$ linear approximierten Funktionen $g_i(\mathbf{x})$.

Bei der Approximation gilt daher unsere besondere Aufmerksamkeit den Nebenbedingungen, die in Gleichungsform $g_i(\overline{\mathbf{x}}) = 0$ vorliegen. Eine solche Nebenbedingung bezeichnet man auch als **aktiv** im Punkt $\overline{\mathbf{x}}$. Sei $\mathcal{J}_A(\overline{\mathbf{x}}) := \{i \mid g_i(\overline{\mathbf{x}}) = 0\}$ die Indexmenge aller aktiven Nebenbedingungen im Punkt $\overline{\mathbf{x}}$. Mit $\mathcal{J}_A(\overline{\mathbf{x}})$ können wir nun

$$\mathcal{Z}^{L}(\overline{\mathbf{x}}) = \{\mathbf{s} \in \mathbb{R}^n \mid \nabla g_i(\overline{\mathbf{x}})^{\mathsf{T}}\mathbf{s} \le 0 \text{ für } i \in \mathcal{J}_A(\overline{\mathbf{x}})\}$$

präzisieren.

Die Mengen $\mathcal{Z}(\overline{\mathbf{x}})$ und $\mathcal{Z}^{L}(\overline{\mathbf{x}})$ stimmen im allgemeinen nicht überein. Gleichheit erhält man jedoch unter einer der beiden folgenden, leicht zu überprüfenden

Regularitätsannahmen

(R1) Die Nebenbedingungen $g_i(\mathbf{x}) \le 0$ liegen als lineare Ungleichungen vor.

(R2) Es existiert ein $\widehat{\mathbf{x}}$ mit $g_i(\widehat{\mathbf{x}}) < 0$ für alle Nebenbedingungen $g_i(\mathbf{x}) \le 0$, die nicht als lineare Ungleichungen vorliegen (**Slater-Bedingung**).

Setzt man $\mathbf{A}^{\mathsf{T}} = (\partial g_i(\overline{\mathbf{x}})/\partial x_j)_{i \in \mathcal{J}_A(\overline{\mathbf{x}}), j=1,\ldots,n}$ und $\mathbf{b} = -\nabla f(\overline{\mathbf{x}})$ sowie $\mathbf{y} = -\mathbf{s}$ und $\mathbf{x} = \mathbf{u}$, so läßt sich mit Hilfe des Lemma von Farkas (Satz 4.4, Seite 209) nun zeigen, daß die Menge

$$\{s \in \mathbb{R}^n \mid \nabla f(\overline{\mathbf{x}})^{\mathsf{T}}\mathbf{s} < 0,\ \nabla g_i(\overline{\mathbf{x}})^{\mathsf{T}}\mathbf{s} \le 0 \text{ für } i \in \mathcal{J}_A(\overline{\mathbf{x}})\}$$

genau dann leer ist und damit keine Abstiegsrichtung im Punkt $\overline{\mathbf{x}}$ existiert, wenn es $u_i \ge 0$ gibt mit $i \in \mathcal{J}_A(\overline{\mathbf{x}})$ und $\nabla f(\overline{\mathbf{x}}) = -\sum_{i \in \mathcal{J}_A(\overline{\mathbf{x}})} u_i \nabla g_i(\overline{\mathbf{x}})$. Hieraus folgt das zentrale Ergebnis dieses Abschnitts, eine notwendige und hinreichende Bedingung für die Existenz einer optimalen Lösung.

Satz 8.9 (Karush-Kuhn-Tucker Theorem)

Es liege ein konvexes Optimierungsproblem vor, für das (R1) oder (R2) erfüllt ist. Der Punkt $\mathbf{x}^*$ *ist genau dann eine optimale Lösung, wenn ein* $\mathbf{u}^* \in \mathbb{R}^m$ *existiert mit*

$$\frac{\partial f(\mathbf{x}^*)}{\partial x_j} + \sum_{i=1}^{m} u_i^* \frac{\partial g_i(\mathbf{x}^*)}{\partial x_j} = 0, \quad j = 1, \ldots, n \tag{8.6}$$

$$g_i(\mathbf{x}^*) \leq 0, \quad i = 1, \ldots, m \tag{8.7}$$

$$u_i^* g_i(\mathbf{x}^*) = 0, \quad i = 1, \ldots, m \tag{8.8}$$

$$u_i^* \geq 0, \quad i = 1, \ldots, m. \tag{8.9}$$

Beweis: siehe z. B. Rustem (1998), Abschnitt 1.3 und Großmann und Terno (1993), Abschnitt 1.2. ❑

Die Optimalitätsbedingungen (8.6) bis (8.9) des Satzes 8.9 bezeichnet man gewöhnlich als **Karush-Kuhn-Tucker-Bedingungen** (kurz **KKT-Bedingungen**).

In vielen Anwendungen sind zusätzlich die Nichtnegativitätsbedingungen $x_1 \geq 0, \ldots, x_n \geq 0$ zu erfüllen. Diese lassen sich zwar unmittelbar durch die weiteren Nebenbedingungen $g_{m+1}(\mathbf{x}) = -x_1 \leq 0, \ldots, g_{m+n}(\mathbf{x}) = -x_n \leq 0$ in den zulässigen Bereich $\mathcal{M}$ einbeziehen; der Vollständigkeit halber geben wir jedoch die resultierenden KKT-Bedingungen explizit an.

Satz 8.10

Gegeben seien die konvexen Funktionen $f, g_1, \ldots, g_m \in \mathcal{C}^1$. *Für das konvexe Optimierungsproblem*

$$\min z = f(\mathbf{x}) \quad u.\ d.\ N. \quad g_i(\mathbf{x}) \leq 0,\ i = 1, \ldots, m, \quad x_1, \ldots, x_n \geq 0,$$

sei (R1) oder (R2) erfüllt. Der Punkt $\mathbf{x}^*$ *ist genau dann eine optimale Lösung, wenn ein* $\mathbf{u}^* \in \mathbb{R}^m$ *existiert, für das die KKT-Bedingungen*

$$\frac{\partial f(\mathbf{x}^*)}{\partial x_j} + \sum_{i=1}^{m} u_i^* \frac{\partial g_i(\mathbf{x}^*)}{\partial x_j} \geq 0, \quad j = 1, \ldots, n \tag{8.10}$$

$$g_i(\mathbf{x}^*) \leq 0, \quad i = 1, \ldots, m \tag{8.11}$$

$$x_j^* \left[\frac{\partial f(\mathbf{x}^*)}{\partial x_j} + \sum_{i=1}^{m} u_i^* \frac{\partial g_i(\mathbf{x}^*)}{\partial x_j} \right] = 0, \quad j = 1, \ldots, n \tag{8.12}$$

$$u_i^* g_i(\mathbf{x}^*) = 0, \quad i = 1, \ldots, m \tag{8.13}$$

$$x_j^* \geq 0, \quad j = 1, \ldots, n \tag{8.14}$$

$$u_i^* \geq 0, \quad i = 1, \ldots, m \tag{8.15}$$

erfüllt sind.

Die KKT-Bedingungen führen auf ein nichtlineares Gleichungssystem, das im allgemeinen nur schwer lösbar ist. Zur Veranschaulichung betrachten wir das folgende Beispiel.

Beispiel 8.6
Gegeben sei das nichtlineare Optimierungsproblem

$$\min z = 2x_1^2 + 2x_1x_2 + x_2^2 - 10x_1 - 10x_2$$

u.d.N.

$$x_1^2 + x_2^2 - 5 \leq 0, \; 3x_1 + x_2 - 6 \leq 0, \; x_1, x_2 \geq 0.$$

Zunächst überprüfen wir, ob Satz 8.10 anwendbar ist.

Konvexität von f, g_1 und g_2:

Am einfachsten stellt man die Funktionen f, g_1 und g_2 als Summe elementarer konvexer Funktionen dar, vgl. Satz 1.37(i), Seite 53.

$$\begin{aligned} f(\mathbf{x}) &= 2x_1^2 + 2x_1x_2 + x_2^2 - 10x_1 - 10x_2 \\ &= (x_1 + x_2)^2 + (x_1 - 5)^2 + (-10x_2 - 25) \\ g_1(\mathbf{x}) &= x_1^2 + x_2^2 - 5 = x_1^2 + (x_2^2 - 5) \\ g_2(\mathbf{x}) &= 3x_1 + x_2 - 6 = 3x_1 + (x_2 - 6). \end{aligned}$$

Möglich ist auch der Nachweis über die Hesse-Matrix. Die zweiten partiellen Ableitungen

$$\frac{\partial f(\mathbf{x})}{\partial x_1} = 4x_1 + 2x_2 - 10 \qquad \frac{\partial^2 f(\mathbf{x})}{\partial x_1^2} = 4 \qquad \frac{\partial^2 f(\mathbf{x})}{\partial x_1 \partial x_2} = \frac{\partial^2 f(\mathbf{x})}{\partial x_2 \partial x_1} = 2$$

$$\frac{\partial f(\mathbf{x})}{\partial x_2} = 2x_1 + 2x_2 - 10 \qquad \frac{\partial^2 f(\mathbf{x})}{\partial x_2^2} = 4$$

von f führen (unabhängig von $\overline{\mathbf{x}} = (\overline{x}_1, \overline{x}_2)^{\mathsf{T}}$) auf die Hesse-Matrix

$$\nabla^2 f(\overline{\mathbf{x}}) = \begin{pmatrix} 4 & 2 \\ 2 & 2 \end{pmatrix}$$

mit den positiven Eigenwerten $\lambda_{1/2} = 3 \pm \sqrt{5}$. Somit ist f nach Satz 1.21(i), Seite 33, und Satz 8.7(ii), Seite 437, (streng) konvex. Ebenso erhält man die Konvexität von g_1 und g_2.

Slater-Bedingung:

Sie ist erfüllt für $\widehat{\mathbf{x}} = (0,0)^{\mathsf{T}}$, da $g_1(0,0) < 0$ gilt.

Somit sind die Voraussetzungen des Satzes 8.10 erfüllt und wir können die KKT-Bedingungen formulieren.

KKT - Bedingungen:

(8.10) $4x_1 + 2x_2 - 10 + 2u_1x_1 + 3u_2 \geq 0$
$2x_1 + 2x_2 - 10 + 2u_1x_2 + u_2 \geq 0$

(8.11) $x_1^2 + x_2^2 - 5 \leq 0$
$3x_1 + x_2 - 6 \leq 0$

(8.12) $x_1(4x_1 + 2x_2 - 10 + 2u_1x_1 + 3u_2) = 0$
$x_2(2x_1 + 2x_2 - 10 + 2u_1x_2 + u_2) = 0$

(8.13) $u_1(x_1^2 + x_2^2 - 5) = 0$
$u_2(3x_1 + x_2 - 6) = 0$

(8.14) $x_1 \geq 0,\ x_2 \geq 0$

(8.15) $u_1 \geq 0, u_2 \geq 0.$

Die Lösung der KKT-Bedingungen kann durch Fallunterscheidung erfolgen. Hierzu sind 16 Fälle auszuwerten. Die meisten führen jedoch sehr schnell auf einen Widerspruch:

$$
\begin{array}{ll}
u_1 = 0,\ u_2 = 0,\ x_1 = 0,\ x_2 = 0: & \text{Widerspruch zu (8.10)} \\
u_1 = 0,\ u_2 = 0,\ x_1 = 0,\ x_2 > 0: & \text{Widerspruch zu (8.10), (8.11)} \\
\quad\vdots & \\
u_1 > 0,\ u_2 = 0,\ x_1 > 0,\ x_2 > 0: & u_1 = 1,\ x_1 = 1,\ x_2 = 2 \\
\quad\vdots &
\end{array}
$$

Somit ist $\mathbf{x}^* = (1,2)^T$ eine optimale Lösung und $z^* = -20$. ○

Auf die Slater-Bedingung kann im allgemeinen nicht verzichtet werden, wie das folgende Beispiel zeigt.

Beispiel 8.7
Das konvexe Optimierungsproblem

$$\min z = x \quad \text{u. d. N.} \quad (x-1)^2 \leq 0,\ x \geq 0$$

besitzt die optimale Lösung $x^* = 1$. Man sieht unmittelbar, daß $x^* = 1$ die KKT-Bedingungen

$$
\begin{array}{lll}
(8.10)\ 1 + 2u(x-1) \geq 0 & (8.12)\ x(1 + 2u(x-1)) = 0 & (8.14)\ x \geq 0 \\
(8.11)\ (x-1)^2 \leq 0 & (8.13)\ u(x-1)^2 = 0 & (8.15)\ u \geq 0
\end{array}
$$

nicht erfüllt. Dies ist jedoch kein Widerspruch zu Satz 8.10, da die Slater-Bedingung $g(x) = (x-1)^2 < 0$ für kein $x \in \mathbb{R}$ erfüllbar ist und damit Satz 8.10 nicht angewendet werden kann. ○

8.4 Quadratische Optimierungsprobleme

In diesem Abschnitt betrachten wir einen wichtigen Spezialfall nichtlinearer Optimierungsprobleme (vgl. Beispiele 8.3 und 8.4).

Definition 8.6
Es sei $\mathbf{Q}$ eine symmetrische und nichtnegativ definite Matrix. Ein konvexes Optimierungsproblem heißt **quadratisch**, wenn es von folgender Form ist:

$$\min z = \mathbf{c}^\top \mathbf{x} + \frac{1}{2}\mathbf{x}^\top \mathbf{Q}\mathbf{x} \quad \text{u. d. N.} \quad \mathbf{A}\mathbf{x} - \mathbf{b} \le \mathbf{0}, \ \mathbf{x} \ge \mathbf{0}.$$

Man beachte, daß die Matrix $\mathbf{Q} = (q_{ij})$ stets als symmetrische Matrix angenommen werden kann. Liegt sie in der Aufgabenstellung nicht bereits als symmetrische Matrix vor, so kann sie o.B.d.A. durch die symmetrische Matrix $(\mathbf{Q} + \mathbf{Q}^\top)/2$ ersetzt werden, siehe Abschnitt 1.8.

Man überprüft leicht, daß $\mathbf{Q}$ mit der Hesse-Matrix $\nabla^2 f(\mathbf{x})$ in jedem Punkt $\mathbf{x}$ übereinstimmt. Damit ist die Eigenschaft, daß $\mathbf{Q}$ nichtnegativ definit ist, gleichbedeutend mit der Eigenschaft, daß f konvex ist (vgl. Satz 8.7). Die Nebenbedingungen sind als lineare Funktionen ohnehin konvex. Zudem entfällt die Überprüfung der Slater-Bedingung.

Die KKT-Bedingungen für das quadratische Optimierungsproblem lauten:

$$\text{(8.10)} \quad c_j + \sum_{k=1}^{n} q_{jk}x_k + \sum_{i=1}^{m} u_i a_{ij} \ge 0 \qquad j = 1,\dots,n$$

$$\text{(8.11)} \quad \sum_{j=1}^{n} a_{ij}x_j - b_i \le 0 \qquad i = 1,\dots,m$$

$$\text{(8.12)} \quad x_j \left[c_j + \sum_{k=1}^{n} q_{jk}x_k + \sum_{i=1}^{m} u_i a_{ij}\right] = 0 \qquad j = 1,\dots,n$$

$$\text{(8.13)} \quad u_i \left[\sum_{j=1}^{n} a_{ij}x_j - b_i\right] = 0 \qquad i = 1,\dots,m$$

$$\text{(8.14)} \quad x_j \ge 0 \qquad j = 1,\dots,n$$

$$\text{(8.15)} \quad u_i \ge 0 \qquad i = 1,\dots,m.$$

Für die Ermittlung einer Lösung $(\mathbf{x}^{*\top}, \mathbf{u}^{*\top})^\top \in \mathbb{R}^{n+m}$ der KKT-Bedingungen kann man ein modifiziertes Simplex-Verfahren, die Komplementaritätsmethode, heranziehen, die wir in Abschnitt 8.9 vorstellen werden.

8.5 Gradientenverfahren

Wir wenden uns nun ausgewählten Lösungsverfahren zu. Ausgangspunkt ist die Klasse der Gradientenverfahren. Hierzu unterstellen wir ein unrestringiertes Optimierungsproblem mit stetig (zweimal stetig) differenzierbarer Zielfunktion.

Da in einem unrestringierten Problem jeder Punkt ein innerer Punkt ist, konzentriert sich unser Interesse hauptsächlich auf die (approximative) Lösung von $\nabla f(\mathbf{x}) = \mathbf{0}$. Einen Punkt $\overline{\mathbf{x}}$ mit $\nabla f(\overline{\mathbf{x}}) = \mathbf{0}$ haben wir in Abschnitt 2.2.7 auch als stationären Punkt bezeichnet. Die Existenz eines stationären Punktes $\overline{\mathbf{x}}$ ist somit nach Satz 8.3 eine notwendige Bedingung für eine lokale Minimumstelle.

Die **Gradientenverfahren** starten mit einer beliebigen Anfangsnäherung $\mathbf{x}_0 \in \mathbb{R}^n$ und generieren sukzessiv verbesserte Näherungen $\mathbf{x}_1, \mathbf{x}_2, \mathbf{x}_3, \ldots$ gemäß

$$\mathbf{x}_{k+1} = \mathbf{x}_k + t_k \mathbf{s}_k$$

mit noch festzulegender Abstiegsrichtung $\mathbf{s}_k \in \mathbb{R}^n$ und Schrittweite $t_k \geq 0$.

8.5.1 Methode des steilsten Abstiegs

Bei dem klassischen Gradientenverfahren (auch **Methode des steilsten Abstiegs** genannt) wird f in der Umgebung von $\mathbf{x}_k$ linear approximiert durch

$$f(\mathbf{x}_k + t_k \mathbf{s}_k) \approx f(\mathbf{x}_k) + t_k \nabla f(\mathbf{x}_k)^{\mathsf{T}} \mathbf{s}_k.$$

Für „kleine“ t_k ist die Approximation hinreichend genau und führt zu einer Verbesserung, falls $\mathbf{s}_k$ eine Abstiegsrichtung ist, wenn also $\nabla f(\mathbf{x}_k)^{\mathsf{T}} \mathbf{s}_k < 0$ gilt. Die **optimale Abstiegsrichtung (Richtung des steilsten Abstiegs)**

$$\mathbf{s}_k = -\frac{1}{\|\nabla f(\mathbf{x}_k)\|} \nabla f(\mathbf{x}_k)$$

ergibt sich dabei als Minimumstelle der Funktion

$$\nabla f(\mathbf{x}_k)^{\mathsf{T}} \mathbf{s}_k \quad \text{u. d. N.} \quad \|\mathbf{s}_k\| = 1,$$

was der Leser nachweisen möge. Dabei bezeichnet $\|\cdot\|$ die euklidische Norm (1.22). Die Schrittweite t_k wird anschließend als Minimumstelle der Funktion

$$\phi_k(t_k) := f(\mathbf{x}_k + t_k \mathbf{s}_k), \qquad t_k \geq 0,$$

ermittelt.

Das klassische Gradientenverfahren ist einfach zu implementieren. Gilt z. B. $f(\mathbf{x}) \to \infty$ für $\|\mathbf{x}\| \to \infty$, so ist, unabhängig vom Startwert $\mathbf{x}_0$, jeder Häufungspunkt der Folge $\mathbf{x}_1, \mathbf{x}_2, \mathbf{x}_3, \ldots$ ein stationärer Punkt (vgl. Minoux (1986), Seite 86). Die Konvergenz ist jedoch im allgemeinen langsam.

8.5.2 Verfahren konjugierter Richtungen

Die Verfahren konjugierter Richtungen versuchen die Nachteile des klassischen Gradientenverfahren (langsame Konvergenz) und des Newton- Verfahren (hoher Rechenaufwand), das wir noch vorstellen werden, zu vermeiden und suchen einen Mittelweg. Sie haben die interessante Eigenschaft, daß sie, angewandt auf eine quadratische Funktion, nach höchstens n Iterationsschritten die optimale Lösung liefern.

Wir betrachten daher zunächst eine quadratische Funktion und übertragen dann das Konzept auf eine beliebige Funktion.

a) **Quadratische Zielfunktion:**

Sei $f(\mathbf{x}) = \mathbf{c}^T\mathbf{x} + \frac{1}{2}\mathbf{x}^T\mathbf{Q}\mathbf{x}$ mit positiv definiter Matrix $\mathbf{Q}$. Dann erhält man, ausgehend von einem beliebigen Startwert $\mathbf{x}_0$, bei Wahl von n linear unabhängigen Richtungen $\mathbf{s}_0, \mathbf{s}_1, \ldots, \mathbf{s}_{n-1}$ mit $\mathbf{s}_i^T\mathbf{Q}\mathbf{s}_j = 0$ für $i \neq j$ (man spricht auch von **Q-Orthogonalität**) und den Schrittweiten

$$t_k = -\frac{\mathbf{s}_k^T(\mathbf{Q}\mathbf{x}_k + \mathbf{c})}{\mathbf{s}_k^T\mathbf{Q}\mathbf{s}_k}$$

nach höchstens n Iterationsschritten die exakte Lösung (vgl. Minoux (1986), Seite 90). Nutzt man die noch bleibenden Freiheitsgrade bei der Wahl der zulässigen Richtungen, so ergeben sich die folgenden Rechenschritte.

Initialisierung:

$\mathbf{x}_0 \in \mathbb{R}^n$ beliebig, $\mathbf{s}_0 = -\mathbf{g}_0 = -\mathbf{Q}\mathbf{x}_0 - \mathbf{c}$.

Iterationsschritt: $k \to k+1$

$$\begin{aligned}
t_k &= -\frac{\mathbf{g}_k^\mathsf{T}\mathbf{s}_k}{\mathbf{s}_k^\mathsf{T}\mathbf{Q}\mathbf{s}_k}\\
\mathbf{x}_{k+1} &= \mathbf{x}_k + t_k\mathbf{s}_k\\
\mathbf{g}_{k+1} &= \mathbf{Q}\mathbf{x}_{k+1} + \mathbf{c} = \nabla f(\mathbf{x}_{k+1})\\
\beta_k &= \frac{\mathbf{g}_{k+1}^\mathsf{T}\mathbf{Q}\mathbf{s}_k}{\mathbf{s}_k^\mathsf{T}\mathbf{Q}\mathbf{s}_k} = \frac{\mathbf{g}_{k+1}^\mathsf{T}\mathbf{g}_{k+1}}{\mathbf{g}_k^\mathsf{T}\mathbf{g}_k} = \frac{\mathbf{g}_{k+1}^\mathsf{T}(\mathbf{g}_{k+1}-\mathbf{g}_k)}{\mathbf{g}_k^\mathsf{T}\mathbf{g}_k}\\
\mathbf{s}_{k+1} &= -\mathbf{g}_{k+1} + \beta_k\mathbf{s}_k.
\end{aligned}$$

b) **Beliebige Zielfunktion:**

Das **Verfahren von Fletcher-Reeves** ist eine natürliche Verallgemeinerung auf beliebige Zielfunktionen und beinhaltet die folgenden Rechenschritte.

Initialisierung:

$\mathbf{x}_0 \in \mathbb{R}^n$ beliebig, $\mathbf{s}_0 = -\nabla f(\mathbf{x}_0)$

Iterationsschritt: $k \to k+1$

$$\begin{aligned}
t_k &= \text{ Minimumstelle der Funktion } \phi_k(t) = f(\mathbf{x}_k + t\mathbf{s}_k),\ t \geq 0,\\
\mathbf{x}_{k+1} &= \mathbf{x}_k + t_k\mathbf{s}_k\\
\beta_k &= \frac{\|\nabla f(\mathbf{x}_{k+1})\|^2}{\|\nabla f(\mathbf{x}_k)\|^2}\\
\mathbf{s}_{k+1} &= -\nabla f(\mathbf{x}_{k+1}) + \beta_k\mathbf{s}_k.
\end{aligned}$$

Eine **Variante von Polak-Ribière** sieht vor, β_k zu ersetzen durch

$$\beta_k = \frac{\nabla f(\mathbf{x}_{k+1})^\mathsf{T}(\nabla f(\mathbf{x}_{k+1}) - \nabla f(\mathbf{x}_k))}{\|\nabla f(\mathbf{x}_k)\|^2}.$$

Beide Verfahren liefern unterschiedliche Iterationsfolgen, stimmen jedoch im Falle einer quadratischen Zielfunktion überein.

Um die globale Konvergenz sicherzustellen, empfiehlt es sich, nach jeweils n Schritten einen Neustart (mit der aktuellen Näherung als Anfangsnäherung) vorzunehmen. Die Konvergenz ergibt sich dann aus der Konvergenz des klassischen Gradientenverfahren.

8.5.3 Newton-Verfahren

Die Idee des **Newton-Verfahren** besteht in der Approximation von f im Punkt $\mathbf{x}_k$ durch eine quadratische Funktion

$$f(\mathbf{x}_k + \mathbf{s}_k) \approx f(\mathbf{x}_k) + \nabla f(\mathbf{x}_k)^\mathsf{T}\mathbf{s}_k + \frac{1}{2}\mathbf{s}_k^\mathsf{T}\nabla^2 f(\mathbf{x}_k)\mathbf{s}_k.$$

Dabei ergibt sich die optimale Abstiegsrichtung

$$\mathbf{s}_k = -\left[\nabla^2 f(\mathbf{x}_k)\right]^{-1}\nabla f(\mathbf{x}_k) \qquad \textbf{(Newton-Richtung)}$$

als Minimum der Funktion

$$\nabla f(\mathbf{x}_k)^\mathsf{T}\mathbf{s}_k + \frac{1}{2}\mathbf{s}_k^\mathsf{T}\nabla^2 f(\mathbf{x}_k)\mathbf{s}_k \qquad \text{u. d. N.} \quad \|\mathbf{s}_k\| = 1.$$

Dabei wird vorausgesetzt, daß $\nabla^2 f(\mathbf{x}_k)$ positiv definit ist.

Angewandt auf eine quadratische Funktion erhält man bereits nach einem Iterationsschritt die optimale Lösung, siehe Aufgabe 8.11.

Das Konvergenzverhalten ist dem der bisherigen Verfahren überlegen. Probleme können jedoch auftreten, wenn die Anfangsnäherung „zu weit" von der optimalen Lösung entfernt ist. Diesen Schwierigkeiten versucht man durch eine Reihe von Modifikationen (u.a. variable Schrittweiten anstelle von $t_k = 1$) zu begegnen.

Ein weiterer Nachteil ist der hohe Rechenaufwand, der durch die Berechnung der Inversen der Hesse-Matrix bei jedem Iterationsschritt anfällt. Diesem hohen Aufwand tragen die Quasi-Newton-Verfahren Rechnung, indem sie die Matrix $\left[\nabla^2 f(\mathbf{x}_k)\right]^{-1}$ durch eine einfacher zu berechnende positiv definite Matrix $\mathbf{H}_k$ approximieren.

8.5.4 Quasi-Newton-Verfahren

Die **Quasi-Newton-Verfahren** gehen von dem Iterationsschema

$$\mathbf{x}_{k+1} = \mathbf{x}_k - t_k\mathbf{H}_k\nabla f(\mathbf{x}_k)$$

mit positiv definiter Matrix $\mathbf{H}_k$ aus. Da gilt

$$\nabla f(\mathbf{x}_k)^\mathsf{T}(-t_k\mathbf{H}_k\nabla f(\mathbf{x}_k)) = -t_k\nabla f(\mathbf{x}_k)^\mathsf{T}\mathbf{H}_k\nabla f(\mathbf{x}_k) < 0,$$

erhält man in der Tat eine Abstiegsrichtung.

Die Verfahren unterscheiden sich in der schrittweisen Anpassung von $\mathbf{H}_{k+1} = \mathbf{H}_k+\Delta_k$ an $\left[\nabla^2 f(\mathbf{x}_k)\right]^{-1}$. **Das Verfahren von Davidon, Fletcher, Powell** sieht die folgenden Rechenschritte vor.

Initialisierung:

Wähle $\mathbf{x}_0 \in \mathbb{R}^n$ beliebig, $\mathbf{H}_0$ positiv definit, z.B. $\mathbf{H}_0 = \mathbf{I}_n$.

Iterationsschritt: $k \to k+1$

$$\begin{aligned}
\mathbf{s}_k &= -\mathbf{H}_k\nabla f(\mathbf{x}_k)\\
t_k &= \text{Minimumstelle der Funktion } f(\mathbf{x}_k + t\mathbf{s}_k) \text{ für } t \geq 0 \qquad (8.16)\\
\mathbf{x}_{k+1} &= \mathbf{x}_k + t_k\mathbf{s}_k\\
\mathbf{d}_{k+1} &= \mathbf{x}_{k+1} - \mathbf{x}_k\\
\mathbf{g}_k &= \nabla f(\mathbf{x}_{k+1}) - \nabla f(\mathbf{x}_k)\\
\mathbf{H}_{k+1} &= \mathbf{H}_k + \frac{1}{\mathbf{d}_k^\mathsf{T}\mathbf{g}_k}\mathbf{d}_k\mathbf{d}_k^\mathsf{T} - \frac{1}{\mathbf{g}_k^\mathsf{T}\mathbf{H}_k\mathbf{g}_k}\mathbf{H}_k\mathbf{g}_k\mathbf{g}_k^\mathsf{T}\mathbf{H}_k. \qquad (8.17)
\end{aligned}$$

Angewandt auf $f(\mathbf{x}) = \mathbf{c}^\mathsf{T}\mathbf{x} + \frac{1}{2}\mathbf{x}^\mathsf{T}\mathbf{Q}\mathbf{x}$ generiert das Verfahren Q-orthogonale zulässige Richtungen und konvergiert damit in höchstens n Schritten (vgl. Minoux (1986), Seite 100). Wählt man in diesem Fall $\mathbf{H}_0$ als Einheitsmatrix, so ist $\mathbf{H}_n = \mathbf{Q}^{-1}$.

Um die globale Konvergenz sicherzustellen, empfiehlt es sich, wie schon beim Verfahren von Fletcher-Reeves, nach jeweils n Iterationsschritten einen Neustart vorzunehmen. Die asymptotische Konvergenz ist im allgemeinen besser als die des Verfahrens von Fletcher-Reeves. Andererseits ist der Rechenaufwand höher.

8.6 Verfahren zulässiger Richtungen

Die Idee der Verfahren zulässiger Richtungen haben wir bereits in Abschnitt 8.2 skizziert: Ausgehend von einer zulässigen Lösung $\overline{\mathbf{x}} \in \mathcal{M}$ wird zunächst eine Abstiegsrichtung $\mathbf{s} \in \mathcal{Z}(\overline{\mathbf{x}})$ bestimmt und dann entlang dieser eindimensionalen Suchrichtung eine neue zulässige Lösung $\widehat{\mathbf{x}} = \overline{\mathbf{x}} + t\mathbf{s}$ mit $f(\widehat{\mathbf{x}}) \leq f(\overline{\mathbf{x}})$ für ein $t \geq 0$ ermittelt. Die konkrete Umsetzung, die sich vorwiegend an den Gradientenverfahren orientiert, wirft jedoch eine Reihe von Problemen auf und hat zu zahlreichen Lösungsansätzen geführt, auf die wir in diesem Rahmen nicht näher eingehen können.

Wir greifen lediglich einen Spezialfall heraus, das **Verfahren von Frank und Wolfe**, das auf einer Folge $\mathbf{x}_0, \mathbf{x}_1, \mathbf{x}_2, \ldots$ von Näherungen basiert, die sukzessive mit Hilfe linearer Optimierungsprobleme generiert werden. Hierzu liege das Optimierungsproblem

$$\text{(P)} \qquad \min z = f(\mathbf{x}) \qquad \text{u. d. N.} \qquad \mathbf{Ax} \leq \mathbf{b},\ \mathbf{x} \geq \mathbf{0}$$

mit konvexer und stetig differenzierbarer Zielfunktion f vor.

Sei nun $\overline{\mathbf{x}} \in \mathcal{M} = \{\mathbf{x} \in \mathbb{R}^n \mid \mathbf{Ax} \leq \mathbf{b}, \mathbf{x} \geq \mathbf{0}\}$ beliebig und $\overline{\mathbf{y}}$ eine optimale Lösung des zugehörigen linearen Optimierungsproblems

$$\text{LP}(\overline{\mathbf{x}}) \qquad \min v = \nabla f(\overline{\mathbf{x}})^{\mathsf{T}}\mathbf{y} \qquad \text{u. d. N.} \qquad \mathbf{Ay} \leq \mathbf{b},\ \mathbf{y} \geq \mathbf{0}.$$

Da die Nebenbedingungen von (P) und LP($\overline{\mathbf{x}}$) übereinstimmen, ist auch $\overline{\mathbf{y}}$ eine zulässige Lösung von (P). Da ferner $\mathcal{M}$ konvex ist, ist mit $\overline{\mathbf{x}}$ und $\overline{\mathbf{y}}$ auch die Verbindungsgerade in $\mathcal{M}$ enthalten und insbesondere $\overline{\mathbf{s}} = \overline{\mathbf{y}} - \overline{\mathbf{x}} \in \mathcal{Z}(\overline{\mathbf{x}})$. Gilt darüber hinaus $\nabla f(\overline{\mathbf{x}})^{\mathsf{T}}\overline{\mathbf{s}} \geq 0$, so ist $\overline{\mathbf{x}}$ nach Satz 8.7 optimal. Andernfalls ist $\overline{\mathbf{s}}$ eine Abstiegsrichtung, und wir erhalten durch Minimierung von f auf der Verbindungsgerade von $\overline{\mathbf{x}}$ und $\overline{\mathbf{y}}$, also durch Lösen des eindimensionalen Optimierungsproblems

$$\text{minimiere } \phi(\tau) := f(\overline{\mathbf{x}} + \tau\overline{\mathbf{s}}) \text{ für } \tau \in [0,1] \tag{8.18}$$

eine neue Näherungslösung $\overline{\mathbf{x}} + t\overline{\mathbf{s}}$ mit t als Minimumstelle von ϕ in (8.18) und verbessertem Zielfunktionswert.

Im einzelnen sind folgende Rechenschritte auszuführen:

Initialisierung:

Wähle $\mathbf{x}_0 \in \mathbb{R}^n$ beliebig.

Iterationsschritt: $k \to k+1$

(a) (Festlegung der Abstiegsrichtung $\mathbf{y}_k - \mathbf{x}_k$)

Bestimme $\mathbf{y}_k \in \mathcal{M}$ als Lösung des linearen Optimierungsproblems LP($\mathbf{x}_k$). Ist $\nabla f(\mathbf{x}_k)^{\mathsf{T}}(\mathbf{y}_k - \mathbf{x}_k) \geq 0$, so ist $\mathbf{x}_k$ optimal. Andernfalls fahre mit (b) fort.

(b) (Festlegung der Schrittweite t_k)

Bestimme eine Minimumstelle t_k der Funktion

$$\phi_k : [0,1] \to \mathbb{R}, \quad \tau \mapsto f(\mathbf{x}_k + \tau(\mathbf{y}_k - \mathbf{x}_k))$$

und setze $\mathbf{x}_{k+1} = \mathbf{x}_k + t_k(\mathbf{y}_k - \mathbf{x}_k)$.

Ist der zulässige Bereich $\mathcal{M}$ beschränkt oder gilt $f(\mathbf{x}) \to \infty$ für $||\mathbf{x}|| \to \infty$, so ist jeder Häufungspunkt $\mathbf{x}^*$ der Folge $\mathbf{x}_0, \mathbf{x}_1, \mathbf{x}_2, \ldots$ eine optimale Lösung von (P) (vgl. Minoux (1986), Seite 179).

Das folgende Beispiel veranschaulicht die Vorgehensweise.

Beispiel 8.8

Wir betrachten das Optimimierungsproblem

$$\min z = f(\mathbf{x}) \qquad \text{u. d. N.} \qquad x_1 + x_2 \le 2,\ x_1, x_2 \ge 0,$$

wobei $f(\mathbf{x}) = 2x_1^2 + 2x_2^2 - 2x_1x_2 - 4x_1 - 6x_2$ ist. Man überprüft leicht, daß f konvex und stetig differenzierbar ist mit dem Gradienten

$$\nabla f(\mathbf{x}) = (4x_1 - 2x_2 - 4, 4x_2 - 2x_1 - 6)^\mathsf{T}.$$

Initialisierung:

$\mathbf{x}_0 = (0,0)^\mathsf{T}$, $f(\mathbf{x}_0) = 0$, $\nabla f(\mathbf{x}_0) = (-4,-6)^\mathsf{T}$.

1. Iterationsschritt:

(a) Das lineare Optimierungsproblem

$$\text{LP}(\mathbf{x}_0) \quad \min z = -4y_1 - 6y_2 \qquad \text{u. d. N.} \qquad y_1 + y_2 \le 2,\ y_1, y_2 \ge 0$$

besitzt die optimale Lösung $\mathbf{y}_0 = (0,2)^\mathsf{T}$. Somit ist $\mathbf{s}_0 = \mathbf{y}_0 - \mathbf{x}_0 = (0,2)^\mathsf{T}$. Da $\nabla f(\mathbf{x}_0)^\mathsf{T}\mathbf{s}_0 = 0 \cdot (-4) + 2 \cdot (-6) = -12 < 0$ gilt, ist $\mathbf{s}_0$ eine Abstiegsrichtung.

(b) Die Funktion $\phi_0(\tau) := f(\mathbf{x}_0 + \tau\mathbf{s}_0) = f(0, 2\tau) = 8\tau^2 - 12\tau$ besitzt im Intervall [0, 1] die Minimumstelle $t_0 = 3/4$, die sich durch Nullsetzen der ersten Ableitung $\phi_0'(\tau) = 16\tau - 12$ ergibt. Somit ist

$$\mathbf{x}_1 = \mathbf{x}_0 + t_0\mathbf{s}_0 = (0, 3/2)^\mathsf{T}, \; f(\mathbf{x}_1) = -4.5, \; \nabla f(\mathbf{x}_1) = (-7, 0)^\mathsf{T}.$$

2. Iterationsschritt:

(a) Das lineare Optimierungsproblem

$$\mathrm{LP}(\mathbf{x}_1) \quad \min z = -7y_1 \qquad \text{u. d. N.} \qquad y_1 + y_2 \le 2, \; y_1, y_2 \ge 0$$

besitzt die optimale Lösung $\mathbf{y}_1 = (2, 0)^\mathsf{T}$. Somit ist $\mathbf{s}_1 = \mathbf{y}_1 - \mathbf{x}_1 = (2, -3/2)^\mathsf{T}$. Wegen $\nabla f(\mathbf{x}_1)^\mathsf{T}\mathbf{s}_1 = -14 < 0$ ist $\mathbf{s}_1$ eine Abstiegsrichtung.

(b) Die Funktion $\phi_1(\tau) := f(\mathbf{x}_1 + \tau\mathbf{s}_1) = -18.5\tau^2 + 14\tau + 4.5$ besitzt im Intervall [0, 1] die Minimumstelle $t_1 = 14/37$. Somit ist

$$\mathbf{x}_2 = \mathbf{x}_1 + t_1\mathbf{s}_1 = (0.76, 0.93)^\mathsf{T}, \; f(\mathbf{x}_2) = -7.15, \nabla f(\mathbf{x}_2) = (-2.82, -3.80)^\mathsf{T}.$$

3. Iterationsschritt:

⋮

Die optimale Lösung ist $\mathbf{x}^* = (0.83, 1.17)^\mathsf{T}$. Ferner ist $z^* = f(\mathbf{x}^*) = -8.17$.

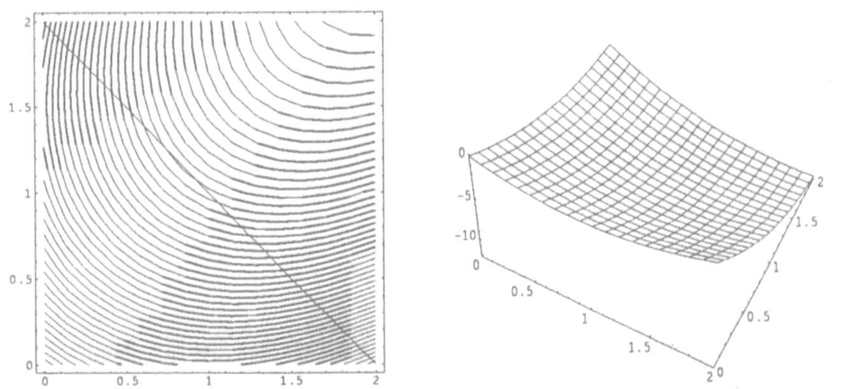

Abbildung 8.2: $f(\mathbf{x})$ über $[0, 2]^2$ mit Restriktionsgerade $x_1 + x_2 = 2$

Abbildung 8.2 zeigt den Verlauf von $f(\mathbf{x})$ im Quadrat $[0, 2]^2$ als Konturen (links) bzw. als dreidimensionale Grafik (rechts). Zusätzlich ist in der linken Zeichnung die Restriktionsgerade $x_1 + x_2 = 2$ eingezeichnet. An ihr kann der optimale Punkt $\mathbf{x}^* = (0.83, 1.17)^\mathsf{T}$ ungefähr abgelesen werden. ❍

8.7 Methode der äußeren Approximation

Zu den Anfängen der **Methode der äußeren Approximation** gehört das **Schnittebenenverfahren von Kelley**, das wir nun vorstellen wollen. Hierzu liege das konvexe Optimierungsproblem aus Abschnitt 8.3 vor. Dieses läßt sich mit Hilfe einer zusätzlichen Variablen $y \in \mathbb{R}$ in die Form

$$\min z = y \quad \text{u. d. N.} \quad f(\mathbf{x}) - y \leq 0,\ g_i(\mathbf{x}) \leq 0,\ i = 1, \ldots, m$$

überführen. Dabei sind $f, g_1, \ldots, g_m \in \mathcal{C}^1$ konvexe Funktionen. Daher konzentrieren wir uns im folgenden auf das konvexe Optimierungsproblem

$$(\mathtt{P}) \quad \min z = \mathbf{c}^\mathsf{T}\mathbf{x} \quad \text{u. d. N.} \quad g_i(\mathbf{x}) \leq 0,\ i = 1, \ldots, m$$

mit linearer Zielfunktion $\mathbf{c}^\mathsf{T}\mathbf{x}$.

Das Schnittebenenverfahren sieht nun vor, den konvexen Bereich $\mathcal{M} = \{x \in \mathbb{R}^n \mid g_1(\mathbf{x}) \leq 0, \ldots, g_m(\mathbf{x}) \leq 0\}$ durch eine Folge $\mathcal{M}_0 \supset \mathcal{M}_1 \supset \cdots \supset \mathcal{M}$ von Polytopen zu approximieren und die resultierenden linearen Optimierungsprobleme zu lösen.

Initialisierung:

Wähle beliebiges Polytop $\mathcal{M}_0 \supset \mathcal{M}$.

Iterationsschritt: $k \to k+1$

Bestimme Lösung $\mathbf{x}$ des linearen Optimierungsproblems

$$(\mathtt{P}_k) \quad \min z = \mathbf{c}^\mathsf{T}\mathbf{x} \quad \text{u. d. N.} \quad \mathbf{x} \in \mathcal{M}_k.$$

Ist $\mathbf{x}_k \in \mathcal{M}$, so ist $\mathbf{x}_k$ auch optimal für (P). Andernfalls schränke den zulässigen Bereich $\mathcal{M}_k$ ein gemäß

$$\mathcal{M}_{k+1} = \mathcal{M}_k \cap \{x \in \mathbb{R}^n \mid g_i(\mathbf{x}_k) + \nabla g_i(\mathbf{x}_k)^\mathsf{T}(\mathbf{x} - \mathbf{x}_k) \leq 0\}$$

für ein $i \in \{1, \ldots, m\}$ mit $g_i(\mathbf{x}_k) > 0$.

Von der Einschränkung auf Iterationsstufe k ist der zulässige Bereich $\mathcal{M}$ nicht betroffen, da für alle $\mathbf{x} \in \mathcal{M}$ aufgrund der Konvexität von g_i und der Zulässigkeit von $\mathbf{x}$ die Ungleichungen

$$g_i(\mathbf{x}_k) + \nabla g_i(\mathbf{x}_k)^\top(\mathbf{x} - \mathbf{x}_k) \leq g_i(\mathbf{x}) \leq 0$$

gelten. Somit trennt die Hyperebene $g_i(\mathbf{x}_k) + \nabla g_i(\mathbf{x}_k)^\top(\mathbf{x} - \mathbf{x}_k) = 0$ den Punkt $\mathbf{x}_k$ von der konvexen Menge $\mathcal{M}$. Das erklärt auch den Namen *Schnittebenenverfahren*.

Die Konvergenz ergibt sich in Analogie zum Verfahren von Frank und Wolfe: Jeder Häufungspunkt der Folge $\mathbf{x}_0, \mathbf{x}_1, \mathbf{x}_2, \ldots$ ist eine optimale Lösung, vgl. Minoux (1986), Seite 182.

8.8 Methode der Straffunktionen

Den **Strafmethoden** liegt die Idee zugrunde, das restringierte Optimierungsproblem durch ein unrestringiertes Optimierungsproblem zu approximieren. Sie nutzen aus, daß das restringierte Optimierungsproblem

$$\min z = f(\mathbf{x}) \quad \text{u. d. N.} \quad \mathbf{x} \in \mathcal{M} = \{x \in \mathbb{R}^n \mid g_1(\mathbf{x}) \leq 0, \ldots, g_m(\mathbf{x}) \leq 0\}$$

äquivalent ist zu dem unrestringierten Optimierungsproblem

$$\min z = f(\mathbf{x}) + \delta_{\mathcal{M}}(\mathbf{x})$$

mit

$$\delta_{\mathcal{M}}(\mathbf{x}) := \begin{cases} 0 & \mathbf{x} \in \mathcal{M} \\ \infty & \mathbf{x} \notin \mathcal{M}. \end{cases}$$

Um auf die klassischen Lösungsansätze der unrestringierten Probleme zurückgreifen zu können, werden die Sprungstellen von $\delta_{\mathcal{M}}(\mathbf{x})$ geeignet geglättet. Die unterschiedliche Approximation führt auf die Methoden der inneren und äußeren Straffunktionen.

8.8.1 Methode der äußeren Straffunktionen

Die **Methode der äußeren Straffunktionen** sieht vor, $\delta_{\mathcal{M}}(\mathbf{x})$ durch $\alpha H(\mathbf{x})$ zu approximieren, wobei $\alpha > 0$ ein zunächst noch freier Parameter und $H(\mathbf{x})$ eine **äußere Straffunktion** ist, also eine Funktion mit $H(\mathbf{x}) = 0$ für $\mathbf{x} \in \mathcal{M}$ und $H(\mathbf{x}) \geq 0$ für $\mathbf{x} \notin \mathcal{M}$.

Eine häufig gewählte Straffunktion ist

$$H(\mathbf{x}) = \sum_{i=1}^{M} \left[\max\{0, g_i(\mathbf{x})\}^2\right]. \tag{8.19}$$

Die Wahl des Parameters (Strafterms) α stellt einen Kompromiß dar: Einerseits sollte α möglichst groß sein, um eine gute Approximation zu erhalten; andererseits kann ein zu großes α zu einer numerischen Instabilität führen. Daher wird das Verfahren häufig als ein iteratives Verfahren

$$\min \phi_k(\mathbf{x}) = f(\mathbf{x}) + \alpha_k H(\mathbf{x}) \quad \text{u.d.N.} \quad \mathbf{x} \in \mathbb{R}^n \tag{8.20}$$

implementiert mit monoton wachsenden Straftermen $\alpha_0, \alpha_1, \alpha_2, \ldots$ mit $\alpha_k \to \infty$ für $k \to \infty$.

Unter den folgenden schwachen Voraussetzungen: (i) $\mathcal{M}$ ist kompakt, d.h. abgeschlossen und beschränkt, (ii) $f(\mathbf{x})$ ist stetig und (iii) $H(\mathbf{x})$ ist stetig mit $H(\mathbf{x}) \to \infty$ für $\|\mathbf{x}\| \to \infty$ ist dann jeder Häufungspunkt $\mathbf{x}^*$ der Folge $\mathbf{x}_0, \mathbf{x}_1, \mathbf{x}_2, \ldots$ von Lösungen der Aufgabe (8.20) eine globale Minimumstelle des restringierten Problems mit $f(\mathbf{x}_k) \leq \phi_k(\mathbf{x}_k) \leq f(\mathbf{x}^*)$, vgl. Minoux (1986), Seite 196). Diesem Nachteil unzulässiger Näherungslösungen werden wir mit der Methode der inneren Straffunktionen Rechnung tragen.

Zunächst noch das

Beispiel 8.9
Für das restringierte Optimierungsproblem

$$\min z = x^2 - 10x \quad \text{u. d. N.} \quad x \leq 1$$

erhält man in Abhängigkeit vom Parameter $\alpha > 0$ und der Straffunktion (8.19) das unrestringierte Optimierungsproblem: Minimiere z mit

$$\begin{aligned} z &= \phi_\alpha(x) \\ &= x^2 - 10x + \alpha\left[\max\{0, x-1\}\right]^2 \\ &= \begin{cases} x^2 - 10x & \text{für } x \leq 1 \\ x^2 - 10x + \alpha(x-1)^2 & \text{für } x > 1 \end{cases} \end{aligned}$$

mit der Lösung $x_\alpha = (\alpha + 5)/(\alpha + 1)$.

Für $\alpha \to \infty$ ergibt sich dann die optimale Lösung $x^* = 1$ des restringierten Problems. ○

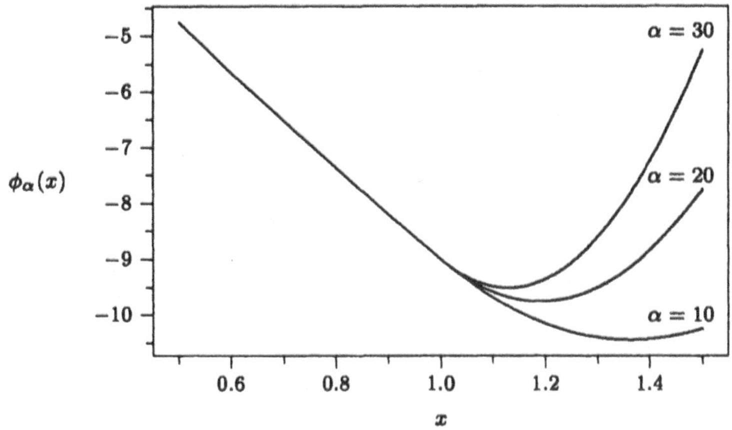

Abbildung 8.3: Darstellung von $\phi_\alpha(x)$ im Intervall [0.5,1.5]

8.8.2 Methode der inneren Straffunktionen

Die **inneren Strafmethoden** approximieren die optimale Lösung von „innen", indem sie im Inneren des zulässigen Bereiches eine Barriere aufbauen, die ein Verlassen unmöglich macht.

Der Ansatz sieht vor, $\delta_{\mathcal{M}}(\mathbf{x})$ durch $\alpha B(\mathbf{x})$ zu approximieren, wobei $\alpha > 0$ ein zunächst noch freier Parameter und $B(\mathbf{x})$ eine im Inneren von $\mathcal{M}$ definierte Straffunktion ist, für die gilt $B(\mathbf{x}) \geq 0$ und $B(\mathbf{x}) \to \infty$, wenn $\mathbf{x}$ gegen einen Randpunkt von $\mathcal{M}$ konvergiert.

Beispiele innerer Straffunktionen sind

$$B(\mathbf{x}) = -\sum_{i=1}^{m} \frac{1}{g_i(\mathbf{x})} \qquad \textbf{(inverse Barrierefunktion)} \tag{8.21}$$

$$B(\mathbf{x}) = -\sum_{i=1}^{m} \ln(-g_i(\mathbf{x})) \qquad \textbf{(logarithmische Barrierefunktion).} \tag{8.22}$$

In Analogie zu den äußeren Strafmethoden wird das Verfahren häufig als ein iteratives Verfahren

$$\min \psi_k(\mathbf{x}) = f(\mathbf{x}) + \alpha_k B(\mathbf{x}) \quad \text{u. d. N.} \quad \mathbf{x} \in \mathbb{R}^n \tag{8.23}$$

implementiert. Die Strafterme $\alpha_0, \alpha_1, \alpha_2, \ldots$ werden monoton fallend gewählt mit $\alpha_k \to 0$ für $k \to \infty$. Insbesondere wird für jedes α_k eine optimale Lösung $\mathbf{x}_k$ des unrestringierten Problems $\min \psi_k(\mathbf{x})$ im Inneren von $\mathcal{M}$ generiert.

Es seien die folgenden schwachen Voraussetzungen erfüllt: (i) $\mathcal{M}$ ist kompakt, (ii) das Innere von $\mathcal{M}$ ist nichtleer und jeder Randpunkt ist Grenzwert einer Folge innerer Punkte von $\mathcal{M}$, (iii) $f(\mathbf{x})$ ist stetig und (iv) $B(\mathbf{x})$ ist im Inneren von $\mathcal{M}$ stetig. Dann ist jeder Häufungspunkt $\mathbf{x}^*$ der Folge $\mathbf{x}_0, \mathbf{x}_1, \mathbf{x}_2, \ldots$ von Lösungen der Optimierungsaufgabe (8.23) eine globale Minimumstelle des restringierten Problems (vgl. Minoux (1986), Seite 199).

Zur Veranschaulichung greifen wir nochmals Beispiel 8.9 auf.

Beispiel 8.10 (Fortsetzung von Beispiel 8.9)

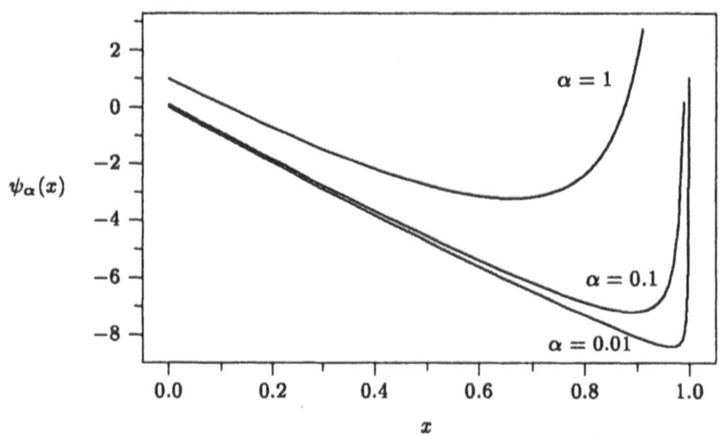

Abbildung 8.4: $\psi_\alpha(x)$ mit $\alpha = 0.01$, 0.10 bzw. 1.00

Die innere Strafmethode führt mit der Straffunktion (8.21) auf das unrestringierte Problem

$$\min \psi_\alpha(x) = x^2 - 10x - \frac{\alpha}{x-1}.$$

Die zugehörige Minimumstelle muß numerisch bestimmt werden. Da ψ_α streng konvex und differenzierbar ist, bietet sich ein Gradientenverfahren an, vgl. Abschnitt 8.5.

Abbildung 8.4 zeigt den Verlauf von $\psi_\alpha(x)$ für verschiedene Festsetzungen des Parameters α.

Für $\alpha \to 0$ ergibt sich wieder die optimale Lösung $x^* = 1$ des unrestringierten Problems. ○

8.9 Die Komplementaritätsmethode

Gegeben sei das quadratische Optimierungsproblem aus Abschnitt 8.4. Dann lassen sich die KKT-Bedingungungen mit Hilfe der Schlupfvariablen $y_1, \ldots, y_n \geq 0$ und $v_1, \ldots, v_m \geq 0$ in die Form

$$y_j - \sum_{k=1}^{n} q_{jk} x_k - \sum_{i=1}^{m} u_i a_{ij} = c_j, \qquad j = 1, \ldots, n \tag{8.24}$$

$$v_i + \sum_{j=1}^{n} a_{ij} x_j = b_i, \qquad i = 1, \ldots, m \tag{8.25}$$

$$x_j y_j = 0, \qquad j = 1, \ldots, n \tag{8.26}$$

$$u_i v_i = 0, \qquad i = 1, \ldots, m \tag{8.27}$$

überführen und zusammenfassen zu

$$w_i - \sum_{j=1}^{n+m} g_{ij} s_j = r_i, \qquad i = 1, \ldots, n+m \tag{8.28}$$

$$w_i s_i = 0, \qquad i = 1, \ldots, n+m \tag{8.29}$$

mit

$$\mathbf{y} = (y_1, \ldots, y_n)^\mathsf{T} \qquad \mathbf{v} = (v_1, \ldots, v_m)^\mathsf{T} \qquad \mathbf{u} = (u_1, \ldots, u_m)^\mathsf{T}$$

$$\mathbf{w} = \begin{pmatrix} \mathbf{y} \\ \mathbf{v} \end{pmatrix} \qquad \mathbf{s} = \begin{pmatrix} \mathbf{x} \\ \mathbf{u} \end{pmatrix} \qquad \mathbf{r} = \begin{pmatrix} \mathbf{c} \\ \mathbf{b} \end{pmatrix}$$

$$\mathbf{G} = (g_{ij}) = \begin{pmatrix} \mathbf{Q} & \mathbf{A}^\mathsf{T} \\ -\mathbf{A} & \mathbf{0} \end{pmatrix}.$$

Die **Komplementaritätsmethode (Verfahren von Lemke)** sieht nun vor, die Gleichungen (8.28) iterativ zu lösen und bei jedem Iterationsschritt darauf zu achten, daß die Gleichungen (8.29) weiterhin erfüllt sind.

Die Berechnungen werden in einem modifizierten Simplextableau vorgenommen, das ohne Zielfunktionszeile auskommt. Statt dessen erfolgt die Auswahl der Pivotspalte mit Hilfe von (8.29). Im einzelnen sind die folgenden Schritte durchzuführen:

Initialisierung:

Erweitere das System (8.28) um eine künstliche Variable s_0 und stelle es als Simplex-Tableau (mit fehlender Zielfunktionszeile) wie folgt dar:

	s_0	s_1	$\cdots$	s_{n+m}	RS
w_1	-1	$-g_{11}$	$\cdots$	$-g_{1,n+m}$	r_1
$\vdots$	$\vdots$	$\vdots$		$\vdots$	$\vdots$
w_{n+m}	-1	$-g_{n+m,1}$	$\cdots$	$-g_{n+m,n+m}$	r_{n+m}

Gilt $r_i \geq 0$ für alle i, so ist die Basislösung zulässig und damit die gesuchte Lösung der KKT-Bedingungen. Andernfalls fahre mit einem dualen Austauschschritt fort.

Dualer Austauschschritt:

Führe einen dualen Austauschschritt mit der Spalte von s_0 als Pivotspalte und dem kleinsten Wert der rechten Seite als Pivotzeile durch. Fahre mit einem primalen Austauschschritt fort.

Primaler Austauschschritt:

Sei w_k bzw. s_k die Variable, die im letzten Austauschschritt zur Nichtbasisvariablen (NBV) wurde. Führe, wenn möglich, einen primalen Austauschschritt mit s_k bzw. w_k als Basisvariablen (BV) durch.

(a) Ist dies nicht möglich, d.h. ist kein Element der Pivotspalte positiv, so existiert keine Lösung der KKT-Bedingungen.

(b) Hat der Austausschritt die BV s_0 in eine NBV überführt, so ist die Basislösung die gesuchte Lösung der KKT-Bedingungen.

Führe andernfalls einen weiteren primalen Austauschschritt durch.

Das folgende Beispiel veranschaulicht die Vorgehensweise.

Beispiel 8.11
Betrachte die Aufgabe

$$\min z = -4x_1 - 3x_2 - 2x_3 + x_1^2 + x_2^2 + 0.5x_3^2 + x_1x_2 + x_1x_3$$

u. d. N.

$$x_1 + x_2 + 2x_3 - 3 \leq 0, \; x_1, x_2, x_3 \geq 0.$$

Die in **G** enthaltene Teil-Matrix **Q** ist nichtnegativ definit. Damit liegt ein quadratisches Optimierungsproblem vor. Mit

$$\mathbf{r} = \begin{pmatrix} c_1 \\ c_2 \\ c_3 \\ b_1 \end{pmatrix} = \begin{pmatrix} -4 \\ -3 \\ -2 \\ 3 \end{pmatrix}$$

$$\mathbf{G} = \begin{pmatrix} q_{11} & q_{12} & q_{13} & a_{11} \\ q_{21} & q_{22} & q_{23} & a_{12} \\ q_{31} & q_{32} & q_{33} & a_{13} \\ -a_{11} & -a_{12} & -a_{13} & 0 \end{pmatrix} = \begin{pmatrix} 2 & 1 & 1 & 1 \\ 1 & 2 & 0 & 1 \\ 1 & 0 & 1 & 2 \\ -1 & -1 & -2 & 0 \end{pmatrix}$$

erhält man das Anfangstableau

	s_0	s_1	s_2	s_3	s_4	RS
w_1	−1	−2	−1	−1	−1	−4
w_2	−1	−1	−2	0	−1	−3
w_3	−1	−1	0	−1	−2	−2
w_4	−1	1	1	2	0	3

Da die Basislösung unzulässig ist (negative Werte der rechten Seite), führt ein dualer Austauschschritt mit der Spalte von s_0 als Pivotspalte auf das Tableau

	w_1	s_1	s_2	s_3	s_4	RS
s_0	−1	2	1	1	1	4
w_2	−1	1	−1	1	0	1
w_3	−1	1	1	0	−1	2
w_4	−1	3	2	3	1	7

mit w_1 als neuer NBV. Ein primaler Austauschschritt mit der Spalte von s_1 als Pivotspalte führt auf das Tableau

	w_1	w_2	s_2	s_3	s_4	RS
s_0	1	−2	3	−1	1	2
s_1	−1	1	−1	1	0	1
w_3	0	−1	2	−1	−1	1
w_4	2	−3	5	0	1	4

mit w_2 als neuer NBV. Die neue Basislösung enthält die künstliche Variable s_0 als BV. Damit ist ein weiterer Austauschschritt mit der Spalte von s_2 als Pivotspalte erforderlich.

	w_1	w_2	w_3	s_3	s_4	RS
s_0	1	−1/2	−3/2	1/2	5/2	1/2
s_1	−1	1/2	1/2	1/2	−1/2	3/2
s_2	0	−1/2	1/2	−1/2	−1/2	1/2
w_4	2	−1/2	−5/2	5/2	7/2	3/2

Die weiteren Schritte ergeben sich analog.

	w_1	w_2	w_3	w_4	s_4	RS
s_0	3/5	−2/5	−1	−1/5	9/5	1/5
s_1	−7/5	3/5	1	1/5	−6/5	6/5
s_2	2/5	−3/5	0	1/5	1/5	4/5
s_3	4/5	−1/5	−1	2/5	7/5	3/5

	w_1	w_2	w_3	w_4	s_0	RS
s_4						1/9
s_1						4/3
s_2						7/9
s_3						4/9

Im letzten Austauschschritt wurde s_0 wieder zur NBV. Damit ist eine zulässige Lösung der KKT-Bedingungen gefunden und auf einen Eintrag der Koeffizientenmatrix verzichtet.

Dem Endtableau entnimmt man nun die optimale Lösung des quadratischen Optimierungsproblems: $x_1^* = s_1 = 4/3$, $x_2^* = s_2 = 7/9$, $x_3^* = s_3 = 4/9$. Das zugehörige Minimum ergibt sich durch Einsetzen in die Zielfunktion. ❍

8.10 Aufgaben

Aufgabe 8.1

Ein zu lokalisierendes Objekt befinde sich an Ort j mit Wahrscheinlichkeit $p_j > 0$, $j = 1, \ldots, n$, $\sum_j p_j = 1$. In Abhängigkeit von der Suchdauer x_j an Ort j werde es mit Wahrscheinlichkeit $1 - e^{-x_j}$ entdeckt, sofern es sich an Ort j befindet. Die maximale Gesamtsuchdauer sei b. Gesucht ist eine Strategie $\mathbf{x}^* = (x_1^*, \ldots, x_n^*)^\mathsf{T}$, die die Wahrscheinlichkeit, das Objekt zu entdecken, maximiert.

Formulieren Sie das Suchproblem als ein nichtlineares Optimierungsproblem.

Aufgabe 8.2 (Polynomiale Regression)

Durch die Punkte $(x_1, y_1)^\mathsf{T}, \ldots, (x_N, y_N)^\mathsf{T} \in \mathbb{R}^2$ ist ein Polynom $y = a_0 + a_1 x + a_2 x^2 + \cdots + a_m x^m$ so zu legen, daß der quadratische Abstand

$$f(a_0, \ldots, a_m) = \sum_{i=1}^{N} (y_i - a_0 - a_1 x_i - a_2 x_i^2 - \cdots - a_m x_i^m)^2$$

minimal wird.

(a) Wie lautet das lineare Gleichungssystem (die sog. **Normalgleichungen**), das eine lokale Minimumstelle $(\overline{a}_0, \ldots, \overline{a}_m)^\mathsf{T}$ erfüllen muß?

(b) Sind die notwendigen Bedingungen aus (a) auch hinreichend für eine lokale (globale) Minimumstelle im Punkt $(\overline{a}_0, \ldots, \overline{a}_m)^\mathsf{T}$?

Hinweis: Sei $\mathcal{M} \subset \mathbb{R}^n$ eine konvexe Menge, $f : \mathcal{M} \to \mathbb{R}$ eine affine Funktion, so daß gilt $f(\mathbf{x}) = \mathbf{c}^\mathsf{T}\mathbf{x} + b$ für geeignete $\mathbf{c}, b$ und $g : f[\mathcal{M}] \to \mathbb{R}$ eine konvexe Funktion, worin $f[\mathcal{M}]$ die Bildmenge von f ist, siehe Abschnitt 1.12. Dann ist auch die zusammengesetzte Funktion $g(f(\mathbf{x}))$ konvex.

Aufgabe 8.3

(a) Verifizieren Sie, daß das Optimierungsproblem (P) aus Aufgabe 8.1 äquivalent ist zu

$$(\mathrm{P}') \qquad \min z' = \sum_{j=1}^{n} p_j e^{-x_j}$$

u. d. N.

$$\sum_{j=1}^{n} x_j \leq b, \; j = 1, \ldots, n, \; x_1, \ldots, x_n \geq 0.$$

(b) Zeigen Sie, daß (P') konvex ist, und stellen Sie die KKT-Bedingungen auf.

(c) Bestimmen Sie eine optimale Suchstrategie und die zugehörige Wahrscheinlichkeit, mit der das Objekt entdeckt wird.

Aufgabe 8.4
Lösen Sie das konvexe Optimierungsproblem

$$\max z = x_1 + 2x_2 \quad \text{u. d. N.} \quad (x_1 - 1)^2 + x_2^2 \leq 4,\ x_2 \geq 0$$

(a) graphisch,

(b) mit Hilfe der KKT-Bedingungen.

Aufgabe 8.5
Bestimmen Sie einen optimalen Konsumplan eines 2-Güter Haushaltes (im Sinne der Mikroökonomie) mit

- der Nutzenfunktion (Cobb-Douglas Funktion)

$$U(x_1, x_2) = kx_1^{\alpha} x_2^{1-\alpha}$$

  für geeignete $\alpha \in (0,1)$ und $k > 0$,

- den Güterpreisen $p_1, p_2 > 0$ und
- der Budget-Menge B

als Lösung des Optimierungsproblems

$$(\text{P}) \quad \max z = U(x_1, x_2) \quad \text{u. d. N.} \quad p_1x_1 + p_2x_2 \leq B,\ x_1, x_2 \geq 0.$$

Aufgabe 8.6
Stellen Sie das nichtlineare Optimierungsproblem

$$\min z = (e^{x_1} - e^{x_2})^2 \quad \text{u. d. N.} \quad e^{x_1} + e^{x_2} \leq 1$$

als ein quadratisches Optimierungsproblem dar, und lösen Sie es mit Hilfe der Komplementaritätsmethode.

Aufgabe 8.7
Lösen sie das nichtlineare Optimierungsproblem

$$\min z = -x_1 - x_2 \quad \text{u. d. N.} \quad x_1^2 + x_2^2 \leq 1,\ x_1, x_2 \geq 0$$

(a) graphisch,

(b) approximativ mit Hilfe des Schnittebenenverfahren von Kelley. Führen Sie hierzu, beginnend mit $\mathcal{M}_0 = \{(x_1, x_2)^\top \in \mathbb{R}^2 \mid 0 \leq x_1, x_2 \leq 1\}$, drei Iterationsschritte durch, und veranschaulichen Sie die Vorgehensweise anhand der Graphik aus (a).

Aufgabe 8.8
Gegeben sei das nichtlineare Optimierungsproblem

$$\min z = x_1 e^{x_1} + x_2^2 e^{x_2} - 2x_1 - 3x_2 \quad \text{u. d. N.} \quad x_1 + x_2 \leq 3,\ x_1, x_2 \geq 0.$$

Verifizieren Sie, daß das Verfahren von Frank und Wolfe anwendbar ist, und führen Sie, ausgehend von $\mathbf{x}_0 = (0,0)^\top$, einen Iterationsschritt durch.

Aufgabe 8.9
Gegeben sei das nichtlineare Optimierungsproblem

$$\min z = x_1^2 + 2x_2^2 \quad \text{u. d. N.} \quad x_1 + x_2 \geq 1.$$

Wie lautet das unrestringierte Problem, das bei Verwendung

(a) der äußeren Straffunktion (8.19),

(b) der inneren Straffunktion (8.22)

zu lösen ist? Lösen Sie beide Probleme, und bestimmen Sie durch Grenzübergang die Lösung des restringierten Problems.

Aufgabe 8.10
Gegeben sei das unrestringierte Problem $\min z = f(\mathbf{x})$. Das **Armijo-Prinzip**, ein gradientenähnliches Verfahren, sieht vor, auf der Iterationsstufe k zu einer beliebigen Abstiegsrichtung $\mathbf{s}_k$ die Schrittweite $t_k = \beta^{\nu_k}$ mit $\nu_k \in \mathbb{Z}$ gemäß

$$f(\mathbf{x}_k + \beta^{\nu_k}\mathbf{s}_k) - f(\mathbf{x}_k) \le \beta^{\nu_k}\alpha\nabla f(\mathbf{x}_k)^\mathsf{T}\mathbf{s}_k$$

und

$$f(\mathbf{x}_k + \beta^{\nu_k-1}\mathbf{s}_k) - f(\mathbf{x}_k) > \beta^{\nu_k-1}\alpha\nabla f(\mathbf{x}_k)^\mathsf{T}\mathbf{s}_k$$

für vorgegebene Parameter $\alpha, \beta \in (0,1)$ zu bestimmen.

Formulieren Sie die bei der algorithmischen Umsetzung anfallenden Rechenschritte zur (approximativen) Lösung von $\nabla f(\mathbf{x}) = 0$.

Aufgabe 8.11

Sei $f \in \mathcal{C}^2$ eine streng konvexe, quadratische Funktion. Dann liefert das Newton-Verfahren mit $\mathbf{x}_{k+1} = \mathbf{x}_k - [\nabla f(\mathbf{x}_k)]^{-1}\,\nabla^2 f(\mathbf{x}_k)$ bereits nach einem Iterationsschritt die optimale Lösung.

Aufgabe 8.12 (Optimierung mit Hilfe einer Transformation)

(a) Verifizieren Sie die folgende Äquivalenz, die sich bei vielen praktischen Optimierungsproblemen als äußerst nützlich erweist: Sei $f : \mathcal{M} \to \mathbb{R}$ eine beliebige Funktion mit der Bildmenge $f[\mathcal{M}]$. Ferner sei $g : f[\mathcal{M}] \to \mathbb{R}$ eine streng monoton wachsende Funktion, für die also gilt $g(z_1) < g(z_2)$ für $z_1 < z_2$. Dann besitzen die Funktion $f(\mathbf{x})$ und die transformierte Funktion $g(f(\mathbf{x}))$ dieselben Maximum- und Minimumstellen.

(b) Bestimmen Sie die Minimumstellen der Funktion $f(x_1, x_2) = x_1 x_2 \exp(x_1^2 + x_2^2)$ mit Hilfe der Transformation $g(z) = \ln z$.

Kapitel 9

Dynamische Optimierung

9.1 Einführung

Mehrstufige Entscheidungsprobleme begegnen uns im privaten und beruflichen Alltag ständig. Sie treten immer dann auf, wenn eine zu treffende Entscheidung neben unmittelbaren Auswirkungen auch Konsequenzen auf zukünftige Entscheidungen haben kann. Wir haben es also nicht mit isoliert zu betrachtenden Entscheidungen zu tun, sondern mit einer Folge von Entscheidungen, die in einem engen Zusammenhang stehen. Das folgende einfache Beispiel verdeutlicht die Problematik: Ein Langstreckenläufer, der sich zum Ziel gesetzt hat, eine Meisterschaft zu erringen, wird dieses Ziel verfehlen, wenn er sich taktisch falsch verhält. Geht er das Rennen zu schnell an, so wird er das Tempo nicht durchhalten können und in der Endphase des Rennens zurückfallen. Geht er umgekehrt das Rennen zu langsam an und wird der Abstand zur Spitzengruppe zu groß, so wird er den Rückstand nicht mehr aufholen können. Er wird sich daher die Strecke gedanklich in Abschnitte einteilen und in jedem Abschnitt sein Laufverhalten auf das der Konkurrenten um den Titel und seine Leistungsfähigkeit abstimmen.

Die dynamische Optimierung ist ein rekursives Verfahren zur Lösung mehrstufiger Entscheidungsprobleme. Streng genommen ist sie eine Lösungstechnik, die auf ein konkretes Problem, das sich in Teilprobleme zerlegen läßt, angepaßt wird. Verknüpft sind diese Teilprobleme über eine Struktur, die es erlaubt, die Teilprobleme rekursiv zu lösen und die gefundenen Teillösungen zu einer Gesamtlösung zusammenzusetzen. Die folgenden Beispiele dienen der Verdeutlichung. Die Vorgehensweise orientiert sich allein an der Anschauung. Ein formale Überprüfung und Rechtfertigung wird in den nachfolgenden Abschnitten vorgenommen.

Kapitel 9

Dynamische Optimierung

9.1 Einführung

Mehrstufige Entscheidungsprobleme begegnen uns im privaten und beruflichen Alltag ständig. Sie treten immer dann auf, wenn eine zu treffende Entscheidung neben unmittelbaren Auswirkungen auch Konsequenzen auf zukünftige Entscheidungen haben kann. Wir haben es also nicht mit isoliert zu betrachtenden Entscheidungen zu tun, sondern mit einer Folge von Entscheidungen, die in einem engen Zusammenhang stehen. Das folgende einfache Beispiel verdeutlicht die Problematik: Ein Langstreckenläufer, der sich zum Ziel gesetzt hat, eine Meisterschaft zu erringen, wird dieses Ziel verfehlen, wenn er sich taktisch falsch verhält. Geht er das Rennen zu schnell an, so wird er das Tempo nicht durchhalten können und in der Endphase des Rennens zurückfallen. Geht er umgekehrt das Rennen zu langsam an und wird der Abstand zur Spitzengruppe zu groß, so wird er den Rückstand nicht mehr aufholen können. Er wird sich daher die Strecke gedanklich in Abschnitte einteilen und in jedem Abschnitt sein Laufverhalten auf das der Konkurrenten um den Titel und seine Leistungsfähigkeit abstimmen.

Die dynamische Optimierung ist ein rekursives Verfahren zur Lösung mehrstufiger Entscheidungsprobleme. Streng genommen ist sie eine Lösungstechnik, die auf ein konkretes Problem, das sich in Teilprobleme zerlegen läßt, angepaßt wird. Verknüpft sind diese Teilprobleme über eine Struktur, die es erlaubt, die Teilprobleme rekursiv zu lösen und die gefundenen Teillösungen zu einer Gesamtlösung zusammenzusetzen. Die folgenden Beispiele dienen der Verdeutlichung. Die Vorgehensweise orientiert sich allein an der Anschauung. Ein formale Überprüfung und Rechtfertigung wird in den nachfolgenden Abschnitten vorgenommen.

$$V_3(H) = \min\{4 + V_4(J), 6 + V_4(K)\} = \min\{16, 14\} = 14.$$

Verfährt man auf den Stufen n =2, 1 und 0 analog, vergleicht also die Restwege, die sich zusammensetzen aus der direkten Verbindung zu einem Ort der Stufe $n+1$ und dem sich anschließenden kürzesten Restweg ab Stufe $n+1$, so erhält man

$$\begin{aligned}
V_2(D) &= \min\{10 + V_3(G), 10 + V_3(H)\} = \min\{42, 24\} = 24\\
V_2(E) &= 10 + V_3(I) = 20\\
V_2(F) &= \min\{10 + V_3(H), 14 + V_3(I)\} = \min\{24, 24\} = 24\\
V_1(B) &= \min\{4 + V_2(D), 12 + V_2(E)\} = \min\{28, 32\} = 28\\
V_1(C) &= \min\{10 + V_2(D), 10 + V_2(F)\} = \min\{34, 34\} = 34
\end{aligned}$$

und schließlich

$$V_0(A) = \min\{2 + V_1(B), 8 + V_1(C)\} = \min\{30, 42\} = 30.$$

Die kürzeste Verbindung zwischen den Orten A und L hat somit die Länge 30. Den zugehörigen Weg A–B–D–H–K–L erhält man, indem man rekursiv, beginnend mit der Stufe 0, die Orte bestimmt, für die das jeweilige Minimum angenommen wird. Der Nachfolgeort des Anfangsortes A ist somit der Ort B (ein Weg über den Ort C hätte die Mindestlänge 42). Der Ort B auf der Stufe 1 wiederum hat den Nachfolgeort D, usw.

Ein Nachfolgeort bei der Bestimmung des kürzesten Weges muß nicht eindeutig sein. Im Ort C gibt es zwei Nachfolgeorte. Das bedeutet, daß es mehrere kürzeste Wege geben kann. Alle kürzesten Wege stimmen aber bezüglich der Entfernung überein. ○

Die Stufen eines dynamischen Optimierungsproblems repräsentieren häufig Zeitpunkte, zu denen Entscheidungen getroffen werden und ergeben sich so auf natürliche Weise. Sie können aber auch, wie das folgende Beispiel zeigt, Bestandteil einer künstlichen Zerlegung des Problems sein. Hierzu greifen wir noch einmal Beispiel 7.1 auf und formulieren das ganzzahlige Optimierungsproblem als ein dynamisches Optimierungsproblem.

Beispiel 9.2 (Ein Aufteilungsproblem)

Ein Investor verfügt über 30 Geldeinheiten, die er in 4 Projekte investieren kann. Die Höhe der Investitionen sowie die erwarteten Erträge sind in der folgenden Tabelle zusammengefaßt:

Projekt	Investition	Ertrag
1	12	7
2	6	4
3	21	10
4	8	5

Er ist an einer Auswahl der Projekte interessiert, die ihm den Gesamtertrag (als Summe der Einzelerträge) maximiert.

Um eine optimale Auswahl der Projekte mit Hilfe der dynamischen Optimierung vornehmen zu können, gehen wir von der Vorstellung aus, sukzessive über die Auswahl der Projekte 1, 2, 3 und 4 zu entscheiden. Hierzu führen wir zunächst die Stufen $n = 0, 1, \ldots, 3$ ein und bezeichnen mit $V_n(s)$ den maximalen Ertrag, der mit den Projekten $n+1, n+2, \ldots, 4$ in Abhängigkeit vom Restkapital $s \in \{0, \ldots, 30\}$ zu erzielen ist.

Auf der Stufe 3 muß der Investor über das Projekt 4 entscheiden. Verfügt er über das Restkapital s, so kann er im Falle $s \geq 8$ das Projekt noch erwerben, im Falle $s < 8$ nicht mehr. Hieraus folgt

$$V_3(s) = \begin{cases} 0 & \text{für } s < 8 \\ 5 & \text{für } s \geq 8. \end{cases}$$

Auf der Stufe 2 muß er über das Projekt 3 entscheiden. Verfügt er über ein Restkapital $s \geq 21$, so kann er 21 Geldeinheiten für den Erwerb des Projektes 3 einsetzen und die ihm noch verbleibenden $s - 21$ Geldeinheiten für den Erwerb des Projektes 4 heranziehen. Er kann aber auch auf das Projekt 3 verzichten und das gesamte Kapital s für Projekt 4 zurückstellen. Im Falle $s < 21$ kann er nur noch in das Projekt 4 investieren. Hieraus folgt

$$V_2(s) = \begin{cases} V_3(s) & \text{für } s < 21 \\ \max\{10 + V_3(s-21), V_3(s)\} & \text{für } s \geq 21. \end{cases}$$

Entsprechend erhält man auf der Stufe 1 für die Auswahl des Projektes 2

$$V_1(s) = \begin{cases} V_2(s) & \text{für } s < 6 \\ \max\{4 + V_2(s-6), V_2(s)\} & \text{für } s \geq 6 \end{cases}$$

und schließlich auf der Stufe 0 für die Auswahl des Projektes 1

$$V_0(s) = \begin{cases} V_1(s) & \text{für } s < 12 \\ \max\{7 + V_1(s-12), V_1(s)\} & \text{für } s \geq 12. \end{cases}$$

Sieht man einmal von dem festen Anfangskapital $s = 30$ ab, so macht die Auswertung des Rekursionsschemas die rekursive Berechnung der kompletten Funktionen $V_4(s)$, $V_3(s)$, $V_2(s)$, $V_1(s)$ und $V_0(s)$ erforderlich. Die sich ergebenden Funktionswerte sind in der folgenden Tabelle aufgeführt.

s	$V_3(s)$	$V_2(s)$	$V_1(s)$	$V_0(s)$
$0\leq s \leq 5$	0	0	0	0
$6\leq s \leq 7$	0	0	4	4
$8\leq s \leq 11$	5	5	5	5
$12\leq s \leq 13$	5	5	5	7
$14\leq s \leq 17$	5	5	9	9
$18\leq s \leq 19$	5	5	9	11
$20\leq s \leq 20$	5	5	9	12
$21\leq s \leq 25$	5	10	10	12
$26\leq s \leq 26$	5	10	10	16
$27\leq s \leq 28$	5	10	14	16
$29\leq s \leq 30$	5	15	15	16

Aus ihr entnehmen wir den maximalen Gesamtertrag $V_0(30) = 16$. Die zugehörigen Projekte ergeben sich, beginnend mit der Stufe 0 (Projekt 1), rekursiv aus den Maximumstellen der rechten Seiten der Funktionen $V_0(s), \ldots, V_3(s)$:

$V_0(30) = \max\{7 + V_1(18), V_1(30)\} = \max\{\,16\,, 15\}$: (Projekt 1 auswählen)

$V_1(18) = \max\{4 + V_2(12), V_2(18)\} = \max\{\,9\,, 5\}$: (Projekt 2 auswählen)

$V_2(12) = V_3(12) = 5$: (Projekt 3 nicht auswählen)

$V_3(12) = 5$: (Projekt 4 auswählen).

Der Investor wird somit die Projekte 1, 2 und 4 auswählen, was ihm einen Gesamtertrag von 16 Geldeinheiten garantiert. ○

In den bisherigen Beispielen konnte davon ausgegangen werden, daß sich der Zustand (Ort, Restkapital) der Stufe $n + 1$ eindeutig aus dem Zustand der

Stufe n und der dort gewählten Aktion (Nachfolgeort, Auswahlentscheidung) ergibt. Man spricht in diesem Zusammenhang auch von einem **deterministischen dynamischen Optimierungsproblem**. In dem folgenden Beispiel, einer einfachen Anwendung der **stochastischen dynamischen Optimierung**, ergeben sich die nachfolgenden Zustände nicht mehr eindeutig, sondern lassen sich nur mit bestimmten Wahrscheinlichkeiten vorhersagen.

Beispiel 9.3 (Ein Stopp-Problem)

Einem Hausbesitzer verbleiben für den Verkauf seines Hauses noch 10 Wochen. In dieser Zeit möchte er das Haus bestmöglich verkaufen. Er inseriert wöchentlich in einer regionalen Zeitung und geht davon aus, daß er in der n-ten Woche ein Angebot (in TDM) der Höhe $x_n \in \{300, 350, 400, 450\}$ mit Wahrscheinlichkeit $q(x_n)$ erhält, wobei gilt

x_n	300	350	400	450
$q(x_n)$	0.2	0.3	0.4	0.1

Solange das Haus noch nicht verkauft ist, entscheidet er wöchentlich, ob er das aktuelle Angebot akzeptieren soll oder nicht. Dabei unterstellen wir, daß er auf ein einmal abgelehntes Angebot zu keinem späteren Zeitpunkt mehr zurückkommen kann.

Er geht nun intuitiv so vor: Liegt in der n-ten Woche ein Angebot der Höhe x_n vor, so wird er es akzeptieren, wenn es "hinreichend hoch" ist; andernfalls wird er es ablehnen und auf ein besseres Angebot in den noch verbleibenden Wochen hoffen. Dieses erhoffte bessere Angebot ist ihm jedoch zum gegenwärtigen Zeitpunkt nicht oder zumindest nur unvollständig bekannt. Er kann daher dieses erhoffte bessere Angebot lediglich als einen Erwartungswert auffassen, also als ein gewichtetes Mittel der möglichen Angebote über die noch verbleibenden Wochen.

Der zeitliche Rahmen für den Verkauf des Hauses verbietet ihm ein Warten auf den maximal erzielbaren Erlös von 450 und ergibt den eigentlichen Zielkonflikt, dem er ausgesetzt ist.

Sei nun, in Abhängigkeit vom aktuellen Angebot $s \in \mathcal{S} = \{300, 350, 400, 450\}$ der n-ten Woche, $V_{n-1}(s)$ der maximale erwartete Verkaufserlös der aktuellen Woche und der noch verbleibenden Wochen.

$V_{n-1}(s)$ läßt sich rekursiv berechnen. Steht das Haus in der letzten Woche noch zum Verkauf an, so wird der Hausbesitzer das aktuelle Angebot akzeptieren (müssen). Somit ist $V_9(s) = s$ für $s \in \mathcal{S}$. In den Vorwochen wird er abwägen zwischen akzeptieren (Erlös s) und abwarten (erwarteter Erlös $\sum_{s' \in \mathcal{S}} q(s')V_{n+1}(s')$ in den noch verbleibenden Wochen). Somit ist für $s \in \mathcal{S}$

$$V_n(s) = \max\left\{s, \sum_{s'\in \mathcal{S}} q(s')V_{n+1}(s')\right\}.$$

Im einzelnen erhalten wir

	s (in TDM)			
	300	350	400	450
$V_9(s)$	300.0	350.0	400.0	450.0
$V_8(s)$	370.0	370.0	400.0	450.0
$V_7(s)$	390.0	390.0	400.0	450.0
$V_6(s)$	400.0	400.0	400.0	450.0
$V_5(s)$	405.0	405.0	405.0	450.0
$V_4(s)$	409.5	409.5	409.5	450.0
$V_3(s)$	413.6	413.6	413.6	450.0
$V_2(s)$	417.2	417.2	417.2	450.0
$V_1(s)$	420.5	420.5	420.5	450.0
$V_0(s)$	423.4	423.4	423.4	450.0

Die hervorgehobenen Zahlen geben das jeweils niedrigste Angebot an, das akzeptiert wird. Somit akzeptiert der Hausbesitzer in den ersten sechs Wochen nur den maximal erzielbaren Erlös von 450 TDM, schraubt in den nächsten drei Wochen seinen Anspruch auf 400 TDM zurück und akzeptiert schließlich in der letzten Woche jedes Angebot. ❍

9.2 Deterministische dynamische Optimierung

9.2.1 Das Basismodell

Definition 9.1

Unter einem **endlich-stufigen deterministischen dynamischen Optimierungsproblem** verstehen wir ein Tupel $(N, \mathcal{S}, \mathcal{A}, z, r, V_N)$, wobei die einzelnen Größen die folgende Bedeutung haben:

(i) $N \in \mathbb{N}$, der **Planungshorizont**, legt die Anzahl der Stufen fest ($n = 0, 1, \ldots, N$).

(ii) $\mathcal{S}$, der **Zustandsraum**, ist eine abzählbare Menge. Die nichtleeren Teilmengen $\mathcal{S}_0 = \{s_0\}, \mathcal{S}_1, \ldots, \mathcal{S}_N$ sind die Zustandsmengen der Stufen $0, 1, \ldots, N$.

(iii) $\mathcal{A}$, der **Aktionenraum**, ist eine abzählbare Menge. Die nichtleeren endlichen Teilmengen $\mathcal{A}_n(s)$, $s \in \mathcal{S}_n$, sind die vom Zustand s und der Stufe $n < N$ abhängigen Mengen zulässiger Aktionen. Außerdem sei $\mathcal{D}_n := \{(s,a) \in \mathcal{S}_n \times \mathcal{A} \mid a \in \mathcal{A}_n(s)\}$.

(iv) $z_n : \mathcal{D}_n \to \mathcal{S}_{n+1}$, die **Zustandstransformation**, ist eine Funktion, die jedem Zustand $s \in \mathcal{S}_n$ und jeder zulässigen Aktion $a \in \mathcal{A}_n(s)$ den neuen Zustand $s' = z_n(s,a) \in \mathcal{S}_{n+1}$ zuordnet ($n < N$).

(v) $r_n : \mathcal{D}_n \to \mathbb{R}$, die **einstufige Gewinnfunktion**, ist eine Funktion, die den einstufigen Gewinn $r_n(s,a)$ im Zustand $s \in \mathcal{S}_n$ bei Wahl der Aktion $a \in \mathcal{A}_n(s)$ angibt ($n < N$).

(vi) $V_N : \mathcal{S}_N \to \mathbb{R}$, die **terminale Gewinnfunktion**, ist eine Funktion, die auf Stufe N den terminalen Gewinn $V_N(s)$ im Zustand $s \in \mathcal{S}_N$ angibt.

Die Stufen $n = 0, 1, ..., N$ eines dynamischen Optimierungsproblems kann man häufig als diskrete Zeitpunkte interpretieren, zu denen ein System beobachtet wird.

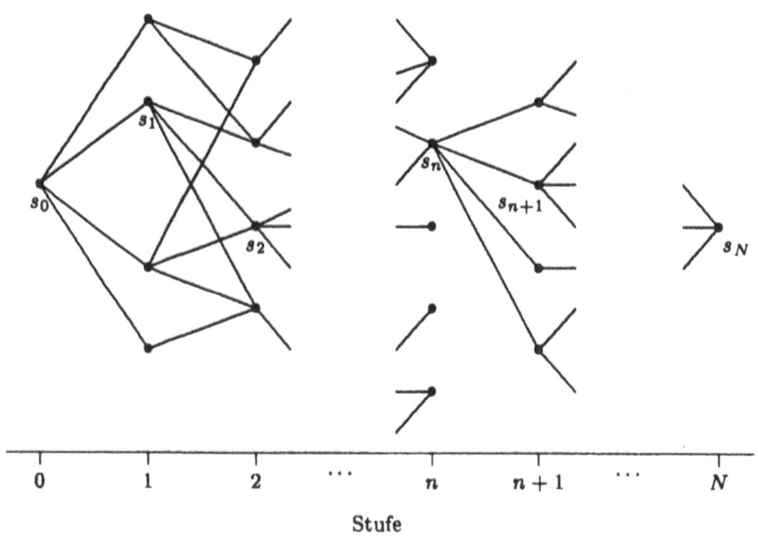

Befindet sich ein solches System zum Zeitpunkt $n < N$ im Zustand s_n, so wählt der Beobachter eine zulässige Aktion $a_n \in \mathcal{A}_n(s_n)$. Verbunden mit dem Zustand s_n und der Wahl der Aktion a_n ist ein einstufiger Gewinn $r_n(s_n, a_n)$, und das System geht über in den Zustand $s_{n+1} = z_n(s_n, a_n)$ zum Zeitpunkt $n + 1$.

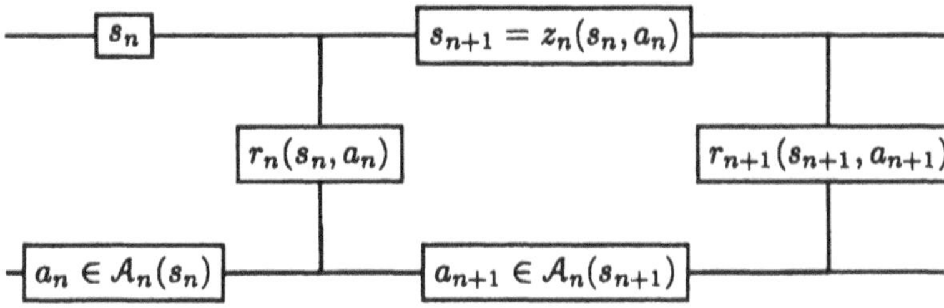

Am Ende des Planungszeitraumes, also zum Zeitpunkt $n = N$, fällt ein terminaler Gewinn $V_N(s)$ in Abhängigkeit vom Zustand $s \in \mathcal{S}_N$ an.

Definition 9.2
Unter einer **Strategie** oder **Politik** $\delta = (a_0, a_1, \dots, a_{N-1})$ verstehen wir eine Folge von zulässigen Aktionen $a_0 \in \mathcal{A}_0(s_0)$, $a_1 \in \mathcal{A}_1(s_1)$, $\dots, a_{N-1} \in \mathcal{A}_{N-1}(s_{N-1})$, wobei die Zustände $s_1 = z_0(s_0, a_0), \dots, s_N = z_{N-1}(s_{N-1}, a_{N-1})$ sich rekursiv aus den Zuständen und Aktionen der Vorstufen ergeben. Die Menge aller Strategien wird im folgenden mit Δ bezeichnet.

9.2.2 Das Optimalitätskriterium

Bei Anwendung einer Strategie $\delta = (a_0, a_1, \dots, a_{N-1})$ ergibt sich der Gesamtgewinn

$$R_\delta(s_0) := \sum_{n=0}^{N-1} r_n(s_n, a_n) + V_N(s_N).$$

Definition 9.3
Eine Strategie δ^* heißt **optimal**, falls $R_{\delta^*}(s_0) \geq R_\delta(s_0)$ für alle $\delta \in \Delta$ gilt.

Man überprüft leicht, daß die Menge Δ endlich ist, da der Anfangszustand s_0 fest ist und neben dem Planungshorizont auch die Mengen zulässiger Aktionen endlich sind. Somit existiert stets eine optimale Strategie.

Die Berechnung des **maximalen Gesamtgewinns**

$$V_0(s_0) := \max\{R_\delta(s_0) \mid \delta \in \Delta\}$$

und die Ermittlung einer optimalen Strategie δ^* lassen sich auf die Lösung einer Funktionalgleichung, der sogenannten **Optimalitätsgleichung**, auch

Bellmansche Funktionalgleichung genannt, zurückführen. Zur Herleitung benötigen wir noch den maximalen Gewinn ab Stufe n in Abhängigkeit vom Zustand $s_n \in \mathcal{S}_n$, also

$$V_n(s_n) := \max\left\{ \sum_{t=n}^{N-1} r_t(s_t, a_t) + V_N(s_N) \mid a_n \in \mathcal{A}_n(s_n), \ldots, a_{N-1} \in \mathcal{A}_{N-1}(s_{N-1}) \right\}.$$

Dabei ist $s_{n+1} = z_n(s_n, a_n), \ldots, s_N = z_{N-1}(s_{N-1}, a_{N-1})$. Die Funktionen $V_0, \ldots, V_N$ bezeichnet man auch als **Wertfunktionen.**

9.2.3 Die Optimalitätsgleichung

Wir erhalten nun das zentrale Ergebnis dieses Abschnitts.

Satz 9.1 (Optimalitätsgleichung)

(i) Für $n = 0, \ldots, N-1$ und alle $s_n \in \mathcal{S}_n$ gilt

$$V_n(s_n) = \max\{r_n(s_n, a) + V_{n+1}(z_n(s_n, a)) \mid a \in \mathcal{A}_n(s_n)\}. \tag{9.1}$$

(ii) Definiert man aus den die rechte Seite von (9.1) maximierenden Aktionen rekursiv eine Aktionenfolge $a_0^*, a_1^*, \ldots, a_{N-1}^*$ gemäß

$$r_0(s_0, a_0^*) + V_1(z_0(s_0, a_0^*)) = \max\{r_0(s_0, a) + V_1(z_0(s_0, a)) \mid a \in \mathcal{A}_0(s_0)\}$$

und für $n = 1, 2, \ldots, N-1$, $s_n = z_{n-1}(s_{n-1}, a_{n-1}^*)$ gemäß

$$r_n(s_n, a_n^*) + V_{n+1}(z_n(s_n, a_n^*)) = \max\{r_n(s_n, a) + V_{n+1}(z_n(s_n, a)) \mid a \in \mathcal{A}_n(s_n)\}$$

so ist die zugehörige Strategie $\delta^* = (a_0^*, \ldots, a_{N-1}^*)$ optimal.

Beweis: (i) Sei $n \in \{0, \ldots, N-1\}$, $s_n \in \mathcal{S}_n$. Da Δ endlich ist, existiert eine ab Stufe n optimale Aktionenfolge $(a_n^*, \ldots, a_{N-1}^*)$ und eine zugehörige Zustandsfolge $s_n^* = s_n$, $s_{n+1}^* = z_n(s_n^*, a_n^*), \ldots, s_N^* = z_{N-1}(s_{N-1}^*, a_{N-1}^*)$ mit

$$\begin{aligned} V_n(s_n) &= \sum_{t=n}^{N-1} r_t(s_t^*, a_t^*) + V_N(s_N^*) \\ &= r_n(s_n, a_n^*) + \sum_{t=n+1}^{N-1} r_t(s_t^*, a_t^*) + V_N(s_N^*), \end{aligned}$$

und wir erhalten die Abschätzung

$$\begin{aligned} V_n(s_n) &\leq r_n(s_n, a_n^*) + V_{n+1}(z_n(s_n, a_n^*)) \\ &\leq \max\{r_n(s_n, a) + V_{n+1}(z_n(s_n, a)) \mid a \in \mathcal{A}_n(s_n)\}. \end{aligned}$$

Umgekehrt sei a_n^{**} eine Aktion im Zustand $s_n^{**} = s_n$, die die rechte Seite in (9.1) maximiert, und $(a_{n+1}^{**}, \ldots, a_{N-1}^{**})$ eine ab der Stufe $n+1$ optimale Aktionenfolge für den Anfangszustand $s_{n+1}^{**} = z_n(s_n, a_n^{**})$. Dann gilt

$$\begin{aligned} V_n(s_n) &\geq \sum_{t=n}^{N-1} r_t(s_t^{**}, a_t^{**}) + V_N(s_N^{**}) \\ &= r_n(s_n, a_n^{**}) + \sum_{t=n+1}^{N-1} r_t(s_t^{**}, a_t^{**}) + V_N(s_N^{**}) \\ &= r_n(s_n, a_n^{**}) + V_{n+1}(z_n(s_n, a_n^{**})) \\ &= \max\{r_n(s_n, a) + V_{n+1}(z_n(s_n, a)) \mid a \in \mathcal{A}_n(s_n)\}. \end{aligned}$$

Behauptung (i) folgt nun aus beiden Ungleichungen.

(ii) Summiert man $V_0, V_1, \ldots, V_{N-1}$ auf, so folgt aus (i) und den Eigenschaften der Aktionen $a_0^*, a_1^*, \ldots, a_{N-1}^*$ zunächst

$$\sum_{n=0}^{N-1} V_n(s_n) = \sum_{n=0}^{N-1} [r_n(s_n, a_n^*) + V_{n+1}(z_n(s_n, a_n^*))]$$

und damit

$$V_0(s_0) = \sum_{n=0}^{N-1} r_n(s_n, a_n^*) + V_N(s_N).$$

Folglich ist $\delta^* = (a_0^*, a_1^*, \ldots, a_{N-1}^*)$ optimal. □

9.2.4 Wertiteration

Nach Satz 9.1 läßt sich die Berechnung des maximalen Gesamtgewinns $V_0(s_0)$ und die Ermittlung einer optimalen Strategie δ^* auf das Lösen einer Funktionalgleichung, der Optimalitätsgleichung, zurückführen. Die effiziente Lösung der Optimalitätsgleichung im Hinblick auf die Rechenzeit und den Speicherbedarf gehört daher zu den zentralen Aufgaben der dynamischen Optimierung. Die rechentechnische Umsetzung des Satzes könnte beispielsweise aus den folgenden Schritten bestehen:

Algorithmus

1) Setze $n = N$ und $v'(s) = V_N(s)$ für $s \in \mathcal{S}_N$.

2) Setze $n = n-1$ und $v(s) = v'(s)$ für $s \in \mathcal{S}_{n+1}$. Für alle $s \in \mathcal{S}_n$ berechne

$$v'(s) = \max\{r_n(s,a) + v(z_n(s,a)) \mid a \in \mathcal{A}_n(s)\} \tag{9.2}$$

und eine Aktion $a^* = f_n^*(s)$, die die rechte Seite in (9.2) maximiert.

3) Ist $n = 0$, fahre mit 4) fort, anderenfalls mit 2).

4) Setze $V_0(s_0) = v'(s_0)$.

5) Setze $\delta^* = (a_0^*, a_1^*, \ldots, a_{N-1}^*)$ mit $a_0^* = f_0^*(s_0)$ und $a_n^* = f_n^*(s_n)$ für $n = 1, \ldots, N-1$, wobei $s_n = z_{n-1}(s_{n-1}, a_{n-1}^*)$.

Durch Rückwärtsrechnung berechnet man in den Schritten 1) bis 4) zunächst die Wertfunktionen $V_{N-1}, \ldots, V_0$. Da $V_{N-1}, \ldots, V_1$ nur für jeweils einen Iterationsschritt benötigt werden und in die anschließende Vorwärtsrechnung (Schritt 5) nicht mehr eingehen, können sie überschrieben werden. Man benötigt somit nur eine neue Näherung (Stufe n) und eine alte Näherung (Stufe $n+1$), kommt also mit zwei Näherungen aus.

Will man die Berechnung von Hand vornehmen, so ist es sinnvoll, dies in einer Tabellenform durchzuführen. Hierzu greifen wir noch einmal Beispiel 9.1 auf. Insbesondere nehmen wir eine Reduktion auf das Basismodell der deterministischen dynamischen Optimierung vor und verifizieren die mit heuristischen Überlegungen bereits erzielte Lösung.

Beispiel 9.4 (Fortsetzung von Beispiel 9.1)

Wir ordnen den Orten $A, B, \ldots, L$ die Zustände $1, 2, \ldots, 12$ zu und wählen als Aktionen die Zustände der direkten Nachfolgeorte. Da unserem Basismodell ein Maximierungsproblem zugrunde liegt, fassen wir die einstufigen Gewinne als die negativen Entfernungen der benachbarten Orte auf. Somit erhalten wir das folgende dynamische Optimierungsproblem mit

(i) Planungshorizont

$$N = 5 \quad (n = 0, 1, \ldots, 5)$$

(ii) Zustandsraum

$$\begin{aligned} \mathcal{S}_0 &= \{1\} = \{A\} \\ \mathcal{S}_1 &= \{2,3\} = \{B,C\} \\ \mathcal{S}_2 &= \{4,5,6\} = \{D,E,F\} \\ \mathcal{S}_3 &= \{7,8,9\} = \{G,H,I\} \\ \mathcal{S}_4 &= \{10,11\} = \{J,K\} \\ \mathcal{S}_5 &= \{12\} = \{L\} \end{aligned}$$

(iii) Aktionenraum

$$\begin{aligned} \mathcal{A}_0(1) &= \{2,3\} = \{B,C\} \\ \mathcal{A}_1(2) &= \{4,5\} = \{D,E\} \\ &\vdots \\ \mathcal{A}_4(11) &= \{12\} = \{L\} \end{aligned}$$

(iv) Zustandstransformation

$$z_n(s_n, a_n) = a_n$$

(v) einstufige Gewinnfunktion

$$\begin{aligned} r_0(1,2) &= -2 \\ r_0(1,3) &= -8 \\ &\vdots \\ r_4(10,12) &= -12 \\ r_4(11,12) &= -8 \end{aligned}$$

(vi) terminale Gewinnfunktion

$$V_5(12) = 0$$

Ausgehend vom terminalen Gewinn $V_5(s_5) = V_5(12) = 0$ empfiehlt es sich, für jede Stufe eine Tabelle anzulegen und in diese Tabelle für jeden Zustand in Abhängigkeit von den zulässigen Aktionen die Werte der rechten Seite der Optimalitätsgleichung aufzunehmen und die sich aus der Auswertung ergebende Wertfunktion und die zugehörigen Maximumstellen zu notieren. Der letzten Tabelle kann man dann $V_0(s_0)$ unmittelbar entnehmen und eine optimale Strategie durch Vorwärtsrechnung aus den bereitgestellten Daten leicht ermitteln.

	$r_4(s_4, a_4) + V_5(z_4(s_4, a_4))$		
s_4	$a_4 = 12$	$V_4(s_4)$	a_4^*
10	−12	−12	12
11	−8	−8	12

	$r_3(s_3, a_3) + V_4(z_3(s_3, a_3))$			
s_3	$a_3 = 10$	$a_3 = 11$	$V_3(s_3)$	a_3^*
7	−32		−32	10
8	−16	−14	−14	11
9		−10	−10	11

	$r_2(s_2, a_2) + V_3(z_2(s_2, a_2))$				
s_2	$a_2 = 7$	$a_2 = 8$	$a_2 = 9$	$V_2(s_2)$	a_2^*
4	−42	−24		−24	8
5			−20	−20	9
6		−24	−24	−24	8 oder 9

	$r_1(s_1, a_1) + V_2(z_1(s_1, a_1))$				
s_1	$a_1 = 4$	$a_1 = 5$	$a_1 = 6$	$V_1(s_1)$	a_1^*
2	−28	−32		−28	4
3	−34		−34	−34	4 oder 6

	$r_0(s_0, a_0) + V_1(z_0(s_0, a_0))$			
s_0	$a_0 = 2$	$a_0 = 3$	$V_0(s_0)$	a_0^*
1	−30	−42	−30	2

Der maximale Gesamtgewinn $V_0(1)$ ist somit -30, was einer kürzesten Entfernung von 30 entspricht. Die optimale Strategie, d.h. der Weg mit minimaler Länge, ergibt sich rekursiv aus $a_0^* = 2$, $s_1 = 2$, $a_1^* = 4$, $s_2 = 4$, $a_2^* = 8$, $s_3 = 8$, $a_3^* = 11$, $s_4 = 11$, $a_4^* = 12$, was schließlich dem bereits ermittelten Weg A–B–D–H–K–L entspricht. ○

9.2.5 Anwendungsbereiche

Die bisherigen Beispiele zeigen bereits, daß die dynamische Optimierung eine sehr flexible Lösungstechnik ist, die sich auf die unterschiedlichsten Problemstellungen anwenden läßt. Voraussetzung für eine Anwendung ist lediglich, daß sich das Problem in Teilprobleme zerlegen läßt mit einer stufenweisen Abarbeitungsmöglichkeit. Eine solche Zerlegung ist bei dynamischen Entscheidungsproblemen in natürlicher Weise gegeben und kann darüber hinaus auch bei statischen Entscheidungsproblemen als alternativer Lösungsansatz (vgl. Beispiel 9.2) gezielt eingesetzt werden.

Den Vorteilen einer einfachen Darstellung, die sich in der Regel auf die Aufstellung der Optimalitätsgleichung beschränkt, und einer einfachen Rechenvorschrift steht der Nachteil eines erhöhten Rechen- und Speicheraufwandes gegenüber, der aus der Bereithaltung einer Vielzahl von Informationen bei der Behandlung und Verknüpfung der Teilprobleme entsteht.

Zu den klassischen Anwendungen deterministischer dynamischer Optimierungsprobleme gehören die Berechnung kürzester Wege in einem Netzwerk (vgl. Beispiel 9.1), die Berechnung längster Wege im Rahmen der Zeitplanung innerhalb der Netzplantechnik (vgl. Aufgabe 9.7), die optimale Aufteilung von Ressourcen (als Verallgemeinerung von Beispiel 9.2) sowie die Losgrößenplanung im Rahmen der Materialbereitstellungsplanung, auf die wir in dem folgenden Beispiel 9.5 eingehen werden.

Beispiel 9.5 (Ein Losgrößenproblem)

Die Bedarfsmengen $x_0, \ldots, x_{N-1}$ eines Gutes seien über einen Planungszeitraum von N Perioden bekannt und jeweils am Ende der Periode bereitzustellen. Fehlmengen seien nicht zulässig. In Periode n, $n = 0, ..., N-1$, können a_n Einheiten des Gutes hergestellt werden. Diese stehen am Ende der Periode zur Verfügung. Verbunden mit der Herstellung sind Kosten der Höhe $c(a_n)$. Nicht unmittelbar benötigte Einheiten des Gutes können gelagert werden. Die Lagerkosten $l(s_n)$ in der Periode n ergeben sich aus dem Lagerbestand s_n zu Beginn der Periode. Zu Beginn der ersten Periode sei der Lagerbestand Null, ebenso am Ende der letzten Periode (d.h. $s_0 = s_N = 0$).

Die Erstellung eines Produktionsplanes mit minimalen Gesamtkosten und damit die optimale Festlegung der Produktionsmengen $a_0, a_1, \ldots, a_{N-1}$ läßt sich zurückführen auf ein dynamisches Optimierungsproblem mit

(i) $N \in \mathbb{N}$.

(ii) $\mathcal{S} = \mathbb{N}_0$, $\mathcal{S}_0 = \{0\}$, $\mathcal{S}_1 = \mathcal{S}_2 = \cdots = \mathcal{S}_{N-1} = \mathcal{S}$, $\mathcal{S}_N = \{0\}$.

(iii) $\mathcal{A} = \mathbb{N}_0$, $\mathcal{A}_n(s_n) = \{x_n - s_n, x_n + x_{n+1} - s_n, \ldots, x_n + \cdots + x_{N-1} - s_n\}$.
Es muß in Periode n soviel produziert werden, daß der Bedarf x_n am Ende der Periode erfüllt werden kann; aber höchstens soviel, daß am Ende der letzen Periode kein Restbestand bleibt.

(iv) $z_n(s_n, a_n) = s_n + a_n - x_n$.

(v) $r_n(s_n, a_n) = -[l(s_n) + c(a_n)]$, $s_n \in \mathcal{S}_n$, $a_n \in \mathcal{A}_n(s_n)$.

(vi) $V_N(0) = 0$.

Mit $G_n := -V_n$, den minimalen Gesamtkosten in den Perioden $n, n+1, \ldots, N-1$, geht die Optimalitätsgleichung (9.1) über in

$$G_n(s_n) = \min\{l(s_n) + c(a_n) + G_{n+1}(s_n + a_n - x_n) \mid a_n \in \mathcal{A}_n(s_n)\}.$$

Durch Rückwärtsrechnung ergeben sich dann die minimalen Gesamtkosten $G_0(0)$ und durch anschließende Vorwärtsrechnung die optimalen Produktionsmengen $a_0, \ldots, a_{N-1}$.

Die spezielle Struktur des Problems ermöglicht es uns, über numerische Werte hinausgehende Ergebnisse zu erzielen. Sind die Lager- und Fertigungskosten konkave Funktionen (vgl. Definition 1.48, Seite 54), so gilt für einen optimalen Produktionsplan

$$s_n a_n = 0 \tag{9.3}$$

für $n = 0, 1, \ldots, N-1$, vgl. Denardo (1982), Seite 90. Das bedeutet, daß in Periode n nur im Falle eines leeren Lagers ($s_n = 0$) produziert wird und dann nur eine der Mengen $x_n, x_n + x_{n+1}, \ldots, x_n + \cdots + x_{N-1}$. Diese zusätzliche Struktur der optimalen Produktionsmengen können wir auch bei deren Berechnung ausnutzen. Insbesondere können wir — ohne Beschränkung der Allgemeinheit — alle Produktionspläne außer Acht lassen, die nicht von der oben genannten Form sind, was wiederum zu einer erheblichen Einsparung an Rechenzeit und Speicherbedarf führt. Dies kann beispielsweise geschehen durch Formulierung als Kürzeste-Wege-Problem mit der Optimalitätsgleichung

$$\widehat{G}_i = \min\{\widehat{c}_{ij} + \widehat{G}_j \mid i < j \leq N\} \quad (\widehat{G}_N = 0),$$

wobei

$\widehat{G}_i :=$ minimale Kosten zur Fertigung und Lagerung der Bedarfsmengen in den Perioden $i, \ldots, N-1$

$$\widehat{c}_{ij} := l(0) + c\left(\sum_{k=i}^{j-1} x_k\right) + \sum_{m=i+1}^{j-1} l\left(\sum_{k=m}^{j-1} x_k\right).$$

Diese Aussage ist jedoch nicht beliebig übertragbar. Sie verliert beispielsweise ihre Gültigkeit, falls eine Lager- oder Produktionsbeschränkung vorliegt oder auch falls Fehlmengen zulässig sind.

Sind die Fertigungs- und Lagerkosten konvexe Funktionen, so gilt die folgende, wenn auch schwächere Strukturaussage (vgl. Denardo (1982), Seite 94): Sei $a_0, \ldots, a_{N-1}$ ein optimaler Produktionsplan bei gegebenen Bedarfsmengen $x_0, \ldots, x_{N-1}$. Erhöht man eine Bedarfsmenge um 1, so kommt als neuer optimaler Produktionsplan lediglich ein Produktionsplan $a'_0, \ldots, a'_{N-1}$ in Frage mit $a'_n = a_n + 1$ für ein $n \in \{0, \ldots, N-1\}$ und $a'_n = a_n$ sonst. ○

In Beispiel 9.5 begegnen uns erstmals optimale Strategien, die wir nicht nur über Zahlenwerte beschreiben können (vgl. (9.3)), sondern über theoretisch herleitbare Strukturen. Die Herleitung solcher Strukturaussagen, die sich durch konsequente Übertragung der Struktur der Input-Größen auf die Output-Größen ergibt, ist in doppelter Hinsicht von Interesse: Für das bessere Verständnis des ökonomischen oder technischen Problems sowie die Reduktion des Rechen- und Speicheraufwandes. Detailliert werden wir uns im Rahmen der stochastischen dynamischen Optimierung und insbesondere im Zusammenhang mit Stopp-Problemen (vgl. Beispiel 9.3), Ersetzungs-, Lagerhaltungs- und Kassenhaltungsproblemen mit der Optimalität einfach strukturierter Strategien befassen.

9.3 Stochastische dynamische Optimierung

9.3.1 Das Basismodell

Bei der Anwendung deterministischer dynamischer Optimierungsprobleme unterstellt man, daß mit dem Zustand s_n und der Aktion a_n der Nachfolgezustand s_{n+1} feststeht. Diese Annahme ist jedoch für viele Anwendungen zu einschränkend. Eine natürliche Verallgemeinerung des deterministischen Ansatzes erhält man, indem man zuläßt, daß der neue Zustand s_{n+1} neben dem alten Zustand s_n und der gewählten Aktion a_n noch vom Zufall abhängen darf. Dieser nur unvollständig bekannte Einfluß auf den neuen Zustand wird durch eine Zufallsvariable modelliert. Insbesondere wird angenommen, daß sich der neue Zustand s_{n+1} als Realisation einer Zufallsvariablen I_{n+1} ergibt, deren Verteilung vom Zustand s_n und der gewählten Aktion a_n der Vorstufe abhängt. An die Stelle der Zustandstransformation $s_{n+1} = z_n(s_n, a_n)$ des deterministischen Modells tritt dann beim stochastischen Modell eine Menge von Übergangswahrscheinlichkeiten $p_n(s_n, a_n, s')$, $s' \in \mathbb{S}_{n+1}$, die man als **Übergangsgesetz** bezeichnet.

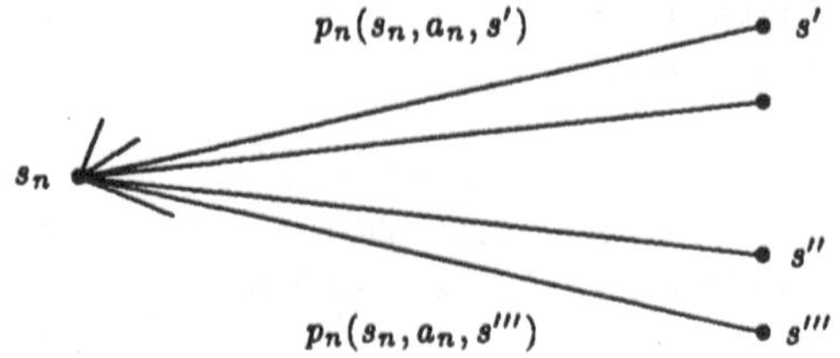

Definition 9.4

Unter einem **endlich-stufigen stochastischen dynamischen Optimierungsproblem** verstehen wir ein Tupel $(N, \mathcal{S}, \mathcal{A}, p, r, V_N)$, wobei die einzelnen Größen die folgende Bedeutung haben:

(i) $N \in \mathbb{N}$, der **Planungshorizont**, legt die Anzahl der Stufen fest ($n = 0, 1, \ldots, N$).

(ii) $\mathcal{S}$, der **Zustandsraum**, ist eine abzählbare Menge. Die nichtleeren Teilmengen $\mathcal{S}_0 = \{s_0\}, \mathcal{S}_1, \ldots, \mathcal{S}_N$ sind die Zustandsmengen der Stufen $0, 1, \ldots, N$.

(iii) $\mathcal{A}$, der **Aktionenraum**, ist eine abzählbare Menge. Die nichtleeren endlichen Teilmengen $\mathcal{A}_n(s)$, $s \in \mathcal{S}_n$, $n < N$, sind die vom Zustand und der Stufe abhängigen Mengen zulässiger Aktionen. Außerdem sei $\mathcal{D}_n := \{(s, a) \in \mathcal{S}_n \times \mathcal{A} \mid a \in \mathcal{A}_n(s)\}$ für $n < N$.

(iv) p ist das **Übergangsgesetz**. Für alle $n < N$ und alle $(s, a) \in \mathcal{D}_n$ ist $p_n(s, a, \cdot)$ eine Wahrscheinlichkeitsfunktion auf $\mathcal{S}_{n+1}$. Die Zahl $p_n(s, a, s')$ legt die Wahrscheinlichkeit fest, mit der der Zustand $s' \in \mathcal{S}_{n+1}$ angenommen wird.

(v) r ist die **einstufige Gewinnfunktion**. Die Zahl $r_n(s, a) \in \mathbb{R}$ gibt den Gewinn an, der auf der Stufe $n < N$ im Zustand $s \in \mathcal{S}_n$ bei Wahl der Aktion $a \in \mathcal{A}_n(s)$ anfällt.

(vi) V_N, die **terminale Gewinnfunktion**, legt auf der Stufe N den terminalen Gewinn $V_N(s) \in \mathbb{R}$ im Zustand $s \in \mathcal{S}_N$ fest.

Die Stufen kann man häufig als diskrete Zeitpunkte interpretieren, zu denen ein System beobachtet wird. Befindet sich ein solches System zum Zeitpunkt $n < N$ im Zustand $s \in \mathcal{S}_n$, so wählt der Beobachter eine zulässige Aktion $a \in \mathcal{A}_n(s)$. Mit dem Zustand s und der Wahl der Aktion a ist ein einstufiger Gewinn $r_n(s, a)$ verbunden, und das System geht in einen Zustand $s' \in \mathcal{S}_{n+1}$ zum Zeitpunkt $n+1$ mit Wahrscheinlichkeit $p_n(s, a, s')$ über. Zum Zeitpunkt

N, also am Ende des Planungszeitraumes, fällt ein terminaler Gewinn $V_N(s)$ in Abhängigkeit vom Zustand $s \in \mathcal{S}_N$ an.

Unser Ziel ist es, den Gesamtgewinn zu maximieren. Im Gegensatz zum deterministischen Modell ist der Gesamtgewinn jedoch keine deterministische Größe, sondern eine Zufallsvariable. Daher ist es erforderlich, unsere Zielsetzung zu modifizieren und zu präzisieren. Hierzu müssen wir zunächst den Begriff der Strategie erweitern.

Definition 9.5
Eine Funktion $f_n : \mathcal{S}_n \to \mathcal{A}$ mit $f_n(s) \in \mathcal{A}_n(s)$, die auf der Stufe $n < N$ jedem Zustand $s \in \mathcal{S}_n$ eine zulässige Aktion $a = f_n(s)$ zuordnet, bezeichnet man als **Entscheidungsfunktion** und eine Folge $\delta = (f_0, \ldots, f_{N-1})$ von Entscheidungsfunktionen als **Strategie** oder **Politik**. Die Menge aller Strategien bezeichnen wir im folgenden mit Δ.

Durch die Erweiterung unseres Strategiebegriffes können wir dem Entscheidungsträger nicht nur für eine bestimmte Zustandsfolge, sondern für jede mögliche Zustandsfolge die zu wählenden Aktionen vorgeben.

9.3.2 Das Optimalitätskriterium

In Abhängigkeit vom Anfangszustand s_0, einer Strategie $\delta = (f_0, \ldots, f_{N-1})$ und einer Realisation $(s_1, \ldots, s_N)$ der Zustände ergibt sich der Gesamtgewinn zu

$$R_{s_0\delta}(s_1, \ldots, s_N) := \sum_{n=0}^{N-1} r_n(s_n, f_n(s_n)) + V_N(s_N).$$

Da die Zustände $s_1, \ldots, s_N$ zum Zeitpunkt $n = 0$ noch unbekannt sind, geht man, um die Strategien dennoch vergleichen zu können, gewöhnlich zu dem gewichteten Mittel

$$\overline{R}_\delta(s_0) := \sum_{s_1 \in \mathcal{S}_1} \cdots \sum_{s_N \in \mathcal{S}_N} R_{s_0\delta}(s_1, \ldots, s_N) P_{s_0\delta}(I_1 = s_1, \ldots, I_N = s_N)$$

der realisierbaren Gesamtgewinne $R_{s_0\delta}(s_1, \ldots, s_N)$ über. Die Gewichte

$$P_{s_0\delta}(I_1 = s_1, \ldots, I_N = s_N) = p_0(s_0, f_0(s_0), s_1) p_1(s_1, f_1(s_1), s_2) \\ \ldots p_{N-1}(s_{N-1}, f_{N-1}(s_{N-1}), s_N)$$

repräsentieren die Wahrscheinlichkeiten, mit denen die Realisationen $(s_1, \dots, s_N)$ eintreten und ergeben sich als Produkt der Übergangswahrscheinlichkeiten.

Faßt man die Zustände $s_1, \dots, s_N$ als Zufallsvariable $I_1, \dots, I_N$ auf, so ist auch der Gesamtgewinn $R_{s_0\delta}(I_1, \dots, I_N)$ eine Zufallsvariable und man kann $\overline{R}_\delta(s_0) = \mathrm{E}_{s_0\delta}[R_{s_0\delta}(I_1, \dots, I_N)]$ als den Erwartungswert von $R_{s_0\delta}(I_1, \dots, I_N)$ interpretieren. Demzufolge bezeichnet man $\overline{R}_\delta(s_0)$ auch als den **erwarteten Gesamtgewinn** bei Anwendung der Strategie δ und Anfangszustand s_0.

Definition 9.6
Eine Strategie δ^* heißt **optimal**, falls $\overline{R}_{\delta^*}(s_0) \geq \overline{R}_\delta(s_0)$ für alle $\delta \in \Delta$ gilt.

Der **maximale erwartete Gesamtgewinn** ist gegeben durch

$$V_0(s_0) := \sup\{\overline{R}_\delta(s_0) \mid \delta \in \Delta\}.$$

Die Berechnung des maximalen erwarteten Gesamtgewinns $V_0(s_0)$ und die Ermittlung einer optimalen Strategie δ^* lassen sich wie schon beim deterministischen Modell auf die Lösung einer Funktionalgleichung, der **Optimalitätsgleichung**, zurückführen.

Zur Herleitung der Optimalitätsgleichung benötigen wir noch einige Bezeichnungen und Annahmen. Zunächst erhält man den erwarteten Gesamtgewinn

$$\overline{R}_{n\delta}(s_n) := \sum_{s_{n+1} \in \mathcal{S}_{n+1}} \cdots \sum_{s_N \in \mathcal{S}_N} R_{s_n\delta}(s_{n+1}, \dots, s_N) P_{s_n\delta}(s_{n+1}, \dots, s_N)$$

auf den Stufen $n, n+1, ..., N$ in Abhängigkeit vom Zustand s_n auf der Stufe n und der Strategie $\delta = (f_0, \dots, f_{N-1})$ mit Hilfe von

$$R_{s_n\delta}(s_{n+1}, \dots, s_N) := \sum_{t=n}^{N-1} r_t(s_t, f_t(s_t)) + V_N(s_N)$$

$$P_{s_n\delta}(s_{n+1}, \dots, s_N) := p_n(s_n, f_n(s_n), s_{n+1}) \cdots p_{N-1}(s_{N-1}, f_{N-1}(s_{N-1}), s_N)$$

auf analoge Weise. Zudem gilt für alle $n < N$, $s \in \mathcal{S}_n$, die Rekursionsbeziehung

$$\overline{R}_{n\delta}(s) = r_n(s, f_n(s)) + \sum_{s' \in \mathcal{S}_{n+1}} p_n(s, f_n(s), s') \overline{R}_{n+1,\delta}(s') \qquad (9.4)$$

mit $\overline{R}_{N\delta}(s) := V_N(s)$, $s \in \mathcal{S}_N$. Schließlich sei für $s \in \mathcal{S}_n$ mit $n < N$

$$V_n(s) := \sup\{\overline{R}_{n\delta}(s) \mid \delta \in \Delta\} \tag{9.5}$$

der maximale erwartete Gesamtgewinn auf den Stufen $n, n+1, \ldots, N$. Die Funktionen $V_0, \ldots, V_N$ bezeichnen wir wieder als **Wertfunktionen**.

Wir haben in den obigen Ausführungen stillschweigend unterstellt, daß die Funktionen $\overline{R}_{0\delta} = \overline{R}_\delta, \overline{R}_{1\delta}, \ldots, \overline{R}_{N-1,\delta}$ wohldefiniert sind. Bei endlichem Zustandsraum $\mathcal{S}$ trifft dies auch zu. Ist $\mathcal{S}$ abzählbar unendlich, so treten in der Definition von $\overline{R}_{n\delta}(s)$ unendliche Reihen auf, die zu unbestimmten Ausdrücken der Form $\infty - \infty$ führen können. Wir gehen daher stets aus von der folgenden

Generalvoraussetzung:

Für alle $n < N$, $s \in \mathcal{S}_n$ und alle $\delta \in \Delta$ ist $\overline{R}_{n\delta}(s) \in \mathbb{R}$.

Die Generalvoraussetzung ist erfüllt, falls $\mathcal{S}$ endlich ist. Sie ist auch erfüllt, wenn die einstufigen Gewinnfunktionen $r_0, r_1, \ldots, r_{N-1}$ und V_N beschränkt sind. Sind diese unbeschränkt, so lassen sich hinreichende Bedingungen für die Gültigkeit der Generalvoraussetzung angeben: Existieren eine Funktion $b : \mathcal{S} \to (0, +\infty)$ und Konstanten $c, \alpha > 0$ derart, daß die folgenden Ungleichungen

1) $|r_n(s,a)| \leq cb(s)$ für alle $(s,a) \in \mathcal{D}_n$, $n < N$
2) $|V_N(s)| \leq cb(s)$ für alle $s \in \mathcal{S}_N$
3) $\sum_{s' \in \mathcal{S}_{n+1}} p_n(s,a,s')b(s') \leq \alpha b(s)$ für alle $(s,a) \in \mathcal{D}_n$, $n < N$

erfüllt sind, so erhält man für alle $\delta \in \Delta$, $s \in \mathcal{S}_n$, $n < N$, die Abschätzung

$$|\overline{R}_{n\delta}(s)| \leq \left\{1 + \alpha + \cdots + \alpha^{N-n}\right\} cb(s)$$

und damit eine hinreichende Bedingung für die Generalvoraussetzung.

9.3.3 Die Optimalitätsgleichung

Wir kommen nun zu der zentralen Aussage dieses Abschnitts.

Satz 9.2 (Optimalitätsgleichung)

(i) Für $n = 0, \dots, N-1$ und alle $s \in \mathcal{S}_n$ gilt

$$V_n(s) = \max\left\{r_n(s,a) + \textstyle\sum_{s' \in \mathcal{S}_{n+1}} p_n(s,a,s')V_{n+1}(s') \mid a \in \mathcal{A}_n(s)\right\}. \tag{9.6}$$

(ii) Jede aus den die rechte Seite von (9.6) maximierenden Aktionen $f_n^*(s)$ gebildete Strategie $\delta^* = (f_0^*, \dots, f_{N-1}^*)$ ist optimal.

Beweis: a) Sei zunächst $n = N-1$. Nach (9.5) und (9.4) gilt für alle $s \in \mathcal{S}_{N-1}$

$$\begin{aligned} V_{N-1}(s) &= \sup\{\overline{R}_{N-1,\delta}(s) \mid \delta = (f_0, \dots, f_{N-1}) \in \Delta\} \\ &= \sup\{r_{N-1}(s, f_{N-1}(s)) + \sum_{s' \in \mathcal{S}_N} p_{N-1}(s, f_{N-1}(s), s')V_N(s') \mid f_{N-1}\} \\ &= \max\{r_{N-1}(s,a) + \sum_{s' \in \mathcal{S}_N} p_{N-1}(s,a,s')V_N(s') \mid a \in \mathcal{A}_{N-1}(s)\}. \end{aligned} \tag{9.7}$$

Hieraus folgt (i) für $n = N-1$. Da die Mengen $\mathcal{A}_{N-1}(s)$, $s \in \mathcal{S}_{N-1}$, endlich sind, existiert eine Entscheidungsfunktion f_{N-1}^*, für die die rechten Seiten in (9.7) ihr Maximum annehmen. Somit gilt

$$V_{N-1}(s) = \overline{R}_{N-1,\delta^*}(s), \quad s \in \mathcal{S}_{N-1} \tag{9.8}$$

für alle Strategien $\delta^* = (f_0, \dots, f_{N-2}, f_{N-1}^*)$.

b) Sei nun $n = N-2$. Mit (9.5) und (9.4) folgt zunächst für alle $s \in \mathcal{S}_{N-2}$

$$\begin{aligned}
V_{N-2}(s) &= \sup\{\overline{R}_{N-2,\delta}(s) \mid \delta = (f_0, \ldots, f_{N-1}) \in \Delta\} \\
&= \sup\{r_{N-2}(s, f_{N-2}(s)) + \sum_{s' \in \mathcal{S}_{N-1}} p_{N-2}(s, f_{N-2}(s), s')\overline{R}_{N-1,\delta}(s') \mid \delta \in \Delta\} \\
&\leq \sup\{r_{N-2}(s, f_{N-2}(s)) + \sum_{s' \in \mathcal{S}_{N-1}} p_{N-2}(s, f_{N-2}(s), s')V_{N-1}(s') \mid \delta \in \Delta\} \\
&= \max\{r_{N-2}(s, a) + \sum_{s' \in \mathcal{S}_{N-1}} p_{N-2}(s, a, s')V_{N-1}(s') \mid a \in \mathcal{A}_{n-2}(s)\}.
\end{aligned} \tag{9.9}$$

Sei nun f^*_{N-2} eine aus den Maximumstellen von (9.9) gebildete Entscheidungsfunktion. Dann gilt

$$\begin{aligned}
V_{N-2}(s) &\leq r_{N-2}(s, f^*_{N-2}(s)) + \sum_{s' \in \mathcal{S}_{N-1}} p_{N-2}(s, f^*_{N-2}(s), s')V_{N-1}(s') \\
&= \overline{R}_{N-2,\delta^*}(s)
\end{aligned}$$

für alle $\delta^* = (f_0, \ldots, f_{N-3}, f^*_{N-2}, f^*_{N-1})$. Zusammen mit (9.5), (9.4) und (9.8) gilt andererseits

$$\begin{aligned}
V_{N-2}(s) &= \sup\{\overline{R}_{N-2,\delta}(s) \mid \delta \in \Delta\} \\
&\geq \overline{R}_{N-2,\delta^*}(s) \\
&= r_{N-2}(s, f^*_{N-2}(s)) + \sum_{s' \in \mathcal{S}_{N-1}} p_{N-2}(s, f^*_{N-2}(s), s')\overline{R}_{N-1,\delta^*}(s') \\
&= r_{N-2}(s, f^*_{N-2}(s)) + \sum_{s' \in \mathcal{S}_{N-1}} p_{N-2}(s, f^*_{N-2}(s), s')V_{N-1}(s') \\
&= \max\{r_{N-2}(s, a) + \sum_{s' \in \mathcal{S}_{N-1}} p_{N-2}(s, a, s')V_{N-1}(s') \mid a \in \mathcal{A}_{N-2}(s)\}.
\end{aligned}$$

Aus beiden Ungleichungen folgt (i) für $n = N-2$ sowie $V_{N-2}(s) = \overline{R}_{N-2,\delta^*}(s)$ für alle $\delta^* = (f_0, \ldots, f_{N-3}, f^*_{N-2}, f^*_{N-1})$.

c) Für $n = N-3, N-4, \ldots, 0$ verfährt man analog. □

9.3.4 Wertiteration

Nach Satz 9.2 läßt sich die Berechnung des maximalen Gesamtgewinns $V_0(s_0)$ und die Ermittlung einer optimalen Strategie δ^* auf das Lösen einer Funktionalgleichung, der Optimalitätsgleichung, zurückführen. Die effiziente Lösung der Optimalitätsgleichung im Hinblick auf die Rechenzeit und den Speicherbedarf gehört daher auch bei der stochastischen dynamischen Optimierung zu den zentralen Aufgaben. Die rechentechnische Umsetzung des Satzes könnte beispielsweise aus den folgenden Schritten bestehen:

Algorithmus

1) Setze $n = N$ und $v'(s) = V_N(s)$ für $s \in \mathcal{S}_N$.

2) Setze $n = n-1$ und $v(s) = v'(s)$ für $s \in \mathcal{S}_{n+1}$. Für alle $s \in \mathcal{S}_n$ berechne

$$v'(s) = \max\{r_n(s,a) + \sum_{s' \in \mathcal{S}_{n+1}} p_n(s,a,s')v(s') \mid a \in \mathcal{A}_n(s)\} \tag{9.10}$$

   und bestimme eine Entscheidungsfunktion f_n^* aus Aktionen $f_n^*(s)$, für die die rechten Seiten in (9.10) ihr Maximum annehmen.

3) Ist $n = 0$, fahre mit 4) fort, andernfalls mit 2).

4) Setze $V_0(s_0) = v'(s_0)$.

5) Setze $\delta^* = (f_0^*, \ldots, f_{N-1}^*)$.

Durch Rückwärtsrechnung berechnet man in den Schritten 1) bis 4) die Wertfunktionen $V_{N-1}, \ldots, V_0$. Diese werden wie beim deterministischen Modell nur für jeweils einen Iterationsschritt benötigt und können überschrieben werden. Daher benötigen wir insbesondere im Hinblick auf den Speicherplatzbedarf nur zwei Näherungen, eine alte Näherung v und eine neue Näherung v'. Die Entscheidungsfunktionen $f_0^*, \ldots, f_{N-1}^*$ müssen jedoch vollständig vorliegen, da die Aktionen für alle Prozeßrealisationen bereitgestellt werden müssen.

In strukturierten Problemen kommt man jedoch häufig mit einem geringeren Speicherplatzbedarf aus. Liegt beispielsweise eine optimale Strategie $\delta^* = (f_0^*, \ldots, f_{N-1}^*)$ vor mit $f_n^*(s) = 1$ für $s \geq s_n^*$ und $f_n^*(s) = 0$ für $s < s_n^*$ und geeignete $s_0^*, \ldots, s_{N-1}^* \in \mathbb{R}$, so muß man lediglich $s_0^*, \ldots, s_{N-1}^*$ bereitstellen. Eine solche Strategie tritt beim Hausverkaufproblem auf (vgl. Beispiel 9.6). Weitere typische Anwendungen werden in Abschnitt 9.3.6 vorgestellt.

9.3.5 Ein Kontrollmodell

Vielen dynamischen Optimierungsproblemen liegt eine exogene Einflußgröße zugrunde, die im wesentlichen das Übergangsgesetz bestimmt. Ein Beispiel einer solchen exogenen Einflußgröße ist die Nachfrage nach dem Gut in einem Ein-Produkt-Lager, die in der Regel vom Lagerbestand und der Bestellmenge unabhängig ist.

In dem folgenden Spezialfall unseres Basismodells, einem sogenannten **Kontrollmodell**, gehen wir von einer exogenen Einflußgröße aus, die sich durch eine Folge $Y_0, Y_1, \dots, Y_{N-1}$ unabhängiger Zufallsvariablen beschreiben läßt. Die zugehörigen Wahrscheinlichkeitsfunktionen $q_n(x) = P(Y_n = x)$, $x \in \mathcal{X}_n$, können von der Stufe n abhängen, sind jedoch unabhängig von den realisierten Zuständen und Aktionen.

Die exogene Einflußgröße sei der einzige stochastische Anteil am Übergangsgesetz. Insbesondere ergebe sich der Zustand $s_{n+1} = g_n(s_n, a_n, x_n) \in \mathcal{S}_{n+1}$ der Stufe $n+1$ in Abhängigkeit vom Zustand $s_n \in \mathcal{S}_n$, der Aktion $a_n \in \mathcal{A}_n(s_n)$ und der Realisation $x_n \in \mathcal{X}_n$ der exogenen Einflußgröße als Funktionswert einer Übergangsfunktion $g_n : \mathcal{D}_n \times \mathcal{X}_n \to \mathcal{S}_{n+1}$.

Definition 9.7
Unter dem **Kontrollmodell** verstehen wir ein Tupel $(N, \mathcal{S}, \mathcal{A}, \mathcal{X}, q, g, r, V_N)$, wobei die einzelnen Größen die folgende Bedeutung haben:

(i) N, $\mathcal{S}$, $\mathcal{A}$, r und V_N stimmen mit dem Basismodell überein.

(ii) Der Wertebereich $\mathcal{X}$ der exogenen Einflußgröße ist eine abzählbare Menge. Die nichtleeren Teilmengen $\mathcal{X}_0, \mathcal{X}_1, \dots, \mathcal{X}_{N-1}$ sind die Wertebereiche der exogenen Größe auf den Stufen $0, \dots, N-1$.

(iii) Die Wahrscheinlichkeitsfunktion $q_n : \mathcal{X}_n \to [0, 1]$ ist die Verteilung der exogenen Einflußgröße auf der Stufe $n < N$.

(iv) Die Übergangsfunktion $g_n : \mathcal{D}_n \times \mathcal{X}_n \to \mathcal{S}_{n+1}$ legt den Übergang von (s_n, a_n) nach $s_{n+1} = g_n(s_n, a_n, x_n)$ in Abhängigkeit von der Realisation x_n der exogenen Einflußgröße auf der Stufe $n < N$ fest.

Das Kontrollmodell läßt sich durch Wahl von

$$p_n(s, a, s') = \sum_{\{x \in \mathcal{X}_n \mid g_n(s,a,x) = s'\}} q_n(x) \tag{9.11}$$

für $(s, a) \in \mathcal{D}_n$, $s' \in \mathcal{S}_{n+1}$, $n < N$ unmittelbar auf das Basismodell zurückführen.

Die spezielle Struktur des Kontrollmodells geht in die Optimalitätsgleichung ein und kann sowohl bei deren numerischer Berechnung als auch der Herleitung von Strukturen optimaler Strategien ausgenutzt werden. Sie lautet:

$$V_n(s) = \max\{r_n(s,a) + \sum_{x \in \mathcal{X}_n} q_n(x) V_{n+1}(g_n(s,a,x)) \mid a \in \mathcal{A}_n(s)\}. \quad (9.12)$$

Außerdem behält Satz 9.2(ii) Gültigkeit.

9.3.6 Optimalität strukturierter Strategien

Die Optimalitätsgleichung stellt, wie wir bereits gesehen haben, ein rekursives Verfahren bereit, mit dessen Hilfe der maximale erwartete Gesamtgewinn und eine optimale Strategie numerisch bestimmt werden können. Oftmals ist es jedoch wünschenswert, über numerische Werte hinausgehende Informationen über die Output-Größen zu erhalten. Diese Informationen ergeben sich häufig unter zusätzlichen, in der Regel natürlichen Annahmen an die Inputgrößen und sollen im folgenden exemplarisch untersucht werden. Mathematische Hilfsmittel sind Monotonieeigenschaften der einstufigen Gewinnfunktionen und/oder des Übergangsgesetzes, die sich auf die Wertfunktionen und schließlich auf eine optimale Strategie übertragen.

Es ist zu erwarten, daß sich der Hausbesitzer aus Beispiel 9.3 in jeder Woche ein Verkaufslimit setzt. Übertrifft das aktuelle Angebot dieses Limit, so wird er es annehmen; andernfalls wird er noch eine weitere Woche warten und neu entscheiden. Mit zunehmender Dauer vergeblicher Suche nach einem Käufer wird er das Verkaufslimit schrittweise senken. Die dynamische Optimierung hat diese Verkaufsstrategie (im Hinblick auf die Erzielung des maximalen erwarteten Erlöses) bereits bestätigt und die optimalen Parameter geliefert. Die noch ausstehende formale Überprüfung nehmen wir in dem folgenden Beispiel vor, in dem wir von einem etwas allgemeineren Sachverhalt als in Beispiel 9.3 ausgehen.

Beispiel 9.6 (Ein Stopp-Problem)
Ein Hausbesitzer, der sein Haus verkaufen möchte, erhält zu den Zeitpunkten $n = 0, 1, \ldots, N-1$ ein Angebot der Höhe x_n, das er als Realisation einer Zufallsvariablen Y_n mit Werten in $\{0, \ldots, M\}$ auffassen kann. Die Zufallsvariablen $Y_0, \ldots, Y_{N-1}$ seien unabhängig und identisch verteilt mit der Wahrscheinlichkeitsfunktion $P(Y_n = x) = q(x)$ für $x \in \{0, \ldots, M\}$.

Nimmt er das zum Zeitpunkt n vorliegende Angebot x_n an, so erhält er den Verkaufserlös x_n, und das Entscheidungsproblem ist abgeschlossen. Lehnt er das Angebot ab, so entstehen ihm Kosten der Höhe c. Außerdem kann er (wie schon in Beispiel 9.3) auf das Angebot zu keinem späteren Zeitpunkt mehr zurückgreifen.

Das Verkaufsproblem läßt sich durch ein Kontrollmodell wie folgt beschreiben:

(i) $N \in \mathbb{N}$ $(n = 0, 1, \ldots, N)$.

(ii) $\mathcal{S} = \mathcal{S}_n = \{0, \ldots, M, \infty\}$, $n \leq N$. Die Zahl $s_n \in \{0, \ldots, M\}$ bezeichnet die Höhe des zum Zeitpunkt n vorliegenden Angebotes, und $s_n = \infty$ ist ein zusätzlicher Zustand, der für den bereits vollzogenen Verkauf des Hauses steht.

(iii) $\mathcal{A} = \mathcal{A}_n(s) = \{0, 1\}$, $n < N$, $s \in \mathcal{S}$. Die Aktion $a = 0$ steht für Ablehnung des vorliegenden Angebotes, die Aktion $a = 1$ für Annahme. Für $s = \infty$ sind Aktionen ohne inhaltliche Bedeutung.

(iv) $\mathcal{X} = \mathcal{X}_n = \{0, \ldots, M\}$.

(v) $q_n(x) = q(x)$, $x \in \mathcal{X}$.

(vi)

$$g_n(s, a, x) = \begin{cases} x & s \leq M \text{ und } a = 0 \\ \infty & \text{sonst.} \end{cases}$$

(vii)

$$r_n(s, a) = \begin{cases} -c & s \leq M \text{ und } a = 0 \\ s & s \leq M \text{ und } a = 1 \\ 0 & \text{sonst.} \end{cases}$$

(viii) $V_N(s) = 0$ für alle $s \in \mathcal{S}$.

Unter Berücksichtigung von $V_n(\infty) = 0$ für alle $n \leq N$ läßt sich die Optimalitätsgleichung (9.12) in der vereinfachten Form

$$V_n(s) = \max\left\{s, -c + \sum_{x=0}^{M} q(x) V_{n+1}(x)\right\}$$

für $s \leq M$ und $n < N$ sowie $V_N(s) = 0$ für alle s darstellen. Dabei steht der erste Ausdruck in der geschweiften Klammer für Annehmen $(a = 1)$, der zweite für Ablehnen $(a = 0)$. Sei nun

$$s_n^* = -c + \sum_{x=0}^{M} q(x) V_{n+1}(x)$$

für $n < N$. Dann ist die aus den Entscheidungsfunktionen

$$f_n^*(s) = \begin{cases} 1 & \text{für } s \geq s_n^* \\ 0 & \text{für } s < s_n^* \end{cases}$$

mit $n < N$ gebildete Strategie $\delta^* = (f_0^*, \ldots, f_{N-1}^*)$ nach Satz 9.2 optimal.

Die Strategie bestätigt die Erwartung: Ein „gutes" Angebot wird angenommen, bei einem „schlechten" Angebot wird weiter gewartet. Präzisiert wird ein „gutes" Angebot durch s_n^*.

Der folgende Satz enthält neben einer einfachen Vorschrift zur Berechnung der Verkaufslimits auch deren mehrfach angesprochene Monotonie.

Satz 9.3

(i) Die Konstanten $s_0^*, s_1^*, \ldots, s_{N-1}^*$ lassen sich rekursiv berechnen gemäß

$$s_n^* = \begin{cases} -c & \text{für } n = N-1 \\ -c + \sum\limits_{x=0}^{M} q(x) \max\{x, s_{n+1}^*\} & \text{für } n < N-1 \end{cases}$$

(ii) Es gilt $s_0^* \geq s_1^* \geq \cdots \geq s_{N-1}^*$.

Beweis: Der Beweis von (i) folgt durch vollständige Induktion von $n+1$ nach n. Wegen $V_N(s) = 0$ für alle s ist $V_{N-1}(s) = \max\{s, -c\} = \max\{s, s_{N-1}^*\}$ für $s \leq M$. Daher gelte $V_{n+1}(s) = \max\{s, s_{n+1}^*\}$, $s \leq M$, für ein n mit $n+1 \leq N-1$. Dann ist

$$V_n(s) = \max\left\{s, -c + \sum_{x=0}^{M} q(x) \max\{x, s_{n+1}^*\}\right\} = \max\{s, s_n^*\}$$

für $s \leq M$. Somit gilt (i). Die Aussagen in (ii) folgen aus

$$s_n^* = \sum_{x=0}^{M} q(x) \max\{x, s_{n+1}^*\} \geq \sum_{x=0}^{M} q(x) s_{n+1}^* = s_{n+1}^*.$$

❑

Beispiel 9.7 (Ein weiteres Stopp-Problem)
Ein Investor habe die Option für den Kauf einer Aktie in Höhe von c Geldeinheiten. Das Optionsrecht kann er zu den Zeitpunkten $n = 0, \ldots, N-1$ ausüben. Der Börsenkurs I_n der Aktie zum Zeitpunkt n ergebe sich zu $I_n = s_0 + Y_0 + Y_1 + \cdots + Y_{n-1}$. Dabei seien $Y_0, Y_1, Y_2, \ldots$ unabhängige, identisch verteilte Zufallsvariable mit der Verteilung $P(Y = x) = q(x)$ für $x \in \mathbb{Z}$.

Um eine Kaufstrategie zu ermitteln, für die der erwartete Gewinn maximal wird, reduzieren wir das Problem auf ein Kontrollmodell mit:

(i) $N \in \mathbb{N}$ $(n = 0, 1, \ldots, N)$.

(ii) $\mathcal{S} = \mathcal{S}_n = \mathbb{Z} \cup \{\infty\}$, $n \le N$. Die Zahl $s_n < \infty$ bezeichnet den Kaufpreis zum Zeitpunkt, und $s_n = \infty$ ist ein zusätzlicher Zustand, der für den bereits vollzogenen Kauf steht.

(iii) $\mathcal{A} = \mathcal{A}_n(s) = \{0, 1\}$ wird mit den Aktionen „nicht ausüben" und „ausüben" identifiziert, $n < N$ und $s \in \mathcal{S}$.

(iv) $\mathcal{X} = \mathcal{X}_n = \mathbb{Z}$.

(v) $q_n(x) = q(x)$, $x \in \mathcal{X}$.

(vi)

$$g_n(s, a, x) = \begin{cases} s + x & \text{für } s < \infty \text{ und } a = 0 \\ \infty & \text{sonst.} \end{cases}$$

(vii)

$$r_n(s, a) = \begin{cases} s - c & \text{für } s < \infty \text{ und } a = 1 \\ 0 & \text{sonst.} \end{cases}$$

(viii) $V_N(s) = 0$ für alle $s \in \mathcal{S}$.

Berücksichtigt man, daß $V_n(\infty) = 0$ für alle $n \le N$ gilt, so läßt sich die Optimalitätsgleichung (9.12) vereinfachen zu

$$V_n(s) = \max\{s - c, J_n(s)\}$$

für $s \in \mathbb{Z}$ mit

$$J_n(s) := \sum_{x \in \mathbb{Z}} q(x) V_{n+1}(s + x).$$

Der erste Ausdruck $s - c$ in der geschweiften Klammer läßt sich interpretieren als der erzielbare Gewinn bei Ausübung des Optionsrechtes ($a = 1$), und $J_n(s)$ als der erwartete Gewinn bei einer späteren Ausübung des Optionsrechtes ($a = 0$). Man wird erwarten, daß das Optionsrecht nur bei einem "hohen" Aktionkurs ausgeübt wird. Im folgenden werden wir diese Erwartung bestätigen und die Limits festlegen. ○

Vorbereitend zeigen wir den

Satz 9.4

Für alle $n < N$ und alle $s \in \mathbb{Z}$ gilt

(i) $0 \leq J_n(s+1) - J_n(s) \leq 1.$

(ii) $0 \leq V_n(s+1) - V_n(s) \leq 1.$

Beweis: Die Behauptungen (i) und (ii) lassen sich durch vollständige Induktion von $n+1$ nach n verifizieren. Wegen $V_N(s) = 0$ für alle s gilt zunächst $J_{N-1}(s) = 0$ für alle s und $V_{N-1}(s) = \max\{s - c, 0\}$, $s \in \mathbb{Z}$. Sie seien daher richtig für ein $n + 1 < N$. Da $q(x)$ eine Wahrscheinlichkeitsfunktion ist, erhalten wir

$$0 \leq J_n(s+1) - J_n(s) = \sum_{x \in \mathbb{Z}} q(x) \left[V_{n+1}(s+1+x) - V_{n+1}(s+x)\right] \leq 1$$

und somit (i) für n. Ferner ist

$$\begin{aligned} V_n(s+1) - V_n(s) &= \max\{s+1-c, J_n(s+1)\} - \max\{s-c, J_n(s)\} \\ &\leq \max\{1, J_n(s+1) - J_n(s)\} \\ &\leq 1 \end{aligned}$$

und entsprechend

$$\begin{aligned} V_n(s+1) - V_n(s) &= \max\{s+1-c, J_n(s+1)\} - \max\{s-c, J_n(s)\} \\ &\geq \min\{1, J_n(s+1) - J_n(s)\} \\ &\geq 0. \end{aligned}$$

Somit gilt (ii) für n und schließlich die Behauptungen (i) und (ii) für alle n. ❑

Satz 9.4 impliziert, daß $J_n(s)$ langsamer in s wächst als in $(s-c)$. Sei nun $\mathcal{M} := \{s \mid s - c \geq J_n(s)\}$ und

$$s_n^* := \begin{cases} \min \mathcal{M}, & \mathcal{M} \neq \emptyset \\ \infty, & \mathcal{M} = \emptyset. \end{cases}$$

Dann ist die aus den Entscheidungsfunktionen

$$f_n^*(s) = \begin{cases} 1 & \text{für } s \geq s_n^* \\ 0 & \text{für } s < s_n^* \end{cases}$$

gebildete Strategie $\delta^* = (f_0^*, \ldots, f_{N-1}^*)$ nach Satz 9.2 optimal. Die Monotonie der Limits erhält man in Analogie zu Beispiel 9.6.

Für das Stopp-Problem aus Beispiel 9.7 ist es also optimal, bei einem Kurs von mindestens s_n^* das Optionsrecht zum Zeitpunkt n auszuüben. Vorausgesetzt natürlich, daß es nicht schon vorher ausgeübt wurde.

Beispiel 9.8 (Ein Ersetzungsmodell)

Der Zustand einer Maschine lasse sich durch eine der Zahlen $0, \ldots, M$ mit $M \in \mathbb{N}$ beschreiben. Eine neue Maschine sei im Zustand 0. Die Maschine unterliege einem Verschleiß, der eine Verschlechterung (Anwachsen) des Zustandes bewirke.

Die Maschine werde zu den Zeitpunkten $n = 0, ..., N-1$ inspiziert. In Abhängigkeit vom beobachteten Zustand $s_n \in \{0, \ldots, M\}$ werde eine der beiden folgenden Entscheidungen getroffen: Die Maschine nicht zu ersetzen (Aktion $a_n = 0$) oder die Maschine durch eine neue zu ersetzen (Aktion $a_n = 1$). Die neue Maschine sei unmittelbar verfügbar.

Zu berücksichtigen seien Betriebskosten der Höhe $c(z_n)$ in Abhängigkeit vom Zustand $z_n = (1 - a_n)s_n$ der Maschine unmittelbar nach der Entscheidung über die Ersetzung und im Falle einer Ersetzung zusätzlich Ersetzungskosten der Höhe k.

Eine Verschlechterung des Zustandes der Maschine zwischen den Zeitpunkten n und $n+1$ von z_n nach s_{n+1} ergebe sich mit Wahrscheinlichkeit $\widehat{q}(z_n, s_{n+1})$.

Eine Ersetzungsstrategie, die die erwarteten Gesamtkosten minimiert, läßt sich mit Hilfe des Basismodells erhalten. Dabei sind:

(i) $N \in \mathbb{N}$ $(n = 0, 1, \ldots, N)$.

(ii) $\mathcal{S} = \mathcal{S}_n = \{0, \ldots, M\}$, $n \leq N$. Der Wert s_n bezeichnet den Zustand (Verschleiß) der Maschine.

(iii) $\mathcal{A} = \mathcal{A}_n(s) = \{0, 1\}$ symbolisiert die Aktionen „Nicht Ersetzen“ $(a = 0)$ bzw. „Ersetzen“ $(a = 1)$, $n < N$, $s \in \mathcal{S}$.

(iv)

$$p_n(s, a, s') = \begin{cases} \widehat{q}(s, s') & \text{für } a = 0 \\ \widehat{q}(0, s') & \text{für } a = 1 \end{cases}$$

mit $s, s' \in \mathcal{S}$. Dabei gilt $\widehat{q}(s, s') \geq 0$ und $\sum_{s' \in \mathcal{S}} \widehat{q}(s, s') = 1$.

(v)

$$r_n(s, a) = \begin{cases} -c(s) & \text{für } a = 0 \\ -k - c(0) & \text{für } a = 1 \end{cases}$$

mit $s \in \mathcal{S}$. Das negative Vorzeichen resultiert aus der Darstellung der Kosten als negative Gewinne.

(vi) $V_N(s) \in \mathbb{R}$, $s \in \mathcal{S}$, ist der Restwert der Maschine.

Die zugehörige Optimalitätsgleichung (9.6) lautet

$$\begin{aligned} V_n(s) = \max \Bigg\{ & -c(s) + \sum_{s'=0}^{M} \widehat{q}(s, s') V_{n+1}(s'), \\ & - k - c(0) + \sum_{s'=0}^{M} \widehat{q}(0, s') V_{n+1}(s') \Bigg\}. \end{aligned} \tag{9.13}$$

Es ist natürlicher, die erwarteten Gesamtkosten $G_n(s) := -V_n(s)$, $n \leq N$, $s \in \mathcal{S}$, zu betrachten. Zusammen mit

$$J_n(s) := c(s) + \sum_{s'=0}^{M} \widehat{q}(s, s') G_{n+1}(s')$$

geht dann die Optimalitätsgleichung (9.13) über in

$$G_n(s) = \min\{J_n(s), k + J_n(0)\}.$$

Der erste Term der geschweiften Klammer enthält die Folgekosten bei Nicht-Ersetzung, der zweite die bei Ersetzung der Maschine.

Gewöhnlich wird man die Maschine eine gewisse Zeit nutzen und dann durch eine neue ersetzen. Diese Vorstellung läßt sich unter den folgenden Annahmen (A1) bis (A3) an die Betriebskosten $c(s)$, den Restwert $V_N(s)$ und die Übergangswahrscheinlichkeiten $\widehat{q}(s, s')$ verifizieren und quantifizieren.

Annahmen:

Für alle $s < M$ gilt

(A1) $c(s) \leq c(s+1)$.

(A2) $V_N(s) \geq V_N(s+1)$.

(A3) $\sum_{s'=i}^{M} \widehat{q}(s, s') \leq \sum_{s'=i}^{M} \widehat{q}(s+1, s')$ für alle $i = 0, \ldots, M$.

Annahme (A1) bzw. (A2) besagt, daß eine Verschlechterung des Zustandes der Maschine zu einer Erhöhung der Betriebskosten bzw. Verminderung des Restwertes führt. Annahme (A3) besagt, daß sich der Zustand der Maschine systematisch verschlechtert. Insbesondere ist die Wahrscheinlichkeit, in einen "schlechten" Zustand $s_{n+1} \in \{s', s'+1, \ldots, M\}$ ($s' \in \mathcal{S}$ beliebig) zu gelangen, monoton wachsend in s_n. ○

Satz 9.5

Sei $v : \{0, \ldots, M\} \to \mathbb{R}$ eine beliebige, monoton wachsende Funktion. Ist Annahme (A3) erfüllt, so gilt

$$\sum_{s'=0}^{M} \widehat{q}(s, s') v(s') \leq \sum_{s'=0}^{M} \widehat{q}(s+1, s') v(s')$$

für alle $s < M$.

Beweis: Unter Ausnutzung von (A3) und der Monotonie von v erhält man unmittelbar

$$\begin{aligned}\sum_{s'=0}^{M} \widehat{q}(s,s')v(s') &= \sum_{s'=0}^{M} \widehat{q}(s,s')v(0) + \sum_{s'=1}^{M} \widehat{q}(s,s')[v(1)-v(0)] \\ &\quad + \cdots + \sum_{s'=M}^{M} \widehat{q}(s,s')[v(M)-v(M-1)] \\ &= v(0) + \sum_{s'=1}^{M}[v(s')-v(s'-1)] \sum_{s''=s'}^{M} \widehat{q}(s',s'') \\ &\le v(0) + \sum_{s'=1}^{M}[v(s')-v(s'-1)] \sum_{s''=s'}^{M} \widehat{q}(s'+1,s'') \\ &= \sum_{s'=0}^{M} \widehat{q}(s+1,s')v(s')\end{aligned}$$

und damit die Behauptung. ❑

Mit (A1), (A2) und Satz 9.5 erhalten wir die benötigte Monotonie von J_n.

Satz 9.6

Sind die Annahmen (A1), (A2) und (A3) erfüllt, so gilt für alle $n < N$ und $s < M$

(i) $J_n(s) \le J_n(s+1)$.

(ii) $G_n(s) \le G_n(s+1)$.

Beweis: Der Beweis wird durch vollständige Induktion von $n+1$ nach n geführt. Zunächst folgen aus $G_N(s) = -V_N(s)$ für alle s, den Annahmen (A1) und (A2) sowie Satz 9.5 die Behauptungen (i) und (ii) für $n+1 = N$. Treffen daher die Behauptungen für ein $n+1 \le N$ zu, so folgt (i) für n unmittelbar aus (A1), der Monotonie von G_{n+1} (nach Induktionsannahme) und Satz 9.5. Behauptung (ii) ergibt sich dann aus der Monotonie von J_n und

$$G_n(s) = \min\{J_n(s), k + J_n(0)\} \le \min\{J_n(s+1), k + J_n(0)\} = G_n(s+1).$$

Somit gelten die Ungleichungen (i) und (ii) für alle $n < N$ und alle $s < M$. ❑

Sei nun

$$s_n^* := \begin{cases} \min \mathcal{M}, & \mathcal{M} \neq \emptyset \\ \infty, & \mathcal{M} = \emptyset \end{cases}$$

für $\mathcal{M} := \{s \mid J_n(s) \geq k + J_n(0)\}$. Dann folgt unter Ausnutzung von Satz 9.6(i), daß die aus den Entscheidungsfunktionen

$$f_n^*(s) = \begin{cases} 1 & \text{für } s \geq s_n \\ 0 & \text{für } s < s_n \end{cases}$$

gebildete Strategie δ^* nach Satz 9.2 optimal ist.

Für das Ersetzungsmodell in Beispiel 9.8 erweist es sich somit als optimal, die Maschine zu dem Zeitpunkt n zu ersetzen, zu dem der Verschleiß s_n erstmals die Eingriffsgrenze s_n^* erreicht oder überschritten hat.

Beispiel 9.9 (Ein Lagerhaltungsproblem)
Ein Ein-Produkt Lager werde zu den Zeitpunkten $n = 0, 1, \ldots, N-1$ inspiziert und in Abhängigkeit vom Lagerbestand s_n eine Entscheidung über eine Bestellung und die eventuelle Bestellmenge $b_n \geq 0$ getroffen. Eine Bestellung sei unmittelbar im Lager verfügbar. Daher bezeichne $a_n = s_n + b_n$ den Lagerbestand zum Zeitpunkt n unmittelbar nach der Bestellentscheidung.

Die Nachfrage x_n nach dem Gut zwischen den Zeitpunkten n und $n+1$ ergebe sich als Realisation einer diskreten Zufallsvariablen Y_n. Die Zufallsvariablen $Y_0, Y_1, \ldots, Y_{N-1}$ seien unabhängig und identisch verteilt mit $P(Y = x) = q(x)$, $x \in \mathbb{N}_0$, und endlichem Erwartungswert.

In Abhängigkeit von s_n, a_n und x_n ergebe sich der Lagerbestand s_{n+1} zum Zeitpunkt $n+1$ gemäß $s_{n+1} = a_n - x_n$; nicht durch das Lager gedeckter Bedarf wird also vorgemerkt. Wir unterstellen ein beschränktes Lager. Somit ist $s_n \leq a_n \leq M \in \mathbb{N}$. Ein negativer Bestand s_n entspricht einer Vormerkung, die mit der nächsten Bestellung ausgeglichen wird.

Verbunden mit der Bestellung und Lagerung des Gutes seien mengenproportionale Bestellkosten $cb_n \geq 0$. Außerdem seien Lager- und Fehlmengenkosten $l(a_n - x_n) \geq 0$ zu berücksichtigen und zwar in Abhängigkeit vom Lager- bzw. Fehlmengenbestand $a_n - x_n$ am Ende der Bestellperiode. Der Einfachheit halber sei

$$l(s) = \begin{cases} l_1 s & \text{für } s \geq 0 \\ -l_2 s & \text{für } s < 0 \end{cases}$$

mit $l_2 \geq l_1 \geq 0$.

Die minimalen erwarteten Gesamtkosten sowie eine optimale Bestellstrategie lassen sich mit Hilfe des folgenden Kontrollmodells finden:

(i) $N \in \mathbb{N}$ $(n = 0, 1, \ldots, N)$.

(ii) $\mathcal{S}_n = \mathcal{S} = \{\ldots, -1, 0, 1 \ldots, M\}$, $n \leq N$. Dabei bezeichnet s_n den Lagerbestand zum Zeitpunkt n unmittelbar vor der Bestellentscheidung.

(iii) $\mathcal{A}_n(s) = \{s, s+1, \ldots, M\}$, $n < N$, $s \in \mathcal{S}$. Die Zahl a_n mit $a_n \geq s_n$ bezeichnet den Lagerbestand zum Zeitpunkt n unmittelbar nach der Bestellentscheidung.

(iv) $\mathcal{X}_n = \mathcal{X} = \mathbb{N}_0$, $n < N$.

(v) $g_n(s, a, x) = a - x$ für $n < N$, $s \in \mathcal{S}$, $a \in \mathcal{A}_n(s)$ und $x \in \mathcal{X}$.

(vi) $q_n(x) = q(x)$ für $n < N$ und $x \in \mathcal{X}$.

(vii) $r_n(s, a) = -c(a-s) - \sum_{x \in \mathcal{X}} q(x) l(a-x)$ für $n < N$, $s \in \mathcal{S}$ und $a \in \mathcal{A}_n(s)$.

(viii) $V_N(s) = 0$ für alle $s \in \mathcal{S}$.

Ausgangspunkt der Strukturuntersuchungen ist wieder die Optimalitätsgleichung. Sie lautet

$$
\begin{aligned}
V_n(s) = \max \Bigg\{ -ca + cs - \sum_{x=0}^{\infty} q(x) l(a-x) \\
+ \sum_{x=0}^{\infty} q(x) V_{n+1}(a-x) \mid s \leq a \leq M \Bigg\}
\end{aligned}
\tag{9.14}
$$

oder unter Berücksichtigung von $\mu := c\,\mathrm{E}[Y_n] = c \sum_{x=0}^{\infty} x q(x)$ und $G_n(s) := -V_n(s) + cs$

$$
G_n(s) = \min \{ J_n(a) \mid s \leq a \leq M \} \tag{9.15}
$$

mit

$$
J_n(a) := \mu + \sum_{x=0}^{\infty} q(x) l(a-x) + \sum_{x=0}^{\infty} q(x) G_{n+1}(a-x).
$$

Der Übergang von V_n zu G_n hat lediglich einen Einfluß auf die Wertfunktionen, nicht aber auf die Optimalität einer Strategie, denn diejenigen Aktionen, die Maximumstellen von (9.14) sind, sind auch Minimumstellen von (9.15) und umgekehrt. Daher konzentrieren sich die folgenden Überlegungen auf die einfacher zu handhabende Optimalitätsgleichung (9.15). ○

Satz 9.7

Sei $v : \mathcal{S} \to \mathbb{R}$ eine konvexe Funktion. Dann sind auch die Funktionen $w_j : \mathcal{S} \to \mathbb{R}$ mit

$$w_1(s) := \sum_{x \in \mathcal{X}} q(x)v(s-x) \quad \textit{und} \quad w_2(s) := \min\{v(a) \mid s \leq a \leq M\}$$

konvex.

Beweis: Da die Funktion v konvex ist (vgl. Definition 1.48, Seite 54), ist $\Delta v(s) := v(s+1) - v(s)$ monoton wachsend in s. Um die Konvexität von w_1 und w_2 zu erhalten, zeigen wir nun, daß auch $\Delta w_j(s) := w_j(s+1) - w_j(s)$ monoton wachsend in s ist.

Daß $\Delta w_1(s)$ monoton wachsend in s ist, folgt nun unmittelbar aus

$$\Delta w_1(s+1) - \Delta w_1(s) = \sum_{x \in \mathcal{X}} q(x)[\Delta v(s+1-x) - \Delta v(s-x)] \geq 0.$$

Ist v monoton wachsend bzw. fallend, so ist $w_2(s) = v(s)$ bzw. $w_2(s) = v(M)$. Somit ist w_2 dann konvex. Anderenfalls existiert ein $s^* \in \mathcal{S}$ mit $v(s^*) \leq v(s)$ für alle $s \in \mathcal{S}$. Durch Fallunterscheidung erhält man dann

$$\Delta w_2(s+1) - \Delta w_2(s) = \begin{cases} v(s^*) - v(s^*) - v(s^*) + v(s^*) & \text{für } s \leq s^* - 2 \\ v(s^*+1) - v(s^*) - v(s^*) + v(s^*) & \text{für } s = s^* - 1 \\ v(s^*+2) - v(s^*+1) & \\ \qquad -v(s^*+1) + v(s^*+1) & \text{für } s \geq s^* \end{cases}$$

$$\geq 0,$$

und damit die Konvexität von w_2. ❑

Durch vollständige Induktion von $n+1$ nach n erhalten wir auf Grund von Satz 9.7 unmittelbar den

Satz 9.8
Für alle $n < N$ gilt

(i) $J_n(a)$ ist konvex in a.

(ii) $G_n(s)$ ist konvex in s.

Aus den Sätzen 9.8 und 9.2 folgt die angestrebte Strukturaussage, die Existenz einer optimalen Strategie $\delta^* = (f_0^*, \dots, f_{N-1}^*)$ mit

$$f_n^*(s) = \begin{cases} s & \text{für } s \geq S_n^* \\ S_n^* & \text{für } s < S_n^* \end{cases}$$

mit geeigneten Parametern $S_0^*, S_1^*, \dots, S_{N-1}^* \in \mathcal{S}$.

Für das Lagerhaltungsproblem in Beispiel 9.9 sieht die optimale Lagerhaltungspolitik somit vor, $S_0^*, S_1^*, \dots, S_{N-1}^*$ Einheiten des Gutes bereitzuhalten und die nachgefragten Einheiten unmittelbar zu ersetzen.

Entscheidend für die Struktur dieser Bestellpolitik ist, daß keine Fixkosten bei einer Bestellung anfallen. Treten zusätzlich Fixkosten auf, so läßt sich unter einem schwächeren Konvexitätsbegriff, der **k-Konvexität**, die Optimalität einer $(s, \mathcal{S})$- Bestellpolitik zeigen, d. h. einer Strategie $\delta^* = (f_0^*, \dots, f_{N-1}^*)$, wobei

$$f_n^*(s) = \begin{cases} s & \text{für } s \geq s_n^* \\ S_n^* & \text{für } s < s_n^* \end{cases}$$

und geeigneten Parametern $s_n^*, S_n^* \in \mathcal{S}$, $s_n^* \leq S_n^*$. In diesem Falle wird eine Bestellung nur dann vorgenommen, wenn der Lagerbestand unter der kritischen Größe s_n^* liegt. Die Bestellung sieht dann eine Anhebung des Lagerbestandes auf S_n^* vor.

Beispiel 9.10 (Ein Kassenhaltungsproblem)
Ein Unternehmen beobachte im Rahmen der Kassendisposition die Zahlungsein- und -ausgänge. Das Zahlungssaldo x_n zum Zeitpunkt n ergebe sich als Realisation einer Zufallsvariablen Y_n. Die Zufallsvariablen $Y_0, Y_1, \dots, Y_{N-1}$ seien unabhängig und identisch verteilt mit $P(Y = x) = q(x)$, $x \in \mathbb{Z}$, und $\sum_{x \in \mathbb{Z}} q(x)|x| < \infty$.

Ziel des Unternehmens sei es, den Kassenbestand durch Geldtransfers zwischen Kasse und Geldanlage so zu steuern, daß der erwartete Gesamtbetrag an Transfer- und Opportunitätskosten minimal wird.

Sei s_n bzw. a_n der Kassenbestand zum Zeitpunkt n unmittelbar vor bzw. nach dem Geldtransfer. Um eine möglichst einfache Transferstrategie zu erhalten, unterstellen wir mengenproportionale Transferkosten

$$c(a-s) = \begin{cases} c_1 \cdot (a-s) & \text{für } a \geq s \\ c_2 \cdot (s-a) & \text{für } a < s \end{cases}$$

für geeignete Zahlen $c_1, c_2 > 0$.

Ferner berücksichtigen wir Opportunitätskosten $l_1 > 0$ bzw. $l_2 > 0$ pro Geldeinheit für positive bzw. negative Kassenbestände. Grundlage der Opportunitätskosten sei der Kassenbestand $a_n - x_n$ am Ende der Periode. Hieraus ergeben sich zum Zeitpunkt n die einstufigen Opportunitätskosten

$$h(a_n) = \sum_{x \leq a_n} q(x) l_1 (a_n - x) + \sum_{x > a_n} q(x) l_2 (x - a_n).$$

Das Kassenhaltungsproblem läßt sich nun durch das Kontrollmodell beschreiben mit

(i) $N \in \mathbb{N}$ $(n = 0, 1, \ldots, N)$.

(ii) $\mathcal{S}_n = \mathcal{S} = \mathbb{Z}$, $n \leq N$.

(iii) $\mathcal{A}_n(s) = \mathcal{A} = \mathbb{Z}$, $n < N$, $s \in \mathcal{S}$.

(iv) $\mathcal{X}_n = \mathcal{X} = \mathbb{Z}$, $n < N$.

(v) $q_n(x) = q(x)$, $n < N$, $x \in \mathcal{X}$.

(vi) $g_n(s, a, x) = a - x$, $n < N$, $s \in \mathcal{S}$, $a \in \mathcal{A}$.

(vii) $r_n(s, a) = -c(a - s) - h(a)$.

(viii) $V_N(s) = 0$ für alle $s \in \mathcal{S}$.

Ausgangspunkt der Strukturuntersuchungen ist wieder die Optimalitätsgleichung, die mit $G_n(s) := -V_n(s)$, $s \in \mathcal{S}$, dargestellt werden kann in der Form

$$\begin{aligned} G_n(s) = \min\{&-c_1 s + \min\{J_n(a) + c_1 a \mid a \geq s\}, \\ &c_2 s + \min\{J_n(a) - c_2 a \mid a < s\}\}, \end{aligned} \tag{9.16}$$

wobei der erste bzw. zweite Term für Geldaufnahme bzw. Geldanlage stehen und

$$J_n(a) := h(a) + \sum_{x \in \mathbb{Z}} q(x) G_{n+1}(a - x).$$

Die auftretenden Summen in J_n sind wohldefiniert, was der Leser zeigen möge. ○

Satz 9.9
Für alle $n < N$ gilt

(i) $J_n(a)$ ist konvex in a.

(ii) Es existieren $s_n^* \in \mathbb{Z} \cup \{-\infty\}$, $t_n^* \in \mathbb{Z} \cup \{+\infty\}$ mit $s_n^* \leq t_n^*$ und

$$G_n(s) = \begin{cases} c_1(s_n^* - s) + J_n(s_n^*) & \text{für } s \leq s_n^* \\ J_n(s) & \text{für } s_n^* < s < t_n^* \\ c_2(s - t_n^*) + J_n(t_n^*) & \text{für } s \geq t_n^*. \end{cases}$$

(iii) $G_n(s)$ ist konvex in s.

Beweis: Der Beweis wird durch vollständige Induktion geführt. Wir geben nur den Induktionsschritt an.

Für eine beliebige reellwertige Funktion v auf $\mathbb{Z}$ sei $\Delta v(s) := v(s+1) - v(s)$.

(i) Mit $G_{n+1}(s)$ und $h(a)$ ist auch $J_n(a)$ konvex (vgl. den Beweis zu Satz 9.7). Somit gilt (i) für n.

(ii) Da $J_{1n}(a) := J_n(a) + c_1 a$ nach (i) konvex in a ist und wegen $h(a) \to \infty$ und $G_{n+1}(s) \geq 0$, $s \in \mathbb{S}$, auch $J_{1n}(a) \to \infty$ für $a \to \infty$, existiert ein $s_n^* \in \mathbb{Z}$ mit $J_{1n}(s_n^*) \leq J_{1n}(a)$ für alle $a \in \mathbb{Z}$ oder $J_{1n}(a)$ ist monoton wachsend in a. In diesem Fall ist $s_n^* = -\infty$.

Sei ferner $J_{2n}(a) := J_n(a) - c_2 a$. Entsprechend erhält man ein $t_n^* \in \mathbb{Z}$ mit $J_{2n}(t_n^*) \leq J_{2n}(a)$ für alle $a \in \mathbb{Z}$ oder $J_{2n}(a)$ ist monoton fallend in a und damit $t_n^* = +\infty$.

Sei nun $a \geq t_n^*$. Dann ist $\Delta J_{2n}(a) \geq 0$ und folglich auch $a \geq s_n^*$, denn es ist $\Delta J_{1n}(a) = \Delta J_n(a) + c_1 = \Delta J_{2n}(a) + c_2 + c_1 \geq 0$. Somit ist $t_n^* \geq s_n^*$, und (ii) ergibt sich für n aus (9.16).

(iii) Aus (9.16) folgt zunächst $-c_1 \leq \Delta G_n(s) \leq c_2$ für alle $s \in \mathbb{S}$. Nach (ii) ist außerdem

$$\Delta G_n(s) = \begin{cases} -c_1 & \text{für } s < s_n^* \\ \Delta J_n(s) & \text{für } s_n^* \leq s < t_n^* \\ c_2 & \text{für } t_n^* \leq s. \end{cases}$$

Nutzt man ferner aus, daß $\Delta J_n(s)$ nach (i) monoton in s ist, so folgt schließlich die Monotonie von $\Delta G_n(s)$ in s und damit die Konvexität von G_n. ❑

Aus den Sätzen 9.2 und 9.9 folgt nun unmittelbar die Existenz einer optimalen Strategie $\delta^* = (f_0^*, \ldots, f_{N-1}^*)$ mit

$$f_n^*(s) = \begin{cases} s_n^* & \text{für } s \leq s_n^* \\ s & \text{für } s_n^* < s < t_n^* \\ t_n^* & \text{für } t_n^* \leq s \end{cases}$$

für geeignete Parameter $s_n^* \in \mathbb{Z} \cup \{-\infty\}$, $t_n^* \in \mathbb{Z} \cup \{+\infty\}$ mit $s_n^* \leq t_n^*$.

Somit ist es für das Kassenhaltungsproblem in Beispiel 9.10 optimal, zum Zeitpunkt n den Kassenbestand s im Falle $s_n^* < s < t_n^*$ unverändert zu lassen, im Falle $s \geq t_n^*$ auf t_n^* zu reduzieren und im Falle $s \leq s_n^*$ auf s_n^* zu erhöhen.

Die Existenz einer optimalen Strategie δ^*, die in einer Teilmenge $\Pi \subset \Delta$ strukturierter Strategien liegt, ist in mehrfacher Hinsicht von Interesse: Sie trägt zum besseren Verständnis des Problems bei, erhöht die Akzeptanz des Verfahrens durch den Anwender und führt nicht zuletzt zu einer Reduktion des Rechen- und Speicheraufwandes bei der Lösung der Optimalitätsgleichung. Betrachten wir noch einmal die Beispiele 9.6 bis 9.8. Auf die Reduktion des Speicherplatzbedarfs sind wir bereits in Abschnitt 9.3.4 eingegangen. Auch die Berechnung der Wertfunktionen V_n vereinfacht sich. Gilt für einen Zustand $s \in \mathbb{S}_n$ beispielsweise $f_n(s) = 1$, so trifft dies auch für alle Zustände $s' > s$ zu, und Aktion $a = 0$ braucht für diese Zustände s' nicht in Betracht gezogen zu werden. Entsprechendes gilt im Falle $f_n(s) = 0$ für alle Zustände $s' < s$. Siehe auch Aufgabe 9.11.

Der Nachweis der Optimalität einfach strukturierter Strategien dürfte einen Schwerpunkt zukünftiger Forschungsaktivitäten im Rahmen der dynamischen Optimierung bilden. Die Ergebnisse dieses Abschnitts geben einen Hinweis auf die Vorgehensweise. Sie zeigen aber auch die Notwendigkeit auf, die bestehenden Monotoniekonzepte weiter zu vervollkommnen, um auch bei komplexeren Zusammenhängen den Nachweis von Strukturen erbringen zu können.

9.4 Verallgemeinerungen

Die in den Abschnitten 9.2 und 9.3 vorgestellten Modelle und Lösungsansätze stellen lediglich die Basis der dynamischen Optimierung dar und wurden in unterschiedlichen Richtungen modifiziert und verallgemeinert. Hierzu zählen die Betrachtung

a) eines unendlichen Planungshorizontes (unendlich-stufige Modelle)

b) eines überabzählbaren Zustands- und/oder Aktionenraumes (Markowsche Modelle)

c) zufällige Entscheidungszeitpunkte bei stetigem Zeitparameter (Semi-Markowsche Modelle)

d) unvollständig beobachtbare Zustände (Modelle mit unvollständiger Information)

e) eines unvollständig bekannten Übergangsgesetzes (Bayes-Modelle, adaptive Modelle)

f) eines stochastisch variierenden Übergangsgesetzes (Modelle mit stochastisch variierenden Umwelteinflüssen)

g) unterschiedliche Optimalitätskriterien.

Die Weiterentwicklungen deuten bereits die Modellvielfalt an. Durch Einbeziehung relevanter Informationen in die Zustände gelingt es jedoch, die Modellvielfalt wieder einzugrenzen und auf diese Weise auf die grundlegenden Existenzaussagen (Optimalitätsgleichung, Existenz optimaler Strategien, Wertiteration) zurückzugreifen. Für numerische Berechnungen ist diese Reduktion nur bedingt hilfreich. Effiziente Algorithmen werden nach wie vor die konsequente Ausnutzung der Struktur erforderlich machen.

9.5 Aufgaben

Aufgabe 9.1

Ein Unternehmen benötigt x_n Einheiten eines Gutes am Ende von Periode n gemäß folgender Tabelle

n	0	1	2	3	4	5
x_n	10	12	8	11	8	4

Die Einheiten können in der jeweiligen Periode produziert werden oder auch vorproduziert und zwischengelagert werden. Die Rüstkosten seien $c = 20$, die variablen Produktionskosten seien (der Einfachheit halber) vernachlässigbar. Die Lagerungskosten pro Periode und Einheit seien $l = 1$.

Bestimmen Sie die Produktionsmengen, für die die Gesamtkosten minimal werden.

Aufgabe 9.2

Wie lautet die Optimalitätsgleichung des Losgrößenproblems aus Beispiel 9.5 bei beschränkter Produktions- und/oder Lagerkapazität?

Aufgabe 9.3

Formulieren Sie das Losgrößenproblem aus Beispiel 9.5 als ein gemischt-ganzzahliges Optimierungsproblem.

Aufgabe 9.4

Einer Studentin bleiben noch 7 Tage zur Vorbereitung auf ihre Abschlußprüfung in 4 Fächern. Wie wird sie die noch verbleibende Zeit nutzen, wenn sie mit den folgenden Punktezahlen in Abhängigkeit von ihrem Arbeitsaufwand (in Tagen) rechnen kann?

	Fach			
Arbeitstage	1	2	3	4
1	40	30	50	20
2	40	50	60	40
3	50	60	80	70
4	80	70	80	80

Aufgabe 9.5

Stellen Sie das Kürzeste-Wege-Problem

$$G_i = \min\{c_{ij} + G_j \mid i < j \leq I\},\ i = 0, \ldots, I-1,$$

wobei $c_{ij} \geq 0$ und $G_I = 0$ ist, als ein lineares Optimierungsproblem dar.

Aufgabe 9.6

Formulieren Sie das Maschinenbelegungsproblem aus Aufgabe 7.7, Seite 424, als ein dynamisches Optimierungsproblem und geben Sie die Optimalitätsgleichung an.

Aufgabe 9.7 (CPM-Netzplan)
Die Reihenfolge der zu bearbeitenden Vorgänge A, B, ... , K eines Projektes ergebe sich aus dem folgenden Netzplan

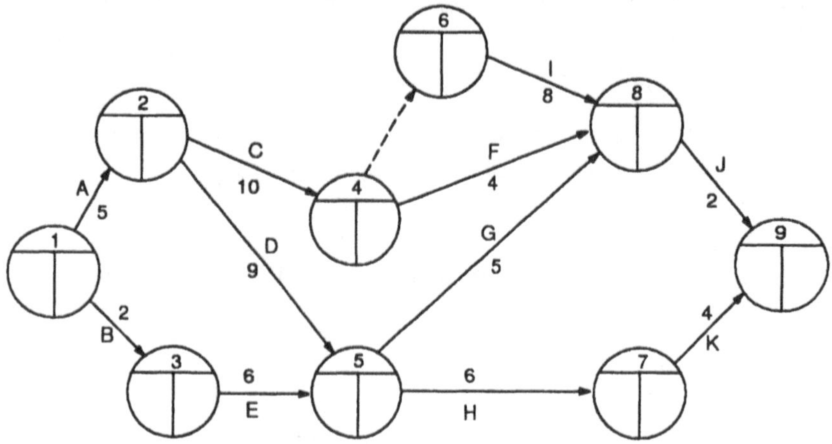

Interpretieren Sie die Pfeile als Vorgänge und die Zahlen an den Pfeilen als die zugehörigen Vorgangsdauern. Der gestrichelte Pfeil ist ein Scheinvorgang (Dauer Null) und dient lediglich der Strukturplanung. Die Knoten 1, ... , 9 stellen Ereignisse (Anfangs-/Endzeitpunkte) dar. Knoten 1 bezeichnet den Anfangszeitpunkt, Knoten 9 den Abschlußzeitpunkt des Projektes.

(a) Berechnen Sie die Projektdauer (minimale Dauer der Fertigstellung des Projektes) rekursiv gemäß

$$\mathrm{FZ}_j = \max\{\mathrm{FZ}_i + \mathrm{D}_{ij} \mid i \in \mathcal{P}(j)\}$$

wobei

FZ_j : Frühestmöglicher Zeitpunkt für den Eintritt des Ereignisses j, wobei $\mathrm{FZ}_1 = 0$

D_{ij} : Dauer von Vorgang (i,j) (z.B. $A = (1,2)$)

$\mathcal{P}(j)$: Menge der Vorgänger von j (Ereignisse i mit Pfeil (i,j)).

(b) Bestimmen Sie die spätestmöglichen Zeitpunkte

$$\mathrm{SZ}_j = \min\{\mathrm{SZ}_i - \mathrm{D}_{ji} \mid i \in \mathcal{S}(j)\}$$

für das Eintreten der Ereignisse j unter Einhaltung der Projektdauer ($SZ_9 = FZ_9$), wobei $\mathcal{S}(i)$ die Menge der Nachfolger von i (Ereignisse j mit Pfeil (i,j)) ist.

(c) Bestimmen Sie die kritischen Vorgänge, d.h. die Vorgänge (i,j) mit der Pufferzeit $P_{ij} := SZ_j - FZ_i - D_{ij} = 0$.

Aufgabe 9.8

Drei Forschungsteams verfolgen unterschiedliche Ansätze bei der Lösung eines technischen Problems. Nach Einschätzung der Unternehmensleitung sind die Erfolgswahrscheinlichkeiten 0.60, 0.40 und 0.20. Hieraus ergibt sich ein Mißerfolg aller drei Teams mit einer Wahrscheinlichkeit von 0.19. Um diese Wahrscheinlichkeit eines Mißerfolgs zu reduzieren, beschließt die Unternehmensleitung, zwei weitere Wissenschaftler für das Projekt abzustellen. In Abhängigkeit von der Verstärkung der einzelnen Teams wird von folgenden Erfolgswahrscheinlichkeiten ausgegangen:

Anzahl zusätzlicher Wissenschaftler	Erfolgswahrscheinlichkeit bei Team 1	Team 2	Team 3
0	0.60	0.40	0.20
1	0.80	0.60	0.50
2	0.85	0.80	0.70

Wie wird eine optimale Aufteilung der zusätzlichen Wissenschaftler erfolgen?

(a) Formulieren Sie das Aufteilungsproblem als ein ganzzahliges Optimierungsproblem.

(b) Stellen Sie die Optimalitätsgleichung zur Lösung als dynamisches Optimierungsproblem auf.

Aufgabe 9.9

Betrachten Sie die folgende Modifikation des Beispiels 9.6, Seite 490: Der Hausverkäufer kann auf alle Angebote, also auch auf die Angebote der Vorwochen bei seiner Entscheidung zurückgreifen.

Stellen Sie die Optimalitätsgleichung auf, und untersuchen Sie die Struktur einer optimalen Verkaufsstrategie.

Aufgabe 9.10

Ein Spieler, der über m DM verfügt, aber dringend M DM benötigt, beschließt, den Fehlbetrag $M - m$ in einem Glücksspiel zu gewinnen. Hierzu ist er bereit, sein gesamtes Kapital einzusetzen und auch zu riskieren. Er wählt ein Spiel, bei dem er in jeder Spielrunde seinen Einsatz a mit Wahrscheinlichkeit p, $0 < p < 1/2$ verdoppeln und mit Wahrscheinlichkeit $1-p$ verlieren kann. Wie wird er sich optimal verhalten?

Formulieren Sie das Entscheidungsproblem als ein dynamisches Optimierungsproblem, wobei $V_n(s)$ die Wahrscheinlichkeit bezeichnet, bei einem Kapital von s den fehlenden Betrag $M-s$ in den verbleibenden $N-n$ Spielrunden noch zu gewinnen. Verifizieren Sie, daß die Strategie $\delta = (f_0, \ldots, f_{N-1})$ mit $f_n(s) = \min\{s, M-s\}$ optimal ist.

Aufgabe 9.11
Formulieren Sie die Rechenschritte, die bei der algorithmischen Umsetzung des Ersetzungsproblems aus Beispiel 9.8 anfallen. Nutzen Sie dabei die Struktur einer optimalen Ersetzungsstrategie aus.

Aufgabe 9.12
Betrachten Sie zwei stochastische dynamische Optimierungsprobleme mit den Wertfunktionen $V_0, \ldots, V_N$ bzw. $\widetilde{V}_0, \ldots, \widetilde{V}_N$. Unterstellen Sie, daß sich beide Probleme nur in den einstufigen Gewinnen unterscheiden, für die der Zusammenhang $c_n^- \le r_n(s,a) - \widetilde{r}_n(s,a) \le c_n^+$ gelte.

Verifizieren Sie die Ungleichungen

$$\sum_{n=0}^{N-1} c_n^- \le V_0(s) - \widetilde{V}_0(s) \le \sum_{n=0}^{N-1} c_n^+, \quad s \in \mathcal{S}_0$$

mittels vollständiger Induktion.

Lösungen ausgewählter Aufgaben

Kapitel 1

Lösung von Aufgabe 1.1

(a) 1 , i, -1, $-i$.

(b) $13i$, $\frac{4}{25} - \frac{22}{25}i$, $\frac{20-\sqrt{42}}{32} + \frac{5\sqrt{6}+4\sqrt{7}}{32}i$

(c) Ansatz $\sqrt{i} =: a + bi$ mit $a, b \in \mathbb{R}$. Mit $-1 = i^2 = a^2 + 2abi - b^2$ führt ein Koeffizientenvergleich zu $a^2 - b^2 = 0$ und $2ab = 1$. Hieraus folgt $a = b = \pm\sqrt{1/2}$ und $\sqrt{i} = 1/\sqrt{2} \pm i/\sqrt{2}$.

(d) 13, $\sqrt{4/5}$, $\sqrt{(20-\sqrt{42})^2 + (5\sqrt{6}+4\sqrt{7})^2}/32 \approx 0.83$.

Lösung von Aufgabe 1.3

(a) $\mathbf{AB} = (\mathbf{AB})^\intercal = \mathbf{B}^\intercal\mathbf{A}^\intercal = \mathbf{BA}$.

(b) $(\mathbf{A}-\mathbf{I})(\mathbf{A}-\mathbf{I}) = \mathbf{A}^2 - \mathbf{A} - \mathbf{A} + \mathbf{I} = \mathbf{I} - \mathbf{A}$.

(c) $\mathbf{A}^2 = \mathbf{AA} = (\mathbf{AB})\mathbf{A} = \mathbf{A}(\mathbf{BA}) = \mathbf{AB} = \mathbf{A}$; analog für $\mathbf{B}$.

(d) Ist $\mathbf{A}$ orthogonal, so ist $\mathbf{A}^{-1} = \mathbf{A}^\intercal$. Dann ist $\mathbf{A}^{-1}$ orthogonal, denn $\mathbf{A}^{-1}(\mathbf{A}^{-1})^\intercal = \mathbf{A}^{-1}(\mathbf{A}^\intercal)^\intercal = \mathbf{A}^{-1}\mathbf{A} = \mathbf{I}$. Auch $\mathbf{A}^\intercal$ ist orthogonal, denn $(\mathbf{A}^\intercal)(\mathbf{A}^\intercal)^\intercal = \mathbf{A}^{-1}\mathbf{A} = \mathbf{I}$.

Lösung von Aufgabe 1.5

(a) Es ist $\mathbf{AA}^\intercal = \mathbf{I}$ und folglich $|\mathbf{AA}^\intercal| = 1$. Wegen $|\mathbf{A}^\intercal| = |\mathbf{A}|$ ergibt sich dann $1 = |\mathbf{AA}^\intercal| = |\mathbf{A}||\mathbf{A}^\intercal| = |\mathbf{A}|^2$, woraus die Behauptung folgt.

(b) Wegen $|\mathbf{A}| = |\mathbf{A}^2| = |\mathbf{A}||\mathbf{A}| = |\mathbf{A}|^2$ folgt die Behauptung.

(c) Wegen $1 = |\mathbf{I}| = |\mathbf{A}\mathbf{A}^{-1}| = |\mathbf{A}||\mathbf{A}^{-1}|$ folgt die Behauptung.

Lösung von Aufgabe 1.7

(a) Die Matrix $\mathbf{A}$ sei symmetrisch, so daß gilt $\mathbf{A} = \mathbf{A}^\mathsf{T}$. Wir führen den Beweis indirekt. Sei $\lambda = a + bi$ mit $a, b \in \mathbb{R}$ ein Eigenwert von $\mathbf{A}$, und $\mathbf{x} = \mathbf{y} + i\mathbf{z} \neq \mathbf{0}$ sei ein zugehöriger Eigenvektor.

Aus $\mathbf{A}\mathbf{x} = \mathbf{A}(\mathbf{y} + i\mathbf{z}) = (a + bi)(\mathbf{y} + i\mathbf{z}) = \lambda\mathbf{x}$ folgt $\mathbf{A}\mathbf{y} + i\mathbf{A}\mathbf{z} = (a\mathbf{y} - b\mathbf{z}) + i(b\mathbf{y} + a\mathbf{z})$. Ein Vergleich von Real- und Imaginärteil führt zu $\mathbf{A}\mathbf{y} = a\mathbf{y} - b\mathbf{z}$ und $\mathbf{A}\mathbf{z} = (b\mathbf{y} + a\mathbf{z})$ und folglich $\mathbf{z}^\mathsf{T}\mathbf{A}\mathbf{y} = a\mathbf{z}^\mathsf{T}\mathbf{y} - b\mathbf{z}^\mathsf{T}\mathbf{z}$ und $\mathbf{y}^\mathsf{T}\mathbf{A}\mathbf{z} = (b\mathbf{y}^\mathsf{T}\mathbf{y} + a\mathbf{y}^\mathsf{T}\mathbf{z})$. Da $\mathbf{y}^\mathsf{T}\mathbf{A}\mathbf{z}$ eine reelle Zahl und $\mathbf{A}$ symmetrisch ist, folgt $\mathbf{y}^\mathsf{T}\mathbf{A}\mathbf{z} = (\mathbf{y}^\mathsf{T}\mathbf{A}\mathbf{z})^\mathsf{T} = \mathbf{z}^\mathsf{T}\mathbf{A}^\mathsf{T}\mathbf{y} = \mathbf{z}^\mathsf{T}\mathbf{A}\mathbf{y}$. Mithin ist $(a\mathbf{z}^\mathsf{T}\mathbf{y} - b\mathbf{z}^\mathsf{T}\mathbf{z}) - (b\mathbf{y}^\mathsf{T}\mathbf{y} + a\mathbf{y}^\mathsf{T}\mathbf{z}) = 0$. Wegen $a\mathbf{z}^\mathsf{T}\mathbf{y} = a\mathbf{y}^\mathsf{T}\mathbf{a}$ ist damit $-b\mathbf{z}^\mathsf{T}\mathbf{z} - b\mathbf{y}^\mathsf{T}\mathbf{y} = -b(\mathbf{z}^\mathsf{T}\mathbf{z} + \mathbf{y}^\mathsf{T}\mathbf{y}) = 0$. Da $\mathbf{x} \neq \mathbf{0}$ ist $\mathbf{z}^\mathsf{T}\mathbf{z} + \mathbf{y}^\mathsf{T}\mathbf{y} > 0$, woraus $b = 0$ und $\lambda = a \in \mathbb{R}$ folgt.

(b) Es gelte $\mathbf{A}\mathbf{x}_1 = \lambda_1\mathbf{x}_1$ und $\mathbf{A}\mathbf{x}_2 = \lambda_2\mathbf{x}_2$ für $\lambda_1 \neq \lambda_2$. Aus der Symmetrie von $\mathbf{A}$ folgt $\lambda_1\mathbf{x}_2^\mathsf{T}\mathbf{x}_1 = \mathbf{x}_2^\mathsf{T}\mathbf{A}\mathbf{x}_1 = \mathbf{x}_2^\mathsf{T}\mathbf{A}^\mathsf{T}\mathbf{x}_1 = (\mathbf{A}\mathbf{x}_2)^\mathsf{T}\mathbf{x}_1 = \lambda_2\mathbf{x}_2^\mathsf{T}\mathbf{x}_1$. Somit ist $(\lambda_1 - \lambda_2)\mathbf{x}_2^\mathsf{T}\mathbf{x}_1 = 0$, woraus wegen $\lambda_1 - \lambda_2 \neq 0$ folgt $\mathbf{x}_2^\mathsf{T}\mathbf{x}_1 = 0$. Damit sind die Vektoren $\mathbf{x}_1$ und $\mathbf{x}_2$ orthogonal.

Lösung von Aufgabe 1.9

Für $\mathbf{x} \neq \mathbf{0}$ ist $\mathbf{x}^\mathsf{T}\mathbf{A}\mathbf{x} = \mathbf{x}^\mathsf{T}\mathbf{A}\mathbf{A}\mathbf{x} = \mathbf{x}^\mathsf{T}\mathbf{A}^\mathsf{T}\mathbf{A}\mathbf{x} = (\mathbf{A}\mathbf{x})^\mathsf{T}\mathbf{A}\mathbf{x} \geq 0$.

Lösung von Aufgabe 1.11

(a) Die Aussage $c_1x + c_2(x+1) = 0$ für alle $x \in \mathbb{R}$ ist äquivalent mit $(c_1 + c_2)x + c_2 = 0$ für alle $x \in \mathbb{R}$. Setzen wir $x = 0$, so folgt $c_2 = 0$, und mit $x = 1$ folgt $c_1 = 0$. Damit sind x und $x + 1$ linear unabhängig auf $\mathbb{R}$.

(b) Die Gleichung $c_1f_3(x) + c_2f_4(x) + c_3f_5(x) = c_1 \cdot 1 + c_2 \cdot \sin^2 x + c_3 \cos^2 x$ ist mit $c_1 = -1$ und $c_2 = c_3 = 1$ für *alle* $x \in \mathbb{R}$ erfüllt. Deswegen sind die drei Funktionen linear abhängig.

(c) Sei $c_1f_6(x) + c_2f_7(x) = c_1 \sin x + c_2 \cos x = 0$ für alle $x \in \mathbb{R}$. Mit $x = 0$ folgt $c_2 = 0$ und mit $x = \pi/2$ folgt auch $c_1 = 0$. Damit sind $\sin x$ und $\cos x$ linear unabhängig auf $\mathbb{R}$.

Lösung von Aufgabe 1.13

(a) $\mathbf{x}_1 = (1,2)^\mathsf{T}$ ist innerer Punkt, $\mathbf{x}_2 = (5,6)^\mathsf{T}$ ist äußerer Punkt und $\mathbf{x}_3 = (3,4)^\mathsf{T}$ ist Randpunkt wegen $3^2 + 4^2 = 25$.

(b) $\mathcal{T}$ ist offen, alle Punkte sind innere Punkte, $\mathcal{M}$ ist abgeschlossen.

(c) Der Punkt $\mathbf{x}_0 = (3,4)^\top$ ist Häufungspunkt von $\mathcal{M}$, denn in jeder ε-Umgebung von $\mathbf{x}_0$ liegen unendlich viele Punkte von $\mathcal{M}$. Er ist jedoch kein Häufungspunkt von $\mathcal{T}$, denn beispielsweise alle Punkte $\mathbf{x} \neq \mathbf{x}_0$ mit $||\mathbf{x} - \mathbf{x}_0|| \leq 1$ gehören nicht zu $\mathcal{T}$.

(d) $\overline{\mathcal{T}} = \{(x_1, x_2)^\top \mid x_1, x_2 \in [0,1]\}$ ist die abgeschlossene Hülle von $\mathcal{T}$.

Lösung von Aufgabe 1.15

Sind f und g konvex auf $\mathcal{A}$, so gilt $f(k\mathbf{x}+(1-k)\mathbf{y}) \leq kf(\mathbf{x})+(1-k)f(\mathbf{y})$ und $g(k\mathbf{x} + (1-k)\mathbf{y}) \leq kg(\mathbf{x}) + (1-k)g(\mathbf{y})$ für alle $\mathbf{x}, \mathbf{y} \in \mathcal{A}$ und alle $k \in (0,1)$. Dann gilt für alle $\mathbf{x}, \mathbf{y} \in \mathcal{A}$ und alle $k \in (0,1)$

$$\begin{aligned} (f+g)(k\mathbf{x}+(1-k)\mathbf{y}) &= f(k\mathbf{x}+(1-k)\mathbf{y}) + g(k\mathbf{x}+(1-k)\mathbf{y}) \\ &\leq kf(\mathbf{x}) + (1-k)f(\mathbf{y}) + kg(\mathbf{x}) + (1-k)g(\mathbf{y}) \\ &= k(f(\mathbf{x}) + g(\mathbf{x})) + (1-k)(f(\mathbf{y}) + g(\mathbf{y})), \end{aligned}$$

d.h., $f + g$ ist konvex auf $\mathcal{A}$.

Kapitel 2

Lösung von Aufgabe 2.1

Bekanntlich besitzt eine lineare Transformation $\mathbf{f} : \mathbb{R}^n \to \mathbb{R}^m$ die Eigenschaften

$$\begin{aligned} \mathbf{f}(\mathbf{x}+\mathbf{y}) &= \mathbf{f}(\mathbf{x}) + \mathbf{f}(\mathbf{y}) \\ \mathbf{f}(a\mathbf{x}) &= a\mathbf{f}(\mathbf{x}), \end{aligned}$$

für alle $\mathbf{x}, \mathbf{y} \in \mathbb{R}^n$ und $a \in \mathbb{R}$, siehe Definition 1.14. Sei $\mathbf{f}$ eine lineare Transformation, dann haben wir

$$\begin{aligned} \mathbf{f}(\mathbf{x}+\mathbf{y}) &= (f_1(\mathbf{x}+\mathbf{y}), \ldots, f_m(\mathbf{x}+\mathbf{y}))^\top \\ \mathbf{f}(\mathbf{x}) + \mathbf{f}(\mathbf{y}) &= (f_1(\mathbf{x}), \ldots, f_m(\mathbf{x}))^\top + (f_1(\mathbf{y}), \ldots, f_m(\mathbf{y}))^\top. \end{aligned}$$

Aus $\mathbf{f}(\mathbf{x}+\mathbf{y}) = \mathbf{f}(\mathbf{x})+\mathbf{f}(\mathbf{y})$ folgt also $f_i(\mathbf{x}+\mathbf{y}) = f_i(\mathbf{x})+f_i(\mathbf{y})$ für $i = 1, \ldots, m$.

Außerdem folgt aus

$$
\begin{aligned}
(f_1(a\mathbf{x}), \ldots, f_m(a\mathbf{x}))^\top &= \mathbf{f}(a\mathbf{x}) \\
&= a\mathbf{f}(\mathbf{x}) \\
&= a(f_1(\mathbf{x}), \ldots, f_m(\mathbf{x}))^\top,
\end{aligned}
$$

so daß gilt $f_i(a\mathbf{x}) = af_i(\mathbf{x})$ für $i = 1, \ldots, m$.

Gelte umgekehrt, daß alle Komponentenfunktionen lineare Transformationen sind, d.h. $f_i(\mathbf{x} + \mathbf{y}) = f_i(\mathbf{x}) + f_i(\mathbf{y})$ und $f_i(a\mathbf{x}) = af_i(\mathbf{x})$ für $i = 1, \ldots, m$. Dann ist

$$
\begin{aligned}
\mathbf{f}(\mathbf{x} + \mathbf{y}) &= (f_1(\mathbf{x} + \mathbf{y}), \ldots, f_m(\mathbf{x} + \mathbf{y}))^\top \\
&= (f_1(\mathbf{x}) + f_1(\mathbf{y}), \ldots, f_m(\mathbf{x}) + f_m(\mathbf{y}))^\top \\
&= (f_1(\mathbf{x}), \ldots, f_m(\mathbf{x}))^\top + (f_1(\mathbf{y}), \ldots, f_m(\mathbf{y}))^\top \\
&= \mathbf{f}(\mathbf{x}) + \mathbf{f}(\mathbf{y})
\end{aligned}
$$

und

$$
\begin{aligned}
\mathbf{f}(a\mathbf{x}) &= (f_1(a\mathbf{x}), \ldots, f_m(a\mathbf{x}))^\top \\
&= (af_1(\mathbf{x}), \ldots, af_m(\mathbf{x}))^\top \\
&= a(f_1(\mathbf{x}), \ldots, f_m(\mathbf{x}))^\top \\
&= a\mathbf{f}(\mathbf{x}).
\end{aligned}
$$

Mithin ist auch $\mathbf{f}$ eine lineare Transformation.

Lösung von Aufgabe 2.3

$$L(\boldsymbol{\lambda}, \mathbf{x}) = (x_1 - x_2)^2 + (x_3 - x_4)^2 + \lambda_1(x_1^2 + x_3^2 - 2) + \lambda_2(x_2 + x_4 - 4).$$

Daraus erhalten wir das Gleichungssystem

$$
\begin{aligned}
2(x_1 - x_2) + 2\lambda_1 x_1 &= 0\\
-2(x_1 - x_2) + \lambda_2 &= 0\\
2(x_3 - x_4) + 2\lambda_1 x_3 &= 0\\
-2(x_3 - x_4) + \lambda_2 &= 0\\
x_1^2 + x_3^2 - 2 &= 0\\
x_2 + x_4 - 4 &= 0.
\end{aligned}
$$

Man erkennt schnell, daß $(\lambda_1, \lambda_2, x_1, x_2, x_3, x_4) = (1, -2, 1, 2, 1, 2)$ und $(-3, -6, -1, 2, -1, 2)$ die Lösungen sind. Um Satz 2.16 anwenden zu können, benötigen wir die geränderte Hesse-Matrix

$$
\mathbf{K}(\boldsymbol{\lambda}, \mathbf{x}) = \begin{pmatrix}
0 & 0 & 2x_1 & 0 & 2x_3 & 0\\
0 & 0 & 0 & 1 & 0 & 1\\
2x_1 & 0 & 2+2\lambda_1 & -2 & 0 & 0\\
0 & 1 & -2 & 2 & 0 & 0\\
2x_3 & 0 & 0 & 0 & 2+2\lambda_1 & -2\\
0 & 1 & 0 & 0 & -2 & 2
\end{pmatrix}.
$$

Hier ist $m = 2$, $n = 4$ und $n + m = 6$. Untersucht werden müssen die Hauptabschnittsdeterminanten D_5 und D_6. Es ergibt sich für $(1, -2, 1, 2, 1, 2)$: $D_5 = 32$ und $D_6 = 64$. Es liegt also ein lokales Minimum vor.

Für $(-3, -6, -1, 2, -1, 2)$ errechnet sich $D_5 = -32$, $D_6 = -192$. Es liegt also kein Extremwert vor.

Lösung von Aufgabe 2.5

Wegen der Unabhängigkeit gilt für die gemeinsame Dichte f_{12} von (X_1, X_2)

$$
f_{12}(x_1, x_2) = f_1(x_1) f_2(x_2) = \lambda_1 e^{-\lambda_1 x_1} \lambda_2 e^{-\lambda_2 x_2}.
$$

Dabei ist $f_i(x_i)$ die Dichte von X_i. Die gesuchte Wahrscheinlichkeit ergibt sich als Integral der gemeinsamen Dichte über den in nachstehender Zeichnung schraffierten Bereich

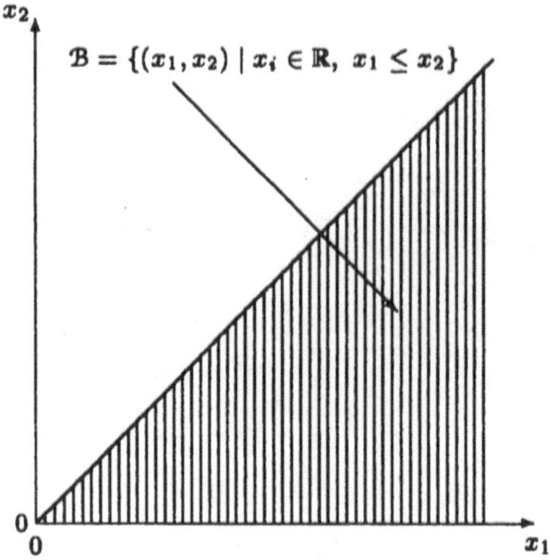

Man beachte, daß der Bereich $\mathcal{B}$ nach rechts nicht begrenzt ist.

$$\iint_{\mathcal{B}} f_{12}(x_1, x_2)\, dx_1 dx_2.$$

Die Beschreibung des Bereiches $\mathcal{B}$ ist jetzt im Unterschied zu Beispiel 2.28 $x_1 = 0$, $x_1 = +\infty$, $h_1(x_1) = 0$ und $h_2(x_1) = x_1$. Anwendung von Satz 2.25 liefert dann

$$\begin{aligned}
\iint_{\mathcal{B}} f_{12}(x_1, x_2)\, dx_1 dx_2 &= \int_0^{+\infty} \left(\int_0^{x_1} f_{12}(x_1, x_2) dx_2 \right) dx_1 \\
&= \int_0^{+\infty} \lambda_1 e^{-\lambda_1 x_1} \left(\int_0^{x_1} \lambda_2 e^{-\lambda_2 x_2} dx_2 \right) dx_1 \\
&= \int_0^{+\infty} \lambda_1 e^{-\lambda_1 x_1} \left(1 - e^{-\lambda_2 x_1}\right) dx_1 \\
&= \int_0^{+\infty} \left(\lambda_1 e^{-\lambda_1 x_1} - \lambda_1 e^{-(\lambda_1 x_1 + \lambda_2 x_1)} \right) dx_1.
\end{aligned}$$

Das Integral über die Summe ist nach Satz 2.26 gleich der Summe der Integrale. Wir haben dabei zu beachten:

$$\int_0^{+\infty} \lambda_1 e^{-\lambda_1 x_1} dx_1 = 1.$$

Mit diesem Ergebnis leben wir auf vertrautem Fuß seit der statistischen Grundausbildung. Das Integral

$$\int_0^{+\infty} \lambda_1 e^{-(\lambda_1+\lambda_2)x_1} dx$$

können wir rasch auf das bekannte Muster des ersten Integrals bringen:

$$\begin{aligned}\int_0^{+\infty} \lambda_1 e^{-(\lambda_1+\lambda_2)x_1}\, dx_1 &= \frac{\lambda_1}{\lambda_1+\lambda_2}\int_0^{+\infty} (\lambda_1+\lambda_2) e^{-(\lambda_1+\lambda_2)x_1}\, dx_1 \\ &= \frac{\lambda_1}{\lambda_1+\lambda_2}.\end{aligned}$$

Wir hätten dieses Ergebnis natürlich auch etwas „overdressed" unter dem Titel **Variablentransformation** erhalten können.

Insgesamt ergibt sich somit

$$\iint_{\mathfrak{B}} f_{12}(x_1, x_2)\, dx_1 dx_2 = 1 - \frac{\lambda_1}{\lambda_1+\lambda_2} = \frac{\lambda_2}{\lambda_1+\lambda_2}.$$

Stimmt unsere Intuition mit dem Ergebnis überein? Für $\lambda_1 = \lambda_2$ ergibt sich der Wert 1/2. Das ist das, was wir auch erwartet hätten.

Lösung von Aufgabe 2.7

Machen wir das Problem etwas komplizierter. Die gemeinsame Dichte von zwei unabhängigen standardnormalverteilten Zufallsvariablen ist gegeben durch

$$\frac{1}{\sqrt{2\pi}} e^{-x_1^2/2} \cdot \frac{1}{\sqrt{2\pi}} e^{-x_2^2/2} = \frac{1}{2\pi} e^{-(x_1^2+x_2^2)/2}.$$

Zunächst können wir leicht umformen:

$$\begin{aligned}\int_{-\infty}^{+\infty}\int_{-\infty}^{+\infty} \frac{1}{2\pi} e^{-(x_1^2+x_2^2)/2}\, dx_1 dx_2 &= \int_{-\infty}^{+\infty} \sqrt{\frac{1}{2\pi}} e^{-x_1^2/2}\, dx_1 \\ &\quad \times \int_{-\infty}^{+\infty} \frac{1}{\sqrt{2\pi}} e^{-x_2^2/2}\, dx_2 \\ &= \left(\int_{-\infty}^{+\infty} \frac{1}{\sqrt{2\pi}} e^{-x^2/2}\, dx\right)^2.\end{aligned}$$

Wegen der Symmetrie von $\exp(-(x_1^2+x_2^2)/2)$ können wir schreiben

$$\int_{-\infty}^{+\infty}\int_{-\infty}^{+\infty} e^{-(x_1^2+x_2^2)/2}\,dx_1dx_2 = 4\int_0^{+\infty}\int_0^{+\infty} e^{-(x_1^2+x_2^2)/2}\,dx_1dx_2.$$

Untersuchen wir daher weiterhin das rechte Integral. Die Transformation $\mathbf{y} = \mathbf{A}\mathbf{x}$ mit $\mathbf{A} = \operatorname{diag}(\sqrt{2},\sqrt{2})$ führt das Integral über in

$$2\int_0^{+\infty}\int_0^{+\infty} e^{-(y_1^2+y_2^2)}\,dy_1dy_2.$$

Geht man zu Polarkoordinaten über, so ergibt sich mittels der Transformation $r^2 = t, 2rdr = dt$:

$$\begin{aligned}
\int_0^{+\infty}\int_0^{+\infty} e^{-(y_1^2+y_2^2)}\,dy_1\,dy_2 &= \int_0^{\pi/2}\int_0^{+\infty} e^{-r^2}rdrd\varphi\\
&= \frac{\pi}{2}\int_0^{+\infty} re^{-r^2}\,dr\\
&= \frac{\pi}{2}\cdot\frac{1}{2}\int_0^{+\infty} t^0e^{-t}dt\\
&= \frac{\pi}{2}\cdot\frac{1}{2}\Big[-e^{-t}\Big]_0^{+\infty}\\
&= \frac{\pi}{4}.
\end{aligned}$$

Damit ist

$$\int_0^{+\infty}\int_0^{+\infty} e^{-x_1^2-x_2^2}\,dx_1dx_2 = 4\times 2\times\frac{\pi}{4} = 2\pi$$

und also

$$\frac{1}{2\pi}\int_0^{+\infty}\int_0^{+\infty} e^{-(x_1^2+x_2^2)/2}\,dx_1dx_2 = 1 = \left(\int_{-\infty}^{+\infty}\frac{1}{\sqrt{2\pi}}e^{-x^2/2}dx\right)^2,$$

woraus sofort

$$\int_{-\infty}^{+\infty} \frac{1}{\sqrt{2\pi}} e^{-x^2/2}\, dx = 1$$

folgt.

Lösung von Aufgabe 2.9

Kann X nur den Wert Null annehmen, so ist $\nu_1 = 0, \dots, \nu_n = 0$, und die Behauptung folgt dann trivialerweise. Anderenfalls ist $\nu_1 > 0, \dots, \nu_n > 0$, und die Behauptung ergibt sich aus den folgenden Überlegungen.

(a) Es gilt $\mathrm{E}\left[\left(u|X|^{(k-1)/2} + v|X|^{(k+1)/2}\right)^2\right] \geq 0$ für beliebige $u, v \in \mathbb{R}$ und damit

$$\begin{aligned}
0 &\leq \mathrm{E}\left[\left\{u|X|^{(k-1)/2} + v|X|^{(k+1)/2}\right\}^2\right] \\
&= \int_{-\infty}^{+\infty} \left(u|x|^{(k-1)/2} + v|x|^{(k+1)/2}\right)^2 dF(x) \\
&= \int_{-\infty}^{+\infty} u^2|x|^{k-1}\, dF(x) + 2\int_{-\infty}^{+\infty} uv|x|^k\, dF(x) + \int_{-\infty}^{+\infty} v^2|x|^{k+1}\, dF(x) \\
&= u^2\nu_{k-1} + 2uv\nu_k + v^2\nu_{k+1}.
\end{aligned}$$

Setzt man $v = 1$, so ergibt sich

$$u^2\nu_{k-1} + 2u\nu_k + \nu_{k+1} \geq 0.$$

Diese quadratische Gleichung läßt sich mit Hilfe der quadratischen Ergänzung schreiben als

$$\left(u + \frac{\nu_k}{\nu_{k-1}}\right)^2 + \left(\frac{\nu_{k+1}}{\nu_{k-1}} - \frac{\nu_k^2}{\nu_{k-1}^2}\right) \geq 0.$$

Damit die Ungleichung für alle n, also auch für $u = -\nu_k/\nu_{k-1}$ erfüllt ist, muß gelten

$$\frac{\nu_{k+1}}{\nu_{k-1}} - \frac{\nu_k^2}{\nu_{k-1}^2} \geq 0,$$

woraus sofort $\nu_k^2 \le \nu_{k-1}\nu_{k+1}$ folgt.

(b) Machen wir eine schrittweise Fallbetrachtung:

Für $k = 1$ folgt aus (i): $\nu_1^2 \le \nu_0\nu_2$. Da $\nu_0 = 1$ ist, ergibt sich $\nu_1 \le \nu_2^{1/2}$.

Sei $k = 2$. Wegen (i) ist $\nu_2^2 \le \nu_1\nu_3$. Mit dem eben gewonnenen Ergebnis für ν_1 ergibt sich $\nu_2^2 \le \nu_1\nu_3 \le \nu_2^{1/2}\nu_3$, $\nu_2^{3/2} \le \nu_3$ und $\nu_2^{1/2} \le \nu_3^{1/3}$.

Für $k = 3$ besagt (i) $\nu_3^2 \le \nu_2\nu_4$. Mithin folgt $\nu_3^2 \le \nu_3^{2/3}\nu_4$, $\nu_3^{4/3} \le \nu_4$ und $\nu_3^{1/3} \le \nu_4^{1/4}$. usw. Der Leser wird in dieser Weise unsere Kette

$$\nu_1 \le \nu_2^{1/2} \le \nu_3^{1/3} \le \nu_4^{1/4}$$

leicht verlängern können.

Kapitel 3

Lösung von Aufgabe 3.1

Sei $\mathbf{G}$ eine Matrix mit $\mathbf{AGA} = \mathbf{A}$, wobei $\mathbf{A}$ in der Darstellung (3.7) gewählt sei. Partitioniere

$$\mathbf{V}^\top\mathbf{G}\mathbf{U} = \begin{pmatrix} \mathbf{W} & \mathbf{X} \\ \mathbf{Y} & \mathbf{Z} \end{pmatrix}.$$

Dann ist

$$\mathbf{G} = \mathbf{V}\begin{pmatrix} \mathbf{W} & \mathbf{X} \\ \mathbf{Y} & \mathbf{Z} \end{pmatrix}\mathbf{U}^\top.$$

Es bleibt noch nachzuweisen, daß gilt $\mathbf{W} = \mathbf{\Delta}^{-1}$. Aus $\mathbf{AGA} = \mathbf{A}$ folgt nach „Kürzen“

$$\begin{pmatrix} \mathbf{\Delta} & 0 \\ 0 & 0 \end{pmatrix}\begin{pmatrix} \mathbf{W} & \mathbf{X} \\ \mathbf{Y} & \mathbf{Z} \end{pmatrix}\begin{pmatrix} \mathbf{\Delta} & 0 \\ 0 & 0 \end{pmatrix} = \begin{pmatrix} \mathbf{\Delta} & 0 \\ 0 & 0 \end{pmatrix}$$

und daraus $\mathbf{\Delta W \Delta} = \mathbf{\Delta}$. Da $\mathbf{\Delta}$ regulär ist, können wir $\mathbf{W} = \mathbf{\Delta}^{-1}$ schließen.

Lösung von Aufgabe 3.3

Die angegebene Identität folgt nach Auflösen der Klammern auf beiden Seiten. Gilt nun $\mathbf{RA}^\top\mathbf{A} = \mathbf{SA}^\top\mathbf{A}$, so ist $(\mathbf{RA}^\top - \mathbf{SA}^\top)(\mathbf{RA}^\top - \mathbf{SA}^\top)^\top =: \mathbf{BB}^\top = \mathbf{0}$. Wie wir anhand der Zeilendarstellung von $\mathbf{B}$ und der Gestalt der Diagonalelemente von $\mathbf{BB}^\top$ ersehen, muß notwendigerweise $\mathbf{B} = \mathbf{0}$ und damit $\mathbf{RA}^\top = \mathbf{SA}^\top$ gelten.

Lösung von Aufgabe 3.5

$$\left(\begin{array}{rrrr|rrr} 1 & -2 & 3 & 2 & 1 & 0 & 0 \\ 1 & 0 & 1 & 3 & 0 & 1 & 0 \\ 1 & 2 & -3 & 0 & 0 & 0 & 1 \end{array}\right) \longrightarrow \left(\begin{array}{rrrr|rrr} 1 & 0 & 1 & 3 & 0 & 1 & 0 \\ 1 & -2 & 3 & 2 & 1 & 0 & 0 \\ 1 & 2 & -3 & 0 & 0 & 0 & 1 \end{array}\right)$$

$$\longrightarrow \left(\begin{array}{rrrr|rrr} 1 & 0 & 1 & 3 & 0 & 1 & 0 \\ 0 & -2 & 2 & -1 & 1 & -1 & 0 \\ 0 & 2 & -4 & -3 & 0 & -1 & 1 \end{array}\right)$$

$$\longrightarrow \left(\begin{array}{rrrr|rrr} 1 & 0 & 1 & 3 & 0 & 1 & 0 \\ 0 & 1 & -1 & 1/2 & -1/2 & 1/2 & 0 \\ 0 & 2 & -4 & -3 & 0 & -1 & 1 \end{array}\right)$$

$$\longrightarrow \left(\begin{array}{rrrr|rrr} 1 & 0 & 1 & 3 & 0 & 1 & 0 \\ 0 & 1 & -1 & 1/2 & -1/2 & 1/2 & 0 \\ 0 & 0 & -2 & -4 & 1 & -2 & 1 \end{array}\right)$$

$$\longrightarrow \left(\begin{array}{rrrr|rrr} 1 & 0 & 1 & 3 & 0 & 1 & 0 \\ 0 & 1 & -1 & 1/2 & -1/2 & 1/2 & 0 \\ 0 & 0 & 1 & 2 & -1/2 & 1 & -1/2 \end{array}\right)$$

$$\longrightarrow \left(\begin{array}{rrrr|rrr} 1 & 0 & 0 & 1 & 1/2 & 0 & 1/2 \\ 0 & 1 & 0 & 5/2 & -1 & 3/2 & -1/2 \\ 0 & 0 & 1 & 2 & -1/2 & 1 & -1/2 \end{array}\right).$$

Damit ist

$$\mathbf{A}^- = \begin{pmatrix} 1 & 0 & 0 \\ 0 & 1 & 0 \\ 0 & 0 & 1 \\ 0 & 0 & 0 \end{pmatrix} \begin{pmatrix} 1/2 & 0 & 1/2 \\ -1 & 3/2 & -1/2 \\ -1/2 & 1 & -1/2 \end{pmatrix}$$

$$= \frac{1}{2} \begin{pmatrix} 1 & 0 & 1 \\ -2 & 3 & -1 \\ -1 & 2 & -1 \\ 0 & 0 & 0 \end{pmatrix}.$$

Mit $\mathbf{b} = (-2, 0, 2)^\top$ ist $\mathbf{A}^-\mathbf{b} = (0, 1, 0, 0)^\top$ eine partikuläre Lösung des Gleichungssystems $\mathbf{Ax} = \mathbf{b}$. Die allgemeine Lösung ist wegen

$$\mathbf{I}-\mathbf{A}^-\mathbf{A} = \begin{pmatrix} 0 & 0 & 0 & -1 \\ 0 & 0 & 0 & -5/2 \\ 0 & 0 & 0 & -2 \\ 0 & 0 & 0 & 1 \end{pmatrix}$$

gegeben durch

$$\begin{aligned} \mathbf{x} &= \mathbf{A}^-\mathbf{b} + (\mathbf{I}-\mathbf{A}^-\mathbf{A})\mathbf{z} \\ &= \begin{pmatrix} 0 \\ 1 \\ 0 \\ 0 \end{pmatrix} + z_4 \begin{pmatrix} -1 \\ -5/2 \\ -2 \\ 1 \end{pmatrix} \end{aligned}$$

für beliebiges $\mathbf{z} = (z_1, z_2, z_3, z_4)^\top \in \mathbb{R}^4$. Setzt man $z_4 = 0$, so resultiert die Lösung $\mathbf{x} = (0,1,0,0)^\top$ mit $\|x\| = 1$.

Lösung von Aufgabe 3.7

(i) Aus $\mathbf{AA}^-\mathbf{A} = \mathbf{A}$ folgt nach Transponieren $\mathbf{A}^\top\left(\mathbf{A}^-\right)^\top\mathbf{A}^\top = \mathbf{A}^\top$. Also ist $\left(\mathbf{A}^-\right)^\top$ eine g-Inverse von $\mathbf{A}^\top$.

(ii) Aus $\mathbf{A}^2 = \mathbf{A}$ folgt $\mathbf{A}^3 = \mathbf{A}^2 = \mathbf{A}$, also $\mathbf{AAA} = \mathbf{A}$. Damit ist $\mathbf{A}$ eine g-Inverse von $\mathbf{A}$.

(iii)

$$\begin{aligned} \mathbf{RAS}(\mathbf{S}^{-1}\mathbf{A}^-\mathbf{R}^{-1})\mathbf{RAS} &= \mathbf{RA}(\mathbf{SS}^{-1})\mathbf{A}^-(\mathbf{R}^{-1})\mathbf{R})\mathbf{AS} \\ &= \mathbf{RAA}^-\mathbf{AS} \\ &= \mathbf{RAS} \end{aligned}$$

(iv)

$$\begin{aligned} \begin{pmatrix} \mathbf{A} & \mathbf{0} \\ \mathbf{0} & \mathbf{B} \end{pmatrix} \begin{pmatrix} \mathbf{A}^- & \mathbf{0} \\ \mathbf{0} & \mathbf{B}^- \end{pmatrix} \begin{pmatrix} \mathbf{A} & \mathbf{0} \\ \mathbf{0} & \mathbf{B} \end{pmatrix} &= \begin{pmatrix} \mathbf{AA}^-\mathbf{A} & \mathbf{0} \\ \mathbf{0} & \mathbf{BB}^-\mathbf{B} \end{pmatrix} \\ &= \begin{pmatrix} \mathbf{A} & \mathbf{0} \\ \mathbf{0} & \mathbf{B} \end{pmatrix}. \end{aligned}$$

(v) Wegen $\mathcal{M}(\mathbf{B}) \subset \mathcal{M}(\mathbf{A})$ gibt es eine Matrix $\mathbf{C}$ mit $\mathbf{B} = \mathbf{AC}$. Damit ist $\mathbf{AA^-B} = \mathbf{AA^-AC} = \mathbf{AC} = \mathbf{B}$. Hiermit ergibt sich

$$
\begin{aligned}
\begin{pmatrix} \mathbf{A} & \mathbf{B} \\ \mathbf{0} & \mathbf{0} \end{pmatrix}\begin{pmatrix} \mathbf{A}^- & \mathbf{0} \\ \mathbf{0} & \mathbf{0} \end{pmatrix}\begin{pmatrix} \mathbf{A} & \mathbf{B} \\ \mathbf{0} & \mathbf{0} \end{pmatrix} &= \begin{pmatrix} \mathbf{A} & \mathbf{B} \\ \mathbf{0} & \mathbf{0} \end{pmatrix}\begin{pmatrix} \mathbf{A^-A} & \mathbf{A^-B} \\ \mathbf{0} & \mathbf{0} \end{pmatrix} \\
&= \begin{pmatrix} \mathbf{AA^-A} & \mathbf{AA^-B} \\ \mathbf{0} & \mathbf{0} \end{pmatrix} \\
&= \begin{pmatrix} \mathbf{A} & \mathbf{AA^-B} \\ \mathbf{0} & \mathbf{0} \end{pmatrix} \\
&= \begin{pmatrix} \mathbf{A} & \mathbf{B} \\ \mathbf{0} & \mathbf{0} \end{pmatrix}.
\end{aligned}
$$

(vi) und (vii) folgen aus $\mathbf{A}^\top\mathbf{A}\,(\mathbf{A}^\top\mathbf{A})^-\,\mathbf{A}^\top\mathbf{A} = \mathbf{A}^\top\mathbf{A}$ und der Kürzungsregel (vgl. Aufgabe 3.3).

(viii) Wegen (vi) gilt $\mathbf{A}\,(\mathbf{A}^\top\mathbf{A})^-\,\mathbf{A}^\top\mathbf{A} = \mathbf{A}$

(ix) Aufgrund von Satz 3.6(ii) gilt

$$\mathbf{A}\,(\mathbf{A}^\top\mathbf{A})^-\,\mathbf{A}^\top = \mathbf{A}\,(\mathbf{A}^\top\mathbf{A})^\dagger\,\mathbf{A}^\top.$$

Wie leicht zu sehen ist, ist die MP-Inverse einer symmetrischen Matrix symmetrisch, so daß insbesondere $(\mathbf{A}^\top\mathbf{A})^\dagger$ symmetrisch ist. Folglich ist auch $\mathbf{A}\,(\mathbf{A}^\top\mathbf{A})^\dagger\,\mathbf{A}^\top$ symmetrisch. Schließlich ist

$$
\begin{aligned}
(\mathbf{A}\,(\mathbf{A}^\top\mathbf{A})^\dagger\,\mathbf{A}^\top)(\mathbf{A}\,(\mathbf{A}^\top\mathbf{A})^\dagger\,\mathbf{A}^\top) &= \mathbf{A}\left[(\mathbf{A}^\top\mathbf{A})^\dagger\,\mathbf{A}^\top\mathbf{A}\,(\mathbf{A}^\top\mathbf{A})^\dagger\right]\mathbf{A}^\top \\
&= \mathbf{A}\,(\mathbf{A}^\top\mathbf{A})^\dagger\,\mathbf{A}^\top.
\end{aligned}
$$

(x) „$\Rightarrow$": Aus $\mathbf{BA^-A} = \mathbf{B}$ folgt $\mathbf{B}^\top = \mathbf{A}^\top\left(\mathbf{A^-B}\right)^\top = \mathbf{A}^\top\mathbf{C}$ mit $\mathbf{C} = \left(\mathbf{A^-B}\right)^\top$. Folglich gilt $\mathcal{M}(\mathbf{B}^\top) \subset \mathcal{M}(\mathbf{A}^\top)$.

„$\Leftarrow$": Gilt $\mathcal{M}(\mathbf{B}^\top) \subset \mathcal{M}(\mathbf{A}^\top)$, so gibt es eine Matrix $\mathbf{C}$ mit $\mathbf{B} = \mathbf{C}^\top\mathbf{A}$. Damit gilt $\mathbf{BA^-A} = \mathbf{C}^\top\mathbf{AA^-A} = \mathbf{C}^\top\mathbf{A} = \mathbf{B}$.

Lösung von Aufgabe 3.9

Als festes Element wählen wir $a_{11} = 1 \neq 0$. Dann ist $\mathbf{b}_1 = (1, -2)^\top$, $\mathbf{c}_{(1)} = (1, 2, -1, 0)^\top$ und

$$\mathbf{A}_1 = \begin{pmatrix} 1 & 2 & -1 & 0 \\ -2 & -4 & 2 & 0 \end{pmatrix} - \begin{pmatrix} 1 \\ -2 \end{pmatrix} (1,2,-1,0)^\top = \mathbf{0}.$$

Damit liegt die gewünschte Vollrangfaktorisierung für $\mathbf{A}$ bereits vor: $\mathbf{A} = \mathbf{b}_1\mathbf{c}_{(1)}^\top$. Folglich ist $\mathbf{B} = \mathbf{b}_1$ und $\mathbf{C} = \mathbf{c}_{(1)}$.

Wir bestimmen nun $\mathbf{A}^\dagger$:

$$\mathbf{B}^\top\mathbf{B} = \mathbf{b}_1^\top\mathbf{b}_1 = 5, \quad \mathbf{C}^\top\mathbf{C} = \mathbf{c}_{(1)}^\top\mathbf{c}_{(1)} = 6$$

und folglich

$$\mathbf{A}^\dagger = \frac{1}{30}\mathbf{C}^\top\mathbf{B}^\top = \frac{1}{30}\mathbf{c}_{(1)}\mathbf{b}_1^\top = \frac{1}{30}\mathbf{A}^\top,$$

d.h.

$$\mathbf{A}^\dagger = \frac{1}{30}\begin{pmatrix} 1 & -2 \\ 2 & -4 \\ -1 & 2 \\ 0 & 0 \end{pmatrix}.$$

Lösung von Aufgabe 3.11

Die behaupteten Identitäten folgen aus Satz 3.10(iii): $\mathbf{A}^\dagger = (\mathbf{A}^\top\mathbf{A})^\dagger\,\mathbf{A} = \mathbf{A}^\top\,(\mathbf{A}\mathbf{A}^\top)^\dagger$ (und entsprechend für $\mathbf{B}$).

Lösung von Aufgabe 3.13

(a) Angenommen, es gäbe Lösungen mit

$$\mathbf{XAX} = \mathbf{X} \qquad \mathbf{YAY} = \mathbf{Y} \tag{A.17}$$

$$\mathbf{AX} = \mathbf{B}_1 \qquad \mathbf{AY} = \mathbf{B}_1 \tag{A.18}$$

$$\mathbf{XA} = \mathbf{B}_2 \qquad \mathbf{YA} = \mathbf{B}_2. \tag{A.19}$$

Zu zeigen ist $\mathbf{X} = \mathbf{Y}$. Nun gilt $\mathbf{Y} = \mathbf{YAY} = (\mathbf{YA})\mathbf{Y} = (\mathbf{B}_2)\mathbf{Y} = (\mathbf{XA})\mathbf{Y} = \mathbf{X}(\mathbf{AY}) = \mathbf{XB}_1 = \mathbf{X}(\mathbf{AX}) = \mathbf{XAX} = \mathbf{X}$.

(b) Wählen wir $\mathbf{B}_1 = \mathbf{A}\mathbf{A}^\dagger$ und $\mathbf{B}_2 = \mathbf{A}^\dagger\mathbf{A}$, so ist $\mathbf{X} = \mathbf{A}^\dagger$ (gemäß (i) sogar die einzige) Lösung des Gleichungssystems. Die MP-Inverse $\mathbf{A}^\dagger$ ist aber auch eine g-Inverse von $\mathbf{A}$.

Lösung von Aufgabe 3.15

Nutzen wir jetzt die Eigenschaft $\mathbf{PP} = \mathbf{P}$, $\mathbf{QQ} = \mathbf{Q}$ und $\mathbf{PQ} = \mathbf{QP}$ aus. Dann folgt

$$\begin{aligned}(\mathbf{P}+\mathbf{Q}-\mathbf{PQ})(\mathbf{P}+\mathbf{Q}-\mathbf{PQ}) &= \mathbf{PP}+\mathbf{PQ}-\mathbf{PPQ}\\ &\quad +\mathbf{QP}+\mathbf{QQ}-\mathbf{QPQ}\\ &\quad\quad -\mathbf{PQP}-\mathbf{PQQ}+\mathbf{PQPQ}\\ &= \mathbf{P}+\mathbf{PQ}-\mathbf{PQ}\\ &\quad +\mathbf{PQ}+\mathbf{Q}-\mathbf{PQ}\\ &\quad\quad -\mathbf{PQ}-\mathbf{PQ}+\mathbf{PQ}\\ &= \mathbf{P}+\mathbf{Q}-\mathbf{PQ}.\end{aligned}$$

Damit ist $\mathbf{P}+\mathbf{Q}-\mathbf{PQ}$ idempotent, d.h. ein Projektor.

Kapitel 4

Lösung von Aufgabe 4.1

Wir betrachten zunächst $||\mathbf{x}||_1 = \max_j |x_j|$:

(i) $||\mathbf{x}||_1 = 0 \Leftrightarrow \max_j |x_j| = 0 \Leftrightarrow |x_j| = 0$ für alle $j \Leftrightarrow x_j = 0$ für alle $j \Leftrightarrow \mathbf{x} = \mathbf{0}$.

(ii) $||\lambda\mathbf{x}||_1 = \max_j |\lambda x_j| = \max_j |\lambda||x_j| = |\lambda| \max_j |x_j| = |\lambda|||\mathbf{x}||_1$.

(iii) $||\mathbf{x}+\mathbf{y}||_1 = \max_j |x_j+y_j| \leq \max_j(|x_j|+|y_j|) \leq \max_j |x_j| + \max_j |y_j| = ||\mathbf{x}||_1 + ||\mathbf{y}||_1$.

Sei nun $||\mathbf{x}||_2 = \sum_j |x_j|$.

(i) $||\mathbf{x}||_2 = 0 \Leftrightarrow \sum_j |x_j| = 0 \Leftrightarrow |x_j| = 0$ für alle $j \Leftrightarrow x_j = 0$ für alle $j \Leftrightarrow \mathbf{x} = \mathbf{0}$.

(ii) $||\lambda\mathbf{x}||_2 = \sum_j |\lambda x_j| = \sum_j |\lambda||x_j| = |\lambda| \sum_j |x_j| = |\lambda|||\mathbf{x}||_2$.

(iii) $||\mathbf{x}+\mathbf{y}||_2 = \sum_j |x_j+y_j| \leq \sum_j(|x_j|+|y_j|) = \sum_j |x_j| + \sum_j |y_j| = ||\mathbf{x}||_2 + ||\mathbf{y}||_2$.

Lösung von Aufgabe 4.3

(i) $\|\mathbf{A}\| = 0 \Leftrightarrow \sum\sum a_{ij}^2 = 0 \Leftrightarrow a_{ij} = 0$ für alle i und $j \Leftrightarrow \mathbf{A} = \mathbf{0}$.

(ii) $\|\lambda\mathbf{A}\|^2 = \sum\sum(\lambda a_{ij})^2 = \lambda^2 \sum\sum a_{ij}^2 = |\lambda|^2\|\mathbf{A}\|^2$.

(iii) Es ist $\|\mathbf{A}+\mathbf{B}\|^2 = \sum\sum(a_{ij}+b_{ij})^2 = \sum\sum(a_{ij}^2 + 2a_{ij}b_{ij} + b_{ij}^2) = \|\mathbf{A}\|^2 + 2\sum\sum a_{ij}b_{ij} + \|\mathbf{B}\|^2$. Andererseits ist $(\|\mathbf{A}\| + \|\mathbf{B}\|)^2 = \|\mathbf{A}\|^2 + 2\|\mathbf{A}\|\|\mathbf{B}\| + \|\mathbf{B}\|^2$. Es reicht mithin zu zeigen, daß gilt

$$\sum\sum a_{ij}b_{ij} \leq \|\mathbf{A}\|\|\mathbf{B}\|.$$

Dies folgt aber aus der Cauchy-Schwarz-Ungleichung (1.38) für Vektoren $\mathbf{a}$ und $\mathbf{b}$: $\mathbf{a}^\mathsf{T}\mathbf{b} \leq \|\mathbf{a}\|\|\mathbf{b}\|$, indem man die Spalten von $\mathbf{A}$ und $\mathbf{B}$ zu jeweils einem Vektor $\mathbf{a}$ und $\mathbf{b}$ übereinanderschreibt.

Lösung von Aufgabe 4.5

(i) $\mu(\mathbf{A}) = 0 \Leftrightarrow \nu(\mathbf{ABC}) = 0 \Leftrightarrow \mathbf{BAC} = \mathbf{0} \Leftrightarrow \mathbf{A} = \mathbf{0}$, weil die Matrizen $\mathbf{B}$ und $\mathbf{C}$ regulär sind.

(ii) $\mu(\lambda\mathbf{A}) = \nu(\mathbf{B}(\lambda\mathbf{A})\mathbf{C}) = \nu(\lambda(\mathbf{BAC})) = |\lambda|\nu(\mathbf{BAC}) = |\lambda|\mu(\mathbf{A})$.

(iii) $\mu(\mathbf{A}_1 + \mathbf{A}_2) = \nu(\mathbf{B}(\mathbf{A}_1 + \mathbf{A}_2)\mathbf{C}) = \nu(\mathbf{BA}_1\mathbf{C} + \mathbf{BA}_2\mathbf{C}) \leq \nu(\mathbf{BA}_1\mathbf{C}) + \nu(\mathbf{BA}_2\mathbf{C}) = \nu(\mathbf{A}_1) + \nu(\mathbf{A}_2)$.

Lösung von Aufgabe 4.7

Man wähle beispielsweise

$$\mathbf{A} = \begin{pmatrix} 0 & 1 \\ 0 & 0 \end{pmatrix} \quad \text{und} \quad \mathbf{B} = \begin{pmatrix} 0 & 0 \\ 1 & 0 \end{pmatrix}.$$

Dann ist $\lambda_\mathrm{F}(\mathbf{A}) = 0 = \lambda_\mathrm{F}(\mathbf{B})$, aber $\lambda_\mathrm{F}(\mathbf{AB}) = 1$.

Lösung von Aufgabe 4.9

Sei $\mathbf{Ax} = \lambda\mathbf{x}$ mit $\mathbf{x} > \mathbf{0}$ und λ zugehöriger Eigenwert. Da $\mathbf{Ax}$ und $\mathbf{x}$ reelle Vektoren sind und $\mathbf{Ax} \geq \mathbf{0}$ gilt, ist $\lambda \geq 0$. Wegen $\mathbf{A} \neq \mathbf{0}$, gibt es mindestens eine Zeile von $\mathbf{A}$, die nicht die Nullzeile ist. Da $\mathbf{x} > \mathbf{0}$, muß das zu dieser Zeile gehörende Element von $\mathbf{Ax}$ verschieden von Null sein. Aufgrund von $\mathbf{Ax} = \lambda\mathbf{x}$ ist dann $\lambda \neq 0$. Da $\lambda_\mathrm{F}(\mathbf{A})$ als Frobeniuswurzel betragsmäßig alle übrigen Eigenwerte von $\mathbf{A}$ übertrifft, gilt $\lambda_\mathrm{F}(\mathbf{A}) \geq |\lambda| = \lambda > 0$, d.h. $\lambda_\mathrm{F}(\mathbf{A}) > 0$.

Lösung von Aufgabe 4.11

Folgt aus der Tatsache, daß $\mathbf{A}$ genau dann doppelt-stochastisch ist, wenn $\mathbf{A}$ und $\mathbf{A}^\mathsf{T}$ stochastische Matrizen sind. Man verwende ferner die Sätze 4.21 und 4.22.

Kapitel 5

Lösung von Aufgabe 5.1

$K(t) = ce^{pt}$, $K(0) = c$.

(a) Mit $c = 1000$ ist $K(10) = 1000e^{0.05 \cdot 1000} = 1648.72$ DM.

(b) Mit $c = 0.01$ ist $K(1998) = 0.01e^{0.05 \cdot 1998} = 2.4323 \cdot 10^{41}$ DM.

Lösung von Aufgabe 5.3

(a) $y_{AI}(t) = Ca^t + b/(1-a) = C2^t - 1$. Wegen $a > 1$ ist die Lösung instabil.

(b) $y_{AI}(t) = C(-1/2)^t + y_{SI}(t)$. Ansatz: $y_{SI}(t) = ke^t$. Dann ist $e^t = ke^{t+1} - ke^t/2 = kee^t - ke^t/2$, woraus $k = 2/(2e-1)$ folgt. Mithin ist $y_{AI}(t) = C(-1/2)^t + 2e^t/(2e-1)$. Die Lösung ist stabil wegen $|a| < 1$.

(c) $y(t) = t!$ unter der Nebenbedingung $y(0) = 1$.

Lösung von Aufgabe 5.5

(siehe Aufgabe 5.4(b))

(a) Wegen $a_0 = 6$ ist $1 - a_0 < 0$, so daß die Lösung stabil ist.

(b) Wegen $a_0 = 1/2$, $a_1 = 1$ ist $1 + a_0 + a_1 > 0$, $1 + a_0 - a_1 > 0$ und $1 - a_0 > 0$, so daß die Lösung stabil ist.

Lösung von Aufgabe 5.7

$y(t)$ ist Lösung der Differentialgleichung $y'(t) - 2\sqrt{y(t)} = 0$, denn für $t \leq b$ ist $y'(t) = y(t) = 0$ und für $t > b$ ist $y'(t) = 2(t-b) = 0$ und folglich $2(t-b) - 2\sqrt{(t-b)^2} = 0$. Da $b \in \mathbb{R}_0^+$ beliebig gewählt werden kann, gibt es also unendlich viele Lösungen $y(t)$ mit $y(t) = 0$. Beispielsweise ist $y(t) = 0$ für alle $t \in \mathbb{R}$ mit $b \to \infty$, oder für $b = 0$ ist

$$y(t) = \begin{cases} 0 & \text{für } t \leq 0, \\ t^2 & \text{für } t > 0. \end{cases}$$

Lösung von Aufgabe 5.9

(a) (i) $n = 2$, $a_2 = 1$, $a_1 = 2$, $a_0 = 1$ und damit $g_1 = a_{n-1} = a_1 = 2 > 0$,

$$g_2 = \begin{vmatrix} a_{n-1} & a_{n-3} \\ a_n & a_{n-2} \end{vmatrix} = \begin{vmatrix} 2 & 0 \\ 1 & 1 \end{vmatrix} = 2 > 0.$$

Folglich ist die Lösung stabil, siehe Abschnitt 5.5.3.

(ii) $n = 3$, $a_3 = 1$, $a_2 = 4$, $a_1 = 3$, $a_0 = -1$ und damit

$$D_1 = a_{n-1} = 4$$

$$D_2 = \begin{vmatrix} a_{n-1} & a_{n-3} \\ a_n & a_{n-2} \end{vmatrix} = \begin{vmatrix} 4 & -1 \\ 1 & 3 \end{vmatrix} = 13 > 0$$

$$D_3 = \begin{vmatrix} a_{n-1} & a_{n-3} & a_{n-5} \\ a_n & a_{n-2} & a_{n-4} \\ 0 & a_{n-1} & a_{n-3} \end{vmatrix} = \begin{vmatrix} 4 & -1 & 0 \\ 1 & 3 & 0 \\ 0 & 4 & -1 \end{vmatrix} = -13 < 0.$$

Folglich ist die Lösung instabil.

(b) Für $n = 3$ mit $a_3 = 1$ ist

$$D_1 = a_2$$

$$D_2 = \begin{vmatrix} a_2 & a_0 \\ 1 & a_1 \end{vmatrix} = a_1 a_2 - a_0$$

$$D_3 = \begin{vmatrix} a_2 & a_0 & 0 \\ 1 & a_1 & 0 \\ 0 & a_2 & a_0 \end{vmatrix} = a_0 a_1 a_2 - a_0^2.$$

Alle drei Hauptabschnittsdeterminanten sind also positiv, falls gilt $a_2 > 0$, $a_1 a_2 - a_0 > 0$ und $a_0 a_1 a_2 - a_0^2 = a_0(a_1 a_2 - a_0) > 0$. Wegen $a_1 a_2 - a_0 > 0$ ist die letzte Bedingung für $a_0 > 0$ erfüllt.

Kapitel 6

Lösung von Aufgabe 6.1

Seien

x_1 Menge an Walnußkernen, die einzeln verkauft wird
x_2 Menge an Haselnußkernen, die einzeln verkauft wird
x_3 Menge an Rosinen, die einzeln verkauft wird

x_4 Menge an Walnußkernen, die als Studentenfutter verkauft wird
x_5 Menge an Haselnußkernen, die als Studentenfutter verkauft wird
x_6 Menge an Rosinen, die als Studentenfutter verkauft wird.

Dann lautet das zu lösende lineare Optimierungsproblem:

maximiere $z = 20x_1 + 19x_2 + 9x_3 + 15(x_4 + x_5 + x_6)$ (Gesamtgewinn)

unter den Nebenbedingungen

$x_1 + x_4 \leq 100$	(Verbrauch an Walnußkernen)
$x_2 + x_5 \leq 100$	(Verbrauch an Haselnußkernen)
$x_3 + x_6 \leq 50$	(Verbrauch an Rosinen)
$x_6 \leq 0.50(x_4 + x_5 + x_6)$	(Bestandteil an Rosinen)
$x_4 \geq 0.25(x_4 + x_5 + x_6)$	(Bestandteil an Walnußkernen)
$x_1, \ldots, x_6 \geq 0$	(Nichtnegativitätsbedingungen)

Lösung von Aufgabe 6.3

(a) siehe Abbildung 1.

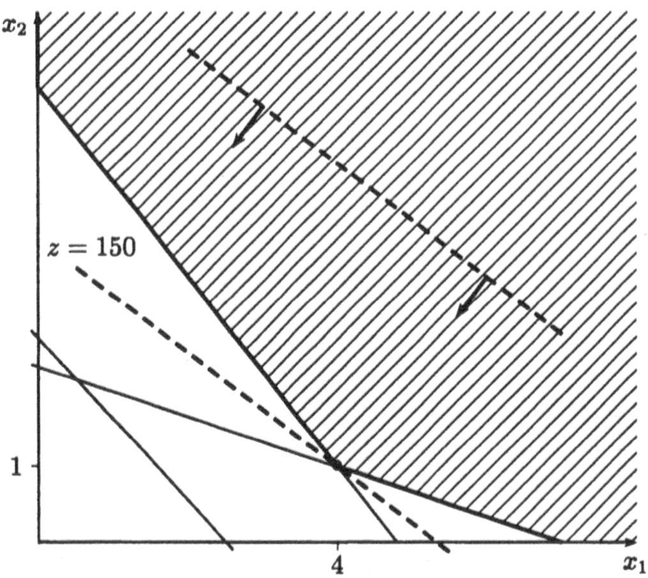

Abbildung 1: Graphische Lösung des Mischungsproblems

(b) Simplex Algorithmus (Phase I und II)

I	x_1	x_2	RS
	−25	−50	0
x_3	−3	−3	−8
x_4	−4	−3	−19
x_5	−1	−3	−7

II	x_3	x_2	RS
	−25/3	−25	200/3
x_1	−1/3	1	8/3
x_4	−4/3	1	−25/3
x_5	−1/3	−2	−13/3

III	x_4	x_2	RS
	−25/4	−125/4	475/4
x_1	−1/4	−3/4	19/4
x_3	−3/4	−3/4	25/4
x_5	−1/4	−9/4	−9/4

IV	x_4	x_1	RS
	−50/3	−125/3	950/3
x_2	−1/3	4/3	19/3
x_3	−1	1	11
x_5	−1	3	12

V	x_4	x_5	RS
	−25/9	−125/9	150
x_2			1
x_3			7
x_1			4

(c) dualer Simplex Algorithmus

I	x_1	x_2	RS
	−25	−50	0
x_3	−3	−3	−8
x_4	−4	−3	−19
x_5	−1	−3	−7

II	x_4	x_2	RS
	−25/4	−125/4	475/4
x_3	−3/4	−3/4	25/4
x_1	−1/4	3/4	19/4
x_5	−1/4	−9/4	−9/4

III	x_4	x_5	RS
	−25/9	−125/9	150
x_3			7
x_1			4
x_2			1

Somit ergeben sich die optimalen Futtermengen: 4 ME von F_1 ($x_1 = 4$) und 1 ME von F_2 ($x_2 = 1$). Die Gesamtkosten sind 150 GE ($z = 150$). Bei der Mischung wird der Bedarf an den Nährstoffen N_2 und N_3 exakt eingehalten ($x_4 = 0, x_5 = 0$); von Nährstoff N_1 sind 15 Einheiten enthalten und damit 7 mehr als erforderlich ($x_3 = 7$).

Lösung von Aufgabe 6.5

Mit

(1) $x_2 = x_2^+ - x_2^-,\; x_2^+, x_2^- \geq 0$

(2) $x_1 + x_2 = 2 \Leftrightarrow x_1 + x_2 \leq 2,\; x_1 + x_2 \geq 2 \Leftrightarrow x_1 + x_2 \leq 2,\; -x_1 - x_2 \leq -2$

(3) $2x_1 - x_2 \geq 3 \Leftrightarrow -2x_1 + x_2 \leq -3$

lautet (P) in Standardform

$$\max z = 2x_1 + x_2^+ - x_2^-$$

u.d.N.

$$\begin{aligned} x_1 + x_2^+ - x_2^- &\leq 2 \\ -x_1 - x_2^+ + x_2^- &\leq -2 \\ -2x_1 + x_2^- - x_2^- &\leq -3 \\ x_1 - x_2^+ + x_2^- &\leq 1 \\ x_1, x_2^+, x_2^- &\geq 0. \end{aligned}$$

Hieraus folgt das duale Problem

$$\min v = 2y_1 - 2y_2 - 3y_3 + y_4$$

u.d.N.

$$\begin{aligned} y_1 - y_2 - 2y_3 + y_4 &\geq 2 \\ y_1 - y_2 + y_3 - y_4 &\geq 1 \\ -y_1 + y_2 - y_3 + y_4 &\geq -1 \\ y_1, y_2, y_3, y_4 &\geq 0, \end{aligned}$$

welches mit

(1) $s_1 := y_1 - y_2 \in \mathbb{R},\ s_2 := -y_3 \leq 0,\ s_3 := y_3 \leq 0$

(2) $y_1 - y_2 + y_3 - y_4 \geq 1,\ -y_1 + y_2 - y_3 + y_4 \geq -1 \Leftrightarrow y_1 - y_2 + y_3 - y_4 = 1$

in (D) übergeht. Nach Aufgabe 6.6 ist dann auch (P) dual zu (D).

Lösung von Aufgabe 6.7

(a) Wegen $v_l = \max_i \min_j a_{ij} = \max\{-4, -2, -2\} = -2$ und $v_u = \min_j \max_i a_{ij} = \min\{2, 4, 4\} = 2$ besitzt das Spiel keinen Spielwert. Daher ist es nicht sinnvoll, reine Strategien zu verfolgen.

(b) Mit $\mathbf{A}' = (a_{ij} + 5)$ und

I	x_1	x_2	x_3		
	1	1	1	0	
x_4	1	2	9	1	y_1
x_5	7	8	3	1	y_2
x_6	3	9	4	1	y_3
	$-y_4$	$-y_5$	$-y_6$		

II	x_5	x_2	x_3		
	−1/7	−1/7	4/7	−1/7	
x_4	−1/7	6/7	60/7	6/7	y_1
x_1	1/7	8/7	3/7	1/7	y_4
x_6	3/7	39/7	19/7	4/7	y_3
	$-y_2$	$-y_5$	$-y_6$		

III	x_5	x_2	x_3		
	−2/15	−1/5	−1/15	−1/5	
x_3				1/10	y_6
x_1				1/10	y_4
x_6				3/10	y_3
	$-y_2$	$-y_5$	$-y_1$		

ergibt sich der Spielwert $\bar{v} = \bar{v}' - 5 = 0$ sowie die gemischten Strategien

$$\mathbf{p}^* = 5(1/15, 2/15, 0)^\top = (1/3, 2/3, 0)^\top,\ \mathbf{q}^* = 5(1/10, 0, 1/10)^\top = (1/2, 0, 1/2)^\top.$$

(c) Mit den bestehenden Strategienmengen erreicht keine der beiden Firmen eine Erhöhung des Marktanteils.

Lösung von Aufgabe 6.9

a) Ermittlung einer Anfangslösung nach der Matrix-Minimum-Methode:

	B_1	B_2	B_3	B_4	a_i
A_1	10	5	6	7 $25^{(4)}$	25,0
A_2	8	2 $20^{(1)}$	7	6 $5^{(3)}$	25,5,0
A_3	9 $15^{(6)}$	3	4 $30^{(2)}$	8 $5^{(5)}$	50,20,15,0
b_j	15, 0	20, 0	30, 0	35, 30, 5, 0	

Anfangslösung: $x_{14} = 25$, $x_{22} = 20$, $x_{24} = 5$, $x_{31} = 15$, $x_{33} = 30$, $x_{34} = 5$.

(b) Überprüfung auf Optimalität und ggf. Austauschschritt:

	B_1	B_2	B_3	B_4	u_i
A_1	10 2	5 2	6 3	7 0 25	−1
A_2	8 1	2 $-d$ 0 20	7 5	6 $+d$ 0 5	−2
A_3	9 0 15	3 $+d$ −1	4 0 30	8 $-d$ 0 5	0 (gesetzt)
v_j	9	4	4	8	

Mit $d = \min\{20, 5\} = 5$ neue Basislösung: $x_{14} = 25$, $x_{22} = 15$, $x_{24} = 10$, $x_{31} = 15$, $x_{32} = 5$, $x_{33} = 30$.

(c) Überprüfung auf Optimalität und ggf. Austauschschritt:

	B_1	B_2	B_3	B_4	u_i
A_1	2 1	2 2	3 2	0 0 25	1
A_2	1 0	0 0 15	5 4	0 0 10	1
A_3	0 0 15	−1 0 5	0 0 30	0 1	0 (gesetzt)
v_j	0	−1	0	−1	

Basislösung optimal (reduzierte Zielfunktionskoeffizienten nichtnegativ)

$$z = 7 \cdot 25 + 2 \cdot 15 + 6 \cdot 10 + 9 \cdot 15 + 3 \cdot 5 + 4 \cdot 30 = 535$$

Lösung von Aufgabe 6.11

Graphische Lösung zu (a), (b) und (c): siehe Abbildung 2.

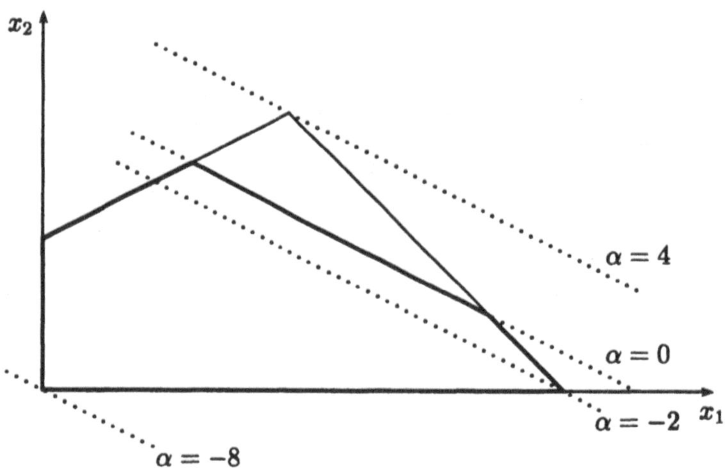

Abbildung 2: Graphische Lösung

Numerische Lösung mittels parametrischer Optimierung:

(1) Berechnung einer optimalen Lösung für $\alpha = 0$:

I	x_1	x_2	RS1	RS2
	1	1	0	0
x_3	2	1	12	0
x_4	−1	2	4	0
x_5	1	2	8	1

II	x_3	x_2	RS1	RS2
	−1/2	1/2	−6	0
x_1	1/2	1/2	6	0
x_4	1/2	5/2	10	0
x_5	−1/2	3/2	2	1

III	x_3	x_5	RS1	RS2	
	−1/3	−1/3	−20/3	−1/3	
x_1	2/3	−1/3	16/3	−1/3	
x_4	4/3	−5/3	20/3	−5/3	(Pivotelement für $\alpha > 4$)
x_2	−1/3	2/3	4/3	2/3	(Pivotelement für $\alpha < -2$)

Optimale Lösung für $\alpha \in [-2,4]$: $x_1 = 16/3 - \alpha/3$, $x_2 = 4/3 - 2\alpha/3$, $z = 20/3 + \alpha/3$.

(2) Berechnung einer optimalen Lösung für $\alpha > 4$:

IV	x_3	x_4	RS1	RS2
	−3/5	−1/5	−8	0
x_1	2/5	−1/5	4	0
x_5	−4/5	−3/5	−4	1
x_2	1/5	2/5	4	0

Optimale Lösung für $\alpha \geq 4$: $x_1 = 4$, $x_2 = 4$, $z = 8$ (Restriktion 3 redundant).

(3) Berechnung einer optimalen Lösung für $\alpha < -2$:

V	x_2	x_5	RS1	RS2
	−1	−1	−8	−1
x_1	2	1	8	1
x_4	−4	1	12	1
x_3	−3	−2	−4	−2

Optimale Lösung für $\alpha \in [-8,-2]$: $x_1 = 8 + \alpha$, $x_2 = -4 - 2\alpha$, $z = 8 + \alpha$.

(4) Berechnung einer optimalen Lösung für $\alpha < -8$: Stoppregel II des dualen Simplex Algorithmus erfüllt; zulässiger Bereich leer.

Lösung von Aufgabe 6.13

(a) Ist ein Austauschschritt (mit Pivotzeile r) möglich, so existiert ein $a_{is} > 0$. Damit ist

$$\frac{b_r}{a_{rs}} = \min\left\{\frac{b_i}{a_{is}} \mid a_{is} > 0\right\} \geq 0.$$

Folglich gilt für

$$\begin{aligned} a_{is} > 0: &\quad b_i' = b_i - a_{is}\frac{b_r}{a_{rs}} \geq b_i - a_{is}\frac{b_i}{a_{is}} = 0 \\ a_{is} \leq 0: &\quad b_i' = b_i - a_{is}\frac{b_r}{a_{rs}} \geq b_i \geq 0. \end{aligned}$$

Ferner ist

$$z_0' = z_0 + b_r\frac{c_s}{a_{rs}} \geq z_0.$$

(b) Die 1. Stoppregel folgt unmittelbar aus der Definition der Basislösung. Beweis der 2. Stoppregel: Existiert eine Zeile r mit $b_r < 0$ und $a_{rj} \geq 0$ für alle j, so führt die Nebenbedingung $x_{n+r} + \sum_{j=1}^{n} a_{rj}x_j = b_r$ zusammen mit $x_1 \geq 0, \ldots, x_{n+m} \geq 0$ auf einen Widerspruch. Damit existiert keine zulässige Lösung.

(c) Ist ein Austauschschritt (mit Pivotzeile r) möglich, so existiert ein $a_{rj} < 0$. Damit ist

$$\frac{c_s}{a_{rs}} = \min\left\{\frac{c_j}{a_{rj}} \mid a_{rj} < 0\right\} \geq 0.$$

Folglich gilt für

$$\begin{aligned} a_{rj} < 0: &\quad c_j' = c_j - a_{rj}\frac{c_s}{a_{rs}} \leq c_j - a_{rj}\frac{c_j}{a_{rj}} = 0 \\ a_{rj} \geq 0: &\quad c_j' = c_j - a_{rj}\frac{c_s}{a_{rs}} \leq c_j \leq 0 \end{aligned}$$

und somit $c_j' \leq 0$ für alle j.

Lösung von Aufgabe 6.15

Seien $i_0 \in \{1,\ldots,m\}$ und $j_0 \in \{1,\ldots,n\}$ fest aber beliebig. Dann gilt zunächst

$$a_{i_0,j_0} \leq \max_{1\leq i\leq m} a_{i,j_0}$$

Minimiert man nun über j_0, so folgt

$$\min_{1\leq j_0\leq n} a_{i_0,j_0} \leq \min_{1\leq j_0\leq n}\max_{1\leq i\leq m} a_{i,j_0}.$$

Bildet man schließlich das Maximum über i_0, so erhält man, da die rechte Seite der letzten Ungleichung von i_0 unabhängig ist,

$$\max_{1\leq i_0\leq m}\min_{1\leq j_0\leq n} a_{i_0,j_0} \leq \min_{1\leq j_0\leq n}\max_{1\leq i\leq m} a_{i,j_0}$$

und damit die Behauptung.

Kapitel 7

Lösung von Aufgabe 7.1

Benötigt werden 60 Spanplatten der Größe 80×30 und 20 Spanplatten der Größe 60×30.

Eine Spanplatte, die nach Schnittplan 1 zugeschnitten wird, liefert 6 Platten der Größe 80×30; eine Spanplatte, die nach Schnittplan 2 zugeschnitten wird, 3 Platten der Größe 80×30 und 6 Platten der Größe 60×30 und schließlich eine Spanplatte, die nach Schnittplan 3 zugeschnitten wird, 9 Platten der Größe 60×30.

Mit x_i, der Anzahl der Spanplatten, die nach Schnittplan $i = 1,2,3$ zugeschnitten werden, ergibt sich dann der optimale Zuschnitt als Lösung des ganzzahligen Optimierungsproblems

$$\min z = x_1 + x_2 + x_3,$$

u.d.N.

$$\begin{aligned} 6x_1 + 3x_2 \quad\quad & \geq 60 \\ 6x_2 + 9x_3 & \geq 20 \\ x_1, x_2, x_3 & \in \mathbb{N}_0. \end{aligned}$$

Lösung von Aufgabe 7.3

Sei (P) das ursprüngliche Problem und

$$\text{(Q)} \qquad \min z = \sum_{j=1}^{n}(k_j y_j + c_j x_j)$$

u.d.N.

$$\begin{array}{lll} \sum_{j=1}^{n} a_{ij}x_j \geq b_i & i = 1, \ldots, m & \\ x_j \leq M_j y_j & j = 1, \ldots, n & (M_j > 0 \text{ hinreichend groß}) \\ y_j \in \{0,1\},\ x_j \geq 0 & j = 1, \ldots, n & \end{array}$$

das reduzierte gemischt-ganzzahlige Problem. Wir zeigen nun, daß beide Probleme äquivalent sind.

(a) Besitzt (P) keine zulässige Lösung, so besitzt auch (Q) keine zulässige Lösung und umgekehrt.

(b) Sei $(x_1^{**}, \ldots, x_n^{**})^\top$ eine optimale Lösung von (P) und $y_j^{**} = \delta(x_j^{**})$ für $j = 1, \ldots, n$. Dann ist $(y_1^{**}, \ldots, y_n^{**}, x_1^{**}, \ldots, x_n^{**})^\top$ eine zulässige Lösung von (Q) und die Zielfunktionswerte stimmen überein.

(c) Sei $(y_1^*, \ldots, y_n^*, x_1^*, \ldots, x_n^*)^\top$ eine optimale Lösung von (Q). Wir zeigen zunächst, daß $y_j^* = \delta(x_j^*)$ gilt. (i) Sei $y_j^* = 0$. Dann ist $x_j^* = 0$ wegen $x_j^* \leq M_j y_j^*$. (ii) Sei $y_j^* = 1$. Wäre $x_j^* = 0$, so wäre auch $(y_1^*, \ldots, y_{j-1}^*, 0, y_{j+1}^*, \ldots, y_n^*, x_1^*, \ldots, x_n^*)^\top$ eine zulässige Lösung von (Q) und hätte darüber hinaus einen um k_j kleineren Zielfunktionswert. Somit wäre $(y_1^*, \ldots, y_n^*, x_1^*, \ldots, x_n^*)^\top$ nicht optimal im Widerspruch zur Annahme. Damit muß $x_j^* = 1$ sein. (iii) Sei $x_j^* = 0$. Dann ist $(y_1^*, \ldots, y_{j-1}^*, y_j, y_{j+1}^*, \ldots, y_n^*, x_1^*, \ldots, x_n^*)^\top$ mit $y_j = 1$ suboptimal. Folglich muß $y_j^* = 0$ sein. (iv) Sei $x_j^* = 1$. Dann ist $y_j^* = 1$ wegen $x_j^* \leq M_j y_j^*$. Somit ist $(x_1^*, \ldots, x_n^*)^\top$ eine zulässige Lösung von (P) und die Zielfunktionswerte stimmen überein.

Aus (a), (b) und (c) folgt nun unmittelbar die Äquivalenz beider Probleme.

Lösung von Aufgabe 7.5

Sei $\mathcal{M}$ die Teilmenge der Belegungspläne mit der folgenden Eigenschaft: Seien i und j zwei Aufträge, die termingerecht gefertigt werden. Dann wird im Falle $i < j$ Auftrag Nr. i vor Auftrag Nr. j ausgeführt.

Man überlegt sich leicht, daß ein beliebiger Belegungsplan durch Neuanordnung der termingerechten Aufträge in „aufsteigender Folge" in einen Belegungsplan aus $\mathcal{M}$ überführt werden kann. Dieser neue Belegungsplan hat dann denselben oder sogar einen verbesserten Zielfunktionswert. Damit kann man sich bei der Optimierung auf die Belegungspläne aus $\mathcal{M}$ beschränken und kann die noch fehlende Nebenbedingung für die Auswahl der termingerecht zu fertigenden Aufträge in der Form $\sum_{i=1}^{j} b_i(1-x_i) \leq f_i,\ j = 1,\ldots,n,$ angeben.

Zusammenfassend erhalten wir das folgende binäre Optimierungsproblem

$$\min z = \sum_{j=1}^{n} w_j x_j$$

u.d.N

$$\sum_{i=1}^{j} b_i(1-x_i) \leq f_i \qquad j = 1,\ldots,n$$

$$x_j \in \{0,1\} \qquad j = 1,\ldots,n.$$

Lösung von Aufgabe 7.7

Endtableau (Q_0)

	x_4	x_3	RS
	$-5/6$	$-4/3$	$-21/2$
x_2	$-1/6$	$1/3$	$3/2$
x_1	$1/3$	$1/3$	3

Anfangstableau (Q_1): $x_2 \leq 1$

	x_4	x_3	RS
	$-5/6$	$-4/3$	$-21/2$
s_1	$1/6$	$-1/3$	$-1/2$
x_1	$1/3$	$1/3$	3

$s_1 = 1 - x_2$

Endtableau (Q_1)

	x_4	s_1	RS
	$-3/2$	-4	$-17/2$
x_3	$-1/2$	-3	$3/2$
x_1	$1/2$	1	$5/2$

Anfangstableau (Q_2): $x_2 \geq 2$

	x_4	x_3	RS
	−5/6	−4/3	−21/2
s_2	−1/6	1/3	−1/2
x_1	1/3	1/3	3

$s_1 = x_2 - 2$

Endtableau (Q_2)

	s_2	x_3	RS
			−8
x_4			3
x_1			2

Anfangstableau (Q_3): $x_2 \leq 1$, $x_1 \leq 2$

	x_4	s_1	RS
	−3/2	−4	−17/2
x_3	−1/2	−3	3/2
s_3	−1/2	−1	−1/2

$s_1 = 1 - x_2$, $s_3 = 2 - x_1$

Endtableau (Q_3)

	x_4	s_3	RS
			−13/2
x_3			
s_1			

Anfangstableau (Q_4): $x_2 \leq 1$, $x_1 \geq 3$

	x_4	s_1	RS
	−3/2	−4	−17/2
x_3	−1/2	−3	3/2
s_4	1/2	1	−1/2

$s_1 = 1 - x_2$, $s_4 = x_1 - 3$

(keine zulässige Lösung)

Die optimale ganzzahlige Lösung ist $x_1 = 2$, $x_2 = s_1 + 2 = 2$, $z = 8$.

Lösung von Aufgabe 7.9

Endtableau (Q):

	x_4	x_3	RS
	−1/10	−7/5	−23/2
x_2	−1/5	1/5	1
x_1	1/10	2/5	7/2

Anfangstableau (Q'):

	x_4	x_3	RS
	$-1/10$	$-7/5$	$-23/2$
x_2	$-1/5$	$1/5$	1
x_1	$1/10$	$2/5$	$7/2$
s_1	$-1/10$	$-2/5$	$-1/2$

1. Schnittebene: $x_1 \leq 3$

Endtableau (Q')

	s_1	x_3	RS
			-11
x_2			2
x_1			3
x_4			5

Die optimale Lösung ist $x_1 = 3$, $x_2 = 2$, $z = 11$.

Lösung von Aufgabe 7.11

Sei $\mathbf{B}$ eine nichtsinguläre (n, n)-Matrix. Nach Satz 1.14 gilt

$$\mathbf{B}^{-1} = \frac{1}{\det \mathbf{B}} \mathbf{B}_{\text{adj}},$$

wobei $\mathbf{B}_{\text{adj}}$ die zu $\mathbf{B}$ adjungierte Matrix ist. Angewandt auf eine beliebige Matrix $\mathbf{B}$ von Basisvektoren des linearen Optimierungsproblems erhält man dann für die zugehörige Basislösung

$$\mathbf{x}_{\text{B}} := \mathbf{B}^{-1}\mathbf{b} = \frac{1}{\det \mathbf{B}} \mathbf{B}_{\text{adj}}\mathbf{b}.$$

Da nach Voraussetzung die Elemente von $\mathbf{B}_{\text{adj}}$ und $\mathbf{b}$ ganzzahlig sind und darüber hinaus $\det \mathbf{B} = \pm 1$ gilt, ist auch die Lösung $\mathbf{x}_{\text{B}}$ ganzzahlig.

Kapitel 8

Lösung von Aufgabe 8.1

Es sei B das Ereignis, daß das Objekt entdeckt wird, und A_j bezeichne das Ereignis, daß sich das Objekt an Ort j befindet. Mit Hilfe des Satzes von der totalen Wahrscheinlichkeit erhält man

$$P(B) = \sum_{j=1}^{n} P(A_j) \cdot P(B \mid A_j) = \sum_{j=1}^{n} p_j(1 - e^{-x_j}).$$

Ferner ist zu berücksichtigen, daß die Suchdauern x_j nichtnegativ sind und $\sum_{j=1}^{n} x_j \leq b$ erfüllt ist. Hieraus ergibt sich das zu lösende Optimierungsproblem

$$(\text{P}) \quad \max z = \sum_{j=1}^{n} p_j(1 - e^{-x_j}) \quad \text{u. d. N.} \quad \sum_{j=1}^{n} x_j \le b,\ x_1, \ldots, x_n \ge 0.$$

Lösung von Aufgabe 8.3

(a) Die Äquivalenz von (P) und (P′) folgt unmittelbar aus

$$\max \sum_{j=1}^{n} p_j(1 - e^{-x_j}) = \max(1 - \sum_{j=1}^{n} p_j e^{-x_j}) = 1 - \min \sum_{j=1}^{n} p_j e^{-x_j}$$

(b) Die Konvexität von $f(\mathbf{x}) = \sum_{j=1}^{n} p_j e^{-x_j}$ und $g_1(\mathbf{x}) = \sum_{j=1}^{n} x_j - b =$ ergibt sich aus Standardüberlegungen. Damit ist Satz 8.10 anwendbar, und wir erhalten die KKT-Bedingungen

(8.10) $-p_j e^{-x_j} + u_1 \ge 0,\ j = 1, \ldots, n$

(8.11) $\sum_{j=1}^{n} x_j - b \le 0$

(8.12) $x_j\,[-p_j e^{-x_j} + u_1] = 0,\ j = 1, \ldots, n$

(8.13) $u_1 \left[\sum_{j=1}^{n} x_j - b \right] = 0$

(8.14) $x_j \ge 0,\ j = 1, \ldots, n$

(8.15) $u_1 \ge 0.$

(c) Da $p_j > 0$ gilt, folgt zunächst $u_1 \ge p_j e^{-x_j}$ für $j = 1, \ldots, n$ aus (8.10). Somit ist $\sum_{j=1}^{n} x_j = b$ nach (8.13). Unterstellen wir, daß die x_j positiv sind, so gilt $p_j e^{-x_j} = u_1$ für $j = 1, \ldots, n$ nach (8.12) und damit $x_j = -\ln u_1 + \ln p_j$ für $j = 1, \ldots, n$. Ersetzt man nun $-\ln u_1$ in x_j unter Berücksichtigung von $\sum_{j=1}^{n} x_j = -n \ln u_1 + \sum_{j=1}^{n} \ln p_j = b$, so folgt schließlich

$$x_j = \frac{1}{n}\left(b - \sum_{i=1}^{n} \ln p_i\right) + \ln p_j.$$

Damit haben wir eine Lösung der KKT-Bedingungen gefunden, die nach Satz 8.10 eine optimale Lösung von (P′) und nach (a) auch eine optimale Lösung von (P) ist.

Eingesetzt in die Zielfunktion von (P) erhalten wir schließlich die gesuchte Wahrscheinlichkeit, mit der das Objekt endeckt wird.

Lösung von Aufgabe 8.5

Mit Hilfe der Transformation $g(x) = \ln x$ (siehe Aufgabe 8.12) und anschließender Formulierung als Minimierungsaufgabe erhalten wir das äquivalente Optimierungsproblem

$$(\mathrm{P}') \quad \min z = -\ln k - \alpha \ln x_1 - (1-\alpha)\ln x_2$$

u. d. N.

$$p_1x_1 + p_2x_2 \leq B, \ x_1, x_2 \geq 0.$$

(P′) erfüllt die Voraussetzungen des Satzes 8.10. Die zugehörigen KKT-Bedingungen lauten:

$$(8.10) \quad -\frac{\alpha}{x_1} + u_1p_1 \geq 0, \qquad -\frac{1-\alpha}{x_2} + u_1p_2 \geq 0$$

$$(8.11) \quad p_1x_1 + p_2x_2 \leq B$$

$$(8.12) \quad x_1\left(-\frac{\alpha}{x_1} + u_1p_1\right) = 0 \qquad x_2\left(-\frac{1-\alpha}{x_2} + u_1p_2\right) = 0$$

$$(8.13) \quad u_1\left(p_1x_1 + p_2x_2 - B\right) = 0$$

$$(8.14) \quad x_1, x_2 \geq 0$$

$$(8.15) \quad u_1 \geq 0.$$

Seien $x_1, x_2 \geq 0$. Dann steht $u_1 = 0$ im Widerspruch zu (8.10). Daher sei $u_1 > 0$. Dann ist nach (8.12) $x_1 = \alpha/u_1p_1$, $x_2 = (1-\alpha)/u_1p_2$. Gleichung (8.13) ist dann

$$p_1x_1 + p_2x_2 = \frac{\alpha}{u_1} + \frac{1-\alpha}{u_1} = \frac{1}{u_1} = B$$

und somit $(x_1, x_2) = (\alpha B/p_1, (1-\alpha)B/p_1)$ der gesuchte Konsumplan.

Lösung von Aufgabe 8.7

(a) siehe Abbildung 3.

(b) Da die Zielfunktion bereits linear ist, können wir auf die Einführung der Variablen y verzichten und erhalten unmittelbar

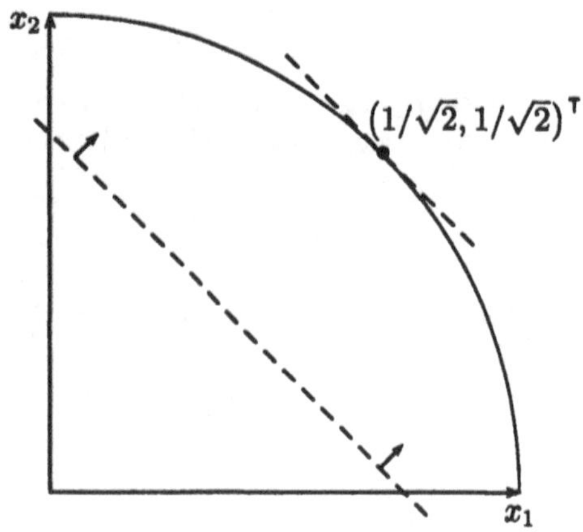

Abbildung 3: $f(x_1, x_2) = -x_1 - x_2$ mit Restr. $x_1^2 + x_2^2 \leq 1,\ x_1, x_2 \geq 0$

$$(\mathrm{P}) \quad \min z = -x_1 - x_2$$

u. d. N.

$$g_1(x_1, x_2) \leq 0,\ g_2(x_1, x_2) \leq 0,\ g_3(x_1, x_2) \leq 0$$

mit $g_1(x_1, x_2) = x_1^2 + x_2^2 - 1$, $g_2(x_1, x_2) = -x_1$, $g_3(x_1, x_2) = -x_2$. Ausgehend von $\mathcal{M}_0 = \{(x_1, x_2)^T \in \mathbb{R}^2 \mid 0 \leq x_1, x_2 \leq 1\}$ ergibt sich das lineare Optimierungsproblem

$$(\mathrm{P}_0) \quad \min z = -x_1 - x_2 \quad \text{u. d. N.} \quad 0 \leq x_1, x_2 \leq 1$$

mit der optimalen Lösung $\mathbf{x}_0 = (1, 1)^T$. Da $\mathbf{x}_0 \notin \mathcal{M}$, schränken wir $\mathcal{M}_0$ ein zu

$$\mathcal{M}_1 = \mathcal{M}_0 \cap \{(x_1, x_2)^T \in \mathbb{R}^2 \mid x_1 + x_2 \leq 3/2\},$$

wobei die zusätzliche Restriktion aus $g_1(\mathbf{x}_0) + \nabla g_1(\mathbf{x}_0)^T(\mathbf{x} - \mathbf{x}_0) \leq 0$ resultiert. Hieraus folgt

$$(\mathrm{P}_1) \quad \min z = -x_1 - x_2 \quad \text{u. d. N.} \quad x_1 + x_2 \le 3/2,\ 0 \le x_1, x_2 \le 1$$

mit der optimalen Lösung $\mathbf{x}_1 = (1, 1/2)^\mathsf{T}$. Da $\mathbf{x}_1 \notin \mathcal{M}$, schränken wir $\mathcal{M}_1$ ein zu

$$\mathcal{M}_2 = \mathcal{M}_1 \cap \{(x_1, x_2)^\mathsf{T} \in \mathbb{R}^2 \mid 2x_1 + x_2 \le 9/4\},$$

wobei sich die zusätzliche Restriktion aus $g_1(\mathbf{x}_1) + \nabla g_1(\mathbf{x}_1)^\mathsf{T}(\mathbf{x} - \mathbf{x}_1) \le 0$ ergibt. Hieraus folgt

$$(\mathrm{P}_2) \quad \min z = -x_1 - x_2$$

u. d. N.

$$x_1 + x_2 \le 3/2,\ 2x_1 + x_2 \le 9/4,\ 0 \le x_1, x_2 \le 1,$$

mit der optimalen Lösung $\mathbf{x}_2 = (3/4, 3/4)^\mathsf{T}$.

Führt man dieses Verfahren fort, so erhält man mit $k \to \infty$ schließlich die optimale Lösung $\mathbf{x}^* = (1/\sqrt{2}, 1/\sqrt{2})^\mathsf{T} \approx (0.707, 0.707)^\mathsf{T}$.

Lösung von Aufgabe 8.9

(a) Mit (8.19) lautet das unrestringierte Problem

$$\min z = \phi_\alpha(\mathbf{x}) = x_1^2 + 2x_2^2 + \alpha\left[\max\{0, 1 - x_1 - x_2\}\right]^2$$

Da $\phi_\alpha(\mathbf{x})$ konvex und stetig differenzierbar ist, ergibt sich jede globale Minimumstelle als Lösung von

$$\nabla\phi_\alpha(\mathbf{x}) = \begin{pmatrix} 2x_1 - 2\alpha\max\{0, 1 - x_1 - x_2\} \\ 4x_2 - 2\alpha\max\{0, 1 - x_1 - x_2\} \end{pmatrix} = \mathbf{0}.$$

Hierzu haben wir zwei Fälle zu unterscheiden.

(i) $1 - x_1 - x_2 < 0$. In diesem Fall führt $\nabla\phi_\alpha(\mathbf{x}) = \mathbf{0}$ auf einen Widerspruch.
(ii) $1 - x_1 - x_2 \ge 0$. In diesem Fall ist $\nabla\phi_\alpha(\mathbf{x}) = \mathbf{0}$ äquivalent zu $(1 + \alpha)x_1 +$

$\alpha x_2 = 1$ und $\alpha x_1 + (1+\alpha)x_2 = 1$, mit der Lösung $\mathbf{x}_\alpha = (2\alpha, \alpha)^\mathsf{T}/(2+3\alpha)$, für welche gilt $\mathbf{x}_\alpha \to (2,1)^\mathsf{T}/3$ für $\alpha \to \infty$.

(b) Mit (8.22) lautet das unrestringierte Problem

$$\min z = \psi_\alpha(\mathbf{x}) = x_1^2 + 2x_2^2 - \alpha \ln(x_1 + x_2 - 1).$$

Da $\psi_\alpha(\mathbf{x})$ konvex und stetig differenzierbar ist, ergibt sich jede globale Minimumstelle als Lösung von

$$\nabla\psi_\alpha(\mathbf{x}) = \begin{pmatrix} 2x_1 - \dfrac{\alpha}{x_1 + x_2 - 1} \\ 4x_2 - \dfrac{\alpha}{x_1 + x_2 - 1} \end{pmatrix} = \mathbf{0}.$$

Diese lautet: $\mathbf{x}_\alpha = (1 + \sqrt{1+3\alpha})(2,1)^\mathsf{T}/6$. Für $\alpha \to 0$ erhalten wir wieder die Lösung $\mathbf{x} = (2,1)^\mathsf{T}/3$ des restringierten Problems.

Lösung von Aufgabe 8.11

Da $f \in \mathcal{C}^2$ eine streng konvexe, quadratische Funktion ist, gilt zunächst für alle $\mathbf{x} \in \mathbb{R}^n$

$$f(\mathbf{x}) = \mathbf{c}^\mathsf{T}\mathbf{x} + \frac{1}{2}\mathbf{x}^\mathsf{T}\mathbf{Q}\mathbf{x}, \ \nabla f(\mathbf{x}) = \mathbf{c} + \mathbf{Q}\mathbf{x}, \ \nabla^2 f(\mathbf{x}) = \mathbf{Q},$$

wobei $\mathbf{Q}$ positiv definit ist. Sei daher $\mathbf{x}_0 \in \mathbb{R}^n$ eine beliebige Anfangsnäherung. Dann ist

$$\mathbf{x}_1 = \mathbf{x}_0 - \left(\nabla^2 f(\mathbf{x}_0)\right)^{-1} \nabla f(\mathbf{x}_0) = \mathbf{x}_0 - \mathbf{Q}^{-1}(\mathbf{c} + \mathbf{Q}\mathbf{x}_0) = -\mathbf{Q}^{-1}\mathbf{c}$$

und damit

$$\nabla f(\mathbf{x}_1) = \mathbf{c} + \mathbf{Q}\mathbf{x}_1 = \mathbf{c} - \mathbf{Q}\mathbf{Q}^{-1}\mathbf{c} = \mathbf{0}.$$

Folglich ist $\mathbf{x}_1$ ein stationärer Punkt und sogar die optimale Lösung, da f streng konvex ist.

Kapitel 9

Lösung von Aufgabe 9.1

Unter Ausnutzung der Struktur (9.3) eines optimalen Produktionsplans formulieren wir das Losgrößenproblem als ein Kürzeste-Wege-Problem mit der Optimalitätsgleichung $\widehat{G}_i = \min\{\widehat{c}_{ij} + \widehat{G}_i \mid i < j \leq N\}$ mit $G_N = 0$, wobei

$$\begin{aligned}\widehat{c}_{ij} &= l(0) + c\left(\textstyle\sum_{k=i}^{j-1} x_k\right) + \sum_{m=i+1}^{j-1} l\left(\textstyle\sum_{k=m}^{j-1} x_k\right)\\ &= 20 + \sum_{m=i+1}^{j-1}\sum_{k=m}^{j-1} x_k\\ &= \widehat{c}_{i+1,j} + \sum_{k=i+1}^{j-1} x_k\end{aligned}$$

und somit

$$(\widehat{c}_{ij}) = \begin{pmatrix} - & 20 & 32 & 48 & 81 & 113 & 133\\ - & - & 20 & 28 & 50 & 74 & 90\\ - & - & - & 20 & 31 & 47 & 59\\ - & - & - & - & 20 & 28 & 36\\ - & - & - & - & - & 20 & 24\\ - & - & - & - & - & - & 20\\ - & - & - & - & - & - & - \end{pmatrix}.$$

Hieraus folgt unmittelbar

$$\begin{aligned}G_5 &= 20\\ G_4 &= \min\{20+20, 24\} = 24\\ G_3 &= \min\{20+24, 28+20, 36\} = 36\\ G_2 &= \min\{20+36, 31+24, 47+20, 59\} = 55\\ G_1 &= \min\{20+55, 28+36, 50+24, 74+20, 90\} = 64\\ G_0 &= \min\{20+64, 32+55, 48+36, 81+24, 113+20, 133\} = 84\end{aligned}$$

mit den optimalen Produktionsmengen $a_0 = 10$, $a_1 = 20$, $a_2 = 0$, $a_3 = 23$, $a_4 = 0$, $a_5 = 0$ bzw. $a_0 = 30$, $a_1 = 0$, $a_2 = 0$, $a_3 = 23$, $a_4 = 0$, $a_5 = 0$, da die optimale Lösung nicht eindeutig ist.

Lösung von Aufgabe 9.3

Die Formulierung als gemischt-ganzzahliges Optimierungsproblem lautet:

$$\min z = \sum_{n=0}^{N-1} [l(s_n) + c(a_n)]$$

u.d.N.

$$s_0 = 0, \;\; s_{n+1} = s_n + a_n - x_n \text{ für } n = 0, \ldots, N-1 \text{ und } s_N = 0$$

$$s_1, \ldots, s_{N-1}, a_0, \ldots, a_{N-1} \in \mathbb{N}_0$$

Lösung von Aufgabe 9.5

Wir betrachten das lineare Optimierungsproblem

$$\text{(P)} \quad \max z = x_0$$

u.d.N.

$$\begin{aligned} x_i - x_j &\leq c_{ij}, \quad 0 \leq i < j \leq I \\ x_I &= 0 \\ x_i &\geq 0, \quad 0 \leq i < I. \end{aligned}$$

(a) Zunächst überprüft man leicht, daß $G_0, \ldots, G_I$ eine zulässige Lösung von (P) ist.

(b) Sei nun $x_0^*, \ldots, x_I^*$ eine optimale Lösung von (P). Dann ist nach (a) $G_0 \leq x_0^*$. Umgekehrt folgt durch vollständige Induktion von $i+1$ nach i, daß $x_i^* \leq G_i$ und damit $x_0^* \leq G_0$ gilt. Zunächst ist $x_I^* \leq G_I$. Sei daher $x_{i+1}^* \leq G_{i+1}, \ldots, x_I^* \leq G_I$ für ein $i \leq I$. Dann gilt $x_i^* \leq c_{ij} + x_j^* \leq c_{ij} + G_j$ für alle $j = i+1, \ldots, I$ und damit

$$x_i^* \leq \min\{c_{ij} + G_j \mid i < j\} = G_i.$$

Aus (a) und (b) folgt nun die Äquivalenz beider Lösungsansätze.

Lösung von Aufgabe 9.7

(a) Die FZ_j lassen sich rekursiv „von links nach rechts" berechnen gemäß

$$\begin{aligned}
\mathrm{FZ}_1 &= 0 \\
\mathrm{FZ}_2 &= \mathrm{FZ}_1 + \mathrm{D}_{12} = 0 + 5 = 5 \\
\mathrm{FZ}_3 &= \mathrm{FZ}_1 + \mathrm{D}_{13} = 0 + 2 = 2 \\
\mathrm{FZ}_4 &= \mathrm{FZ}_2 + \mathrm{D}_{24} = 5 + 10 = 15 \\
\mathrm{FZ}_5 &= \max\{\mathrm{FZ}_2 + \mathrm{D}_{25}, \mathrm{FZ}_3 + \mathrm{D}_{35}\} = 14 \\
\mathrm{FZ}_6 &= \mathrm{FZ}_4 + \mathrm{D}_{46} = 15 \\
\mathrm{FZ}_7 &= \mathrm{FZ}_5 + \mathrm{D}_{57} = 20 \\
\mathrm{FZ}_8 &= \max\{\mathrm{FZ}_4 + \mathrm{D}_{48}, \mathrm{FZ}_5 + \mathrm{D}_{58}, Z_6 + \mathrm{D}_{68}\} = 23.
\end{aligned}$$

Schließlich ist dann $\mathrm{FZ}_9 = \max\{\mathrm{FZ}_7 + \mathrm{D}_{79}, \mathrm{FZ}_8 + \mathrm{D}_{89}\} = 25$ die gesuchte Projektdauer.

(b) Die SZ_j lassen sich rekursiv „von rechts nach links" berechnen gemäß

$$\begin{aligned}
\mathrm{SZ}_9 &= \mathrm{FZ}_9 = 25 \\
\mathrm{SZ}_8 &= \mathrm{SZ}_9 - \mathrm{D}_{89} = 23 \\
\mathrm{SZ}_7 &= \mathrm{SZ}_9 - \mathrm{D}_{79} = 21 \\
\mathrm{SZ}_6 &= \mathrm{SZ}_8 - \mathrm{D}_{68} = 15 \\
\mathrm{SZ}_5 &= \min\{\mathrm{SZ}_7 - \mathrm{D}_{57}, \mathrm{SZ}_8 - \mathrm{D}_{58}\} = 15 \\
\mathrm{SZ}_4 &= \min\{\mathrm{SZ}_6 - \mathrm{D}_{46}, \mathrm{SZ}_8 - \mathrm{D}_{48}\} = 15 \\
\mathrm{SZ}_3 &= \mathrm{SZ}_5 - \mathrm{D}_{35} = 9 \\
\mathrm{SZ}_2 &= \min\{\mathrm{SZ}_4 - \mathrm{D}_{24}, \mathrm{SZ}_5 - \mathrm{D}_{25}\} = 5 \\
\mathrm{SZ}_1 &= \min\{\mathrm{SZ}_2 - \mathrm{D}_{12}, \mathrm{SZ}_3 - \mathrm{D}_{13}\} = 0.
\end{aligned}$$

(c) Die kritischen Vorgänge sind: A, C, I und J. Eine Verzögerung eines kritischen Vorgangs bewirkt eine Verlängerung der Projektdauer.

Lösung von Aufgabe 9.9

Man überlegt sich leicht, daß die Optimalitätsgleichung aus Beispiel 9.6 übergeht in

$$V_n(s) = \max\left\{s, -c + \textstyle\sum_{x=0}^{M} q(x)V_{n+1}(\max\{s,x\})\right\}$$

und $V_N(s) = 0$ für alle s, wobei s nun das bisher beste Angebot bezeichnet. Durch vollständige Induktion von $n+1$ nach n kann man zeigen, daß gilt $0 \leq V(s+1) - V_n(s) \leq 1$. Damit existiert eine optimale Strategie $\delta^* = (f_0^*, \ldots, f_{N-1}^*)$ mit

$$f_n^*(s) = \begin{cases} 1 & \text{für } s \geq s_n^* \\ 0 & \text{für } s < s_n^* \end{cases}$$

für geeignete Verkaufslimits

$$s_n^* = \left\{ s \mid s \geq -c + \sum_{x=0}^{M} q(x)V_{n+1}(\max\{s,x\}) \right\}.$$

Eine rekursive Berechnung der s_n^* wie in Beispiel 9.6 ist nicht möglich.

Lösung von Aufgabe 9.11

Ein Algorithmus zur Berechnung einer optimalen Ersetzungsstrategie könnte unter Ausnutzung der in Beispiel 9.8 hergeleiteten Struktur wie folgt aussehen:

1) Setze $n = N$, $G'(s) = G_N(s)$ für $s \in \mathcal{S}$. Wähle $s_N^* \in \mathcal{S}$ beliebig.

2) Setze $n = n - 1$ und $G(s) = G'(s)$ für $s \in \mathcal{S}$. Berechne $J(0)$, wobei

$$J(s) := c(s) + \sum_{s'=0}^{M} \widehat{q}(s,s')G(s'), \quad s \in \mathcal{S}.$$

Setze $s = s_{n+1}^*$, $\zeta = s_{n+1}^*$, $m = 0$.

3) Berechne $J(s)$. Ist $J(s) \geq k + J(0)$, so setze $m = 1$ und fahre mit 4) fort; anderenfalls mit 5).

4) Setze $s_n^* = s$ und $s = s - 1$. Fahre mit 3) fort.

5) Ist $m = 1$, so fahre mit 6) fort. Andernfalls setze $s = s + 1$ und fahre mit 3) fort.

6) Berechne $J(s')$ für $s' < \min\{s, \zeta\}$.

7) Setze $G'(s) = J(s)$ für $s < s_n^*$ und $G'(s) = k + J(0)$ für $s \geq s_n^*$.

8) Ist $n = 0$, so fahre mit 9) fort; andernfalls mit 2).

9) Setze $G_0(s_0) = G'(s_0)$ und $\delta^* = (f_0^*, \ldots, f_{N-1}^*)$ mit

$$f_n^*(s) = \begin{cases} 1 & \text{für } s \geq s_n^* \\ 0 & \text{für } s < s_n^* \end{cases} .$$

Literatur

Aarts, E. und J. Kost (1990). *Simulated annealing and Boltzmann machines.* New York: John Wiley.

Allen, R. (1971). *Mathematische Wirtschaftstheorie.* Berlin: Duncker & Humblot.

Amann, H. (1995). *Gewöhnliche Differentialgleichungen* (2. Aufl.). Berlin: Springer.

Baksalary, J. K. und R. Kala (1983). Partial orderings between matrices one of which is of rank one. *Bulletin of the Polish Academy of Sciences, Mathematics 31*, 5–7.

Bamberg, G. und A. Coenenberg (1994). *Betriebswirtschaftliche Entscheidungslehre* (8. Aufl.). München: Vahlen.

Bapat, R. und T. Raghavan (1997). *Nonnegative matrices and applications.* Cambridge: Cambridge University Press.

Baumol, W. (1964). *Economic dynamics.* New York: MacMillan.

Bellman, R. und K. Cooke (1963). *Differential-difference equations.* New York: Academic Press.

Berman, A. und R. Plemmons (1979). *Nonnegative matrices in the mathematical sciences.* New York: Academic Press.

Bertsekas, D. (1987). *Dynamic programming: deterministic and stochastic models.* Englewood Cliffs, N.J.: Prentice Hall.

Blumen, I., M. Kogan, und P. McCarthy (1955). The industrial mobility of labor as a probability process. Technical report, New York State School of Industrial and Labor Relations, Cornell University, New York.

Braun, M. (1979). *Differentialgleichungen und ihre Anwendungen.* Berlin: Springer.

Brucker, P. (1998). *Scheduling algorithms* (2. Aufl.). Berlin: Springer.

Bunse, W. und A. Bunse-Gerstner (1985). *Numerische lineare Algebra.* Stuttgart: Teubner.

Burmeister, E. und A. Dobell (1970). *Mathematical theory of economic growth.* London: MacMillan.

Chiang, A. (1984). *Fundamental methods of mathematical economics.* New York: McGraw-Hill.

Chipman, J. S. (1951). *The theory of inter-sectorial money flows and income formation.* Baltimore: The Johns Hopkins Press.

Debreu, G. und I. Herstein (1953). Nonnegative square matrices. *Econometrica 21*, 597–607.

Denardo, V. (1982). *Dynamic programming: models and applications.* Englewood Cliffs, N.J.: Prentice Hall.

Dinkelbach, W. (1992). *Operations research.* Berlin: Springer.

Domschke, W. und A. Drexl (1991). *Einführung ins Operations Research* (2. Aufl.). Berlin: Springer.

Dwivedi, T. D. (1975). A method to compute the rank factors of a matrix. *Sankhȳa B 37*, 463–464.

Edwards, C. H. (1973). *Advanced calculus of several variables.* New York: Academic Press.

Ellinger, T. (1990). *Operations Research. Eine Einführung* (3 Aufl.). Berlin: Springer.

Erwe, F. (1962). *Differential- und Integralrechnung I,II.* Mannheim: BI Hochschultaschenbücher.

Farkas, J. (1902). Über die Theorie der einfachen Ungleichungen. *Journal für Reine und Angewandte Mathematik 124*, 1–27.

Fichtenholz, G. M. (1972). *Differential- und Integralrechnung III.* Berlin: VEB Deutscher Verlag der Wissenschaften.

Fleming, W. H. (1965). *Functions of several variables.* Reading, Mass.: Addison Wesley.

Frobenius, G. (1908). Über Matrizen aus positiven Elementen I. In *I. Sitzungsberichte der Königlichen Preußischen Akademie der Wissenschaften*, pp. 471–478.

Frobenius, G. (1909). Über Matrizen aus positiven Elementen II. In *II. Sitzungsberichte der Königlichen Preußischen Akademie der Wissenschaften*, pp. 514–518.

Frobenius, G. (1912). Über Matrizen aus nicht negativen Elementen. In *Sitzungsberichte der Königlichen Preußischen Akademie der Wissenschaften*, pp. 456–477.

Gandolfo, G. (1997). *Economic dynamics.* New York: Springer.

Gantmacher, F. R. (1971). *Matrizenrechnung II — Spezielle Fragen und Anwendungen.* Berlin: VEB Deutscher Verlag der Wissenschaften.

Glaister, S. (1978). *Mathematical methods.* Oxford: Blackwell.

Glover, F. und M. Laguna (1997). *Tabu search.* Boston: Kluwer.

Goldberg, D. E. (1989). *Genetic algorithms in search, optimization and machine learning.* Reading, Mass.: Addison-Wesley.

Goldberg, J. (1991). *Matrix theory with applications.* New York: McGraw-Hill.

Goldberg, S. (1968). *Differentialgleichungen und ihre Anwendungen in der Wirtschaftswissenschaft, Psychologie und Soziologie.* München: Oldenbourg.

Grimshaw, R. (1990). *Nonlinear ordinary differential equations.* Oxford: Blackwell.

Großmann, C. und J. Terno (1993). *Numerik der Optimierung.* Stuttgart: Teubner.

Halanay, A. und J. Samuel (1997). *Differential equations, discrete systems and control.* Dordrecht: Kluwer Academic Press.

Heuser, H. (1995). *Gewöhnliche Differentialgleichungen, Einführung in Lehre und Gebrauch* (3. Aufl.). Stuttgart: Teubner.

Hillier, F. S. und G. J. Lieberman (1990). *Introduction to operations research* (5. Aufl.). New York: McGraw-Hill.

Hinderer, K. (1999). *Dynamic optimization — models and structure of solutions.* in Vorbereitung.

Hirsch, M. und S. Smale (1974). *Differential equations, dynamical systems and linear algebra.* New York: Academic Press.

Hoerl, A. E. und R. W. Kennard (1970). Biased estimation for nonorthogonal problems. *Technometrics 12*, 55–67.

Hoheisel, G. (1956). *Gewöhnliche Differentialgleichungen.* Berlin: De Gruyter.

Horst, R. (1990). *Global optimization.* Berlin: Springer.

Horst, R. und P. M. Pardalos (1995). *Handbook of global optimization.* Dordrecht: Kluwer.

Huppert, B. (1990). *Angewandte lineare Algebra.* Berlin: Walter de Gruyter.

Hurley, J. (1980). *Intermediate calculus.* Philadelphia: Saunders College.

Israel, A. B. (1980). Generalized inverses of matrices an their applications. Extremal methods and system analysis. In A. V. Fiacco und K. O. Kortanek (Hrsg.), *Lecture Notes in Economics and Mathematical Systems*, Volume 154, pp. 154–186. Berlin, Heidelberg, New York: Springer.

Kall, P. (1976). *Mathematische Methoden des Operations Research.* Stuttgart: Teubner.

Karlin, S. und H. M. Taylor (1975). *A first course in stochastic processes* (2. Aufl.). New York: Academic Press.

Kenkel, J. (1974). *Dynamic linear economic models*. New York: Gordon & Breach Science Pub.

Khuri, A. I. (1993). *Advanced calculus with applications in statistics*. New York: John Wiley.

Lancaster, P. und M. Tismenetsky (1985). *The theory of matrices*. New York: Academic Press.

Leontief, W. (1949). *The structure of the American economy, 1919–1939*. London und New York: Oxford University Press.

Lorenz, H.-W. (1993). *Nonlinear dynamical economics and chaotic motion* (2. Aufl.). Heidelberg: Springer.

Luenberger, D. G. (1973). *Introduction to linear and nonlinear programming*. Reading, Mass.: Addison-Wesley.

Meyer, U. (1980). *Dynamische Input-Output-Modelle*. Königstein: Athenäum.

Minc, H. (1988). *Nonnegative matrices*. New York: John Wiley.

Minoux, M. (1986). *Mathematical programming*. New York: John Wiley.

Mitra, S. K. (1980). Generalized inverse of matrices and applications to linear models. In R. Krishnaiah (Ed.), *Handbook of Statistics*, Volume 1, pp. 471–512. New York: North Holland.

Moore, E. H. (1920). On the reciprocal of the general algebraic matrix. (abstract). *Bull. Amer. Math. Soc. 26*, 394–395.

Murata, Y. (1977). *Mathematics for stability and optimization of economic systems*. New York: Academic Press.

Nashed, M. Z. (1976). *Generalized inverses and applications*. Academic Press: New York.

Neumann, K. und M. Morlock (1993). *Operations research*. München: Carl Hanser.

Nikaido, H. (1968). *Convex structures and economic theory*. New Jersey: Academic Press.

Penrose, R. (1955). A generalized inverse for matrices. *Proc. Cambridge Philos. Soc. 51*, 406–413.

Perko, L. (1991). *Differential equations and dynamical systems*. Heidelberg: Springer.

Perron, O. (1907). Zur Theorie der Matrizen. *Mathematische Annalen 64*, 248–263.

Polak, E. (1997). *Optimization. Algorithms and consistent approximations*. Berlin: Springer.

Puterman, M. (1994). *Markov decision processes: discrete stochastic dynamic programming.* New York: John Wiley.

Puu, T. (1993). *Nonlinear economic dynamics*, Volume 36 of *Lecture notes in economics and mathematical systems.* Heidelberg: Springer.

Rao, C. R. (1962). A note on a generalized inverse of a matrix with applications to problems in mathematical statistics. *J. Roy. Statist. Soc. B* *24*, 152–158.

Rao, C. R. und S. K. Mitra (1971). *Generalized inverse of matrices and its applications.* New York: John Wiley.

Roberts, A. W. und D. E. Varberg (1973). *Convex functions.* New York, London: Academic Press.

Rohde, C. A. (1968). Special applications of the theory of generalized matrix inversion to statistics. In T. Boullion und C. Odell (Hrsg.), *Theory and Application of generalized inverses of matrices*, Volume 4 of *Math. Ser.*, pp. 239–266. Texas Techn. College.

Rommelfanger, H. (1977). *Differenzen- und Differentialgleichungen.* Mannheim: Bibliographisches Institut.

Ross, S. (1970). *Applied probability models with optimization applications.* San Francisco: Holden-Day.

Ross, S. (1983). *Introduction to stochastic dynamic programming.* San Diego: Academic Press.

Rudin, W. (1976). *Principles of mathematical analysis* (2. Aufl.). New York: McGraw-Hill.

Rustem, B. (1998). *Algorithms for nonlinear programming and multiple-objective decisions.* New York: John Wiley.

Samuelson, P. (1983). *Foundations of economic analysis.* Cambridge: Harvard University Press.

Sargent, T. (1987). *Macroeconomic theory* (2. Aufl.). London: Academic Press.

Schäl, M. (1990). *Markoffsche Entscheidungsprozesse.* Stuttgart: Teubner.

Schmidt, K. und G. Trenkler (1998). *Moderne Matrix-Algebra mit Anwendungen in der Statistik.* Berlin: Springer.

Schmitz, N. und F. Lehmann (1976). *Monte Carlo Methoden I.* Meisenheim an der Glan: Verlag Anton Hein.

Schneeweiß, C. (1974). *Dynamisches Programmieren.* Würzburg: Physica.

Silberberg, E. (1978). *The structure of economics.* New York: MacGraw-Hill.

Solow, R. und P. Samuelson (1953). Balanced growth under constant returns to scale. *Econometrica 21*, 412–424.

Stiemke, E. (1915). Über positive Lösungen homogener linearer Gleichungen. *Mathematische Annalen 76*, 340–343.

Sydsaeter, K. (1981). *Topics in mathematical analysis for economists.* London: Academic Press.

Sydsaeter, K. und P. Hammond (1994). *Mathematics for economic analysis.* Englewood Cliffs: Prentice-Hall.

Takayama, A. (1985). *Mathematical economics.* London: Cambridge University Press.

Taylor, A. E. und W. A. Mann (1972). *Advanced calculus* (2. Aufl.). Lexington, Mass.: Xerox College Publ.

Trench, W. F. (1978). *Advanced calculus.* New York: Harper and Row.

Tu, P. (1993). *Dynamical systems, an introduction with applications in economics and biology* (2. Aufl.). Berlin: Springer.

Tucker, A. (1956). Dual systems of homogenous linear relations. In H. Kuhn und A. Tucker (Hrsg.), *Linear inequalities and related systems.* Princeton, New Jersey: Princeton University Press.

Uebe, G. (1976). *Produktionstheorie.* Berlin: Springer.

Vanderbrei, R. J. (1996). *Linear programming: foundations and extensions.* Boston: Kluwer.

Walter, W. (1996). *Gewöhnliche Differentialgleichungen* (6. Aufl.). Berlin: Springer.

Weilandt, H. (1950). Unzerlegbare nichtnegative Matrizen. *Mathematische Zeitschrift 52*, 642–645.

Wetzel, W., H. Skarabis, P. Naeve, und H. Büning (1981). *Mathematische Propädeutik für Wirtschaftswissenschaftler* (4. Aufl.). Berlin: De Gruyter.

Wiggins, S. (1990). *Introduction to applied nonlinear dynamical systems and chaos.* Heidelberg: Springer.

Winston, W. L. (1994). *Operations research.* Belmont California: Duxbury Press.

Woods, J. (1990). *Mathematical economics.* London: Longman.

Zimmermann, H.-J. (1992). *Methoden und Modelle des Operations Research* (2. Aufl.). Braunschweig: Vieweg.

Zurmühl, R. und S. Falk (1996). *Matrizen und ihre Anwendungen, für Ingenieure, Physiker und Angewandte Mathematiker* (7. Aufl.). Berlin: Springer.

Index

www.ingramcontent.com/pod-product-compliance
Lightning Source LLC
LaVergne TN
LVHW092148300926
849161LV00002B/219